Dialogue and Understanding:

International Language
and Literature Education

理解与对话

国际语言与文学教育

主　编 ◎ 刘正伟

副主编 ◎ 陈之权　祝新华

ZHEJIANG UNIVERSITY PRESS
浙江大学出版社

目 录

新写作教学的理念与实践

语言与文学教育理论

Literature and Mind in the 21st Century

Judith A. Langer[1]

I am very happy to be here, speaking to you at a conference on Language and Literature Education in the context of globalization. This topic is of particular interest to me. I have deep concerns about ways in which the study of literature is changing in many parts of the world and fear that important opportunities literature can offer to enhance 21st-century workplace efforts are being lost.

Colleagues in many parts of the world, including China, have told me that deep discussions of literature are hard to find in classrooms, despite efforts to incorporate discussion and student engagement (rather than recitation) into instructional practice. Also, my Chinese colleagues have said that creative thinking has been a high priority in the new national curriculum and in recent documents for educational reform. They say, however, it has not been practiced in schools very much because of testing practices that focus on more traditional school work. The effects of restrictive tests on reform efforts are echoed across the world. Also worldwide is the concern that the general public spends too little time reading, especially good literature. In China, I am told, it is difficult to find good bookstores, even in big cities, and that popular books tend to focus on career, investment and pop stars, while in many parts of the world *Fifty Shades of Grey* continues to be a best seller. Thus, current societal as well as educational practices in China and across the world have been working against the kinds of reform needed for success in the 21st-century workplace.

---

[1] Judith A. Langer is the Vincent O'Leary Distinguished Professor at the University at Albany, New York, USA.

Major societal shifts have occurred in technology and communication, moving the concept and actuality of globalization to dimensions we would never have imagined. They have made educational researchers, theorists and pedagogues rethink our notions of literacy, forcing us to embrace electronic technologies, multi-modal experiences and other non-print contexts as essential tools for thinking, learning and communicating. They have also made us rethink the kinds of communication, interaction, comprehension, question-asking and question-answering strategies students need to learn for their turn in the job market. As you know, creative as well as critical thinking are central in the 21st-century workplace, and innovation is the goal. From my perspective, this is where literature comes in, and where my present-day concerns lie.

While most of today's educational programs want to prepare students to become the new and successful work force of tomorrow (looking ahead), changes in curriculum and instruction have been looking too closely at the kinds of texts students are being asked to read, and not closely enough at the kinds of thinking students are learning to do as they learn the content and get their work done (looking back). These people argue that informational/expository texts are read and written at work, and that literature is not. With this as their guide, they recommend that students have more informational and fewer literary experiences at school. I think this is short-sighted, and this is what I want to focus on for the rest of my talk, to help you understand why I think literature and literary thinking are so important at school.

Through many years of research, I've been able to show that literary thinking, the kind of thinking we do most of the time when curled up with a good book and transported into the situation we read about, is different from the kind of thinking students are usually asked to engage with non-fiction and informational texts. 21st-century workplaces use both kinds of thinking. However, more and more workplaces want new discoveries, new applications, and new and different technologies. In the 21st century, the ways of thinking matter more than particular information or particular technology. In fact, many businesses of all sizes have developed new kinds of job interviews that ask applicants what else they might do with certain

理解与对话

information or ideas. They are looking for and valuing creative thinking more than experience in doing a particular job.

To be prepared, students will need to become flexible and agile thinkers who can approach ideas and solve problems with content and technology that keep changing. They will need to be able to create change, but also to adapt to changes not of their own making. With this in mind, I think that literature has a very important role to play in preparing students for success in the workplace. I say this because, from my theoretical perspective, literary thinking contributes to the innovative thinking our changing world is calling for. Let me explain.

ENVISIONMENT-BUILDING

Let us begin with what happens when we read, think and make sense; when our understandings grow, when we comprehend and learn. In the past, we've treated comprehension as a building block process where we attach new ideas to old ones as we read, leading to a built-up understanding of a text or a whole set of connected ideas. But it doesn't work that way. Understandings grow and change and spiral and become transmuted when we read and write and think. Some ideas we have at one point in time are gone in another, and rightly so. Reading, writing, thinking and learning are always interpretive acts. We don't merely add information. We build envisionments. I use the term "envisionments" to refer to the world of understanding we have at one point in time, when we're reading, writing, or thinking. Think about how you are listening to me or reading my speech right now. Your envisionments at this moment represent your momentary understanding. You might be thinking "What on earth is she talking about? This isn't at all what I thought she'd discuss". But as you continue to listen to my talk or read this paper, your envisionments of what I am saying will change and grow. Wait and see. Each envisionment includes what you do and do not understand, as well as your momentary thoughts about how the whole of my message might unfold, and your reactions to it.

Envisionments Are a Way to Think about Comprehension

Envisionments are individual. Envisionments are text-worlds in your mind, and they differ from person to person. They are a function of your experiences, what you know relative to the topic and situation and what you're after.

Envisionments are always open to change. Envisionments are always in a state of becoming, so meaning development doesn't stop when you finish your homework or leave class or close a book or turn off your computer or leave my talk.

The notion of envisionment-building suggests that we need to think of comprehension and learning as always developing and changing. We need to ask questions and engage in discussions and minds-on activities that provide opportunities for students and for ourselves to be aware of what we don't understand and search for ways to go beyond. We need to engage in activities that feed our minds and let us build our understandings and develop our ideas. This concept of envisionment-building underlies my notion of literacy. Next you will see where the importance of literature fits.

ORIENTATIONS TO MEANING

Literary & Informational Orientations

My research shows that the meanings we're after and the ways we make sense differ substantially when our main purpose is to gain or share information (say to follow and form opinions about what is happening in Ukraine) versus when our main purpose is to immerse ourselves in a novel or movie or play (like something by Lu Xun or Ding Ling) and live through the piece. Both are critical components of the intelligent mind. One is more open-ended and exploratory (like a search). The other is more focused (like a hunt).

Exploring horizons of possibility. A literary experience involves an open-ended search. This need to fill in what we are not told is at the heart of engaged literary reading. I call this act exploring horizons of possibilities. I use the word "exploring" because we engage in a search and gathering activity. We let experience lead us to meaning. When we do this, we search for ideas, the story behind the story. We look for relationships, motives, past events—anything that will help fill out our understandings. I use the words "horizons of possibility" because every time we think of a possibility, we think of what the implications might be, and are led to changing ideas of where the entire piece will take us.

Let us take Shakespeare's *Hamlet* as an example. Once we read that Hamlet's father has been killed and that his mother has married his uncle, we begin to question how he might feel about all that has happened, and also wonder what others in the palace might think. We may also question his uncle's motives as well as his mother's, and these explorations begin to shape our understanding of the entire play. As we read on, we might begin to question Hamlet's relationship with his mother and how she feels about his father, about her new husband and about Hamlet himself. And later, after we have explored these ideas and his father's ghost appears, we wonder what action he will take. Our earlier explorations help shape our understanding of the entire play, including Hamlet's action at the end.

In a horizons of possibility orientation, each time we explore possibilities, our understanding of the play changes. Even when we finish seeing the play (or reading it) we rethink our interpretations; we think of other possibilities. A horizons of possibility interpretation is one of explorations, where uncertainty is a normal part of the understanding and new ideas raise still other possibilities that affect our overall understanding. Literature is structured to create gaps. These gaps draw you into the piece and help become actively engaged in creating your understandings as you read. This act of internalized creation is at the heart of the literary experience.

Maintaining a Point of Reference

When the goal is primarily to gain concepts or information, the orientation involves maintaining a point of reference. I use the word "point" because there is usually a particular kind of information we're after. I use the word "reference" because we try to clarify, modify and build our momentary envisionments and check to see how well they contribute to our understanding of the point. I use the word "maintaining" because as we continue, we try to remove ambiguities and build a fuller understanding of the point. However, we rarely change our overall sense of what the topic is about. There must be a great deal of contradictory information to change our minds about the topic.

Let us take our reading and hearing about the situation in Ukraine as an example. We maintain a point of reference when we want to know what is happening there; who is doing what to whom and how daily life continues. To build envisionments, we search for related information. We may want to know more about how the people feel and whether and how they are being influenced by others. We want to learn more about President Putin's goals, the goals of President Poroshenko and the varying views of the Ukranian people. We read to understand more, but what we consider is guided by our point, keeping up with the present problem in Ukraine.

Exploring horizons of possibility and maintaining a point of reference orientations are at the heart of why I think literature is so important to intelligent thinking. In my books *Envisioning Literature* and *Envisioning Knowledge*, I develop these ideas in much greater depth and elaboration, and also discuss how they work in classrooms from ages 6 years through 18.

Horizons of Possibility & Point of Reference Orientations Work Together

The cognitive strategies we use in one orientation add a dimension the other doesn't have. In any reading of literature or informational text, or experience in school or work, we move from one orientation to another, as appropriate. One orientation is primary, but the other helps round out our understandings; it brings us another way to look at things.

Let us think of the Malaysian plane that crashed and took so long to find. Think about the search for the plane. Looking at all the technical information they could find was critical to the search, but so was imagining scenarios about the human element, about the people on the plane and their motives and where these may have taken the plane. They still don't know what really happened. Right after the crash as well as now, to solve the problem, they need to explore horizons of possibility as well as to maintain a point of reference.

How do We Know Which Orientation to Choose?

The cognitive strategies we use in one orientation add a dimension the other doesn't have. And our main reason for engaging in the activity leads us to one orientation or the other. We choose one over the other based on what we know and what we want to know. We enter a horizons of possibility orientation as a way to get new ideas when: (1) there is something new we want to think about or develop; (2) there is a problem we're having difficulty solving; or (3) when we aren't sure where we're headed. In comparison, we enter a point of reference orientation in search for information when: (1) we know what the topic is, but know little about it; (2) we know something about the topic but want to know more and refine our understanding; or (3) when we want to use the content to create new uses or applications.

Both orientations are components of the well-developed mind. The problem is that because horizons of possibility thinking is not well-understood, point of reference thinking has tended to be held as the gold standard, even in literature classes. And when students use horizons of possibility thinking in their classes, the teacher generally corrects them or ignores them and moves on. Most interesting though, is that both orientations are useful in all subjects at school and all situations at home and work. We move in and out of them when appropriate for the kind of ideas and information we're after. Successful thinkers use them both.

For example, I've analyzed the ways in which Johannes Gutenberg created the printing press and Charles Darwin came to develop concepts underlying his book, *The Origin of Species*. Gutenberg knew he wanted to find a way to print the Bible so many people could read it. So this was his long-range goal, his point of reference. However, he had no idea how to get there. The only things he knew about were block-printed books and there was no way they could be mass-produced. His diaries showed how, as he did his work and lived his life, he kept his mind open to anything that might give him ideas for how to mass-produce books (his horizons of possibility thinking). In comparison, Darwin wanted to go on a trip around the world, not knowing what he would find. He kept a diary of all the wildlife he saw along the way (his horizons of possibility thinking). After some time, he began to see that certain animals he had seen looked different in another location, but that similarities remained. He began to look for similarities and differences, and these thoughts also showed in his diary entries (point of reference thinking), from which he would eventually develop his thesis on the origin of species. If you read their letters and diaries you can see how their thinking moved back and forth from one orientation to the other, depending on their particular goals and needs at that specific time in the development of their ideas.

This moving back and forth to solve problems or to create new concepts is a result of the flexible thinking that occurs when people are "fluent" in both kinds of thinking. To ensure this fluency is learned, exploring horizons of possibility needs to be taught, practiced and valued at school.

Point of reference is already taught and used a great deal in school, in all subjects. But horizons of possibility thinking needs to be taught much more than it usually is, in literature (or mother tongue) classes, as well as used as part of the activities in all subject classes. Less thoughtful discussions of literature and restrictive test questions are not helpful. There is a current reform movement to engage students in first-hand exploration of concepts in all classes and first-hand experimentation with how the concepts work or could work in a variety of contexts. These are the kinds of experiences that would involve both kinds of thinking. But for this to take hold, reforms of tests as well as teaching strategies would certainly be necessary. I am told that there has been a push in China to have students read more classics, including traditional Chinese readings (and Confucius readings), as well as well-known works from the

Western world. However, as I have said earlier, a focus on texts alone, without at least an equal focus on the ways in which students are taught to build their own envisionments would short-circuit the potential for them to learn to engage in the kinds of creative thinking that is sought in the 21st-century workplace.

As you can see, I think literature is critical to the individual and to society at a very basic level. Our world is changing as it has always changed. But now, educators are becoming aware that we need to prepare students not only to keep up with the societal changes, but to have cognitive tools for looking beyond. Our minds must always be in motion, looking for facts and received knowledge but also exploring; searching for the new, expecting things to change, and having the strategies that will help us adapt.

CLOSING COMMENTS

As I said in my opening comments, in many parts of the world there has been an increased focus on informational texts and a decreased focus on literature. The goal is well-intended; to teach students what they need to know to do well in school and work. It is assumed that information is the prime need. Knowing a lot is the goal. On the other hand, when our goal is to develop the strongest and best-developed thinkers, problem-solvers, and innovators, flexible thinking supported by critical and creative reasoning is the goal. How can we change our education so that our next generation will be more creative and more innovative?

Economists predict that in the future, school children of today will need to change jobs several times during their lives. From my perspective, to do this they will need flexible reasoning abilities, the kinds of creative and critical thinking I have been describing. They will need to participate in a future world we can only imagine. Preparing them for the present is not enough. An increase in the testing and standards much of the world is developing today is insufficient unless we also change something substantive underlying it. We need to develop flexible reasoning and inquiring minds that focus on big ideas and ways to put knowledge to new uses. If we treat literature as a way of thinking, we can help students do this.

Learning to Write in a Digital and Global Age[1]

Sarah Warshauer Freedman[2]

A 14-year-old South African teenager, who is of South Asian heritage and who goes to a school that serves a mostly working-class population, talked to my research team recently about how she writes.

> When my parents talk to me when I'm doing my project, first thing that I'll do is switch my laptop on and go onto the Internet and Google this and that... [Before] we had to walk to the library and ask our parents—I just can't imagine going through all that. It's just made our lives so much easier.

This youngster's experience is not unlike mine in preparing this talk, including the paper on which it is based, my speech script, and my slides. We both note that the way we write today is very, very different from ways of writing in the recent past. Neither of us can even imagine going back to the older ways.

CHANGING TIMES FOR WRITING

Indeed, these days almost all of the writing activities I engaged in for this talk depended heavily on digital technology, from my laptop, that

[1] Special thanks go to Jen DiZio who helped with many aspects of this presentation. Additional thanks go to Scott Marshall for his expert help with the videos and photography. Finally I am grateful to the teachers and students at the Palo Alto High School Media Arts Center for welcoming me and my team and generously sharing their expertise and their ideas.

[2] Sarah Warshauer Freedman is a professor at University of California, Berkeley.

contains a pretty good record of my life and many resources I have collected, to the Internet, to programs that allowed me to use video and audio and text all together in interactive ways to help me communicate something to you. When my co-authors and I collaborated on the book chapter that provided many of the ideas for this talk, we used the Cloud so that we could do our drafting together—and everyone could see everyone else's changes—even though we were rarely sitting around the same table. [1] The entire process was much more dialogical than it used to be, and this talk includes many voices of others in it. Bakhtin showed us how the voices of others routinely enter our thinking, but even he could not have imagined the distances those voices travel today. [2]

In moving from a chapter for a handbook to this talk, I grabbed some parts of the chapter and rewrote them for an oral presentation; added other information, some of it to make my ideas relevant to a Chinese audience; and I created PowerPoint slides, which I am projecting as I speak. I was able quite easily to get information about China from the Internet that I thought could be relevant.

In getting organized for the presentation, I emailed back and forth with Professor Zhengwei Liu to find out about the audience and what would be expected. I kept my notes and all the information related to this trip in the Cloud in Dropbox, so I could access it both on my computer and in the Cloud. And if we wanted, we could set up a blog so that after I go back home, you could write your ideas and ask each other questions and get responses. In this way, we could initiate a written conversation about what we talk about today. The dialogue and the mixing of ideas now can continue quite easily beyond the time of the conference itself.

The writing and now speaking process I just described includes a mix of old and new media; it includes globally focused dialogue that occur

---

[1] FREEDMAN S, HULL G, HIGGS J, BOOTEN S. Teaching writing in a digital and global age: toward access, learning, and development for all [M]//Handbook of research on teaching. 5th ed. Washington, DC: American Educational Research Association, 2016.

[2] BAKHTIN M M. The dialogic imagination: four essays[M]. EMERSON C & HOLQUIST M (trans.). Austin: University of Texas Press, 1981.

mostly through literate channels (reading and writing formally and informally; synthesizing information from Internet research, other reading, and talking to others). The dialogues include explicit ones with colleagues and with Professor Zhengwei Liu, and imagined ones, with the writers of the pieces I was reading and with you as an imagined audience.

In thinking about new ways of writing and their globally dialogic affordances, supported by digital technologies, I will put forth 3 words that I think encapsulate and will help us think about writing for these new times and the implications for teaching and teacher education:

1. **Multiliteracies**[1]. The term "multiliteracies" was used to signal two concepts by the New London Group. I am using it to mean only the multiple ways an individual is literate, including academic genres like this speech; texting, blogging, and emailing; writing narratives, poetry, rap and hip-hop; grocery lists; journals and diaries. There is nothing new about multiliteracies but with the Internet our multiliteracies are proliferating.

2. **Multimodality.** Although the New London Group used this term as part of multiliteracies, I pulled it out to stand alone because as we think of changing literacies, it needs special focus. Multimodal communication has always been important (pictures and text mutually supporting each other as a prime example), since 1996 the possibilities for multimodality have increased exponentially as has the ease of integrating varied modes in a single piece (this talk contains text, audio, video, pictures). As Cope and Kalantzis explain, multimodality references an "increasing multiplicity and integration of significant modes of meaning-making where the textual is also related to the visual, the audio, the spatial, the behavioral, and so on"[2]. Here we have both proliferation of modes and changes in ease of use.

---

[1] New London Group. A pedagogy of multiliteracies: designing social futures[J]. Harvard education review, 1996, 66: 60-92.

[2] COPE B & KALANTZIS M (eds.). Multiliteracies: literacy learning and the design of social futures[M]. London: Routledge, 2000: 64.

3. **Composers.** Given the proliferation and ease of including multiliteracies and multimodalities, writing has moved from a world dominated by stand-alone text of a single type to a world dominated by multimodal composing and the flexible use of multiliteracies. As communication increasingly moves in this direction, I propose the term composing instead of writing.

DIFFERENTIAL ACCESS TO THE CHANGES

Before expanding on these changes in how we compose, I want to note that this present moment for new ways of thinking about literacy, for composing, is both the best of times and the worst of times. It is the best of times because the digital world is making it possible for more people than ever before to engage creatively and purposefully with written texts. Large segments of the population in the US and in China send texts and emails around the world, have a written and visual presence on social media, join in writing blogs, and so on. Since this digital world is globally connected, everyday people are easily able to write for expanded and distant audiences, often across vast geographical spaces, with rapid, often near-instant, feedback and response. Composing in this digital and global era has been buoyed by the development of these expanded tools. In these best of times, the expanded possibilities for composing make a 21st-century vision of the teaching of writing an urgent issue.

But it's not just the best of times. It is also the worst of times for many. We in this room, attending this academic conference are very privileged. We have access to these multimodal and digital resources for composing. But many people around the world do not have even basic writing skills, not to mention access to computers, both of which are required for being fully a part of 21st-century literacy. Indeed, lack of such access is becoming more and more consequential in terms of peoples' life chances in the modern world. Thinking globally, UNESCO's director general in 2008, Koïchiro Matsuura, reported:

[O] ver 774 million young people and adults in our world

today—almost one in five of the adult population—do not have the basic literacy and numeracy skills they require to participate fully in society. In some regions of high population growth, the absolute number of those without literacy is actually growing. [1]

Matsuura's report noted that "Sub-Saharan Africa, the Arab States region and South and West Asia demonstrate the largest literacy needs"[2]. He continued by stressing the reasons that citizens worldwide need to learn not only to read, but also to write:

It is common to talk of "knowledge societies", but less common to acknowledge that the generation, transmission and transformation of knowledge almost always depends on writing—whether on paper, computer screen or mobile phone. Without literacy, people are excluded from access to these circuits of knowledge, and even from the most basic information they may need for daily life. Literacy is an integral part of addressing major global challenges—food security and agricultural production, HIV & AIDS and other epidemics, economic growth, and intercultural relations. Opportunities to learn and acquire new skills necessarily require literacy. [3]

Even in societies such as the United States and China, with almost

[1] RICHMOND M, ROBINSON C, SACHS-ISRAEL M. The global literacy challenge: a profile of youth and adult literacy at the mid-point of the United Nations literacy decade 2003—2012[M]. Education Sector, Division for the Coordination of United Nations Priorities in Education: UNESCO, 2008: 3.
[2] RICHMOND M, ROBINSON C, SACHS-ISRAEL M. The global literacy challenge: a profile of youth and adult literacy at the mid-point of the United Nations literacy decade 2003—2012[M]. Education Sector, Division for the Coordination of United Nations Priorities in Education: UNESCO, 2008: 7.
[3] RICHMOND M, ROBINSON C, SACHS-ISRAEL M. The global literacy challenge: a profile of youth and adult literacy at the mid-point of the United Nations literacy decade 2003—2012[M]. Education Sector, Division for the Coordination of United Nations Priorities in Education: UNESCO, 2008: 3.

100% and 95% basic literacy respectively[1], opportunities for higher levels of literacy, for multiliteracies, are unequally distributed. Basic literacy means very basic abilities to decode text. But higher literacies include regularly using literacy to communicate and engage expressively and creatively, as well as for synthesizing and analyzing information from texts. It also includes using literacy practically as part of our everyday lives. For people without access or with less access to high levels of literacy, others are in control. For those without literacy or with only basic literacy, for example, the use and interpretation of official documents and the ability to manage the demands of large bureaucracies are difficult, if not impossible. Such difficulties with literacy can determine peoples' life chances and even their very survival, making the stakes of becoming highly literate very high indeed. [2] The world's ability to control the Ebola virus provides a good example of our interconnectedness and the importance to all humans, regardless of national boundaries, of having a populace that understands the complexities of disease transmission across borders. The spread of Ebola also exemplifies the fact that even high levels of literacy do not guarantee success in containing a highly contagious virus or responding to it, a reminder that literacy is insufficient for solving world problems and that confusion can rein even if people are highly literate.

In our modern age, beyond basic or even advanced levels of traditional literacy, it is important also to consider access to modern tools since digital access is intertwined with what is and will increasingly be required for the kinds of 21st-century literacy that are becoming more and more essential with globalization. As is the case in the US and indeed most countries in the world, the distribution of digital devices, like the distribution of literacy, is not equal. China is no exception. The use of the Internet in China (including cell phone use) is measured in a formula designed to

[1] World Bank Group. Literacy rate, adult total (% of people ages 15 and above)[EB/OL]. [2014-11-21]. http://data. worldbank. org/indicator/SE. ADT. LITR. ZS.
[2] BLOMMAERT J. Writing as a problem: African grassroots writing, economies of literacy, and globalization[J]. Language in society, 2004, 33(05): 643-671.
CUSHMAN E. The struggle and the tools: oral and literate strategies in an inner city community[M]. Albany: State University of New York Press, 1996.

account for "Internet penetration". The good news is that Internet penetration is increasing greatly with each passing year (and in absolute numbers China has more Internet users than any other country in the world). The penetration, though, was about 30% of the population in 2009 (see Figure 1); this year UN reports show China's penetration rate at 46%.

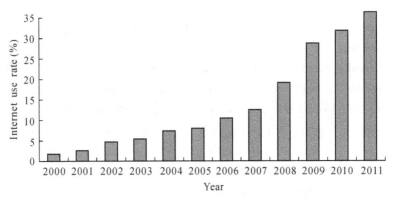

Figure 1   Internet Penetcation Rate in China, 2000—2011[1]

By contrast, the penetration rate in the US is 81%. These percentages place the US at No. 28 among countries in the world and China at No. 95 in penetration. The countries or regions with 90% or more penetration, in order are: the Malvinas Islands (97%), Iceland, Norway, Sweden, the Netherlands, Denmark, Luxembourg, Bermuda, and Finland who are in the 90% or more.

But there is also some bad news. Wang and Li studied who does and who does not have Internet access in China. They found a direct relationship to income level (see Figure 2); the same is true in most countries in the world. They also found a huge split between urban and rural households in China, with almost all the Internet penetration in urban areas (see Figure 3). Those rural areas that are near urban areas have more access than those that are more remote.

[1] WANG Q, LI M. Home computer ownership and Internet use in China: trends, disparities, socioeconomic impacts, and policy implications[J/OL]. First Monday, 2012, 17 (2) [2014-11-21]. http://firstmonday. org/ojs/index. php/fm/article/view/3767/3144.

理解与对话

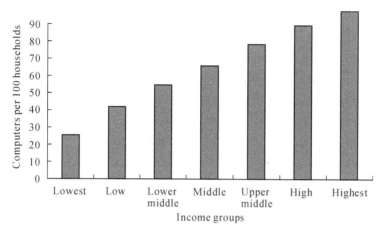

Figure 2   Home Computers per 100 Households by Income Groups in China in 2009

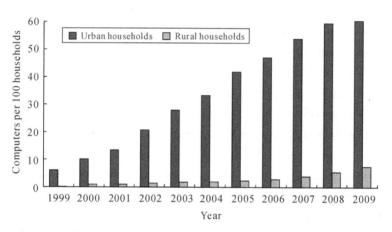

Figure 3   Home Computers per 100 Households in China, 1999—2009

We urgently need to consider what we can do in our respective contexts to promote wider digital access. That is the topic for a whole paper of its own.

A VISION FOR LEARNING TO COMPOSE IN 21ST-CENTURY SCHOOLS

With these issues in mind, I will now turn to how schools can best prepare for teaching writing for the 21st-century, both for those with and without full access to new digital tools that can support the process. Though important as supports, there is much schools can do to foster 21st-century literacy without them. I will offer an example of a Media Arts Center that opened in September, 2014 at Palo Alto High School (also known as Paly). The Center houses Paly's large and flourishing journalism program but also supports composing in other departments at the school.

Paly is in the heart of California's Silicon Valley and educates many of the children of the Valley's leaders. Many of the students' parents work for Google and Facebook and Apple and Intel and Hewlett Packard and the many venture capital companies and start-ups in the area; of those a number are the founders, the visionaries of the Valley. These parents lead and participate in communities that value creativity and futuristic thinking. Many possess formidable skills in coding, natural language processing, robotics, and just generally "making" new digital things. They think daily about how to create a better world and then work to implement their ideas. That world includes a different world for writers and writing.

The school is across the street from Stanford University and not far from the University of California at Berkeley, both universities with a major focus on teaching young people to design a new future. At Stanford, the D-School, or Design School, explicitly teaches creative thinking to solve problems and teaches "making" new designs for a better future. At Berkeley, the I-School, or Information School, explicitly teaches about the intersection between the digital world and what it means for how people can generate and use information. Both universities have world-class computer science departments (in a 4-way tie in the latest US rankings for No. 1 with MIT and Carnegie Mellon) and are connected to the many digitally-related companies and start-ups that thrive in the Valley and its surrounds.

The Media Arts Center at Paly is designed to support teaching and learning for the future, matching the philosophical goals of creativity that permeate the Valley it serves. To figure out what kind of space to design the teachers and administrators "started by talking to students about what the journalism facility of their dreams would look like. ' The question was, what is the newsroom-classroom of the future going to look like?' " The resulting vision was of a building that "promoted multi-platform publishing, collaboration, innovation … and a sense of community"[1]. Importantly, the vision was part of a curriculum that had been evolving for many years to meet 21st-century needs. The Center's vision is then supported by sophisticated digital devices and a well-designed space, but what the Center does does not depend on either.

The journalism program publishes for varied audiences, both local and global, and shows how such reach requires students to acquire the kind of **multiliteracies** with which I began. The Center houses 7 school publications, which include (1) *Campanile* (newpaper), the campus monthly newspaper, with news stories and current events; (2) *InFocus*, Paly's broadcast journalism program, with local and Internet broadcasting every weekday morning; (3) Madrono, Paly's yearbook, published once a year to summarize events at the school in pictures and words; (4) *Verde* (magazine), the campus quarterly news and features magazine, which covers a range of issues pertinent to the community, with topics for coverage chosen according to the interests of the writers; (5) Video Production, a filmmaking fine art group that explores adaptations, narratives, genres, auteurs and movements (i. e. postmodern, avant garde, dogme 95); students tell their own stories—they produce their own films from concept to final cut; (6) *Viking*, Paly's 64-page sports magazine, published 6 times a year as well as a Twitter feed for game scores; and (7) Voice (online features), Paly's online news service, which also carries media from the *Campanile*, *Verde*, and *In Focus*. Project-based learning is obviously the norm here.

In the school, multiliteracy within the journalism program is widespread. When I visited a couple of weeks ago, Kelly, one of the students, explained to me how she has explored more than one literacy

---

[1] Palo Alto Weekly. Paly to host three-day grand opening for Media Arts Center[EB/OL]. (2014-10-12) [2014-11-21]. http://www. paloaltoonline. com/news/2014/10/12/paly-to-host-three-day-grand-opening-for-media-arts-center.

even within journalism as she compares news writing for the *Campanile* to feature and editorial writing for the magazine, *Verde*:

> First half of junior year I took beginning journalism. And have you heard about that? It's a semester-long class and we just go over the basics of journalism. And we learn about writing a book. But that class is more geared towards news writing. And you know for the magazine we write longer pieces. And we write more opinion pieces. And they are more specific. I think the classes in beginning journalism are more—they teach you more how to write like a newspaper, in a newspaper style. But then after I knew I wanted to join *Verde*. Because I really like how open and creative it is, as opposed to the newspaper, which writes like very cut-and-dried news stories. And there are some opinion pieces but those are all very formal. And so I really wanted to join *Verde*. And now I'm here.

Though multiliterate, Kelly definitely has her preferences. She also understands well the differences in the literacies required for a news article as opposed to a feature or opinion piece in a magazine. She further knows the difference between the same genre (opinion piece), depending on the type of publication in which it appears. In another conversation Kelly explained the values of subject-based writing (e. g. essays to analyze literature or a scientific report) as distinct from journalism, showing other literacies she is acquiring in school.

The Center's "multi-platform publishing" relates to **multimodality** with which I also began this talk. To support multimodal composing, the Center houses, "119 brand-new Apple desktop computers and 13 LCD television screens to six soundproof interview booths and a high-tech room for Paly's daily broadcast show, *InFocus*". The local newspaper describes the Media Arts Center as a "two-story building, which is chock full of cutting-edge video, editing, recording and other journalism-related technology". Paly has greatly expanded the supports they had before. They were thinking about the importance of multimodal composing independent of digital tools. One of the students I talked to, Carina, is one of two artists for the *magazine*, *Verde*, but she does not just do art; she works together with the writers to communicate to their readers, using both pictures and text in interdependent and intertwined ways. She showed the depth of her understanding of the affordances of multimodal composing as she described her work on the magazine:

So usually what happens is the artists talk to the people writing the stories and ask them "What is your story about, and how can we further convey this through visuals?" So the art is there to mainly supplement uhm whatever is going on in the text. So it's not its own individual message. So if you ··· the art is meant to be eye-catching. And as you read the article, you understand the art more and more as you go through it. So it offers both a textual understanding as well as a visual understanding ··· Right now I'm working on one for women in corporate America. So we're doing an article about how while the glass ceiling is being broken, it is being broken very slowly, and in a very few small holes at a time. And there are still a lot of women who haven't experienced that yet. So uhm I drew a woman breaking through a glass ceiling. Uh but she's climbing up a ladder and climbing up alone. And she ··· there are a crowd of people under her who are waiting to go up that ladder. So it shows how you can only go one at a time and it's very slow. And at first when you see it, it doesn't make much sense. But as you read the article, it'll make more sense later why there's a crowd waiting to go up a ladder and things like that.

Importantly, Carina's thinking is facilitated by the digital equipment available to her but not dependent on it.

The ways the students are composing falls under the fabric of interest-based learning and project-based learning. The founder of the Paly journalism program, Esther Wojcicki, explains the crucial role of interest-based learning for writing.

So one of the things that I do in journalism is I want them to write about things that they care about, and then support it. And things that they care about, you know, can be anything from skateboards uh to uh there's too much homework. They can write an essay about that. Or they can write an essay about like the Ebola situation. They can write about anything that they care about. But the idea is to give them a voice.

Woj, as she is fondly known, explains that having a voice comes when students write about what they care about. A cross-national study of teaching writing in the US and the UK showed that UK teachers insisted that students only write about what they cared about even in their traditional English classes. Otherwise the teachers thought the entire exercise was futile. They saw the teachers' job as one of "interesting" the students in genres and ways of writing they might not tackle on their own, in this way helping them stretch and grow. By contrast, the US English teachers were more prone to "assign" writing topics to students. [1] Woj says English teachers at Paly commonly assign topics as well. Woj finds that students become used to not thinking about what they are writing and why and that she has to teach them explicitly to take advantage of interest-based teaching. When students first came to her beginning journalism class, it was not uncommon for them to find it difficult to articulate what they cared about. She explained, "They think they have to write in a way that is somehow artificial," and continued, "I want to make it really clear that you don't do that. As a matter of fact, I want to know what you think in your voice. And that's how we get all this great writing."

When I asked Kelly about what she learned at Paly about writing that made her become a better writer, she talked first about the importance of finding her voice:

You need a voice. I think, personally what ⋯ why I like my

[1] FREEDMAN S W. Exchanging writing, exchanging culture: lessons in school reform from the United States and Great Britain[M]. Cambridge: Harvard University Press, 1994.

writing is because it has a voice. And it's not formal, and it's not boring. And I think, for me I know a lot of other people emphasize other things. But for me the most important thing, to me when I'm reading a piece is that it has to have a voice. It has to have like some sort of drive behind it. It doesn't even have to be funny. It just has to be something that's not so cut-and-dry, and not so formal, and something that just draws the reader in.

Kelly is not unique. In most cases the students discuss choosing topics they care about and working on them over time and in collaboration with others. This interest-based philosophy seems fundamental to help students in all their classes develop as writers.

Interest-based and project-based learning requires a collaborative well-functioning community, the kind of focused and goal-directed community that characterizes an effective space in the work world and that is highly valued in the Silicon Valley. Woj explains her goal of fostering collaboration through the design of the space:

All the furniture moves. And so the reason that it moves is because I was trying, very hard actually, to make sure that teachers do not have students in rows. I want them to be collaborating and be able to, you know, do collaborative work in different spaces, and so—if we have chairs that are always fixed, and they're always in rows, then it's really tough for students to, you know, and for teachers to do another kind of education.

The Media Arts Center contains no traditional classrooms arranged in rows of fixed desks. Instead, because of the high value placed on collaboration, the space is designed so that it will be impossible to work in the traditional way. The chairs all have wheels so students can move around easily. There are tables where students work together in small groups and in pairs. Teachers move around the space, helping the students complete their projects and solve problems that they encounter and cannot solve on their own. This is a world of mutually interdependent dialogue that comes together to produce something worthwhile—a newspaper, a magazine, a yearbook, a film, a broadcast. Kelly explains that these values were there before they had the new building but as she begins, "Now it's just easier to communicate":

> I mean we still have the same community feeling that was there last time. But now everything—it's just easier to talk to each other. I mean it's the little things you know like the furniture, like the chairs are on wheels. So you can just like move your chair. And then you can ··· I don't know ··· it's just the organization of the new building is built—it's built in a way that encourages talking to each other and mobility. So like all the chairs have wheels, and all the desks like they can be adjusted. No matter how you want. And it's just a lot easier. I wouldn't say there's like a new sense of community, because it was there before. It's just easier now, and it just flows better.

Kelly's words are important. These learning principles were there, independent of the new building and all its technology.

Finally, it is important to note that students took a semester-long, basic journalism class directed by a teacher, before being expected to assume responsibility for the publications. But once they began work on the publications, more senior students, who become editors, mentored more junior students. Teachers served as advisors. Jenny explained that what evolves is a "student-run class". When students work at the computers on the publications, they are "always talking with each other, asking each other for ideas, asking for help. And that really helps us in our learning". The expectation is that they will collaborate in order to collectively take responsibility for the publications and further that they will win awards. There is no explicit pressure but past awards for the publications are too numerous to fit on the walls and everyone, teachers and students alike, assume the awards will keep coming and that these students are just as capable as the students who came before them.

To review, the principles for 21st-century multimodal, multiliteracies include a focus on:

- Interest-based learning
- Project-based learning
- Collaboration, community, student responsibility, and high expectations

The new resources fit with the philosophy and make it easier. The principles are supported by research on writing and by research on learning. [1] Even without such a wonderful new center and without all the new digital affordances, everyday schools can begin to implement forward ways of thinking about writing and the teaching of writing. Curricular changes are fundamental and more important than all the resources this school has. As Woj explains, "So the space is really an incredible add on for the students and for the teachers as well. " Notice that she sees it as an "add on", not as the central point. She muses about the past and about how much she could accomplish without her new space and makes an important point:

I know a lot of teachers out there do not have these facilities, don't have a lot of support. But the fact is you can still do it. It's the culture of the classroom that is really important to change. So to give kids some trust and respect, and give them an opportunity to work on things that they really care about, things that are important to them. So sort of self-directed, interest-based learning, that's basically what I've found is really effective.

---

[1] See BLUMENFELD P, et al. Motivating project-based learning: sustaining the doing, supporting the learning[J]. Educational psychologist, 1991, 26(3 & 4): 369-398. See also other applications in academic subjects on Edutopia websites: http://www. edutopia. org/ project-based-learning; http://www. edutopia. org/blog/service-pbl-common-core-literacy-amy-conley; http://www. edutopia. org/project-based-learning-history.

Not only do these students in Silicon Valley deserve the vision of the Media Arts Center, but so do students in all areas of their curriculum as well as students in other schools beyond Paly. This vision is enacted in some schools in the US, but it is not as widespread as it could be. From what I have seen of Chinese schools, my sense is that here too this vision is not consistent with traditional ways schools are organized. So my question to you, the same one I would pose to many teachers, teacher educators and educational leaders in the US, is: How could you imagine a school of the future that would support young people to acquire the composing abilities that would allow them to participate fully in the literate world of the 21st century and in 21st-century workplaces, independent of having the resources that I just described?

I want to close two goals for an action agenda, an agenda that ideally would help schools keep up with societal changes and evolving needs:

1. Make changes in school and classrooms to follow underlying learning principles, which promote interest-based learning and project-based learning, along with a focus on collaboration among peers, community, student responsibility, and high expectations.

2. Increase access to digital tools and affordances for all people, with particular attention to gaps in access and to using them to support the changes in schools and classrooms.

I think the path to making this kind of change rests with thoughtful teachers, working with thoughtful school administrators and university-based researchers who can collaborate with teachers to study changes. I propose beginning a program of teacher and school-based research in collaboration with university researchers. Teachers and school leaders need to buy in to change, and change will go more smoothly if it is accompanied by a program of research, that involves the participants, and that provides for continued problem solving throughout the process. Collaboration on interest-based projects in a supportive community where expectations are high is as important to teachers and other educators as it is to student writers.

Different Perspectives on Dialogue in the Literature Classroom[1]

Vibeke Hetmar[2]

What students get out of reading a text, does not solely depend on what they get out of them on their own but what they are invited to by their teachers. [3]

In my presentation, I will focus on different ways of understanding and framing literature classrooms. My point of departure is inspired by Mark Faust, an American professor in education who in 2000 introduced the concept of *root metaphors* which refers to sets of assumptions about framing classroom interaction. According to Faust, the most common ways of framing literature classrooms may be characterized by one of two root metaphors: the courtroom and the marketplace.

The *courtroom* metaphor refers to classrooms that are framed on the assumption that literary texts imply hidden meanings that can be revealed through interpretation. In a courtroom, the judge has the authority to distinguish right from wrong. Used as a metaphor for the classroom, the concept refers to a framing where the teacher asks questions, invites students to respond and afterwards evaluates students' responses as being right or wrong. In classroom research, this way of communicating is often termed IRE.

The *marketplace* metaphor, on the other hand, refers to classrooms

---

[1] This article only has an abstract.

[2] Vibeke Hetmar is a professor at the Development of Communicative Competences at the Department of Education, Aarhus University, Denmark.

[3] CHAMBERS E, GREGORY M. Teaching and learning English literature [M]. London: SAGE Publications, 2006.

where different ideas compete for survival. The basic assumption is that ideas are derived from and should be respected as examples of personal reading experiences which do not necessarily have to be supported by references to the text. In these classrooms, reading is understood as a process which first of all is based on personal experience and thus deflects attention away from literary texts as social and cultural constructions.

As an alternative, Faust introduces a third root metaphor: the *reconstructed marketplace* which refers to classrooms where literary texts are understood as social and cultural constructions. In these classrooms, students are invited to engage with and reflect upon different ways of reading and understanding literary texts and encouraged to develop and refine their own readings in dialogical interaction with the teacher and their classmates.

In my presentation, I will elaborate on these three different perspectives on the literary classroom with special emphasis on the educational possibilities inhered in Faust's notion of the reconstructed marketplace in discussion with Mary Louise Pratt's idea of *the classroom as a contact zone* and Gerald Graff's notion of *teaching the conflict*.

References:

CHAMBERS E,GREGORY M. Teaching and learning English literature[M]. London:SAGE Publications,2006.

FAUST M. Reconstructing familiar metaphors:John Dewey and Louise Rosenblatt on literary art as experience[J]. Research in the teaching of English,2000,35:9-34.

GRAFF G. Conflict clarifies:a response[J]. Pedagogy,2003,3(2):266-273.

PRATT M L. Arts of the contact zone[J]. Profession,1991,91:33-40.

现代汉语与古汉语在语文教学里的融合问题

周清海[1]

摘要:现代汉语是"古今杂糅、南北混合"的语言。现代汉语里,从词汇到语法,都包含了许多古汉语的成分。学习古汉语,除了能增加文化的认同和满足文学欣赏的需要之外,也能加深对现代汉语的了解,使现代汉语的教学更有效果。

在全球化的环境下,语文教学怎样做到让学习者更具有国际化观点,更有信心、更方便地学习与应用语文,并且加强民族的传统文化教育,这些都是值得重视的课题。

但无论是在中国还是海外的华语区,无论是中学还是大专院校,在语言教学里,都通过文选的方式,将古汉语和现代汉语分开来教学,很少考虑怎样将国际化融入民族传统的语文教育的课题。

在全球化的时代里,作为母语学科的现代汉语和古代汉语,是否可能融合起来,并且结合国际化与现代化的需要进行教学? 这篇论文里将提出一些建议。

关键词:古汉语;现代汉语;语文教学;国际化;传统文化;写作教学

我将针对下列两个问题,提出一些看法,供大家讨论。

一、现代汉语和古汉语的关系。"古今汉语一脉相承,现代汉语是从古汉语发展演变而来的,两者之间有千丝万缕的联系,无法割断。"[2]在语言研究与语文教育方面,怎样处理好两者的关系?

二、语文教学里古汉语和现代汉语的教材,是应该各自独立,还是应该融合为一? 怎样融合为一?

---

[1] 周清海,男,新加坡南洋理工大学国立教育学院中文系教授级研究员,新加坡南洋理工大学孔子学院理事长,主要研究领域为汉语语言学及语文教学。

[2] 祝鸿熹.论成语中的古语素[M]//祝鸿熹汉语论集.北京:中华书局,2003:159.

一　现代汉语和古汉语的关系

二十世纪五十年代,朱自清、叶圣陶和吕叔湘三人曾合编了《开明文言读本》,三十年后,也就是 1980 年,叶圣陶和吕叔湘二人将《开明文言读本》改编为《文言读本》,由上海教育出版社出版。书的前言节引了原书的"编辑例言",说:

我们编辑这套读本,有两个基本认识作为我们的指导原则。第一、……现代青年若是还有学习文言的需要,那就是因为有时候要阅读文言的书籍:或是为了理解过去的历史,或是为了欣赏过去的文学。写作文言的能力决不会再是一般人所必须具备的了。第二、……我们学习文言的时候应该多少采取一点学习外国语的态度和方法,一切从根本上做起,处处注意它跟现代口语的同异……。

这两点决定了我们的选材和编辑。我们把文艺作品的百分比减低,大部分选文都是广义的实用文。我们不避'割裂'的嫌疑,要在大部书里摘录许多篇章;我们情愿冒'杂乱'的讥诮,要陈列许多不合古文家义法的作品。我们既不打算提供模范文给读者模仿,而阅读从前的书籍又的确会遇到这各种风格的文字,我们为什么不能这么办?……"[1]

叶圣陶、吕叔湘等人的论述,我是完全同意的:我们不再写作文言;学习文言应该多少采取一点学习外国语的态度和方法,处处注意它和现代口语的同异;选材必须减低文艺作品的百分比,不提供模范文给读者模仿。

但三位先生只强调文言和现代汉语的差异,而没有提及它们类同的一面。我认为现代汉语,从词汇到语法,都包含了许多古汉语的成分,这是现代汉语和华语区书面语的共同现象。以文言成分含量的多少将华语区书面语顺序排列,大约是:中国台湾、中国香港、马来西亚、新加坡、中国内地。

我把现代汉语(包括华语区的华语)说成是"古今杂糅、南北混合"的语言。因此,学习古汉语,除了朱、叶、吕三人所提及的能帮助理解过去的历史和满足文学欣赏的需要之外,对各地的华人来说,也有文化认同的作用,更能加深对现代汉语的了解。

---

〔1〕　朱自清,叶圣陶,吕叔湘.文言读本[M].上海:上海教育出版社,1980:1.

　　　　　　　　　　　　　　　　　　　　　　　　　　　　理解与对话

我将从词汇、语法、辞书以及古典文学的研究等方面来讨论现代汉语对"古今杂糅"现象的处理。

一、**现代汉语的词汇里有许多古汉语的成分**。如"去国""出去"里的"去"保留了古汉语"离开"的意思。"出去"的"出"表示位置的变化,从内向外;"去"表示离开说话的对象。现代汉语里的动补结构双音动词,如"下去""上去""进去""前去"等等,成语"何去何从""拂袖而去"等的"去",意思都是"离开"。

"劝架"和"劝酒"的"劝"意思不同。"劝"的"劝阻"义,是汉以后才出现的,汉以前是"鼓励"的意思,《说文解字》中提到"劝,勉也"。荀子的"劝学",《汉书》的"劝进农业",《三国志》的"劝耕"都是"勉也"。

"救火"和"救命"的"救"意思不同。"救命"的"救助"义,现在用得多;而"救火""救灾"(防火救灾)的"阻止"义,现在用得少,大家也就不熟悉了。《说文解字》:"救,止也。"《论语·八佾》中"季氏旅于泰山。子谓冉有曰:女弗能救与?"的"救"就是"阻止"。

"时",杨伯峻的《论语译注》说"学而时习之"的"时"是"'在一定的时候'或者'在适当的时候'……朱熹的《论语集注》把它解为'时常'是用后代的词义解释古书"。杨先生的说法是正确的。"习",他也认为"在古书中,它还有'实习''演习'的意义"。[1]《论语·学而》的这一段话,有人将"时"理解为"时常","习"理解为"复习",因此语译为:

孔子说:"学到了(知识)并且**经常**去**复习**,不也很高兴吗?有志同道合的人从远方来,不也很快乐吗?别人不了解自己,(自己)却不抱怨,不也是(有道德的)君子吗?"

英国汉学家理雅各的英译是:

The Master said,"To learn and **in due course** to **apply** what you have learnt,isn't that also a pleasure? To have a friend coming from far away,isn't that also a delight? Not to feel piqued when your merits are not recognized by others,isn't that also gentlemanly?"

in due course 和 to apply 语译"时"和"习",是准确的。现代汉语的

〔1〕 杨伯峻.论语译注[M].北京:中华书局,1965:1.

"时机""失时""待时而动"等词语里的"时",就是"适当的时候";"习以为常""习艺""习字"里的"习",就是"实习,实践"。这些都是古汉语的遗留。

古汉语的词义经常保留在现代汉语的语素里,**而词典和语文课本的注释,相当重视词义,却经常忽略词的语素意义**。这是不对的。如"竭"不独立应用,但作为语素,构成"竭诚""竭泽而渔""竭尽全力"等词语。所以,不能把"竭力"只解释为"尽力",应该把"竭"为"尽"的意思也说出来。

"汇报",新加坡的语文课本解释为"综合材料向上级报告"。《现代汉语词典》的解释是"综合材料向上级报告,也指综合材料向群众报告"。其实,"汇"是"聚合","汇报"的词义是"聚合提出报告",对象可以是上级,也可以是任何一群人。"汇"构成了"字汇""词汇""总汇""汇集""百川所汇"等词语。

这种忽略词的语素义的倾向,恐怕是二十世纪初引进西方语言学"词"的观念的结果。"文法中组织句子,分别词类,是把词作单位。"[1]

对字的语素意义没有完全掌握,可能造成"张冠李戴"的现象,如"<u>默</u>守成规""<u>焕</u>然冰释""<u>轰</u>堂大笑"就是这样造成的。友人邢福义教授曾举了下面的例子:

1993 年 6 月 20 日,某中级人民法院、某人民检察院等四个单位却贴出了这么个通告,某大城市里到处可以看到,标题是:"关于**敦促**在逃刑事犯罪分子投案自首的通告"。[2]

通告对"在逃刑事犯罪分子"用"敦促"。"敦"有"诚恳"的意思,表示"尊重",不能用在"在逃刑事犯罪分子"身上。"促"没有"尊重"的意思。通告如果用"催促",就比用"敦促"好些。或者改为"勒令"。

2000 年 6 月 9 日《杂文报》的《面试》一文有这样的句子:"面试开始了。按照抽签顺序,1 号候选人率先被召进了外企老总的办公室。"

"率先"是"带头",是主动性的行为,这里是"被召进了外企老总的办公室",不能用"率先",应该改为"首先"。如果了解"率"是"带领"的意思,就不会这样用了。[3]

周祖谟曾说:"……在词典里给出了整个词的词义,而没有点到其中有必要解释的词素的意义。如'企图'的'企','情绪'的'绪'……。在编

---

〔1〕 黎锦熙.新著国语文法[M].北京:商务印书馆,1992:15.

〔2〕 邢福义.表达正误与三性原则[M]//语言教育问题研究论文集.北京:华语教学出版社,2001:10.

〔3〕 例子引自《咬文嚼字》2001 年第 1 期第 23 页。

者可能认为没有必要,也许觉得那样做会支离破碎,过于繁琐,不符合一般词典的体例,不过,我觉得要真正理解一个词的词义所包含的内容就应当有所说明。"[1]周先生的看法是正确的。对语素有了正确的理解,不只能将古汉语和现代汉语联系起来,也能准确地应用词语;书写白字的现象,才可能减少。

二、现代汉语语法里也保留了许多古汉语的语法现象。比如,说到名词时,现代汉语语法书常用"能够受数量词修饰,一般不能够受副词修饰"作为名词的特点。那么,"他很阿Q","很"用在名词前边,就是不普遍的用法。但古汉语里有"君**不君**"之类——名词前用副词修饰,名词用为动词——却是古汉语里普遍的语法规律。

请看下面的例句:

1.他看起来很<u>精神</u>。

2.这样的研究方法不太<u>科学</u>。

3.这是非常<u>理想</u>的构想。

4.处理这类问题不能太<u>机械</u>。

5.人人可<u>公益</u>。

看到以上例句,有人补充说:"这些名词或名词性短语都是充当谓语,才能被修饰。"看到"管他<u>票</u>不<u>票</u>,上车就是了。"有人就说只有少数名词成对连说时,才能和副词"不"结合,如"不中不西""人不人,鬼不鬼""不人不鬼""不男不女"等,并且进一步说有些具有描写性语义特征的名词,如"淑女""狐狸"等,也可以受副词的修饰,如"非常淑女""相当狐狸"等。

这就是没有看到古汉语的语法现象存留在现代汉语里,孤立地给现代汉语名词的语法特点做描述而带来的一些难题。其实,这些问题,邢福义先生在1962年就有所观察了,他说:"名词受副词的修饰时,总要受到或大或小的限制,不像副词修饰动词或形容词时那样自由。"[2]方光焘更强调"研究语法,应该注意一般现象、特殊现象和个别现象的相互关系"[3]。这些意见,都没有得到语法研究者充分的注意。

现在广告用语的"口味<u>忆</u>人""中国联通,<u>知心</u>你我",都是"使动"的用法。使动的用法,在古汉语中是常见的:"公将尝膳。姬曰:'所由远也,请

〔1〕 周祖谟.周祖谟学术论著自选集[M].北京:北京师范学院出版社,1991:52.

〔2〕 邢福义.关于副词修饰名词[J].中国语文,1962,5:215-217.

〔3〕 方光焘.论现代汉语语法研究的几个问题[M]//方光焘语言学论文集.南京:江苏教育出版社,1986:231-247.

使人尝之.'**尝人,人死;食狗,狗死.**"(《吕氏春秋》)"纵江东父兄怜而**王**我,我何面目见之?"(《史记》)

现代汉语新兴的双音形容词的"使动"用法,如"端正态度""纯洁组织""巩固关系""丰富生活""密切关系""健全法制"等;单音形容词有"湿了您的东西","肥了个人,瘦了集体,亏了国家"(句子里的"湿""肥""瘦",都是继承了古汉语形容词的"使动"用法)。"架构并完善学科体制"里的"完善"也是形容词使动用法的继承。我把这些现象叫作"**古幽灵的复活**"。

古汉语语法现象存留在现代汉语里,词典的处理也很不一致。

"稀奇",《现代汉语词典》注为"⑱:稀奇古怪"。但书面用例却有"据说那些地方是很稀奇女人的"。[1]

"满意",注为"⑱:他非常满意这个工作"。

"可怜",注为"⑱:真可怜。⑳:对这种一贯做坏事的人,绝不能可怜他"。

其实,"稀奇""满意""可怜"都是形容词,形容词下带宾语的现象,可以看作是形容词的"意动"用法。这几个形容词常带宾语,对其《现代汉语词典》有的只看作形容词,有的认为只是动词,有的认为是形容词和动词,标准是不一致的。

其实,现代汉语形容词带宾语的现象和古汉语的"且夫我尝闻少仲尼之闻而**轻**伯夷之义者,始吾弗信……"(《庄子》)是一脉相承的。吕翼平说:"**我们发现现代汉语中也存在古汉语中继承下来的意动句式,……**"[2]这个看法是正确的。

吕叔湘和朱德熙的《语法修辞讲话》用了这样的句子:

"平常说活里头,关联词语用得不多,谁要是**张嘴**'虽然''如果',**闭嘴**'因为''但是',一定要招人**笑话**。"[3]

上面句子里的"笑话"就是古汉语"**王**我""保民而**王**"之类的用法,只是现在"笑话"下带宾语用得多了,《现代汉语词典》才注上"②动词"。而"张嘴""闭嘴"能说成"张口""闭口","闭口不言"不能说"闭嘴不言",叫人"住口",更常说的是"闭嘴";"嘴脸"不能说成"口脸"……这些都是古今杂糅的现象。"嘴",《说文解字》没有这个字,是后起字,本来指"鸟嘴",所以

---

〔1〕 吕翼平.吕翼平汉语论集[M].北京:社会科学文献出版社,2002:118.

〔2〕 吕翼平.吕翼平汉语论集[M].北京:社会科学文献出版社,2002:123.

〔3〕 吕叔湘,朱德熙.语法修辞讲话[M].北京:中国青年出版社,1979:25.

从"角","口"旁是后加的。

古汉语的数词只用"二",不用"两",如"一分为二""独一无二""一心二用""三心二意"。现在也出现了"一心两用""三心两意"的说法,"二"和"两"混用了。要理解这些现象,就非追溯到古汉语不可。

语言里有些特殊现象,也只有参照古汉语才能得到解释。所谓特殊现象,是指那些已经约定俗成而又不完全符合,或者不符合一般规律的语言现象。这些特殊现象,常常不能用一般的规律加以解释,因此常常困扰语言研究者和语言教学者。

如"**养病**""**养老**""**养伤**",显然和"**养鱼**""**养家**"的谓宾式结构不同,"病""老""伤"都是"养"的原因,表示"为病而养""为老而养""为伤而养",不是"养"的对象。李行健先生因此认为:我们只有按照动状结构去分析这些词语,才能使语法结构形式和意义统一起来。因此,在构词法中,**可以考虑设立"动状"**结构这种构词形式。这种结构格式是来源于古代汉语中的状语后置的造句法。[1]

除了"养病"一类的词之外,"晕船""惊梦""卧病"[2]也是同样的结构。友人邢福义教授举了下面的例子:

他这几天要跑钱/跑票/跑官。(哪有心思跟你们聊天!)

并且说:"'跑＋NP'是动宾短语。……除了'跑钱''跑票''跑官',还可以有其他许许多多:他这几天要跑执照。|他这几天要跑刊号。……"[3]可见现代汉语的动宾关系也是多样的。动宾关系的多样性就出现在古汉语里。古汉语里的动宾结构如"死名""图吾君",就表现状动的意义。李行健先生认为增加动状结构式是没有必要的[4]。

三、从辞书的释义来观察。过去,汉语语言学界和语言教学界曾以中国只有一本《新华字典》为憾;1958 年终于由吕叔湘先生和丁声树先生牵头,编写了《现代汉语词典》,1978 年正式出版。《现代汉语词典》是一本有代表性的词典,现在已经是第 6 版了。它对新加坡的华语教学,做出了巨

---

〔1〕 李行健.汉语构词法研究中的一个问题——关于"养病""打抱不平"等词语的结构[J].语文研究,1982 2:61-68.又见:语文学习新论[M].西安:陕西人民教育出版社,1997:342-353.

〔2〕 张志公.一般的、特殊的、个别的[M]//张志公文集.广州:广东教育出版社,1991:432.

〔3〕 邢福义.语法问题献疑集[M].北京:商务印书馆,2009:178.

〔4〕 周清海.现代汉语里的特殊现象[Z].第二届全球华文论坛(11 月 16—17 日)主讲论文.广州:暨南大学华文学院,2009.

大的贡献。[1] 其他的后出的词典,如《现代汉语规范词典》《汉英词典》等等,也都是编得相当好的。

但是,对于现代汉语里保留的古汉语现象,这些词典处理得并不理想。祝鸿熹教授曾有过一些讨论。[2] 我发现,无论是处理词汇或者成语,这些辞书都非常随意。这可能是辞书的编写者对古汉语的语法现象没有完全理解,而这表现在**辞书的注释**上面。

关于**蚕食**一词,《现代汉语词典》1983 年版说:"像蚕吃桑叶一样,比喻逐步侵占。"(词典没有词例)1998 年修订版改为:"**蚕吃桑叶**。比喻逐步侵占:蚕食政策|蚕食邻国。"2002 年增补本沿用这个解释。到了 2005 第 5 版才改从 1983 年版的释义:"**像蚕吃桑叶那样一点一点地吃掉**,比喻逐步侵占:蚕食政策。"

1998 年版的错误改动,是因为词典注释者对这个成语结构理解错误。《现代汉语词典》对"鲸吞、蜂聚、蜂起、蜂拥、鱼贯、壁立、冰释、鼠窜、云集"等结构的词,都用"像……"来解释,都处理得很好,都知道这些词不是主谓结构,而是状中结构。但关于"瓦解"只说"比喻崩溃或分裂",关于"兔脱"只说"比喻很快地逃走",和前面的解释用语不一致。

关于**狼奔豕突**一词,《现代汉语词典》1983 年版的解释是:"狼和猪东奔西跑,比喻成群的坏人乱窜乱撞。"其他年代的版本都相同,都处理成主谓结构。2012 年第 6 版只将"比喻"改为"形容",仍旧处理为主谓结构。《现代汉语规范词典》对其的释义是:"像狼那样奔跑,像野猪那样乱闯。比喻成群的坏人到处乱窜乱闯,肆意妄为。"处理为状中结构,是正确的。

川流不息在《现代汉语词典》各版本中都被解释为:"(行人、车马等)像水流一样连续不断。"处理为状中结构。"川流"就是"像河流的水流一样",把成语的语法特点包含在解释里,处理得相当全面。《现代汉语规范词典》却将其解释为"河水流动不停,形容来来往往的行人、车马等像水流一样连续不断"。王还主编的《时代汉英双解词典》解释为:"水流不停。比喻行人、车船等来往不绝。"都处理为主谓结构,是错误的。

星罗棋布在《现代汉语词典》中的释义是"像星星似的罗列着,像棋子似的分布着,形容多而密集",正确处理为状中结构。但**鼠窃狗偷**,只释义

---

〔1〕 周清海.《现代汉语词典》和《全球华语词典》[M]//全球化环境下的华语文与华语文教学(南洋大学学术丛书 1).新加坡:新加坡青年书局,2007.
〔2〕 祝鸿熹.祝鸿熹汉语论集[M].北京:中华书局,2003:147-170.

理解与对话

为"小偷小摸，比喻进行不光荣的活动"；**土崩瓦解**，只释义为"彻底崩溃"；**烟消云散**，只释义为"比喻事物消失净尽"——全不解释成语的结构。

用名词修饰动词，是古汉语语法的特点之一，如"豕人立而啼"（《左传》）的"人立"，是以"人"修饰"立"，句子的意思是"猪像人一样地站着叫"。其他的成语，如"乌飞兔走""心惊肉跳""鱼死网破"等，就是主谓结构，而不是状中结构。

关于**伊人**一词，《现代汉语》和《现代汉语规范词典》都说："〈书〉那个人（多指女性）。"其实，这个释义并不完整。"伊人"出自《诗经·蒹葭》（整部《诗经》只有《蒹葭》用了三次）："所谓伊人，在水一方。"这首诗一般认为是情诗，"伊人"即让人想念的情人，因此具有"那个人""意中所指之人"以外的其他意义，比如"那个美丽的人、可爱的人、令人喜欢的人"等等。

从上面的例子可以知道《现代汉语词典》和《现代汉语规范词典》等辞书的编者们对古汉语的语法结构认识不足，所以把握得不好。

好的辞书，代表的是一个国家的语言文化水准。现在正是编好一本代表国家语言文化水准的词典的好时机，因此，我特别支持邢福义教授2006年的提议：

作为中国最重要的一部现代汉语中型词典，《现代汉语词典》的权威地位早已为国内外汉语词典使用者所公认。但是，越是权威的词典，使用者对它的期望值就越高。也许可以走走'群众路线'，广开'群策群力'的渠道，定时和不定时地邀请编写班子成员之外的人士也来参加对《现代汉语词典》的修改。具体做法，可以多种多样。其中一个做法，是按词典的编排顺序，一两个部分、一两个部分或者两三个部分、两三个部分地举行系列学术研讨会……每次会议都让编写组内外的专家有机会比较充分地交换意见。这是'一口一口'地'吃掉'的策略和战术，定能取得较为理想的效果。[1]

四、古典文学的欣赏和研究也必须建立在古汉语的了解上。叶嘉莹是研究中国诗词的杰出专家，我就举她的《中国古典诗歌的美感特质与吟诵》[2]一书里的两个例子，以说明对古汉语的了解程度会影响研究结果。

第一个例子是《论语·公冶长》中的"颜渊曰：愿无伐善，无施劳"。

叶嘉莹教授说："我做人的态度啊，就是**不伐善**——不夸耀自己的好，不总是把自己为别人做了什么挂在嘴上；**不施劳**——不把那些劳苦的事

〔1〕 邢福义.语法问题献疑集[M].北京：商务印书馆，2009：191.
〔2〕 叶嘉莹.中国古典诗歌的美感特质与吟诵[M].台北：大块文化出版有限公司，2013.

情推给别人去做。"〔1〕

"伐"是夸耀的意思,《论语·雍也》有"孟之反不伐",《史记·游侠列传》有"不矜其能,羞伐其德",《管子·宙合》有"功大而不伐"。

关于"施",杨伯峻说:"愿意不夸耀自己的好处,不表白自己的功劳。""施,《淮南子·诠言训》:'功盖天下,不施其美。'这两个'施'字意义相同。《礼记·祭统注》云:'施犹著也。'**即表白的意思**。"〔2〕"施"作这样解释的,《论语》只这一个例子。在《王力古汉语字典》和古汉语词典编写组的《古汉语词典》中,"施"字下都不收"表白"的意思。

我以为《论语·颜渊》中的"己所不欲,勿施于人",是"无施劳"最好的注脚。从《论语》的内证看来,叶嘉莹把"施"解释为"推给"是合理的。

第二个例子是《离骚》的"**不吾知其亦已兮,苟余情其信芳**"。

叶嘉莹说:"你们不了解我那就算了吧,'不吾知'就是'不知吾',颠倒成'不吾知'**是表示强调**……"〔3〕

这个说法完全没有注意语言的时代性。这和唐代孔颖达在《毛诗正义》中对"不我遐弃"说的"犹云'不遐弃我',**古人之语多倒**",都犯了相同的错误。其实,古汉语里否定句的代词宾语大部分要放在动词的前面,如"我无尔诈,尔无我虞"(《左传》),并没有表示强调的意思。〔4〕

二 语文教学里怎样融合现代汉语和古汉语

对古汉语的正确理解,有助于教学和处理现代汉语,也有助于古典文学的研究。这是从古今语言的异和同的角度分析的。文言的学习,如果要达到"阅读文言的书籍:或是为了理解过去的历史,或是为了欣赏过去的文学"的目的,确实不容易。1963年,吕叔湘先生更提出了下面的看法:

我认为文言的教学,如果要达到培养学生阅读文言书籍的能力这个目的,绝对不能光依靠串讲,要严肃对待,要从根本做起。如有必要,还得在课程的安排上采取一些措施。**例如文言和白话不一定要求同一个教师教,甚至可以分做两门,各编课本**。时间也是一个重要问题。现行教学计划中能派给文言教学的时间是远远不够的。……总之,中学里的文言教

---

〔1〕 叶嘉莹.中国古典诗歌的美感特质与吟诵[M].台北:大块文化出版有限公司,2013:18.

〔2〕 杨伯峻.论语译注[M].北京:中华书局,2002:53.

〔3〕 叶嘉莹.中国古典诗歌的美感特质与吟诵[M].台北:大块文化出版有限公司,2013:48.

〔4〕 周清海.文言语法纲要[M].新加坡:玲子传媒,2006:111-114.

学不是个很简单的问题。要实事求是地考虑实际需要，制定适宜的目的和要求，针对这些目的和要求采取切实有效的措施，才能求得问题的合理解决。**要是以为不必改变现有的教学条件，就能达到预期的目的，恐怕不免要徒劳无功的。**[1]

吕先生提出上面的看法，距离现在已经有五十几年了。这五十几年来，中国的中华语文教学，尤其是台湾、香港等地的中文教学，都是在"以为不必改变现有的教学条件，就能达到预期的目的"的假想下，持续进行的。这样的做法，是不是"不免要徒劳无功的"呢？

吕先生提及文言白话分科的教学设想，也提及教学时间分配的困难。这都是从"分"的思路考虑的。

现在是全球化的时代，学生要学习的知识比五十几年前更多，面对的问题更为复杂多样，而在教育方面能分给语文的教学时间，恐怕更有限了。应从现代汉语和古汉语相同的方面，以及文化传承的需要出发，思考在全球化的新局面下，如何改变、解决中华语文的教学问题。**我认为华语区的中华语文教学应该考虑将现代汉语和古汉语融合起来。**

华语区中华语文教学面对共同的三大问题：

一、语言应用能力后边，需要很多背景能力的支撑。这是大家的共识。因此，语法、修辞、文字、逻辑、阅读微技、文学分析等知识，在不知不觉间成系统地被包括在中学或者大专的语文教材里，使得语文的读写教学负担越来越沉重，包袱越来越大。这种负担使得有些人提议应该**给语文教学减负**，让语文教学轻装前进。

二、华文的读写教学历来有注重选文的传统。这个传统也保留在中学与大专华文教材里。不论是古代文字或是现代文字的教材，都脱离不了选文。选文是否适当，除了从实用性、学生的兴趣以及成熟程度的角度考虑之外，一般更注重的是传统的范文。共同的范文，在华语区的华文教材里所占的比例相当高。这对于维系华语区之间的文化认同是有帮助的，但面对全球化，强调语文的实用价值，华文教材这样的编选是不是适当？怎样在**文化认同与实用之间取得平衡**？这些是必须考虑的。

三、古文和现代文字，又被当作是两种没有什么关系的文字。在选文教材里，二者是各自独立的、分开选取的，编在一起却没有有机地结合起来。所以有人提议既然华文是训练现代汉语的读写能力，**在华文教材里**

---

〔1〕 吕叔湘.关于语文教学的两点基本认识[M]//吕叔湘语文论集.北京：商务印书馆，1983：330-331.

就应该减少文言的比例;有人更提议应该将古文从以现代文选为主的华文教材里分出来,分科教学。怎样处理古文和现代文字的这个问题,也应该考虑。

怎样处理上面所说的三种现况? 我认为,阅读文选的内容决定了阅读课程是否具有挑战性,**因此提议以内容为纲,结合古今中外的资料**,重新给中学和大专的华文教学定位。至于语言文史等各种知识,都应该跟阅读的选材配合,随阅读选材的需要进行教学,而不是成系统地教学。

例如李斯的《谏逐客书》,是华语区共同的教材选文,但它的时代距离现在非常遥远,学生的阅读兴趣可能不大。我们可以用**"外来人才"**为课题,选取现代讨论外来人才的文章,结合现代各国的人才引进政策,以及阅读《谏逐客书》来进行教学,**这样就能将古今中外结合起来**。

《谏逐客书》可以只阅读最后一段,因为最后一段的"泰山不让土壤,故能成其大;河海不择细流,故能就其深……"已经成为现代汉语的一部分。阅读这一段,既可以增加学生的语言素养,也可以在共同的文化认同方面,起一些作用。这样的处理,比阅读全篇更有深度,更具现代意义。

我们更可以将文章和现代的人事关系结合起来,引导学生思考。我们可以提示学生:

李斯是外国人,他要写一封主旨和当时的政策相反的信,他必须注意些什么?

写这样一篇文章,要不要注意秦始皇的性格? 秦始皇是一个怎样的人?

要不要注意文章的结构? 文章哪些地方写得好? 等等。

甚至可以让学生推测一下,李斯是通过怎样的人脉关系将这封信送到秦王手中的。如果学生比较成熟,也可以让他们从网上找一些评价李斯的文章,作为课后阅读的材料。[1]

我们必须把文言的阅读教学和现代的需要接合起来,只有过样才能让教学更有意义。我们既然不培养学生书写文言文,《谏逐客书》就没有必要阅读全文,可以只要求学生阅读下面的段落:

臣闻地广者粟多,国大者人众,兵强则士勇。是以泰山不让土壤,故能成其大;河海不择细流,故能就其深;王者不却众庶,故能明其德。是以地无四方,民无异国,四时充美,鬼神降福,此五帝、三王之所以无敌也。

---

〔1〕 周清海.对大专院校中文教学的一些看法[J].华文教学与研究,2011,3:1-4.

　　　　　　　　　　　　　　　　　　　　　　理解与对话

今乃弃黔首以资敌国,却宾客以业诸侯,使天下之士,退而不敢西向,裹足不入秦,此所谓"借寇兵而赍盗粮"者也。

夫物不产于秦,可宝者多;士不产于秦,而愿忠者众。今逐客以资敌国,损民以益雠,内自虚而外树怨诸侯,求国之无危,不可得也。

教学这一段,当然要"处处注意它跟现代口语的同异"。《谏逐客书》前面的几段,如果需要,可以用白话翻译替代,让学生了解全文的结构。这样处理,学生的阅读负担也就减轻了许多。

写作训练,也可以在学生了解了外来人才问题的基础上进行。学生有了分析问题、解决问题、表达意见的基础,再写成论文、发言稿或者演讲稿,都可以,未必需要命题作文。**写作的训练,应通过内容带动形式,因为内容远比形式更为重要。**

吴楚材编《古文观止》的时代,文言是通行的语文,书写文言是当时必需的条件,因此必须阅读全文,甚至背诵全文。现在已经不同了。我们必须以现代的需要,从"古为今用"出发,重新考虑语文教材的问题。尤其是在知识近乎爆炸的时代,在全球化的年代,**适当地减轻学生的语文和文化的负担,对于一个历史悠久的中国,这个问题是应该提到日程上来考虑的。**

我们也可以考虑以"**人**"为课题的中心,选取讨论机器人、人的品格、人才选取,甚至是介绍北京人的文章。如果需要,更可以选读《论语》的一些章节,这样就能将古代、现代和文史知识结合起来。

我曾说:"文化行为,是人的行为。中华民族的历史,记载了、表达了不少对人的行为的看法,比如对人才的分析以及对怎样选用人才,这些都不是只有西方才注重的。"[1]友人邢福义教授曾说:"在强调学习外国语言的同时,必须教育学生热爱祖国语言,提高民族自豪感。"[2]只有了解自己的文化,才能培养自豪感。《资治通鉴·周纪一》里就有一段讨论人才的论述,非常精彩、深入:

是故才德全尽谓之圣人,才德兼亡谓之愚人,德胜才谓之君子,才胜德谓之小人。凡取人之术,苟不得圣人、君子而与之,与其得小人,不若得愚人。何则?君子挟才以为善,小人挟才以为恶。挟才以为善者,善无不至矣;挟才以为恶者,恶亦无不至矣。愚者虽欲为不善,智不能周,力不能

〔1〕 周清海.社会变迁与文化交流[M]//语言与语言教学论文集.新加坡:泛太平洋出版社,
2004:289-303.
〔2〕 邢福义.语法问题献疑集[M].北京:商务印书馆,2009:527.

胜，譬之乳狗搏人，人得而制之。小人智足以遂其奸，勇足以决其暴，是虎而翼者也，其为害岂不多哉！夫德者人之所严，而才者人之所爱。爱者易亲，严者易疏，是以察者多蔽于才而遗于德。自古昔以来，国之乱臣，家之败子，才有馀而德不足，以至于颠覆者多矣，岂特智伯哉！故为国为家者，苟能审于才德之分而知所先后，又何失人之足患哉！

这样精辟的论述，在现代讨论用人的文献里，引用的并不多。我们引进外来的理论，应该结合自己的文化成分，这在文化交流方面，是必须充分注意的。学生阅读上面的段落，教师就可以介绍司马光、《资治通鉴》，这些都是文史知识，可以随机出现。

以"**恋爱观**"为课题，可以选取中外有关这个课题的文章，进而讨论现代男女的社交礼仪，并结合情诗欣赏，如崔护的"去年今日此门中，人面桃花相映红。人面不知何处去，桃花依旧笑春风。"以及讲述婚姻悲剧的诗歌，如陆游的《钗头凤》等等。

"如果我们对自己的文化没有深入的了解，就可能出现文化虚无主义。如果缺乏对自己文化的肯定，不只不能保持自己的文化生命力，不能充分吸收各种适应时代要求的外来文化，也不能对人类文化的发展做出贡献，而更可悲的是将失去民族的自尊。"[1] 我认为，以内容为纲处理阅读教材，结合了古代、现代、中外的元素，尤其是华语区共同的文化特点，将保持自己的文化生命力，使华文教学更具有现代性，更具有挑战性。

当然，教学文言文，也涉及文言的词汇和语法问题。王力先生表达了下面的意见：**由于语法是比较稳固的，古今差别不大，只消知道几个粗线条，再学习一些古代虚词，也就差不多了。** 语法方面也应该着重在**古代语法的常规**，不适合一开始就去讲偏僻的虚词和虚词的特殊用法。总之，**古汉语语法应该要重视一般的文言语言事实，扎扎实实地让学生掌握一般的东西。**[2] 又说："古代的语音、语法、词汇，三方面都要学。……这三方面的学习，为什么要以词汇为主呢？语音不是太重要的，因为除诗词歌赋外，古书上并没有语音问题。至于语法……古今相差不大，容易解决。问题在词汇，这必须化很大的力气。……**古代汉语的问题，主要是词汇的问题**。所以学习和研究的重点要放在词汇上。"[3]

词汇既然是学习的重点，那么，该学哪些词，尤其是哪些虚词，就应该

〔1〕 邢福义.语法问题献疑集[M].北京：商务印书馆，2009：527.
〔2〕 王力.古代汉语的学习与教学[N].光明日报，1961-12-16.
〔3〕 佚名.谈谈学习古代汉语[M]//龙虫并雕斋文集：第三册.北京：中华书局，1982：402-405.

受到注意。**我们应该给古汉语的常用词,列出词汇表。**

虚词用法的分析,也不必太详细。吕叔湘曾为了青年学习文言虚词而编了《文言虚字》一书,书里的说明,有不少是太详细了。例如对"之"的说明——"'之'字的用法有二:一是称代,一是连接。"就非常简略,概括得很好。但跟着将称代的"之"再分为"之一"到"之三",分别举了 12 个例子。下面是其中的三例:

1. 吾爱之重之,愿汝曹效之。(之一)

2. 姑妄言之妄听之。(之二)

3. 呼之起。(之三)

例 1 的"之"是代词,充当宾语,例 2 的"之"虽然是代词,但不必翻译出来,例 3 的"之"是兼语。这种建立在语法知识基础上的说明,只会增加学生学习的负担。

为了减轻学习者的语言负担,放弃文言范文选读[1],结合文化需要,重新安排教材,恐怕是我们在面对全球化、现代化的情况下,保留民族认同、语言认同、文化认同的唯一出路。

修订于 2014 年 11 月 26 日

参 考 文 献:

方光焘. 论现代汉语语法研究的几个问题[M]//方光焘语言学论文集. 南京:江苏教育出版社,1986.

吕叔湘,叶圣陶,等. 文言读本[M]. 上海:上海教育出版社,1980.

吕叔湘,朱德熙. 语法修辞讲话[M]. 北京:中国青年出版社,1979.

吕叔湘. 吕叔湘语文论集[M]. 北京:商务印书馆,1983.

吕翼平. 吕翼平汉语论集[M]. 北京:社会科学文献出版社,2002.

王力. 汉语史稿[M]. 北京:中华书局,2000.

邢福义. 表达正误与三性原则[M]//语言教育问题研究论文集. 北京:华语教学出版社,2001.

邢福义. 关于副词修饰名词[J]. 中国语文,1962,5:215-217.

邢福义. 语法问题献疑集[M]. 北京:商务印书馆,2006.

杨伯峻. 论语译注[M]. 北京:中华书局,1965.

叶嘉莹. 中国古典诗歌的美感特质与吟诵[M]. 台北:大块文化出版有限公司,2013.

---

[1] 二十世纪四十年代,朱自清、叶圣陶和吕叔湘合编的《文言读本》(上海教育出版社,1980)就已经率先放弃提供模范文给读者模仿的做法。

张志公.一般的、特殊的、个别的[M]//张志公文集.广州:广东教育出版社,1991.

周清海.《现代汉语词典》和《全球华语词典》[M]//全球化环境下的华语文与华语文教学(南洋大学学术丛书1).新加坡:新加坡青年书局,2007.

周清海.21世纪大都会的语文教育[M]//语言与语言教育论文集.新加坡:泛太平洋出版社,2004.(又见《汉语学报》2000年上卷第一期)

周清海.从全球化的角度思考语文教学里的文化问题[J].华文教学与研究,2014,1:49-54.

周清海.从全球化的角度思考语文教学里的文化问题[Z].台湾世界华语文学会、台北教育研究院联合主办的华语文教学与研究国际研讨会(12月30日)专题论坛发言稿.台北:台北教育研究院,2013.

周清海.华语教学与现代汉语语法研究[J].语言教学与研究,2014,5:1-9.

周清海.社会变迁与文化交流[M]//语言与语言教学论文集.新加坡:泛太平洋出版社,2004.

周清海.文言文语法教学评议[M]//语言与语言教学论文集.新加坡:泛太平洋出版社,2004.

周清海.文言语法纲要[M].新加坡:玲子传媒,2004.

周清海.现代汉语里的特殊现象[Z].第二届全球华文论坛(11月16—17日)主讲论文.广州:暨南大学华文学院,2009.

周清海.中国崛起中的国民语言文史修养[Z].武汉:华中师范大学,2010.(2010年10月18日到24日,周清海受华中师范大学校长的邀请,以"世界杰出华人学者"的身份访问该大学,并做了两次公开演讲。这是面向文科生的第一篇演讲)

周清海.对大专院校中文教学的一些看法[Z].大专中文教学与教材研讨会(1月15日)主题演讲.香港:香港城市大学专业进修学院,2011.(又见《华文教学与研究》2011年第3期)

周清海.华语教学语法[M].新加坡:玲子传媒,2003.

周清海.文言文阅读教学[M]//语言与语言教学论文集.新加坡:泛太平洋出版社,2004.

周祖谟.周祖谟学术论著自选集[M].北京:北京师范学院出版社,1991.

祝鸿熹.祝鸿熹汉语论集[M].北京:中华书局,2003.

重述语文:课程与教学

语文教育文化自觉刍议

周庆元[1]　黎利云[2]

摘要:汉语的地位极其重要,以汉语教学为代表的国语教育亟须加强。加强语文教育,文化自觉最重要。语文教育的文化自觉,至少可以从课程定名、课程内涵与课程教学三个方面来考量。从课程定名来看,语文教学的文化自觉首先源于对课程文化演变的认识;从课程内涵来看,语文教学的文化自觉同时更重对母语文化价值的把握;从课程教学来看,语文教学的文化自觉尤其提倡对教学传统文化的弘扬。

关键词:语文教育;文化自觉;课程

英国文化协会发布《面向未来的语言》专项报告,评价了各语种在经济、地理、文化、教育等方面的重要性并打分,然后根据综合评分来评定其对英国的繁荣和安全的重要性。评分指标包括产业界的需求、政府贸易重点、公众语言兴趣等。根据对英国的战略意义,将除英语之外的世界所有语言排列座次,汉语(普通话)名列第四。排在前三的分别为西班牙语、阿拉伯语和法语。[3] 这则消息,对我国语文教育的发展无疑是个好消息。

其实,汉语早就风行世界。作为联合国的工作语言,可以在联合国的官方文件、所有会议以及有关记录、事务中使用,这样的工作语言只有汉语、英语、法语、俄语、阿拉伯语与西班牙语 6 种。

然而,毋庸讳言,我国国内对包括汉语在内的母语教学却是不够重视的。

近些年来,在我国,人们对"外语学习热"过高、对语文教学成效低的埋怨与批评逐渐积累,日趋强烈,一旦发酵,将势不可当,引起社会广泛关注。

---

〔1〕　周庆元,男,湖南师范大学教育科学学院教授,课程与教学论专业博士生导师。
〔2〕　黎利云,男,湖南涉外经济学院副教授,教育学博士。
〔3〕　孙敏.英国发布《面向未来的语言》报告汉语重要性凸显[N].中国教育报,2014-05-28.

我们认为，一方面，过高的"外语学习热"需要降温。但是，必需而有效的外语教学还是应当继续坚持并且不断加强，因为我国国民的外语水平整体欠佳，尚难满足"让世界了解中国，让中国走向世界"的实际需要，更何况我们当下面对的是一个交往国际化、经济一体化、世界变成"地球村"的全球经济社会发展的大格局。另一方面，也必须强调，汉语的地位极其重要，以汉语教学为代表的国语教育亟须加强。

加强语文教育，千重要，万重要，文化自觉最重要。

什么是"文化自觉"？"文化自觉"是费孝通先生在 1997 年年初正式提出来的。他认为，文化自觉是指生活在一定文化中的人对其文化有"自知之明"，明白它的来历、形成过程、所具有的特色和它发展的趋向，不带任何"文化回归"的意思，不是要"复旧"，同时也不主张"全盘西化"或"全盘他化"。自知之明是为了加强对文化转型的自主能力，取得决定适应新环境、新时代对文化选择的自主地位。换言之，"文化自觉"就是文化的自我觉醒，自我反省，自我创建。费先生说："文化自觉是一个艰巨的过程，首先要认识自己的文化，理解所接触到的多种文化，才有条件在这个正在形成中的多元文化的世界里确立自己的位置，经过自主的适应，和其他文化一起，取长补短，共同建立一个有共同认可的基本秩序和一套与各种文化能和平共处、各抒所长、联手发展的条件。"费先生还以他在 80 岁生日时所说的一句话"各美其美，美人之美，美美与共，天下大同"作为"文化自觉"历程的概括。[1]

那么，什么是语文教育的文化自觉呢？我们认为，至少可以从课程定名、课程内涵与课程教学这样三个方面来考量。

一 语文：课程文化的演变

从课程定名来看，语文教学的文化自觉首先源于对课程文化演变的认识。

在中国，作为学校教育的一门课程，以汉语文为代表的课程为什么被称为"语文"？几十年风雨历程，无论圈内还是圈外，人们对它做出的理解与诠释可以说是五花八门。有人说，语文就是语言文学，语文＝语言＋文学；有人说，语文就是语言文字，语文＝语言＋文字；也有人说，语文是语

---

〔1〕 费宗惠，张荣华.费孝通论文化自觉[M].呼和浩特：内蒙古人民出版社，2009：251.

理解与对话

言文章,语文＝语言＋文章;还有人说语文是语言文化,语文＝语言＋文化;更有人说,语文是语言、文字、文学、文章、文化的综合,语文＝语言＋文字＋文学＋文章＋文化。其实,这些解释都是不确切的。追根溯源,还得从语文教育的历史渊源说起。

中国的语文教育历史悠久,源远流长,积淀丰厚,蕴涵深广,在世界人类文明史上可谓首屈一指。但是,中国古代语文教育只是今天我国现行语文学科与课程的历史源头,并非今日之"语文"。我们今天所指的语文课程,是近现代新学制意义上的语文课程;我国现行语文课程的历史,是20世纪初语文独立设科以来的历史。

1840年鸦片战争开始,帝国主义的坚船利炮打开了古老中国闭关锁国的大门。"西学东渐",西方的各种教育文化形态纷至沓来。于是,兴学堂,废科举,中国几千年的封建教育体制被资产阶级的新学制所取代。

1902—1904年的"壬寅—癸卯学制",是中国新学制的开端。现行语文课程随着这一新学制的颁行而独立开设。

1902年,清政府颁布《钦定学堂章程》。各级学堂的各种课程分别独立设置。除了包含一些语文教育因素的"读经"课以外,语文类的课程虽然独立开设,但是各个学段定名不同:蒙学堂称"字课"与"习字",寻常小学堂叫"作文"与"习字",高等小学堂为"读古文词""作文"与"习字",中学堂则名"词章"。这是我国最早的"壬寅学制"。然而,这一学制并未实行。翌年,制定《奏定学堂章程》。除"读经讲经"课以外,语文类课程定名并为两个:初等小学堂叫作"中国文字",高等小学堂和中学堂称为"中国文学"。该章程颁布于清光绪二十九年(癸卯年)农历十一月二十六日,按公历推算,当是1904年1月13日,因此,1904年乃为现行语文课程独立开设之始。

语文独立设科以后名称几经更易。1906年6月以前,"中国文字"和"中国文学"就已简称为"国文",可见官方文件。1906年清政府颁布《学部订定优级师范选科简章》,规定"优级师范选科课目,分本科及豫科,豫科一年毕业,本科二年毕业"。豫科科目中设置"国文"等10个科目,其中国文每星期3钟点,"讲授及练习各体文"。[1] 在五四新文化运动的影响下,1922年北洋政府公布《学校系统改革案》,全国教育联合会组织新学制课程标准起草委员会草拟中小学课程,并于1923年公布中小学课程纲

---

[1] 舒新城.中国近代教育史资料:中册[M].北京:人民教育出版社,1961:705-706.

要，中小学改"国文"为"国语"，注重语言训练。1932年国民政府颁行《中学法》《师范学校法》，初中、高中、师范学校均设"国文"，形成小学设"国语"、中学设"国文"的语文课程定名体制。

由此可见，几近半个世纪，我们过往的母语教育课程并不叫作"语文"。

"语文"这个课程定名，最早出现在1949年4至5月之间。华北人民政府教科书编审委员会召开会议，决定把小学"国语"和中学"国文"统一改称为"语文"，并在1949年华北人民政府教科书编审委员会和1950年中央人民政府出版总署编辑的中学语文课本的"编辑大意"中，正式将本课程定名为"语文"。为此，曾经亲自主持这项工作，先任华北人民政府教科书编审委员会主任、后任人民教育出版社社长兼总编辑的语文教育家叶圣陶先生做过多次权威的解说。

他在1962年的一次讲话中明确指出：

什么叫语文？平常说的话叫口头语言，写到纸面上叫书面语言。语就是口头语言，文就是书面语言。把口头语言和书面语言连在一起说，就叫语文。这个名称是从一九四九年下半年用起来的。解放以前，这个学科的名称，小学叫"国语"，中学叫"国文"，解放以后才统称"语文"。[1]

到了1964年，叶老又在答复某封来信时作了进一步的阐释和申说：

"语文"一名，始用于一九四九年华北人民政府教科书编审委员会选用中小学课本之时。前此中学称"国文"，小学称"国语"，至是乃统而一之。彼时同人之意，以为口头为"语"，书面为"文"，文本于语，不可偏指，故合言之。亦见此学科"听""说""读""写"宜并重，诵习课本，练习作文，固为读写之事，而苟忽于听说，不注意训练，则读写之成效亦将减损。原意如是，兹承询及，特以奉告。其后有人释为"语言""文字"，有人释为"语言""文学"，皆非立此名之原意。第二种解释与原意为近，惟"文"字之含意较"文学"为广，缘书面之"文"不尽属于"文学"也。课本中有文学作品，有非文学之各体文章，可以证之。第一种解释之"文字"，如理解为成篇之书面语，则亦与原意合矣。[2]

由此可见，"语文"课程定名的本意就是：语文＝语＋文＝口头语言＋书面语言＝语言（广义）。

根据费孝通先生的说法，我们生活在语文课程文化中的语文人，通过

---

〔1〕 叶圣陶.叶圣陶语文教育论集[M].北京:教育科学出版社,1980:138.
〔2〕 叶圣陶.叶圣陶语文教育论集[M].北京:教育科学出版社,1980:138.

我国语文课程发展史的回顾,大致可以得到这样几点启迪:

其一,我们要明白语文课程的来历与形成过程,形成一种文化自觉。为什么英国的母语教育课程叫英语,俄国的母语教育课程称俄语,法国叫法语,西班牙叫西班牙语,而唯独中国叫语文? 当然,中国的母语课程可以叫作中文,因为这是中国的语文教育课程;也可以叫华文或华语,多少年来,直至如今,海外就有这样称呼的;或者叫汉语,比如对外汉语教学,自然,那就不能包含其他少数民族语了。但是,课程定名本身就是一种历史文化的形成过程,实际上也是一种历史的选择,文化的定位,比较我国语文课程独立开设以来的种种名称来看,"语文"这一课程定名自有其特点与优势,由来已久,约定俗成,历代沿袭,并无不妥,我国也不必一定要学日本、韩国等国家都叫"国语"吧。

其二,我们应牢记中国母语教育课程的特点,加深这种文化自觉。什么叫语文? 平常说的话叫口头语言,写到纸面上叫书面语言。语就是口头语言,文就是书面语言。把口头语言和书面语言连在一起说,就叫语文。这是叶圣陶先生对"语文"课程定名的初衷。当然,斗转星移,与时俱进,现在人们对语文的认知与解读日趋多元,或以为语文是语言、文字,是语言、文学,是语言、文章,是语言、文化。从时代与社会的进步、从科学与文化的发展这几大趋势来看,把语文课程的内涵进行创新性理解也是不无道理的。但是,就课程的本质而言,语文课归根到底还应当是广义的语言课。从表达方式来看,有口头语言和书面语言;从使用范围来看,包括实用语言、文艺语言和科技语言;从传播手段来看,可分常规性语言与新媒体语言。牢记课程的本质,便于包括教者与学者在内的语文人始终把握教学的大方向,不至于把语文课上成政治理论课、思想品德课、文学课、文化课乃至于"四不像"课,这才是更重要的文化自觉。

二 母语:民族文化的传承

从课程内涵来看,语文教学的文化自觉更重视对母语文化价值的把握。

众所周知,语文是学校教育中的一门基础课程。在基础教育阶段,语文主要是用来进行母语教育的课程。中小学的母语教育一般也称为语文教育。在中国,语文教育一般是指以中华民族的共同语——汉语为代表的汉语文教育。当然,在有的少数民族地区,语文教育实行的是"双语教学",即既进行汉语文教学,同时也进行本民族语文教学。那么,青少年在学校接受语文教育,它的根本价值何在呢？简单地说,就是民族文化的传承。

母语是一种民族文化,母语教育的基本目的或者说主要目的就是传承民族文化。

那么,什么叫文化呢？说来话长。我们的宝岛台湾,有一位叫龙应台的文化名人,写了一篇《文化是什么？》的文章,洋洋洒洒18000余字,说明"文化"一词,确实不是三言两语就能说得清楚、道得明白的。文化(culture)是一个非常广泛的概念,很难给出一个严格和精确的定义。不少哲学家、社会学家、人类学家、历史学家和语言学家一直在努力,试图从各自学科出发来界定它的概念。但是,至今仍无一个公认的、令人满意的定义。据说,有关"文化"的各种不同定义有200多种。笼统地说,文化是一种社会现象,是人们长期创造形成的产物,同时又是一种历史现象,是社会历史的积淀物。确切地说,文化是凝结在物质之中又游离于物质之外,能够被传承的民族或国家的历史、地理、文学艺术、风土人情、传统习俗、生活方式、思维方式、行为规范、价值观念等,是人类之间用于交流、普遍认可的一种意识形态。

长话短说,对文化的理解与诠释,既有广义的,也有狭义的,还有一般意义上的。比较普遍认同的广义、宏观的解释,文化就是"人类在社会历史发展过程中所创造的物质财富和精神财富的总和"[1]。而相对具体的、一般意义上的,正如《辞海·语词分册》(1999年版)所言,文化"泛指一般知识,包括语文知识。如'学文化'即指学习文字和求取一般知识。又如对个人而言的'文化水平',指一个人的语文和知识程度"[2]。按照后一种解释,学校语文课的根本任务就是让学生在学校里"学文化"即"学习文字和求取一般知识",逐步提高他们的"文化水平",即"一个人的语文和知识程度"。明白了这一点,就可以使我们认识到,语文教学的文化自觉重在对母语文化价值的把握,真正使母语教育担当起传承民族文化的重任。

从语文课程的本质特征来看,母语教育传承民族文化的主要任务集中在两个方面。

第一,是民族语言的传承。学校教育开设语文课程,首要任务当然是

〔1〕 中国社会科学院语言研究所词典编辑室.现代汉语词典[M].5版.北京:商务印书馆,2008:1427.
〔2〕 不详.辞海·语词分册[M].1999年版.上海:上海辞书出版社,2003:1137.

理解与对话

引导学生"理解和运用祖国的语言文字"。学语文,就是学语言,主要就是学习本民族的语言。实质上,作为人类文化载体的语言文字本身,既是民族文化的主要载荷,又是民族文化的重要媒介。语言的本质作用何在?就是让人类彼此交际和交流思想。马克思主义语言学认为,语言本身没有阶级性,但是,它却具有强烈的民族性。每个民族的语言里都充盈着自己民族的基因。民族的语言就是民族的文化,体现民族的性格,传递民族的情感,凝聚民族的人心。都德的《最后一课》里,韩麦尔先生的话道出了民族语言的巨大凝聚力:"亡了国当了奴隶的人民,只要牢牢记住他们的语言,就好像拿着一把打开监狱大门的钥匙。"现如今,虽然信息网络化,交往国际化,经济一体化,世界变成了"地球村",但是,每个民族的母语依然是维系民族团结、凝聚民族力量的重要纽带。而且,越是民族的,才越是世界的。一个民族要想走向世界,首先就要凸显自己的民族语言特色。只有这样,才能自立于世界民族之林;反之,民族语言的退化,意味着民族的式微、消亡,最终退出世界历史的舞台。在人类文明史上,此类事例并不鲜见。说到底,民族的语言特色体现民族的个性特色,简直可以说是民族的一张名片。对此,南非前总统曼德拉说得非常精辟与形象:"如果用一个人听得懂的语言和他交谈,触动的是他的思维;如果用一个人的母语和他交谈,触动的则是他的心灵。"[1]民族文化的传承,总是借助于民族语言的传承。学校语文课,老师教学生,不只是简单地教识字、写字、读书、作文,而是通过这一切传递与延续民族的文化,让中华民族的文化代代相传,让中华民族生生不息。颇具代表性的是,汉语的方块汉字,其中凝结了多少汉民族乃至中华民族的文化信息;汉语文的诗词歌赋,是世界上其他任何民族语言无法替代的璀璨的中华民族文化的艺术瑰宝。语文教育就是通过这些民族语言的传承来传承民族文化。体认并践行这一点,便是语文教育工作者的文化自觉。

第二,是民族精神的传承。语言不仅是人类交际交流的工具,而且是民族繁衍生息的凭借。一个民族的语言不是孤立的语音、符号系统,而是在其中积淀了这个民族的睿智,这个民族的文化,这个民族的精神。母语教育不同于外语教学中的"日常会话"训练,翻来覆去地只在几个句型上兜圈子。以音形义融为一体的汉字作为基本单位构成的汉语文,尤其熔铸了汉民族乃至中华民族的精血与魂灵。教母语,同时也就在教民族的

---

〔1〕 辛华.汉语重要性列第四[N].语言文字报,2014-07-09(806).

文化、民族的思想、民族的情感、民族的精神。语言学家洪堡特指出："民族的语言即民族的精神,民族的精神即民族的语言,二者的同一程度超过了人们的任何想象。"[1]从这个意义上说,我们需要以高度的文化自觉,在语文教学过程中传承中华民族的精神。这就是说,我们不仅要教会学生字词句篇、语修逻文和听说读写,还要让学生透过语文知识的教学与语文能力的训练,批判地继承博大精深的民族文化,科学地弘扬历久弥新的民族精神。鲁迅先生说过:"我们自古以来,就有埋头苦干的人,有拼命硬干的人,有为民请命的人,有舍身求法的人⋯⋯这就是中国的脊梁。"[2]立德树人,就是要引导学生学习这种"中国的脊梁"。学习《论语》,不仅要解读孔子"吾十有五而志于学,三十而立,四十而不惑,五十而知天命,六十而耳顺,七十而从心所欲,不逾矩"的人生历练,而且要认识他"克己复礼,天下归仁"的政治理想、"有教无类""因材施教"的教育理念、"学而不厌""诲人不倦"的治学态度。诵读《离骚》,不但要读懂艰涩古奥、佶屈聱牙的骚体文辞,而且要体会屈原"九死不悔""上下求索"的拼搏与追求。既要学孟子"独乐乐不如众乐乐"的观念,也要学范仲淹"先天下之忧而忧、后天下之乐而乐"的胸怀。既要学习陶渊明"不为五斗米折腰"的志气,更要弘扬张载"为天地立心,为生民立命,为往圣继绝学,为万世开太平"的豪气。广览博采,兼收并蓄,把道家"放得下"、儒家"担得起"、佛家"想得开"的思想精髓,把道家"视而不见"、儒家"向上看"、佛家"转圈看"、易学家"内外正反辩证看"的人生哲理,统统揽入我们的视野,融入头脑中。

三　语文教育:教学传统的弘扬

从课程教学来看,语文教学的文化自觉尤其需提倡对教学传统文化的弘扬。

谈到传统的教学文化,古往今来,有两本著作是被奉为圭臬的。

一本是《大教学论》,由捷克著名教育家夸美纽斯所作,于1632年出版。"它阐明把一切事物教给一切人类的全部艺术","主要目的在于:寻求并找出一种教学的方法,使教员因此可以少教,但是学生可以多学;使

---

[1] 洪堡特.论人类语言结构的差异及其对人类精神发展的影响[M].姚小平,译.北京:商务印书馆,1999:50.

[2] 鲁迅.中国人失掉自信力了吗[M]//且介亭杂文.北京:人民文学出版社,1973:94.

理解与对话

学校因此可以少些喧嚣、厌恶和无益的劳苦，多具闲暇、快乐和坚实的进步；并使基督教的社会因此可以减少黑暗、烦恼、倾轧，增加光明、整饬、和平与宁静"。它不仅阐述一般的教学原理、原则、方式、方法，而且有专章阐述学科教学，比如，第20章科学教学法、第21章艺术教学法、第22章语文教学法、第23章道德教育的方法、第24章灌输虔信的方法等，都充溢着各科教学法的学术色彩。[1] 从近代教育学学科意义的角度来解读，本书与其说是近现代教育学的奠基之作，倒不如说是课程与教学论的开山之作。因此，《大教学论》不仅是教育学的学术基石，而且是学科教学的理论起源，当然也是我们语文教育的理论指导。

另一本便是《学记》。这是中国古代也是世界最早的一部教育学论著。它是中国古代典章制度专著《礼记》中的一篇，战国晚期成书，比《大教学论》要早1800多年。据郭沫若考证，作者可能为孟子的学生乐正克。全文20节，1229字，篇幅短小精悍，内容相当丰富、精辟、深刻，从教育的作用、教育的目的、学校制度、教育内容、教学原则、教学方法以至师生关系、同学关系、教师问题等，都做了比较系统而全面的概括和理论上的阐述。其中很多东西，不仅是教育史上的首创，而且经过2000多年教育实践的检验，即使放在现代教学理论的范畴中，也仍然闪烁着生命的火花。

我们的语文教育，两部专著都要学，两种理论都有用，力求"融会中外，博通古今"，使之"古今辉映，中西合璧"。但是，在今天，我们更多地需要强调母语教育的文化自觉，充分发掘与弘扬中华优秀传统文化中的教育教学传统文化。

道理其实很简单。

首先，要凸显汉语文的特色。中国的语文教育，主要是以汉语文为代表的母语教育。只有立足古往今来汉语文以及汉语文教育的固有特色，发掘与弘扬优秀的教学传统文化，与时俱进，开拓创新，推动中国语文教育的改革与发展，才称得上是母语教育的文化自觉。汉语文有何特色？早在1987年，申小龙《汉语的人文性与中国文化语言学》就指出，"传统语文研究以人的感受去拥抱汉语精神，运用辩证的两端来具象化，用简单的比喻来表达自己的语感和体验，从内容和形式的有机统一所产生的表达效果，整体上把握语言特征。这从现代科学的意义上说，固然缺乏理论体系的完整性、逻辑分析的严密性、概念表达的明晰性，然而它对于在世界

---

〔1〕 夸美纽斯.大教学论[M].北京：人民教育出版社,1984.

语言之林中有很大特殊性的注重功能、注重内容、注重韵律、注重意会、以神统形的汉语来说,无疑有着不可忽视的长处。"然而恰恰是在这一方面,诞生于21世纪初的文化变革中的中国现代语言学"义无反顾地用西方语言研究的科学传统取代了汉语的人文传统,用冷漠的知性分析取代了辩证的语言感受"。代价沉重,"丧失了整个传统语言研究的精华——人文性"。[1] 这一论述可谓切中肯綮,鞭辟入里。正因为如此,汉语文教育不宜过多采用工具理性与知性分析,而应充分重视人文感受与语感体验。于是乎,"多读多写"就成了传统语文教育的重要成功经验,折射出中国古代语文教育的精髓。我们可以旁征博引,从古人的大量论述里找到佐证。比如,东汉董遇云:"读书百遍,而义自见。"(《三国志·魏书》)西晋陶渊明曰:"好读书,不求甚解。"(《五柳先生传》)北宋苏轼反复说:"别来十年学不厌,读破万卷诗愈美。"(《送任伋通判黄州兼寄其兄孜》)"旧书不厌百回读,熟读深思子自知。"(《送安惇秀才失解西归》)南宋陆游则说:"汝果欲学诗,工夫在诗外。"(《示子遹》)清代蘅塘退士有千古名句:"熟读唐诗三百首,不会吟诗也会吟。"(《唐诗三百首》)诸如此类,不胜枚举。如果我们罔顾汉语文特色,否定乃至摒弃"多读多写"的教学传统,照抄照搬西欧、北美、大洋洲那一套语言教学科学化的理论,很可能就会招致失败。原因就在于教学文化定位失准,丧失了母语教育的文化自觉。

同时,要切合本土化的实际。母语既是本民族的语言,也就具有本土化的特点。母语教育既要体现本民族的特点,就要求切合本土化的实际,以顺应母语与母语教育的发展规律,适应学习者的文化、生态与心理需要。杨启亮教授曾经发表过一篇重要的学术论文,叫作《守护家园:课程与教学变革的本土化》[2],文中反复强调课程与教学改革要讲求"本根本土"的"本土特色"。这是颇有道理的。本土化不等于闭关自守、故步自封、因循守旧。母语教育切合本土化的实际,根本目的在于做好"守正维新"这篇大文章。"维新"就是弃旧图新,推陈布新。《诗经·大雅·文王》:"周虽旧邦,其命维新。"《礼记·大学》援用汤之盘铭"苟日新,日日新,又日新",就是这个意思。"流水不腐,户枢不蠹"(《吕氏春秋·尽数》)意为世界上万事万物永远处于运动与发展之中。维新的举措在于"引进"与"改革"。任何课程的教学,都要采用现代的、普适性的原理原则与方式方法,都要吸纳外来先进经验与优秀文化,都要与时俱进,除弊兴利。"守

〔1〕 申小龙.汉语的人文性与中国文化语言学[J].读书,1987,8:114.
〔2〕 杨启亮.守护家园:课程与教学变革的本土化[J].教育研究,2007,9:25.

正"（语出《道德经》）意在"笃守正道"，就是坚守正确的东西。对于母语教育而言，也就是"守护"与"传承"自己固有的本土特色。"维新"与"守正"是一对相依相生、相辅相成的辩证关系，必须充分认识好，正确处理好，努力做到在维新观念的指导下守正，在守正原则的基础上维新。当务之急是，深入反思新课改的成败得失，纠正"言必称希腊"，照搬舶来品，食洋不化，把课改煮成"夹生饭"的失误，从优秀的教学理念、科学的教学原则、适切的教学形式、有效的教学方法等方面，大力弘扬中国优秀的传统教学文化。诸如"教学相长""长善救失""切磋琢磨""豫时孙摩""吟诵涵咏""口诵心惟""熟读精思""多读多写"之类，就是我国母语教育历史积淀的结晶，本土特色的体现。这些千百年来凝结成的母语教育的教学传统文化，不仅不能忽视与遗弃，而且必须坚守与传承。这，便是语文教育的文化自觉。

全球化背景下国家文化发展战略：
重构汉语文教育目标

潘　涌[1]

摘要：反思汉语存在的文化生态危机，从全球化时代国家文化战略出发谋划汉语未来的发展。深度培育汉语的表达活力，由活力汉语来承载未来中国的文化创造力。这就需要创造性地重构汉语文教育的真正目标：从消极语用的"接受本位"转换到积极语用的"表达本位"乃至"表现本位"；着力突破"适应论"教育理论和"以本为本"的狭隘课程形态，深远培育学习者的"汉语童子功"，即以"思"为中枢、以"听、读、视"为基础和条件、以"说、写、评"为目标的七字能力体系。由此而开辟"文化强国"的中国道路，主动应对全球化时代多元文化的博弈。

关键词：全球化；文化发展战略；重构；汉语文教育目标

　　鉴于"GDP 至上主义"的长期负面影响，近年来国家文化建设的重要地位与软性功能开始得到空前的重视。党的十七大已经审时度势地提出了与经济建设、政治建设、社会建设并举的"文化建设"，党的十八大政治报告又以"美丽中国"为口号增加了"生态文明建设"的内容，并将以上五大方面共同组成国家全面发展的战略愿景。放眼世界，伴随着全球化进程向历史纵深的日夜推进，人类地理版图的立体化将史无前例地催生世界文化版图的快速重构。以信息高速公路为载体、以人的思想现代化为核心的全球化进程，正引发各国政治、文化和教育联动互补的综合效应和整合趋势。由于文化主要的符号载体和深刻象征是本国母语[2]，中国文化发展的持续走强无不取决于对汉语活力的精心培育。因此，批判性地

---

[1]　潘涌，男，浙江师范大学教师教育学院教授，课程与教学论专业硕士研究生导师。

[2]　母语有多种英译：first language，a source language，mother tongue，native language 等等。世界各国关于母语的定义复杂多样，本文暂不讨论多民族的统一语与少数民族本族母语不一致的情况。本文的母语是指对本国人民而言无处不在、无时不用的中华民族共同语，即《中华人民共和国宪法》（1982 年 12 月）明确赋予法律地位、全国通用的"普通话"，学界亦称之为"现代标准汉语"。

理解与对话

反思汉语文教育的根本弊端并前瞻性和创造性地重构其理想的价值目标,通过练就未来公民的"汉语童子功"而深远蓄养汉语可持续走强的后劲和活力,使之和谐同步于国家文化创造的战略愿景——这已经成为教育界不容回避的一项历史使命。

一　反思与前瞻:汉语的生存危机和创造期待

作为中华民族大家庭所共享的通用语和占全国总人口百分之九十以上汉民族的母语,汉语承载着中国博大精深的文化传统和源远流长的文明脉络,荟萃着中华民族深厚的智慧和丰富的创造力。当然,这只是象征着历史深处中国文化的灿烂昨天而已,只是构成了今日中国新文化创生可以有所依托的一种精神资源而已。近代以来,劣质生态环境中汉语的命运与中华民族精神的遭际一样百般坎坷和曲折。正如忧思意识浓重的文化人所深切感叹的那样:"拯救汉语,刻不容缓。"[1]一方面,在外来强势文化载体"疯狂英语"的不断裹挟下,走弱的汉语陷入一种令人窒息、狭窄、尴尬的困境:席卷校园的李阳式"疯狂英语"变相剥夺了莘莘学子习用汉语的大量生命成本——心力和时间,这在一定程度上也就是变相剥夺了中华民族以全球化视野创新母语文化的宝贵历史契机;就中外文化交流而言,由于当代汉语创生活力的匮乏,中国已不平等地沦为文化入超国——即使以孔子学院为载体的对外汉语教学在世界各国广泛推行,也并不能从根本趋势上改变这种因当代中国精品极度稀缺而产生的文化贸易之明显失衡。另一方面,长期以来汉语生存的内部文化土壤严重受损,历次政治运动尤其是"文革"所遗留下来的"口号话语"与网络即时生成、斑驳陆离的"泡沫话语"以其特有的庸俗和粗鄙斫损了汉语高贵、典雅和精致的语用品质,严重地侵蚀了汉语语用应有的和谐自然的文化生态。如此被腐蚀的文化生态自然难于培育具有国际竞争力和感召力的当代汉语精品,难于迅速形成为世界公认、特色显著的标志着新世纪东方文化高峰的"中国概念""中国判断"和"中国思维"——即使个别作家获得国际文学大奖也并不能扭转当代汉语文化陷入低谷的窘境。

二十世纪以降,人类语用问题开始上升到哲学本体论高度,世界哲学史上先后出现的"语言学转向"乃至"语用学转向"即是明证。语言尤其语

---

[1]　朱竞.拯救世界上最美的语言[M]//汉语的危机,北京:文化界出版社,2005:2.

用已经以存在本身获得了本体论意义。海德格尔曾说："语言是存在的家园。"[1]人首先是通过母语而逐渐进入社会、拥有世界并最后实现自己的价值。纵观世界文明的演进，一个国家或民族的文化发达与其母语语用活力的增生具有高度的正向关联；质言之，以"表达"乃至"表现"为本位的母语创造力就是该国文化创造力的一种深刻象征。正如下述这个语言学上的著名论断所揭示的那样："民族的语言即民族的精神，民族的精神即民族的语言。"[2]民族或国家磅沛的创造精神必然显现在其母语的表达力和表现力上；而洋溢着表达力和表现力的强势母语，亦同样会激发民族创造精神的持续增生和喷发。当然，这里的民族语言不仅仅是指其静态、平面、抽象和共时的社会公用符号系统，更是指其基于个人主体心灵的动态、立体、具体和历时的语言运用，即智慧生命在特定语境中就特定话题和具体对象而展开的言语表达乃至言语表现——这才是语用的重心，最后汇合成民族或国家母语文化创造的澎湃洪流，并经过时间的过滤而沉淀为一笔代表民族或国家的厚重的文化遗产。再也没有一种东西能比母语更完整和更深入地表现特定国家或民族的精神状态和创造活力了。如果透过苍茫如云烟的时间，从历史的高度来俯瞰人类的语用生活，那么，可以发现母语语用的结晶必然是一个国家或民族已有的精神及其物质文化发展史的缩影（文字记载的各种史册或口头传说）。同理，没有汉语的活力，就没有中华民族或中国文化的创造活力，而所谓汉语的活力则首先体现为未来公民们个体语用的表达力尤其是表现力，体现在其语用生活中普遍的输出活力上——正是这种输出型语用的表达力和超越性表现力，最终形成并汇合成民族或国家母语语用的创造力。正因如此，国内已有学者基于"适应时代、社会发展对人的语文能力的要求"之远景，明确断言："为了言语生命自我实现的、表现本位的'发展创造'型新范式的建构，已是势所必然。"[3]

　　基于上述对汉语生态及其语用现状的痛切反思，同时基于对母语在国家未来文化建设中的突出职能和重要使命的创造期待（因为唯有语言可以"转译"任何科学门类中的数字、公式、图符和任何文艺样式中的线条、色彩、

〔1〕 海德格尔.关于人道主义的信[M]//孙周兴.海德格尔选集：上册.北京：生活·读书·新知三联书店,1995:363.

〔2〕 洪堡特.论人类语言结构的差异及其对人类精神发展的影响[M].北京：商务印书馆,1997:50.

〔3〕 潘新和.表现与存在：上卷[M].福州：福建人民出版社,2004:56,43.

音符等,而反之则未必成立),我们应当从全球化背景下多元文化博弈的高度出发来达成下述"国家共识":"文化强国"的核心就是汉语强国,不但要强化经过历史过滤的汉语经典在全球的传播力和影响力,更应提升未来汉语精品持久的生产力和创造力。没有汉语文化本体的创生,何来文化"产业"和所谓"走出去"? 而且对传统国学遗产的继承也将狭隘地异化为对这些遗产的"陈列""展览"甚至是变相"盗卖"! 即使是融入当代全球化语境而弘扬其中的精华部分,这也并非是当代中国"文化创新"的核心要义所在。这里,汉语文化产品同样亟待着由"中国制造"向"中国创造"的华丽升级。为此,要以母语教育的本位立场来培养公民(尤其是未来公民)建立在汉语鉴赏力基础上的规范表达力和卓越表现力,铸炼成中华民族富有东方审美精神和创生特色的活力汉语,最终将这种汉语的活力深度转化为未来国家文化创造的强大活力。活力汉语:文化中国的耀眼名片!

在此时代背景下,我们亟须批判性反思汉语文教育的不愈痼疾及其遗传至今的流弊,深度转换中国母语课程与教学的实践范式,即自觉达成从"被思考""被体验"和"被表达"的消极语用到基于心灵、主动表达和精彩表现的积极语用之范式转型,实质性重构汉语文教育的真正目标——从单向接受到规范表达、从规范表达到个性表现、从个性表现到审美创造,从而以这种空前创新的课程与教学范式来积极热情地回应锻造活力汉语的时代呼唤,坚实地奠定国家未来文化建设与创造工程的重要根基。

二 重构汉语文教育目标:培养表达力

古代汉语文教育(即蒙学教育)虽然客观上对中华文化源流发挥了传承作用,但究其本质而言不过是历经数千年"接受本位"教育的一个典型样本,其教学之痼疾在于将学习者铸造为输入型语用的庞大容器。 五四时期的郑振铎先生抚今追昔,饱含历史沧桑感地揭橥了这种本质:以诵读为形式的"接受本位"的封建专制主义教育,实在是以驯化"顺民或忠臣孝子"为其基本目的,即"以严格的文字和音韵技术上的修养来消磨'天下豪杰'的不羁雄心和反抗的意思,以莫测高深的道学家的哲学观和人生观来统辖茫无所知的儿童"。 因而,正是这种深层次的目标观决定了蒙学教育必须以苦口呆读、死记硬背这种"注入式"为主要的教学方法。[1] 这种根

---

〔1〕 郑振铎.中国儿童读物的分析[J].文学,1936,7(1).

深蒂固的痼弊,遗传到现代语文教育史上而依然没有得到根本性的纠正。新中国成立后,缺乏独立自主理论体系的大陆教育,深受苏联伊·阿·凯洛夫教育思想的严重负面影响,形成了以全预制、全封闭和全垄断为基本特征的指令性课程与教学范式。[1] 陷入其中的汉语文教育,与中国传统蒙学教育中的"注入式"本能地合而为一,即片面地强调学习者"接受本位"的输入型语用功能,以致走入唯重言语接受、轻视言语表达、偏废言语表现的教学歧途。汉语文教育的应然形态本是由阅读、写作和口语交际三模块构成、相辅相成的理想教学体系(见图1)。

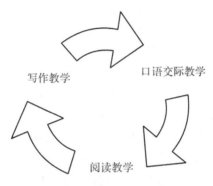

写作教学

口语交际教学

阅读教学

图1　汉语文教育的应然课程形态

　　实然的教学体系则被人为地窄化为以阅读为本体、为目的的极其狭隘的教学格局:写作教学附庸化,既无自身独立的课程与教材,又不能针对学生语用习得规律而形成相应的教学序列,只是附着在阅读课文之后沦为一种因袭模仿的复制性练习;口语交际教学在相当长的历史时期里处在一种真空状态,至今依然是作为一种没有实际内容和能力阶梯的教学点缀而存在,或者常常被异化为先有预设和机械背诵的"口语教学",以致母语在特定语境中的动态"交际"功能被从语文教学的应然框架中肢解出去而久患"半身不遂"(吕叔湘语)。而且,所谓的阅读教学又只是单一地拘囿于统编统用的"公共读本",致使学习者输入的语词量偏少,语词组合的向度过于同质化,缺失"我思"的"公共表达"反而成为一种流行其广、积习已久的语用常态(实为语用"变态")。久之,只剩下"阅读本位"的封闭的课程与教学形态,教学双方均将基于阅读而又超越阅读的对母语表达力和表现力的培养遗忘到"爪哇岛"去了。就汉语文教育的目标而言,

〔1〕　潘涌.论新中国成立以来的语文课程改革[J].南京社会科学,2009,12:116-122.

大陆理论界和教育界一贯奉行的是沿袭"适应说"的传统目标观。从二十世纪五十年代初开始逐渐泛滥的"思政中心论",到六十年代的"语文工具说"和历史新时期的"知识中心论",再到二十世纪末一度渐成影响的"语感中心论",这些在大陆母语教育研究和学校教学中曾产生了较大影响的主流观念,自觉或不自觉地陷入了偏颇的教育目标之中:母语学习就是通过对"公共读本"的记诵而使学生"接受"某些预设或既定的东西——或者是某种政治的观念,或者是"字词句篇语修逻文"(说语文教学的"八字宪法")的知识体系,或者是一种可供役使、外在于人的物化工具及其使用技能,或者是一种直感文本语义、理解和接受其中思想情愫的语感能力……凡此种种,皆不出"接受本位"的格式化套路也。时至今日,还有论者仍然误将只是基础地位的阅读教学上升到母语教育中的"核心地位"、误将只占三分之一天下的阅读教学夸大为一统整个语文教育的天下(即全部所在),甚至高调疾呼"丰富而广泛的阅读是母语学习的核心环节",要求整个母语教育亟须强化阅读作为"核心环节"的特殊地位。[1] 如此吁求,表面上是为了突破拘囿于"公共读本"的狭隘的阅读藩篱,但本质上依然没有跳脱"接受本位"的思维窠臼。至于正在实施的新的《语文课程标准》(包括 2011 年出版、经过修订的全日制义务教育和普通高中新课标),虽然确认"语文是最重要的交际工具",但是将输入型语用的"听读"与输出型语用的"说写"简单并置,对"语文素养"这个目标性概念的核心(即输出性语用中的表达力和表现力)并没有做出鲜明、精准的界定而只是流于宽泛的解说,特别是对诵读篇目、阅读量等均有细化的刚性要求而唯对言语表达和表现只有模糊的软性要求——这两者之间形成了一个显著的对比。这种对比后面隐含的就是对语用活动中"表达意识"和"表现意识"的完全不自觉,对输出型语用在人的"语文素养"中关键地位和目的指向的完全未领悟。同时,高等学校的母语教育亦类似于基础教育。历史新时期才开设的"大学语文",本身因为缺乏具有内在体系、逻辑序列的独立教材而被深度边缘化(成为古今中外文学史的一种"杂烩"),更因为始终陷于单向度、输入型的狭隘课程形态而被异化为单一文学作品的"阅读课"(成为文学史上诸多作家作品的简单"集合")。"大学语文"本身并不包含输出型的"写作"内容模块,该课程之外又较少独立开设真正定位在培育书面表达力的名实相称的"写作"课程(即使开设了"写作"课程,也是内容

---

〔1〕 郜云雁.语文教育期待阅读的回归[N].中国教育报,2010-11-18(5).

偏狭,无不排斥习用思辨缜密的评论和审美感动的诗歌,而这两种体裁最能表现智慧生命的思想力和语言创造力),当然亦完全缺失目标明确、指向表达的深度教学。高师院校的"口语艺术"课则更被偏废和冷落,往往浅化为静态的语言知识和语用技能之系统讲授课,遗忘了如何在特定语境中围绕具体话题而砥砺并提升学生即兴生成、品质卓越的口头表达力。总之,高等院校的"写作"课和"口语艺术"课或处境尴尬或目标异化。各级学校教育之所以不约而同产生上述的"接受性"教学思维,根因于隐藏在其后的一种更为深广的政治化思维背景,即学校要培养"适应"既定社会伦理与文化规范的"接班人"这种"教育目的"。其深蕴的价值取向就是面向已成既定的"过去",隐含着一个未加充分论证、也不可能充分论证的先验假设——社会既有的文明形态(包括语用范式)和文化体系已经完美无缺,当代教育的使命就是指导新人们如何"维持"而不是如何"刷新"这种既有的社会文明形态和文化体系。显然,如此不攻自破的假设完全经不起推敲,更不可能构成"适应论"的逻辑起点。而上述传统语文教育目标观其实是"适应论"的派生物:无论接受的是思想观念、语文知识、语用工具或是语感能力,均是假设语文教育的价值取向要面对已有和既成的社会制度规范、要"适应"昨天的语用规则和文明范式。这进一步助长了"以本为本"的语文"接受性学习"的偏颇倾向,最后固化为自我封闭和极其狭隘的课程形态,也是汉语文教育的实然课程形态(见图2)。

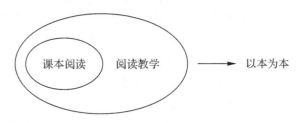

图 2　汉语文教育的实然课程形态

在这种极其狭隘的课程形态中,学生的内语用(即思想力)、外语用(即表达力和表现力)自然日趋贫弱。难怪中国语文教育界竟然爆出如此不堪思议的反常异象:接受语文教育的程度与活用母语的能力这两者之间形成明显的反比,即接受语文课的时间愈久和浸染愈深,其语用活力(尤其是表达力)愈是丧失多矣,终致天籁一般的童心童语几乎集体沦陷,更何谈洋溢生命活力的"汉语童子功"![1]

　　虽然,新中国成立后的主流语文教育也强调培养学生在认知和理解基础上"运用"祖国语言文字的能力,但实际上这种模糊的"运用说"后面隐含着明确的教育指向。二十世纪六十年代,语言学界一位赫赫有名的前辈的观点就颇值得琢磨:"语文教育"就是要让学生"掌握语文这个工具",要把"训练学生运用字、词、句、篇、章的能力"与"训练学生理解语文所表达的思想的能力"相结合。[2] 这种观点与五四时期胡适先生在《中学国文的教授》所提出的"自由表达说"形成了一种取向有异的明显对比:"人人都用国语(白话)自由发表思想"[3]。显然,与后者基于生命本位的"自由表达说"(五四时期的叶圣陶也持此说)相比,前者留有明显的"被理解"和"被运用"的痕迹。这种表面上涵盖了言语输入和言语输出两大功能的所谓"运用",其实模糊了源于心灵"自由表达"的鲜明个性特征,模糊了母语教育的终极指向即以"自由表达"为内核的言语表达力和表现力;而且,在当时大陆的教育语境中,"训练说"隐含着学生是"被操控的学习工具"这种"过度教育"乃至"反教育"的负面倾向,并直接导致"被思考""被体验""被表达"。由此可见,新中国成立后语文教育信奉的是一种偏颇的目标观。虽然,我们需要学生对既定"公共文本"的认知、理解、鉴赏乃至适度的背诵和默写(前提是这些被选择的文本已被时间证明为"文质彬彬"的汉语精品),但是这些接受性的言语实践活动理应无一例外地指向其输出性的言语表达力,唯有后者才是汉语文教育的真正目标所在——使每一个鲜活的生命个体充分学会表达自己,并通过这种规范得体、明晰晓畅的表达而来实现与外部世界的价值联系,达成一己的生命意义。最重要的是,生命本位的言语表达必然是富有个性特色和审美品格的,其言语内容和言语形式是以表现性语用为基本价值取向的,故"言语表达"的终极指向是"言语表现"——以"汉语"为应然课程名称的中国人的母语教育,旨在培养的无疑当是基于接受的言语表达力、基于规范表达而超越其上的言语表现力。至于"熟读唐诗三百首,不会吟诗也会吟"的千年古训,不过是蒙学教育中一种典型的"混

〔1〕 参见:潘涌.美国高考作文 Essay 的文体特征、命题指向及其启示[J].课程教材教法,2012,12:112-119;潘涌."后命题时代":自由思维的回归与隐性制约[J].全球教育展望,2012,8:32-34.两篇均有分析。
〔2〕 张志公.说工具[N].光明日报,1963-10-10.
〔3〕 胡适.中学国文的教授[M]//胡适文存:卷一.上海:上海书店出版社,1989:303.

沌"学习法罢了。自古而来,哪有一位诗人不是在深切的体验与潜心的思索中完成语言精品的? 灵感闪现的"急就章"也当是基于长期累积的"前思考"和"前表达"。未曾开智启慧的所谓"熟读"甚至背诵,虽然也可以丰富学习者的语用"内存",但只有通过基于理解和鉴赏的输出型语用,才能自觉地、渐进性地转化并升华为言语主体的表达力和言语表现力,并铸炼为未来公民的"汉语童子功";否则,所谓"熟读"甚至行云流水般的背诵充其量只能制造唯有文字技术而缺乏坚实哲思内核的"诗匠"或"文匠"而已。

详而言之,汉语文教育(其结论同样完全适用于一切语言教育)的显性目标囊括以"思"为中枢、以"听、读、视"为基础、以"说、写、评"为指向的完整的七字能力体系。显然,这个被重构的能力体系,不仅拓宽了学习者语用的广度,而且拓展了其语用的深度;不仅关注到学习者"听、读、视"的输入型语用能力,而且旨在强化其"说、写、评"的输出型语用能力;不仅重视诉之于眼、耳、口等感官的外部语用能力,而且高度强调心灵思维、想象、体验等内部语用能力。这种输出型语用的发展指向就是理想的积极语用——旨在提升母语文化创造活力的积极语用教育观,将是 21 世纪中国母语教育的先导性新观念[1]。积极语用是指表达主体基于独立人格和自由思维以个性言说、独立评论和审美表达(尤其写作)等为形式特征因而富于创造活力的自觉完整的表现性言语行为。可用下列语用方程式来呈示:

积极语用＝自觉语用(语用动机和激情)×全语用(完整语用能力)×表现性语用

这种汉语文教育的新观念,是源自对偏狭表浅的中国传统母语教育的批判性反思,同时,更是基于对全球化背景下未来社会发展和文化建设的前瞻性考量。积极语用教育观不是将输出型语用平面化地对应于输入型语用,而是强调"说写评"不能仅仅止步于语用主体的再现性复

---

〔1〕《积极语用教育观》讲述了本文作者近年倡导的关于母语教育的新思维、新观念。详细参见:潘涌.积极语用:21 世纪中国母语教育新观念[J].北京师范大学学报(社科版),2011,2;潘涌.全球化背景下母语教育的普世价值[J].北京大学教育评论,2009,3;165;潘涌.积极语用教育观与母语教师能力的重构[J].中国教育学刊,2012,7;61-65;潘涌.论汉语文课程名称的归正与我国母语教育目标的重建[J].首都师范大学学报(社科版),2011,5;潘涌.阅读教育的革命[J].首都师范大学学报(社科版),2012,6;120-125;潘涌.独立评论:积极语用教育观的要义[N].中国社会科学报,2010-07-01;潘涌.活力汉语从何而来[N].光明日报,2012-04-16;等等。

述,更不是从众化和同质化的"公共表达"。就价值取向而言,"说写评"的最高境界是基于规范表达的表现型语用——从言语内容到言语形式双重意义上的个性化、审美化和创意化。特别是将"评"与"说写"并列,是为了凸显语用主体在评论活动中所迸发出来的独立的思想力量,虽然"评"可以凭借"说写"的形式呈现出来,但"说写"未必就是一种有品位、有内涵和有深度的精彩评论。而且,受制于全预设、全封闭和全垄断的指令性课程范式,中国语文教育长期偏废对学习者思辨性语用能力的培养。这表现为:从输入型的阅读教学到输出型的写作教学和口语交际教学,普遍"缺失"洋溢个体生命语用活力和思想智慧的独立评论。而同时,环顾世界各国的母语教育,无论是从其课程标准或教学大纲,还是到其课堂语用活动的深度展开,很多都高度重视培养未来公民必备的自我选择、自主判断和自由评说之能力,以致中外母语教育两相比较,不禁顿生究竟是培养"语言人"抑或"语言工具"的深长感喟。由是推论,汉语文教育亟须顺应全球化时代人类的共同价值追求,坦然悦纳自主、独立和精辟之评论的回归——由此而全面启动中国母语教育的范式转换:从型塑"被表达"的"语言工具"到培育基于阅读后开悟、想象和创思而善于独立判断、自主评论的"现代公民"。这方面,2013 年元月以来《人民日报》从周一到周五增设独立评论专版的积极举措,就给我们以鲜活有力的前瞻性启示。[1]

总之,从"接受"到"表达"到"表现"到"创造":这就是循序升华的汉语文教育目标的深度重构。而"表达力"则是指主体在口头和书面的言语输出中依循语法通则来准确用词、规范造句而晓人事义所达到的诉诸理性的程度及其效应(power of expression),由此而发展为更高级的表现力和创造力。文化界一般公认:"表达是人类文化的母亲。"[2]因此,汉语文教育的目标重构其实深深蕴含着中国文化新生的历史转机。这种从"接受本位"向"表达本位"的"哥白尼式"的重大目标转换,实质上是对智慧人的本质即天赋自由精神的高度尊重,是对作为宇宙精华所潜蕴的伟大创造力的自觉开发。这样的母语教育将使智慧生命个体趋向一种人皆憧憬的大化境界:"积极能动地'表达自我、实现自我、完善自我',作为心

<hr />

[1] 从 2013 年元月开始,《人民日报》周一到周五每天增设完整、独立的评论专版,为干部、学者提供争鸣空间和论政平台。这在中国第一大报办报的历史上是一种空前新变,也是大陆现实语用生活中具有标志意义的一大积极变化。

[2] 张盛彬.认识逻辑学[M].北京:人民出版社,2008:260.

灵丰盈、思想自由的言语人、精神人,诗意地创造着,自由地有意识地'存在着'。"[1]

三 培育活力汉语:"文化强国"的全球化战略抉择

综上所述,就全球化时代国家文化发展远景而言,必须致力于培育国家软实力的核心——文化创造力;换言之,精心培育活力汉语以此承载国家文化创造力,是促进中国文化发展的切实可行的战略抉择。这样,中国汉语文教育之目标重建当为学校教育改革必须直面的一项重大基础工程,它关涉到国家文化今日之走向和未来之命运,关涉到国人期盼已久的中华文明之复兴与强盛。

放眼世界,人类历史上又一个新的里程即全球化时代已对各国母语文化的发展和母语教育的创新提出了难以回避的严峻挑战。以资讯网络化为载体的全球化进程,凭借无疆界的迅猛势头渗透到地球的各个角落,夜以继日且空前深刻地重塑着人类文化的生态,展示着充满博弈性和风险性的多元文化新前景。正如著名的美国全球化问题专家罗兰•罗伯森(Roland Roberston)教授所揭橥的那样:"作为一个概念,全球化既指世界的压缩(compression),又指认为世界是一个整体的意识的增强。"[2]所谓"压缩",指由发达的现代交通技术和以信息高速公路为载体的国际网络所形成的人类物理时空乃至心理距离的空前缩小;所谓"整体的意识的增强",则意味着由生产要素跨国流动的自由化、全球经贸的市场化和国际网络化所引发的地球村落文化、经济和教育多元互补与融合的趋势。全球化的"三流动"即商品货物、金融资本和人才资源的大流动,是以人才流动为要素的;而人才流动的实质是以语言为抓手的文化再造。置身于全球化语境,西方发达国家和东邻日本普遍推行以弘扬民族文化为主旨的"文化立国"战略,最有代表性的是哈佛大学教授约瑟夫•奈以文化为根基的软实力谋略,从二十世纪九十年代以来风靡世界,成为政界关注、学界追踪且跨文化、高含量的国际学术话题。但是,在这种多元文化博弈的语境中,民族文化自身的独特性和相互间的差异性并不能构成多元文化包容并存、互补共享的充分理由;换言之,泛泛而称的"多元文化"可以在世间永存和共享,这可能是一个美好而虚拟的理论命题(全球化进程究竟

〔1〕 潘新和.表现与存在:上卷[M].福州:福建人民出版社,2004:56,43.
〔2〕 罗伯森.全球化社会理论和全球文化[M].梁光严,译.上海:上海人民出版社,2000.

使各国文化趋向多元化并存还是同质化融合？这本身是一个有待讨论、争议不断的学术问题，本文暂不展开论证）。不过，近年来全球化背景下中国对外移民、留学人数的逐年增加与文化消长的严酷现实，足以引发我们的高度警觉：源自不同历史和地域的各民族的多元文化，果真是平等而具有可以期待的发展前景的吗？只要在地球村中交际并交往，弱势文化固有的"软肋"终会使其趋向"软性消亡"。其实，所谓由多元文化的优劣或强弱所导致的诸多差异性恰恰是文化发展"不平等"的充分理由，这是优胜劣汰的宇宙竞争通律在文化领域的一种必然反映。作为文化载体和象征的语言亦当如此。援引一种反证：英国著名语言学教授彼得·奥斯丁（Peter Austin）曾经撰文分析，全球每年约有八十种语言消亡并有数千种语言濒危[1]。同时，承载英美文化价值、充满强劲表达活力的"核心英语"（nuclear English）[2]正向全球各个角落强势渗透，西方学者已经敏锐、自觉地意识到"核心英语"在多元文化博弈中的强度辐射力和同化力。事实表明：语言的生命力并不简单等同于使用者的数量，而是取决于语用个性和品质的优劣。深远而言，更取决于本国母语教育对语用发展趋势富于战略意识的自觉引导。同理，语种濒危之"危"，不仅仅是来自外部强势语种的空间覆压，更是来自内在文化生态对母语表达活力的不易察觉的隐性斫损。

由此可见，对于本身缺乏体大虑周、精湛缜密的思辨传统而又历经封建专制主义文化禁锢的发展中大国而言，如何重构汉语文教育目标、使之与国际母语教育的普遍价值和谐同步，已经提上了谋划中华未来、再造汉语文化的"梦时代"之议程。鉴于多元文化在地球村上的博弈，实质上已经聚焦于具有不同文化传统和文明背景的"语言软战争"，正是在这或剑拔弩张或彬彬有礼的语言交际中，显现出不同语种的母语所固有的文化特色和价值取向。而植根于民主政治和现代文明的强势语种已经并将继续以其迸发的辐射力、感召力和同化力渐次"融合"弱势语种：语用的危机即是生存的危机，教育的弱势即是发展的弱势。因此，创新性重构汉语文教育的目标、精心培育充溢生命智慧的汉语表达力和创造力并使其获得可持续的深远发展——这正是全球化背景下汉语文教育所面临的刻不容缓的战略选择。只要我们期待流溢着东方智慧与本土特色的

〔1〕 新浪网.十大濒危语言：部分语种使用者不足 10 人［EB/OL］.（2008-08-29）. http://tech. sina.com.cn/d/2008-08-29/07412421940.shtml.
〔2〕 施杜里希.世界语言简史［M］.17 版.吕淑君，译.济南：山东画报出版社，2009：303.

"中国概念""中国判断"和"中国思维"的相继崛起,就没有理由不重视对活力汉语的深度开发和长远培育。这样,当我们再度面对"中国能拿什么去引领世界文明"的严肃诘问时[1],就能从容应答:活力汉语及其承载的中国文化!

目标归正、尊崇表达的新母语教育,必将为中国文化命脉注入强大的创新精神和创新才力;欲重塑青春流溢的文化中国,必先蓄养汉语表达的磅沛活力。

---

〔1〕 邱震海.中国能拿什么去引领世界文明(2 月 10 日节目文稿)〔EB/OL〕.(2013-02-16)
    〔2014-12-31〕.http://blog.ifeng.com/article/23210162.html.

语文课程的本体性探讨

余　虹[1]

摘要:语文工具性与人文性的矛盾由来已久,尽管课标层面明确强调二者的统一,但是教学实施层面的矛盾仍然没有得到解决。近来回归语文本体的呼声越来越高,有人把语文课程的本体狭隘地界定为语文知识与技能的学习。本文从语文课程、教材、教学三个层面探究语文课程之本体性,尤其在教学层面,根据素质教育知情意全面发展的要求,提出了语文教学的三种价值取向——认知取向、审美取向、技能取向,力图为语文人文性与工具性在教学层面的整合探寻一条行之有效的途径。

关键词:语文课程;本体性;语言运用;精神成长

一　语文课程之本体:语言运用与精神成长之统一

文道之争即工具性与人文性之争是语文教育由来已久的话题,语文学科设科以来,这种争论一直伴随语文教育发展而发展。当前语文教育界"诗意语文"与"本色语文"之争便是这一争论在新课程改革中的持续。新一轮的语文课程改革因强化语文学科的人文性,有些教师矫枉过正,把语文课上成了历史课、思想品德课,削弱了对学生言语能力的培养。因此,当下一些学者呼吁回归语文课程的本位,回归语言本身的学习,回归对学生言语能力的培养。与此同时,又把言语能力之外的人文素养提升作为语文课程的"非本体",即不是语言课程分内的事,只是顺带完成的目标。

何为本体? 简而言之,即一事物何以成为该事物的本质属性。何为语文本体? 就是使"语文"成为"语文"之本质特征,是语文学科区别于其他学科的本质特征。那么语文作为基础教育课程体系中的一门课程,它与其他课程的本质区别在哪里? 语文课程标准明确提出"工具性与人文性的统一,是语文课程的基本特点",语文课程既要"使学生初步学会运用

---

〔1〕　余虹,女,四川师范大学文学院教授,语文课程与教学论专业硕士生导师。

祖国语言文字进行交流沟通",也要"吸纳古今中外优秀文化,提高思想文化素养,促进自身精神成长"。就是说语言应用能力的提高与促进精神成长,都是语文课程的"本体性"内容,都应该成为语文教学分内的事,二者不能偏废。

新中国成立以来,在很长一段时间内,语文学科被定位为工具学科,忽略了语文的人文性,其结果是语文课成了没有灵魂的工具课、技能课,从而丧失了语文学科作为人文学科的基本功能,丧失了语文课程对学生情感的熏陶、生命意义的开启、价值观的引导等作用,被国人痛斥为"误尽苍生是语文"。正是在这个意义上,语文课程标准才明确提出工具性与人文性并重的要求,把二者定位为语文课程的基本特点。

其实,就语言本身的构成而言,语言表达与语言的人文内蕴也是分不开的。根据现代语言学理论,任何语言都是能指与所指的统一。语言的所指是语言表达的内容,即语言表达的"是什么",语言的能指是语言表达内容的形式,即"怎么表达的",语言的能指与所指是不可分的。由此,语言的学习既包括语言形式即语言表达技巧的学习,也包括语言内容即语言所表达的意蕴的理解,二者不可分离。因此,以语言学习为核心的语文课程不可能抛弃语言内容而只关注语言表达技巧的学习。

语文课程的核心任务是语言学习,准确地说是母语的学习,而母语不仅仅只用于日常生活的交流与沟通,母语还承载着本民族的文化精神、生存方式、民族情感与人生价值观。因此,对母语的学习便不只是学习语言的表达技能,语言的交流艺术——虽然这很重要。母语的学习也是在理解一种文化,一种自己生于斯、长于斯的本源文化。这种理解不是一种浅表的语文知识的掌握,这是很外在的东西,它更是与民族文化的相知与相融,是把语言所蕴含的文化知识内化为学生的情感、态度与价值观,从而使学生在母语的学习中获得对民族文化的认同与热爱,并在这种认同中获得一种生命的归宿感,这才是语文学习的本质。让学生通过母语学习获得一种文化的归宿感,从而提升其人生的幸福感,提高其生命质量,教育的最终目的便在于此。可见,语文课程学习的终极目标不在于语言技能的掌握,而在于精神的成长。如果要说语文教育的本体,这才应该是母语教育的本体,自然应该成为语文教学的本体性内容。

不管从语言的构成,还是语文课程的基本特点看,语言能力的提升与学生的精神成长都是属于语文课程的本体,是语文教育分内的事,都是属于语文本体性教学的内容。因此,不能把学生情感、态度、价值观维度的目标看作是语文非本体性的教学内容。

二 语文教材之功能:实用与文化功能的结合

教材是教学的材料,课文作为文选型教材的主要内容,也是语文教学的材料,而不是语文教学的内容。因此,教语文不是教课文,而是用课文教。可是用课文教什么呢?

根据语文课程工具性与人文性统一的基本特点,语文教材也应该是实用功能与文化功能相结合。语文教材的实用功能主要是指语文教材所担负的语言技能训练、语文知识获取的功能,其目的在于对学生语言能力的培养,以体现语文的工具性。语文教材的文化功能主要指语文教材承担的提升学生语文文化素养,促进其精神成长的功能,以体现语文课程的人文性。因此我们既可以用课文来教学生言语技能,教学生语文知识,也可以把课文当作文化读本来教,以提高学生的文化素养。如朱自清先生的《匆匆》,我们既可以教学生学习它的句式特点,比喻、拟人的修辞手法,并应用于自己的写作中,也可以引导学生体会课文中作者对时间、生命匆匆流逝的体验与感悟,唤起学生珍惜时间的情感。如果这篇文章仅仅用来作为学生学习语言技能与知识的范本,而把课文丰富的内蕴剥离掉,实在是本末倒置,舍本逐末。可见,确定一篇课文的教学内容不应该仅仅关注语言技能与知识层面,应该视文本的特点而定。

影响一篇课文教学内容的确定有几个方面的因素:

1.课标因素。语文课程标准始终是确定教学内容的依据。语文课标对不同学段的语文教学有不同的学习要求。因此同样一篇课文放在不同的学段教学,其教学的重难点是有所不同的。以优秀古诗词为例:小学中低段,它的教学重点应该是识字写字与准确朗读;小学高段,诗歌内容的理解与诗歌的情感体验应成为教学的重点;而在初中,审美鉴赏则是其教学重点。

2.教材因素。每一套教材都是一个体系,它是教科书编者根据课程标准与学生身心发展的规律编制而成的,力图让学习者通过一套教材的学习,在语言方面得到系统的训练,以达成课标所确定的课程目标。而每一篇课文都存在于一个教材体系中。因此,要教什么,教材是有所规定与限制的,不是老师随意而为的。教材的助读系统、作业系统为教学内容的确定提供了支撑。

3.文本因素。课文的文本特点,也会影响教学内容的确定。比如文体特征,诗歌与记叙文的教学内容应该有所不同。叙事性文本、抒情性文本与说明介绍性文本所教内容也应该有所不同。

4.学生因素。学生因素也是影响教学内容的重要因素,由于学生的基础不同,教学内容也应该随之有所变化。比如,同样一篇四年级的课文,在偏远的山区与大城市的学校,其教学内容是有所区别的。而这种区别随着年级的升高而加大。

可见,确定一篇课文教什么,既要以课标为依据,也要考虑教材的文本因素以及教学对象的特点,不能一概而论,把语文知识与语言技能作为教学的主要内容,而忽略其他内容。

三 语文教学之实践:审美、认知与技能的整合

然而在具体的教学中,由于课堂教学时间的限制,每一课都实用、文化功能并重,知识技能、过程方法、情感态度价值观面面俱到是不现实的。因此,现代教育提倡一课一得,强调重点关注一个方面,而其他方面的教学内容兼容其间。

在语文教学中我们既可以知识与能力为显性目标来设计教学,情感态度价值观渗透其间,也可以过程与方法、情感态度与价值观为显性目标来设计教学,知识与技能渗透其间。如果我们把这种显性的教学目标对课堂教学的引领称为教学取向,那么根据素质教育知情意全面和谐发展观与语文课程三维目标的要求,我们可以把语文教学分为三个教学取向:审美取向的教学,认知取向的教学,技能取向的教学。

(一)审美取向的教学

审美取向的教学即把课文尤其是文学作品当作审美文本来读,关注课文的审美文化功能。教学内容的重点便在于通过对课文形式美的感受与体验,让学生领悟文本思想情感,从而唤起学生的生命意识,让其获得生命的启示与感悟。这里以王崧舟《长相思》的教学设计为例来理解审美取向的教学。

【教学目标】

1.能字正腔圆、有板有眼地诵读《长相思》,进一步感受词的抒情韵律。

2.了解"风一更,雪一更"的互文手法,感受"更"在古典诗词中的特殊情味。

3.通过想象、质疑、情境诵读,体验诗人身在征途、心系故园的矛盾心

情,感悟诗人天涯行役的相思之苦和相思之深。

【教学重点】

在想象、质疑和情境诵读中,体验诗人身在征途、心系故园的矛盾心情,感悟诗人天涯行役的相思之苦和相思之深。

【教学难点】

在移情想象中建构"故园"的丰富意象,体味"故园"的文化意蕴。

【教学流程】

1.借助注释,读懂词义。

2.展开想象,读出词情。

3.互文印证,读透词心。

王崧舟老师的课从来不以语言技巧与语文知识的掌握作为教学目标,情感的体验与文化意蕴的体味是王老师语文课的灵魂。这篇诗词的教学也是如此,其教学的重难点在诗词情感的体验与丰富意象之韵味的品味上,审美鉴赏是该课的教学目标,而读准、读懂诗词则是教学的起点。这里没有以语文知识与语言技能方法的学习为目标,可仍然是一堂高质量的语文课。因为学生在品味诗词情感过程中,也开启和丰富了自身的情感,获得了另一种生命的体验。

(二)认知取向的教学

认知取向的教学把课文当作训练学生言语思维能力的范本来读,关注课文有效信息的提取,比较分析,归类整理,在此过程中训练学生的理解、分析、综合等思维能力或条理清楚的逻辑表达能力。如:蒋军晶老师的群文阅读课"创世纪神话",便典型地体现出这样一种教学特点。其教学设计如下。

【教学目标】

1.快速、准确地提取语言信息的能力。

2.语言材料的比较分析、综合概括的能力。

【教学过程】

1.导入:呈现主题——世界是如何形成的?

阅读科普说明文材料:《宇宙大爆炸》。

2.第一步:比较阅读《诸神创世》和《淤能棋吕岛》。

提问:(根据文中信息推测)所阅读的创世神话来自哪个国家?

比较分析两则神话的不同。

结论:不同民族有自己的神话,每个民族的神话都有自己的特色。

3.第二步:比较阅读中国、印度、伊朗、罗马四则创世神话。

提问:它们有什么共同点?

引导发现:"宇宙卵""英雄创世""垂死生化"的神话母题。

提问:为什么不同民族的创世神话会有这么多共同点?

小组聚焦讨论:"宇宙卵"神话母题的形成原因。

4.第三步:比较阅读创世神话与科普说明文。

讨论:围绕"真实"进行讨论。

提问:今天读神话可以读什么?

补充材料:其他人关于创世神话的读后感。

蒋军晶老师这堂课的价值不在于学生得出了怎样的结论,获得了对宇宙怎样的认识;其价值在于过程,在于在整堂课的教学过程中学生的思维得到了很好的训练:从关键信息的识别、判断、提取能力,到比较阅读中的理解、分析、综合能力,联想能力,科学的推测能力以及语言概括能力,思维强度很大,并且在此过程中学生初步学会了分析神话的方法。其达成的目标维度重点在过程与方法,而不是语言的知识与技能。这样的教学对学生思维品质的提升意义非凡,不是一般的语言运用技能训练课可比的。

(三)技能取向的教学

技能取向的教学是把课文当作语文知识获得或语文技能训练的范本,关注课文语言形式的表达技巧,关注听说读写技巧的训练与学习,该教学取向的目标就是技能的迁移与运用。这样的课在语文教学中十分常见。下面为一个识字教学片断。

【教学过程】

1.出示生字词。组织同学们借助拼音,正确认读生字词。

2.强化重点词语的读音。归纳整理同学们的回答,教给学生方法,引导学生认真倾听并重点识记。

3.强化字形识记的重难点。

4.去掉拼音,引导学生再读生字词。

5.出示单个生字。

6.指导学生把文章读正确,读流利。

该教学片断指向学生识字技能与方法的训练,教学内容实在,方法具体有效,从字音、字形的识别、识记,到回归课文语境的语词理解,教学有序落在实处。这样的训练课是小学语文的常态,对训练学生的"双基"十分必要。然而它不过是语文教学的一种取向,不是全部,不能以此否定其他教学取向。

　　根据现代阅读教学理论,我们的阅读学习可分为几种:关于阅读的学习,学习阅读,用阅读学习。上面三种教学取向分别指向三种阅读目标:技能取向的教学其目标在于"关于阅读的学习",即教学的目标在于为阅读打好基础。认知取向的教学目标在于"学习阅读",即学习阅读的方法,如比较阅读的方法,在此过程中训练思维的能力。审美取向的教学目标在于"用阅读来学习",即通过阅读来了解文化、体会情感、感悟生命,获得精神的成长。

　　可见,语文课不只是技能课,语文课程的"本体教学内容"不只是知识与技能,它是知识与能力、过程与方法、情感态度价值观的整合。在教学中我们既可以通过语言形式走向课文精神内蕴的理解与体悟,也可以从课文内容入手走向对语言表达技巧的反思与鉴赏。语文教学的关键便是做好三个维度目标的整合,而不是顾此失彼,或是重此轻彼。

参 考 文 献:

吴忠豪.语文课程须围绕本体性教学内容组织教学[J].小学语文教师,2013,1.

中华人民共和国教育部.义务教育语文课程标准[S].2011年版.北京:北京师范大学出版社,2011.

走向科学规范的课程经典建构

叶黎明[1]

摘要:语文课程中的经典教学,需要强化课程意识。语文课程中的文学经典,既是文学经典,又是课程经典,无论是教材选编还是课堂教学,都需要兼顾文学性和语文性。其次,语文课程中的文学经典,不应该仅仅被视为教材选文,而首先应该被视为课程内容,并把它置于课程内容要素的高度加以认识。第三,要摒弃宽泛笼统的选文标准,建立课程经典遴选的框架性标准,按照维度—层级—要素(项目)—要点这样的层级梯度,去建构具体、明晰、可操作的选文标准。

关键词:语文课程;文学经典;课程内容;选文标准

一 要强化经典教学的课程意识

综观现代语文百余年的历史,不难发现,在经典建构上,语文课程的自主程度较低。政治因素影响语文课程经典的建构,是二十世纪语文教科书建设的一个显著特点。从解放区左翼文学、政治抒情诗、苏俄红色经典、长篇革命历史小说和茅盾、杨朔、魏巍等作家的散文在语文课程中的经典化历史,以及从胡适、周作人、张爱玲、梁实秋等作家的作品在很长一段历史时期被拒之于语文教科书之外,都可以看出政治因素对语文课程经典挑选所产生的影响。语文教学大纲中一度出现的"政治标准第一,艺术标准第二"的选文标准,则直接体现了政治和审美两种力量在语文课程建设中较量的结果。

进入二十一世纪,政治的干预力后撤,语文课程还未能适时提出自己对于课程经典建构的主张,文化"乘虚而入",似有取代政治成为课程经典建构新的宰制力量的趋势。文化在新世纪语文课程中的巨大影响力,单从语文课程的定性——工具性和人文性的统———就可以窥见一斑。另外,新课标教材的一大特色,是摈弃传统的"文体"单元组织模式,按各种

---

〔1〕 叶黎明,杭州师范大学人文学院副教授,语文课程与教学论专业硕士生导师。

理解与对话

富有人文意趣的"主题"来组织单元。这种基于文本内容的"主题"单元组织模式,对文学经典也是一种"解构"。因为这种"主题"组织模式,切断了文学经典非常重要的美学要素——时代与环境——的脉络。教材中的许多经典,被加工成各种各样的"主题"类文章,其"经典性"被"主题"教育的实用性遮蔽了。

无论是政治取向还是文化或人文取向的经典建构,在一定程度上都与"文以载道"的传统文学教育思想一脉相承。语文课程在经典建构上,要么被政治所宰制,要么被文化所左右。语文课程应该在经典建构中强化自主意识,提出自己对于课程经典建构的主张或宣言,建立经典挑选的课程标准,而非政治标准或文学标准。

(一)文学经典的教学要树立"双经典意识"

在语文课程中,文学经典的选编通常有两种错位。

一种错位:搭语文的台,唱文学的戏,把文学经典仅仅当文学经典来选编。语文教材常根据文学史的脉络,从文学发展的各个阶段捞取一些重要作家的代表作品作为"课文",教师在教这些课文时,也基本上沿着作品的写作背景、作家生平、作品主题思想及艺术特色、文学史的评价这样的线索进行教学。这样做,忽视了语文课程自身的目的与任务。语文教材中古典诗词的教学,基本上属于此类。

另一种错位:搭文学的台,唱文章的戏,把文学经典当某种类型文章来教。主要有三种情况:第一,在政治因素干预力度较强的时期,文学经典被当成思想政治教育的工具。第二,文学经典被当成语言学习的工具,教学陷入面面俱到的分析,从语修逻文到内容结构主题思想写作特色,无所不及。第三,文学经典被当成主题诠释文。前文已经提及,在按"主题"编排单元的时候,某些文学经典就被视为"亲情""民俗""战争""自然"等主题类文章,教学的目的是进行主题式人文思想教育。上述三种情况,都导致文学经典的文学性被忽视。

上述两种经典选编的"错位",要么忽视语文,要么忽视文学,偏于一端,不够科学。语文学科的经典教学,要树立"双经典意识",既要把文学经典当文学经典教,又要把文学经典当课程经典教,缺一不可。把文学经典当文学经典教,需要教师有"经典意识"。所谓"经典意识",是指语文教师不仅要知道自己所教的是经典,而且要知道经典教学的范式,遵循经典教学的规范、途径,采取相应的教学方法;而把文学经典当课程经典教,则需要教师有"课程意识"。所谓"课程意识",是指教师要在语文课程整体框架内,根据语文课程的目的,以语文能力培养为主线,以语文素养的提高为旨归,进行经典教学,在强调经典作品文学性的同时,也要注重经典选文的语文性,做到文学性和语文性在教学中的交融与统一。

(二)要从课程要素的高度认识文学经典的教学价值

文学经典选入语文教材,应视为课程内容的重要构成,而不仅仅是必读或精读课文、必考篇目或基本篇目。经典,它不仅是教材选文,而且首先应该是课程内容。课程内容"是根据特定的价值观及相应的课程目标,从学科知识、当代社会生活经验或学习者的经验中选择课程要素",包括学生要学习的"概念、原理、技能、方法、价值观"等。[1]

在具体的学科层面,课程内容的内涵各不相同。王荣生在《新课标与"语文教学内容"》中指出,语文课程内容大致可归为两组,"第一组是为形成一定的文学、文化素养而必须研习的作家、作品及学术界对它们的权威阐释,我们用"定篇"来指称;第二组是达到《语文课程标准》所规划的阅读、写作、口语交际等能力目标而必须教与学的概念、原理、技能、策略、态度、价值观等,我们用'语文知识'来统称"。[2]

韩雪屏借鉴国外母语课程内容建构的经验,提出语文课程内容要在三大要素项目的分析架构下建设,这三大要素项目分别是"言语技能要素项目""语文知识要素项目"和"文学教育要素项目"。[3]

从上述两位学者对课程内容的界定来看,他们不约而同把文学教育项目当作课程要素来看,王荣生更是直截了当地指出,定篇,也就是经典,是语文课程内容必不可少的构成。

把文学经典置于课程内容要素的高度来建构,它对经典教学的意义在于:匡正经典教学的学科价值。为什么要读经典?这个问题,不同的读者可以做出不同的回答。但是,如果有人问:在语文课程中,为什么要让学生读经典?可不可以不读经典?可不可以只读普通文章?作为一名语文教育工作者,该如何回答呢?经典教学的学科价值究竟何在?王荣生说,经典是除必须要教的学科概念、原理、技能、策略、态度、价值观这一组内容之外,独立的一组课程内容。这意味着,教经典,不以概念、原理、技

〔1〕 张华.课程与教学论[M].上海:上海教育出版社,2000.
〔2〕 王荣生.新课标与"语文教学内容"[M].南宁:广西教育出版社,2004.
〔3〕 庄文中.外国母语课程改革与新课程标准:他山之石 可以攻玉[M].武汉:湖北教育出版社,2004.

能等这一组内容传授为目标。而按照韩雪屏的课程要素分类法，文学经典教学也不应该以言语技能或语文知识的传授为直接目标。这说明，经典教学，应该单独设定其在学科教学中的功能、价值和目标。所以，类似的问题的确应该进入语文课程研究者的视野：普通人为什么读经典？而学生在语文课堂为什么读经典？两者的回答能一致吗？把经典作为课程内容的要素单列，意味着经典教学要从一般的阅读教学、文学教学中剥离出来，有它自己独立的目的与意义。而语文学科在这方面还有不少距离。我们不仅缺乏把经典当课程内容建构的意识，甚至还缺乏课程内容建构意识。

经典为什么要上升到语文课程要素的高度？也许下面一番话可以给我们提供部分答案：

在西方国家，每一个民族都有一些原创性的、能够成为这个民族的思想源泉的大学者、大文学家。当这个民族在现实生活中遇到问题的时候，常常能够到这些凝结了民族精神源泉的大家那里吸取精神的养料，然后面对他们所要面对的现实。每个国家都有这几个人，可以说家喻户晓，渗透到一个民族每一个人的心灵深处。比如说英国的莎士比亚，俄国的托尔斯泰，法国的雨果，德国的歌德，美国的惠特曼，等等。[1]

经典作为民族精神源泉，凝聚成民族文化的基因，必须让学生得到经典的滋养。所以，许多国家都把经典当作母语课程要素来对待。

目前，语文课程中的经典教学往往受制于实用的目的，如为了应付考试，为了语言的模仿，为了写作技能的提高，为了文学常识的了解，等等。其实，经典教学应该摆脱上述这些实用的目的，无用之用——让学生在经典作家的精神创造里，享受精神遨游的自由，享受心灵对话的美妙，享受文化，这才是经典教学的价值所系。

二 亟待建立课程经典遴选标准

文选型教材，是我国语文教材的主流；文学经典，又是文选型教材的主要构成。但是，在语文课程层面，几乎从未把经典作为教材选文的一种类型进行独立的讨论。因此，什么是课程经典？由谁来认定语文课程经典？认定课程经典的标准到底是什么？这些问题从来没有在语文课程中

---

〔1〕 寿永明，曹颖群.语文教学视野中的鲁迅[M].杭州：浙江大学出版社，2007.

得到明确的回答。但是，课程经典的建构又不可能绕过这些问题。

虽然课程层面从未对"语文课程经典是什么"或"应该是什么"给出明确的回答，但是，任何一套语文教科书的编选，又事实上不可避免地面对经典挑选的问题。因此，语文课程标准或教学大纲以及各类教科书的编辑前言，都无一例外会谈及这个问题，只不过问题是以其他形式呈现，如"文质兼美的范文""基本篇目""精读课文""文学作品（与实用文章对举）""文言文（古代经典）""必读书目""课外推荐书目""背诵篇目"等。而在讨论上述在语文课程中实然的等同或接近"课程经典"这一概念的时候，课程层面提供的一条总的选文标准是"文质兼美"。

"文质兼美"作为语文教材选文标准，是叶圣陶在 1962 年写给人民教育出版社中学语文编辑室的书面指示中提出的。当时，叶圣陶坚决反对杨沫的《青春之歌》节选《在狱中》、高尔基的《母亲》节选《在法庭上》等七篇文章入选教材，认为这些文章虽然赢得了市场、赢得了名声，但却不具备语文教材选文的资格。叶圣陶指出，语文教材选文绝不应该"唯名"——冲着作品的名气而选，也不应该被市场、销量或读者反应所左右，语文教材选文应该有自己的标准，那就是："文质兼美，堪为模式，于学生阅读能力写作能力之增长确有助益。"[1]此后，"文质兼美"和"对教学有用"这两条标准，几乎被写入 1949 年后历次起草和修订的语文教学大纲或课程标准，具体见表 1。

表 1　1949 年后语文教学大纲（课程标准）[2]规定的选文标准要求

起草/修订时间	要求					
	文本	教学价值	文学史地位	多样性	人文性时代性	新经典
1963 年	文质兼美	教学效果好	素有定评脍炙人口			

〔1〕　张定远.重读叶圣陶·走进新课标[M].武汉：湖北教育出版社，2004.

〔2〕　这里所指的大纲或课标具体指：1963 年《全日制中学语文教学大纲（草案）》、1978 年《全日制十年制中学语文教学大纲（试行草案）》的 1980 年修改本、1986 年《全日制中学语文教学大纲》、1988 年《九年制义务教育全日制初级中学语文教学大纲（初审稿）》、1992 年《九年义务教育初中语文教学大纲（试用）》、2000 年《九年义务教育全日制初级中学语文教学大纲（试用修订版）》、2001 年《全日制义务教育语文课程标准（实验稿）》、2011 年《义务教育语文课程标准》。

起草/修订时间	要求					
	文本	教学价值	文学史地位	多样性	人文性时代性	新经典
1978 年	文质兼美	适合教学				
1986 年	文质兼美	适合教学				
1992 年	文质兼美	适合教学		题材和体裁丰富多样		
2000 年	文质兼美	适合教学		题材、体裁、风格丰富多样	富有文化内涵和时代气息	
2001 年	文质兼美	适合教学		题材、体裁、风格丰富多样	富有文化内涵和时代气息	
2011 年	文质兼美	适合教学		题材、体裁、风格丰富多样	富有文化内涵和时代气息	重视开发高质量的新课文

通过表 1 可以发现,"文质兼美""适合教学"成为中华人民共和国成立至今贯穿始终的语文教材选文标准。2000 年后,对经典的时代性和人文性的要求增加了。2011 年的课程标准,明确提出要建构新经典,这是一条崭新的标准。至于"题材、体裁、风格丰富多样",则是出于对教材整体性的考虑,并不涉及文本本体。

总体上看,无论是"文质兼美""适合教学",还是"富有文化内涵和时代气息""高质量的新课文"这样的标准,对于经典的选取来说,都是太宽泛笼统的要求。在现有国家课程、地方课程和校本课程三级课程结构体系下,语文课程建设获得了前所未有的自由度,多纲多本的语文教材建设也催生了新世纪语文教材建设的高潮。在这种形势下,确实需要建立一套科学规范的课程经典遴选标准,确保在多元开放的课程建设中,有相对稳定的课程经典作为课程内容稳定的内核。

三 经典遴选标准的框架性思考

建构课程经典,要考虑的因素是极其复杂的,仅仅提"文质兼美""适合教学"等笼统的要求,是不合适的;但如果像开中药铺一样,罗列一大堆具体琐细的选文标准,也不合适。标准之前,应有框架。课程经典的遴选,需要建立立体的层级框架性标准。参照文学界建构经典所考虑的因素,以及语文课程自身的性质与目标,笔者认为,可以构建四纵四横式的课程经典遴选框架,具体见表2。

表 2 四纵四横式的课程经典遴选框架

层面因素	文本	文学史评价	批评家阐释	社会反应
课程				
学校				
社会				
学生				

　　表2的横与纵,分别对应的是文学评价和学校教育两个维度。前者代表文学的视角,后者代表学科教学的视角。纵向,代表课程经典的层级。再好的课程经典,它也需要校本经典或社会经典等其他经典的补充。目前语文课程并没有把经典的"层级建构"作为一个明确的任务来实施。而课程、学校、社会、学生这四个因素,是课程经典建构绕不开的四要素,需要综合通盘考虑。课程,是经典建构的学科立足点;学校,是经典建构的特色所系;社会,是经典建构的支持环境;学生,是经典建构的出发点和终点。因此,针对这四要素构建多级课程经典,应该是经典教学的必然之路。横向,代表课程经典建构要参照的文学因素,包括文本自身的艺术价值、文本在文学史中的地位和评价、批评家的阐释以及社会反应。

　　构建经典遴选标准的基本框架,对于课程经典建构具有十分重要的意义,具体包括:

　　(1)使课程经典遴选摆脱经验主义,走向科学规范的建构之路。

　　(2)使课程专家认识到课程经典建构是一种"合力"影响的结果,其中,文学和语文教育是最重要的两个维度。

　　(3)使课程专家认识到,标准之上,还有类属。每一条具体的标准,要清楚其对应的参照层面或参照因素,比如,文质兼美,对应的是文本的艺术价值。这样,有助于建立较为严密、规范、全面的经典遴选标准。

　　(4)能帮助语文教育工作者更辩证、历史地看待经典。

　　总之,课程经典的筛选,仅仅以"文质兼美"与"适合教学"这样含糊笼统的标准为依据,是不够科学的。应该要对选文标准的内涵进行学理的探析,并建构经典遴选的整体框架,按照维度—层级—要素(项目)—要点这样的层级梯度,去建构具体、明晰、可操作的选文标准,包括课程经典遴选标准。

强化程序性知识，指导学生语文实践

——新加坡中学华文新教材的启示

黄淑琴[1]

摘要：本文所谓"新加坡中学华文新教材"，特指由新加坡教育部课程规划与发展司根据《中学华文课程标准 2011》编写的课本。华文教学的目的不是教学生认识汉语言，而是要让学生运用汉语言——这正是新加坡语文教学带给我们的最突出认识。统观新加坡中学华文新教材，该教材真正做到了从运用语言的角度突出语文的实践性，其清晰的语文性、实践性特点或为我们探寻和建立语文教学内容确定性较强的语文教材提供了借鉴。

关键词：华文教材；教学内容；能力培养；语言

新加坡的中学相当于我国的初中。2011 年中一学生采用分班模式，根据源流将华文课程分为了五个层次：基础华文、华文 B、普通（学术）华文、华文、高级华文。中学华文课程包括华文（基础）、华文（B）、华文（普通学术）、华文（快捷）与华文（高级）五个课程。为照顾学生语言能力的差异性，中学华文课程标准就各语言技能在不同课程中比例的安排各有侧重：华文（基础）及华文（B）课程的学习重点均在于培养学生的口语交际能力，在此基础上，华文（B）课程亦强调基本的读写能力的培养。华文（普通学术）及华文（快捷）课程强调对学生读写能力的培养，华文（高级）课程则重在加强对学生写作能力的培养。中学华文课程的总目标是"进一步提高学生学习华文的兴趣，养成良好的学习态度和习惯，在潜移默化中培养学生的情意品德，认识和传承优秀的华族文化。通过加强听说读写和语言综合运用的能力，提高学生理解和运用华文的水平。同时，结合语言学习，运用资讯科技等相关技能，强化学生在交际、认知和思维等方面的能力"。其中包括三个方面的指向：加强语言交际能力、提高人文素养、提高

---

[1] 黄淑琴，女，广东第二师范学院中文系教授。

通用能力。[1]

　　华文教学的目的不是教学生认识汉语言，而是要让学生运用汉语言——这正是新加坡语文教学带给我们的最突出认识。统观新加坡中学华文新教材，真正做到了从运用语言的角度突出语文的实践性。其清晰的语文性、实践性特点或为我们探寻和建立语文教学内容确定性较强的语文教材提供了借鉴。

一　以明确的学习重点组合教材内容

　　新加坡中学华文新教材的学习重点遵循"先例，后说，再练"的原则呈现。与国内现行中小学语文教材相比较，新加坡华文教材的编写，无论是单元的学习重点，还是课文后面的"技能学堂"和"小任务"，都有十分明确具体的语文知识学习和语文能力训练重点。"先例，后说，再练"三者一体，紧扣单元学习重点："先例"是他人成熟的、规范的言语成品的展示；"后说"则紧扣单元学习重点，结合"先例"进行语文基础知识的阐释，且对语文基础知识的阐释侧重在语文程序性知识；"再练"更是将知识转化为能力的语文实践活动，包括听说与读写。由此形成了以语文程序性知识为编写体例，以能力训练为主线，渗透（"兼顾"）国民教育和传统文化教育的教材编写思路。

　　新加坡中学华文新教材与人教版语文教材一样，以单元编排组合教学内容。每个单元"先例"之前，先明确单元的学习重点（即学习目标或学习任务）。虽然华文（基础）、华文（B）、华文（普通学术）、华文（快捷）和华文（高级）呈现单元学习重点的标示形式不尽相同：华文（基础）是直接提出目标；华文（普通学术）、华文（快捷）以"这个单元学什么？"作为提示；华文（高级）则以"学习重点"作为提示，但都十分明确从语文的"听说""读写"和"综合任务"三个方面提出单元学习重点。例如，华文（基础）二上第一单元，学习重点是：

《是谁造成的？》(听说)
- 能听懂话语的重点和言外之意
- 能举例说明话语的言外之意

---

〔1〕　新加坡教育部课程规划与发展司.中学华文课程标准2011[S].新加坡:新加坡教育部课程规划与发展司,2011.

　　　　　　　　　　　　　　　　　　　　　理解与对话

《寻找千里马》(读写)
- 能明白寓言故事的特点和寓意
- 能表达自己的感受

《农夫和蛇》(综合任务)
- 能转述寓言故事与报告讨论结果

我们不难看出,本单元两篇课文和一则听力材料,各自承担不同的教学任务,三个学习重点之间又有密切的逻辑联系。课后的听力练习、读写练习和综合练习,也都紧紧围绕上述三个重点来安排。

我们不妨以人教版 2001 版《语文》七年级上册第五单元为例来审视我们的初中语文教材。这个单元的内容主题是"亲情"。单元导语写道:

浓浓亲情,动人心弦。亲情是人间真挚而美好的感情,描写亲情的诗文往往最能打动人。在本单元这几篇课文中,作者以自己的切身体验,写出了亲情的丰富和多样,引起我们的共鸣。

学习本单元,要在整体感悟课文的内容的基础上,注意语言的积累和写法的借鉴,并学习朗读和圈点勾画。

这个单元选编的课文是《风筝》《羚羊木雕》《散步》《诗两首》(《金色花》《纸船》)和《世说新语》两则。综观单元的各组成部分,除了"读一读,写一写"有明确的生字词的积累外,其余从单元导语到每篇课文的提示语、"研讨与练习"都主要是从内容理解的角度编写和安排的,清楚明确地告诉了我们单元和单篇的学习目标(包括知识学习和能力训练内容)。于是,单元导语中的"注意语言的积累和写法的借鉴"就只能是老师和学生"八仙过海,各显神通"了。也因此,这本该是门国家课程的"语文"就变成了教师个人的事情,教学内容和教学方法的选择,似乎都可以随意进行。而将国家课程变成教师个人的事情,这是极不讲理也是极不公平的事!

可喜的是,2013 年修订发行的 2001 版《语文》七年级上册,在指导学生语文学习上大有改进,此为后话。

上海师范大学的王荣生先生说:语文课程内容主要有三个方面,一是"定篇",即构成人文素养确切所指的文学文化经典作品以及对它们的阐释;二是"语文知识",包括事实、概念、原理、技能、策略、态度等;三是"经历",指某一学段学生必须经历的某项语文实践活动。语文课程内容的上述三个方面应该具有确定性,即一个单元、一篇课文的教学功能如何,课程内容是什么,对此语文教科书应该有明确的回答,而且要通过种种教学资源的调用和组织来具体呈现。使用同一本教科书的不同班级,语文课的教学内容应该有较高的趋同性。这本来是常识，是学校教学的常态。但是，由于语文课程研制、语文教材编制和语文教学的种种问题，"常识"被蒙蔽，以致在一部分语文教师眼里，语文教学似乎想怎么教，就可以怎么教，想教什么，就可以教什么。教这或教那，多教或少教，甚至教或不教，似乎都无所谓。[1] 长期以来，教学内容的不确定导致教师教学中的随意性问题突出。使用同一本语文教科书的教师，上同一篇课文，具体的教学内容千姿百态，甚至千奇百怪。因此，"教什么"一直是困扰语文教师的突出问题，这无疑大大增加了教师备课的负担，甚至在一定程度上造成了语文教学的混乱，影响了语文教学的效率。探索和建立教学内容确定性较强的教学体系是语文教育工作者的追求和期盼。

二　单元学习重点突出语文能力培养

新加坡中学华文教育的核心目标是加强语言交际能力、提高人文素养、提高通用能力。《中学华文课程标准 2011》明确提出"兼顾语言能力的培养与人文素养的提高"的课程理念："中学华文课程应进一步培养学生的听说能力、阅读能力、写作能力和综合运用语言的能力，重视情意品德的培养以及对华族文化的认知与传承，提高学生的人文素养。"[2]也就是说，新加坡华文教育同样追求工具性与人文性的统一，但却以工具性目标为显性的教学追求，同时渗透人文教育、文化教育。

中学华文教材一套五本，尽管都无一例外地以人文主题组织单元，且除了华文（基础）外，在呈现单元学习重点之前，均有一段意在引导学生从人文主题认识选文的引言。但每个单元又都有与上例相类似的为形成和提高学生语文能力而确定的具体明确的"学习重点"，以及与之相应的听说读写训练内容。此外，还有对学生掌握学习重点情况的检测表。下面我们以华文（普通学术）二上第一单元来完整地介绍中学华文教材的单元构架和内容。

这个单元的主题是"心灵的对话"。在单元主题"心灵的对话"下面有一段引言"不论是谁，都希望得到别人的理解。人与人之间的理解会使我们的社会变得更和谐。一句简短的话，一个小小的举动，可能会产生巨大

〔1〕　王荣生.语文教学内容的确定性及其面临的问题[J].语文学习,2009,9.
〔2〕　新加坡教育部课程规划与发展司.中学华文课程标准 2011[S].新加坡:新加坡教育部课程规划与发展司,2011.

理解与对话

的力量,改变人与人之间的关系。本单元的三个故事,引领大家去体会互相理解的重要性,感受心灵的美好"。接着列出单元学习重点:

> **这个单元学什么?**
> **阅读**
> ● 记叙文中的议论和抒情
> **写作**
> ● 记叙的方法:顺叙法
> ● 在记叙中加入抒情
> **说话**
> ● 针对别人的看法表达意见

作为"先例"的三篇课文是《开关之间》《瘸腿的小狗》和《改变一生的闪念》,主题均反映人与人之间的相互体谅和关怀。三篇课文之后的"课文放大镜"(相当于我们的"思考与练习")中,有针对课文内容的理解认识提出的问题,有让学生查字典进行词语意义的理解、积累,还有让学生根据语境推断的词语意义。

"课文放大镜"之后是"技能学堂",即"后说"。"后说"以课文为例,对学习重点进行简洁的阐释。技能学堂之后接着的"小任务"(即作业)以及单元的综合任务也都是针对学习重点也即"后说"的相关知识进行的"再练",试图达到"学以致用"的效果。各篇的具体内容如下:

第一篇讲读课文《开关之间》后面"技能学堂(阅读)"是"记叙文中的议论和抒情",以课文为例阐释记叙文中的议论和抒情及其作用;阐释之后的"小任务"是"阅读短文(《雪花飘呀飘》),画出文中议论和抒情的句子";"技能学堂(说话)"的专题"针对别人的看法表达意见",则以针对"志强认为,互联网使家人之间的关系疏远了"表达的不同意见为例进行十分简要的分析说明,然后"小任务"中摆出情境让学生练习发表意见。

第二篇导读课文《瘸腿的小狗》之后的"技能学堂(写作)"的专题是"记叙的方法:顺叙法"和"在记叙中加入抒情"。它以课文为例,通俗易懂,要言不烦,其后的"小任务"是"根据题目《一份珍贵的生日礼物》,用顺叙法构思文章内容,并在结尾加入抒情的句子"。这个"小任务"以表格(见表1)构思的方式对写作的内容进行了分解和提示,这样既大大地降低了完成的难度,又进一步加强了对学生写作的指导。

表 1 　《瘸腿的小狗》课后"小任务"

结构	事情发展的先后顺序
开头	我的生日快到了,我希望收到什么生日礼物? 谁会送给我生日礼物?
发展	生日之前发生了什么事情?
高潮	生日那天,我得到了什么礼物? 我为什么觉得它珍贵?
结尾	我收到后有什么感想?
	可以加入的抒情句是:

　　写作内容和过程的表格化构思或许限制了学生写作中的创造性发挥,但对于学生掌握常规性的表达确有帮助。

　　第三篇自读课文《改变一生的闪念》,紧随"课文放大镜"之后的就是"综合任务"。我们从综合任务的三个栏目"温故知新""牛刀小试"和"我学得怎样?"就可以知道它的目的和功能:反复实践巩固单元学习重点。特别值得一提的有以下两点。

　　第一,"温故知新"的两道练习题。它是在阅读一篇文章之后,要求学生完成以下练习:

　　1.从文中找出议论和抒情的句子。

　　2."只要我们肯花点心思,就能让彼此之间多一份理解。"你赞同这样的说法吗? 说一说你的理由。

　　这样的练习一方面继续巩固对"记叙文中的议论和抒情"和"针对别人的看法表达意见"的把握;另一方面又照顾到单元主题的内容,渗透对学生公民意识的影响和教育。

　　第二,"我学得怎样?"是要求学习者"利用表格,想一想自己学得怎样。在你认为适当的空格内打'√'"(见表 2),而且还要求"说一说你这样打'√'的原因",以此完成学生对学习重点内容掌握情况的自我检测和单元学习的小结。

表 2　学习重点掌握情况自测表

技能	全部能准确运用	大部分能准确运用	部分能准确运用	少部分能准确运用
读	记叙文中的议论和抒情			
写	记叙的方法:顺叙法			
	在记叙中加入抒情			
说	针对别人的看法表达意见			

由教材的单元构架和内容可见,新加坡中学华文教材的编写并没有让单元选文的人文主题遮蔽语文教学的本体任务,更没有引导学生去追求内容的理解而迷失了语文学习的方向。

总之,新加坡中学华文新教材的编写,一方面在课文选择上关注了普遍性文化、华族文化与传统文化内容,以使学生在读懂华文材料时感受到人文性,实现让学习者在学习华文时感受、认识、吸收华族文化与传统价值观的目标;另一方面,又将每一单元、每篇课文学习重点明确地定向于程序性知识的学习、强化和应用练习,教材的作业编制系统都与课文的学习重点紧密结合,通过多样化的题型,帮助学生巩固所学的知识和技能,发挥强化或评价的作用。相较我国大陆语文教材过于强调语文教育的人文性教育内容来说,新加坡中学华文新教材的编写更突显了语文学习的本体目标,更好地显示了语文本色。

三　以程序性知识指导学生的语言运用训练

语文知识教学是语文课程性质(工具性)的体现,是语文教学不可缺少的内容。语文教学实践证明,在学生学习语文的实践中,给以必要的语文知识,尤其是那些关键的知识作为指导,就能使他们掌握规律,获得要领,融会贯通,举一反三,为学生的语文能力的可持续发展打下基础。但"我们不是教学生认识语言,而是要让学生运用语言"[1],因而语文课程

---

〔1〕 韩雪屏.审理我国百年语文课程的语用知识[J].课程・教材・教法,2010,10:26-33.

所需要的语言知识,应该是从培育学生运用语言的能力的目标出发,侧重于指导学生语文应用的程序性知识系统。

程序性知识,也称为操作性知识、步骤性知识或过程性知识,主要反映活动的具体过程和操作步骤,用来说明学习者"做什么"和"怎么做"的问题。程序性知识可以为实践技能的形成定向,直接指导技能的练习和形成。"语文课程需要养成学生多种言语技能,因此,也就需要有多种相关的程序性知识来指导这些技能的练习。例如,如何品评和选用词语,怎样辨识和选择句式,如何概括段意,怎样解读和组织段落,如何形成良好的语感,怎样才能整体把握文章的意义,如何搜集和处理信息,怎样欣赏和评价文学作品,如何观察大自然,如何观察本物和人物,怎样使用修改文章的符号,等等。有效的语文课程和教学应该对这些程序性知识都有所交代,以有利于学生在言语实践中养成熟练的技能。"[1]

《义务教育语文课程标准(2011版)》对语文知识"教学的建议"是:"在阅读教学中,为了帮助理解课文,可以引导学生随文学习必要的语文知识,但不能脱离语文运用的实际去进行'系统'的讲授和操练,更不应要求学生死记硬背概念、定义。"这就是语文知识教学的原则和基本策略。但是现行中小学语文教材,除了小学教材有明确的识字写字内容要求外,没有哪一本教科书或教师指导用书是明确地要求以某项语文策略性知识作为学习重点,并以此指导学生的语文能力训练的。于是语言知识的系统性和文选体制的无序性的矛盾,使得"随文讲解"语文基础知识变成了教师的经验和学养的问题,形成了语言知识教学的主观随意性,以至于这样教还是那样教,哪个学段和什么时候教,应该教到什么程度,甚至是否教,都是教师个人的事。循序渐进,是教育教学的基本原则,但语文教学从严格的意义上说,无"序"可循!

比如,人教社2001版七年级上册第五单元的课文《羚羊木雕》,主要通过人物对话反映故事发展中的矛盾冲突。有的老师敏锐地认识到作者在通过对话表现矛盾冲突时,注意运用了对话提示语,并且通过变换提示语的位置、采用必要的修饰语传递说话人神韵、替换表示"说"的动词(比如,喊、问、叫、道、唠叨、嘀咕等)的方式让提示语变得丰富多彩,达到"人物对话有智慧,巧妙提示显性格"的效果。于是,教师将教学重点设计为:(1)指导学生认识文中对话提示语的作用;(2)理解作者得以让提示语变

〔1〕 韩雪屏.审视语文课程的知识基础[J].语文建设,2002,5:11-18.

得丰富多彩的手段；(3)让学生用所学的"说"的知识，写一段对话。这样的教学当然能很好地体现课文例子的作用，体现以程序性知识指导学生的语言运用训练的过程。类似这样的教学，能让学生在语言理解和运用能力的提高上得到"实惠"。它不仅展现了教师本人敏锐细腻的语感，而且教师的语理和语感学养必然长期而有效地濡染着他的学生，会使学生最终受益。遗憾的是，我们看到多数教师在教学《羚羊木雕》时较多地纠缠于所谓的"友情"，甚至将语文课上成了以"友情"为主题的班会课。

"以语言能力等级为基础，建构课程体系"是新加坡新华文课程的特点之一，"根据不同课程的需要，按照听说读写的能力要求，将中学阶段的语言能力等级分为三至七级。不同课程必须达到各自的语言能力等级，每个等级都包含一定数量的目标与学习点，使华文课程本着难易有序、螺旋上升的原理构成一个完整的体系"[1]。"他山之石，可以攻玉"，我们撇开教学过程、教学评价等因素不论，单从上述新加坡中学华文新教材的编写来看，其语文基础知识教学的确定、语文基本能力训练的落实以及对知识掌握和能力训练效果的及时检测，都是值得我们学习的。当然，我们的母语教育不能简单地学习，更不能照搬人家作为第二语言教学的知识编排、能力训练体系。但新加坡中学华文新教材以策略性知识为体例，建构循序渐进、完整连贯的语文教学学习内容和能力训练，同时兼顾人文教育和文化教育内容的体系的思路和做法值得借鉴。

当前的关键是，我们必须首先研究梳理出一整套语文程序性知识，且使之严密地系统化，用以引领与指导学生语言实践活动；其次是要研究出中小学各学段应达到的语言能力等级及与之相应的一定数量的目标与学习点；最后才是循序渐进、完整连贯，以课文为"例子"并结合种种教学资源的调用、组织来具体呈现。若如此，或能在一定程度上减少语言知识的系统性和文选体制的无序性的矛盾，改变由此而形成的语言知识教学的主观随意性状况，改变目前整个语文课程教学内容不确定性较大的状况。

〔1〕 新加坡教育部课程规划与发展司.中学华文课程标准 2011[S].新加坡:新加坡教育部课程
规划与发展司,2011.

试论我国现代语文教育的四个基本问题[1]

武玉鹏[2]

摘要:我国现代语文教育有 4 个基本问题,即:1.语文课程定位问题;2.语文课程内容问题;3.语文课程与教学的科学化问题;4.语文教师的专业发展问题。语文课程的定位问题是语文课程与教学最为重要的问题,也是最难解决的问题。语文课程内容问题是长期以来制约语文课程与教学发展的瓶颈问题,这个瓶颈不突破,语文课程与教学就难以有大的进展。语文课程与教学的科学化问题,是提高语文课程与教学质量的一个关键因素,这个问题无法回避,只能继续进行更深入的研究。语文教师的专业发展问题则是从语文教育主体的角度对语文课程与教学的关照,是语文课程与教学领域所有问题的总开关。

关键词:现代语文教育;课程定位;课程内容;科学化;教师专业发展

总览我国现代语文教育史,问题林林总总,数不胜数。不过,我们认为语文课程与教学领域最为基本的问题有 4 个,即:1.语文课程定位问题;2.语文课程内容问题;3.语文课程与教学的科学化问题;4.语文教师的专业发展问题。语文课程定位问题既是整个语文教育的核心问题,也是最难找到答案的问题;语文课程内容问题既是语文课程中最具实质意义的问题,也是长期以来制约语文课程与教学发展的瓶颈问题;语文课程与教学科学化问题既是语文课程教学实践领域的首要问题,也是长期以来影响语文教学效率和质量的突出问题。语文教师的专业发展问题则是从语文教育主体的角度对语文课程与教学的观照,是语文课程与教学领域所有问题的总开关。

---

[1] 本文为作者和包头师范学院韩雪屏教授在主持研究全国教育科学规划课题"我国现代中小学语文教学问题史"时形成的一些认识。文章前三部分为武玉鹏撰写,第四部分为韩教授撰写内容的缩写。

[2] 武玉鹏,男,鲁东大学文学院教授,语文课程与教学论专业硕士生导师。

一 语文课程定位问题

　　所谓语文课程定位问题,就是回答语文课程"是什么"和"为什么"的问题,也就是语文课程的价值取向问题。一般来说,语文课程的性质问题和目标问题,都属于语文课程定位问题。

　　20世纪20年代前后,围绕着国文、国语课程的教学目标,语文界持续讨论了较长的一段时间。当时教育界和语文界的一些重要人物,如胡适、周予同、孙俍工、陈启天、穆济波、朱自清等人都对国语、国文教学的目标贡献了自己的看法。他们的看法各有不同。最大的区别在于,有的人,如穆济波,主张国文科教学不能只以传授技能和发展能力为目的,更应该联系整个社会需要,用知识武装头脑、丰富教学内容,实现国文教学在人生、国家、民族各方面的价值;有的人,如朱自清,他以为穆济波的主张似乎"将'人的教育'的全副重担子都放在国文教师的两肩上了,似乎要以国文一科的教学代负全部教育的责任了,这是太过了"。他认为"中学国文教学的目的只须这样说明:(1)养成读书思想和表现的习惯或能力;(2)发展思想,涵养情感……"[1]以上争议实际上反映了20世纪20年代对语文课程定位问题的不同看法。后来,这种争议一直在持续着。例如,20世纪60年代关于文道关系的讨论,80年代关于工具性和思想性的讨论,90年代关于工具性和人文性的讨论,都是围绕着语文课程的定位问题展开的。可见,语文课程的定位问题贯穿着语文课程独立以来的全部历史。

　　语文课程定位问题之所以重要,就因为它回答的是语文课程"是什么"和"为什么"的问题,这是决定语文课程和教学领域其他一切问题的前提问题和基础问题。这个问题不解决,其他一切问题都无从谈起。

　　语文课程定位问题也是语文课程与教学的所有问题中最难解决的问题。较早感受到语文课程与教学问题之难的是发表过《中学以上作文教学法》的国学大师梁启超。20世纪20年代末,他在为王森然所编的《中学国文教学概要》作序的时候,提出国文教学有六难:一是论文选文缺乏深浅、是非的标准;二是旧论新说,孰优孰劣,莫衷一是;三是人人可以凭一己之偏见而抹煞其他;四是"国文"本身,界说不清;五是名为一科,实际上内部头绪纷繁、内容庞杂;六是文海浩瀚,去芜存精,非有"伟大学力"者不

〔1〕 李杏保,顾黄初.20世纪前期中国语文教育论集[M].成都:四川教育出版社,1991:353.

足以胜任。这六条中,至少第一条、第四条和第五条都与国文课程的定位有关。意识到我国语文课程与教学问题之难的,还有现代语文教育的一代宗师叶圣陶先生。他在 1922 年发表的《小学国文教授的诸问题》一文的开篇指出:"谈到小学国文教授……这向来随教师的意的;程度的深浅,教法的精细,百问可得百答,各不相同。"之所以会有"百问可得百答"的现象,就因为国文课程难有确切的定位。叶氏在这篇文章的末尾还指出:"我国教育,太过幼稚,顾及一端,便牵动全体;前提之前,还有前提……"这种"前提之前,还有前提"的复杂程度,正是语文课程难以定位的原因所在。

语文课程复杂的原因,既有外在的因素,又有内在的因素。从内在因素看,主要是语文学科具有综合性。对于一门几乎包罗万象的学科,要确定它是什么,确实是一件异常艰难的事情。历史和现实都证明,语文课程常常为各种复杂的关系所缠绕,难以理清头绪。难以理清的关系主要是:1.文和道的关系。以文为主,还是以道为主,或者文道并重?长期以来有过不少争论。2.文和白的关系。教白话文,还是教文言文,还是两者都教?如果两者都教,各应占怎样的比例?这也是长期以来争论不休的问题。3.语言和文学的关系。语文课是语言课还是文学课?如果两者都有,两者之间是一种什么关系?这也是一个争论不休的问题。4.知识和能力的关系。语文课程是知识课还是能力课?语文知识和语文能力之间是什么关系?在这一点上,长期以来都没有形成大家都能接受的共识。5.读、写、听、说之间的关系。语文课程应该以阅读为主还是以写作为主?读写和听说之间的关系该怎样处理?各种流派有各种流派的做法,效果也差不多,谁也说服不了谁。另外,还有语文与百科知识之间的关系、语言和思维的关系,都是长期以来争论不休的问题。语文课程常常就纠结于这些关系上,找不到重点,找不到方向,无法确切定位。

尽管如此,语文课程毕竟是语文课程,也只能是语文课程。语文课程必须要有自己的定位。可能的解决策略,或许是结合语文自身的特点和个人与社会的需要,大家坐下来一起讨论,达成符合大多数人的价值标准的一个或多个课程取向,根据不同的取向建设不同形态的语文课程以供人们选择。

总之,语文课程的定位问题是语文课程与教学最为重要的问题,也是最难解决的问题。今天的语文教育研究,仍然要为此付出艰辛的努力。

理解与对话

二 语文课程内容问题

所谓课程内容,从总体上讲,就是"根据课程目标,有目的地选择的一系列直接经验和间接经验的总和,是从人类的经验体系中选择出来,并按照一定的逻辑序列组织编排而成的知识体系和经验体系"。"课程内容的基本性质是知识,它具有直接经验和间接经验两种形态。"[1]根据这一界定,语文课程内容就是根据语文课程目标,有目的地选择并按一定逻辑序列编排的有关语文及语文生活(主要是听、说、读、写)的直接经验和间接经验的总和。这里的直接经验指个体阅读、写作、听话、说话等方面的知识、经验、技能技巧,间接经验指理论化、系统化的书本语文知识。

为了说明我国现代语文课程内容长期以来存在的问题,这里依据语文课程标准、教学大纲的规定,仅对中学语文课程内容的演变情况简要综述如下。

1904年,《中国文学》的内容:读文、作文、习字,以及"古今文章的流别、文章盛衰之要略及文章于政事身世关系"等。

1912年,《国文》的内容:"国文宜首授以近世文,渐及近古文,并文字源流、文法要略,及文学史大概,使作实用简易之文,兼课习字。"

1923年,初中《国语》的内容:1.读书(精读、略读);2.作文(作文与笔记、文法讨论、演说与论辩);3.写字。高中公共必修《国语》的内容:1.读书;2.作文;3.文法。高中文科必修《国语》的内容:1.文字学;2.文学概论。

1929年,初中《国文》的内容:1.精读指导(包括文法与修辞);2.略读指导;3.作文练习(包括书法练习)。高中《国文》的内容:1.讨论读物及文法和修辞研究(包括专书精读,选文精读,文法与修辞,读解古书准备);2.作文练习及作文评论。

1956年,初中《汉语》的内容:语音、文字、词汇、语法、修辞、标点符号等。初中《文学》的内容:1.文学作品(我国民间口头文学、古典文学、现代文学和以苏联文学为主的外国文学作品);2.文学理论常识;3.文学史常识。高中《文学》的内容:1.中国文学作品(包括少数

---

〔1〕 钟启泉.课程论[M].北京:教育科学出版社,2007:141.

民族文学作品）；2.中国文学史基本知识；3.外国文学作品；4.文学理论基本知识。

1963年，语文的教学内容：1.课文（包括文学、社会科学、自然科学等方面的内容；包括记叙、说明、议论、抒情等表达方式；包括书信、通讯、报告、总结等应用文）；2.语法、修辞、逻辑等知识；3.作文。

1992年，义务教育初中语文教学内容：课文、能力训练（包括阅读训练18项，写作训练15项，听话训练7项，说话训练8项）、基础知识（包括汉语知识，语音、标点符号、汉字、词、短语、句子、修辞等；问题知识，记叙文知识、说明文知识、议论文知识、应用文知识等；文学知识，小说、散文、诗歌、戏剧常识及课文设计的重要作家和作品），课外活动。

（说明：在以上综述中，没有提及某些语文课程标准或教学大纲有两种原因，一是它们规定的语文课程内容和已经提到的基本相同，二是它们只规定了课程目标、教材内容等，没有规定课程内容）

从上面的综述看，语文课程文件规定的语文课程内容大致包括四个部分：1.课文（或选文），包括古今中外各种各样的文学作品和文章；2.语文技能，包括识字写字、阅读、写作、听说或口语交际、综合性学习等；3.语文知识，包括文字知识、语言知识、文学知识、文章学知识、逻辑知识等；4.课外活动。现就这四个部分内容做些讨论。

1.课文是不是语文课程内容。既然语文课程内容是根据语文课程目标，有目的地选择并按一定逻辑序列编排的有关语文及语文生活的直接经验和间接经验的总和，那么，语文课程里的课文并非全部都是课程内容，或者至少有相当一部分不是课程内容。第一，课文或许承载了有关语文及语文生活的直接经验或间接经验，但那是暗含在课文之中的，大多数课文本身并不直接呈现这种直接经验或间接经验。第二，课文也不是按一定的语文知识或经验的逻辑顺序编排在一起的。一般认为，语文课程或教材涉及的选文，除了部分要求学生必须掌握而不可替代的名家名篇（有人称之为定篇）之外，其余都是作为教学的一般性材料（有人称之为例文、样本和用件）存在的，是可以替换的。也就是说，语文课程中的课文，大多数是用来负载课程内容的材料或用来达成语文课程目标的一种手段，而不是语文课程内容本身。说语文教材里的选文是语文教材内容，这是毫无疑义，而说它是语文课程内容，就大有商榷之处。课程文件中将课文作为语文课程内容是混淆了课程内容和教材内容。

2.阅读、写作和口语交际是不是语文课程内容。听、说、读、写作为不同形态的语文技能，自然要进入语文课程内容。但是，听、说、读、写首先是作为语文课程的目标，当这些目标要成为课程内容时，还必须将其细化、知识化（在表述上）和系统化。否则，听、说、读、写作为笼统的概念，是很难作为语文课程内容的。语文课程标准将阅读、写作、听说或口语交际笼统地列入课程内容而不将其分解为一项项具体的语文技能，以课程目标代替课程内容的做法，也是不适宜的。

3.陈述性知识作为语文课程内容。语文课程标准或教学大纲中作为课程内容而列举的知识，包括文字知识、语言知识、文学知识、文章知识、逻辑知识等，这毫无疑问都是语文课程内容的"家庭成员"。但是，这些知识主要是陈述性知识（且不说目前语文课程中使用的这些知识大多已经陈旧过时）；语文课程作为技能课程，其课程内容的主体应该是听、说、读、写的程序性知识，而非这些陈述性知识。

4.课外活动作为课程内容。课外活动作为活动课程，是和学科课程相对应的一种课程形态。活动课程自有活动课程的内容，而并非它本身就是课程内容，更不宜将活动课程与课文，将听、说、读、写技能和语文知识等并列为语文课程内容。因为活动课程中也可能有听、说、读、写，有语文知识，甚至有选文。可见，将课外活动列为课程内容也是值得商榷的。

综上可以看出三点：第一，百年来的中学语文课程在大多数时间内只有笼统的课程目标，没有具体的课程内容。而没有具体课程内容的语文课，它的伸缩性就太大了，这正好证明曾经有人说语文课是"橡皮课""休息课"的说法是正确的。第二，语文界对语文课程内容的认识存在好多误区，例如：将课程目标和课程内容混为一谈，以课程目标代替课程内容；将课程内容与教材内容混为一谈，以教材内容代替课程内容；甚至有人认为语文课程的特点决定了它本来就没有具体的课程内容。第三，现代语文课程长期以来疏于对课程内容的建设，导致至今还拿不出像样的语文课程内容的清单来。因为按照现代教育心理学的理论，技能（这里主要说的是智慧技能）在本质上属于程序性知识。也就是说，掌握一种智慧技能，实际上就是掌握一套"如何做"的程序性知识，并能按照这套程序性知识熟练地操作。可是我们现在中学语文课程中需要学生掌握的大多数语文技能，却缺乏这种程序性知识，因而还很难让这些技能真正进入语文课程内容。

正是因为上述原因，有些学者说现代语文教育的最大失误是关于课程内容的失误，这并不是危言耸听，而是对现代语文课程内容现状的真实写照。可以说,语文课程内容问题是长期以来制约语文课程与教学发展的瓶颈问题,这个瓶颈不突破,语文课程与教学就难以有大的进展。

三 语文课程与教学科学化问题

我国明确提出"语文教学科学化",是在经过五四时期民主与科学思想洗礼之后的 20 世纪 20 年代。1922 年,教育统计学家邰爽秋先生在《教育杂志》上发表了《科学化的国文教授法》,首提"国文教学的科学化"。1923 年,穆济波发表《高中国文教学中的几种科学方法》,文章进一步指出:"余以为国文教学,当有科学方法。所谓科学方法者,能以一种规律分解文章之形式与组织,而了然于作者立论行文之意义所在,及其作法并与他篇之形式意义之比较是。"[1]

语文测试的科学化,也是语文教学科学化的一个重要方面。随着西方测量理论的传入,我国在 20 世纪 20 年代还掀起了一场研究教育测量的高潮。与语文教育相关的教育测量的开展,拓展了语文教育科学化的路径。

20 世纪 30 年代初,夏丏尊和叶圣陶在他们合作编写的《国文百八课》的编辑大意中指出:"在学校教育上,国文科一向和其他科学对列,不被认为一种科学。因此国文科至今还缺乏客观具体的科学性。本书编辑志趣最重要的一点就是想给予国文科以科学性,一扫从来玄妙笼统的观念。"[2]这是语文教育科学化思想在教材编写方面的初步探索。

从 20 年代至 40 年代这段时期,对语文课程与教学进行真正科学意义的研究的,还有我国一批有国外留学经历的教育心理学家所进行的关于汉语汉文的特点以及学习汉语汉文的规律的研究,例如艾伟所进行的识字心理和阅读心理的研究。

1949 年年初,出于语文课程与教学科学化的本意,语文教育界提出了重视语言规律的教学,并进行汉语文学分科教学实验,但是这种科学化的追求很快就因政治运动的干扰无果而终。20 世纪 80 年代以来,语文教育科学化的研究不断升温。张志公是改革开放以后高举"语文课程教学科学化"大旗的第一人。他首先提出,"很需要把语文训练作为一个科学问题加以研究"。接着对"语文教学科学化"的概念做了明确的界定:"无论

---

〔1〕 穆济波.高中国文教学中的几种科学方法[J].中华教育界,1924,13(12).
〔2〕 叶圣陶.叶圣陶语文教育论集[M].北京:教育科学出版社,1980:171.

说话、听话、识字、读书、作文,能力怎样一步一步提高,应该有一般规律可循。摸清楚这些规律,运用它,设计出训练的途径、步骤、规格和方法,就能大大减少教学上的盲目性,提高效率。这就是科学化。"[1]另有一大批学者和语文教师也都投入语文教学科学化的探索中:在教材编写方面,主要是探索教材内容的序列性和系统性;在教学方法方面,首先是对教学手段科学化的探索,诸如幻灯机、投影机、电影放映机、录音机、录像机、电视机、多媒体计算机、语言实验室、因特网等陆续进入了课堂,其次是对各种教学模式的探索,如钱梦龙的"三主四式导读法"、魏书生的"六步教学法"、蔡澄清的"点拨教学法"、张富的"跳摘式教学法"、潘凤湘的"语文教读法"等相继涌现;在教学评价方面,主要是对标准化考试的探索。

但是,随着对语文教学科学化的探索不断深入,从中也日益暴露出一些问题来,例如:过分追求教学内容的系统性和逻辑性,教学法的程式化,教学评价的标准化,使得语文教学科学化遭到了社会上好多人的诟病。

面对存在的问题,陈仲梁于1987年发表了《是人文主义,还是科学主义》一文,引发人们对语文教育科学化问题的重新思考。在这个过程中,也产生了一些指责甚至批判语文教育科学化的声音。例如,年轻的语文特级教师韩军就发表了《限制科学主义,弘扬人文精神》一文。他指出,"几十年语文教学的失误就在于科学主义的泛滥,人文精神的消失",并且认为,"科学理性的解剖越深入,就越背离语文教学的本质",因此他主张要限制科学主义。

迄今为止,语文教育科学化问题还是一个颇有争议的话题,赞成者有之,反对者亦有之。这是不是说明,百年来人们关于语文教育科学化的追求这条路就走错了,应该重新回到"玄妙笼统""以意为之"的传统语文教育那里去呢?答案是否定的。摆在我们面前的问题是:我们需要什么样的科学化?语文教育在哪些方面能够科学化,哪些方面不能科学化?

首先,语文课程与教学能否脱离科学化的轨道?通过对百余年语文教育科学化历史发展过程的考察,我们可以肯定地说,百年语文教育的发展史,也是一部语文教育科学化的探索历史。科学催生了语文,使语文从经学的附庸中解放出来,成为一门独立的学科。科学也成就了语文,促进了语文的建设和发展。它促使语文的教育目的由人文教化转向母语教育,促进了学生主体性的发现,促进了教育内容、教育方法的革新,提高了

---

〔1〕 董菊初.张志公语文教育思想概说[M].北京:人民教育出版社,2001:188.

语文教学的效率,促使语文教育"摆脱了经验主义和自然主义的传统教育方式,从自在自发中走向自由自觉"[1]。

其次,我们需要什么样的科学化? 在哪些方面可以科学化,哪些方面不能科学化? 如前所述,"科学"的核心指向是"规律",规律是任何学科的发展都不能回避的。追求语文课程与教学的科学化,就是追求按语文的特点和学生学习语文的规律开展语文课程教学。张志公认为,语文课程的科学化,主要包括教学观念的科学化、教学要求的科学化、教学目的的科学化、教学内容的科学化、教学方法的科学化。其实,还应该包括教学评价的科学化。衡量以上各方面科学化的唯一标准,就是是否符合语文的特点和学生学习语文的规律。那种不问语文特点和学生学习语文的规律,刻意追求语文知识的量化、序列化,教学方法程式化,考试考察标准化的做法,显然不是我们所要求的科学化。

总之,语文课程与教学的科学化问题,是决定语文课程与教学质量能否提高的一个关键因素。这个问题无法回避,只能继续进行更深入的研究。

四 语文教师的专业发展问题

教师是课程建设和教学改革的最关键的因素。教师的问题,主要是专业发展问题。

长期以来,关注课程与教学问题往往甚于关注教师问题。进入新的世纪以来,研究语文教师的专业发展问题才成为大家关注的热点问题被凸显出来。但这也绝不是说以前对语文教师的专业发展问题从来没有研究过。1927 年,张文昌发表《中学国文教学的几个根本问题和实际问题》,谈到的"根本问题"中的第一个问题就是教师问题。他认为,"现在国文教学的腐败,大部分的原因即缺乏良善的教师";"任你'高唱入云'地讨论怎样改良国文教学,不去改良教师的本身,即使说得天花乱坠,或舌敝唇焦,也是无补于事"。怎样改良教师问题? 他提出了两条途径:一是"以后的国文教师须受检定,凡由短期或长期的训练学校中毕业者,得受检定,给以证书,即可为正式教师。否则不能得同样待遇"。二是"必须改良国文

---

〔1〕 刘正伟.现代性:语文教育的百年价值诉求[J].教育研究,2008,1:64-69.

教师的待遇"。[1] 在这里,作者已经明确提出了语文教师的专业资格问题以及通过改良语文教师的待遇促进专业发展的问题。1929 年,著名语文教育家王森然发表《国文教师的责任》一文,指出:"无论教学哪一种科目,固然要有良好的教学法,也要有相当的真实责任心。"接着,他从教师与学识、教师与人格、教师与教材、教师与方法四个方面论述了语文教师应该如何"负责"。这是当时对待语文教师专业素质的比较具体的分析。1942 年,吴奔星在《中学国文教学的"分工合作制"——一个新的建议》一文中指出:中学生国文程度的好与不好,高与不高,与教师的教学法是否得当有连环固结的关系。接着,文章生动地记述了 20 世纪二三十年代国文教师从业资格的混乱状况。

> 大而言之,现有中学国文教师,可分为两种,一种是"本色当行"的,一种是"半路出家"的。前者指各大学或独立学院国文系或中国语言文学系毕业的学生,后者又可区分为四类,第一类是各大学和独立学院史、地、教育、政治、经济及其他各系毕业的学生,于国文稍有兴趣者;第二类为没有进什么学校,只在报章杂志上写写稿子,略负声誉者;第三类为没有合格学历,不懂国学文学为何物,只是漫无系统地看了一些旧式笔记小说,章回小说,作作春联,写写田契而自鸣孤高者;第四类为前清所残余的举人、秀才、贡生……痛斥新文学,只能做几句空洞的文章,写几首吟风弄月的诗词者。[2]

历史发展到今天,语文教师的从业资格已不再是问题了。在 20 世纪 80 年代世界范围内兴起的教师专业化潮流的推动下,我国于 1985 年颁布了《中小学教师职业道德规范》,随后分别在 1991 年、1997 年和 2008 年进行了三次修订,且于 1993 年制定和颁布了《教师法》,1995 年颁布了《教师资格条例》,2000 年颁行了《教师资格条例实施办法》。这一系列法令性文件紧锣密鼓地颁行,宣告了我国教师专业化进程的正式启动。2009 年,教育部又针对在职教师的专业培训,公布了《教师教育课程标准》。

我国教师专业化的进程与结果,确实提高了教师入职的门槛,提高了

〔1〕 顾黄初,李杏保.20 世纪前期中国语文教育论集[M].成都:四川教育出版社,1991:408-409.
〔2〕 顾黄初,李杏保.20 世纪前期中国语文教育论集[M].成都:四川教育出版社,1991:677-686.

教师的专业地位和待遇,有利于教师队伍的稳定和发展。但是,这种以资格博弈为入职起点,以教育理论知识和技能为专业核心,以国家机构为专业保障的制度,毕竟远离教师的日常工作,成为一种外在于教师生活而教师又不能不接受的标准,专业化的进程形成了教师为免遭"末位淘汰"而不得不去"达标"的竞争。于是,"专业型教师"就日益显现出它隐蔽的历史局限性。

例如,专业化的知识与技能,往往窄化了教师的生活领域和眼界,使教师成为"单面人";在专业化的驱动下,教师作为知识分子的自由天性和独立见解,常常被禁锢在多重标准之中,钝化了教师对生活的广泛兴趣与敏感,使教师成为"空心人";单一的专业化考量往往矮化了教师应有的崇高目标,使教师成为"近视人";教师常常被行政权力所绑架,为眼前的功利和业绩奖金所拘役,而不得不沦为分数、升学率、重点率的工具,被异化为"工具人";单一的专业化过程,日益加剧的竞争,又会强化教师工作的个体化特征,使教师成为"孤独人";另外,外在于教师的专业化标准,往往还容易激化教师的职业倦怠感。

可见,在强调教师群体的、外在的专业性提升的同时,更应寻求教师个体的、内在的专业性提升。为了寻求教师个体的、内在的专业发展,从文化学大视野研究教师发展的观念就应运而生。持此论者认为教师发展不只是教育知识的积累与更新,不只是教育技能的习得与修炼,更是教师文化的脱胎换骨的全面变革。"教师文化是指教师与其教育生活世界的关联方式和沟通样式,就是教师参与教育生活的具体样式,就是教师在应对教育生活事件或情景中生成的一种相对稳定、自然而然的实践图式。"[1]教师文化与教师教育实践密切相关,与每位教师独特个性严密契合,与教师日常生活然融为一体,与教师追求自我理想的实现保持同步。这些特征都使教师文化成为教师专业发展的新支撑点。

教师文化有三种具体的样态,即教师个体文化、教师群体文化(如教研组、读书社、学校等)和教育文化(如民族的教育传统等)。毫无疑义,教师个体文化是教师个人专业发展的内源性动力。"教师个体文化是指每个教师在教育生活中展现出来的独特生活样式,是以其个性化的教育习惯和参与教育生活的个人哲学等为根基而架构起来的一种文化样态。换言之,教师个体文化是每个教师的生活风格,是每个教师在教育生活中呈

〔1〕 龙宝新.当代教师教育变革的文化路径[M].北京:北京师范大学出版社,2012:148.

　　　　　　　　　　　　　　　　　　　　　　　　理解与对话

现出来的独特面孔,就是每个教师处理教育问题时所特有的性向与惯常的行为方式。"[1]关注教师个体文化的创生和成熟,就必然关注教师的日常教育生活,就必然呵护教师的教育实践,就必然重视教师个性化的教育习惯,就必然尊重教师在实践中形成的个人教育哲学。

当前,关于语文教师个体文化和内在发展的研究正在如火如荼地进行。我们认为,关注语文教师个体文化关键要关注语文教师信念的创生和发展。语文教师的信念创生首先体现在对语文学科的理解、对课程与教学的理解、对学生的了解、对教学活动本质的认识以及对教育根本宗旨的认识等方面。其次,教师信念不是空穴来风,它植根于教师个人的生活史之中,植根于他所处的学校环境、社会环境以及国家教育体制之中。环境是教师信念形成和改变的基础,也是教师信念的有机组成部分。最后,教师信念的创生和发展,也靠教师积极的自主性与效能感。总之,教师信念是由他自己特有的知识能力结构、自主性、效能感与教育环境意识熔铸而成的合金,是创生和发展教师个体文化的基石。教师信念就是教师在日常教育生活中所奉行的个体教育哲学。

教师实现专业发展的途径很多。简而言之,就是博学、反思与合作。博学,指的是教师个人始终不渝地坚持终身学习。反思,指的是教师个人对自身教育信念、教育行为、教育习惯,以及自身所处的教育环境,能够经常反观自照、深思自省。合作,指的是教师个人勇于打破教室的森严壁垒,自觉地向教育群体文化和社会教育文化汲取有益于发展个体的营养。

---

〔1〕 龙宝新.当代教师教育变革的文化路径[M].北京:北京师范大学出版社,2012:156.

高师院校职前语文教师教育的问题与对策[1]

——关于文学教育合法性的思考

靳　彤[2]

基础教育课程改革不断深化,语文教师的专业发展,已成为推进语文课程改革的首要问题。近年从定点集中培训到网络远程研修,从官方的"国培计划""省培计划"到坊间的"工作坊""名师工作室"等等,内容丰富形式多样的职后培训,极大促进了语文教师的专业成长。相比之下,职前语文教师培养却显滞后。尽管在国家本科"质量工程"的推动下,高师院校职前语文教师教育也进行了或多或少的改革,收到一定效果,但整体上看变化不大,已不能适应课程改革对语文教师的要求,须从理念至内容至方式进行全面改革。

一　高师院校职前语文教师教育的基本状况

(一)培养目标:部属院校偏重综合性,地方院校更重师范性

我们查阅了十余所涵盖各类各层次的高等师范院校及以教师教育为主的综合性院校的汉语言文学专业本科师范生培养计划(或课程设置)。总的来看,部属院校偏重综合性,地方院校更重师范性。这些院校的汉语言文学专业在培养目标上大致有四种定位。第一种,综合型高素质专业人才。以部属院校居多,有很强的综合性大学特点,其汉语言文学专业并不以专门培养语文教师为目标,而是以培养积极适应社会发展和社会多方面需要的高素质中文专业人才为目标。第二种,以教师为主多样化的职业选择储备。这种定位的院校有211、985的高校,也有省属重点师范大学。语文教师只是其诸多培养方向之一,甚至不是主要方向。第三种,

---

〔1〕　此文为教育部人文社会科学研究基金规划项目"师范生学科教学能力培养的实证研究——以新入职中学语文教师胜任力为观察点"(12YJA880056)阶段成果。

〔2〕　靳彤,女,四川师范大学教育科学学院教授,课程与教学论专业硕士研究生导师。

优秀语文教师。这类定位的学校在部属、省属高校中均有,以省属以下院校为多,直接定位在培养适应基础教育需要的语文教师。第四种,为特定区域培养的语文教师,又分两类:一类是地方师大有针对性地为本地区培养教师,另一类是国家实行的"免费师范生计划"。2007年《国务院办公厅转发教育部等部门关于教育部直属师范大学师范生免费教育实施办法(试行)的通知》发出后,参与该计划的各部属师范大学均以此为指导制定了自己的免费师范生培养计划。有的体现出明显的区域特点,如陕西师范大学:"服务西部,面向全国","认真实施国家免费培养师范生的战略计划,力求将陕西师范大学文学院汉语言文学教育专业建设成为西部中学语文教育中心、国家免费师范生培养的示范基地,为全国尤其是西北地区培养出大批有志长期从教、终身从教的优秀中学语文教师"。

不同的目标定位,决定了不同院校对所培养的语文教师标准有不同的要求,差异较大,梯度明显。部属师范院校多强调"优秀""竞争",省属重点师范院校多强调"优秀",地方师范院校多强调"胜任"。应当说这是各院校针对其生源进口和出口的实际情况制定的培养标准。

(二)价值取向:重创新精神与实践能力

我们调查的绝大多数高师院校汉语言文学专业在人才培养目标中都提到了人文素养、道德修养和教育思想的培育。如北京师范大学提出"培养学生具有浑厚的人文素养",西南大学提出"具备先进的教育思想和高尚的道德修养",重庆师范大学要求"德智体美全面发展"。

所有部属师范大学和绝大多数省属重点师范大学职前语文教师的培养目标中,都有"创新""实践"等相关词汇,体现出对创新精神和实践能力的重视。但多数学校并没有将其具体化,目标指向语文教学的并不多,专业特征不明显。只有比较少的学校强调了语文教师的专业特征,如东北师范大学强调了"创意写作能力",西南大学提出"语文教学的实践、研究和创新能力"。

(三)课程设置:学科专业基础课程相似,教师教育专业课程差异较大

各师范大学汉语言文学专业对其课程体系的表述和划分不尽相同,但一般都由公共基础、学科专业、教师教育三个大的课程板块构成。公共基础课程的目标是提供基础性、综合性知识与技能,各学科专业均要修习,内容一般包括政治、英语、体育、计算机等。汉语言文学学科专业课程提供本学科专业基础知识和技能,如文学理论、现代汉语、古代汉语、中外文学史等课程。教师教育类专业课程,为未来教师提供从事教师职业所

需的教育理论知识和教学实践技能，目前依然以教育学、心理学、学科教学论和教学技能训练及教育见习、实习等为主。

各高师院校汉语言文学学科专业课程丰富，共同性、基础性与学术性相统一。特别是专业必修课程体现出明显的共同性和基础性，这与学科的成熟度密切相关。古代汉语、现代汉语、文学概论、语言学概论、古代及现当代文学史几门学科基础课程无论部属还是省属（或以下）院校，均以必修课程的方式开设。相对而言，部属院校的必修课程更为丰富，如北京师范大学除了上述几门课程外，还开设有古代及现当代文学作品的精读、选读的专业必修课程，北京师范大学和西南大学在必修课程中均开设有中国文化概论和比较文学概论；而省属师范大学必修课程更为精简，大多仅开设最为基础的学科专业课程，如四川师范大学学科必修专业课程仅有古代汉语、现代汉语、文学概论、中国古代文学、中国现当代文学、世界文学、写作、文献检索与文献阅读，山东师范大学基本相同，但未开设文献检索课程，而与另外两所部属师大一样，开设有美学概论、语言学概论。选修课程则更为丰富多彩，也有较强的学术性。不论部属还是省属院校，均开设出大量选修课程，如北京师范大学开设有 50 余门汉语言文学类的选修课程，西南大学开设了近 90 门汉语言文学类选修课程，山东师范大学有 60 余门，最少的四川师范大学也开设有 30 余门汉语言文学类选修课程。这些选修课程均有较强的学术性，有不少较深入的专门研究。

各高师院校职前语文教师教育类课程设置差异大。调查中发现，教师教育类课程设置各院校差异极大，仍以上文提及的四所院校为例。部属院校大致有两种倾向，北京师范大学比较典型地代表了倾向综合性人才培养的一类，没有一门教师教育类必修课程，选修课程也仅仅只有两门，一门是语文教育学，一门是美国教育史；其为免费师范生专设的教师教育类课程均为必修课程，但课程量不大，仍以普通教育学课程为主，也就是说即便是师范类学生选修课程依然以汉语言文学专业的本体课程为主，突显了对学科本体的重视。西南大学则比较典型地代表了部属院校中有针对性地培养语文教师的一类，开设有 11 门教师教育类必修课程，其中包括基础的教育学、心理发展与教育和语文教育学，同时也开设了多门指向各种教育教学能力培养的专门课程，如心理教育能力、音乐基础能力等。省属以下院校中，有一部分师范大学也有较强的综合化、学术化倾向，如山东师范大学，教师教育类必修课程仅仅开设了 5 门传统课程，包括教育学、心理学、学科教学论等，选修课设计也没有突出语文教师培养的特点；四川师范大学则代表了比较重视教师培养的一类院校，有 8 门教

理解与对话

师教育类必修课程,20门选修课程。所有院校均有微格训练和教育实习。

　　高师院校语文职前教师教育目前的培养目标、课程设置状况在取得一定成效的同时,也导致了一些问题的出现。

二　高师院校语文教师职前培养存在的突出问题

(一)目标定位多元,语文教师培养的师范性被弱化

　　1904年颁布的《奏定学堂章程》规定单独设立师范学校,开启了"师范学堂"是否必要的争论。尽管从那时开始,师范教育逐渐成为我国教师培养的主要渠道,但关于"师范性"的争论,一百多年从未息止。无休止的争议本身也说明"师范性"应是教师专业化的题中之意。但随着大学毕业生就业方式的改革和日益严峻的就业形势,学校不能不考虑尽量给学生提供更多的职业选择机会和可能,这集中体现在培养目标的多适应性上。这种多适应性却在一定程度上伤害了师范性甚至语文教师的专业性,导致这样一些问题的出现:

　　目标定位不准,不仅影响语文教师培养的课程设置、教学方式和评价标准的专业性,也会导致师范生职业信念的不坚定。多数高师院校汉语言文学专业本科的培养目标还是培养语文教师,特别是中学语文教师。作为师范院校,应当有明显的教师教育专业特色。但大多师范院校面对社会的变化及高等教育市场竞争,放弃了自己的专业特色,追求全面的综合性的办学方向,只是把语文教师作为一个备选的职业方向。这样的办学思想和培养目标直接制约着课程设置和教学方式、评价标准,分散了注意力也分散了资源,难以形成师范院校的专业性。在这样的办学思想和培养目标下,学生难以形成从教的职业理想和信念,可能会在不同的职业发展方向上摇摆。即使选择了从事语文教学工作,也可能是因为没有找到其他的职业的最后的选择,这样的结果,对其职业发展非常不利。

　　目标定位不准,导致部分高师院校教师教育特色丧失,语文教师必备的学科教学能力不能成为核心的培养目标。承担基础教育工作的语文教师,固然需要较深厚的学科知识积淀,这也是语文教师的专业基础,但基础教育阶段的语文教师并不以做学问为目的。语文教师的职责,要求他们有扎实的学科教学能力,而多元化的培养目标事实上导致了语文学科教学能力被弱化。在我们查阅的培养计划中,高师院校汉语言文学专业的培养目标指向语文教学能力培养的并不多见,语文教师的专业特征普

遍不明显。教育部印发的《教师专业标准(试行)》[1]提出的"能力为重"的基本理念在培养目标上,没有得到充分体现。

(二)职业认同感低,语文教师职业情感教育没有得到足够重视

职业认同是一个人职业生涯发展的动因。相关调查研究表明,只有少数师范生是出于自身对教师职业的热爱和向往而就读师范专业的,更多的师范生是出于对就业前景的考虑。他们对教师职业的选择仅有粗浅的感性认识,缺乏理性判断,职业价值认同低,谈不上教师职业情感。有研究者对河南省的1398名师范专业的本、专科生进行问卷调查[2],结果表明,愿意从事教师职业的只有498人,占总人数的35.6%,也就是说,有64.4%的师范生就读教师教育专业而不喜欢教师职业。在被问及"把从教看作一种乐趣"时,仅有17.8%师范生表示肯定;当被问及"和学生在一起是幸福的"时,仅有21.3%师范生表示认同;认为"教师职业能实现人生价值"的师范生仅占14.9%。许多师范生毕业后并非自愿到中小学任教,只是迫于专业限制以及就业形势的无奈之举,一旦有更好的择业机会,他们会义无反顾地改行从事其他职业。由此可见,大多数师范生把教师职业看作谋生的手段,是权宜之计,职业认同感淡薄,体验不到教师职业的幸福与快乐,缺乏事业感。

相对于其他学科,语文教学对教师职业情感要求更高。情感教育是语文教育的目标之一,它包括健康、积极的生活态度,对工作、事业的热忱,对他人的关爱,等等,这也是语文教师应具备的职业情感。目前就各高师院校职前语文教师的培养目标来看,职业情感教育没有得到足够重视。很少有学校把职业情感教育列入培养目标,并做出明确要求。即便列入目标,在具体的课程设置或课程实施中也并未得到落实。师范生对教育事业的忠诚、对学生的关爱、对语文教育的热情以及敬业精神不是自然而然、水到渠成的,而是教育的结果。加强职业情感培育,坚定职业信念是语文教师培养的必备内容。

(三)远离学科基本能力,师范生文本解读能力、写作能力现状堪忧

语言文学素养是语文教师专业素养的核心,也是形成语文学科教学

---

[1] 此处的《教师专业标准(试行)》指教育部印发的《幼儿园教师专业标准(试行)》《小学教师专业标准(试行)》和《中学教师专业标准(试行)》,下同。

[2] 张意忠. 师范生职业情感再认识[J]. 教育学术月刊,2010,7:10.

素养的基础。语文的本体是语言文字,语文教育的本体是学习运用语言文字,是学习运用具有丰富的内在意蕴和鲜明的文化特质的汉语言文字,这要求语文教师应当具有一定水平的汉语言文学专业素养。但目前职前语文教师学科专业素养普遍不容乐观,包括最为基础的文本解读能力和写作能力,导致以此为基础的学科教学能力提升困难。

前面已经论及,各高师院校汉语言文学学科专业必修课程丰富,体现出明显的共同性和基础性,选修课程更为丰富多彩,也有更强的学术性。但师范生的专业基本能力却没有达到应有的水准,这是很值得思考的问题。本研究团队成员参与了 2013 年全国首届师范生教学基本功大赛,在语文教学设计能力测试时发现,参考资料不足的情况下,师范生很难对作品有比较准确和深入的解读,因而教学设计基本停留在作品较浅层次的内容梳理上。这种脱离教学参考书,几乎无法独立解读作品的现象在职前语文教师甚至职后语文教师中非常普遍。同时,师范生的写作兴趣和写作能力也需努力提高,汉语言文学专业师范生大多没有自主写作的习惯,基本不写作,写作水平的提高完全处于自然状态,没有得到所在专业应有的发展,有的甚至停留于高中毕业状态。

(四)课程设置三分天下,语文教师教育课程分量不足

在三分天下的课程体系中,公共必修课占据大量课时,已经是由来已久的问题,以政治类课程、英语课程为最。在多数高师院校的课程中,思想政治课占了 16 学分左右,英语课也占了 16 学分左右,每一类公共课程和教师教育课程总量相当;在教师教育课程中,通识的教育学和心理学又占一部分;有语文学科特点的,针对语文教师学科能力和学科教学能力培养的课程明显不足。如何让公共必修课成为语文教师培养的有效课程,值得探索。

与汉语言文学类选修课相比,各高师院校开设的语文教师教育类选修课则少之又少,并且缺乏语文学科教学特色。专家型教师是未来教师发展的趋势,要求语文教师在胜任语文教学任务的同时,对语文教学的每一方面有自己独到的理解与研究,以研促教是这一类型教师的基本特征。如果说必修课程立足于职前语文教师的入职标准,选修课程则应当着眼于他们未来的发展。他们可通过选修课开阔视野,丰富文化积淀,在做好从教准备的同时,明确未来发展方向。这就需要为职前语文教师开设丰富的语文教师教育类选修课程,让他们可以根据自身兴趣及未来发展的需要自主选择课程。但目前各高师院校汉语言文学师范专业的选修课程

中,语文教师教育课程所占的比例甚少。如某师范大学,专业选修课60余门,但体现了语文教学特色的不到10门,另一所部属师大语文教师教育类课程中无语文教学类选修课程。重学科专业课程、轻学科教学专业课程的问题比较突出,课程结构存在不合理性,语文教师培养的针对性被削弱。

此外,语文教师教育课程设置简单、陈旧,与基础教育所需脱节。目前大多数院校教师教育课程仍然以普通心理学、教育学和学科教学论等"老三样"为主,没有按照《教师教育课程标准》开设"语文教学设计"和"语文课程标准与教材研究"等课程,培养语文教学能力的专门课程缺乏。传统的"语文学教学论"课程也重原理轻能力,如语文教学设计能力、语文课程资源开发能力、探究性学习指导能力、语文校本课程、选修课程开发能力、语文教材解读能力等一线语文教师必备的教学能力培养的专门课程极少,与基础教育所需脱节。

在高师院校语文教师教育类课程设置上,无论必修还是选修,各院校差异都较大。造成这种差异的原因,一是各校培养目标不尽一致,二是语文课程与教学论学科本体发育不成熟,基础学理研究薄弱。基础学理研究薄弱也是导致语文教师教育课程分量不足的原因之一。

(五)缺乏融合课程,语言文学的专业性与语文教育的专业性隔离

学科课程内容偏于学术性,缺乏对语文教师必备的学科基础能力的培养。高校对教师的评价,以学术成就为主要标准,导致许多教师重学术轻教学。师范院校也普遍存在这样的现象,加之师范院校对综合化的追求,使得高师院校汉语言文学专业学科课程与综合性大学的课程内容几乎完全一致,重理论积累、学术研讨,轻基础能力培养。教师对课程的价值判断也以学术性为标准;同时教学内容受制于教师个人的学术研究,以追求学术的专门、精深为标准,缺乏基本知识、基本能力的规定性课程目标与内容。如文学类课程以文学史为核心,作品分析不受重视;文艺学和美学课程偏重于哲学层面的分析,运用文学批评方法的课程较少,缺乏对运用文艺学理论和美学理论解决实际问题的训练;写作课程仅讲授理论,少有实际的写作训练,有的学校没有开设写作课程;选修课程以教师个人的学术研究内容为主,缺乏对学生需求的考虑。这必然导致前面论及的中文专业的师范生文本解读、写作等作为语文教师必备的学科基础能力得不到有效提升。

语文教师教育课程与教育学、心理学课程和汉语言文学专业课程缺

乏衔接,课程内容之间的融合度不够。教师教育类课程依然偏重教育教学普遍性方法传授,缺乏与语文学科教学的勾连。同时,语文教学类课程中又普遍缺乏帮助师范生实现语言文学知识、能力向语文教学知识、能力转化的课程。学生修完大量汉语言文学专业课程后依然无法较好地完成语文教学任务,进入一线教学还需要较长的探索期。有必要设置专门课程帮助师范生,打通教育学与学科专业的通道,实现这一转换。

三 改革职前语文教师培养的对策

(一)强化职业情感教育,提升语文教师的人格魅力

教育部《教师专业标准(试行)》提出"师德为先,学生为本,能力为重,终身学习",《教师教育课程标准(试行)》[1]确立了"育人为本""实践取向""终身学习"的理念。这两个标准是对所有学科教师的总要求。语文课程的核心是培养学生的语言文字运用能力,承载这种能力的是学生鲜活的生命,因而语文课程要为学生生命的健康成长提供营养,为他们精神世界的自由成长提供优质的环境。语文教师教育应强化职业情感教育,将提升人格魅力作为自己专业成长的重要内容,才能完成这一使命。人格魅力的提升是语文教师专业素养及个人修养的整体提升。在职前语文教师培养中,应注意从以下几个方面增强语文教师的情感动力性,提升人格魅力。

认识专业意义。语文教师,是一个专业性很强的工作。要做一名优秀的,甚至即使是做一名合格的语文教师,都需要付出很大的努力,经历很长的时间历程。如果不能明确专业的意义,无法在这个艰苦漫长的过程中保持着强大的内驱力,也就很难达到专业能力的精进。语文教师这个专业工作的内在意义在于成就自身,通过个人的专业水平和专业成就实现自身的生命价值;外在价值在于通过较高的专业水平,促进学生在语文、在生命上的成长。高师院校可以加强优秀的语文教师和师范生的互动,深化职前语文教师对语文教育意义的认识,也使得职前职后的语文教师能相互促进。

明确成长目标。一个语文教师专业成长高度,往往和他对自己的自

---

〔1〕 此处指教育部文件《教育部关于大力推进教师教育课程改革的意见》(教师〔2011〕6 号),下同。

我期望和自我潜力的认知程度相关。帮助职前语文教师认识到自己的发展潜力,明确自己在语文教育专业上的发展目标,特别是入职后的一年目标、三年目标、五年目标和入职后分解的目标,使其更具有可操作性,更能增强个人的成长动力。

获得成长愉悦。一个人的成就,往往和他在工作中良好的成长体验分不开。职前语文教师的成长也是如此。因此,应尽量多地创造机会,让职前语文教师参与各种语文教学活动,在活动中展示自己的才能。有了良好的专业成长体验,其发展内驱力就会更强。

拓展语文教师文化视野,增强人格魅力。语文教师的视野和人格魅力直接影响着学生。诸多调查显示,具有人格魅力和宽广的文化视野是学生喜爱的语文教师共同的素养。可由权威部门拟定职前语文教师必读基础书目,内容涵盖文、史、哲乃至自然科学,书目纳入《语文教师教育课程标准》,帮助语文教师拓展文化视野,在阅读中形成自我修养的习惯。

(二)提升语言文学素养,强化文本解读、写作等专业基础能力

语言文学素养是语文教师专业素养的基础,是完成语文教学任务的基本保证。特别是语文教师本身具有的文本解读和写作能力等专业基础能力,直接制约着其语文教学能力的高低,影响着语文教学的效果,应成为职前职后语文教师培养培训的核心内容,贯穿于语文教师专业成长的始终。

听、说、读、写是语文教师的专业基础能力,尤以文本解读和写作能力为甚,是语文教师专业成长需要突破的瓶颈。汉语言文学专业课程应充分重视文本解读能力、写作能力培养。具体而言,培养时应以阅读实践为纽带,加强独立文本解读能力的培养,依据文章学理论、文学理论和阅读理论,通过大量的阅读活动,帮助语文教师形成不同文本阅读的认知图式,能够根据综合运用各种理论去解读文本,并能以此为据在语文教学中指导学生的阅读活动。在写作上,改革写作课程,以写作实践为核心,掌握基本文体的写作知识、写作技巧,写作能力应到达一定水平。同时,这种写作能力也应当具有语文教学的专业性,即能准确有效地进行写作教学,指导学生作文,能写作一定水平的教育随笔、教育短论、反思笔记以及语文教学研究论文。

(三)调整课程结构,强化语文教师教育课程的学科专业性

我国语文教师职前教育应该合理借鉴别国成功的教育经验,适量加

大教育类课程在课程体系中的比重,增加教育类课程的多样性。特别是语文教学相关课程,使必修和选修课程并行,让语文教师教育类课程在语文教师职前教育总课时数中的比例上升至 20%到 25%。语文教师教育课程的设置可分为必修和选修两种形式。核心课程为必修课,体现理论性、基础性,保证充足的课时;扩展语文教师教育视野,体现语文教育的广度和深度的课程可定为选修课程。汉语言文学教育专业的师范生可根据实际需求和未来专业发展方向,选择相应的语文教师教育类课程进行学习。

打下扎实的教育学、心理学理论基础,丰富语文教师教育课程。首先,增加教育理论类课程,为教师将来从事语文教学打下扎实的教育理论基础。除教育学外,选修课中还可以增开教育哲学、中外教育史、比较教育学、教育的理论与实践、教育技术以及与新一轮基础教育课程改革相关的课程。上述课程旨在提高未来语文教师的教育理论素养,使他们掌握教育的基本规律,树立科学的教育理念,深入理解教育的价值与意义,为日后成为一名真正优秀的语文教师奠定坚实的理论基础。其次,增加心理学方面的课程。除传统的普通心理学外,选修课中还可以增加教育心理学、儿童心理学、发展心理学等课程.心理学课程可以帮助未来的语文教师认识和理解教育对象,并有针对性地对不同的学生进行合理的心理辅导和智力开发。最后,丰富语文课程与教学论方面的课程。如将传统的语文教育学课程分解,分小学和中学,设置语文教材分析与教学处理、语文教学设计、语文校本课程设计与开发等课程。此举旨在提高未来语文教师的教学实操能力,使师范生对语文和语文教学的目标、任务、方法有初步的思考和体认,使其在了解语文课程与教学原理的基础上开展语文教学活动,同时能很好地适应语文课程改革对教师的要求。

精简通识课程,突出通识课程的基础性、素养性和综合性。按照少而精、博而通,强化基础、打通主干、深入前沿的原则和思路,开设通识课程,重新选择、确定通识课程的基本内容,以提高综合素养为目标通过通识课程帮助职前师范生建构新的、基础的、综合的知识结构。精简后通识课程比例下降到 25%以下,确保教师教育类课程,特别是以汉语言文学专业为基础的语文教育类的融合课程、实践课程的时间。目前一些学校允许学生在权威课程网站研修名家课程、优质课程,经过认定达标,即可计算学分。这是通识课程学习的一种好的方法,可较好地解决学时矛盾及课程质量的问题。

（三）开发融合课程群，增强语文教师教育课程的针对性

课程是语文教师培养最直接的载体。应根据语文教师专业发展的需求，有针对性地开发语文教育类融合课程群，促进职前职后课程内容的融合，促进教育学、心理学理论与语文学科教学的融合，促进汉语言文学专业与语文教育教学的融合，沟通学科专业课程与学科教学课程。传统的语文教师教育有三大板块——教育学心理学课程、汉语言文学专业课程和语文教学论课程，其中语文教学论课程是桥梁课程，一头连接着教育学、心理学理论，一头连接着汉语言文学专业知识。应充分开发语文教学类课程，形成融合课程群，打通教育学、心理学与语文学科的关系，同时直接指向一线教学实践。

促进语文教师职前教育课程内容融合。开设以汉语言文学专业为基础的直接指向语文教学的融合课程（或称衔接课程），帮助学生实现汉语言文学专业知识、能力向语文教学知识、能力的转化。我们在调查中发现，目前我国语文职前教师培养的课程设置中普遍缺乏帮助师范生实现学科知识、能力向语文教学知识、能力转化的课程。学生修完大量汉语言文学专业课程后依然无法较好地完成语文教学任务，入职后还需在有经验的优秀老师指导下经历较长的适应期。职前语文教师教育有必要设置专门的融合课程帮助师范生实现这一转换。这样的融合课程（衔接课程）要具有汉语言文学专业特征，同时指向语文教学问题解决，诸如《鲁迅作品的文学解读与教学解读》《语文教科书中语法知识的教与学》。

加强以汉语言文学为基础的语文教学类课程的课程内容开发，沟通学科专业课程与学科教学课程。现有的教育类课程内容往往侧重通识性教学方法，与学科内容联系不密切，更不涉及对未来学生的学法指导。语文教学类课程在进行课程内容开发时，应以汉语言文学学科内容为基础，将内容与教法、学法相结合，帮助职前教师形成教的能力和指导学的能力。教师如在文学阅读类教学中，可以整合形成"文学阅读学"，含作品导读和读法指导，可以对文学体裁进行划分：散文导读、小说导读、戏剧导读、诗歌导读。这样，就把以往文选类科目——古代、现当代、外国文学作品选，变成导读类科目，从而实现由"知识中心"向"认知中心"的转移——这是形成语文教师文本解读能力的关键课程。

（四）落实"实践取向"，探索多样化的课程实施方式

《教师教育课程标准（试行）》指出："教师是反思性实践者，在研究自

身经验和改进教育教学行为的过程中实现专业发展。教师教育课程应强化实践意识，关注现实问题，体现教育改革与发展对教师的新要求。教师教育课程应引导未来教师参与和研究基础教育改革，主动建构教育知识，发展实践能力；引导未来教师发现和解决实际问题，创新教育教学模式，形成个人的教学风格和实践智慧。"由于职前语文教师培养情境性弱，真实情境的教学实践时间短、机会少，落实"实践取向"有一定难度，尤其需要探索多样化的课程实施方式，改变目前较为单一的培养模式，采取多样化的方式，促进高师院校和中小学校更多的互动，让师范生能有更多的、更灵活的方式走进语文教育现场，在真实情境中体验教育情感、亲历教育实践、形成教育反思。

从某种角度说，课程实施方式的变革，是职前语文教师形成真实语文教学能力的关键。一是因为实践性知识来源于教学实践，二是因为教学能力只有在教学实践中才能形成。教师专业能力发展规律，决定了以理论讲授为主的方式，很难有效培养教师的教学能力。鉴于职前教师不在语文教学现场，更有必要以"实践取向"为理念，探索多样化的课程实施方式，拉近职前语文教师与教学现场、教学实践的距离。其一，除教学见习、教学实习外，日常的课程实施应尽量创造条件，将职前语文教师带往语文教学现场；其二，借鉴新的教学理念与方法，如"翻转课堂"等，引导职前语文教师思考语文教学的真问题；其三，针对不同的能力目标，探索多样化的课型，如进行理论课与实践课的课程融合探索，以研究性学习为基本特点的教学研讨课探索，以真实体验为特点的能力实训课探索，等等。这些教学模式或教学方法的改革，均以师范生的自主学习、合作学习、探究性学习为基本特点，有效地培养其真实的教学能力和教学反思能力。

强化"说课""评课"，促进批判力与反思力的发展。"说课""评课"本是中小学语文教学研讨中一种重要形式，是促进教师专业发展的重要途径，可将其作为一种课程实施的方式引入职前语文教师培养，帮助职前语文教师形成教学批判力与教学反思力。"说课"主要有两种形式：课前说课、课后说课。前者主要说教学设计的理念与思路；后者主要说教学反思。评课主要是基于课堂观察，对他人语文教学活动的评价。不论哪一种形式的说课和评课，都能反映说课、评课者自身的积累与素养，都能反映出说课、评课者对教育及语文教学的理解，体现出的是其对语文教学的批判力和反思力。这正是语文教师必备的教学能力之一。

延长教学实习时间，规定最低上课、听课时数。增加师范生参与语文教育见习和实习的时间，特别是教学实习时间，具体措施是由现在普遍的

10 周左右,延长至一学期;同时,其他学年的每一学期都安排一周左右的教学见习时间。对教学实习期间的上课数应有最低限度的规定,除实习的前两周外,建议每周不少于 2 课时;见习期间的听课数也应有最低限度规定,建议每天不少于 3 课时。这样可以使师范生有充足的时间了解中学语文教师的实际工作情况,并且有针对性地锻炼自己的实践能力,能够让学生反复地进行见习、实习、总结、反思,根据基础教育的实际要求不断调整自己的学习方向,进而又在实际教学中检验自己的学习过程,有利于学生语文教育理论水平和教学能力的提高。

探索临床诊断、教学工作坊等的职前语文教师培养新模式。借鉴教师职后培训的有效方法,将职前语文教师拉入语文教学现场。如建立名师主题工作坊,建立若干个"名师主题工作坊",分为阅读教学、写作教学、初中语文、高中语文(均为暂定)等若干主题,聘请在语文基础教育领域有一定影响力的一线语文教师、教研员担任主持人。每个工作坊负责一个主题,定期为师范生讲座,并为师范生提供"临床"学习的机会和"临床"观察的诊断、评说,并指导师范生教学实践。"临床"学习,计划每学期安排免费师范生到一线"临床"学习 1~2 周。时间安排有两种方式,即集中 1~2 周和每周 1 天;内容以课堂观察为主。这些新的职前培养模式与教学见习、实习相结合,可以帮助职前语文教师在职前适应一线语文教学,新入职时实现"零"适应期。

(五)细化标准,体现学科对教师能力的基本要求

目前我国已经开始实施教师准入制和定期认证制的改革,对促进教师自主学习、终身发展,对提高及确保教师质量有极大的好处。《教师专业标准(试行)》《教师教育课程标准(试行)》对教师教育的质量标准提出了总的要求,由于不涉及具体学科,而导致具体要求缺乏针对性。不同学科的具体能力及具体的教学能力差异很大,即便同是人文学科,其课程价值也不相同,对教师能力的要求也不相同。因此由国家层面制定语文教师专业标准、语文教师教育课程标准,或者是《教师专业标准(试行)》《教师教育课程标准》的指导性补充意见——《语文学科执行标准》,落实语文教师应具备的专业指标,体现语文教师的学科专业特征,体现学科对教师能力的基本要求,从学科层面落实语文教师职前培养标准,为语文教师培养培训提供依据。

高师院校汉语言文学专业,应当以培养语文教师还是以通适性的中文人才为逻辑起点进行课程设置?是面向未来培养优秀的语文教师还是

面向现实提高就业率？近年不少师范大学将包括语文在内的各学科教师教育类课程放置到教育科学学院或教师教育学院，目的是给学科留出足够的空间，扎实学科基础，同时教师教育类课程又能更为细致、专业，或许能比较好地解决问题？这还需时间和实践的检验。不论哪一种方式，高师院校职前语文教师教育，都应为未来的语文教师提供优质的资源与平台，成为他们专业发展的生长点和原始土壤，让他们从这里起步、发芽，在未来的职业生涯中开出绚丽的花朵，结出累累硕果。

阅读与文学经典教学

语言与文学教育的旨归:实现文化自觉

——我读一代宗师叶圣陶的文学教育思想

刘启迪[1]

前 言

文学与文化息息相关。文学是文化的基础。"言语、文字、思想(思维方式)、生活习俗,这四个要素的构成就是文化。"语言与文学的教育的根本指向就是实现一种文化自觉。

今年是叶圣陶先生(1894—1988)诞辰 120 周年[2]。叶圣陶先生是我国现代著名的文学家、教育家、编辑出版家和社会活动家。他被誉为语文教育的一代宗师,很早就从事文学创作,写过童话、寓言、诗歌、散文,以及短篇、中篇和长篇小说。可以说,他是蜚声中外的多产的影响很大的文学家。他本人或者会同少数志同道合的朋友编撰过大量的各级学校的国文(中华人民共和国成立后称语文)教科书,发表过很多有关研究教育的论著。他曾亲自担任教学工作多年,教过小学、中学和大学的国文课。[3]中华人民共和国成立后,他还担任过出版总署副署长、教育部副部长,亲自主持过教科书的审定、修改工作等。北大教授商金林先生是研究叶圣陶的专家,他说:"把叶圣陶先生研究差不多了,再研究现代文学就有了基础。这就是我把叶圣陶先生作为研究对象的动机。"[4]我认为,今天重温叶圣陶先生的文学教育思想,对于语文教育或所谓的语言与文学教育仍然极具现实意义。

---

〔1〕 刘启迪,男,课程教材研究所研究员,《课程·教材·教法》编辑部主任。
〔2〕 文章写于 2014 年——编者注。
〔3〕 刘国正.叶圣陶教育文集:第一卷[M].北京:人民教育出版社,1994.
〔4〕 商金林.叶圣陶全传:第一卷[M].北京:人民教育出版社,2014:自序.

一　对文学的崇敬情怀：文学是教育，不是商品

文学是何物？文学有何用？文学有何为？在叶老的内心深处有自己独立不拔的文学定位。他不仅认为"编辑出版工作是教育工作"，而且认为"文学就是教育"。他用小说体裁写成的《倪焕之》这部名著，既是一部文学作品，又是一部教育学。[1] 大凡读到叶圣陶的关于文学教育的论著就会知道，他对文学是非常崇敬的。

他崇敬文学的品格。他曾说："文学不是商品"，"决不可以文学为投机事业"，"我们从事文学，就因为它可以寄托我们的全生命"[2]。针对低俗的商品化，他曾深恶痛绝地指出：文艺给商品化了，"不仅披上了垢腻的外衣，连它的肌肉筋骨乃至每个细胞都渗透了污浊卑鄙的质素"[3]。在叶圣陶的心目中，文学与我们的生命密切关联，文学可以寄托生命，寄托生命的文学自是当珍视的。

他崇敬文学的影响。他说："我们觉得文学是决不容轻视的，他的伟大与影响，是没有什么东西能够与之相并的。他是人生的镜子，能够以慈祥和蔼的光明，把人们的一切阶级、一切国种界、一切人我界，都融合在里面。用深沉的人道的心灵，轻轻的把一切隔阂扫除掉。""文学决不是消遣的东西。以文学为娱乐品，真是不知文学为何物了。"[4]可见，文学的影响遍及一切，文学的影响深入心灵，因此，我们应该重视文学的影响力。

他崇敬文学的广泛的教育意义。他说："久安迷梦的群众茫然无觉，只是徒生徒死，相续不绝。一部很好的文艺品出来，可以使群众从迷梦中跳将起来，急于想探索人之所以为人。一个民族里具有极好的特性，但是隐而不显，偏而不普，就无从见特性的伟力。一部好的文艺品把它表现得切实明显，立刻可以使这个特性普遍于全体，特著于世界。"[5]可见，这就是文学的伟大之处，它可以抒写一个时代的精神风貌，最能引领一个时代的风气。对于叶圣陶来说，文学仿佛是神圣的殿堂，不容他人随便糟蹋。文学的神圣感，在当今的时代，在当今的中国，尤其得到强调。习近平在

---

[1]　刘国正.叶圣陶教育文集：第一卷[M].北京：人民教育出版社，1994.
[2]　商金林.叶圣陶年谱长编：第一卷[M].北京：人民教育出版社，2004：238.
[3]　商金林.叶圣陶全传：第一卷[M].北京：人民教育出版社，2014：449.
[4]　商金林.叶圣陶全传：第一卷[M].北京：人民教育出版社，2014：386.
[5]　商金林.叶圣陶全传：第一卷[M].北京：人民教育出版社，2014：444.

　　　　　　　　　　　　　　　　　　　　理解与对话

2014 年 10 月 15 日主持召开的文艺工作座谈会上强调,一部好的作品,应该把社会效益放在首位,同时也应该是社会效益和经济效益相统一的作品。文艺不能当市场的奴隶,不要沾满了铜臭味。优秀的文艺作品,最好是既能在思想上、艺术上取得成功,又能在市场上受到欢迎。[1] 为什么我们的理想很丰满,而现实却很骨感? 我们生活在一个物质文明很好而精神文明(人文文化)很坏的时代,这个时代,文艺作品有"高原"但缺少"高峰"。

文学的存在,要经得起读者千万双眼睛的审视,并在广大读者内心世界产生共鸣。读者内心世界与文学作品的思想境界对接与合一,这本身就是一种文学教育。文学教育就是人的教育。人的教育就是唤醒人类人文文化的自觉与自信。

二 对文学教育的人本诉求:人生、人格与"人粹"

我认为,叶圣陶的文学教育观是他的人本思想的体现。他的人本思想主要表现在三个方面:一是认为文学是"为人生"的,二是主张先有人格后有文学,三是提倡"人粹"。

(一)文学是"为人生"的

叶圣陶是"人生派"文学的倡导者。他主张文学要为人生服务,反对文学是为艺术而艺术,更反对把文学作为茶余饭后遣性消闲的工具。叶圣陶不把文艺当成宣传品,当成雕虫小技,而把文艺当成教育人、感化人的神圣工作,要求作品能够引导人们走向发展的途径,超越眼前一切,永远前进。他说:"我们鉴赏文艺,最大目的无非是接受美感的经验,得到人生的受用。"[2]叶老把作家看作人类灵魂的工程师。[3] 其实,文学或文艺是铸造灵魂的工程。在他看来,社会的进化固然有赖于社会制度的改造,但制度的改造只能收到一部分的效验,"内心之事恐非仅仅改革制度可以奏功"。所谓的"内心之事"指的是人们的思想感情。能够担负起改造人们思想感情这一重任的,"只有艺术"。"因为文艺如流水,最易普

---

〔1〕 坚持以人民为中心的创作导向 创作更多无愧于时代的优秀作品[N].中国文化报,2014-10-16(1).

〔2〕 商金林.叶圣陶年谱长编:第二卷[M].北京:人民教育出版社,2004:49.

〔3〕 商金林.叶圣陶年谱长编:第四卷[M].北京:人民教育出版社,2004:466.

及"，"有真切动人的艺术，那么作者与读者、读者与读者的心，都彼此融合，或在天之涯，或在地之角，行迹虽隔离，精神的交流却无阻碍"。[1] 总之，人生离不开文学，文学要服务于人生，服务于社会。伟大的文艺犹如烛照大地的"曙光"，可以"激起"和"提高"群众的"觉心"；伟大的文艺犹如熊熊燃烧"烘烘地"散发着"高热"的灯火，可以"团众心而为大心"，"改良社会"，引导民众走上"向上之路"。[2] 由此可见，叶圣陶把文学事业看成是关系群众的共同事业，是时代的，是社会人生的写真，而不是作家纯"个人的劳动"，一己的悲欢。[3]

与此相应的是，他主张在中国的新文学的建立上要观照广大群众的心声。他说："欲建立中国的新兴文学，尤须从中国全群人的心中去抉取材料"，"单单用举一反三的简单方法那是不可靠的"，"入于人心的文艺原来从人心里抉取出来的，我们能从人群的心里抉取出来，制为文艺，还以供诸大众，这才是具有普通性的文艺"。[4] 这种文学或文艺思想具有先进性，值得继承和发扬。这正是习主席在文艺工作座谈会上所强调的"坚持以人民为中心的创作导向"。所以文学创作与教育不能"目中无人"。我想，这也是《红楼梦》中的诗句"人情练达即文章"的道理所在。

(二)必先有人格而后有文学

文学是关涉灵魂的，文学是关乎人生的，文学是关系大众的。因此，叶老对从事文学创作与教育的人的人格也提出了比较高的要求。他提出了文艺家尤须有崭新的"自我"，"必先有人格而后有文学"，文艺家的人生观一定要在"水平线以上"。他在《教师的修养》中谈到修养的最低要求是："一言一动，都没有消极的倾向，一饮一啄，都要有正当的意义。"他提出了人生观在"水平线以上"有三个标准：(1)文艺家要站立于时代之前，真正成为"站立于时代之前的英雄"，以"异常热情"把"最高的思想"倾注在"创作"中，使"最高的思想"通过艺术的感染力深入于"一切人之心"，并由"理想的转为现实的文学的"。(2)文艺家要摆脱"别种势力的羁绊"，以"清明澄澈的良心"从事创作，切不可"迎合嗜好习惯"，造成世人堕落的心理，给人以"心灵的损害"，"辱没了自己"。(3)无论是揭露社会黑暗，还是

〔1〕 商金林.叶圣陶全传：第一卷[M].北京：人民教育出版社,2014：444-445.
〔2〕 商金林.叶圣陶全传：第一卷[M].北京：人民教育出版社,2014：444-445.
〔3〕 商金林.叶圣陶全传：第一卷[M].北京：人民教育出版社,2014：445.
〔4〕 商金林.叶圣陶全传：第一卷[M].北京：人民教育出版社,2014：447.

描写"被损害与侮辱者"，都要成为"真的文学"，给人以"精美的体味"。[1]概括地讲，叶老是把作家的世界观和人生观是否在"水平线以上"，作为衡量作品成败的关键，进而提出了"人生观"第一、"艺术手腕"第二的批评标准。他说："我们评论作品，最重要的是那位作者的人生观须是在水平线以上，作品差些还是其次。"为了升华自己的人生观，他提出"以教育认识自己""以教育革新自己""以教育成就自己"。可见，文学的人生意义与文学家的人格修养是合一的。所以，习主席在文艺座谈会上指出："繁荣文艺创作、推动艺术创新，必须有大批德艺双馨的文艺名家。我国作家艺术家应该成为时代风气的先觉者、先行者、先倡者，通过更多有筋骨、有道德、有温度的文艺作品，书写和记录人民的伟大实践、时代的进步要求，彰显信仰之美、崇高之美。文艺工作者要自觉坚守艺术理想，不断提高学养、涵养、修养。"应该说，文学是人学，文学家的伟大之处在于他伟大的人格，伟大的文学家必先是人情练达、人格伟大的人。这是文如其人、文质兼美的道理所在。

（三）多捧"人粹"

在抗战的特殊历史时期，叶圣陶告诫青年"少读中国书，多读外国书；少捧国粹，多捧'人粹'"。他在这里所说的"少读中国书"，主要是指"经"和"古文"。他说"国学""国粹""国故"这些名词"不合理""太笼统"，尤其是"国粹"，"以为我国固有的学问全是精粹，与别国不同"，"大有自尊和自夸的意味"，但"先人之淑德嘉言，自当随时服膺"，我国历史上"足以楷模者为数甚多，皆可垂型作则，为后辈师也"。也正是出于要"多捧'人粹'"的理念，创办于1930年的《中学生》杂志特地开辟了"每月人物"专栏，每期介绍两位，一是外国名家，一是中国"人粹"。[2]弘扬中国传统美德，"多捧'人粹'"，无疑是对青年进行"志向"教育的一个有效途径。[3]

综上可知，文学在服务人生、铸造人格以及"多捧'人粹'"方面，彰显了文学教育强烈的责任感与神圣的使命感。这是文学自觉，或者说，更是一种文化自觉在文学领域的反映。

---

〔1〕 商金林.叶圣陶全传：第一卷[M].北京：人民教育出版社，2014：450.
〔2〕 商金林.叶圣陶全传：第二卷[M].北京：人民教育出版社，2014：216-217.
〔3〕 商金林.叶圣陶全传：第二卷[M].北京：人民教育出版社，2014：219.

三、成就语言与文学教育的本钱：做到"善读""善写"

（一）如何才算"尽量运用语言文字"

随着当今电脑时代的不断发达与生活节奏的不断加快，人们渐渐疏于纸质书籍的阅读和执笔写字了，这给语言文字的学习与修养带来了不可小视的影响。即使是受过高等教育的人们在需要提笔的时候也往往忘字，而且写出的文字东倒西歪，满纸潦草，辨认时比考古还难；所书写句子多有语法错误，更不用说修辞等等了。这种字体潦草、语病频出的情况，以前也存在，所以针对字体潦草问题，叶圣陶提倡要注意"字风"；针对语病问题，他在所办杂志上开设"文章病院"，进行"文句检谬"等。叶圣陶认为，"学习国文就是学习本国的语言文字"。"平常说的语言往往是任意的，不免有粗疏的弊病；有这弊病，便算不能够尽量运用语言；必需除掉粗疏的弊病，进到精粹的境界，才算能够尽量运用语言。"[1]而且，"尽量运用语言"是一个人当为的与能为的。他说："尽量运用语言文字并不是生活上一种奢侈的要求，实在是现代公民所必须具有的一种生活的能力。如果没有这种能力，就是现代公民生活上的缺陷；吃亏的不只是个人，同时也影响到社会。"[2]我赞同叶圣陶在七八十年前提出的观点。我认为，现代社会人们交往交流时产生的隔阂与误会不能说与这种"不能够尽量运用语言"没有关系。毋庸置疑，语言是用来交流的，交流是让普通读者都能读懂的，而不是相反。文章的语言也应该追求朴实与简明。所以，我非常赞同叶圣陶在《语言和文章》一文中所强调的那样：写进文章的语言，一定要"洗练成极端精粹的现代语言和大众语"[3]。我也认为，"国民语言能力的高低反映一个国家国民文化素质的状况"，"语言本身不仅在教育中有着独特的地位，在国家文化建设中也有十分重要的地位"[4]。语言与文学在国家民族文化的复兴中具有举足轻重的作用。

语言与文学教育在当前显得尤为紧要。国内教育学者知道，2014年4月，教育部正式颁布了《关于全面深化课程改革 落实立德树人根本任务

〔1〕 商金林.叶圣陶年谱长编：第二卷[M].北京：人民教育出版社,2004:190.
〔2〕 商金林.叶圣陶年谱长编：第二卷[M].北京：人民教育出版社,2004:190.
〔3〕 商金林.叶圣陶年谱长编：第二卷[M].北京：人民教育出版社,2004:190.
〔4〕 苏金智.语言规划与文化建设.文化学刊[J],2014(4):33-39.

的意见》,这份文件提出了"研究制订学生发展核心素养体系和学业质量标准""大力弘扬中华优秀传统文化""努力使学生具有中华文化底蕴"等要求。我认为,文化的基础在文学,语言和文学教育是实现这一要求的重要途径,而且语言和文学的素养是学生核心素养体系的重要组成,也是学生具有中华文化底蕴的基础。如果学生没有一定的语言和文学素养,要想具有中华文化底蕴,弘扬中华优秀传统文化将是一句空话。

那么,如何提高人们"尽量运用语言文字"的能力呢?叶老在《读些什么书?》一文里给出了很好的意见。

(二)读些什么书?

1942年2月1日,叶圣陶在《国文杂志》第二期发表评论《读些什么书?》。文章认为"专为要人家长进国文程度而写的书是没有的",要使国文程度长进,就要认真阅读"关于各科的参考书""关于当前种种问题的书""关于修养的书"和"关于文学的书"。[1] 其实早在1937年,叶圣陶在他的演讲中就提到"中学生的课外读物"大致可分为四类:"第一类是各种科目的参考书。如学习了动物学植物学,再看一些有关生物学方面的书,学了物理学化学,再去看一些讲这些科学家发现和发明的书,这些书就属于这一类。第二类是关于修养的书,如伟大人物的传记,学问家事业家的言行录,都属于这一类。第三类是供欣赏的书,小说、剧本、文集、诗歌集,都属于这一类。第四类是供临时需要的书。如预备练习游泳之前,去看一些讲游泳方法的书;当社会上发生了某种问题的时候,去看一些关于某种问题的书,这些书就属于这一类。"[2] 其实到了1948年,叶圣陶又进一步扩大了阅读的范围,他说:"就最广的方面而言,凡是用中国文字书写的书籍文篇,都可以用来学习国文。可是我们不能就最狭隘的方面而言,指出什么什么书特别适于学习国文。专供学习国文用的书是没有的,除了国文教科书。""无论何书,善观之皆无害,不善观之未免不发生坏的影响。"(叶老这话是他54岁时讲的,这时人生的经验和学养已是很丰富了。)我认为,上面关于读书的意见也是叶老自己治学的经验和体会,对于人们读书做学问具有很大启发和借鉴意义。即使在应试教育十分盛行的今天,课外读物也是绝对不该忽视的。无论文学还是教育,都不能忽视当下的生活,要注意修养和欣赏的教育(叶老认为,培植欣赏文学的能力是

---

[1] 商金林.叶圣陶年谱长编:第二卷[M].北京:人民教育出版社,2004:193.
[2] 商金林.叶圣陶年谱长编:第二卷[M].北京:人民教育出版社,2004:55.

国文教学的目标之一），不是死读书与狭隘的知识教育。我自己反复琢磨叶老的读书观，有感而发，抒写一首感悟诗："课内成长课外功，不下功夫一场空。群书嗜读唯贯通，治学做人是道统。"（宋理学家言："学必有统，道必有传。"）因为语文、文学具有无比宏富的综合性，文学家应该是一种无所不知的学问杂家、思想大家，学习语文与文学教育绝不是只读语文课本和文学书籍。我读叶圣陶先生的书，进一步启发自己思考阅读的文化内涵，写小文一篇：

阅读的文化自觉维度

（童言，2014年11月10日）

（1）阅读就是让自己与书籍相伴成长，因为一本好书就是我们精神成长发展的良师益友。阅读的过程可以让自己的心香与书香合一。书香的沁人心脾，实际上是优秀作者思想的芬芳四溢。

（2）阅读有深度与广度的效益。阅读的初效是字面上的理解，阅读的深度则是读者的透过字面的一种"觉悟"，阅读的不可思议的深度就是"转识成智"，就是西哲所言的"认识你自己"。阅读的广度——阅读的社会效益，可以说是一种"自觉觉他"。

（3）阅读需要时间、精力和投入。为了在有涯的人生旅程中更经济地阅读，建议把阅读生活化——实现阅读与生活的合一。这种合一不是让我们做阅读生活的奴隶，而是实现自己的生命自觉。阅读不是死读书，而是让自己的心灵在微笑中自觉自在。

（三）重拾我们的经典

什么是经典？我们要不要重拾经典？经典的价值何在？朱自清对"经典"的界定是"是历来受教育的人常读的书""经典训练的价值不在实用，而在文化"。[1] 对于历来受教育的人常读的书（如传统文化经典），为什么有些人提出反对意见（包括胡适、鲁迅等都反对读古文，提倡白话文，为什么他们自己的古文功底那么好而反对别人读古文？为什么他们让自己的孩子学古文阅经典而反对别人家的孩子学习古文与经典呢？另外，20世纪二三十年代就展开了"要不要读经"的大讨论）？为什么现代人随意删减语文教材中的"古诗词"？为什么习主席很不赞成"去中国化"？

我认为，这些问题在深层次上反映了一个时代的文化走势。在中国

---

〔1〕 商金林.叶圣陶年谱长编：第二卷[M].北京人民教育出版社，2004：247.

近现代历史上，特别是从第一次鸦片战争到 1919 年，这近 80 年的时间里，中国屡遭西方殖民主义者侵略欺凌，从政治、经济到文化深受其害。与此同时，一些留学美日欧归来的学者，以西学的观点批判中国历史文化，提出打倒"孔家店"，有的甚至主张"全盘西化"，发动了一场新文化运动。这场新文化运动对我国引进西方文明、推动思想解放起了重要的历史性作用。但是，由于它彻底否定中国传统文化，甚至主张铲除中国文化之载体——汉字，引起了当时很多知识分子，包括学贯中西的文化大家辜鸿铭等人的极力反对，认为那是自毁长城，切断民族文化命脉。这是中国文化亘古未有之变局。可以说，整个 20 世纪，西方来的各种思潮思想在中国主流舞台上激荡纷呈。[1] 不言而喻，文化是不断发展变化的，文化的类型不是固定不变的。20 世纪初我国面临着文化的转型，因此在文化类型的定位上发生了激烈的论争。语言文字的改进自然成为这场争论的焦点之一。新文化运动对语言文字的使用提出了新的要求，语言文字的革新因此也成为新文化建设的一个重要组成部分。[2] 无论时代怎么发展，我们在根本上完全需要一种文化自觉。记得费孝通先生是 1997 年提出"文化自觉"这一概念的，他说他是基于两种考虑而提出这一名词的：一是经济全球化给思想界带来的震动，一是面对文化多元化我们如何找到自己，其实就是如何实现"多元中立主流"。

我认为，文学的责任与使命在于永续文化的慧命。文学在中国文化复兴道路上担当不可替代的角色。文学或文艺的繁荣在文化复兴中应一马当先，这也是文学自觉。毫无疑问，中国文化之所以能够在全球各文明中，历经风雨寒暑仍然保持文化性格的一贯性，其重要原因是中国有丰富的文化典籍及藏书文化。[3] 当然，重拾经典、阅读经典并不是复古，而是要继承我们文化中好的值得自豪的东西，是要守正创新。在 20 世纪三四十年代，叶圣陶所谓的反对"尊孔读经"，其实是反对一种复古思潮及"要把整个教育系统'读经化'"的极端做法。当然，他也是坚定的"大众语"（主张纯白话文）派。这只是一方面。另一方面，他非常推崇"固有文化"。他说，中等学校的学生不"读经"，不"读古文"，但也还有个了解和接受"固有文化"、接受"文化遗产"的问题。同时，他也阐述了让学生了解和享受"固有文化"、接受"文化遗产"的"深远意义"，真诚地希望教师"从文学史

〔1〕 周瑞金，张耀伟.南怀瑾：一代大师未远行[M].北京：台海出版社，2014：代序.
〔2〕 苏金智.语言规划与文化建设.文化学刊[J]，2014，4：33-40.
〔3〕 吴建中.为藏书文化鼓与呼.中国文化报[N]，2014-10-31(07).

的见地选授历代的名作",让学生通过认真阅读优秀的文学作品发展阅读能力,增进表达自己思想感情的能力,知道中国文学的源流和演变,并从中领会"先民的伟大高超的精神",学习"历代的精美的表现方法","以产生我们的新血肉"。这些精辟的论述即便在今天看来也无懈可击。也正是出于要了解和享受"固有文化",接受"文化遗产"的理念,叶圣陶和夫人胡墨林编纂了《十三经索引》,点校了《六十种曲》,和开明同人筹划出版了《二十五史》和《二十五史补编》。他在《〈十三经索引〉自序》中谈到编纂的艰辛时说:"历一年半而书成。寒夜一灯,指僵若失,夏炎扇罢,汗湿衣衫,顾皆为之弗倦。"这番话道出了他对我国古代文化的挚爱及其严谨严肃认真的学术品格。[1] 今天,我们应该以守正创新、反本开新的心态去阅读一切人类的经典,中华经典、中华传统文化经过几千年的洗礼,特别是近一两百年的考验,现正焕发复兴的生命力。这是由中华传统文化本身的特质、潜质及优质所决定的。也是由人们内心的纯正、善良及觉悟所决定的,中华传统文化经典不仅对中国、对世界有益,对我们个人也是有益的。当人们内心最宝贵的东西与中华传统文化中最有意义的东西对接与合一的时候,也正是文化复兴与文化自觉的时候。这种情况正好验证了春秋时期伟大的思想家管子的名言"仓廪实而知礼节,衣食足而知荣辱"。这也被 20 世纪 90 年代美国政治学家亨廷顿说中了,他说:"当东亚人在经济上成功的时候,他们会毫不犹豫地强调自己文化的独特性。"

〔1〕 商金林.叶圣陶全传:第二卷[M].北京:人民教育出版社,2014:215-216.

　　　　　　　　　　　　　　　　　　　　理解与对话

夏丏尊与现代文章学

刘正伟[1]　　王荣辰[2]

20 世纪初,在西方现代修辞学的影响与推动之下,中国文章学开始从传统向现代转型。在这一转型过程中,文章学的理论建构始终伴随着写作教学的实践探索。换句话说,作为建构现代文章学理论及实践的中小学国文教学既是催生与推动传统文章学变革的基本动力,同时又是现代文章学理论运用的主要实践领域。现代文章学的建构首先要面对的基本问题是对研究对象本体的重新划分问题,即文章的文体与定称。从晚清中学国文读本如姚鼐编《古文辞类纂》分论辨、序跋、奏议、书说、赠序、诏令、传状、碑志、杂记、箴铭、颂赞、辞赋、哀祭等十三类[3],曾国藩编《经史百家杂钞》分论著、序跋、奏议、书牍、诏令、典志、传志、叙记、杂记、辞赋、哀祭等十一类[4],到来裕恂《汉文典·文章典》分叙记(包括序跋、传记、表志),议论(论说、奏议、箴规),辞令(诏令、誓告)三大类八小类[5],再到1919 年傅斯年在《怎样做白话文?》一文中将无韵文中排除小说、戏剧这类"专门之业"后的散文,分为解论(exposition)、议论(argumentation)、记叙(narration)和形状(description)四种,[6]现代文章的分类逐渐呈现出聚类集中,从采用兼及内容与功能的复合分类标准向侧重以单一要素作为分类标准过渡的特点。但是,文章知识如何"用系统的方法转示于人",文章学理论付诸具体教学实践的"滞碍依然存在"。事实上,要实现文章教学的现代转型,首先要将文章本身体系化。也就是说,为诸文体在教学过程中合理定序,这是现代文章学建构的一个重要方面。

现代文章学建构面临的另一个重要问题是,其现代转型自始至终处在白话文运动进行之中,确切地说,与新文学运动相始终。以诗歌、小说、

---

〔1〕 刘正伟,男,浙江大学教育学院教授、课程与教学论专业博士生导师。
〔2〕 王荣辰,女,浙江大学教育学院课程与教学论专业博士研究生。

〔3〕 姚鼐.古文辞类纂[M].合河康氏家书塾,1821.
〔4〕 曾国藩.经史百家杂钞[M].北京:传忠书局,1876.
〔5〕 来裕恂.汉文典·文章典[M].北京:商务印书馆,1906.
〔6〕 傅斯年.怎样做白话文?[J].新潮,1919,1(2):26-39.

戏剧等体裁为中心的新文学首先在中小学国文教学中抢得了先机,占据着有利位置。孙俍工就指出,当时中小学国文教学有一种倾向,即"非把彼在中等教育中的位置从等于零的地位增加到极高的限度不可",以为如此才使"文艺有了再生的生命"[1]。因而,如何厘清文艺文与普通文的关系,在文章学视域下重新认识并改造文艺文,如何按照文章的现代功能对其进行重新分类并确立其在国文教学中的比例,都成为现代文章学建构亟待解决的重要课题。

一

1919 年秋,夏丏尊在浙江一师时开始提倡新文学教育,并且亲自实践。1920 年,他在湖南长沙第一师范学校任教时,不仅自己在《民国日报·觉悟》副刊上发表新诗,而且在国文教学上提倡新文体写作教学。在 1926 年出版的《文章作法》前五章就是他这一时期在长沙第一师范从事国文教学编写的讲义。在这部书里,夏丏尊不仅阐述了现代文章学的性质、类别、功能及特质,而且对各种新文体的名称及实际教学的顺序也进行了探讨。而他对现代文体学的分类、功能及其教育学上的价值的阐述,主要理论依据来自于日本国文教学界,其中尤以对五十岚力的《作文三十三讲》[2]的借鉴最为集中。

五十岚力指出,与中日文章分类的烦琐细致相比,西方文章的分类简明实用,深得要领,能够反映现代人的生活及表达要求。他将文章分为散文和韵文,散文则进一步分为四类。由二人文章分类结果的对照可见,五十岚力的文体理论是夏丏尊建构现代文体学的主要理论资源。

五十岚力和夏丏尊的文章分类对照如表 1 所示。就二人对第一类文体的命名来看,五十岚力的记实文强调了记录的真实性,通过举例的方式说明了记实文所涵盖的内容方面,夏丏尊的记事文侧重强调宽泛的记录内容,而内容所遵从的标准在于作者,它不仅包括具有直接真实性的经验,

---

〔1〕 孙俍工. 文艺在中等教育中的位置与道尔顿制[J]. 教育杂志,1922,14(12).

〔2〕 注:夏丏尊于《文章作法》中特别提到五十岚力的《作文三十讲》一书,据现有资料,未发现五十岚力著有《作文三十讲》一书,但曾于 1919 年著有《作文三十三讲》一书,疑夏丏尊所记有误。

表 1　五十岚力和夏丏尊文章分类对照表

五十岚力	夏丏尊
记实文,英语称 description,是指把事物就那样如实记录的文章。例如,人物的容貌、山水的景色、草木的样子、鸟兽的样子,从形状、色彩、位置等方面。简单地说,是描写物体沉静安稳的样子。[1]	将人和物的状态、性质、效用等,依照作者所目见、耳闻或想象的情形记述的文字,称为记事文。[2]
叙述文,英语称 narration,是描写事物的进程变化的文章,主要是写关于时间的活动进行的模样。以旅行、战争、恋爱等为题,属于小说、旅行记、战争记等种类。[3]	记述人和物的动作、变化,或事实的推移的现象的文字,称为叙事文。[4]
说明文,英语称 exposition,是清楚冷静地说明事物道理的文章。[5]	解说事物,剖释事理,阐明意象;以便使人得到关于事物、事理或意象的知识的文字,称为说明文。[6]
议论文,英语称 persuasion,通过劝诱说服,以让读者接受自己的意见为主的文章。[7]	发挥自己的主张,批评别人的意见,以使人承认为目的的文字,称为议论文。议论文不但要使人有所知,还要有所信。[8]

还包括源于经验的想象一类。突出"叙—变化"是第二类文体的核心,但五十岚力在该文体命名中用了"述",强调了表达方式上铺叙陈说的一面。为了突出时间这一要素,他列举了战争文、恋爱文,它们作为此类文体的代表性题材是适当的,但对中等国文教学显然有狭隘之处。夏丏尊改用了"事",这在很大程度上拓展了题材范围。五十岚力的说明文重在抽象的事理说明,夏丏尊对说明文的定义不仅在前半部分增加了具象的事物和带有主观创造性和想象力的意象,还在后半部分说明了这类文体的目的和效力。议论文,二人都将在观点上得到读者认可作为文章的核心。夏丏尊在定义以外,特别强调了有所知基础上的有所信,暗示了该文体与说明文的区别。

---

〔1〕 五十岚力.作文三十三讲[M].东京:早稻田大学出版部,1913:375.
〔2〕 夏丏尊,刘薰宇.文章作法[M].上海:开明书店,1926:12.
〔3〕 五十岚力.作文三十三讲[M].东京:早稻田大学出版部,1913:375.
〔4〕 夏丏尊,刘薰宇.文章作法[M].上海:开明书店,1926:33.
〔5〕 五十岚力.作文三十三讲[M].东京:早稻田大学出版部,1913:376.
〔6〕 夏丏尊,刘薰宇.文章作法[M].上海:开明书店,1926:71.
〔7〕 五十岚力.作文三十三讲[M].东京:早稻田大学出版部,1913:376.
〔8〕 夏丏尊,刘薰宇.文章作法[M].上海:开明书店,1926:71.

记事文、叙述文、说明文、议论文四种文体，其中前两者合称为记叙文，与议论文正式被写进 1923 年新学制《初级中学国语课程纲要》（简称《纲要》），随后即在中学国文教学实践中正式使用。《纲要》在第二、第三段落的精读内容中提到了"记叙文""议论文"，在略读书目举例当中，提到了"记叙文""议论文""描写文"。《纲要》部分地吸收了夏丏尊文章学研究的成果，主要原因是：

第一，现代文章学探讨在当时还处于自由讨论及争鸣时期，还没有取得广泛的共识。首先，文体的命名与实际所指的错综复杂，不一而足。例如，陈望道在《作文法讲义》中主张将文章分为象状文、纪叙文、疏解文、议论文、激励文（后改称诱导文），其中诱导文就名称来看似乎对应于五十岚力和夏丏尊的议论文（persuasion），都带有劝诱说服、使读者采纳自己主旨的意味。但夏丏尊所指称的议论文，易与说明文相混。夏丏尊认为，这类文体特点更多的是倾向于以事理的论说而使读者信服。而陈望道的诱导文则"偏向在情感一面"，"大抵先需传染了真切的情感"，其"成功与失败，也大抵关系着能够感动别人情感的一点"〔1〕。再如梁启超和陈望道虽一同列出记载文，但梁启超所说的记载文包含了静态的描写和动态的记叙两类，实际上等同于陈望道所说的记载文和记叙文。其次，文章教学的序列各有不同。一般认为，叙述文是动态的，描写文是静态的。陈望道、梁启超、夏丏尊都主张从静态的文章入手，而高语罕则反其道而行，将叙述文置于作文教学的首要位置。

第二，这四种文体是一种关于普通文章的分类方法，它以实用为主，而没有顾及美术性、主情的新文学。陈望道、梁启超、高语罕等当时许多文章家都持此种观点。陈望道和夏丏尊虽然分别在描写文和记事文下列出文学的描写文和文学的记事文，但实质上仍然强调通过表现印象的方法来达到记述事物美丑的实用目的。陈望道在《作文法讲义》中曾明确否定了将文章分作实用、文学两种及其在作文教学中的作用。他在详论时称，对其"断然抛却不说"〔2〕。梁启超认为，情感之文"美术性含的格外多，可算是专门文学家所当有事，中学学生以会作应用之文为最要，这一种不必人人皆学"〔3〕，所以，他在《中学以上作文教学法》中只论记载之文和论辩之文，将情感之文另作处理。高语罕在所著《国文作法》中称，为便

〔1〕 陈望道.作文法讲义（二十）[N].民国日报·觉悟,1922-2-13(1).
〔2〕 陈望道.作文法讲义（一）[N].民国日报·觉悟,1921-9-26(1).
〔3〕 梁启超.中学以上作文教学法[J].改造（上海 1919）,1922,4(9).

利中等学校学生研究作文,将文章分为叙述文、描写文、疏解文、论辩文四类[1],也未涉及文学。

在确立中学国文教学功能及教育目标时,比较一致的看法是,将普通实用作为首要目标,而把情感之文的学习,以及在中学国文教学中倡导文艺文教学,培养学生的文艺趣味当作一种补充。实际上,当时也有学者积极提倡在中学国文教学中,注重文艺文教学,如叶绍钧、孙俍工、刘大白等等。1922年,作为新学制《初级中学国语课程纲要》的起草者,叶绍钧提出了他的文章分类方案。他在阐述文体时指出,文章分类需要遵照包举、对等、正确三原则,另外还要考虑到作者的因素,即"看作者所写的材料与要写作的标的是什么"[2]。据此叶绍钧加入情感抒发这一文艺要素,将文章分为叙述、议论、抒情三类。叶绍钧这一分类简明概括,他把具有文艺趣味、重乎情感表达的抒情文确立为文章的重要文体。同年,孙俍工曾撰写专文论述文艺文在中等教育中的位置,主张应该大大缩减实用文的范围。他借鉴日本芳贺矢一、山谷虎藏的观点,将文章分为实用的文章(普通文)和美术的文章(美文)两种,前者是以知为特色、以实用为目的的杂文学,后者是以情为特色、以表现美为目的的纯文学。通过梳理《文选》《古文辞类纂》《经史百家杂钞》中纯文学和杂文学的篇章比例,孙俍工指出,传统文言教授中杂文学的比例确实远高于纯文学,但由于白话文与文艺有着更为密切的联系,所以在中等学校的国文科里,纯文学应该占到十分之六七,或至少与实用文并重。孙俍工又以他与沈仲九合编的《初级中学国语文读本》(共六编)为例,具体阐述了各类文体文章在教学中的安排:"第一二编注重记叙文(包括记载文、记叙文);第三四编略注重论说文(包括解释文、论辩文、诱导文),而各以文艺为辅;第五六编则为国外小说名作底翻译,而另外辅之以长篇翻译剧本及诗歌(这二者虽不在读本以内,但为必读之书)。"[3]同样作为新文学教育主将的刘大白,在1928年写给徐蔚南的信中,也强调了抒情文在国文教学和教科书编排中的重要位置:"所谓文体,就是(1)记叙文,(2)摹状(描写)文,(3)发抒(《楚辞·惜诵》:'发愤以抒情')文,(4)说解文,(5)论杂文。"他不仅引用古人之说阐明抒情文体,还特别指出要按照数字的顺序安排教学,前三种文体"分量要多、要在前"。

---

[1] 高语罕.国文作法[M].上海:亚东图书馆,1922:158.
[2] 叶绍钧.作文论[M].北京:商务印书馆,1926:28.
[3] 孙俍工.文艺在中等教育中的位置与道尔顿制[J].教育杂志,1922,14(12).

二

　　1920年代语文教学界对文章学讨论所形成的共识及成果后来被写进教育部颁布的《初级中学国文课程标准》(简称《标准》)中。《标准》将记叙文(记事文和叙事文的合称)、抒情文、说明文和议论文四大文体置于中心位置,作为中学国文课程的基本内容,而且四种文体的名称及其在中学语文教学中的结构与顺序也通过《标准》的颁布得以规范。在强调以实用性普通文章为取向的同时,《标准》也兼及了文艺文与应用文的教学要求,并相继阐明了其各自的功能及教育上的价值。但是,如何在现代文章学体系内对它们进行科学合理的定位,如何进一步完善现代文章分类理论并解决其在教学实践中的现实问题,是1930年代文章学建构和国文教学面临的重要课题。夏丏尊作为《初级中学国文暂行标准》《初级中学国文标准》的起草人和重要参与者,对此做出了重要的探索。

(一)对抒情文的归属探讨

　　作为一种具有文艺特质的文体,抒情文这一概念最早由叶绍钧引入现代文章分类体系,与叙述文、议论文相并列。其时,叶绍钧已经意识到这一分类的问题所在,即"叙述、议论二事与抒情,性质上有所不同"。叙述或议论中,作者和读者"一方面说出,一方面知道,都站在自己静定的立足点上。这样的性质偏于理知"。叶绍钧认为,抒情里面有作者心理上的感受与变动做灵魂,读者在心理上起一种共鸣作用,作者和读者"一方面兴感,一方面被感,都足使自己与所谓这是这样子或者这应当是这样子融合为一。这样的性质偏于情感"[1]。虽然叶绍钧深知抒情必须借助叙述和议论,但文章分类中将抒情与叙述、议论并列这一结构性的矛盾一直悬置着。

　　实际上,叶绍钧和夏丏尊在绝没有虚悬无着的情感,抒情必然依托叙事这一认识上是一致的,这恰恰是二人在文章分类上实现调和的基础。1935年叶绍钧在《作文概说》一书中,修改了他的观点,全然认同了夏丏尊的文章分类结构,认为"普通的文字,就其实质上的不同来区分,有'记叙''叙述''解说''议论'四体。通常也还称说着'抒情'的一体,但抒情的文

_____

〔1〕　叶绍钧.作文论[M].北京:商务印书馆,1926:31.

字是不能离去记叙而独立的,所以根本地分析起来,就只有'记叙''叙述''解说''议论'四体。这四体可以把一切写作包举无余"[1]。同年,在夏、叶合编的《国文百八课》第十一课的文话中,抒情文在四分的文体中有了明确的定位和逻辑归属,即将抒情文作为记叙文的一个下位概念,特指以发抒胸中感情为特点的文章。这一处理方式被后来二人合作编写的《初中国文教本》沿用:"抒情文也就是记叙文,不过抒情文以表白情感为主,不像记叙文那样仅仅报告一些事物"[2],而是在报告事物的基础上,依托事物,表述情感,多出一重内容而已。

(二)文艺文地位的考察

对于"文艺"一词,1928 年的夏丏尊在《文艺论 ABC》中曾有专章论述。由于中国对"文学"一词的习用较为宽泛,往往将使用文字写成的作品均称文学,为了与这一广义的"文学"概念加以区分,许多学者将诗歌、小说、谣曲、戏剧等体裁用"纯文学"来概括,这也就是夏丏尊所称的"文艺"。对于文艺的特质,夏丏尊是从两个层面进行剖析的。首先,夏丏尊将"文艺"定义的关键放在其载体上。他认为,文艺的性质与雕刻、音乐、绘画相同,都是一种艺术,但它们的载体不同。文艺的载体,在文字未发明之前是言语,之后是文字,在言文一致的时代,"文艺是以言语文字为工具的艺术"[3]。这就阐明了文艺与其他艺术形式的不同。其次,文艺与其他文字的区别,在于夏丏尊所谓的"文艺的本质"——情,即文艺能引起人的某种情绪或情味,而且这种情必须是"超越现实功利的美的情感"[4]。这一观点与孙俍工定义纯文学时强调"情"和"美"有异曲同工之妙,但比孙俍工更进一步的是,夏丏尊用"现实的情"来比照说明"美的情"。前者是利己的,与他人无涉的,沉溺其中便无暇书写,纵然成文也无法引动他人;后者则是非现实的,无功利的,无论欢欣还是苦痛都能引动一种快感。[5] 这就阐明了文艺的情的独特性。

既然文艺有特定的体裁指称范围,又以"美的情"为特质,那么,它在国文教学中与记叙、抒情、说明、议论四体的关系问题就被凸显出来。因

〔1〕 叶绍钧.作文概说[M].上海:亚细亚书局,1935:60.
〔2〕 夏丏尊,叶绍钧.初中国文教本:第 2 册[M].上海:开明书店,1937:82-83.
〔3〕 夏丏尊.文艺论 ABC[M].上海:ABC 丛书社,1928:4.
〔4〕 夏丏尊.文艺论 ABC[M].上海:ABC 丛书社,1928:26.
〔5〕 夏丏尊.文艺论 ABC[M].上海:ABC 丛书社,1928:9-10.

为叶绍钧虽然指出与四体相提并举的诗、戏剧、小说、小品文也不能不被包举在四体之内[1]，但它们的关系究竟如何作者并未理清。夏丏尊一面强调四分法包举了一切文章，一方面又在《开明国文讲义》中，将诗、戏剧、小说、小品文列为四体之外的第五类，可以看出他在现代文章学建构中的犹豫与矛盾心态。1934年，夏丏尊与叶绍钧合作编著的《文心》出版，前者在该书中正式使用了"文艺文"的概念，并将记述文、叙述文、解说文、议论文定义为普通文，从而使普通文和文艺文在逻辑上对举。

(三)实用文和应用文的讨论

《初级中学国文课程标准》在教材安排中规定了第三年偏重"议论文及应用文件"，并在作文练习中说明了应用文件范围包括书札、契据、章程、广告及普通公文程式。基于此，1930年代初，夏丏尊开始从文章与实际生活的关系上探讨文章类型。1931年夏丏尊在《关于国文的学习》一文中首次涉及应用文体。他把文章划分为实用的和趣味的两大类。"实用的文章，为处置日常的实际生活而说，通常只把意思(思想感情)老实简单地记出，就可以了。……趣味的文章，是并无生活上的必要的，至少可以说是与个人眼前的生活关系不大，如果懒惰些，不作也没有什么不可。"[2]从夏丏尊所举的实例来看，其实用文之概念就是《初级中学国文标准》中所说的应用文。直到1935年在《国文百八课》一书中，夏丏尊才将此前使用的"实用文"一词改为"应用文"，意指"专门应付生活上当前的事务的，……为了事物的逼迫而写作文章""有一定的型式"[3]的文章，并介绍了报告书、说明书、仪式文、宣言等若干文体。应用文正式进入夏丏尊编制的中学国文教材，并成为与普通文相对举的一类文章。

以后，夏丏尊在编制《初中国文教本》中仍然坚持这一说法，并进一步明确地将普通文、应用文、文艺文三者放在对等的位置上：应用文，目的在应付实际事务；普通文，虽则也有所为，但并没有实际事务逼迫着，写或是不写，可凭作者的自由；文艺文，其报告和表白纯用着艺术态度和方法，如小说、诗歌、戏剧。当然，普通文、应用文、艺术文的对举并不意味着三者在国文教学中处于同等的地位，也不意味着三者之间存在着截然对立的

---

[1] 叶绍钧.作文概说[M].上海：亚细亚书局，1935：60.

[2] 夏丏尊.关于国文的学习[J].中学生，1930(11).

[3] 夏丏尊，叶绍钧.国文百八课：第1册[M].上海：开明书店，1935：63-64.

分野。

　如前所述,夏丏尊最为看重和推崇的仍然是并不与实生活发生直接关系、不为实生活所迫使而写作的普通文章,因为它们从客观角度来说,需要学生有确实丰富的知识(记叙文、说明文);从主观角度来说,需要学生有自己的见解与感触(议论文、抒情文)。这类文章“从实生活上看来,关系原甚少,但一般地所谓正式的文章,大都属在这一类里。我们现在所想学习的(虽然也包括实用文),也是这一类”[1]。这种观点直接影响了后来制订的中学国文课程标准。1936年的《初级中学国文课程标准》(简称《修正标准》)在文体的比重安排上,除了第一学年中抒情文与议论文的比例持平,各个学年均采取“记叙文—说明文—议论文—小说诗歌戏剧—抒情文—应用文”的格局。1940年《修正初级中学国文课程标准》教材大纲中精读选材完全按照普通文中记叙文(包括记述、叙述)、说明文、抒情文、议论文五体的格局编排,不再涉及其他文体内容。并且规定第一、二、三学年分别以记叙文、说明文、说明文和议论文为中心,而对应用文的要求只在作文练习中列出,小说、诗歌、戏剧等文艺文只在教材标准的略读部分列出。应用文和文艺文不再列入精读的范围,也就是说,《修正标准》将普通文章的地位提高到了前所未有的高度,从而正式形成了实用性普通文占绝对优势、文艺文为辅、应用文为补充的格局。

　事实上,夏丏尊并不主张因为普通文、艺术文、应用文的分类而截然割裂不同文体间的关系。相反,夏丏尊在划定各文体边界范围时非常注重它们之间在内容上的沟通。他以应用文中的书信为例,阐述了书信和诸文体的“区别只在体式上,并不在内容上”:“普通文是以一般认为读者的,指不出读者是谁;如果读者是一定的人(一人或二人以上)的时候,普通文也就成了书信了”,“有些书信只要把书信特有的头尾部分除掉,就是普通的文章;纯文艺作品用书信体写成的也很多”。[2] 由此说明在实际的文章实践中,普通文、文艺文分别与应用文在体式上相互转化的可能。此外,他还指出“五体(记述文,叙述文,抒情文,说明文,议论文)原系就普通文而言,然而应用文和文艺文也不外乎这五体”[3]。由五体来涵括所有文章体式,这不仅肯定了五体作为最基本的教学文体不可动摇的地位,

---

〔1〕 夏丏尊,叶绍钧.国文百八课:第1册[M].上海:开明书店,1935:63-64.

〔2〕 夏丏尊,叶绍钧.国文百八课:第1册[M].上海:开明书店,1935:100-101.

〔3〕 夏丏尊,叶绍钧.初中国文教本:第1册[M].上海:开明书店,1937:63.

而且打破了各种书面言语作品的界限，使普通、文艺、应用三体横向地覆盖各类文章文学体裁，记述、叙述、抒情、说明、议论五体纵向地贯穿所有文章的表达目的和方式的文章分类体系确立了下来。

三

1930年代，夏丏尊又从心理学的视角探讨了国文教学领域中形成的现代文章学体系。虽然所涉内容不多，但却是前一阶段文章学相关问题探讨的进一步深化，并从心理学上揭示其科学依据及原理。1932年，夏丏尊在他与陈望道等人合编的中学国文教材——《开明国文讲义》中指出发表欲是一切艺术的根据，而满足和激发青年的这一欲望，正是学校设置作文课的目的所在。他立足于普通文进行探讨，将各种文体与所满足的作者的不同心理需要进行了一一对应，对早先的四种文体重新进行定义："自己觉知了一个或多数的人或物，……用语言或文字来告诉别人。为着这种需要写成的文叫做'记述文'"[1]；"我们自己知道了一事情，更想叫别人知道，为着这种需要写成的文字叫做'叙述文'"[2]；"把是什么详细地解说给他人听，为着这种需要写成的文字叫做'解说文'"[3]；"发表你的主张，或驳斥他人的谬误，为着这种需要写成的文字叫做'议论文'"[4]。同时，夏丏尊还指出，在文章写作中，纯粹的记述文和叙述文很少，它们时常出现混合，因为"无论讲一些东西或事情，在我们心理的自然情势上，常须二者兼用，方能讲得满自己的意，也满别人的意"[5]。夏丏尊在这里所探讨的是，两种文体整合在一起的深层次心理原因，而非停留在简单的文体名称的缩略上。

同时，夏丏尊又将四种现代文体根据心理来源的不同，分为两部分进行探讨。记述文和叙述文，用于传达自己所觉知的，大部分来源于直觉、情感的方面；解说文和议论文，用于传达自己所理解的、发表自己所主张的，来源于知识、理性的方面。前者基本不受年龄限制，因为感觉的深切与否并不受年龄与学力的限制，而后者却需要丰富的知识和生活经验的

〔1〕 夏丏尊，叶绍钧，宋云彬，等.开明国文讲义 文话一[J].开明中学讲义,1932,1(1):7-10.

〔2〕 夏丏尊，叶绍钧，宋云彬，等.开明国文讲义 文话二[J].开明中学讲义,1932,1(1):7-10.

〔3〕 夏丏尊，叶绍钧，宋云彬，等.开明国文讲义 文话六[J].开明中学讲义,1932,1(2):54-58.

〔4〕 夏丏尊，叶绍钧，宋云彬，等.开明国文讲义 文话七[J].开明中学讲义,1932,1(2):54-58.

〔5〕 夏丏尊，叶绍钧，宋云彬，等.开明国文讲义 文话三[J].开明中学讲义,1932,1(1):7-10.

积累,它与年龄、学力并行相长[1],这从内容的性质及来源上解释了四种文体在教学中必须遵从特定序列的原因。此外,对于抒情,夏丏尊又做了特别的说明,因为其与知识、理性相异,相较感觉又更复杂深刻。但是抒怀必须依附于叙事,一面叙事,一面即所抒之情怀。所以,从本质而言,抒怀与写感觉是一致的,这就解释了夏丏尊把抒怀一类归入了记述文、叙述文一部的原因。

以上讨论主要是从心理学角度阐述其将普通文划作四类文体的合理性及科学性。1934 年,夏丏尊又在他与叶绍钧合著的《文心》一书中阐述了通过分析文章的心理学根源而进行的文章分类方法:

> 心的作用,普通心理学家分为知、情、意三种。知是知识,情是感情,意是意欲。对于一事物,明了他是什么,与别的事物有什么关系,这是知的作用。对于一事物,发生喜悦、愤怒或悲哀,这是情的作用。对于一事物,要想把他怎样处置,这是意的作用。文字是心的表现,也可有三种分别,就是知的文、情的文与意的文。[2]

夏丏尊对知、情、意三者之间的关系也进行了阐述。他认为:"情意与知识,虽方面不同,实是彼此关联的。情意如不经知识的驾驭,就成了盲目的东西。"[3]夏丏尊强调了知识对情和意的制约作用,知识和经验是自觉地抒发情感、表达意欲的基础。

后来夏丏尊在《国文百八课》中,再次提到这一基本分类法之外的文章分类,并从作者的表达目的的角度详加介绍,其中对于知的文和情的文,还涉及了读者接受的角度。知的文,目的在将一些知识传达给人家,读者可借以扩大知识的范围,心境是平静的;情的文,目的在将一些情感倾诉给人家,读者会产生情感上的共鸣,心境是激动的[4];意的文章是有所主张的文章,是由作者意志出发,以发挥作者的意志为主旨的文章。[5]

关于这种文章分类的方式,1920 年代文章学专家对此曾进行过讨论。1920 年,陈启文在《中学的国文问题》一文中,按照内容将文学分成了三

---

〔1〕 夏丏尊,叶绍钧,宋云彬,等.开明国文讲义 文话一〇[J].开明中学讲义,1932,1(3):95-99.
〔2〕 夏丏尊,叶绍钧.文心[M].上海:开明书店,1934:41.
〔3〕 夏丏尊,叶绍钧.文心[M].上海:开明书店,1934:41.
〔4〕 夏丏尊,叶绍钧.国文百八课:第 4 册[M].上海:开明书店,1935:2.
〔5〕 夏丏尊,叶绍钧.国文百八课:第 4 册[M].上海:开明书店,1935:146.

类。他认为,文学的内容是人类的精神和思想,"人类的精神,大要只有知情意三方面;文学的内容,也可照此分为三种"。作者还在每一类文学内容之下列举若干文体与之对应:"第一发表思想的——如论说、记叙、传状等类,以阐明是非、陈述事实为主";"第二抒写感情的——如赞颂、哀祭、诗歌等类,以描写性情、表示哀乐为主";"第三表示意志的——如公牍、书札等类,以传达意志、处决事物为主"。[1] 由于该分类中混杂着较多的传统文体名称,知、情、意三者与现代文体的关系论述得并不清晰。直到1924年,孙俍工才开始将知的文、情的文、意的文与现代的文章分类加以对应,其对应关系如图1所示:

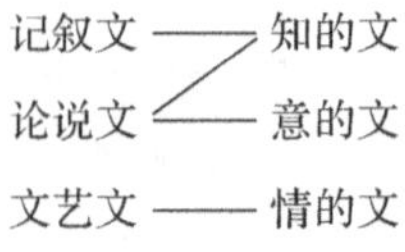

记叙文 —— 知的文
论说文 —— 意的文
文艺文 —— 情的文

图1 知的文、情的文、意的文与现代的文章分类对应关系[2]

而喻守真则将记叙文、抒情文和情的文章相对应,把说明文和议论文对应于知的文章。[3] 1926年,龚自知虽也用过这种三分法,但他并不是从文章产生的心理根源和作者的表达目的出发,而是以读者的知、情、意为标准,认为文章应合于读者的知识,诉诸读者的情感和意志,因而将文章分为适应知识的文章、适应感情的文章、适应意志的文章。[4] 1931年陈介白指出,人类的心理大体可分为认识、感觉、意趋三项,心理上既有知、情、意三项的区分,文章也有知、情、意三方面的倾向。偏于知、情、意的文章,分别源于思索理智、情感想象、意志热诚,具有使人知或理会、使人感或神往、鼓舞与教导的效用。[5] 值得一提的是,在这段时期里,夏丏尊于1928年所著的《文艺论ABC》一书对知、情、意在文章层面的运用也有所讨论。不过此时,他尚未明确提出将三者作为文章分类标准的观点。夏丏尊指出:"心理学上通例把心的活动分为知、情、意的三方面,史书偏重于知的方面,论文偏重于意的方面,文艺却偏重于情的方面。"[6]这里只是举出了三种分别具有知情意特点的文章,没有在文章分类上做更多

〔1〕 陈启文.中学的国文问题[J].少年中国,1920,1(12):7-14.
〔2〕 孙俍工.论说文作法讲义[M].上海:商务印书馆,1924:5.
〔3〕 喻守真.文章体制[M].上海:中华书局,1936:78-79.
〔4〕 龚自知.文章学初编[M].上海:商务印书馆,1926:3-4.
〔5〕 陈介白.修辞学[M].上海:开明书店,1931:184-185.
〔6〕 夏丏尊.文艺论ABC[M].上海:ABC丛书社,1928:5.

的探讨。但史书往往是记叙性质的，如果我们把史书推演为记叙文、把论文推演为论说文，那么，夏丏尊此时的认识与孙俍工的观点就极为相近了。此外，由于该书立足于对文艺的研究，书中对知情意关系的认识也是立足于文艺的。夏丏尊认为文艺中经验或事实的部分，其性质是属于知或意的，经验或事实只有"仅作情的处理"[1]，才能带给人情味，才能具有文艺的本质。

进入 1930 年代，夏丏尊将知情意作为文章分类法引入国文教材后，对于以孙俍工、喻守真为代表的将不同分类方式的分类结果做简单直接的对应的做法，并不表示赞同。换句话说，夏丏尊认识到了不同文章分类结果对应关系的复杂性，这也促使他在某种程度上改进了自己之前的观点。他在《国文百八课》中指出，知的文章和情的文章"不能够依据了文体来判别"[2]，因为同为记叙文或论说文，有可能属于知的文，也有可能属于情的文。这一方面从反面印证了"情感不能无因而起，必有所缘"[3]，抒情必须依托于记叙或论说的观点；另一方面，情作为文艺文的主要特点，记叙文或论说文中属于情的文章的那一部分，便兼有划入文艺文的资格，从而为普通文与文艺文的沟通提供了一个旁证。夏丏尊承认"一般所谓议论文者也都是意的文"[4]，这一点也侧面体现在教科书的编排次序上，即关于文章知情意的三分法，出现在教科书的第四册，但知的文、情的文、意的文不再放在一起集中讲解。在前三册文话已经详细论述过记叙文和说明文的基础上，夏丏尊将"知的文和情的文"列为第四册的第一篇文话，引出了对这种分类方法的介绍。在本册的文话十二中才安排"意的文"，并说明这是一种心理学的分类，紧接着在之后的若干篇文话中再展开对议论文的详述。

四

如果说现代文体的划分是从理论上认识并探讨现代文章学的，那么，在文章实际的生产过程中，所应遵从的作文规律和实施的写作策略则是具体的文章写作实践知识。概括地说，它是文章学的实践领域。对于这

---

〔1〕 夏丏尊.文艺论 ABC[M].上海：ABC丛书社，1928：7.
〔2〕 夏丏尊，叶绍钧.国文百八课：第4册[M].上海：开明书店，1935：2.
〔3〕 夏丏尊.文艺论 ABC[M].上海：ABC丛书社，1928：26.
〔4〕 夏丏尊，叶绍钧.国文百八课：第4册[M].上海：开明书店，1935：146.

一类文章知识,夏丏尊曾在前后二十年间借鉴五十岚力的六 W 理论和五种文式,进行了深入的探讨与理论的建构。前者较为全面地考察了文章情景,以文章要素为重心阐明了文章生产的思维路径和基本范围;后者总结了文章的结构样式,通过强调文章的组织策略指示国文形式的训练,尤其揭示了作文的行为路径与实践奥秘。

(一)六 W 理论

1924 年夏丏尊在春晖中学做《作文的基本态度》讲演时,引入了五十岚力"六何"的作文观点。五十岚力在《新文章讲话》中提出了有"六何"说:"何为六何? 何故? 何事? 何人? 何地? 何时? 何如? 共六个概念,每个均含有何字,因而称之为六何。"[1]夏丏尊认为,对众多事物我们都可以有这六个方面的思考,但对于写作来说,它却是我们应当特别抓住的六点。夏丏尊将"六何"说进一步明确为执笔为文时所要思考的六个问题:为什么要作这文(why),也就是作文的目的;在这文中所要述的是什么(what),也就是题义,文章的中心思想;谁在作这文(who),也就是作者的地位问题,作者与读者的关系问题;在什么地方作这文(where),也就是作这文的所在地;在什么时候作这文(when),也就是自己的时代观念;怎样作这文(how),也就是作文的方法,统称六 W。[2]夏丏尊认为,这六点是作文的基本态度,"要使文章能适合读者底心情",对它们的强调远比技巧的研究更为紧要,因此,将其称作"文章的 ABC"。

胡怀琛在《一般作文法》一书中,开篇就探讨了六 W 理论。他认为,有关作文的基本知识,众说纷纭,难得完美。五十岚力所提出的"六何"可作作文的基本知识,但他也指出,夏丏尊对"六何"的引用尚有欠缺,他认为,可以将"why"一分为二,加入"which"即"这是什么文"一项,变为七 W。[3]

胡怀琛提出增加"which"一项的目的,是强调作文时应该首先选择写作的文体。他认为,记事文、叙事文、说明文、议论文等现代文体的作法不尽相同,必须预先明确。其实确认文体的选择,夏丏尊在六 W 体系中也有阐述,不过他将其划归于最末一项作文的具体方法(how)范畴内,目的是突出 why、who、where、when 几项的重要性。按照陈望道的观点,why、

---

〔1〕 五十岚力.新文章讲话[M].东京:早稻田大学出版部,1909:33.
〔2〕 夏丏尊.作文的基本态度[N].民国日报·觉悟,1924-3-13(2-3).
〔3〕 胡怀琛.一般作文法[M].上海:世界书局,1931:3-5.

who、where、when 不过是情境的问题。[1] 四者构成的是一个以文章的交际对象为核心的相对完整的写作情境，夏丏尊将读者的接受置于比作文方法更为优先的地位，突出了文章的交际功能。

夏丏尊在《关于国文的学习》一文中，将读者的接受作为评判文章的标准——"好的文字，就是使读者容易领略感动，乐于阅读的文字"，并明确指出，对于读者的性质、作者与读者的关系和作文的动机，是首先应该考虑的方面。在该文中，夏丏尊还将"适当"列为文章"全体上态度上的条件"，而"适当的文字，就只是合乎这六项答案的文字而已"。[2] 六W理论作为实现文章的"全体的适当"的方法，被再次强调。

(二)五种文式

梁启超曾借用孟子"大匠能予人以规矩，不能使人巧"一语来说明文章教学所能教给学生的只有规矩。他所谓的"规矩"便是"先将自己的思想整理好，然后将已经整理好的思想写出来"，也就是文章的组织结构问题。但当时中学国文教学中"最大的毛病"恰恰是"不言规矩，而专言巧"，所以，梁启超主张"教人作文当以结构为主"。[3] 夏丏尊是国文科形式主义训练说的倡导者，他在文章教学中也非常强调该问题。夏丏尊将文章分为内容和形式两个层面，其中"内容是事物和情意，形式就是一个个的词句以及整篇的文字"，"内容是各各不相同的，……形式上却有相同的地方，就整篇文字说，有所谓章法段落结构等等法则"；"国文科的学习工作，不在从内容上去深究探讨，倒在从文字的形式上去获得理解和发表的能力"。[4] 与之相似，蒋伯潜也曾指出："应当注重文章的形式与技术，不应当偏重内容，各种文章都应当予以习作底机会，基本的写作技术，如用词、造句、组织篇章……，尤其重要。"[5]

为了使文章结构具象化，在1930年代，夏丏尊又借鉴五十岚力文章组织的理论，探讨从外部形制和式样来解析文章，使普通文的结构形式化。

早在1919年范祥善就在《缀法教授之根本研究》中引介了五十岚力的文章组织论——五式。范祥善指出，作文教授法虽然须尊重儿童的自

---

〔1〕 陈望道.修辞学发凡(上)[M].上海：大江书铺，1932：16.
〔2〕 夏丏尊.关于国文的学习[J].中学生，1930(11).
〔3〕 梁任公.中学以上作文教学法[M].上海：中华书局，1925：1，54.
〔4〕 夏丏尊.学习国文的着眼点[J].播音教育月刊，1936，1：170-177.
〔5〕 蒋伯潜.习作与批改[J].国文月刊，1946，48：33-38.

由发展,但儿童对思想往往难有把握,有不切题旨和组织混乱的情况。"欲救其弊,文式之研究尚焉。"他介绍了日本五十岚力的将文章结构分追步式、散叙式、头括式、尾括式、双括式的做法。[1] 但在当时,并未引起太大的反响。

夏丏尊在编制《开明国文讲义》时,比较完整地译介了五十岚力的追步式、散叙式、首括式、后括式、双括式五种文式理论。五十岚力在各式文字解释时,辅之以日本风物、景观及文学示例等,并配有示意图。如第一种追步式,五十岚力的解释是:"追步式。是从事物的一端直到另一端,一步步地加以叙述的方式。无须使用诸如冒头、承引、转折、结束之类的复杂的技巧,只要将从上野到新桥、从山麓到山顶、从起床到就寝、从元日早晨到除夕夜,所看见的,所听闻的,照原样依次如实写出就可以了。至今为止,古人的组织论都没有论及这一组织方式,但它应该是最单纯、最自然的一种组织法。"[2] 夏丏尊在《开明国文讲义》中将文式称作"文篇组织的形式"。他在介绍时,保留了原有图示,将五式重新命名为直进式、散列式、首括式、尾括式和双括式,而且文字详述全部立足于中国的风土文化,文例均改换为白话文作品。作者在每一种文式后面都从心理学的角度加以阐述,指出这是合于"心理的自然"文字。

第一,直进式(见图2)。这是逐步进行、一直到底的一种形式。不用什么外加的冒头和结尾,也不用什么插入的承接和转折,只是老老实实从头说到尾。到学校就说从家里一路行去,直到学校;登山就说从山脚一路上去,直到山顶;记一天就从早上说起,直到临睡;记一月就从初一说起,直到月底。什么接触在先就写在前头,什么发生在后就写在后头。看见什么就写什么,听见什么就写什么,是单纯地导源于"心理的自然"的一种组织法。[3] 该式夏丏尊以陈衡哲创作的《小雨点》作为文例。

首 ———————————————————— 尾

图2　直进式

第二,散列式(见图3)。这一式并列地记叙一些散漫的事物。这些事物并没有什么连锁的关系,好像彼此不相干,再增加一两项固然无妨,就

〔1〕范祥善.缀法教授之根本研究(续)[J].教育杂志,1919,11(5).
〔2〕五十岚力.新文章讲话[M].东京:早稻田大学出版部,1909:513.
〔3〕夏丏尊,叶绍钧,宋云彬,等.开明国文讲义 文话二四[J].开明中学讲义,1933,4(1):492-497.

是减少一两项也不要紧;但是在隐隐之间,却有言外的什么东西把它们维系着,读者细心阅读就会体会到这东西,而作者所以要记叙这些事物,也正因为体会到了这东西。小品文里,常有用"印象的描写法",在一篇中间写这个、写那个的,粗看似乎是一串各自独立的札记,然而细心阅读之后,就会觉到这许多散漫的事物是被一个印象统摄着的。[1]

图 3　散列式

第三种,首括式(见图 4)。这一式的文字,开头就揭露总括全体的大纲,以下都是对于这大纲的阐发、疏解或证明。我们说一番话,写一篇文字,必然有所以要说、要写的主旨;一开场就把主旨拿出来,是很合于"心理的自然"的。[2]

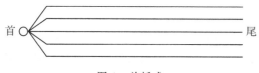

图 4　首括式

第四种,尾括式(见图 5)。这一式同"首括式"刚好相反,是把总括全体的大纲放在结尾的。在前是层层的阐发、疏解或证明,"水到渠成",然后揭出主旨。这同样地合于"心理的自然"。[3]

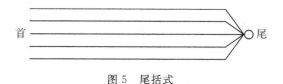

图 5　尾括式

〔1〕 夏丏尊,叶绍钧,宋云彬,等.开明国文讲义 文话二四[J].开明中学讲义,1933,4(1):492-497.
〔2〕 夏丏尊,叶绍钧,宋云彬,等.开明国文讲义 文话二四[J].开明中学讲义,1933,4(1):492-497.
〔3〕 夏丏尊,叶绍钧,宋云彬,等.开明国文讲义 文话二四[J].开明中学讲义,1933,4(1):492-497.

第五种,双括式(见图6)。这是开头就揭示大纲,末了又重言申明,举大纲作为结束的一种形式。在演说会场里一个人登台演说,往往先提出他的主旨是什么什么,于是层层推阐、辩证,到末了说"所以我主张什么什么"。论文用这种形式的也不少。先揭示大纲,所以引起人家的注意;末了重言申明,所以结束篇中的种种论辩;这也是从"心理的自然"出发的。[1]

图 6　双括式

193 年,夏丏尊在与叶绍钧合编的《初中国文教本》中介绍五种文式时,则从中国中学生作文的实际出发,做了适当改写,有些文式还做了补充。如作者对直进式所做的补充阐述是,"其进行或依时间的先后,或依空间的排列;没有时间空间关系的,就依心理的顺序。依时间的先后,就是依事情发生的次第,那是叙述文。依空间的排列,就是依作者观察的次第,那是记述文。依心理的顺序,就是依意念发展的次第,那是说明文或议论文"[2]。这是从具体文章的篇章组织次序后面指导从普通文章中抽象出来的文式写作策略。

五　结语

在文章学的现代转型过程中,作为清末留日学生,夏丏尊是带着日本以及西方文章学、文艺学等语文学理论参与建构的。夏丏尊为了清除文坛上黑幕派和功利派的势力译介日本自然主义小说,同时,也给正在成长的中国新文学提供重要参考。他通过输入日本及西方现代文章学、文艺学理论,扫除了腐朽的旧文章学体系以及旧的文艺观念,建构了中国现代文章学乃至现代中学国文教学。从 1920 年代前期担任浙江一师、湖南一师、春晖中学等校国文科教员,到 1928 年出任开明书店总编辑,1930 年创立《中学生》杂志,再到后来编辑《开明国文讲义》《国文百八课》《初中国文

<hr>

〔1〕 夏丏尊,叶绍钧,宋云彬,等.开明国文讲义 文话二四[J].开明中学讲义,1933,4(1):492-497.

〔2〕 夏丏尊,叶绍钧.初中国文教本:第 6 册[M].上海:开明书店,1937.

教本》等教科书,夏丏尊在近二十年时间里,直接借鉴日本文章学理论,初步建构了实用取向的普通文章分类框架,利用西方文艺学理论,从培养中学生的文学趣味和日常白话写作能力出发,对文艺文和应用文在中学国文教学中的性质及归属问题进行讨论。不仅如此,他还从心理学视角揭示了各种现代文体的科学理论基础,并通过吸收日本文章学的六 W 理论及五种文式,探讨了现代文章生产的模型及实践路径。夏丏尊把他的理论建立在民主主义教育理论的坚实基础之上。由于他直接参与二十世纪二三十年代教育部中小学国文课程标准的起草与研制工作,他得以把这些理论的探讨上升为国家层面的制度性知识,从而奠定了中学国文教学的格局,并在中小学实践中产生了广泛的影响。

指向核心素养的美国阅读教学新趋向

李金云[1]　　李胜利[2]

摘要:如何基于核心素养体系,在语文阅读教学这一重要领域建构合宜的目标、内容与方法,对此美国阅读教学进行了积极探索与实践:致力于积极阅读者的培育目标导向,聚焦真阅读核心策略的教学内容趋向,关注阅读全过程的多样化教学活动与教学支架的教学方式取向。考察 21 世纪核心素养的全球经验,反观我国当前的阅读教学实践,需要对培养什么样的阅读者进行原点审思;要培养学生真正的阅读力和欣赏力,就应该让学生读真实的书,学习真正的阅读策略,成就适用的阅读素养。阅读教学研究关注焦点的调整与取向的转型,即聚焦真实性阅读教学的研究,不仅聚焦教的技巧,更要研究学生如何阅读的学的策略,关注跨学科阅读教学的优化路径。

关键词:美国阅读教学;积极阅读者;阅读策略;真实性阅读

如何将核心素养落实于教育教学,这是当前世界各国研究的重要问题之一。学生核心素养的培育需要学科教学具体而微的创新实践。如何基于核心素养体系,在语文阅读教学这一重要领域建构合宜的目标、内容与方法,对此美国阅读教学进行了积极探索与实践。例如,帮助学生建立作为读者的自我概念,深入掌握真实适用的阅读策略,搭建为学而教的教学支架,倡导适性教学,培育具有核心阅读力的真正的读者。这些国际经验的具体实践举措如何? 有哪些显著特征? 为我国本土阅读教学实践提供了哪些启示? 本文针对以上问题进行了探索与反思。

一　培养目标导向:致力于积极阅读者的培育

(一)培养具有自我觉察力的阅读者

培养学生作为读者的自我概念,即知道自己是阅读过程中的学习者、

---

[1]　李金云,女,西北师范大学教育学院副教授,语文课程与教学论专业硕士生导师。
[2]　李胜利,男,兰州理工大学文学院副教授。

理解与对话

调节者、核查者与完善者,是美国阅读教学核心理念之一。阅读教学的目标,是使学生能够自我监测阅读思维的过程,能够及时发现阅读受阻的细节,明了主动应用阅读策略,借以帮助自己消解阅读障碍,知道什么时间,为什么,以及如何有效使用这些策略会对深入阅读带来帮助。阅读教学将培植学生对策略的自觉省察意识视为关键,致力于提升学生在阅读中主动运用预测、关联、想象、提问、总结等策略的能力,明了策略是达到阅读目的的一种手段,而不是目标本身,使学生成为具有自我觉察力的阅读者。美国阅读教学将阅读理解定义为一个积极的互动过程,认为理解策略是有目的地在阅读时促进意义建构的精神行为,引导学生将策略运用视为一个独立意义建构的工具,强调认知策略对意义构建的重要性;同时,聚焦专家读者使用的各种理解策略来构建意义阅读,用于支持理解文本的认知行为。该定义强调文本处理不是静态的,相反,它是流动变化、因势利导、不断协调的过程;倡导学生对正在阅读的文本细节"建设性地响应";鼓励学生通过阅读,构建文本与自我(text-self)、文本与文本(text-text)、文本与世界(text-world)的意义关联,帮助学生成为意义建构的阅读者。

(二)支持学生发展成为批判反思的阅读者

批判性思维被视为"使你思考得更好"的艺术。培养受教育者的批判性思维是美国教育的一项重要任务,美国强调高阶思维的国家学习标准,教导学生批判地思考,成为具有深度阅读力的阅读者,阅读理解本身在概念上被视为批判性思考的行动。美国国家委员会支持优秀批判性思考的专家们认为:在每天的课堂教学当中,教师应该把学生思维作为中心,鼓励他们总结、摘录课本内容或其他人的表述,推敲各种概念与思想,能做应用、分析、推理、批判等高层次思考,通过批判性阅读,使理解和思路变得深入广阔,对原有知识进行升级,对文章的理解不拘泥于文章本身。引导学生作为阅读者的问题,不是"你了解吗?"而是"你了解什么?""你了解的理由是什么?",激发阅读者深入思考。同时,教师应鼓励学生基于不同的知识、经验、世界观和对语境的不同诠释,对相同的文字建构出不同的观点与视角,将阅读经验化为自身的精神财富,支持学生发展成为批判性的阅读者。

(三)培养学生成为自力更生的终生阅读者

培养学生终生的阅读热情,养成终身学习的良好习惯,这也是美国阅读教育的重要目标。阅读课堂系统以学生学的系统为中心，所有的阅读教学目标最终指向于让学生成为独立的、自力更生的阅读者，即"关于发展可迁移的策略"，促进"独立运用有效思维而阅读"。教师在教学中通过教学模型和支架，引导学生使用多种方式实践阅读策略，其最终目标是培养学生成为具备独立阅读力、思考力的终身学习者，他们能在阅读中自觉省察学习过程，主动应用阅读和学习策略，积极修复阅读学习中的种种困难和障碍，促进和保持持续的、深度的自主阅读和学习。阅读教学的最终指向，即教师"种植生发终生读者的种子——阅读者因为阅读带给他们生活的知识、愉悦和丰富而转向书籍"。

二　教学内容趋向：聚焦真阅读的核心阅读策略

（一）聚焦真实阅读

围绕学生的真实性阅读开展教学设计，这是美国阅读教学最为核心的教学内容趋向。美国语文阅读课经常组织学生读"真正的书"（real book）"完整的书"（entire book）。怎么读，就怎么教，阅读教学回归并聚焦阅读的核心策略。对"何为阅读策略"的理解，就是回想自己作为读者在阅读过程中所采用的真实切用的阅读方法。例如，我们在阅读之前做了哪些预测？是否首先阅读了标题？自己已经了解哪些内容？在阅读中，是否提出了相关问题？遇到不理解的地方或注意力暂时分散时是否进行了必要的重读？是否把阅读的内容与自身经验相联系？回答如果是肯定的，这就是真正的阅读，这就是积极阅读者需要使用的真实性阅读策略。美国有效课堂组织教师开展的一项实践活动，是将所有的阅读策略在教学之前，首先应用于教师自身阅读，以验证这些真实策略的有效性。教师通过实践发现，他们自身的阅读理解能力，就是对阅读策略的理解，也体现为他们如何教学生阅读的能力。与通常的做法相反，聚焦真阅读的核心阅读策略，重在明确教学模型框架内的焦点是教学生如何、为什么、什么时候独立采用策略。真实性阅读能力的培养需要将阅读策略进行细化分解，长期规划，增强规范性与实操性。例如，有关总结策略涉及多项技能：筛选主要观点，选择支持主要观点的重要细节，删除无关细节或重复信息，结合重要细节删除无关表述，对总结进行修改润色，等等。

（二）落实核心策略

成为积极阅读者的一条重要途径就是运用阅读策略,即有意识地规划自身阅读进程和行为以达到阅读目标。阅读者要在阅读的文本意义建构过程中扮演积极的角色。阅读理解策略主要包括阅读准备策略、阅读组织策略、阅读精加工策略和阅读元认知策略。除此以外,动机与兴趣亦是阅读意义建构的重要角色,本文重点阐述有关文本理解的前四项策略。其具体策略见表1。

表 1 阅读理解的主要策略

阅读准备策略	阅读组织策略	阅读精加工策略	阅读元认知策略
预览	理解主要观点或思想	推论	调节
激活背景知识	确定重要细节	想象	检查
设立阅读目标	排序	生成问题	修复
预测	组织细节	评估(批判性阅读)	
	指示方向		
	总结		

（1）阅读准备策略。阅读准备策略包括了预览、激活背景知识、预测以及确定适宜的阅读目标等。预览策略,是指通过浏览标题、主题句、总结处、插图等,了解全文主要内容。预览具备激发学生阅读心理图式的功能,常常与预测策略共同使用,从预览获取的信息可以用于后续的阅读预测活动。学生在阅读前激活相关学科知识与个体经验,将更有利于其知识的应用,拥有更积极的阅读态度。预测经常会被误认为简单猜想,需要教师必要的引导支持。教师可以鼓励学生基于先前经验与文本线索进行预测,并设计好两类预测任务:一类是"预测了什么?",另一类是"什么样的经验或线索让你做出了这样的预测?"。在实践中,教师应重在强调预测这一行为的重要性,而不过分强调预测的结果是否精确。阅读准备策略的重要一项就是学生逐步自主地确立阅读目的与目标。通常的目标,或信息阅读扩展见解获取知识,或审美阅读欣赏美文怡情养性,或研究阅读探讨原理启迪智慧,或为考试升级准备熟读记忆,等等,不同的阅读目标需要不同的阅读方式。

（2）阅读组织策略。阅读组织策略是文本意义建构的核心。不同于阅读准备策略,阅读组织策略在阅读中和阅读后贯通使用。阅读组织策略涉及选择重要的细节和建立其相互之间的联系,主要包括的技能如理解主要观点或思想、确定重要细节、组织细节、生成序列、遵照指令、概要总结等。每一项又涉及更小的子技能,如理解主要观点或思想的技能包括分类概括、识别主题句、扩展构建主要思想等子技能。总结策略在阅读组织策略中是最易有回报和最有稳固性的。建立在确定主要思想和支持细节上的总结策略,有利于增强学生的理解能力和记忆,但其意义与功能通常被大家忽略。一般来讲,通过摘要进行的总结策略训练,能达成以下目标:运用总结策略进行更加有意识的思考,判断和努力;用于总结的摘要写作不仅从文本筛选主要观点或思想,而且还以更简洁、更广的意义上重建意义;摘要反映知识结构方式,例如科技文本阅读的关键因素和重要细节,历史阅读中的人物、事件、地点、时间、方式及原因等要素,以及原因与结果,区别与联系等逻辑脉络;进行文本总结也是进行自我监控的元认知阅读,同时也为评估学生文本理解的程度提供了具体而微的可视化信息。阅读总结是一项复杂的技能,即便是大学生在这方面也有困难和问题,所以不能苛求一两次就能达成目标,它需要数年的时间进行培养。

(3)阅读精加工策略。阅读精加工是一种生成活动,阅读者通过来自文本和先验知识之间的连接构建意义。如同阅读组织策略一样,阅读精加工策略贯通阅读活动的整个阶段。阅读者通过推理、想象、提问、判断,以及其他细化策略进行文本细读。研究发现,使用精加工策略可以增加50％的理解率。以推理策略来看,虽然学生通过一般经验和认知力能够做出推论,但许多学习者并不自发地开展推理活动。造成这种现状的原因是学生缺乏关于主题的背景知识,或者缺乏在文本中处理信息以促进推断的能力,或者学生没有认识到进行推论的必要性。两种增强推理能力的方法是:构建背景知识和教学具体的推论策略。培养学生熟练运用阅读推理策略、激活先验知识以及询问推理性问题的能力至关重要。

(4)阅读元认知策略。阅读元认知策略指向于阅读者对自身阅读过程的自觉审视,对自身阅读行为的自我管理,对以及错误阅读信息的自我纠正。意识到错误和自我纠正对有效阅读至关重要。30多年的阅读理解研究清楚地表明,熟练的阅读者在面对意义建构的挑战时采用各种理解策略,选择具体的策略支持他们对文本的理解,知道不同类型和内容的文本通常需要不同的工具。背景知识的激活和阅读互动中使用的策略均靠

　　　　　　　　　　　　　　　　　　　　　理解与对话

元认知支撑,元认知是阅读熟练性的关键。要培养成熟的阅读者,学生需要更快捷的、多样的阅读策略帮助他们去辨析更为复杂的文本。阅读元认知的四个主要方面即认识自己作为学习者,进行调节,检查和修复。阅读期间的元认知涉及检测理解的故障,激发人们意识到策略使用的必要性。阅读理解的监控和修复主要采用文本管理策略,例如重读,根据文本关系提示进行推理,或通过寻求相关信息填补背景知识的空白。因此,必须明确教导学生监测自己的理解水平,并在理解受阻时实施相应策略。元认知教学关于如何和为什么使用策略的教学对提升阅读力效用明显。

以上四种类型的阅读策略在实践应用中通常综合使用,例如一些阅读准备策略本质上也是一种特殊的元认知策略,只不过用在阅读初期罢了。

三 教学方式取向:关注阅读全过程的多样化教学支架

(一)活动设计:开展以学生为中心的适性阅读

1.关注阅读思维活动全过程

阅读阶段的全程关注。美国阅读课的活动通常从阅读前、阅读中和阅读后三个阶段整体设计。阅读前,注重阅读期待、结构预览、背景知识等的指导。阅读中,关注内容结构、有声思维、阅读策略、写作模型、思维水平、注释阅读等的引导。阅读后,开展阅读迁移与比较、阅读应用与拓展、图形化组织创建、文本语言分析等活动。这些活动着眼于阅读全过程,针对学生每一阶段阅读特征,对完整的阅读链进行全线贯通设计。

阅读思维的全程参与。围绕学生在真实阅读情境中的问题进行引导,例如,在阅读前,引导学生关注"我知道什么"(know),思考的问题是:选择阅读的内容是关于什么的? 关于这个主题我已经知道什么? 我希望从中学习或发现什么? 我为什么要阅读它? 在阅读中,引导学生关注"我想知道什么"(want to know),思考的问题是:我正在阅读中学习或发现什么? 所阅读的内容富含意义或言之有理吗? 如果我在阅读理解中遇到障碍,我能做什么? 在阅读后,引导学生探索"我学习了什么""我还想知道什么"(learn),思考的问题是:我学习或发现了什么? 我仍然存在哪些困惑? 我如何阅读所述之物才能符合我所知道的?

阅读策略的全程应用。在阅读活动设计中,通常会对某一具体阅读策略进行贯通阅读全程的应用。以有声思维阅读策略为例,教师引导学生以核查表的形式，自我检测这一策略在阅读全程的使用情况（见表2）。

表2 有声思维阅读策略的阅读全程导引

阅读前
通过标题，我已经知道_____
通过标题、插图的概览，对文本的预测是_____
我产生的问题是_____
阅读中
预测接下来的内容是_____
对文本没有提到的内容进行的推理是_____
所获得的主要观点是_____
所阅读的重要细节是_____
在阅读中所展开的想象是_____
根据阅读我想到了什么_____
判断信息是否属实或故事是否真实之处是_____
提出一个需要回答的问题是_____
核查并确定正在阅读的内容需要重新理解的地方是_____
通过重读或寻求难字难词的含义进行阅读修正之处是_____
阅读后
对所读文本进行的总结是_____
对阅读内容所做的思考是_____
将已有知识与阅读所得进行连接的是_____

除此之外，教师也可运用问题指引，帮助学生在整个阅读进程中实践有声思维，诸如：阅读前思考我应该如何准备这次阅读？阅读中，我做什么来改善理解？碰到难词我应该做什么？如果所阅读的内容没有意义应该做什么？阅读后，对所读内容还需要了解哪些特殊信息？如果有，是什么？

2.适性的多元阅读教学方式

适性的多元阅读教学方式，关注学生阅读兴趣，打造"适学而教"的课堂，将教学活动的终极目的确定为学生的学习和发展，并以学为主，开展适合学生学的适性阅读教学。典型的方式如下。

按需施教的迷你课程。迷你课程的实施目的，是根据学生阅读能力发展需求，帮助学生运用某一特定的阅读策略完成阅读任务目标。迷你课程的类别根据不同的阅读行为策略主要有十种主题：阅读受阻时的重读；运用封面、封底和表格内容预读预测文本；在阅读前、阅读中和阅读后的提问；通过大声朗读澄清思路；运用文本结构和文本类型知识进行规范

　　　　　　　　　　　　　　　理解与对话

写作;运用文本辅助阐释并拓展文本意义;标记文本和记录笔记;运用上下文和词语推测含义;撰写阅读日志;与他人讨论观点和阅读感受等。迷你课程的教学一般从五个环节展开:呈现阅读策略主题,介绍操作过程模型,进行引导性练习,开展独立实践,阅读分享时刻。在迷你课程实施中,教师必须明了学生在不同阅读时期和特定阶段需要学习什么,迷你课程主题的变化是因学生阅读学习的需求变化而调整更迭的。

理趣相宜的阅读游戏。在教学实施中,教师会设计开展多样化的趣味阅读活动,关照学生的多元智能,鼓励创意阅读,激发阅读智慧。诸如创作"漫画条",引导学生创建一个漫画卡片,重述他们读过的故事(或一本书的一个章节),使用"我的想法""我的行动""词语气泡"等来表达自己的理解。撰写"复式笔记",设置并列的图形管理栏,一列记录从阅读中直接引用的内容,一列填写"它让我想起……",并绘制可视化的图片。开展"协作阅读",根据不同阅读任务分工,开展小组合作阅读,任务角色包括:"词语向导",负责向全组分享阅读中出现的新字新词含义;"提问人",提出2~3个阅读中困惑的问题;"插画家",绘制文本内容发生发展的情境;"发现者",重述文本中的重要细节;"反思者",展示自己在阅读中联想到的其他内容;"策略向导",提供一种具体的阅读策略,描述在阅读全程的实践方式。另外,还有"总结人""观察员"等因文制宜的多元角色分工。多样化的阅读游戏以适合学生的学为着眼点,多元建构文本意义。

双向互惠的交互教学。交互教学的主要目标就是发展学生作为读者的自我意识并将其应用于与他人的阅读分享。活动中学生和教师分享老师的角色,师生通过多元对话,构建段落文本以及整个文本的意义。交互教学为学生提供了四种特定的阅读策略:预测、问题生成、澄清和总结。这些策略被积极和有意识地用于指导讨论和支持理解。搭建教学支架、合作式学习、引导式学习及切合最近发展区是交互教学的基本原则。交互教学为学生提供了良好的反观自身阅读策略使用的途径,是一种适合学生阅读学习的互惠教学方式。这种有计划有意识的策略使用有利于提高学生的动机优势,有利于增强自我效能,提高学习能力,获得动力和能力的双赢。

(二)教学支持:搭建促进理解与反思的多元化教学支架

支架是在学习过程中根据学生需要提供的针对性指导与帮助。设计阅读教学需要教学支架,教师需要提供示例、模型、指令、提示、研讨等帮助学生学习阅读策略伴随阅读的全过程,教师搭建的学习支架主要有激发前理解（阅读期待）支架、建立意义图式支架、拓展应用支架以及评估反馈支架等四种功能类型。着眼于阅读策略的教学环节，学习支架主要有引入支架、演示支架、实践支架、应用支架和评估支架。总览这些教学支架，主要的呈现形式有以下几种。

（1）问题支架：旨在通过有序的问题引领，帮助学生细读文本、建立意义图式的支架。想象是建立文本图式的重要方式，虽然不同阅读者基于不同经验背景，所生成的图像各有差异，但教师可以通过搭建问题支架，引导学生细化和丰富想象。

（2）指令支架：旨在通过清晰的指令提示，帮助学生搭建如何开展阅读程序的策略支架。例如，学生需要知道为什么对文本进行总结是一项重要的阅读技能。教学的重心将聚焦于教学如何进行文本总结的程序技能，具体的教学支架可以通过五个步骤来提示学生：选择或构建主要观点，选择支持主要观点的重要信息，删除次要或重复的信息，整合和精炼信息，对总结进行润色。学生借助这样的指令支架，获得清晰具体的指导。

（3）模型支架：一种有效的帮助学生理解不同概念关系，了解主要观点、基本步骤、核心要素的演示支架（见表3）。树状图就是最典型的呈现不同文本关系的模型支架。

表3　"文本结构要点"模型支架

组织形式	思维技能	示例
描述图	呈现和组织主要观点和细节	
分类图	进行分类	
序列图	按时间顺序排列	
流程图	依照方法步骤呈现	
循环图	以环形方式呈现过程	
树状图	以分层方式分类	
矩阵图或韦恩图	比较和对比	
因果图	分析原因和结果	

（4）检索支架：一种帮助学生进行阅读策略选择，为学生提供策略应该用于何时，为何使用，如何使用的阅读整体检索的应用支架（见表4）。

表4 "阅读修复策略"检索支架

策略	描述	何时使用
放缓阅读速度	以有助于促进更深层次理解的速度阅读	在遇到难度较大、比较复杂的文本时
暂停	停顿片刻进行思考	找出一个词或句式或找出可以做什么来解决困扰
朗读	有意识地大声朗读或轻声诵读	更好地集中注意力或克服注意力分散的毛病
跳读	有意识地跳过一些字词或句子	认为一些字词或句子不太重要或希望在后续的阅读中进一步澄清含义
回看	检查被忽略或误解的信息	获取遗忘的信息或在初读时忽略的信息
重读	重新处理部分文本	在初读时不明白其含义或者需要进一步澄清含义时
释义	用自己的语言解释文意	将难懂的段落转换成通俗易懂的语言
使用文本辅助	查看插图、地图、图表和其他非文本元素	为解决困扰或获得额外的提示
使用参考书目	查阅词汇表、词典、百科全书、超文本或开展其他参考工作	需要查阅新词或新概念以获得更多信息解决困扰
阅读简易版本	使用易于阅读或不太复杂的版本	阅读的目标文本难度过大不易理解

（5）核查支架：旨在通过核查表搭建阅读元认知框架，引导学生由被动接受转向自主反思优化的评估支架。例如，对于阅读总结的掌握和应用，教师通过设计自我核查表引导学生自主优化阅读策略（见表5）。

表 5 "阅读总结"的核查支架

请在你认为符合的情况前画"√",在不符合情况的问题前画"×"。
_____总结是否陈述了文本主要思想?
_____是先声明主要思想吗?
_____总结是否陈述了所有的重要观点?
_____总结是否仅陈述了最重要的信息?
_____是否将细节合并,使摘要更加简短?
_____摘要清晰吗?

（6）综合支架：根据学生阅读实践和阅读需求，综合运用上述多种形式的统整支架。例如，在阅读总结技能训练中，综合使用指令支架，提示总结步骤，之后通过模型支架，提供总结的典型结构，再运用核查支架，督促学生自我优化。

另外，还有问题解决方案框架、主要思想和细节、KWLH 图表、"5 W"问题和主要想法句子、语义特征分析、创建自己的图形、图表、地图等多种支架引领学生深度阅读。总之，支架的使用围绕学生的不同阅读阶段和不同阅读能力发展需求协同呈现，使用强度从密集到弱化逐步减退，学生从依赖支架到最终不需要支架搭建，可以实现阅读策略到技能的自动化。

（三）阅读环境：创建全方位多功能的阅读图书室

阅读研究表明，当学生有更多的机会接触书籍和其他阅读资源，他们会阅读得更好。班级图书馆是学习阅读的重要资源场所，学生是否具备选择和浏览阅读材料的能力也是阅读成功的关键性条件。美国阅读教学将组织优良的图书室建设作为培养积极阅读者、进行高效能阅读的重要环境因素。教师将引导学生充分利用图书馆的自主分类和自我管理，达到激发阅读、独立阅读、深度阅读的目的。

在全学年里，教师会引导学生根据多元类型和不同标准进行图书分类，例如，依照不同作者、不同文类、不同主题、不同系列、不同功能等类型，引导学生全方位参与体验图书的分类管理过程。这些经历和经验，将为学生顺利掌握图书管理工具获得关键性知识。班级图书室的建设根据不同年级和不同阅读层级分类建设，通常有以下四种类型的图书室：日常阅读的班级图书室、分类阅读的课程图书室、阅读指导图书室以及教师教学用书图书室。多元化的图书室是阅读环境建设的重要部分，教师通过指导学生参与图书馆建设，学习对图书的选择、分类和管理，除了保障学生有更多机会接触书籍，将学到的阅读策略运用于课外书籍，同时致力于让学生学会选择、组织和管理图书，发现和运用选择图书的策略，使学生能够独立阅读和进行符合自己水平的阅读，进而达到深度阅读的目的。

四　讨论与反思

学科教学是教育教学系统中实现核心素养的主要载体。阅读教学的优化可将这些素养融入教育教学实践，成为落实素养的重要路径。美国阅读教学的探索为我们提供了可资借鉴之处。反观我国当前的阅读教学实践，以下问题需要进一步廓清反思。

(一)培养什么样的阅读者的原点审思

考察 21 世纪核心素养的全球经验，无论是旨在帮助公民实现成功生活的 OECD(经济合作与发展组织)核心素养框架，或是培养终身学习能力的联合国教科文组织核心素养框架，还是以培养创造力、关注 21 世纪职场需要为目标的 APEC(亚太经济合作组织)核心素养框架，阅读素养均是其中重要的素养之一。要实现素养目标，培养什么样的阅读者是其原点问题。指向核心素养的阅读者，不是寻找习题答案的应答者，而是自主的积极阅读者；不是简单接受文本信息者，而是主动建构意义的阅读者；不是单纯解读文本的阐释者，而是批判反思的阅读者；不是只读教材的准阅读者，而是具有终生阅读兴趣和阅读素养的学习者。

(二)对什么是真阅读、什么是真阅读教学的审视与反思

阅读观念决定阅读教学变革。培养基于核心素养的阅读者需要对什么是真阅读、什么是真阅读教学重新审视与反思。

正如美国教师所言："没有哪一个成人在咖啡厅里读课文，他们都是在读与课本不同的'真正的书'。"而我们的问题是"很多语文教师抱守着一本语文教材，将丰富的资源拒于课程之外"。要培养学生真正的阅读力和欣赏力，就应该让学生读真实的书，学习真正的阅读策略，成就切用的阅读素养。我们需要引入更多的适合学生学习的阅读课程资源，丰富教材文本类型，推进整本书阅读实践，促进阅读课程形态的多样化。我们已有的阅读课通常关注介绍作者，解释课文内容，练习重点考题，而美国的阅读教学更加关注阅读策略训练和思维方式的优化，包括如何从文章脉络中进行推理，如何利用个人经验体会作者动机，如何利用图像和结构图式等深度理解文本，特别是能够提出自己的个人观点和疑问——这才被

视为对文本真正的理解。美国阅读教学所体现的总体特征，需要我们将真阅读的着眼点从单篇转向多本，从文本转向读者，从内容转向策略，从教师转向学生。

当前，我国的阅读教学尤为关注不同文类教学的侧重与区别，例如小说教什么，散文教什么，文言文教什么，通常是评估学生对特定文本的理解，而不是教授构建多个文本的意义策略。教学活动通常被实施为协助学生获得文本内容知识的手段，而不直接与认知技能或策略阅读相关联。阅读理解中的教学活动是教师支持学生在阅读理解领域的意识和学习的手段。常见的基于研究的教学活动的例子包括图形组织者、故事地图、教师提问和思维模型等。要实现最佳的教学活动，应该选择促进学生内部理解发展的策略。因此，在关注不同文类教学侧重点的同时，更应站在为何阅读、如何更好地阅读这一真阅读教学的原点问题上，重点是基于策略应用的文本内容理解与分析，统筹规划阅读策略在不同文类阅读中的应用与融合。

与此同时，真正的阅读教学必须超越单独教学阅读理解策略，将策略使用作为一种在阅读中灵活和动态的解决问题的方式。在现实中，理解的冰山不能忽视。由于阅读理解是一种内部行为，学生可能不会意识到策略如何支持理解或如何使用理解策略来成功支持意义构建。因此，阅读策略教学应该为学生提供何时应用策略的必要指导，以及独立应用策略于复杂文本的知识引领。没有帮助学生建立背景知识、支撑他们的动机和作为读者的自我概念，没有建构和讨论构建复杂文本的意义所需的理解策略，阅读核心素养的愿景将无法实现。学生在阅读学习中将策略视为帮助意义构建的工具，而不是在教师的要求下完成的刚性任务，同时，不因策略败坏阅读的兴致，理解阅读策略的科学性与艺术性。

(三)阅读教学研究关注焦点的调整与取向的转型

根据上述梳理，我们还需要反思另一个基本的教学和学习问题：什么是帮助所有学习者发展成为积极的阅读者必要的内容？作为教师教育者和阅读专家，对这一问题的研究在教育变革中是至关重要的。阅读教学研究关注焦点需要调整，我们必须更广泛地将当前阅读教学对话的焦点从那些耗费时间过长的问题转移出去：帮助所有学习者提升阅读素养需要什么？阅读教学内容的重点、难点到底是什么？确定的依据为何？以往对不同文类阅读教学的探讨，其贡献需要我们吸纳，其局限，更需要我们正视并超越。

聚焦真实性阅读教学的研究,不仅聚焦教的技巧,更要研究学生如何阅读的学的策略。应以学生为中心,建立适合学的教学文化和教研文化,通过学生的阅读表现与现实需求,改进教师的教学内容与方式。

与此同时,需要研究跨学科阅读教学的优化路径。确立大阅读课程与教学观,在与学生相关的课程中培养阅读经验,并改善他们的阅读过程。阅读是一切学习力的根本,美国在各级学校设立专业的"阅读教师"和"阅读教学专员",同时也培养社会、自然、体育、美术等领域的教师均具备阅读教学技能。树立大阅读教育观,需要打破唯语文科的壁垒,各科教师因地制宜,灵活实践,依据学科内容有机进行阅读素养提升,让阅读的学习无时不在、无处不有。

参 考 文 献:

ALLINGTON R L. What really matters for struggling readers: designing research-based programs[M]. Boston: Pearson, 2006.

BAKER L, BEALL L C. Metacognitive processes and reading comprehension[M]//ISRAEL S E, DUFFY G G(eds.). Handbook of research on reading comprehension. New York: Routledge, 2009.

BAKER L, BROWN A L. Metacognitive skills and reading[M]//PEARSON P D, et al (eds.). Handbook of reading research. New York: Longman, 1984: 353-394.

DOLE J S, DUFFY G G, ROEHLER L R, et al. Moving from the old to the new: research on reading comprehension[J]. Review of education research, 1991, 61: 239-264.

DORN L J, SOFFOS C. Teaching for deep comprehension[M]. Portland, Maine: Stenhouse Publishers, 2005.

DUKE N, PEARSON P D. Effective practices for developing reading comprehension[J]. Journal of education, 2008, 189(1-2): 107-122.

GUNNING T G. Creating literacy instruction for all students in grades 4-8[M]. 3rd ed. New York: Pearson Education Inc., 2012: 219.

KEENE E O, ZIMMERMANNN S. Mosaic of thought: teaching reading comprehension in a reader's workshop[M]. Portsmouth, NH: Heinemann, 1997.

LAURA R. Teaching reading in middle school[M]. New York: Scholastic Professional, 2001.

LINDEN M, WITTROCK M C. The teaching of reading comprehension according to the model of generative learning[J]. Reading research quarterly, 1981: 17.

National Institute of Child Health and Human Development. Report of the national reading panel—teaching children to read: an evidence-based assessment of the scientific research literature on reading and its implications for reading instruction(NIH Publication No. 00-4769)[R]. Washington, DC: U. S. Government Printing Office, 2000.

PRESSLEY M, JOHNSON C J, SYMONS S, et al. Strategies that improve children's memory and comprehension of what is read[J]. Elementary school journal,1989:89.

RASINSKI T. The fluent reader:oral reading strategies for building word recognition,fluency, and comprehension[M]. New York:Scholastic,2003.

SHANAHAN C. Disciplinary comprehension[M]//ISRAEL S E,DUFFY G G（eds.）. Handbook of research on reading comprehension. New York:Routledge,2009:240-260.

SPIRES H A,DONLEY J. Prior knowledge activation:inducing engagement with informational texts[J].Journal of educatioal psycology,1998:90.

WALCZYK J J,GRIFFITH-ROSS D A. How important is reading skill fluency for comprehension? [J]. The reading teacher,2011,6(60):560-569.

曹勇军.我们欠学生真正的阅读课[N].中国教育报,2016-10-24(9).

师曼,刘坚,魏锐.21世纪核心素养的框架及要素研究[J].华东师范大学学报（教育科学 版）,2016,34(3):29-37.

搜狐网.重磅:中国小学生语文作业和学业测评调查报告[EB/OL].(2016-11-04). http:// mt.sohu.com/20161104/n472257525.shtml.

理解与对话

典雅语言的基本内涵与语文训练的教育价值

冯铁山[1]　周　丹[2]

摘要:典雅是人社会属性的高级表现,典雅语言是一种凸显人良善的德性修养、文雅的审美趣味、谦恭的交往态度以及体现含蓄蕴藉、耐人寻味等艺术效果的语言。从历史层面来观照,典雅语言训练具有引领学生亲近、圆融和超越语文生活世界的功能;从价值角度审视,典雅语言训练具有对学生精神世界进行引领、建构和升华的质效;从语文课改现实来聚焦,典雅语言训练能够有助于语文教学三维目标的落实、开拓和萃取。

关键词:典雅语言;语文课改;价值

目前,汉语及文化所产生的危机日趋严重,引发了社会各界的众评热议。作家冯骥才先生指出,我们一向自诩于中华文化的博大精深——但那是古代。而我们今天的文化却正在走向粗鄙化!清华大学教授肖鹰指出,真正的危机并不是将来的中国没有人使用汉字、讲汉语,而是将来的汉字和汉语不再能够保存汉语的精神和魅力,是中国文化生命之花果飘零。反映在语文教育教学领域,中小学语文教师热衷文本细读,推崇感悟评价,要么将语文教学推向逐章逐句的考据索引,要么将语文教学挤进道家说道、玄家论玄的义理演绎。这就好比是一群人在种树:有人握住语文思想枝杈,将语文的触角延伸到缥缈的云端;有人摘下语文知识叶片,将语文的规则一口一口灌到孩子的嘴里;有人吸吮语文乳汁树干,把语文的情感倾泻教学的大地……这一群人教来教去,其实忘记了语文教学根本的价值取向——培养学生热爱祖国的语言文字。尽管历次课改和教学大纲或课程标准修订均突出了这一核心目标,但学生语言粗俗化现象未得到根本的改变。无论是口头表达,还是书面表达均充斥着大量的网络语言、英文字符、汉语拼音,以及运用这些字符生造的"火星文",言语充斥着

---

[1]　冯铁山,男,宁波大学教师教育学院教授、硕士生导师,主要从事语文课程与教学论、德育学原理、教师教育等研究。
[2]　周丹,宁波大学教师教育学院语文课程与教学论研究生。

流俗的内容,甚至出现复旦大学举办的汉语言专业技能大赛上外国留学生夺得冠军的奇怪现象。

究其原因,借用台湾作家白先勇的话来说是:"百年中文,内忧外患。"外患,来自西方语言的冲击,汉语严重欧化;内忧,则是我们媚外的文化心态和日渐衰微的母语自信心和自觉意识,忽视了对汉语典雅本质的发掘与尊重,导致富于民族特性的典雅汉语处于"无家可归"的状态。

因此,加强典雅语言训练,彰显汉语的魅力,促使学生从小亲近汉语、热爱汉语,进而增强运用民族语言的自尊与自信。这是语文课改不应忽视的根本任务与终极关怀的价值取向。

一 典雅语言的基本内涵

海德格尔曾说过"语言是存在之家"。与西方传统"爱智"文化有本质区别的是,中华民族自古以来就是诗的民族,因而中国的汉语是诗的汉语、歌的汉语,富有典雅的神韵。作为华夏子孙的存在之家,千百年来,隽永典雅的汉语历史性地保存着民族文化的踪迹和自我存在的历史本质,承载着我们民族的独特思维,成为延续历史与未来的血脉。

什么是典雅语言呢?所谓"典",本义指的是"重要的文献、典籍",引申为"庄重高雅";所谓"雅","雅之为言正也"(《风俗通·声音》)。雅者,正也,即合乎规范的意思。所谓典雅语言,指的是与日常逻辑语言相对的诗化、艺术化的规范而有感染力的语言,是一种凸显人良善的德性修养、高雅的审美情趣、谦恭的交往态度以及体现含蓄蕴藉、耐人寻味等艺术效果的语言。典雅语言至少包括以下四个因素。

(一)良善的德性修养

海德格尔认为,语言不仅是人类交流交际的工具,它还保证了人作为历史人存在的可能性,更提供了让人置身于存在者之敞开状态中间的可能性。[1] 这其实告诉我们,人只有凭借语言才可能见证、创造、发展其作为人存在的本质,即人使用什么样的语言就袒露他与此照应的人的本质。这就意味着,运用典雅语言的人,其本质自然具有典雅的特性,而典雅的首要特性就体现在德性修养上。如同先秦儒家诸贤所言:"言谈者,仁之

---

[1] 海德格尔.荷尔德林诗的阐释[M].孙周兴,译.北京:商务印书馆,2009:40-41.

文也。"(《礼记·表记》)"是故君子服其服,则文以君子之容;有其容,则文以君子之辞;遂其辞,则实以君子之德。是故君子耻服其服而无其容,耻有其容而无其辞,耻其有辞而无其德,耻其有德而无其行。"(《礼记·儒行》)"仁"指的是儒家德性修养的核心理念,语言不过是人内在仁德修养的外在形式或体现。如同君子穿衣戴帽需要匹配的姿容一样,良善的德性修养也需要与之匹配的典雅语言来承载、传播,而典雅语言运用的能力自然取决于德性修养的深度与效度。"名不正,则言不顺;言不顺,则事不成;事不成,则礼乐不兴;礼乐不兴,则刑罚不中;刑罚不中,则民无所措手足。"(《论语·子路》)合乎道德规范的"名正"是"言顺"的必要条件,人的德性修养决定了"名顺"的程度与水平。

(二)高雅的审美情趣

美学家苏珊·朗格指出:"一切艺术都应该是诗的。"这自然包含了语言。典雅语言内涵中蕴含着诗的性质,即形象地、独特地深含着情感价值的审美情趣。比如,司空图在《二十四诗品》对"典雅"作了如下描述:"玉壶买春,赏雨茅屋,坐中佳士,左右修竹。白云初晴,幽鸟相逐,眠琴绿荫,上有飞瀑。落花无言,人淡如菊,书之岁华,其曰可读。"从中可以看出,所谓的典雅,如同一个得道的君子或者一个修行的雅士,在一个"修竹""白云""幽鸟""绿荫""飞瀑""落花"所簇拥的诗意场域中"饮酒""弹琴""观雨""赏晴"。读着这样的句子,我们不仅感到人与自然和谐、均衡、自由、统一的氛围,更感受到语言所表现的人生写意着"古朴""醇美"的内在气质和"优雅""清新"的外在风貌。"从明天起,做一个幸福的人/喂马,劈柴,周游世界/从明天起,关心粮食和蔬菜/我有一所房子,面朝大海,春暖花开。"读一读当代著名诗人海子的典雅诗句,感动我们的不仅是诗句所摹写的画面,叩击我们心扉的更在于诗人怀着对大地、对人类热爱的温情以及温熙的审美情趣。

(三)谦恭的交往态度

卡西尔指出,人是"使用符号,创造文化的动物"[1]。人在运用语言符号过程中不仅认识自然、社会与自我,而且生成各种对象性关系,运用语言的方式决定了认知方式,也决定了人与自然、社会、自我关系生成的

---

〔1〕 卡西尔.人论[M].甘阳,译.上海:上海译文出版社,2003:206.

方式。比如,我们日常交往中,遇到陌生人常会用到敬辞"您",在打听他人姓氏的时候常常会用到"贵姓"这样的典雅语言。古人打听别人的年龄习惯使用"贵庚""尊庚",老年人的年龄习惯称作"高龄""高寿"。而涉及与自己有关事件的时候大多用"舍下""寒舍""蜗居""愚见""浅见"等谦辞。日常通俗或粗俗的语言追求语词意义的稳定性、确指性,使"言说者—语言—倾听者"构成一种主客体指称与被指称的"我—它"关系,而典雅语言竭力在指称意义的基础上不断赋予语言良善的德性内涵、高雅的审美情趣,还由于表示了对交际对象的尊重,促使倾听者不但欣赏这些典雅的辞藻,而且感受着体现其中的说话人的谦虚礼让、宽宏大度的意味与态度,从而引起心灵的共鸣与言说的回应。言说者与倾听者构成了"我—你"对话的平等、互助、和谐的诗意关系。这种诗意关系自然也塑造、丰富着典雅语言,引领人与语言建立谦恭、平等的审美意向关系,赋予人、语言以新的存在方式,将人与语言共同带入审美之境。

(四)温和的言说方式

荀子在谈到语言的典雅问题时指出:"赠人以言,重于金石珠玉;观人以言,美于黼黻文章;听人以言,乐于钟鼓琴瑟。"(《荀子·非相》)语言的表达、鉴赏和接受均应该做到字字珠玑、句句悦耳、优美动听、耐人寻味。达成这个言说效果的原则除了"心合于道,说合于心,辞合于说"之外,还取决于"言简旨丰""言和意顺"的言说方式。这个言说方式在哈贝马斯看来就是以合乎道德本质的方式达成真诚而正当的交往目的。[1] 反映在中国传统文化的语境,就是诸如"主文""谲谏"[2]等温和言说方式。所谓"主文",即"主"与乐之宫商相应也,表明言说者言谈的时候态度是和蔼、热情的,语气是和暖、真诚的;而"谲谏",即"咏歌依违,不直谏"。"不直谏"指的是用"譬喻",即采用比兴等形象化手段,或借助客观的自然之物

---

[1] HABERMAS J. Introduction by Thomas McCarthy[M]//LENHARDT C,NICHOLSEN S W(trans). Moral consciousness and communicative action. Cambridge:MIT Press,1990.

[2] 语出《毛诗序》:"故诗有六义焉:一曰风,二曰赋,三曰比,四曰兴,五曰雅,六曰颂。上以风化下,下以风刺上,主文而谲谏,言之者无罪,闻之者足以戒,故曰风。"东汉郑玄《笺》曰:"风化、风刺,皆谓譬喻不斥言也。主文,主与乐之宫商相应也;谲谏,咏歌依违,不直谏也。"孔颖达《毛诗正义》说:"其作诗也,本心主意,使合于宫商相应之文,播之于乐。而依违谲谏,不直言君过失,故言之者无罪,人君不怒其作主而罪戮之,闻之者足以自戒,人君自知其过而悔之。"朱熹说:"主于文辞而托之以谏。"(见民国上海涵芬楼据宋刊本景印《吕氏家塾读书记(卷3)》)

理解与对话

以引发言说的对象，或将言说的情理隐含在客观的事物上以增加言说的形象性。"古者包牺之王天下也，仰则观象于天，俯则观法于地，观鸟兽之文，与地之宜，近取诸身，远取诸物，于是始作八卦，以通神明之德，以类万物之情。"(《系辞传下》)从善于以自然物象、人事意象为言说的隐喻本体，然后再类推到人世情理，使言说到达"言语之美，穆穆皇皇"(《礼记》)的效果，体现了言说者平等待人的社会意识，也表明典雅语言具备温和的言说特质。

二 典雅语言训练的教育价值

所谓"价值"，从哲学层面而言，指的是主体对主客体满足自己需要的评价或主客体满足主体需要的功能。价值形成的关键在于人的需要。因此，审视典雅语言训练的时代价值首先应从学生发展的角度，然后从语文课程建设的角度去审视。

(一)历史观照：典雅语言训练对语文生活世界的亲近、圆融和超越

我国的教育用什么语言进行言说一直是困扰教育者和研究者的一个难题。众所周知，我国清朝末年以前的教育，不论是诗教，还是文教，采用的言说方式都是文言话语。文言典雅、凝练，富有想象空间，但它也具有费解、难以大众化等局限，教育呈现"言文脱离""精英至上"等现象。历史的车轮驶进 20 世纪，以慈禧太后为首的满清政府实施"闭关锁国"的政策，导致中国在政治、经济、文化等方面全面落后西方列强，处处遭受他们的殖民掠夺。这引起了当时仁人志士的反思，其焦点就集中在"废科举，兴学堂"与"弃读经，倡实业"上。在五四新文化运动的推动下，人们强烈呼吁"言文合一"，促使教育从模仿、揣摩古人的语言和思想的文言言说方式的教育向讲究实用的生活实践服务嬗变，不但要求教学内容应该与学生生活、与社会实际相联系，而且要求从根本改变用文言言说方式的弊端，倡导白话的教学语言。有人甚至指斥文言是"愚天下之具"，赞赏白话是"智天下之具"[1]。什么是白话？新文化运动大将之一胡适在 1917 年11 月写给钱玄同的信中是这样阐释的："释白话之义，约有三端：(一)白话的'白'，是戏台上'说白'的白，是俗话'土白'的白，故白话即是俗话；(二)白话的'白'，是'清白'的白，是'明白'的白，白话但须要'明白如话'，

---

〔1〕 裘廷良.论白话为维新之本[M]//陈鸣树.中国文学大典(1897—1929).上海：上海教育出版社,1994:8.

不妨夹几个文言的字眼；（三）白话的'白'，是'黑白'的白。白话便是干干净净没有堆砌涂饰的话，也不妨夹入几个明白易晓的文言字眼。"[1]从胡适先生的阐释以及由此而生发的现代语文教学事实看，所谓的"白话"其实质就是与生活现实保持一致的"俗"话。

白话的言说方式确实为语文教育大众化、服务生活实践做了大量的工作，其中的缺陷也是显而易见的。由于缺乏文言的典雅，学生用语的随意性、世俗性成为不可避免的现象，而且在科学主义教育的左右下，这种随意性与世俗性又走上了功利性发展的轨道。白话的语言成了日常交际交流的工具，而相对忽视汉语言民族文化的传承功能以及作用于教育对象心灵的陶冶功能，致使学生的汉语言修养每况愈下，引发著名的语言学家吕叔湘先生等专家"咄咄怪事"的感叹。究其实，五四新文化运动以来，语文教育的"生活化"诉求存在一个这样的逻辑推理：教育生活化是促进社会发展并迈向现代化的重要前提，脱胎于生活的语言就是教育得以存在的本原；脱离生活的文言制约了教育的发展，因而制约了社会的发展，因此，文言应该向白话转化。这个推理存在逻辑前提的困惑：文言话语是不是生活的产物？文言的诞生有一个"口语—雅言—文言"的演化过程。其中"雅言"所起到的作用是对富有地方性的口头语言进行规范，而文言则是在雅言基础上进行语言的提纯。就语言进化的事实看来，文言自然也是脱胎于一定历史时期的日常生活且为这个特定的历史时期服务的。人们否定语文教育的文言言说方式，其实质应该是否定该言说方式赖以存在的历史条件以及为这个历史条件服务的教育旨意，而不应该否定汉语言原本就脱胎于人类日常生活世界所带来的典雅功能。

语言的进化史其实就是人类文明的进化史。典雅语言在人类文明的进化过程中一直承担着教师的角色。比如，在方言俗语鼎沸的先秦时期，人们为了达到便于沟通和理解的目的，自夏朝到周朝这段时期逐步提炼出以京畿语为基础方言或标准语结合其他的地方话所构成的"雅言"。它是官方标准口语与书面语的结合，不仅是口语与方言相对，书面语词的运用也同样与方言相对。据《汉书·艺文志》记载："六艺之文……《诗》以正言，义之用也。"[2]《论语·述而篇》也认为："子所雅言，《诗》、《书》、执礼，皆雅言也。"这说明诸如《诗经》这样的文化经典不仅是伦理教化的教材，

---

〔1〕 钱玄同.中国今后之文字问题[M]//中国新文学大系·建设理论集.上海：良友图书出版公司，1935：142-143.
〔2〕 班固.汉书[M].北京：中华书局：1962：1723.

更是语言雅化的教材,还说明这一时代的教育家乃至普通教师均承担着语言雅化的教学任务。《诗·大雅·板》中说:"辞之辑矣,民之恰矣;辞之怿矣,民之莫也。"《周易·系辞上》中称道:"君子居其室,出其言善,则千里之外应之,况其迩者乎?"无论是国家的教令,还是普通人的话语表达均应该做到和顺、优美(辑)、良善,只有这样,才会起到很好的交流、交际的作用。即使在五四新文化运动"文言缺位"的时期,人们高举语言"俗化"大旗也没有忘记语言典雅的宗旨。尽管一时难以找到《诗经》这般典雅语言的典范教材,但仓促之间推出的白话教材仍遵循着"推选白话文名家作品,注重现代汉语典范表达"的宗旨,语言训练也不是放任俗语俚词的使用,仍注重"辞达"。

因此,从人类文明进化和语言进化的关系上而言,原本典雅语言与人的日常生活就几乎是原始地结合在一起的。它为汉语言的统一、规范树立了一个又一个标尺,使汉语言的发展有了一个价值的指引,更由于对生活的亲近、圆融与超越,促使人的典雅语言训练和"引领教育对象过上理想生活"的教育目的紧密地联系起来,进而促使汉语言对提高汉民族的凝聚力、推进汉民族文明的进程发挥着深刻的影响。

(二)价值守望:典雅语言训练对学生精神世界的引领、建构和升华

语文其实是有关语言文字理解、接受、运用等训练的学科,其教育的主要任务就在于引导受教育对象掌握语言文字进行交流交际,进而通过语言文字去认识、理解并掌握其生存、实践的世界,从而促使自己不断发展。人的发展是一个追求和谐、完美的自我内在向善本性与社会规范、进步、发展等外在要求不断解构又建构的动态活动过程,这个过程是一个自然人的实然存在与理想人的应然存在不断交替又不断更新的过程。它不仅需要激发个体与生俱来的良善德性的原动力,还要集合其得以存身的社会全部优质文化规定性要求的力量。只有这样,人的发展才是自觉、完整、有个性而和谐的过程。在人的发展历程中,语言的作用和功能是不可或缺的。洪堡特指出:"通过语言进行的社会交往,使人赢得了从事活动的信心和热情。思维的力量需要有某种既与之类似又与之有别的对象:通过与之类似的对象,思维的力量受到了激励;而通过与之有别的对象,思维的力量得以验证自身内在创造的实质。"[1]人们掌握世界的方式通

---

〔1〕 洪堡特.论人类语言结构的差异及其对人类精神发展的影响[M].北京:商务印书馆,1997:66.

常有如下几种：其一，通过劳动实践对物质世界的掌握；其二，通过精神实践对精神世界的掌握；其三，通过符号实践的对"实践—精神"世界的掌握。劳动实践掌握的是自然的世界，精神实践掌握了人文社会的世界，只有符号实践才是对自我世界的塑造。人之所以成为人，就在于人能够创造性地运用语言符号学习一切陌生的东西，从而发展成为理想的自我。当代文化哲学家卡西尔认为人是创造性运用符号创造文化的动物，即语言的动物。显然，语言的参与，是人尤其是精神人发展的重要的、根本的内容。它是精神的创造活动，源于精神又反作用于精神。语言就内在地促进人的发展。因此，存在主义哲学家进一步肯定"语言是存在之家"。

语言不仅是人发展的催化剂，更是人类文明、文化产生、发展、传承、获得的中介与载体。而且从本质上而言，人总是以语言的方式把握和拥有世界，拥有什么样的语言就决定了他拥有什么样的世界。孔子采用典雅语言对其弟子进行"君子"般的教育，其期待的结果就是"文质彬彬，然后君子"。孔子认为"质胜文则野，文胜质则史"（《论语·雍也》）。他的这句话不仅指出了君子道德修养的原则，更成为语言训练的宗旨：文质彬彬的作品需要"雅言"来书写，文质彬彬的人才需要用"雅言"去训练。孔子是典雅语言教育的大家，一部《论语》，不仅记载着孔子及其弟子的嘉言懿行，而且成为典雅语言训练的典范。比如，子曰："为政以德，譬如北辰，居其所而众星共之。"（《为政》）他引众星环绕北辰星的现象做比喻，导引为政者修养德性，得到万众的欢迎，言辞含蓄，形象鲜明，耐人寻味，具有"言近旨远的艺术，典雅隽永的韵味，亲切可感的个性，情趣盎然的场景"等效果，把符合审美规范的语言形式和符合社会良善文化价值的思想内容有机地结合起来，做到文质彬彬、野史相胜。作为华夏儿女的"存在"之家，典雅的汉语历史性地保存着民族文化的踪迹和自我发展的内在本质。在典雅汉语的咏叹之下，先秦关雎的起兴，秦皇汉武的节拍，魏晋竹林的意境，唐山宋水的韵律，以及明月清风的音符，无不擦拭、温润过中华儿女的诗意心灵，点亮过中华民族的前行的路。典雅汉语承载着中华民族独特"天人合一"的诗性智慧，熔铸着中华民族"民胞物与"的诗意情怀，成为延续历史与未来的、挺立中华民族脊梁的血脉。

典雅语言是来自于现实生活又高于现实生活的实然与应然和谐统一的语言，人们在接受典雅语言熏陶的同时，其实就是凭借典雅语言进行实然生活的认知与理想生活的改造。典雅语言训练把人的物质实践和精神实践都浓缩在一个个具有精神性的符号里，这些符号又成为人前进的导引灯塔，成为人之所以为人的文化标志。关注语言，同时也意味着对那些寓于此语言里的人的生活状态的关注。作为语文教师,大家在努力寻找更好的向学生讲话的方式时,其实也是在为他们讲解更好的生活方式。从相对的和物质的意义上讲,拙于辞令的人过的是贫困的生活。从这个意义上而言,语言即态度,即价值,即感情,即能力,即思想。典雅的语言是承载着中华民族文明的精华和精神的质素,这一切将构成语文教学的精神内涵。也就是说,拥有典雅语言的人,其实就拥有健康的心灵。因此,语文教师就是一位"立言""立德""立人"的导师,是典雅语言的代言人。有效地对学生进行典雅语言训练,不仅能够导引学生带着诗意审视生活,延续中国诸如诗教的教育传统,更深远的意义还在于亲近汉语,维护汉语的主权,促使学生的精神世界诗意地发展。

(三)现实关怀:典雅语言训练对语文教学目标的承继、开拓和萃取

语文教学目标是语文课程教学的航标。新课程改革总体来说是成功的,但也存在改革的瓶颈问题。其中最关键的问题就是如何把握"知识和能力、过程和方法、情感态度和价值观"三维统一的设计语文教学目标。"三维目标"是设计语文教学目标,改革课程内容、结构和实施机制的基本理念,也是指导语文教学的根本原则。目前在实施新课程方案、落实三维目标的实践中,语文教学存在着顾此失彼的偏向:顾了情感态度失了知识技能,顾了合作过程失了自主感悟,顾了开放失了引导。[1] 大多数教师设计的语文教学目标成为应付检查的摆设,有的老师的语文教学活动"游离"于语文知识、技能之外,为活动而活动;有的老师脱离语文教学内容和特定情境,孤立地、机械生硬地进行情感、态度、价值观教育;还有的老师只关注知识的授受和技能的训练,冷落、忽视了过程、方法与情感、态度和价值观,从而从根本上割裂"三维目标"的本质联系。

判断语文教学目标是不是做到"三维统一",其标准就在于目标设计合规律性和合目的性的统一的程度。从合乎规律性的角度审视,语文教学的根本任务就是使学生在学语习文的同时涵养德性,学会做人。传统语文教学无论是教语还是学文,均要求做到"文道统一"。所谓"文道统一"绝不是一个单纯的学习应用语言形式的方法、技巧的问题,它涉及语言文本内容的德性修养、情感色彩和审美趣味以及蕴含其中的为人的价值取向。因而在关注语言"怎么说"的同时领悟"为何说",即必然接受作

---

〔1〕 温德峰,于爱玲.语文教学三维目标的"顾此失彼"[J].当代教育科学,2006,17:52-53.

者心灵和德行等内容的陶冶。朱光潜："我们不能把语文看成在外在后的'形式'，用来'表现'在内在先的特别叫作'内容'的思想。'意内言外'和'意在言先'的说法绝对不能成立。"苏联心理学家、语言学家维果茨基也认为："思想不是在词中表达出来，而是在词中实现出来。"可见，言语形式和言语内容是同时成就的。因此，将言语内容和言语形式统一起来成为语文教育的本质特征；促进语言和德性同构共生也就成为语文教学的根本规律，即语言训练和学生的人文精神培育——德性发展同步进行，二者水乳交融，达到圆融互摄的效果。从合乎语文教学的目的性来看，促进学生的语文素养全面而和谐发展是各个时期语文教学大纲修订以及新课程标准修订永不变色的根本目标。语文素养尽管涉及语文情商、语文智商以及语文能力等方面的内容，但无论是语文情感态度价值观维度的目标，还是语文知识能力培养维度的目标均需要依托"祖国的语言文字"。培养学生热爱祖国的语言文字的感情以及运用祖国语言文字的能力是语文素养发展的关键。那种游离于语言文字活动之外的语文德商、语文情商、语文智商以及语文能力培养只能是虚妄无力的，自然影响整个三维目标体系的和谐统一与全面达成。

"一言而可以兴邦"，"一言而丧邦"，"言在人在，言美人美；言兴家兴，言亡家亡；言雅国盛，言俗国贫"。典雅的语言承载了民族的文明精华和精神内涵，能够彰显言说者的不凡谈吐与高雅气质。语文教学回到"热爱祖国语言文字"的原点，将着力点指向典雅语言的练，不仅有助于语文课改建设富有针对性、适切性以及民族特色的语文教学理论，还有助于基础教育尤其是中小学语文教师素养培养调整实践着力点，更有助于中小学语文教学焕发诗意魅力。

"语言"教育的歧路和"文化"教育的回归[1]

——百年中国语文教育理论的反思

李山林[2]

摘要:现代语文教育理论将语言分为"内容"和"形式",继而将"言语形式"作为"语文学科""独立"的标志性因素。这种"言语形式教育"论违背了"语言不可分"和"语文能力整体性"的规律,虚化了语文教育的目标和内容,走向了一条歧路。集文史哲经等文化教育为一体的古代语文教育暗合了语文作为"百科之母"的综合性特征,从"文道一体"的本体观念,到目标、内容、方法都符合语文教育的固有规律。因此,回归"语言文化教育"是当代语文教育的必然选择。

关键词:言语形式教育;反思;语言文化教育;回归

新学制下的语文学科是从古代综合文化教育的母体中"独立"出来的。"语文"学科单独设置以来的百年学术史,可以说就是一部"独立"史。百年来,语文教育学界努力要做的一件事就是在理论上让"语文"彻底脱离它的历史文化教育母体,成为一个完全"独立"的现代意义上的学科。有学者撰文标题就是《为语文真正独立成科(课)而奋斗》[3]。李海林将现代语文教育理论发展概括为两大转折:一是由经义教学发展成为语言教学,被称为"语言的觉醒"。二是由语言知识教学发展成为语言运用教学,被称为"语用的觉醒"。[4] 这里,"经义"教学,是语文的"母体",而"语言"教学和"语用"教学则是标志渐次"独立"出来的语文"新体"。李海林的这种描述还是符合语文教育学术发展实际的。语文学科的命名史也大体展示了这一发展线索:从"读经讲经"到"中国文学、中国文字",再到"国文、国语",最后定名为"语文"。而"语文"的定名者叶圣陶先生对"语文"

〔1〕 此文为湖南省哲学社会科学基金项目"百年中国语文教育学术史研究"(12YBA128)的研究成果之一。

〔2〕 李山林,男,湖南科技大学人文学院教授,语文课程与教学论专业硕士生导师。

〔3〕 余应源.为语文真正独立成科(课)而奋斗[J].中学语文教学,2004,4:8-9.

〔4〕 李海林.语感论[M].修订版.上海:上海教育出版社,2007:1.

的解释是"语文就是语言",指口头语言和书面语言。至此,语文与语言几乎画上了等号,对语文的研究也几乎都从"语言"出发。于是,就有了20世纪"语言知识"主宰语文教育的时代,就有了由语言派生出的影响持久的"工具论"和"人文论"。本世纪以来的"语感论""言语教学论"和"言语形式论",也就有了写进语文课程法定文件的"学习语言文字运用"的课程性质话语。以上这些研究成果和学说,确实在理论上把"语文"从"经义"教学中解脱出来,使其彻底脱离母体,独立成为一门现代意义上的教学学科了。

独立出来的语文学科与它的母体(古代语文)的区别在哪里? 就在于一个认定"语文等于语言",一个是"文化综合体"。换言之,一个着落在"语言"上,一个蕴含在"文化"里。

问题是,"独立"出来的现代语文教育百年来不但绩效不显,反而屡遭诟病。有人用"有心栽花花不发"和"无心插柳柳成荫"来比喻现代语文教育和古代语文教育的状况。现代语文教育专一于"语言",学生的语文水平却越来越不尽人意;而古代语文教育用心在"文化",无心于"语言",却培养出了整体上语文水平很高的文人。这就令我们反思,立足于"语言"的现代语文教育理论是否走了一条歧路,而用心在"文化"的古代语文教育又暗含了多少语文教育的本体规律值得我们阐扬光大。本文拟从这两个方面做些初步探讨。

一 "语言"教育:现代语文教育理论的歧路

百年来,基于"语言"的现代语文教育理论,在发展中包含了多种学说:最初是叶圣陶先生提出的"生活工具论",接着是"明里探讨"的"语言知识论",本世纪以来有李海林的"言语教学论",王尚文的"语感论",余应源的"言语形式论",等等。这些学说尽管名目不同,内涵也有差别,但它们有一个共同的出发点,就是"语言"。有的强调语言作为"生活工具"的重要性,有的看重"语言知识"在语文学习中"明里探讨"的作用。"言语教学论"注重"语用","语感论"提出"语感"是语言能力的核心。"言语形式论"最致力于语文学科的"独立",提出语文教学的内容应该侧重"言语形式",并以此区别于其他学科的教学。这些理论的一个共同点都是把眼光落在"语言"这个他们认定的形式因素上,"语感"是对"语言文字"的感觉,"言语"是指"语言文字的运用","言语教学"就是"语言文字运用的教学"。"语言文字"是它们共同的关注点。概括来说,现代语文教育致力于学科独立的理论线索是"语文→语言→语言知识→言语→言语形式",即立足点从"语言"开始,最终落到"言语形式"这一单纯的因素上,以显示"语文"纯粹的本质。

现在我们提出一个问题:语言(言语)在教学的意义上,是否可以分离出"语言(言语)形式"? 语文中的"语言"是否就只指"语言(言语)形式"?

(一)语言不可分:来自语言本体理论的反思

语言可不可分,这牵涉到语言的本体理论。在语言学理论中,有许多不同的语言观。但在现代语文教育理论中,主要借鉴了"语言工具观",并写进了法定的课程文件:"语言文字是人类最重要的交际工具和信息载体。"把语言认定为"工具"和"载体",就埋下了"语言可分"的观念。因为语言是"工具",就意味着它与对象可以分离。这种可以分离的语言"工具观",在语言学史上早已遭到了洪堡特、卡西尔、伽达默尔等一大批语言哲学家的质疑和批判。实际上,在语言本体理论中,"工具"只是语言功能特性的一种比喻,它无法涉及语言的本体属性。语言在本质上显然不是"工具",而是人的精神经验本体。但由于语言具有"声音"和"文字"的物质外形,就被人误以为是一种可以"用"来使用的"工具"。殊不知,作为语言的"声音"和"文字"的物质外形只是人类精神所特有的一种象征符号,在这种意义上,我们说,语言是一种"音义结合"的象征符号体系。这种符号与它所象征的精神内涵是不可分离的。在语言中,有声语言的"语音"和记录有声语言的"文字"是黏附在它的"意义"上的,离开了它黏附的"意义",它就不是人类语言意义上的声音符号和文字符号。所以,作为语言的声音符号和文字符号虽然它表面上具有物质形式(可以诉诸人的外在感知的"音"和"形")的特征,但这种物质形式不具备"独立"的特性,它随它的"意义"生而生,也随它的"意义"亡而亡。换言之,语言作为人类精神经验本体,在人的生活世界中体现为一个言意整体——意成于言,言即为意,言生于意,意即为言,言意一体,不可分割。由此可见,"语言(言语)形式"是一个无法分离出来的东西,自然,"语言(言语)形式"论在学理上也是很难成立的。

(二)语文能力的整体性:来自语文教学的反思

从语言(言语)的不可分,说明语文教学无法纯粹立足于"语言(言语)形式"。我们再从语文教学的目标来看。语文教学的目标是培养学生的语文能力,那么,这个"语文能力"到底是个什么东西? 是由哪些因素构成的？如果说语文能力就是语言能力的话，那么从语言是人类精神经验本体的观点来看，语文能力就是人的综合性的精神能力，它也是一个不可分割的整体。现代语文教育理论基于"语言可分"的"工具"观，对语文能力的研究特别强调"运用"语言的途径、手段等因素，如将语文能力分为读写听说四个方面，又分别对这四个方面的构成因素进一步分析。如阅读能力就分成认读能力、解读能力、鉴赏能力；写作能力又分为一般能力（观察力、思维力、想象力等）和特殊能力（审题立意、确立中心、谋篇布局、遣词造句等）。这些研究都是立足于"运用语言"的能力角度，对于培养"综合性"语文能力而言，其偏颇和缺陷是明显的。因为语文能力是一种综合性的精神能力，它的构成不单纯只是"语言工具论"者所谓的"语言运用"因素，还有更重要、更为根本的文化因素。如知识因素、认知因素、思想感情因素这些在语文能力中可能比"语言运用"因素更为重要，更为根本。无论是阅读还是写作，缺少这些因素就谈不上阅读和写作这些语言运用行为。比如说，你对某一领域的知识一无所知，尽管你所谓的语言能力强，能说能写，但你面对这一陌生领域，你也会无话可说，无从着笔，这时你就谈不上"语言能力强"，也算不上"能说会写"了。可见语言能力是建立在相应的知识、认知和思维能力基础上的，离开了相应的知识、认知和思想，所谓的语言能力只是"空中楼阁"。关于这一点，有心理学家早已提出，认知发展是语言发展的基础。[1] 现代语文教育理论尤其是那些所谓的"科学化"理论，特别强调"语言（言语）技能"的训练，很有可能是一种舍本逐末或颠倒本末的做法。语文能力是一种综合性的能力，它聚知识（认知）、思想（感情）、审美、思维和语言技能于一体。这种综合性是无法切分的，无法把其中的某一因素分析出来专门培养某人这一方面的能力，尤其是不能把"语言技能"独立出来专门培养。事实是，知识、认知、思想、思维、审美这些都是"语言"的，而"语言"又无法脱离这些而"独立"，所以，着眼知识、认知和思想，也就是着眼"语言"；"知识"和"思想"体现为具体的"语言"（言语），我们掌握了一种"知识"和"思想"，就是掌握了一种具体的"语言"（言语）。所以，拥有了丰富的知识、认知和思想，也就具备了良好的语言能力的基础。但这句话不能倒过来说，不能说拥有了良好的语言能力，就拥有了丰富的知识和思想，而应该说，没有丰富的知识和思想，就不可能具有良好的语言能力。因为，是知识、认知和思想决定语言，或者说先

---

〔1〕 朱曼殊.儿童语言发展研究[M].上海：华东师范大学出版社,1986:195.

于语言。语言起源的事实应该是,先有事物要认知,人类才创造语言来命名事物;先有思想感情要表达,人类才发出声音,形成了有声语言。在创造语言的素材非常完备、充足的今天,我们无须先有认知和思想再来创造语言,因为有先人创造的现成语言来表现这些认知和思想。但面对这些用语言形态承载和表现的知识和思想,人们着眼的自然是知识和思想,而不是承载和表现知识和思想的语言,只是在获得这些知识和思想的同时,自然也就获得了承载它的语言形态。同样,当你准备传递某些知识,表达某些思想时,自然也就是用和这些知识与思想一起的语言形态来传递和表达了。

由此可以看出,构成语文能力的知识、思想等内容因素与语言表达等形式因素是一个不可切分和分割的整体。如果一定要区分二者,也是知识、思想的内容决定语言表达形态,而不是相反。知识、思想是语文能力的决定性因素,语言表达技能只是次要的附带的因素。

综合性、整体性是一个人语言能力的宿命,它决定了培养语文能力的语文学科的综合性,也决定了语文教材的综合性。综合性的语文能力只能用综合性的文本作为教学内容来培养。百年来,现代语文教育理论为了实现语文学科的"独立",为了论证语文学科不同于其他学科的区别性特征,将不可切分的综合性的语文能力强行分离,借用某些语言学的成果和概念,把"语言(言语)"因素独立出来。具体表现为:在本体上,把语文教育窄化为"语言(言语)教育";在目标上,强调"学习语言",突出"语言运用的能力";在内容上,主张只有"语言(言语)形式"(即"怎样传递信息")才具备"语文教学价值"。这种把脱离语文的文化内容而根本不可能存在的抽象的"语言(言语)"作为语文教育的本体以及由此而衍生出目标和内容,只是研究者们一种虚幻的理论构想。尽管这些理论也系统自洽,圆融自足,但在实践中却找不到有效的落脚点。而且,这些理论在语文能力的综合性面前,变得苍白无力,变得那么不合理。为什么从以前到现在,语文教材始终以综合性的选文为主?就是因为它具有综合性而适应综合性语文能力的培养。而"言语形式论"者,恰恰要抛弃的就是选文的这种"综合性",只选取选文中的一项功能因素——"怎样传递信息(言语形式)"的所谓"语文教学价值",将其作为教学内容。实际上,"怎样传递信息"这项内容,在选文中是不可能独立存在的,是论者为了语文学科的独立性臆想出来的。殊不知,人类的用语言"传递信息",不像物质界传递物件可以把传递之"物"与传递"工具"分开,人类的用语言"传递信息"本身,是无法把"传递"和"信息"分开的。一个文本中,语言即信息,信息即语言,无法离开"信息"来讲如何"传递"。实际上，我们的"言语形式论"者说"一个词用得好""一句话写得妙"，都是基于这个词和这句话的信息而言的，即"这个词表达的意思好""这句话传递的意思妙"。这里，离开了这个词和这句话在特定文本中的"意思"，这个词和这句话也就不存在了，还凭什么来谈"怎样传递"？如阅读教学，面对一个文本，离开文本中特定的文化内容，能够找到"语言形式"吗？离开了特定的表达内容，如何去谈"怎样表达"？在写作教学中，离开了具体的写作内容和写作情境，又能用什么去指导学生"怎么写"呢？语文教学中，许多对所谓语言形式特点（写作特点、艺术特色）的分析，最后大多落在对"内容"的分析上，正应了那句话："能恰当表达内容的形式是最好的形式。"

当然，"怎样传递"在"言语形式论"者那里，还是有具体所指的，但所指的都是一些"研究"出来的静态的学术性的言语知识。这些知识只是人类为了建立某种知识体系写进语言学（或语用学）、写作学教材中的，对学生的语言能力来说，与其他百科知识的作用没有差别，也只是作为一种知识性和认知性的话语图式积累在学习者的语言仓库里。一旦在语言学领域或写作领域的话语交际中，这些语言学知识和写作学知识就可以发挥作用，但在其他领域的话语交际中就很难发挥作用。比如写作中"段旨一也"的构段规律知识，属于"怎样传递"的知识。但如果一个人在缺乏相应的知识的领域中说话和写作，尽管他懂得"段旨一也"的构段规律知识，他也无法写出一个语篇来。而实际的情形常常是，那些掌握和积累着各种丰富的知识性和认知性的话语图式的人来说，这些所谓的"段旨一也"的"怎样传递"的知识，常常是作为一个人隐性的、缄默的知识储备，尽管他也可能不能用学术性的语言说出来。因为，那些他拥有的知识性和认知性的话语图式中，有许多就是用"段"的完整形式储存起来的。

综上所述，在语文教学中，脱离文化内容的"独立"的"语言（言语）形式教学"已成为不可能，所以"语言（言语）形式教学"的提法不仅仅窄化了语文，而且还虚化了语文，使语文教学的目标和内容变成"虚无"，让教师无从把握。而正是这种表面堂皇实际虚无的"言语形式教育"理论将语文教育引入了歧途。

（三）语言作为"文化"背景：来自语文课程性质的反思

毫无疑问，语文教育是以"语言"为核心内容的。如果要追溯一门课程的学科根源，那也只能是"语言"学科。在这个意义上，现代语文教育理论认"语言"为本体，是没有错的。现代语文教育理论的偏颇甚至错误在于"语言观"的错误。具体来说，在于过分简单地看待语言，只看到了语言实用层面的"工具"功能，而忽视了"语言"这个人类特有事物的复杂的文化属性，忽视了"语言"在人类文化中的"根源性""背景性"地位。

有一种"背景"理论将人类文化分为"背景"和"文化本体"。这一理论下，"语言"就是人类文化产生的"背景"或"根源"，而各个门类的学科体系构成"文化本体"。现代学校教育课程体系就是依据这种划分来设置的：首先，把基础教育的课程划分为语文课和其他课程；然后，人们再根据构成"文化本体"的其他学科门类划分为数学、物理、化学、政治、历史、地理等。可见，语文课与其他课程并不处在同一个文化层次上，语文课是人类文化第一次划分的结果，其他课是人类文化第二次划分的结果。也就是说，语文课作为专门的"语言"课，是其他课程要凭借的"背景"。这一理论，较好地说明了语文的"百科之母"的基础特性。然而，也正是这种"百科之母"的基础特性，给语文课程带来了不同于其他课程的综合性和复杂性。语文是以"语言"为核心的课程，但"语言"作为人类文化活动的"背景"只是一种抽象的存在，它必须借助人类的其他文化活动才能获得具体的内容。于是，语文课程内容，在很大程度上就只能依附、寄附于一般的文化活动之中。比如，我们学语言，不能从抽象的"语言"本身去学，只能从语言文化活动和语言文化作品中去学。[1] 所以，我们不能说语文只等于语言，应该说语文等于文化中的语言或语言中的文化。语文的内涵除了"语言"之外，还有更为重要的各种各样的文化因素。在具体的语文教学内容中，"语言"与它所寄附的"文化"是密不可分的。所以，与其说语文教育是一种"语言"教育，还不如说语文教育是一种"文化"教育。因为，在语文教学内容中，"语言"只是一种抽象的存在，而"文化"则是实实在在的东西。比如，教《胡同文化》，实实在在可教的内容主要是老舍关于北京"胡同文化"的描摹和感想。教《中国建筑的特征》，可教的也只有梁思成笔下的建筑文化知识。至于文中的那些字、词、句、篇知识和"表达方法"等"语言"内容都寄附在关于"胡同"和"建筑"的文化内容之中。我们不可能离开"胡同文化"和"中国建筑的特征"这些文化内容来教那些"语言"内容。实际上，离开了文中"胡同文化"和"中国建筑的特征"的文化内容，那些所谓的"语言"就只是一种抽象存在了，还从哪里教起？可见，我们只能是从文化中学习语言，或说语言学习从文化学习中来，文化学习是语言学

---

〔1〕 王荣生.语文课程与教学理论新探[M].上海：华东师范大学出版社，2008：14.

习的凭借，是语言学习的现实存在。

百年来的现代语文教育理论对"语文"存在两层遮蔽：先凭借"工具论"的观点用脱离"文化"的"语言"因素来遮蔽"文化"因素；继而采用"二分法"把语言分为"语言内容"和"语言形式"，再用"语言（言语）形式"来遮蔽整体性的"语言"。现代语文教育理论之所以要这样对综合性、整体性的"语文"逐级剥离，层层解析，都是出于"语文"学科化"独立"的理论建设需要。许多学者一门心思要论证的就是"语文"与其他学科的区别性特征，于是就千方百计寻找其他学科之所无、语文之所专的东西，但是从"语言"到"言语"，这些好像其他学科都有，不能体现语文之所"专"。最后，他们找到"语言（言语）形式"，似乎这就是其他学科之所无、语文之所专的东西了。于是，语文"纯粹"了，语文学科终于"独立"了。这就是现代语文教育理论走向歧途的心路历程。这种"独立"理论在还原"语文"的文化综合性、整体性面貌后，其错误显而易见。那么，古已有之的语文教育需不需要"独立"成为一门"学科课程"？

新学制下的其他基础教育课程因为是按照现代学术学科门类划分设置的，自然有相对应的单一的学科知识基础，他们都有自身所"专"的特殊内容，具有独立成科的资格。而语文作为"百科之母"，它固有的综合性特征决定了它很难有鲜明的自身所"专"的特殊内容，其内容涉及文化的方方面面，可以说，语言所涉及的内容都是"语文"的内容。或说，"语言"是语文所"专"的内容。但上面已经论述，语言离开了它所涉及的文化内容就只是一种抽象的存在，那么，这个"专"也就很虚幻了；再者，"语言"也并非只有"语文"才有，其他学科中都有"语言"，也就不是语文之所"专"了。如果说，具有所"专"是一门学科独立的必备条件的话，那么，语文不具备这个条件，它就很难在学术学科的意义上独立成科。事实上，集文史哲经等文化教育为一体的古代语文教育暗合了语文作为"百科之母"的综合性特征，新学制下单独设科的语文课程应该尊重、保持和顺应语文这种固有的必然的"综合性"特征，没有必要为了"语文"学科化、科学化的学术尊严，不顾事实、违背必然来强行追求学科"独立"。如果我们换一个角度来思考，正是语文学科的这种综合性特征使它与其他"专门"学科区别开来。语文学科就是要以它的文化综合性来"独立"于基础教育学科之林。

我们的语文教育单独成科一百年来，为"独立"奋斗了一百年，却走向了一条违背自身固有规律的歧路，不能不令人慨叹。慨叹之余，我们又不得不回归到综合性的语文教育传统——"文化"教育之路上。

二 "文化"教育:语文教育本体的回归

中国古代语文教育是以整体性、综合性的文化教育的面貌呈现的。古代语文教育无论在官方还是在民间,最朴素的名称是"读书"和"学文化"。古代语文就包含在"书"和"文化"中。古人"读书"的目的是"学文化",即增长知识,提高对事物的认识,接受思想情感教育,语言能力不被特别强调但内含其中,自然生成。古代语文教育的目标和功能不单纯是培养学生的"语言能力",或者说不是刻意培养学生的"语言能力",更重要的是培养学生的基本文化素养。如古代的识字教材是与文化教育结合紧密的,《幼学琼林》《三字经》都蕴含着丰富的知识教育与思想教育内容,识字读本就是文化读本。识字教学不是为了单一的识字目标,文化知识的学习可能是更为重要的目标。至于读书、作文也不是单纯为了培养阅读能力、作文能力,恐怕还有更为重要的文化教育的目的在。如"读书"关注的是书中的"义理",目标在于儒家思想教育,而"作文"也主要是"代圣人立言",阐释儒家思想,实际也就是通过"读书"和"作文"的途径来加强思想文化修养。

这种语文教育确实没有关注"语言"的因素,确实没有突出"语言能力"的培养。但"无心插柳柳成荫",在培养学生文化修养的同时,他们也打下了扎实的语文功底,语文能力得到了很好的发展。

现代语文教育"单刀直入"于"语言",却"有心栽花花不发";古代语文教育"剑走偏锋"于"文化",而"无心插柳柳成荫"。这表明了语文教育的复杂性,甚至某种神秘性和怪异性。这种特性,张志公先生在《两个奇怪的现象》一文中就探讨过。[1]

那么,"文化教育"与"语文教育"之间到底存在哪些关联、相通性乃至一致性呢? 除了上面已经论述的"语言"与"文化"的必然关联外,在语文教学的实践层面也有以下几个方面值得我们深入思考。

(一)"文化"教育基于"文道一体"的本体观念,符合语言教育的本质

着眼于"文化"教育的语文建立在"文道一体"的本体观念上:文即是道,道即是文。因此,没有必要刻意关注"文"。从"道"入手,原"道"重

---

〔1〕 张志公.语文教学论集[M].北京:人民教育出版社,1994:41.

"道"，"文"自然就在其中了。古代的所谓"言为心声""文品即人品""文道统一"都是这种语文本体观念的具体阐释。这种认识符合语言教育的本质。语言本来就是人的精神（包括认识和情感）符号，语言教育就是精神培育。一个人的语言发展与精神成长是同步的、一体的，也许伴随精神成长的"语言"是"内语言"。此外，还存在一个形诸"表达"的外在的语言形式的问题。但我们应该特别重视和关注与人的精神联结一体的"内语言"。换言之，在"内语言"和"外在的语言形式"二者中，"内语言"应该放在首位。因为"内语言"是"外语言"生成的基础和依据，没有丰富的"内语言"，自然就不会生成丰富的"外语言"。比如我们作文时的构思状态，先是"内语言"非常活跃，然后才是寻找、斟酌、推敲合适的外在语言形式表达的问题。并且，外在的语言形式很可能是无法教也教不会的，是内语言自然生发出来的。所谓"内语言"，就是人的精神和语言的结合体，这个东西越丰富，人的语言能力就越强。着眼于"文化"教育，强调的是语文的人文"化育"功能，目标就是培育人的精神，在语言教育的意义上，也就是培育和丰富人的"内语言"。至于外在的语言表达技能，很可能无法通过"教"来培养，只能在"内语言"自然生发的基础上通过一定量的练习、实践、历练而在这一技能上实现熟能生巧。这也许就是着眼于"文化"的古代语文教育"无心插柳柳成荫"，而专一于"语言"（外在语言形式）的现代语文教育却"有心栽花花不发"的根本原因吧。当然，现代的语文教育也不乏遵循这一规律的成功者，如于漪、韩军、王崧舟等应该都是着眼于语文的人文化育功能而获得杰出成就的代表。

（二）整体完备的思想文化教育有利于学生整体语文能力的培养

古代语文教育因为着眼于文化教育，自然在文化内容的选择上颇费工夫，颇为讲究。无论是儒家经典的书册阅读还是文选阅读，选择的都是相对完整、完备且成系统的思想文化内容，主要是统治阶级的主流文化思想即儒家文化思想。学生通过一定阶段的语文学习，对儒家文化思想基本上能有一个大致的、整体的接受。我们丢开文化思想的性质不谈，就语文教育来说，这有利于学生语文整体能力的培养。从语文能力的整体构成来看，语文能力与思想认知密切相关，相对完备、完整且成系统的文化思想教育给学生留下的是完整的言语板块图式，这种语言和思想认知结合的言语板块无论在阅读还是在写作中都起着很大的作用。古人在语言能力表现上融会贯通、引经据典、侃侃而谈与古代的语文教育内容这种整体推进策略有关。因为思想板块就是语言板块，思想的完整就是语言的完整，思想的破碎就是语言的破碎。现代语文教育因为着眼于"语言"，自然对"文化内容"不甚着意，其教育内容呈现出一种离散破碎的状态。语文教材的课文杂多离散，由一篇篇没有多少思想文化联络的文章组成，学生面对的是走马灯式的知识和思想的碎片，学生的大脑成了一个个思想的跑马场。在语文教学中，学生在接收文化的过程中应接不暇而又走马观花，留不下多少完整的文化印象，形不成一种整体的文化教育。现代语文教育中思想文化内容的离散破碎导致学生学习的是无法组织迁移的言语碎片，自然就难以形成完整的语文能力。

(三) 与整体性的"文化教育"相适应，教学方法也从"认知积累""整体推进"着眼

显而易见，与现代语文教育理念中努力彰显"语言形式"相反，着眼于"文化"的语文教育的显著特点是把思想文化内容的学习、领会、理解和积累放在首位，而对那些黏附着的语言文字等表达形式因素只作为内隐学习的内容。这就是所谓的"经义"教学。为了适应这种"经义"教学，采用的教学方法主要就是"熟读、精思、博览"。如果用一个字概括，就是"读"。这也就是古代语文学习叫作"读书"的自然含义吧。"熟读、精思"追求"读"的深度，包括记忆之深和理解之深；"博览"追求"读"的广度。在深度阅读和广博阅览中，学生把经典文章中的思想内容整体性地接受和储存起来。因为这些"思想内容"是通过整体的文本诵读记忆储存的，它们实际就是一个个完整的"言语板块"。这些"言语板块"的逐渐积累，既丰富和开阔了学生的思想情感世界，其中暗含的言语规律也成了学生通过"内隐学习"拥有的隐性知识。伴随"言语板块"的积累，学生的语言能力就自然发展起来了。学生的语言能力之所以能在这种简单朴素的"读书"中积累发展起来，是因为它暗合了人类语言发展的以下规律：其一，认知发展是语言发展的基础；其二，语言能力不能分进合击，只能整体推进；其三，母语的习得是内隐学习、内隐记忆的结果，内隐认知机制是母语个体发展的一条客观规律。通过"读书"，学生积累的思想内容促进了认知的发展，为其打下了语言发展的基础，也就是前面所说的丰富了学生的"内语言"。积累的"思想板块"即"言语板块"具有整体性，有利于学生整体性的语文能力的形成。至于"言语规律"，与其把它作为显性知识进行分析讲解、传授，还不如让学生在读写实践中通过内隐学习积累更符合语言学习的规律。多年来，用"语文知识"来"明里探讨"的教学实践的失败就说明了这一点。

（四）着眼于"文化"的语文教育有利于儿童"口语书面化"，有利于快速形成和提升书面语言能力

学校语文教育是在儿童的母语口语已经熟练的基础上起步的。从这个意义上讲，学校语文教育的主要任务是使儿童"口语书面化"，快速形成和提升书面语言能力。古代的口语与书面语差距很大，书面语言的学习显得尤为重要。在"言文一致"的今天，书面语言的学习仍然应该是语文教育的重头戏。第一，书面语言有一套文字符号要掌握，这是"口语书面化"即阅读和写作的基础；第二，书面语言与思想文化的学习紧密相关，可以说，缺乏书面语言能力就无法有效深入地接触和接受思想文化。所以，书面语言能力不仅仅是衡量一个人语言能力的主要标志，还是一个人思想文化水准的标尺。现代语文教育理论出于"生活工具论"的实用观念，将口头语言和书面语言放在同等重要的位置，无形中淡化了书面语言在语文教育中的相对重要性。着眼于"文化教育"的古代语文可以说主要是"书面语言"的教育。古代语文教育是将书面语言教育与文化教育紧密结合在一起的，甚至可以说，书面语言教育的目的是文化教育，但这种文化教育反过来又更好地促进了书面语言教育。如古代的识字教育与文化教育紧密结合，"三百千"这些识字教材包含着丰富系统的文化知识，被誉为"袖珍的百科全书"。现代语文教育的识字教材，不注重汉字的文化内涵，被识读的汉字没有内容逻辑上的关联，教学功效单一，缺乏"三百千"的综合功效。学生除了识字之外，没有留下太多的文化积淀，自然就影响了书面语言能力的快速提升。

三　结语

我们主张的语文教育是着眼于人的"精神培育"的教育。因为我们认为，作为"人之所以为人"的标志的"语言"本质上就是人的精神经验本体，人的语言能力主要是精神能力，语言能力关键的、决定性的因素是人的认知、思想和感情。这些认知、思想和感情与"内语言"组成一个不可分割的"言意体"，作为语言物质外形的声音和文字只有黏附在"内语言"这个"意义"上才具有"语言"的性质。因此，真正的语言是不可分的，尤其是不可能从整体性的语言中分解出所谓的"语言（言语）形式"来进行"独立"教学的。语言与精神共生共长，语言与语言能力的精神性和整体性决定了语文教学目标是"精神培育"，教学内容是"思想文化"，教学策略是"整体推

进"。基于以上的认识,我们对着眼于"语言"分解的现代语文教育理论做了反思和批判,而对着眼于"文化"综合教育的古代语文教育进行了阐释和推崇。

在语文教学中,我们把"文本"(课文)看成一个"言意整体",进行诵读、理解、记忆,强调积累,看重内隐学习的作用。我们不刻意将语文分为"内容"和"形式",因为二者无法分离,我们着眼于"思想内容"却内含着"语言形式",我们着重学生的思想文化积淀,语言积淀也包含在其中。我们把"语言"看成一个"精神体",也把"精神"看成一个"语言体",并以此谋求语言与精神的同步发展。

义务教育语文教学中语感培养的再探讨

江　平[1]　余婷婷[2]

摘要:义务教育语文教学中的语感培养至关重要,很多语文教育大师都认同这个观点。但是小学语文实际教学中存在着一些问题,比如教材本身选材有问题,教师无法顾及语感培养。由此笔者从教材选编、教学过程、师资培训以及教学考核与评价等四个方面进行探讨并提出改进的建议。

关键词:语文;语感培养;问题;建议

义务教育语文教学的语感培养是高中(含普高和职高)学习阶段语文教学中语感培养的基础。笔者认为,小学的语文教学往往侧重于字词句段篇的教学,可称为基础语感的培养阶段;初中的语文教学一般侧重于文章的教学,有的称为实用文体的教学,可称为文章语感的培养阶段;而高中的语文教学,较多地侧重于文学的教学,可称为文学语感的培养阶段。这里强调的是,小学语文教学中的基础语感和初中语文教学中的文章语感培养,显然是为高中语文教学中文学语感的培养做铺垫、打基础的。[3]

现当代语言应用及语文教育大家从夏丏尊到吕叔湘到王尚文等,无不关注中小学语文教育中的语感培养。此外,一些著名的学者与作家,如朱光潜、郭沫若等,同样也重视语感在创作与鉴赏文学作品中至关重要的功用。二十世纪末,王尚文先生的专著《语感论》出版后,对中小学语文教学的影响是巨大而深远的。二十世纪末语文论争之后,新课程改革之前的小学与初中语文教学大纲已经涉及语感的培养[4],这些可以作为二十世纪末语文论争的一个硕果。王教授的呐喊,众专家的称赞,教科院机构的呼应,推动了教育部实施义务教育新课程改革。其颁布的语文课程标准的表述中非常重视语感培养,曾有六次提到语感培养。笔者曾写短文表述了对语感培养的赞同:这是对语文教育的正本清源,强调语文教学回

〔1〕　江平,男,杭州师范大学经亨颐学院教授,语文课程与教学论专业硕士研究生导师。
〔2〕　余婷婷,女,杭州师范大学教育硕士。
〔3〕　江平,朱松生.小学语文教学论[M].上海:上海三联书店,2001:14-16.
〔4〕　郭根福.小学语文教学大纲及教材分析[M].长春:东北师范大学出版社,2001:203.

归到本色当行。这是当今语文教育研究者针对语文教育的"技经肯綮"而锻造打磨的"疱丁之刀"。语文教育实践者有了这把快刀，理应有助于破解语文教育的"技经肯綮"。然而事与愿违，现实与理想还是有些差距的。

十年后教育部颁布的 2011 年新课标修改稿，再次提及语感与语感培养且共提及七次。笔者欣喜有余，但还是有所忧虑。

第一，不容置疑，新课程的教材编写、内容学习与项目练习，较以前重视了语文教学中的语感培养。然而，这样的编写尚有待于改进与提高。人教社版的小学语文教材在编写中，其教学内容的安排、练习项目的设计、评价指标的把握，对语感及其培养方面的考虑与安排数量不多，质量不佳。建议在科学性、层级性和可行性方面做些努力。

第二，我们在教师培训及进校听课的过程中，与一线教师进行课后交谈后，不得不遗憾地说，迫于合格率、优秀率、升学率以及小升初等应试教育的压力，在日常的小学语文课堂教学实践中、小学语文教学设计中以及教学评价与检查中，很少有教师能有意识地在教学中进行语感的培养，很少有教师有意识地在教学设计或教学评价中对语感培养有所关注或涉及。细究其因，一是尚未在教学设计及实施中重视语感培养；二是尚未在教学评价中对语感培养有所考量。当然，还有相当一部分教师忙于班主任的管理工作与语文教学的事务，对语文新课改中语感培养这一关键性的教学及评价工作听而不做、视而不见，真是置若罔闻啊！殊不知，选编富有各类语感特色的教材内容，抓住语文教学中的语感来培养以及评价，是事半功倍的。因为这把"疱丁之刀"，是破解语文教育中效果不佳、效率不高的快刀。而眼下的教学现实，真叫人有恨铁不成钢的感觉。目前的课改已十年有余，虽然收获多多，但是相当数量的一线语文教师尚未确认并知晓语感与语感培养这两位"陌生来客"的"身份"与"来意"，其设计的教学过程以及产生的教学效果就可想而知了。有鉴于此，建议如下：

首先是教材选编方面。选编适合儿童、少年两个学生发展阶段的各类语感特点明显的教学材料，编辑为小学与初中学习阶段的语文用书及学习材料。通过学与习，培养儿童、少年形成良好的语感，为少年儿童奠定义务教育阶段扎实的语言文字基础。

其次是教学过程方面。新课程的教学过程涵盖的内容明显地丰富了。一是知识与能力，指平常所说的知识传授及能力培养。在本文中，即在前面提到的传授字词句段篇知识与训练听说读写书技能。二是过程与方法。语文学习的过程就是学习与掌握语言知识，练习语文能力的过程。这里的方法显然指的是传授语感的方法，训练语感能力的方法。概而言之，就是指学习过程与训练过程中的方法。三是情感态度价值观。语文是思想性尤为明显、情感性特别浓厚的学科。学生在学习过程中会不知不觉地受到课文或课外学习材料中观点与情感的影响与引导。可见整个学习过程中，教师的及时引导与关键点拨是不可忽视的。

再次是师资培训方面。一是选择熟悉义务教育语文教学现实的高校教学和科研专家，对各省、市、县小学与初中语文教研员进行研究培训，主题为突出语感与语感培养的理论提升及能力强化。此举以促使他们在工作中逐渐摒弃应试教育的那些教学陋习，杜绝越界在小学或初中赶时髦、弄噱头，大讲文学作品的个人喜好，便于引领并带动广大中小学语文教师重视义务教育阶段对基础语感和文章语感的培养，并在语文教学实践中突出对这两类语感的培养。二是提高中小学一线语文教师的语言涵养，具体地说，组织一线教师学习语言学及文章学的基础理论，使其掌握基础语感与文章语感的培养方式及具体做法，能够在理论指导下，运用学用结合、科学可行的途径手段与方式方法对中小学生进行语感培养。

最后是教学考核与评价方面。教学的考核与评价要侧重教学实践中的效果。知识性方面的可少一些，实践性方面的要多一些，要分别重在评价与考核出小学生和初中生的语言文字和语言文章的语感水平。换句话说，要侧重于听说读写书的能力运用水平，兼顾听说读写书的知识掌握程度。

语感及其培养除基础语感与文章语感之外，还有文学语感。在义务教育阶段文学语感少提为好，因为这是高中学习阶段重点训练的内容。当然，在小学和初中涉及文学作品教学时，例如古诗、童话、寓言、散文以及儿童小说等等，就与高中阶段的文学语感有一定的关联了。建议教师在义务教育阶段讲授此类作品内容后，略提各类的语感特点即可，其他的少讲为宜。

理解与对话

教科书叙事:儿童及其与成人的关系

——以民国初年四套初等小学国文教科书为中心的研究

夏燕勤[1]

摘要:本研究运用叙事理论,以民国初年四套初小国文教科书为中心,试图从"故事"和"话语"两个层面研究其中的儿童形象、儿童主体意识以及儿童与成人的关系。研究发现,叙事课文努力构建连贯性,塑造拥有良好德性、尚实、尚武、有美感以及具有强烈主体意识的"共和国民"形象。这对民国初期的受教育者具有启蒙意义,也有助于受教育者认同其新的"共和国民"身份。同时,教科书努力传承中华传统中的优良文化,如注重儿童德性养成、重视亲情等等。不过,其中也出现了矛盾与对立,这些矛盾与对立又建立起另一种连贯性:传统的"父尊子卑"观念仍在延续;儿童在和成人的关系中仍处于从属地位;儿童与成人总体仍是两个对立的世界。这一保守倾向在"新学制"颁布后的初小国文教科书中有了质的转变。

关键词:民国初年;教科书;国文;儿童;叙事理论

1912年1月19日,中华民国临时政府成立不久,教育部电告各省颁发《普通教育暂行办法》,要求各书局务必顺应时势,重新编订出版符合共和政体要求的教科书:"凡各种教科书,务合乎共和民国宗旨。清学部颁行之教科书,一律禁用。"[2]当时最大的新式出版机构商务印书馆和新创建的中华书局闻风而动,为满足共和国教育需要,编辑出版了多套新式教科书。不过,所谓"新式"并非是全然改换。由于国体政体变化迅速,加上清末教科书改革的基础,教育部对原有教科书采取略为宽松的处理办法:"凡民间通行之教科书,其中如有尊崇满清朝廷,及旧时官制、军制等课,并避讳,抬头字样,应由各该书局自行修改,呈送样本于本部,及本省民政

---

〔1〕 夏燕勤,女,浙江大学教育学院课程与教学论专业博士研究生。
〔2〕 璩鑫圭,唐良炎.中国近代教育史资料汇编·学制演变[M].上海:上海教育出版社,2007:606.

司、教育总会存查。"[1]为此,当时的教科书"多数沿用清末教材,只是调换封面印上'共和国教科书'的字样,或在封面上钤有'现奉部批仍准通用'之木记"[2]。商务印书馆和中华书局新出版的教科书在体例和内容上也多沿袭[3]。民国初年各类初等小学(简称初小)国文教科书就是在这既承袭又变革的背景下诞生的。

结构主义理论认为,每一个叙事都有两个组成部分:一是故事(story),即内容或事件(行动、事故)的链条,外加所谓实存(人物、背景的各组件);二是话语(discourse),也就是表达,是内容被传达所经由的方式。故事即被描述的叙事中的是什么(what),而话语是其中的如何(how)[4]。叙事文,包括儿童生活故事、历史故事、寓言等,是民国初年初小国文教科书中的主要文体,儿童和成人是其中经常出现的两类人物。教科书里大量存在的叙事课文虽然篇幅短小,涉及的人物少,人物关系简单,但是具备"故事"和"话语"两个部分。运用叙事理论分析这些课文,我们不仅能读出故事中儿童的性格、儿童与成人的关系,还能从人物修辞、叙述视角、叙事结构等话语角度分析课文编写者的儿童观念。同时,分散的叙事课文犹如系列微型小说,从"故事"和"话语"中我们不仅能建立起连贯性,还能发现其中的矛盾。

本文选取民国初年四套初小国文教科书为研究对象,它们是商务印书馆出版的《女子国文》《新国文》《单级国文》,和中华书局出版的《新制单级国文》。选取这四套初小国文教科书的理由如下:首先,这四套初小国文教科书具有一定代表性。它们由当时最有影响力的两大出版机构——商务印书馆和中华书局出版,其中《新国文》是当时发行量最大的一套教科书。四套教科书中既有男女合校使用的教科书,又有女子学校专门使用的教科书;既有普通学校使用的教科书,又有单级学校使用的教科书。

〔1〕 璩鑫圭,唐良炎.中国近代教育史资料汇编·学制演变[M].上海:上海教育出版社,2007:606.

〔2〕 李杏保,顾黄初.中国现代语文教育史[M].成都:四川教育出版社,2000:40.

〔3〕 民国初年商务印书馆出版的《共和国教科书新国文(国民学校用)(秋季始业)》(简称《新国文》)、《单级国文教科书(初等小学)》(简称《单级国文》)、中华书局出版的《新制单级国文教科书(初等小学校)》(简称《新制单级国文》)均采用图文结合,先识字词后学课文,每课生字词列于课文上方,最初的字词和课文多对仗押韵等方式,和清末商务印书馆出版的《最新国文教科书(初等小学堂)》(简称《最新国文》)、《订正女子国文教科书(初等小学生用)》(简称《女子国文》)的体例非常相似;三套国文教科书中"孔融让梨""司马光救伙伴""戒谩语"等故事在清末两套教科书中已出现。

〔4〕 查特曼.故事与话语[M].徐强,译.北京:中国人民大学出版社,2013.

其次,这四套教科书资料最完整,除《单级国文》缺第一册课本外,其他几套教科书课本没有缺漏,因而可进行全面分析。最后,这几套教科书既沿袭了清末新式教科书与后者相区别,有助于进一步了解初小国文教科书在社会转型过程中对传统与启蒙关系的处理。(民初四套初小国文教科书叙事课文统计见表1)

表1　民初四套初小国文教科书叙事课文统计表

教科书名	课文总篇数	叙事课文篇数	出现儿童的叙事课文		同时出现儿童和成人的叙事课文	
			篇数	比例	篇数	比例
《女子国文》(商务印书馆)	400	190	130	68%	53	28%
《新国文》(商务印书馆)	400	177	115	65%	56	32%
《单级国文》(商务印书馆)	410[1]	161	101	63%	45	28%
《新制单级国文》(中华书局)	480	215	132	61%	48	22%

一　聚焦儿童,塑造"共和国民"

人物,有时是动物,是构成故事的首要因素。没有人物(或动物),也就没有故事。叙述人物故事的作品往往通过描绘人物性格来塑造人物形象,而人格特征通过人物的行动、思想、言语来表现[2]。国文教科书中的叙事课文不同于儿童长篇小说,它不是通过连贯的故事、不断发展的情节来塑造一个或多个儿童形象,而是通过多个分离的短小故事来塑造一系列儿童形象。这些儿童身上所表现出来的人格特征便是教科书编写者着力塑造的。

(一)"好儿童"形象塑造

怎样的儿童才算是"好"儿童?对这个问题,不同历史时期的回答大不相同。"好"的标准体现了一个国家在一定历史时期的主流价值取向,集中反映在当时的教育宗旨中。中华民国建立之初,国体和政体发生了

---

〔1〕　因缺第一册课本资料,《单级国文》采集到的课文总篇数为第二册至第十二册的课文总篇数。

〔2〕　查特曼.故事与话语[M].徐强,译.北京:中国人民大学出版社,2013:92-93.

根本性的转变,"教育宗旨自当以养成共和国民之人格为惟一目的"[1],这是知识界的共识。1912年9月2日,教育部公布《教育宗旨令》,废除了清末"忠君""尊孔"封建专制思想,对"尚公""尚武""尚实"三项资产阶级主张进行了改造,确立了民主共和国家的教育宗旨:"注重道德教育,以实利教育、军国民教育辅之,更以美感教育完成其道德"[2]。与"共和国民之人格"相联系,道德教育造就尚公精神(或称公民道德,即德性),实利教育造就尚实精神,军国民教育造就尚武精神,美感教育培养美感。这就意味着,所谓"共和国民之人格"包括德性、尚实精神、尚武精神以及美感四个方面。这一宗旨随即成为当时教科书编写的重要依据。

在四套初小国文教科书叙事课文中,教科书编写者通过大量行动及言语描写,塑造了一批"好儿童"形象("好儿童"所具备的人格内容与层次构成见表2)。

表2 "好儿童"人格内容与层次构成

层 次	内 容										
一级类目	德 性			尚实精神			尚武精神			美 感		
二级类目	自由	平等	亲爱	富智识	勤俭耐劳	自立自营	强健	守规则	竞争	感受自然美	感受艺术美	感受游戏乐趣

1.德性

在自由、平等、亲爱三类德性中,叙事课文塑造最多的是"亲爱"的"好儿童"形象。课文中,"亲爱"所指向的对象多样,包括孝父母、敬先生、友兄弟姐妹与同学以及爱护生物。在这些关系中,出现最频繁的是家庭中父母子女间和兄弟姊妹间的亲爱关系。弟贪玩时,"兄招弟,同坐温课"[3];姊卧病在床时,妹"忧之","忽忆姊甚爱花",遂折"庭中芙蓉"一枝予姊观赏[4]。兄弟姊妹间互爱之情溢于字里行间。相比兄弟姐妹间的亲爱关系,亲子间的关系则复杂得多,本文将在后面详述。"好儿童"不仅爱"人",还爱"生物"(如蚂蚁、小羊、花木等)。这些课文勾画的是儿童在

〔1〕 李桂林,戚名琇,钱曼倩.中国近代教育史资料汇编·普通教育[M].上海:上海教育出版社,2007:685.
〔2〕 李桂林,戚名琇,钱曼倩.中国近代教育史资料汇编·普通教育[M].上海:上海教育出版社,2007:661.
〔3〕 选自《新国文》第三册28课《教弟》,课本第14页。
〔4〕 选自《女子国文》第四册28课《爱姊》,课本第21页。

家庭中、日常生活中的"仁人"形象。

自由的"好儿童"形象课文中也比较多见。"好儿童"有"志":为做中华好男儿,被球击痛了也不哭[1];即便是女子也要做好读书的"贤女",而不愿只习女工。[2]"好儿童"有"义":见到卖柑者的柑掉落地上能马上捡起归还[3]。共和国民"人人自由",但自由有其限度:"所谓自由者,以法律为范围。……西哲之言曰:'以不侵人之自由为自由。'"[4]为此,叙事课文还塑造了"不侵人自由"的儿童形象:朋友间交往,尊重对方隐私,不窥私书[5];公共场所不大声喧哗,以免影响他人[6]。

"平等"这一人格形象总体所占比例非常小[7],主要表现在"礼"上(如待客以礼、礼尚往来)。不过,"待客以礼"主要发生在男性儿童对待成年客人方面[8],"礼尚往来"主要发生在同学和朋友之间。可见,尽管当时教育界倡导"人人平等",但在初小国文课文中体现得还很有限。

2.尚实精神

尚实的"好儿童"应富智识、勤俭耐劳、自立自营。富智识的"好儿童"乐意向成人或哥哥姐姐询问"是什么""为什么""有什么用"等问题;他们"聪明机智",能向洞中注水取球[9],能从水蒸气顶开壶盖得到启示发明蒸汽机[10];他们还拥有丰富的科学知识,会劝告妹妹:"蝶翅之粉有毒,能伤目,不可扑也。"[11]此外,通过学校的学习,他们能写会算,具备基本的生存技能。

"好儿童"须勤劳。"黄儿种豆园中。……按时培养。数月后,开花结荚。摘而煮食之。"[12]勤,则必有收获,则可以"自食其力"。"好儿童"须节俭。《单级国文》第六册9课《保护身体之物》直言:衣帽鞋裤"所用材

----

〔1〕 选自《新国文》第四册6课《好男儿》,课本第3页。
〔2〕 选自《新国文》第四册54课《甄女》,课本第30页。
〔3〕 选自《新国文》第三册37课《诚实童子》,课本第18-19页。
〔4〕 选自《单级国文》第八册27课《自由(一)》和第28课《自由(二)》,课本第27-28页。
〔5〕 选自《单级国文》第八册30课《勿窥私书》,课本第29页。
〔6〕 选自《新国文》第八册27课《戒轻率(二)》,课本第18页。
〔7〕 以《新国文》为例,8册初小国文教科书聚焦儿童的课文中涉及"平等"的课文仅有3篇,不足所有聚焦儿童课文总数的3%。
〔8〕 这些课文以第一人称来叙述,没有表示"我"的性别,但所配插图中出现的是男性儿童。
〔9〕 选自《新国文》第三册9课《文彦博》,课本第5页。
〔10〕 选自《新国文》第六册15课《汽机》,课本第8页。
〔11〕 选自《女子国文》第三册12课《蝴蝶》,课本第10页。
〔12〕 选自《新国文》第三册18课《种豆》,课本第9页。

教科书叙事:儿童及其与成人的关系

料,宜主俭朴,不求美观"[1]。

能自治,是"自立自营"儿童的核心表现,在初小阶段具体表现为能进行自我管理:"朝起,自著衣履。夜眠,自铺被褥。当食,自取碗箸。"[2]"晨餐毕,整理书包,应用之物,皆置包中,然后入校。"[3]虽只是自我管理,但这却是使儿童成为真正独立的"人"的基础。

3.尚武精神和美感

叙事课文塑造的具有"尚武精神"和"美感"的儿童形象相对较少。但这两类形象的塑造使得"好儿童"形象更为丰富,诠释出"健全"人格的内涵。他们乐于参加各种锻炼,身体强健:"冯儿善击球。……可连击数百次。"[4]他们遵守规则:"学生集操场。……共习体操。先生发令,曰走则走,曰止则止。"[5]还勇于竞争:"学生竞走,……奋力前行。一人先至,众皆拍手。"[6]

如果说军国民教育是民国初年迫于国内外形势"不能不采"之教育,那么美育则是"介乎现象世界与实体世界之间"的"津梁","超轶政治之教育"[7],目的在于培养完善的人格。拥有美感的儿童不仅能"仰望青山,俯观流水"[8],感受自然之美,还能感受绘画、歌唱、手工带来的艺术之美,并在课余享受"打铁环""打皮球"的游戏乐趣[9]。

民国初年四套初小国文教科书所涉及的自由、平等、亲爱、富智识、勤俭、自治、守规则、竞争等概念是资产阶级启蒙时期所倡导的核心价值。从这一意义上说,这些教科书是民主与科学启蒙的重要媒介,也是改造国民性的重要载体。另一方面,这些核心价值中有很多(如孝悌、信实、义勇、勤俭等)又是中华民族的传统美德。在蔡元培看来,源自法国革命精神的"自由""平等""博爱"三义,本来就与中国传统道德存在内在联系。他说:"所谓自由,即孔子所说的'匹夫不可夺志',孟子所说的'大丈夫者,富贵不能淫,贫贱不能移,威武不能屈',古人称之为义;所谓平等,即孔子

〔1〕 选自《单级国文》第六册9课《保护身体之物》,课本第9-10页。

〔2〕 选自《单级国文》第四册11课《自治》,课本第10-11页。

〔3〕 选自《新制单级国文》甲编第四册11课《整理书包》,课本第5页。

〔4〕 选自《新国文》第三册8课《击球》,课本第4-5页。

〔5〕 选自《单级国文》第四册39课《体操》,课本第38页。

〔6〕 选自《新国文》第二册50课,课本第26页。

〔7〕 蔡元培.对于教育方针之意见[M]//璩鑫圭,童富勇.中国近代教育史资料汇编·教育思想.上海:上海教育出版社,1997:682-688.

〔8〕 选自《单级国文》第四册32课《出游》,课本第31页。

〔9〕 选自《女子国文》第二册10课,课本第7页。

所说的'己所不欲,勿施于人',……古人称之为恕;所谓亲爱,即孔子所说的'己欲立而立人,己欲达而达人',……古人称之为仁。"[1]由此可见,教科书所构建的"共和国民"人格是调和启蒙精神与中华传统文化价值的结果。

(二)人物修辞:夸张与矛盾

如前所述,四套初小国文教科书都在遵循教育宗旨的前提下努力建立连贯性,为儿童在共和时期的身份认同提供参照。然而,仔细阅读叙事课文并进行比较后会发现,故事对某些儿童言行采用了夸张的修辞手法。这其中潜藏着未被言说的儿童假设。

人影

明月在天。儿行廊下,若有人蹑其后。大惧,奔告其姊。姊曰:"此汝身之影也。汝立灯前,行日下,皆有影,岂忘之乎。"儿乃悟。[2]

不难发现,这篇课文的主旨在于阐明科学道理。不过,细读后我们会发现,课文使用"大惧"和"奔告"来描述儿童面对未知科学现象时的心理状态。这一夸张手法与多数叙事课文平铺直叙的叙述方式明显不同,与叙事课文塑造的很多好学好问的儿童形象也大为相左。我们不免疑惑:作为初小的学生,他们看到影子会如此恐慌吗?(依据现代儿童心理学常识,儿童天生好奇,一般来说他们会认为这些现象有趣从而产生探究行为,而不是惧怕。)更令人不解的是,《新国文》第二册已经出现过和影子有关的课文[3],课文配有图画(见图1),展现的是一个乐于探究影子的儿童形象。这里明显存在矛盾。那么,为什么教科书编写者会不顾儿童年龄特点而夸大其无知呢?

---

[1] 璩鑫圭,唐良炎.中国近代教育史资料汇编·学制演变[M].上海:上海教育出版社,2007:683.

[2] 选自《新国文》第四册9课,课本第5页。

[3] 该课原文如下:"取火燃烛,光照四壁,人坐烛旁,壁上有影。人坐,影亦坐,人行,影亦行。"(第14页)

图1　儿童与影子游戏[1]

　　《新国文》第六册 51 课《鸦食贝》或许道出了其中的原因。课文先叙述鸦的行为：为了能吃到紧闭着的贝壳的肉，鸦"衔贝高飞，至三四十丈，乃坠贝于石上，破其壳而食其肉"[2]，然后阐述物体下坠时越高力越大的科学道理，最后说："鸦殆知此理也。"文章写到这里戛然而止，但话语意味犹在：要是连动物都懂的道理"你"（儿童）却不懂，"你"应该感到羞愧。至此，那些夸张的无知儿童的故事以及相关的说理课文建立起了一个连贯性——无知会带来困扰，更让人羞愧。在此，无知不仅不被接受，还被赋予道德评判意义。而民国 11 年（1922）"新学制"颁布后编辑的国语教科书中儿童无知变成可理解、可接受的独有特点[3]。

　　同样被夸张的还有儿童的智慧。和无知儿童相对，一些儿童或是拥有相当丰富的科学知识，或是聪明过人，或是拥有超越年龄的德性，如下文中的"雅丽"：

　　　　华盛顿起兵于美洲。有女子雅丽，方七岁。携鸡卵一筐，进见华盛顿，曰："将军为国民之事，劳苦甚矣。今备不腆之仪，敬饷将军。"复指鸡卵曰："此中有物，可碎其壳而食也。"华盛顿惊感，待以殊礼。[4]

───────────────

〔1〕　选自《新国文》第二册 27 课配图，课本第 14 页。

〔2〕　选自《新国文》第六册 51 课《鸦食贝》，课本第 26 页。

〔3〕　由黎锦晖、陆费逵于 1923 年编写，中华书局出版的《新小学教科书国语读本（初级）》（简称《新小学国语》第四册 34 课《可怜的钟》（第 53-56 页）一文中，当女儿请求父亲让整天走个不停的时辰钟休息一天时，父亲不是指出时辰钟不会累的事实，而是理解女儿的"泛灵论"，真的让时辰钟停走了一夜。

〔4〕　选自《新国文》第六册 44 课《雅丽》，课本第 23 页。

课文中雅丽的行为不是一个普通 7 岁儿童,甚至不是一个普通成人能做到的。

对儿童无知与智慧的夸张以及对儿童年龄特点认知的矛盾性,使得叙事课文构建出两个对立的儿童世界:一个无知儿童的世界,一个智慧儿童(事实上更像是成人)的世界。要成为合格的"共和国民",儿童必须摆脱无知,其途径便是接受成人或智慧儿童的教育。塑造这些儿童形象,说明教科书编写者迫切期望儿童在接受教育后尽快承担起作为"共和国民"的责任,体现了当时知识人"教育立国""教育兴国"的观念。但这同时反映出他们对儿童心理缺乏理解与认可,所持的是成人中心的观点。

二 叙述视角:塑造儿童的主体意识

叙述视角是一种叙事话语,指叙述时观察故事的角度[1]。如果按叙述时的人称加以区分,四套初小国文教科书中聚焦儿童的叙事课文主要采用第一人称叙述和第三人称叙述两种视角。在第一人称叙述中,"我"往往既是叙述者,又是故事中的人物。第一人称叙述一般采用的是人物体验视角,这就不可避免地涉及"我"的所感所思。在第三人称叙述中,叙述者讲述的虽然是别人的故事,但当其采用全知视角或选择性全知视角观察故事时,同样能揭示人物的所感所思。这里所说的"所感所思"可称为故事人物的主体意识。有学者指出:"儿童文学普遍关注自我的再现,不论是诗歌中的'我'还是小说中的叙事者或聚焦人物,自我的主体性都是陈述的场所。"[2]四套初小国文教科书不仅着力塑造共和国"好儿童"形象,还努力塑造儿童作为主体的意识。

(一)第一人称叙述与儿童主体意识

四套初小国文教科书第一人称叙述和独白类型的课文常常反映儿童的自我意识。

〔1〕 申丹,王丽亚.西方叙事学:经典与后经典[M].北京:北京大学出版社,2010.
〔2〕 郭建玲.文本分析:语言和文体[M]//郭建玲,周惠玲,代冬梅,译.理解儿童文学.2 版.上海:少年儿童出版社,2010:134.

梅花盛开。我折两枝,插瓶中,置案上。瓶中花香,时时入鼻。[1]

课文不仅叙述了"我"折梅花的行动,还叙述了"我"对梅花的感知:"我"看到"梅花盛开",闻到"瓶中花香"。短短两句话便展示出"我"对自然之美的感知力。

一些课文还涉及儿童的"主我"和"客我"意识。

我家至学校,有二路可通。一路近,一路远。近路狭而秽,远路广而洁。我宁走远路,不走近路。[2]

该课文中的"我"能依据一定价值标准做出判断并决断,其积极的"我想要……"的"主我"意识非常强烈,不容置疑。

下面这篇课文则反映儿童的"客我"意识:

母亲,我能舞,我能唱,请看,请听。[3]

该课文中的"我"能充分意识到作为客体的"我"的能力——"能舞""能唱",并积极向母亲进行自我表达,展现的是一个活泼、自信的儿童形象。

第一人称叙述的课文总体比例较小[4]。和第三人称叙述相比,第一人称叙述不容读者置身事外,读者(学生)只能随人物的行动而行动、体验而体验。这限制了读者的视野,但也更容易使其产生认同与共鸣。如在阅读上述三篇课文的过程中,读者会在不知不觉中受人物主体意识的启发和感染,积极思考"我"感受到了什么,"我想要"做什么,"我能"表现什么,从而认同与人物既相似又有别的独特的自我。这无疑能强化读者的主体意识。

---

〔1〕 选自《新国文》第二册 11 课,课本第 6 页。
〔2〕 选自《单级国文》第四册 34 课《走路》,课本第 33 页。
〔3〕 选自《单级国文》第二册 2 课,课本第 2 页。
〔4〕 四套初小国文教科书中,《单级国文》采用第一人称叙述的课文最多,总共 17 篇,占聚焦或部分聚焦儿童叙事课文总数的 18%。

　　　　　　　　　　　　　　　理解与对话

（二）第三人称叙述与儿童主体意识

第三人称的叙述视角呈现多样化的特点。四套初小国文教科书叙事课文中有一部分采用戏剧式或摄像式视角进行叙述，如下文中所描写的"诚实童子"。

> 卖柑者担筐入市，数柑落于地。一童子在后见之，急拾柑以还卖柑者。卖柑者曰："童子诚实，可嘉也。"〔1〕

叙述者身处故事之外，只客观地陈述了事情的经过、童子的行为，至于童子在行动过程中的心理状态如何读者无从知晓。这种叙述方式有利于创造客观真实的效果，也有助于读者模仿其良好的行为，但是因为没有展现人物的内心世界，难以使读者从中获得主体意识方面的启发。

不过，当叙述中涉及儿童的语言时，则可体现儿童某些主体意识。如下文中的学生：

> 学生入校。先生曰："汝来何事。"学生曰："奉父母之命，来此读书。"先生曰："善。人不读书，不能成人。"〔2〕

对先生所问"汝来何事"的回答，课文中的儿童是有意识的："奉父母之命，来此读书。"不过这样的回答说明其意识来源于父母，而不是他自己。先生后面的补充——"人不读书，不能成人"——进一步向儿童揭示读书的意义，有助于加强儿童的主体意识。

采用选择性全知视角叙述故事时，叙述者能透视某个人物的内心活动。如《新制单级国文》甲编第四册29课《孝子》中的"吴儿"：

> 吴儿往邻家，见邻母年老。母取物，儿代之。母坐，儿陪之。母行，儿扶之。归而自思曰："邻儿事母甚孝，我欲学之。"〔3〕

"吴儿"的"自思"是内心活动，按理别人无从知道，但是课文采用选择

---

〔1〕 选自《新国文》第三册37课《诚实童子》，课本第18-19页。
〔2〕 选自《新国文》第一课《读书》，课本第1页。
〔3〕 选自《新制单级国文》甲编第四册29课《孝子》，课本第12页。

性全知视角来叙述,则叙述者成为无所不知的"上帝",将人物的主体意识清晰地呈现在读者面前。不过,这篇课文与"读书"不同,"吴儿"的"自思"发生在自己观察邻家孝子的行动之后,他的意识来源于自己。这里所展现的儿童主体意识无疑更高了一个层次。

从上述分析来看,不管采用第一人称叙述还是第三人称叙述,叙事课文都在借助叙事话语——视角的变换,努力塑造具有主体意识的共和国"好儿童",与此同时,也在引导读者增进主体意识。

事实上,不同视角的叙述方式在清末出版的《蒙学读本全书(寻常小学壹读书科生徒生教科书)》和《最新国文》中就已出现,其中便有包含儿童主体意识的第一人称叙述课文[1]。可以说,着重塑造儿童的主体意识代表教育界自清末以来在儿童观念上的进步:儿童是拥有自主意识的积极个体。这是对共和国"好儿童"应具备独立人格的进一步肯定,也是对儿童作为独立自主的个体价值的肯定,是"现代伦理精神的启蒙"[2]。

(三)儿童主体意识的让步

民国初年的初小国文教科书努力塑造儿童的主体意识这一点非常值得肯定。然而,这种儿童主体意识有一定局限:当与成人主体意识冲突时,儿童的主体意识需要做出让步。《单级国文》第四册24课《衣》叙述了这样一个故事:

> 儿将出,母曰:"人之衣服,因寒暑而异。今日天凉,汝犹未添衣乎。"儿乃易衣而出。[3]

这一故事发生在中华文化背景下,可能不会让人产生疑问,日常生活中孩子是否应该增减衣服多是成人提醒、建议的。但是,如果我们真正从儿童主体意识角度发问:"天凉"这一事实是否能被儿童意识到? 回答当然是肯定的,但是,课文中的"儿"被假定为不能意识,需要母亲提醒。还有一篇类似课文:

---

〔1〕 比如:《蒙学课本(寻常小学堂读书科生徒使用教科书)(全书一编)》1课中的"我生大清国,我为大清民。"(第1页);《最新国文》第一册22课中的"有客至,入室内。我迎客,立几侧。"(第22页)。两文中的儿童拥有对自我身份、行动的意识。

〔2〕 吴小鸥.中国近代教科书的启蒙价值[M].福州:福建教育出版社,2011.

〔3〕 选自《单级国文》第四册24课《衣》,课本第22页。

> 红日未下，我自学校归，出汗甚多。母亲取水，注盆中，唤我
> 洗澡。[1]

课文中的"我"一开始能意识到自己的身体状况——"出汗甚多"，如果作为一个具有较强主体意识、独立且爱清洁的儿童，"我"接下来的行动应当是自己取水洗澡，而不需要母亲动手和呼唤。

诚然，两篇课文都渲染了中华传统文化下母爱的温情表达，但它们打破了教科书努力构建起来的儿童拥有主体意识的连贯性，儿童的主体意识让步于成人的主体意识，儿童最终顺从成人的安排。不过，和塑造的独立自治儿童相比，顺从的儿童形象在四套初小国文教科书所有聚焦儿童的叙事课文中不多见，仅出现 5 次。

三　故事与结构：构建亲子关系

故事中包含人物，也包含人物间的关系，而每个故事又都有一定的叙事结构。当我们研究多个故事，撇开事件细节，抽取其中的骨架时，人与人之间的关系便显露出来。

（一）故事："贤母""严父"与"孝子（女）"

民国初年四套初小国文教科书中有很多展现父母子女关系的叙事课文。在这些课文中，母亲多被塑造为"贤母"。母亲和孩子之间，有亲密的情感交流，有生活上的悉心照顾与被照顾，还有知识、行为习惯上的教导与学习。

纳凉

> 晚餐之后，明月将出，凉风入户。母携女，来院中，同坐纳凉。母
> 讲故事，女在旁听之，手中挥扇，为母驱蚊，乐而忘倦。[2]

课文娓娓道来，所配插图（见图 2）中，母女表情柔和，体态放松，展现了母女间的亲密以及愉快温馨的氛围。母亲对孩子生活上的悉心照顾表现在为孩子剪指甲、量体裁衣、张罗饮食起居等等。由于课文塑造的母亲

---

[1]　选自《单级国文》第三册 27 课，课本第 29 页。
[2]　选自《女子国文》第三册 46 课，课本第 33 页。

形象多拥有丰富的知识、良好的德性，因而当孩子遇到困惑时，母亲能讲解科学道理；当孩子出现危险的或不符合道德规范的行为时，母亲会阻止、劝诫。叙事课文对母亲与孩子间关系的构建，符合当时知识界以及整个社会对女性作为"贤母"角色的期待[1]。称之为"贤母"而非"慈母"是因为母亲角色中不仅有"慈"的成分，而且有"教"的成分。母亲角色的多样性使得母亲与孩子间的关系体现出"变奏"的特点。

图 2　母女乘凉[2]

相比较而言，表现父亲与孩子关系的课文总体少得多，四套初小国文教科书竟无一篇反映父亲和孩子间亲密关系的课文。父亲对孩子，尤其是父亲对儿子，总体表现为严肃、有距离感，甚至严厉[3]。父亲与孩子之间几乎是教导与听从的"单音"。这正是中华传统中"严父"角色的正当表现，也是"严即是爱"的观念传承。

作为父母，要"严"和"贤"；作为子女，则须"孝"。"孝"属于"亲爱"这个德性大类，是民国初年小学修身科和国文科教育中非常重要的德目。在修身科要旨中，"孝"排在首位，所谓"百善孝为先"。《孝经》有言："夫孝，始于事亲。"《女子国文》第三册 41 课《事母》一文讲述了女孝母的故事："母病初愈，不思饮食，女忧之，乃取牛乳，和糖煮之，盛于杯中，捧以奉母。母尝之，味颇适口。"[4]课文中，"女"初时虽有所"忧"，但从其之后的行动以及"母"的反馈中可以感受到"事母"的愉快。

与"孝"相连的是"顺"。如果"孝"是儿童在情感与行动层面爱父母的表达，那么"顺"则是内心以及行动上的服从。《新制单级国文》第五册 34

〔1〕　舒新城. 近代中国教育思想史［M］. 福州：福建教育出版社，2007：278-288.
〔2〕　选自《女子国文》第三册 46 课配图，课本第 32 页。
〔3〕　比如《新国文》第四册 22 课《戒诳语》一文中，司马光的父亲听到儿子说"诳语"时采用"呵"的方式。
〔4〕　选自《女子国文》第三册 41 课《事母》，课本第 30 页。

理解与对话

课《母恩》如此叙述：

> 儿违母命。父曰："汝亦知初生时乎？汝母爱汝护汝，行则抱之，眠则伴之，饥寒则衣食之。其恩至矣。今汝稍大，应知母恩，安可违其命乎？"[1]

故事一开头说"儿违母命"，却没有具体事实。仅看这句话，读者不禁会问："母命"是什么？"儿"为什么"违母命"？因为没有具体事实交代，这句话便可以一般化：不管孩子是否有正当理由，凡是没有按照"母命"行事的都是"违母命"。如果说父亲的教训中"母恩至深"与"知母恩"之间还带有逻辑性，因为"母恩至深"所以不能"违母命"却难以找出逻辑。事实上，建立起这一因果关系之后，母亲便因自小对孩子的养育之恩而拥有了特殊的权力。与前文相联系，在母亲的关怀——"唤洗澡"和母亲的教导——"天凉需添衣"面前，儿童的主体意识须让步，因为按照《母恩》的逻辑，不洗澡、不添衣便是"违母命"，便是"不顺""不孝"。

四套初小国文教科书中关于家庭成员关系的论说课文把"顺"与"孝"的关系阐述得更加直白："父母主持家事。为子女者，凡一言一动，当惟父母之命是从。""不顺父母，是为不孝。"[2]"为人子者，务宜以孝事亲……顺其意旨，使无抑郁之境。"[3]至此，"孝"在家庭关系中的内涵不仅仅是"事亲""报恩"，更是"顺从"。"顺"是"孝"非常核心的组成部分。

从上述分析来看，四套初小国文教科书倾向于沿用中华传统家庭伦理来构建亲子关系。不过，其中也开始出现反映平等关系的课文：

> 晚饭后，父母子女，围坐案旁。父写信，母记账，子女温课。[4]

这个故事叙述非常简单，总共不过 21 个字，没有描述性词语，但是故事所呈现的场景和氛围却给人平等、亲切之感，课文所配插图（见图 3）更添温馨。只是四套初小国文教科书中，这样的课文总共只有 4 篇。

---

〔1〕 选自《新制单级国文》甲编第五册 34 课《母恩》，课本第 16 页。
〔2〕 选自《新国文》第六册 55 课《家庭》，课本第 28 页。
〔3〕 选自《新制单级国文》甲编第七册 38 课《孝道》，课本第 18 页。
〔4〕 选自《新制单级国文》甲编第三册 6 课，课本第 4 页。

图 3　父母子女围坐桌边各自做事[1]

（二）结构：两个世界

进一步分析四套初小国文教科书课文的另一话语——叙事结构就会发现，虽然其中体现儿童与父母关系的叙事课文较多，但其故事结构范型却非常有限。故事结构主要有以下四种：

- 儿童对科学现象感到疑惑，提出疑问——父母解答
- 父母教导——儿童听从
- 儿童做出符合/不符合共和国民身份标准的行为——父母肯定/否定、劝诫
- 儿童做出不符合共和国民身份标准的行为——父母否定、劝诫——儿童听从、悔改

上述范型中的父母拥有更多智识、更完善的德性，是知识和评判标准的拥有者，是成熟的代表；儿童则是无知、不完善的代表，需父母的教导与评价。对于父母的教导，儿童没有对话、质疑的权力，唯有"诺""从之"。从这个角度来看，儿童与父母之间已形成两个完全不同、不可逾越的对立世界（见表 3）。

表 3　成人与儿童的二元对立

儿童	父母
无知	全知
不完善	完善
不成熟	成熟
听从	教导
行动	评价

---

[1]　选自《新制单级国文》甲编第三册 6 课配图，课本第 3 页。

课文插图从侧面强化了这一对立结构。插图中,除了母亲在生活上照料孩子的过程中与孩子距离接近外,其他多数场面中,父母处于高高在上的位置,与儿童保持较远的身体距离。具体表现形态主要有以下几种:

- 儿童仰视母亲,母亲俯视儿童(见图4)
- 父母坐,儿童鞠躬行礼(见图5)

图4　儿童仰视母亲[1]

图5　儿童向父母鞠躬行礼[2]

- 母亲虽然手牵着儿童,但是与儿童身体距离较远(见图6)

插图中,儿童不仅与父母保持较远的身体距离,在身体姿态上也显得紧张,远没有儿童间交往时的近距离和随意(见图7)。

图6　母亲与儿童较远的身体距离[3]

图7　儿童间的近距离与随意[4]

以上插图所表明的是父母作为长者、尊者的重要地位。这一情形到新学制颁布后的初小国语教科书中就开始发生了变化(见图8)。图中的父亲牵着女儿的手并俯身和女儿说话,显示父女间的亲密以及父亲对女儿的尊重,是"儿童本位"观念的体现。

---

〔1〕　选自《单级国文》第二册2课配图,课本第2页。
〔2〕　选自《新制单级国文》甲编第一册29课配图,课本第15页。
〔3〕　选自《新制单级国文》乙编第七册6课配图,课本第3页。
〔4〕　选自《新国文》第三册8课配图,课本第4页。

图 8　父亲俯身和儿童说话[1]

从上述分析看,在四套初小国文教科书中,构建儿童与父母关系时起主导作用的是传统家庭伦理观。虽然课文中偶尔出现儿童与父母间的平等关系,但就其总体来说,保留了传统的"父尊子卑"、成人中心的观念,所构建的是两个对立世界。

小　结

民国初年四套初小国文教科书中的叙事课文从"故事"和"话语"两个层面努力构建连贯性:塑造拥有良好德性、尚实、尚武、有美感以及具有强烈主体意识的"共和国民"形象。这对民国初期的受教育者来说无疑具有启蒙意义,也有助于受教育者认同其新的"共和国民"身份。在这个过程中,教科书也努力传承中华传统文化中的优良部分,如重视儿童德性养成、重视亲情、强调勤俭等等。这得益于民国初年教科书编写者对传统文化的继承态度和相对保守的倾向;共和时代,教科书须革命,也须融合国粹;须遵循新的教育宗旨,但也"必调和新旧而后能由过渡时代,而进入刷新时代"[2]。不过,连贯性中也出现了矛盾与对立。这些矛盾与对立导致连贯性的断裂,但同时建立起另一种连贯性:传统的"父尊子卑"观念仍在延续;儿童在和成人的关系中仍处于从属地位;儿童与成人总体来说仍是两个对立的世界。这一保守主义倾向为新文化运动后教科书的进一步变革提供了可能。

〔1〕　选自《新小学国语》第四册 34 课,课本第 54 页。
〔2〕　李桂林,戚名琇,钱曼倩.中国近代教育史资料汇编·普通教育[M].上海:上海教育出版
　　　社,2007.

参 考 文 献：

蔡元培.对于教育方针之意见[M]//璩鑫圭,童富勇.中国近代教育史资料汇编·教育思想.
　　上海:上海教育出版社,1997:682-688.

查特曼.故事与话语[M].徐强,译.北京:中国人民大学出版社,2013.

戴克敦,蒋维乔,沈颐,等.订正女子国文教科书(初等小学学生用):第一至八册[M].上海:
　　商务印书馆,1907—1908.

郭建玲.文本分析:语言和文体[M]//郭建玲,周惠玲,代冬梅,译.理解儿童文学.2版.上
　　海:少年儿童出版社,2010:134-154.

金匮,俞复编.蒙学读本(寻常小学堂读书科生使用教科书):全书一、二编[M].上海:文明书
　　局,1902.

黎锦晖,陆费逵.新小学教科书国语读本(初级):第一至八册[M].上海:中华书局,1923.

李桂林,戚名琇,钱曼倩.中国近代教育史资料汇编·普通教育[M].上海:上海教育出版
　　社,2007.

李杏保,顾黄初.中国现代语文教育史[M].成都:四川教育出版社,2000.

刘传厚,范源廉,沈颐.新制单级国文教科书(初等小学校):甲编第一至乙编第九册.上海:
　　中华书局,1913—1914.

璩鑫圭,唐良炎.中国近代教育史资料汇编·学制演变[M].上海:上海教育出版社,2007.

申丹,王丽亚.西方叙事学:经典与后经典[M].北京:北京大学出版社,2010.

舒新城.近代中国教育思想史[M].福州:福建教育出版社,2007.

吴小鸥.中国近代教科书的启蒙价值[M].福州:福建教育出版社,2011.

庄适,郑朝熙.单级国文教科书(初等小学):第二至十二册[M].上海:商务印书馆,
　　1913—1914.

庄俞,蒋维乔,杨瑜统.最新初等小学国文教科书:第一、二册[M].上海:商务印书馆,1903.

庄俞,沈颐.共和国教科书新国文(国民学校用)(春季始业):第一册[M].上海:商务印书
　　馆,1912.

庄俞,沈颐.共和国教科书新国文(国民学校用)(秋季始业):第一至八册[M].上海:商务印
　　书馆,1912.

中国与新加坡教科书选文编辑思想比较

——以《散步》一课的编辑为例

具春林[1]

摘要:莫怀戚的《散步》一文,被选入中国人民教育出版社出版的《义务教育课程标准实验教科书·语文》(即人教版教材,简称中国教材)七年级上,亦被选入新加坡教育出版社出版的《中学华文》快捷华文课程教材(即新加坡快捷华文课程教材,简称新加坡教材)二年级上。比较两教材编辑的内容与思想,可管窥我国与新加坡教育理念的异同。

关键词:《散步》;中国教材;新加坡教材;编辑思想

一 新加坡教材与中国教材课文编辑的内容比较

莫怀戚的《散步》一文,被选入中国人民教育出版社出版的《义务教育课程标准实验教科书·语文》(即人教版教材,简称中国教材)七年级上,亦被选入新加坡教育出版社出版的《中学华文》快捷华文课程教材(即新加坡快捷华文课程教材,简称新加坡教材)二年级上。比较我国人教版教材和新加坡快捷华文课程教材《散文》一课的编辑内容(见表1),可管窥我国与新加坡教育理念的异同,从而得到有关课程、教材、教法与学法的一些启发。

表1 《散步》在新加坡教材与中国教材中的内容比较

内容	新加坡快捷华文课程教材二年级上	中国人教版教材七年级上
导读	在什么情况下你喜欢散步?你会选择什么天气、时间和地点?	一家人一起散步是平常的事情,然而这平常的小事,也能体现浓浓的亲情。这篇课文就为我们讲述了这样一个感人的故事。

---

〔1〕 具春林,女,朝鲜族,黑龙江省牡丹江师范学院教师教育学院教授,语文课程与教学论专业硕士生导师。

内容	新加坡快捷华文课程教材二年级上	中国人教版七年级上
提示	1.根据带点字,推断下列句子中画线词语的意思。 (1)这南方初春的田野,使人心情开朗,精神<u>舒畅</u>! (2)后来发生了<u>分歧</u>:母亲要走大路,大路平顺,不崎岖;我的儿子要走小路,小路景物多,有意思。 (3)母亲要走大路,大路平顺,不<u>崎岖</u>…… (4)……母亲要走大路……儿子要走小路……我想找一个两全的办法,找不出;我想拆散一家人,分成两路,<u>各得其所</u>,终不愿意。 2.请说出"我"一家人散步的时间、地点及途中出现的分歧。	
课文	第三、四自然段(有删改):这南方的田野,使人心情开朗,精神舒畅!晨雾散了,大块大块的新绿随意地铺着,有的浓,有的淡;树上的嫩芽也密了;田里的冬水也咕咕地起着水泡。这一切都使人想着一样东西——生命。 (插图两幅,略)	第三、四自然段:天气很好。今年的春天来得太迟,太迟了,有一些老人挺不住。但是春天总算来了。我的母亲又熬过了一个严冬。 这南方初春的田野,大块小块的新绿随意地铺着,有的浓,有的淡;树上的嫩芽也密了;田里的冬水也咕咕地起着水泡。这一切都使人想着一样东西——生命。

内容	新加坡快捷华文课程教材二年级上	中国人教版七年级上
课后练习	**理解与分析** (1)先在下面的框里画出"我"一家人散步的路径,然后说出他们在途中看到了什么,做了什么。 (2)"我"的母亲最终改变了主意,决定走小路,那是什么原因呢? (3)文中"但我和妻子都是慢慢地,稳稳地,走得很仔细,好像我背上的同她背上的加起来,就是整个世界",这句话有什么含义? **应用与拓展** (1)试以"早晨的公园"为主题,利用下面所提供的词语造句,然后和同学合作写出一段文字。 示图,并提示文字:茂盛、崎岖、洋溢、稀少、雾气、荡漾、舒畅、依恋、翠绿、池塘。 (2)你和家人打算在学校假期出国旅行。你们在筹备上,甚至在旅途上,都可能出现不同的意见。想一想,会有什么样的分歧?你和家人会怎样消除分歧,以确保从筹备到整个行程都是愉快的?试根据以下图表中的提示来进行讨论。 图略。提示文字: 筹备:分歧(如地点),解决方法 旅途:分析(如住宿),解决方法	**研讨与练习** 一、朗读课文。题目"散步"是从文章主要事件的角度确定的,你觉得这个标题好吗?请你换一个角度为本文拟一个标题,并说说你的理由。 二、"我蹲下来,背起了母亲,妻子也蹲下来,背起了儿子……但我和妻子都是慢慢地,稳稳地,走得很仔细,好像我背上的同她背上的加起来,就是整个世界。"说说你对这段话的理解,并与同学交流。 三、下面这篇短文也是讲三代人的故事。与课文比较,哪个故事更感动?说说你的理由。 (阅读林文煌的《三代》,原文略) **读一读,写一写** 信服 嫩芽 霎时 拆散 委屈 水波粼粼 各得其所 孩子;在土里洗澡。 爸爸;在土里流汗, 爷爷;在土里埋葬。 (臧克家《三代》)
链接	**关于作者** 莫怀戚(1951—2014),中国现代著名作家。著有中篇小说《陪都旧事》《透支时代》等。原文经过删节,文字略有更动。	

二 新加坡教材与中国教材编辑思想的相同点

(一)皆重视传统文化的传承

《散步》是当代作家莫怀戚的散文,写于 1985 年,全文不足六百字,结构精美,含义隽永。文章记叙了一家老小在初春的田野里散步的故事,描绘了当代中国社会和美的家庭生活图景,洋溢着浓郁亲情,蕴含着尊老爱幼的传统美德。新加坡教材和我国教材的编辑皆重视选文的传统文化内涵,挖掘了其"立人"价值。

新加坡《中学华文课程标准》提出:"思想性与文化性的目标主要针对文化与价值观的教导","使学生能认识自己的传统文化,重视自己的根,认同我国的核心价值观,热爱国家,并对国家有信心","归纳出以人为本、家庭为根、社会为先、胸怀祖国及放眼天下的五大主题"[1]。家庭为根这一主题包括:"亲爱关怀、孝顺尊长、忠诚承诺、和谐沟通、关怀扶持、以家庭为重。"[2]教材编选《散步》一文的目的显然是渗透中华民族文化,进行传统价值观教育。

中国《义务教育语文课程标准》关于教材的编辑指出:"教材应体现时代特点和现代意识,关注人类,关注自然,理解和尊重多样文化,有助于学生树立正确的世界观、人生观、价值观。教材要注重继承与弘扬中华民族优秀文化,有助于增强学生的民族意识和爱国主义感情。"[3]教材编辑要致力于语文教育"立人"目标的实现,要让学生认识到现代文明的进展必须建立在传统文化的传承基础之上,这样才能构建和谐发展的社会。《散步》一文的编选无疑是考虑到:传统道德与现代意识的冲突是建设和谐社会进程中意识形态层面的突出问题,弘扬尊老爱幼这一传统文化是"立人"的不和或缺的内容。

重视传统文化的传承,新加坡教材与中国教材的课后思考题中有明确的表现。课后习题都抓住了课文的关键语句:"……我和妻子都是慢慢地,稳稳地,走得很仔细,好像我背上的同她背上的加起来,就是整个世

---

〔1〕 新加坡中学华文课程标准[M]//洪宗礼,等.母语教材研究:第 6 卷.南京:江苏教育出版社,2007:542.

〔2〕 新加坡中学华文课程标准[M]//洪宗礼,等.母语教材研究:第 6 卷.南京:江苏教育出版社,2007:542.

〔3〕 中华人民共和国教育部.义务教育语文课程标准[S].北京:北京师范大学出版社,2004.

界。"此句集中表现了作者的思想情感：支持我们情感天空的基本元素应该是家庭的和美，亲情的呵护，而和美的家庭的主要元素就是对弱小者的关怀、对长者的孝顺。由此设题，可以使学生深入思考文本所蕴含的传统文化。由此看来，新加坡教材与中国教材的"立人"价值取向是相同的。

（二）皆重视以文本为依托的应用与拓展训练

中国《义务教育语文课程标准》提出："教材应注意引导学生掌握语文学习的方法。语文知识、课文注释和练习等应少而精，具有启发性，有利于学生在探究中学会学习"，"致力于学生语文，素养的整体提高。"〔1〕新加坡《中学华文课程标准》提出："教师必须配合教学目标与教学条件，尽量设置各种逼真的语言情境，让学生通过实际有效的交际活动，同步学习与综合运用各种语文技能。"〔2〕由此看来，以教材为基点，展开语文学习活动，全面培养学生的语文能力，是中国教材和新加坡教材编辑的重要理念。

新加坡教材《散步》一课"应用与实践"环节了设计两道题。1."试以'早晨的公园'为主题，利用下面所提供的词语造句，然后和同学合作写出一段文字。"2."你和家人打算在学校假期出国旅旅行。你们在筹备上，甚至在旅途上，都可能出现不同的意见。想一想，会有什么样的分歧？你和家人会怎样消除分歧，以确保从筹备到整个行程都是愉快的？试根据以下图表中的提示来进行讨论。"这两道题，都依托课文的内容创设贴近学生生活的语言情境，开放学生的思维，调动学生语言实践的积极性，在具体的语境中训练学生的语言理解力和表述力。

中国教材《散步》一课"研讨与练习"环节设计了比较阅读题，要求学生将课文与林文煌的《三代》做比较："哪个故事更感动？说说你的理由。"选择两篇题材相同的文章做比较阅读，易于学生产生较深刻的阅读体验。之后，又提供了臧克家的短诗《三代》，要求学生阅读，使学生进一步洞开思维空间，由已知推求未知，触类旁通，发现不同文本的匠心，从而全面深入地建构文本的意义，由此提高学生的阅读鉴赏能力。

两个版本的教材都依托文本设计了应用与拓展训练，以期多方面提高学生的语文能力。当然，因为教材服务对象的语言积累程度有别，问题设计的难易度也存在着差别。

---

〔1〕 中华人民共和国教育部.义务教育语文课程标准[S].北京:北京师范大学出版社,2004.
〔2〕 新加坡中学华文课程标准[M]//洪宗礼,等.母语教材研究:第6卷.南京:江苏教育出版社,2007:543.

三 新加坡教材与中国教材编辑思想的区别

(一)工具性与人文性的处理不同

我国的语文课程的基本性质是"工具性和人文性的统一"。新加坡华文教育的总目标"一是强调工具性,一是强调思想性与文化性。工具性目标包括语言在交际、认知和思维三方面的功能。思想性与文化性的目标主要针对文化与价值观的教导"[1]。由此看来,工具性与人文性并重是中国语文教育和新加坡华文教育的共同特点。但在教材编辑中,工具性和人文性的侧重点却不同。

新加坡的教材编辑更重视工具性的落实。《散步》一课在教材的提示与课后习题的设计中着意培养学生的语言理解能力和语言表述力。课前提示环节,第1题:"根据带点字,推断下列句子中画线词语的意思。"此题侧重培养学生根据语境推断词语的意义的能力。第2题:"请说出'我'一家人散步的时间、地点及途中出现的分歧。"此题侧重培养学生信息的筛选与归纳能力。课后"理解与分析"环节的第1题,要求学生"画出'我'一家人散步的路径,说出他们在途中看到什么,做了什么"。此题侧重培养整体把握文本的能力和复述能力。第3题,要求学生理解文中关键语句的意义,此题侧重培养对隐含信息的理解能力。"应用与拓展"中第1题要求学生试以"早晨的公园"为主题,利用提供的词语造句,写出一段文字。此题要求学生在语言实践中灵活掌握课文中学习到的词语。由此看来,新加坡的教材编辑,以工具性目标的落实为要务,无论是课前提示还是课后思考题,都紧紧围绕语文能力的培养这个基本目标设置语文活动,以切实提高学生的听、说、读、写能力。而人文性目标的落实往往是在工具性目标的达成过程中完成的。比如"应用与拓展"环节第2题:"你和家人打算在学校假期出国旅行。你们在筹备上,甚至在旅途上,都可能出现不同的意见。想一想,会有什么样的分歧?你和家人会怎样消除分歧,以确保从筹备到整个行程都是愉快的?"此题设计的用意显然在于让学生深入理解课文蕴含的传统文化,培养学生"家庭为根"的人文精神,但这一"立人"的目标是在培养学生语言表述能力的过程中落实的。

---

〔1〕 新加坡中学华文课程标准[M]//洪宗礼,等.母语教材研究:第6卷.南京:江苏教育出版社,2007:543.

中国教材的编辑凸显了人文性。《散步》一课导读中就点明了课文的主旨，明确了情感教育的目标，也即课文洋溢的"浓浓的亲情"。课后的研讨与练习都是以深入理解文本的思想情感为目标而设计问题的。尤其是比较阅读题，将课文与林文煌的《三代》比较："比较哪个故事更感动？说说你的理由。"编者指明了比较点，即对文本的思想内容的理解，而对文本的语言、结构以及写作特点却没有提出鉴赏的要求。编者用意非常明显，即通过比较深化学生对文本思想情感的认识，其出发点是人文性的落实。而工具性的落实却受到了冷遇。教材设置的学习活动中，依托文本的语言训练不足，只在"研讨与练习"中设计了关于文本的文眼理解的题，除此之外，对课文的语言再无具体的鉴赏与理解的要求。由此看来，我国教材编辑偏重的是人文性目标的落实，对工具性目标的达成却重视不够。

（二）教材的确定性程度有别

现代知识观强调知识的确定性，认为"知识应该是确定的、不变的，具有真理性，不论是在过去、现在还是未来，都是永远正确的"[1]。后现代知识观强调知识的非确定性，认为"知识不是对现实的纯粹客观的反映，它只是一种解释、一种假设，它必将随着人们认识程度的深入而不断改变"[2]。确定性知识观认为教学内容有其稳定性，强调教材的确定性，利于教师以教材为本，启发学生做思维训练。其弊端是，容易导致教学的程式化。而非确定性知识观强调知识的未竟性，倡导教材的开放性，以利于培养学生的探究与创新能力，促进学生个性的发展。其弊端是容易导致无节制的拓展。

新加坡教材确定性程度较高。语言实践活动关注目标的达成，问题的设计针对性强，要求具体，可操作性较强。例如导读部分的问题设计："在什么情况下你喜欢散步？你会选择什么天气、时间和地点？"这个问题旨在引导学生畅谈自己的生活体验，为阅读理解课文奠定基础。编者对这个问题进行了限定，要求学生考虑三个因素，即"天气、时间和地点"，这里的限定避免了学生漫无边际的联想，利于学生从三个基本的叙述要素的角度整体把握文本。当然，新加坡教材也具备开放性的特点，只不过，其开放是有节制的。例如"应用与扩展"环节中的第1题，要求学生以"早晨的公园"为主题，合作写出一段文字。这是一道开放性的写作训练题，

---

〔1〕 琚婷婷.论教学内容的不确定性[J].语文建设,2006,11:5.
〔2〕 琚婷婷.论教学内容的不确定性[J].语文建设,2006,11:5.

学生可根据各自的生活经验写作,做出个性化的表达,但是编者对此题做了明确的限定,限定学生用课文中的一组词语(共计十个词语)写作。命题的限定确有其意义,课内写作训练既巩固了课文中学习的关键词语,又避免学生写作练习与课文学习的脱节,做到语文知识学习与语文能力训练的有机统一。但是,学生只能使用列出的词语,语言的限定过多,必然会抑制思维的拓展。

中国教材编辑的一个显著特点是,极力避免确定性因素带来的教学的程式化,教材的开放性程度较高。如"研讨与练习"第1题,要求学生换一个角度为课文拟一个标题。命题没有限制,学生思考问题的角度就比较开阔,既可以从文本的结构角度拟题,也可以从文本的内容角度拟题,还可以从文本的意蕴角度拟题,命题的开放性比较高,可以引发学生对课文的深入理解。但是过于强调教材的开放性,会导致教学的无序和混乱。"研讨与练习"中的比较阅读题,命题用意在于加深学生对文本的认识、培养学生比较鉴赏的能力。此题命意虽好,但是命题过于开放,增加了教师驾驭教材的难度。因为比较阅读对初一的学生来说是较陌生的学习活动,比较点的确立、比较方法的选择都有一定的难度。如教师指导不当,教学目标便难以落实。而此题的设计没有尊重学生的学习积累与思维能力,缺少必要的比较点的提示与限定,问题过于开放,学生很难找到切入点。如此一来,比较阅读很容易局限于对文本内容的体认,对文本的意蕴、艺术表现则会泛泛而谈,思维含量不高,导致学生阅读效率的低下。

语文知识有其确定性因素,亦有其丰富的不确定因素,因此教材的编辑应注意确定性与非确定性的统一:既要避免确定性过高而导致"语文课程与教学内容僵化"[1],又要避免过分强调非确定性而导致开放性过高,给教与学双方带来诸多困惑。

(三)思维训练的方式有别

新加坡教材的编辑重视目标相对集中的思维训练,遵循思维的发展规律设置学习活动。课前提示与课后练习设计注重由浅入深的思维训练,逐层落实教学目标。阅读提示中有两题:一是推断词语的意思,二是要求学生表述文本的主要信息点。课后的"理解与分析"题要求学生理解文本的关键语句。这些题设计尊重学生的思维发展,分别从文本的语言

〔1〕 王荣生.建设确定性程度较高的语文教材[J].语文建设,2007,4:11.

到内容与结构再到思想情感,由浅入深地建构文本的阅读意义。"应用与拓展"的两题,都是着眼于对学生写作能力的培养:第1题是利用课文的语言,提供具体的写作情境,训练学生的语言表达能力;第2题,提供具体的写作情境,模仿课文的写作思路,写出事件的波折,训练学生的叙事能力。这两题,分别侧重语言训练与文章的布局谋篇训练,注意了写作能力培养的渐进性。由此看来,新加坡教学思维训练强调两点:一方面,目标集中于培养学生的语言理解能力与表达能力的练习;另一方面,不仅在教材呈现的整体思路上关注学生的思维发展,各个环节内部亦强调思维的发展的层次,尤其重视在具体的情境中培育学生的语文思维,以逐层落实教学目标。

中国教材编辑偏重学生创造性思维的培养,但常忽视学生思维发展的规律,很多学习活动的设计不符合思维规律。《散步》的助读部分直接交代主旨,这样的教学提示极容易以编者的思想影响牵制学生的思维发展,不利于学生原初体验的生成,难以调动学生的思维主动建构阅读的意义。课后的"研讨与练习"三道题,编者的用意在于培养学生的创新思维:第1题重新拟题,第2题理解文眼,第3题比较阅读。这三道题编排的顺序与内容存在着问题。首先,这三道题的编排顺序不合理。第2题理解文眼应放在首位,因为文眼是作者复杂情感的凝结点,只有透彻理解后才能正确理解文本的意义;而重新拟题是必须建立在对文本的全面深入的理解之上的个性化认识,所以理解文眼应放在重新拟题之前。而比较阅读放在最后是妥当的,因为比较阅读是基于文本的拓展阅读,是在开阔的阅读视域下的深入研读,所以应该放在理解文眼与重新拟题之后。这样,才符合思维的发展规律。其次,这三道题,都是致力于学生思维深度训练的命题,缺少思维的延展性训练的命题。

常言道,"有比较才有鉴别"。通过比较中国教材与新加坡教材中对《散步》一课编辑的异同,可以管窥我国现行教材在编辑思想、呈现方式、教学方法、学习方法的选择,以及学习活动的设置等方面的优点与不足,为语文教师把握教材以及教材编辑者修订教材提供参考意见。

两类课堂教学行为对学生细读能力的影响：从 PIRLS 调查分析中得到的启示

胡向青[1]

摘要：全球化语境下，细读的理论和实践逐渐引起学者研究的兴趣。本文针对双语教育环境下具有双语家庭背景的学生，进行全球 PIRLS 调查，探讨"读—写"和"读—说"两种类型的课堂教学活动对学生细读能力的影响。研究对象为新加坡双语背景小学四年级学生，用于研究的文本包括文艺故事和信息说明文，目的是测试学生的细读能力。本文拟通过阅读能力测试和问卷调查进行数据统计，采用影响力光谱图示相关分析，讨论课堂教学活动对不同家庭语言背景学生，不同层次细读能力的影响。

关键词：细读能力；PIRLS；课堂教学活动；双语

一　前言

（一）信息时代的阅读

随着电子化信息的发展，阅读平台也越来越多元化。现在不仅有纸制的书籍、杂志、报纸、布告、海报等平面载体，越来越多的电子产品也进入我们的生活，例如，电脑、电子书、手机、听读并行的有声书等等。还有互联网上的各种内容，如微信、脸书、电邮、博客等等。各类阅读平台大量涌现，使得人们的阅读习惯发生了变化，甚至连手机也可以下载电子书阅读，随时随地都可以查电邮，生活中的每分每秒都可以沉浸在阅读之中。

学会阅读，从而从阅读中学会知识，是终身学习成为可能的必要基础。语文教学的一个重要任务，便是保证学生具有这种日后能终身学习的能力。[2]

---

〔1〕　胡向青，女，香港大学教育学院博士研究生。

〔2〕　谢锡金，林伟业，林裕康，等.儿童阅读能力进展：香港与国际比较[M].香港：香港大学出版社，2005：189.

（二）新加坡的双语背景

一项对新加坡小六华族学生的调查显示，在家只讲华文和大多数时间讲华文的比率是 37%，在家频繁讲华英双语的比率是 25%，在家只讲英语和多数时间讲英语的占 38%。新加坡华族学生的背景范围是（L1，L2），即变量范围 $L1 \leqslant X \leqslant L2$，是介于第一语和第二语之间的一个模糊状态。谢锡金发展了"全球学生能力进展研究"架构，把研究领域从第一语言扩展至双语和第二语[1]。由于语言的背景也是影响阅读力的因素之一，因此我们的华文阅读研究也要考虑这一双语背景因素。

二 文献探讨

（一）阅读的类型

卡弗（Ronald P. Carver）把信息阅读分为五类，并以美国大学生为研究对象，指出不同阅读目的的不同思维活动特征和阅读速度（wpm，words per minute 的简称，指每分钟阅读了多少英文词语）可以分成五种阅读类型，每类都有不同的思维活动特征和阅读速度限制[2]，详见表1。

表 1 信息阅读的类型[3]

序号	卡弗的分类	其他学者分类	阅读目的	例子	思维活动特征	阅读速度
1	扫读 scanning	check read	检索或寻找单个字词	查阅字典	辨认字形词形	600 wpm
2	略读 skimming	search read	迅速查出所需材料	查找特定资料	把握字义词义	450 wpm
3	细读 rauding	smooth read; receptive reading	理解作者在文章中所要传达的全部讯息	最一般也最常见的阅读方式	综合句意和上下文文意	300 wpm

〔1〕 胡向青，林伟业，谢锡金，等.针对双语背景学生的国际汉语教师知识结构和能力要求分析[M]//第十一届国际汉语教学研讨会论文选.北京：高等教育出版社，2013.
〔2〕 CARVER R P. Reading comprehension and rauding theory[M]. Waukesha, WI：Thomas, 1981.
CARVER R P. The causes of high and low reading achievement[M]. New York, NY：Routledge, 2000.
〔3〕 谢锡金，林伟业.提升儿童阅读能力到世界前列[M].北京：北京师范大学出版社，2013：3.

序号	卡弗的分类	其他学者分类	阅读目的	例子	思维活动特征	阅读速度
4	研读 learning	thinking read; reflective reading	把内容记住	阅读理解测试	记下观点	200 wpm
5	背读 memorizing	——	能够追述内容	应付考试而温习	复述内容	138 wpm

卡弗认为第三类是最典型、正常、自然、简单的一类,为了区别于 reading,他把 reading 和 auding 合并,成为新词语 rauding,意为"细读",指读者理解书面语或口语以把握作者所要沟通的思想。这类阅读涉及辨认字形词形、把握字义词义以及综合句意和上下文文意。卡弗认为细读才是最有效的阅读方式。卡弗归纳了阅读类型的特点、目的、思维活动与其实验后提取的相应的阅读速度。从表1可以看出,细读的阅读速度属于中等,卡弗认为它是最一般、最常用的类型,目的是理解作者在文章中所要传达的全部讯息。

(二)细读的过程

细读的过程(见图1)是指语言文本通过读者的视觉感官感知进入大脑,与此同时,长期储存在大脑中的世界知识得到提取,通过大脑工作记忆,建构意义,并储存在大脑中[1]。细读的过程是读者通过对语言文本的感知,提取已有经验和知识,建构意义,理解文本或产生共鸣之过程。

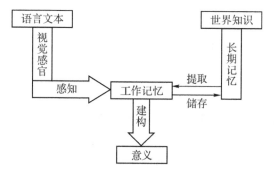

图1 细读的过程

---

[1] 林伟业.阅读研究网站[EB/OL].[2011-06-16]. http://web. hku. hk/～jwilam/works/researches. htm.

（三）PIRLS

全球儿童阅读能力课题（Progress in International Reading Literacy Study，简称 PIRLS），由国际教育成绩评估协会（International Association for Evaluation of Education Achievement，简称 IEA）主办，旨在探讨 9 岁小学生的学业成就、儿童在家庭和学校中学习语文阅读的经验，并找出获取语文阅读能力的因素。2012 年度 PIRLS 研究报告数据显示，香港学生的阅读能力测试获佳绩(571)，名列全球第一[1]。

（四）信息性和文学性阅读

阅读可以作为认识世界的手段，也可以当作欣赏文字或休闲愉悦的途径；前者是信息性质的（informative），后者是文学性质的（literary）[2]。PIRLS 按照不同的阅读目的，大致把研究分为寻找并运用资料和文学经验的获得这两类。

针对文学和信息阅读的目的或经验，PIRLS 在阅读理解测量上分为两种尺度：(1)检索和直接推测；(2)解释、整合和评估。同时，这两个尺度分为四个理解层次：寻找明显信息，直接推论，综合并解释篇章，评价篇章内容及语言形式[3]。

全球化语境下，细读的理论和实践逐渐引起学者研究的兴趣。本文采用对 PIRLS 阅读测试和问卷部分题项的分析，探讨影响细读能力的因素。

三　PIRLS 阅读调查

（一）研究动机

课堂教学活动是日常教学不可或缺的重要组成部分。研究调查表

〔1〕 MULLIS I V S,MARTIN M O,FOY P,et al. PIRLS 2011 international results in reading [R]. International Association for the Evaluation of Educational Achievement,Chestnut Hill：TIMSS & PIRLS International Study Center,Boston College,2012.
〔2〕 谢锡金，林伟业. 提升儿童阅读能力到世界前列[M]. 北京：北京师范大学出版社,2013：3.
〔3〕 MULLIS I V S,MARTIN M O,FOY P,et al. PIRLS 2011 international results in reading [R]. International Association for the Evaluation of Educational Achievement,Chestnut Hill：TIMSS & PIRLS International Study Center,Boston College,2012.
　　 谢锡金，林伟业. 提升儿童阅读能力到世界前列[M]. 北京：北京师范大学出版社,2013：3.

明,课堂阅读活动对新加坡学生的阅读习惯和课外阅读有较大影响,尤其是第二语学生[1]。另外,根据观察,新加坡阅读课堂教学活动经常出现两类情况,即细读文本之后写读后感或作答题,或者是进行说一说的讨论活动。但对第二语学生而言,在细读之后做写的活动时比较费时费力,老师们通常用"说"来代替"写",这样做省时省力,不会影响教学进度。但是教学效果会一样吗?对新加坡不同语言背景的华族学生的细读有什么不同影响?这些问题值得进一步探讨。

(二)调查对象

本文调查研究对象是 52 位就读于新加坡主流小学,年龄介于 9～10 岁,有双语背景的华人学生。研究使用 PIRLS 问卷,按家庭语言背景进行抽样分组,如表 2 所示。

表 2　抽样分组说明[2]

家庭语言背景	语言使用频率	抽样说明
中文为第一语 (简称第一语)	C＞E[3]	在家里只讲中文,或经常讲中文,很少讲英文
中英双语 (简称双语)	C＝E	在家里讲中英双语的时间均等
中文为第二语 (简称第二语)	C＜E	在家里很少讲中文,经常讲英文,或只讲英文

(三)研究设计概念

(1)细读文本。细读信息说明和文艺故事文本,旨在让学生理解作者在文章中所要传达的全部讯息,在足够的时间内完成细读测试的各项题目。我们用量表量化提取数据并做统计。该项主要考查四个层次的细读能力,详见表 3。

[1]　胡向青,林伟业,谢锡金,等.针对双语背景学生的国际汉语教师知识结构和能力要求分析[M]//第十一届国际汉语教学研讨会论文选.北京:高等教育出版社,2013.
[2]　胡向青,林伟业,谢锡金,等.针对双语背景学生的国际汉语教师知识结构和能力要求分析[M]//第十一届国际汉语教学研讨会论文选.北京:高等教育出版社,2013.
[3]　C 代表中文(Chinese),E 代表英文(English),下同。

表 3　细读测试指标和内容

层次	指　标	内　容	考查能力
第一层	寻找明显信息	识别和找出字面信息	表层信息检索能力
第二层	直接推论	整理和找出主要信息	主要信息的筛选和整合能力
第三层	综合并解释篇章	汇集主要信息和找出主题信息	深层信息检索和主题信息推论能力
第四层	评价篇章内容及语言形式	审查和评估文本内容、语言和要素	批判性反思所读文本的能力

（2）行为频率。本文主要调查在日常课堂教学活动中经常出现的行为。这些行为按产出形式分为两类——"读—写"和"读—说"型,本文研究这些行为,对文本细读的影响。"读—写"是指细读文本之后进行一些写的活动,称为"读—写"型课堂教学活动和行为,主要分为"写问答题"和"写读后感"两种方式。"读—说"是指细读文本之后进行一些说的活动,称为"读—说"型课堂教学活动和行为,主要分为"大声说出"和"同伴讨论"两种方式。我们按表 4 中所显示行为出现频率的四级标识进行问卷数据的估算和统计,据此设计相应问卷。

表 4　问卷调查框架

问题	指标项目	具体行为	类型
在班上进行华文细读之后,你经常做以下事情吗?	a 写问答题	在作业本或活动单上,回答一些问题	读—写
	b 写读后感	写下读了什么(例如:主要内容、一个故事或读后感)	
	c 大声说出	大声回答问题,说出读了什么	读—说
	d 同伴讨论	和其他同学谈论刚才读过的内容	
频率	4	3	2	1
标识	每天或几乎每天	一个星期一两次	一个月一两次	从不或几乎从不

（3）相关关系。教育科学研究往往需要描述变量之间的关系,考察变量之间的关系可以用相关关系分析法,研究中相关系数 r 表示变量之

间的相关程度[1]。课堂教学活动直接导致或影响学生产生某种具体的行为,这些行为又会影响学生的细读能力。我们通过测量具体行为出现的频率和细读能力各层次指标之间的相关度,探讨它们之间的关系,推断这类行为对学生细读的影响程度,从而间接反映课堂教学活动的效果。采用线性回归(linear regression),可以进行更深入的分析[2]。据此理念,按照表 5 相关关系矩阵进行分析。

表 5　细读能力和行为构思图的相关关系矩阵

	行为指标	信息说明和文艺故事文本		行为指标
课堂教学活动 —产生→ 具体行为 —影响→ 细读能力（关系／体现效果）	a 写问答题 b 写读后感 c 大声说出 d 同伴讨论	**第一层** 寻找明显信息	**第三层** 综合并解释篇章	a 写问答题 b 写读后感 c 大声说出 d 同伴讨论
		第二层 直接推论	**第四层** 评价篇章内容及语言形式	

(四)研究问题

探讨细读文本之后,(1)在作业本或活动单上,回答一些问题;(2)写下读了什么,例如主要内容、一个故事或读后感;(3)大声回答问题,说出读了什么;(4)和其他同学谈论刚才读过的内容。这四项课堂阅读活动,对该组新加坡双语背景华族小学生不同层次的细读能力的影响程度各是什么?对于第二语学生,用"说"来代替"写"的活动,教学效果有什么不同?

(五)研究方法

本文针对该组小学生,在细读文艺故事和信息说明两类文本之后,进行了 PIRLS 细读能力测试。再通过 PIRLS 问卷,探讨在日常课堂教学活动中经常出现的两类行为——"读—写"和"读—说"型活动频率,对不同家庭语言背景学生,不同层次细读能力的影响。其研究方法架构如图 2 所示:

---

〔1〕董奇.心理与教育研究方法[M].北京:北京师范大学出版社,2004.
　　谢锡金.怎样进行语文教育研究[M].北京:北京师范大学出版社,2013.
〔2〕林伟业.中文教与学研究与探索:理论与实践课程讲义[Z].香港:香港大学,2014.

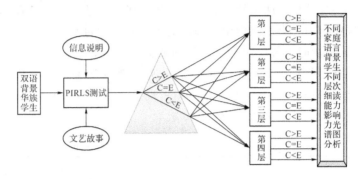

图 2　研究方法架构图

(六)研究过程

　　研究过程是先进行 PIRLS 测试,把该组学生随机分为三组——中文组(C＞E)、双语组(C＝E)和英文组(C＜E),每组分别有 18、17、17 位学生。学生细读信息说明和文艺故事文本之后,再对其进行 PIRLS 问卷调查,问卷内容包括家庭语言背景和相关课堂教学活动的问题。接下来,把学生的测试和问卷数据进行统计,计算相关系数,绘制影响力光谱图,进行图示分析。最后,对相关系数一样的指标做线性回归分析,据此讨论研究结果。

四　影响力光谱图示相关分析

(一)基本数据统计

　　收集测试成绩和问卷估算数据,进行指标数据 t 检验。统计各指标均值、标准差和标准误,问卷各项目指标变量的皮尔森相关系数 r 和显著性 p 值。相关关系有三种:正相关、负相关和零相关。由于篇幅有限,本文只分析正相关关系。相关系数 $r＜0.10$,均以~ 0.10 表示。本研究的多重数据统计,详见表 6。

表 6　多重数据统计

测试指标	均值(Mean)	标准差(SD)	标准误(SR)	a 项变量(X_a)		b 项变量(X_b)		c 项变量(X_c)		d 项变量(X_d)	
				相关系数(r)和显著性(p)							
第一层 Y_1	82.23	16.78	3.29	~0.10	0.00	~0.10	0.00	~0.10	0.00	~0.10	0.00
第二层 Y_2	85.42	18.05	3.54	0.16	0.00	0.06	0.00	0.15	0.00	0.09	0.00
第三层 Y_3	75.27	18.49	3.63	0.22	0.00	0.01	0.00	0.17	0.00	~0.10	0.00
第四层 Y_4	64.19	42.09	8.25	0.24	0.00	0.08	0.00	0.08	0.00	~0.10	0.00
总体表现 Y	76.69	17.01	3.34	0.11	0.00	~0.10	0.00	0.03	0.00	~0.10	0.00

从表 6 中可以看出,细读能力测试各项指标均值、标准差和标准误数据分别为,第一层 Y_1(82.23,16.78,3.29),第二层 Y_2(85.42,18.05,3.54),第三层 Y_3(75.27,18.49,3.63),第四层 Y_4(64.19,42.09,8.25),总体表现 Y(76.69,17.01,3.34)。测试指标与问卷项目矩阵显示相关度不高,r 值最大为 0.22,属低或非常低正相关。显著性 p 值均小于 0.01,属差异非常显著水平。测试和问卷数据信度 α 值分别是 $\alpha_y > 0.7$ 和 $\alpha_x > 0.8$,为高信度。接下来,再按家庭语言背景分成三组(C>E,C=E,C<E),进行深入分析。

(二)影响力光谱图示相关分析

把学生的细读测试表现分为四个层次进行数据统计。结合问卷数据,统计其相关系数,根据 10 个区间——(~0.10),(0.10,0.19),(0.20,0.29),(0.30,0.39),(0.40,0.49),(0.50,0.59),(0.60,0.69),(0.70,0.79),(0.80,0.89),(0.90,1.00),及其从浅色到深色相应的连续条纹,显示各指标间相关程度(见图 3)。

~0.10　0.10~0.19　0.20~0.29　0.30~0.39　0.40~0.49　0.50~0.59　0.60~0.69　0.70~0.79　0.80~0.89　0.90~1.00

图 3　学生细读能力测试各项指标间相关程度

通过阅读能力测试和问卷调查进行数据统计,采用影响力光谱图示相关分析,讨论课堂教学活动对不同家庭语言背景学生,不同层次细读能力的影响。

(1)第一语学生测试和问卷指标表现的相关分析。对于第一语学生的细读能力四个层次指标表现结合其问卷数据,统计相关系数,绘制影响力光谱,详见图4。

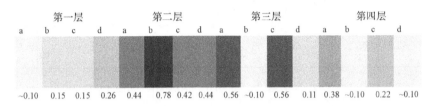

图4　第一语学生细读能力四个层次和问卷数据指标影响力光谱

图4为第一语学生细读能力四个层次和问卷数据指标影响力光谱。读—写型课堂教学活动a和b项,读—说型课堂教学活动c和d项,与第一语学生的第二层细读能力的相关系数 r 分别为 0.44、0.78、0.42 和 0.44,属中等正相关或高正相关,光带颜色较深,尤其是 b 项处,光带颜色更深,属高正相关。在第三层区域,a 和 c 处,光带色泽较深,其相关系数 r 均为 0.56,属高正相关。其他区域光带色泽较浅,其相关系数均小于等于 0.38,属低正相关。

(2)双语学生测试和问卷指标表现的相关分析。对于双语学生的细读能力四个层次指标表现结合其问卷数据,统计相关系数,绘制影响力光谱,详见图5。

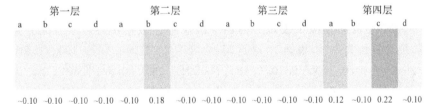

图5　双语学生细读能力四个层次和问卷数据指标影响力光谱

从图5双语学生细读能力四个层次和问卷数据指标影响力光谱中可以看出,光带色泽普遍较浅,其相关系数均小于等于 0.22,属低正相关。

（3）第二语学生测试和问卷指标表现的相关分析。对于第二语学生的细读能力四个层次指标表现结合其问卷数据，统计相关系数，绘制影响力光谱，详见图 6。

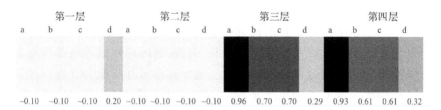

图 6　第二语学生细读能力四个层次和问卷数据指标影响力光谱

图 6 为第二语学生细读能力四个层次和问卷数据指标影响力光谱。在第一层和第二层区域，色带色泽较浅，其相关系数均小于 0.2，属低正相关。读—写型指标 a 和 b 项，以及读—说型指标 d 项，在第三层区域，光带色泽较深，尤其是 a 项处，光带色泽最深，其相关系数 r 分别为 0.96、0.70 和 0.70，属非常高正相关和高正相关。同样的，a、b、c 三项，在第四层区域，光带色泽较深，尤其是 a 项处，光带色泽度数更深，其相关系数 r 分别为 0.93、0.61 和 0.61，属非常高正相关和高正相关。而 d 项与第二语学生第三和第四层细读能力指标相关系数分别为 0.29 和 0.32，属低正相关。其他区域光带色泽浅，其相关系数均小于等于 0.20，属低正相关。

（三）线性回归分析

从图 6 第二语学生细读能力四个层次和问卷数据指标影响力光谱中，第三层和第四层区域里，可以明显看出 b 和 c 项光带色泽一致，相关系数一样，0.70 和 0.70，0.61 和 0.61。基于这一现象，再对这两项指标进行线性回归分析（见图 7）。其线性回归方程为 $X_b = X_c$，决定系数 $R^2 = 1$，拟合程度很高，两者完全吻合，呈一元线性关系。相比之下，第一语和双语学生这两

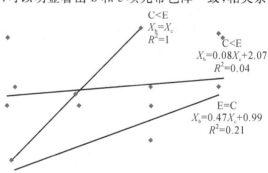

图 7　第二语学生问卷 a 和 b 项线性关系

项指标线性回归方程式分别为：$X_b = 0.08X_c + 2.07$，决定系数 $R^2 = 0.04$，拟合度很低；$X_b = 0.47X_c + 0.99$，决定系数 $R^2 = 0.21$，拟合度较低。

（四）信度和效度

PIRLS 历时十余载，目前已有超过 50 个国家和地区参与，所有阅读能力和水平测试卷，以及学生及其家长、学校、老师的阅读习惯和环境调查问卷，均经过严格筛选、验证和审定，每年都会召开年度会议进行理论和样卷审核，是很有信度和效度的。因此，本文参考 PIRLS 理论和样卷，以保证研究的信度和效度。

五 结果讨论

本文通过 PIRLS 测试和问卷调查，进行数据统计，采用影响力光谱图示进行相关分析。定量研究结果表明，这四项课堂阅读活动，对不同家庭语言背景的孩子之细读能力有不同程度的作用，对他们各层次细读能力也产生不同的影响。读—写型和读—说型课堂教学活动，对这些不同家庭语言背景学生，各层次细读能力的影响程度各异。经过数据统计和分析发现，这四项课堂教学活动，对于第一语学生的第二层细读能力，均有较大影响，其影响程度均大于 40%，尤其是读—写型 b 项"读后写下读了什么"的课堂教学活动，其影响力可以达到 78%。其中读—写型 a 项"读后写问答题"和读—说型 c 项"读后大声说出读了什么"的课堂教学活动，对第一语学生第三层细读能力影响也较大，其影响力为 56%。

读—写型 a 项"读后写问答题"的课堂教学活动，对第二语学生第三、四层细读能力影响较大，分别有 96% 和 93% 的影响，最有效果。读—写型 b 项"读后写下读了什么"和读—说型中 c 项"读后大声说出读了什么"，对第二语学生第三、四层细读能力影响也较大，其影响程度分别为 70% 和 61%。经过线性回归分析，得出结论：对于第二语学生，用"大声说出"来代替"写下读了什么"的课堂活动，教学效果一样，日常教学时，可以互相替代，但不适用于对第一语和双语学生的教学。

然而，读—说型 d 项"读后与同伴讨论"对三组不同家庭语言背景学生各层次细读能力的影响甚微，教学效果不明显，需要在讨论方式和内容上加以改进。这四项课堂教学活动，对双语学生各层次细读能力的作用和影响都不大，需再深入研究。

六 结语

从此项研究中,我们也可以得到一些启示:在儿童刚学会阅读阶段,以"读—写"产出的方式有助于培养第一语学生第二和第三层次的细读能力。而对第二语学生而言,他们的中文细读与他们的先备语言经验和知识有关。根据习得理论,学会阅读之后,孩子可转移他们第一语阅读能力到第二语阅读上,尤其是对他们高层次阅读能力的影响较大。另外,对于书写能力不强的第二语学生,在"读了什么"方面,可以用"说"来代替"写"的活动,在阅读方面两者有着同样的教学效果。

七 未来的教学和研究建议

(1)对于第一语、双语、第二语学生所使用的阅读教学策略和方法,在实际教学上要有所区分。

(2)今后的研究还可以分析零相关、负相关,探讨其产生的抑制作用,在实际教学中尽量避免误区。

(3)由于实际教学针对不同家庭语言背景的学生有不同的影响和效果,本文建议可以通过课例研究,探讨"读后与同伴讨论"的课堂教学活动,进一步研究,以便改进此类教学的方法和方式。

(4)对于双语学生,需要进一步通过课堂观察这四项课堂教学活动的实际情况,找出问题的原因,针对双语学生的学习特点,对教学做出改进和调整。

(5)探讨本文其他指标的线性关系,以便针对不同家庭语言背景学生,更能准确把握和使用细读教学策略。

这些研究方向,有助于在课堂教学活动中更加有效地发挥细读策略的作用,对实际教学很有意义。我们也将继续探讨,并在另文详述。

参 考 文 献:

CARVER R P. Reading comprehension and rauding theory[M]. Waukesha, WI: Thomas, 1981.

CARVER R P. The causes of high and low reading achievement[M]. New York, NY: Routledge, 2000.

LAM J W I, CHENG W M, AU D W H, et al. Factor structure of Chinese version of the

PIRLS 2011 student questionnaire[R]. Hong Kong：HKU，HKPU，2011.

MULLIS I V S，MARTIN M O，FOY P，et al. PIRLS 2011 international results in reading [R]. International Association for the Evaluation of Educational Achievement. Chestnut Hill：TIMSS & PIRLS International Study Center，Boston College，2012.

Singapore Ministry of Education. Mother tongue languages review committee report[R]. Singapore：Singapore Ministry of Education，2010.

董奇. 心理与教育研究方法[M]. 北京：北京师范大学出版社，2004.

胡向青，林伟业，谢锡金，等. 针对双语背景学生的国际汉语教师知识结构和能力要求分析 [M]//第十一届国际汉语教学研讨会论文选. 北京：高等教育出版社，2013.

林伟业. 中文教与学研究与探索：理论与实践课程讲义[Z]. 香港：香港大学，2014.

林伟业 阅读研究网站[EB/OL]. [2011-06-16]. http：//web. hku. hk/~jwilam/works/ researches. htm.

谢锡金，林伟业，林裕康，等. 儿童阅读能力进展：香港与国际比较[M]. 香港：香港大学出版 社，2005.

谢锡金，林伟业，罗嘉怡. "香港小学生中英双语阅读能力研究（第二届）研究结果报告会"摘 要[C]. 香港：香港大学教育学院中文教育研究中心，2008.

谢锡金，林伟业. 提升儿童阅读能力到世界前列[M]. 北京：北京师范大学出版社，2013.

谢锡金. 怎样进行语文教育研究[M]. 北京：北京师范大学出版社，2013.

谢宇. 回归分析[M]. 北京：社会科学文献出版社，2010.

朱经明. 教育及心理统计学[M]. 台北：五南图书出版股份有限公司，2007.

理解与对话

运用戏剧教学法和阅读理论，对提升小四学生阅读理解能力的成效研究

罗嘉怡[1]

摘要：传统的阅读教学强调"以文为本"或"作者为本"的"自下而上"或"自上而下"教学法，唯教学成效不显著，学生对学习阅读的兴趣亦不高。近年，阅读教学强调"互动模式"，重视读者与文本的交互作用，相关理论包括阅读图式理论、读者处境模型、读者反应理论和连系推理等。本研究应用上述理论，结合戏剧教学法——"座谈会"，发现阅读理论和戏剧教学法能有效提高小四学生对中文学习的兴趣和投入度，使其对文章有更深层次的理解，品德情意以至自学能力都得到发展。

关键词：阅读理解能力；戏剧教学法；阅读图式理论；读者处境模型；读者反应理论；连系推理

一 引言

阅读能力并非与生俱来，是需要学习的。良好的阅读能力是学生学习和争取好表现的关键。因此教师需要帮助学生发展阅读理解能力、学习阅读的过程、掌握阅读策略等，并引导学生对所读的材料有深刻的思考，最终达至文学欣赏的程度，以至发展和提升品德情意与自学的能力。

传统的阅读教学强调"以文为本"或"作者为本"的"自下而上"或"自上而下"教学法（Hoover & Gough，1990），唯教学成效不显著，学生对学习阅读的兴趣亦不高。近年，阅读教学强调"互动模式"（Weaver，1988），灵活运用"自下而上"及"自上而下"两种模式，更重要的是重视读者与文本的交互作用，阅读时联系个人的知识和经验，以建构篇章意义，强调读者主动穿梭进出于文本、已有知识、文化和阅读策略之间。此外，要让学生达到深层的阅读理解，还需结合阅读图式理论、读者处境模型、读者反应理论和连系推理等等。

---

[1] 罗嘉怡，女，香港大学教育学院助理教授，博士生导师。

本研究应用戏剧教学法——"座谈会",发现该教学法能有效结合上述理论,并能快速让学生对文章有更深层次的理解,增加学习中文的兴趣和投入度,品德情意和自学能力都得到发展。

二 文献回顾

本研究运用的理论包括两部分:阅读理论和戏剧教学理论。

(一)阅读图式理论(Schema Theory)

阅读图式分为内容图式和结构图式:前者指文章的内容与主题,后者指文章的修辞结构。朱云萍(2003)指出,学生的阅读图式愈丰富、提取速度愈快,愈能快速理解文章并找出主旨。因此,进行阅读教学时帮助学生建立图式是十分重要的。

(二)读者处境模型(Situational Model)

不少学者(Bestgen & Dupont,2003;Johnson-Laird,1983;Noordman & Vonk,1998;van Dijk & Kintsch,1983)都同意良好的读者应能根据文章内容建立读者处境模型——通过建构心理表征(即心理影像、因果关系、视觉想象、情绪等)以促进理解(罗燕琴,1997)。教师可教导学生如何从篇章中提取重要讯息。处境模型会随着学生所接收到的讯息增加而改变,并建构个人意义;过程中学生会产生同理心,对角色的处境有更深切的体会(van Dijk & Kintsch,1983),感受到作品蕴含的深情厚意。让学生通过戏剧学习阅读,能帮助他们想象故事的世界(何洵怡,2011),是建立处境模型的好方法。

(三)读者反应理论(Reader-Response Theory)

读者反应理论(Rosenblatt,1978)指出,要达到高层次的阅读理解,学生须根据篇章人物的遭遇引发联想,唤起情绪反应,产生移情作用,最终体会角色的处境和感受,欣赏篇章的艺术价值,达到个人品德情意的升华(何洵怡,2011;孟昭兰,2005)。教师通过戏剧教学能有效地激发学生的想象,在脑海中建立角色形象和心理意象,促进认知活动与情绪的结合。

(四)连系推理(Bridging Inferences)

阅读理解的关键元素是建立连系推理,包括前后项词的推理、因果关系推理和篇章主题推理(van den Broek et al.,2001)。教师须引导学生以篇章格局作为推理的基础、连系角色,再做高层次的联想推理、综合篇章主题,并找出人物性格或写作目的(Singer,1994)。

(五)戏剧教学理论——座谈会

Heathcote(1990)首先提出把戏剧融入日常教学,以帮助学生对文本有深刻的认识和反思。戏剧融入教学的好处很多,例如本研究采用的"座谈会",能让学生代入不同角色,通过角色之间的讨论和提问,发表自己的想法,深刻地反思作品的含意,体会别人的感受,欣赏课文的内在涵义,并建立批判性思考的能力(何洵怡,2011)。为配合本研究在教学上的设计,研究员以"记者会"代替"座谈会"。

(六)理论构架

本研究的理论构架乃是运用戏剧教学法,帮助学生建立读者处境模型(心理影像、事件的因果关系、情绪等),产生读者反应,加深他们对文本深层意义的体会;建立学生的阅读图式,促进他们对文本的理解。本研究引导学生做前后项词的推理和因果关系推理,最终使学生能自行找出篇章主题。

(七)研究问题

(1)运用图式理论能帮助学生认识教学主题吗?

(2)运用连系推理能帮助学生推敲文章中的因果关系吗?

(3)运用读者处境模型(即座谈会),能帮助学生体会角色的内心感受吗?

(4)了解作品的深层意思吗?

(5)运用读者反应理论能否唤起学生的情绪反应、产生移情作用、提升品德情意?

三 研究设计

(一)研究对象

研究对象是香港一所小学的小四学生,共 29 人(11 男,18 女)。原任教师表示学生的中文能力属中下水平。

（二）研究工具

1. 自学问卷

教学实验开始前和结束后,学生须填写自学问卷(见附录一),对学习设定学习目标、预测困难和拟定解决方法;教学实验结束后则检视和评价自己的表现。

2. 问卷调查

教学实验后学生填写意见调查问卷,调查他们对各种教学法的意见。

教学实验进行了四教节,合计 140 分钟。本研究的教材为周记数篇,学生曾学习周记格式。教材以周记形式,讲述麦当劳餐厅推出购买套餐可换购史努比的销售活动,主角为了换齐一套 28 款史努比,连续吃了 28 天快餐的过程。课文喻义是不应盲目追求物质。研究员认为本课的难点在于事件是通过多篇周记来记述,学生须把握故事发展的脉络和因果关系,特别是主角在过程中的情绪转变,方能找出课文的主题信息。

四 研究结果

（一）图式理论能帮助学生认识教学主题

为提取学生的内容图式,研究员问学生是否喜欢吃麦当劳的食物,几乎所有学生都表示喜欢。研究员再问学生曾否为了玩具而购买麦当劳食物,超过半数学生表示有此经历。然后,研究员分享自己的经历,并展示换购得来的玩具。研究员认为提问题和个人经历分享,能引发学生的联想(特别是换购玩具的经历),建立与主题相关的图式。因此学生普遍认为"已知道课文的主旨"(学生编号 408)。学生曾学习过食物金字塔,当研究员引导学生运用食物金字塔分析麦当劳食物与健康的关系,他们马上说出麦当劳的食物不健康,多吃"会生病"(学生编号 425),指出课文的主题是"不应该为了物质而强迫自己"(学生编号 419)。研究员认为帮助学生建立阅读图式,能促进他们综合和概括教学主题。问卷调查结果发现接近六成半学生表示"明白本课的主旨"(见附录二)。

（二）运用连系推理能帮助学生推敲文章中的因果关系

本研究的教材是多篇周记,断断续续地描述整个换购的经过,没有直接交代故事情节,学生较难掌握故事的脉络和前因后果,更遑论体会主角在过程中的两难境况(继续换还是放弃)、感受和情绪转变。因此,研究员指导学生绘画时间线(见附录三),以整理和连系各篇周记的内容,并找出文中的情感词,结合故事情节发展,了解因果关系,实现高层次的联想推理和概括主题,并描述主角的性格。问卷结果显示超过七成半学生认同"填写时间线和情绪词能帮助我理解课文的内容"(见附录二)。

(三)运用联想推理能帮助学生了解作品的深层意思

研究员引导学生联想自己连续 28 天吃麦当劳的快餐会有甚么后果。虽然部分学生能说出会"引致肥胖"(学生编号 415)、"热气"(学生编号 422)、"大不出便"(学生编号 412)等后果,但有部分学生表示他们太爱吃麦当劳的食物了,"吃一万天也不讨厌"(学生编号 411)。于是,研究员引导他们思考他们的父母会否赞成他们连吃 28 天快餐。原本十分坚持的学生都明白父母不赞成,因为这般吃法对身体无益,体会文本是用反面故事说明盲目追求物质是不当的行为,"不值得(为此)牺牲健康"(学生编号 403)。问卷结果显示约六成半学生认同"学习本课文后,我对以购买食物来换公仔的看法改变了"(见附录二)。

(四)运用读者处境模型能帮助学生体会角色的内心感受

研究员设计记者会活动,帮助学生建立读者处境模型,体会角色的内心感受。研究员把学生分为六组,每组代入不同的角色(包括主角、主角的妈妈、麦当劳老板和三家电视台的记者)。记者会上,记者组问主角的妈妈"连续多天为女儿购买快餐,辛苦吗?",又问老板"如果顾客因为吃太多快餐而生病了,你会有甚么感觉?"(学生编号 418),都是具有深度的问题。妈妈和老板的回应很精彩,妈妈表示"很辛苦、不值得",老板则说"不会为顾客吃到生病而感到难过",学生们随即大骂他是"无良老板"(学生编号 422),带起记者会的高潮。研究员认为记者会促进学生做深入的思考,学会代入不同角色,从不同角度说出内心感受,对主题有深刻的认识和反思。问卷结果发现超过七成半学生认同"喜欢参与记者会"、"参与记者会的讨论,帮助我理解角色的行为和感受"(见附录二)。

(五)情绪反应理论能唤起学生的情绪反应,产生移情作用,提升品德情意

研究结果显示,记者会活动能成功唤起学生的情绪反应,产生移情作用,概括主题讯息。问卷结果显示接近六成半学生认同"学习本课文后,我对以购买食物来换公仔的看法改变了"(见附录二)。由此可见,本研究

能成功提升大部分学生的品德情意。

（六）培养自学的习惯，发展自学的能力

本研究要求学生填写学习目标、预测学习困难及预设解决办法。研究结束后，学生再检视自己能否达到预期目标，有没有遇到原先预计的困难，如有，他们用什么方法解决。结果显示超过半数学生表示目标达到了，困难比预期少。研究员认为学生初步认识了自学的策略。

（七）校长和原任老师观课后的意见

研究进行期间，校长及原任老师从旁观察。教学实验结束后，校长表示他观察到学生的学习表现积极和投入，讨论气氛热烈，能实现价值教育，这是他最欣赏的地方。老师表示"我问学生这两天的课堂怎样，喜欢吗？他们异口同声都说喜欢，很想我以后都是这样，这给了我很大的启示：要学好语文，首先是要让学生有兴趣上课、有兴趣钻研，在以后的课堂里，我继续努力，务求让他们学得开心，也达到学习目标"。研究员认为此次研究不单提升了学生对阅读学习的兴趣，也改变了老师对阅读教学的观念。

五　总结及讨论

阅读的过程很复杂，教师帮助学生发展阅读能力时常常感到困难。本研究根据戏剧教学法并结合阅读理论，帮助学生发展阅读能力，培养阅读兴趣。研究结果显示，图式理论能帮助学生提取或建立与主题相关的经验（朱云萍，2003）。对于复杂的讯息，教师必须帮助学生建立连系推理，他们才能找到篇章主题（Singer，1994），从而提升推论和综合的能力。此外，教师应帮助学生根据文章内容建立读者处境模型，以促进理解（Bestgen & Dupont，2003；Johnson-Laird，1983；Noordman & Vonk，1998；van Dijk & Kintsch，1983）。本研究使用的记者会就是很有效的方法，讨论的过程成功令学生的处境模型改变，对角色处境有更深切的体会（van Dijk & Kintsch，1983），产生移情作用（何洵怡，2011；孟昭兰，2005），感受文本蕴含的深情厚意。本研究帮助学生设定学习目标，研究解决问题的方法，发展自学策略和能力（Couzijn，1999；Lumbelli et al.，1996；Schunk & Zimmerman，1998）。

本研究的另一意义是让老师明白，平日的读文教学适合运用戏剧教学策略和阅读理论，学与教的过程很互动和有趣，师生都很享受。戏剧教学法和阅读理论并不是抽象概念,而是简单实用、能快速提升学生的阅读能力和兴趣的好方法。

参 考 文 献:

BESTGEN Y,DUPONT V. The construction of spatial situation models during reading[J]. Psychological research,2003,67:209-218.

COUZIJN M. Learning to write by observation of writing and reading processes:effects on learning and transfer[J]. Learning and instruction,1999,9:109-142.

HEATHCOTE D. Subject or System? [M]//JOHNSON L,O'NEILL C (eds.). Dorothy Heathcote:collected writings on education and drama. Cheltenham:Stanley Thornes,1990.

HOOVER W A,GOUGH P B. Simple view of reading[J]. Reading and writing:an interdisciplinary journal,1990,2:127-160.

JOHNSON-LAIRD P N. Mental models[M]. Cambridge:Cambridge University Press,1983.

KINTSCH W. The Psychology of discourse processing[M]//GERNSBACHER M A(ed.). Handbook of psycholinguistics. San Diego:Academic Press,1994.

LUMBELLI L,PAOLETTI G,CAMAGNI C,et al. Can the ability to monitor local coherence in text comprehension be transferred to writing? [M]//RIJLAARSDAM G,VAN DEN BERGH H,COUZIJN M(eds.). Effective teaching and learning of writing. Amsterdam:Amsterdam University Press,1996.

NOORDMAN L,VONK W. Discourse comprehension [M]//FRIEDERICI A D (ed.). Language comprehension:a biological perspective,Berlin:Springer,1998:229-262.

ROSENBLATT L M. The Reader,the text,the poem:the transactional theory of literary work[M]. Carbondale,IL:Southern Illinois University Press,1978.

SCHUNK D H,ZIMMERMAN B J. Self-regulated learning,from teaching to self-reflective practice[M]. New York:the Guilford Press,1998.

SINGER M. Discourse inference process[M]//GERNSBACHER M A(ed.). Handbook of psycholinguistics. San Diego:Academic Press,1994.

VAN DEN BROEK P,LORCH R F,LINDERHOLM T,et al. The effects of readers' goals on inference generation and memory for texts[J]. Memory and cognition,2001,29(8):1081-1087.

VAN DIJK T A,KINTSCH W. Strategies of discourse comprehension[M]. New York:Academic Press,1983.

WEAVER C. Reading Process and practice[M]. Portsmouth:Heinemann,1988.

何洵怡. 教室中的人生舞台[M]. 香港:香港大学出版社,2011.

罗燕琴. 篇章推理与中文语文能力的关系:小六学生中文阅读理解个别差异分析[J]. 教育论坛,1997,5:106-117.

孟昭兰. 情绪心理学[M]. 北京:北京大学出版社,2005.

朱云萍. 背景知识对阅读理解的影响[J]. 昆明理工大学学报,2003,3(1):100-103.

附录一

自学问卷

姓名：＿＿＿＿＿（　　　　）班别：4＿＿＿　日期：＿＿＿＿

学习前	学习后
1.你希望学习甚么语文知识？ A.＿＿＿＿＿＿＿＿＿＿ B.＿＿＿＿＿＿＿＿＿＿	1.你学会了甚么语文知识？ A.＿＿＿＿＿＿＿＿＿＿ B.＿＿＿＿＿＿＿＿＿＿
2.你猜会不会遇到困难？如会,你认为是甚么困难？ 目标 A 会／不会　遇到困难（只选一项） 如有,困难是： 目标 B 会／不会　遇到困难（只选一项） 困难是：	2.你预期的目标是否达到？原因是甚么？ 目标 A 达到／没有达到　（只选一项） 原因是： 目标 B 达到／没有达到　（只选一项） 原因是：
3.你会怎样解决困难？ 目标 A 解决困难的方法是： 目标 B 解决困难的方法是：	3.你有没有遇到困难？ 目标 A 有／没有　遇到困难（只选一项） 如有,困难是： 目标 B 有／没有　遇到困难（只选一项） 如有,困难是：
	4.你怎样解决困难？ 目标 A 的解难方法是：＿＿＿＿＿ 目标 B 的解难方法是：＿＿＿＿＿

附录二

表1　问卷调查结果（$N = 25$）

问题	极不同意 1	不同意 2	无意见 3	同意 4	极同意 5
1. 我喜欢填写时间线和情绪词	12%	24%	0%	32%	32%
2. 我认为填写时间线和情绪词很容易	0%	20%	12%	24%	44%
3. 我认为填写时间线和情绪词能帮助我理解课文的内容	12%	12%	0%	28%	48%
4. 我喜欢参与座谈会	12%	0%	12%	20%	56%
5. 我认为参与座谈会的经历很有趣	4%	4%	16%	16%	60%
6. 我认为参与座谈会的讨论，能帮助我理解角色的行为和感受	8%	4%	12%	24%	52%
7. 我认为我明白本课的主旨	8%	0%	28%	20%	44%
8. 我认为学习本课文后，我对以购买食物来换公仔的看法改变了	12%	4%	20%	24%	40%

附录三

学生绘画的时间线

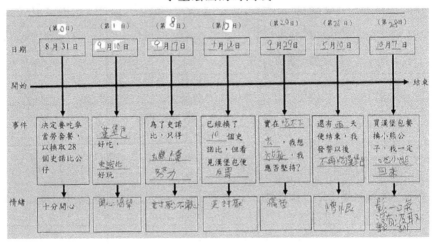

　　　　　　　　　　　　　　　　　　　　　　　　　　　　　　　理解与对话

对小学批判性阅读教学内容的探索

——以韩国小学语文学科课程标准为例

王晓诚[1]　徐　鹏[2]

摘要:本文的目的在于探索小学批判性阅读教学的内容构成。本文首先从理论视角阐释了批判性阅读的概念、对象和方法,然后基于此理论框架,以韩国小学语文学科课程标准为例,分析了其中批判性阅读教学的相关内容,并得出以下启示:批判性阅读教学(1)需要平等考虑作为批判性阅读对象的作者、文本和读者;(2)需要平等考虑作为批判性阅读方法的评价性阅读、推论性阅读、洞察性阅读;(3)有必要将批判性阅读的方法具体化、体系化;(4)有必要介绍批判性阅读的特性以及学生们应该对此采取什么样的态度。

关键词:小学语文;批判性阅读;教学内容;韩国;语文课程

21世纪以来,现代社会比人类历史上任何时期都要复杂多样,对知识和信息的重视成为这个时代的显著特征(노명완,1996)。我们每天都要通过多样的媒体接触无数文本。由于无法吸纳所有信息,我们往往通过判断信息的客观性、合理性、可信性等特点,选择性地接受信息。这种通过阅读对信息进行分析、评价和进行批判性接受的能力又可称为批判性阅读能力。它不是个人天生就具备的,而是需要通过系统化的教育来培养的。在信息化社会中,批判性阅读是阅读教育中非常重要的一部分。由于对批判的本质、构成要素、方法等理解不足,人们没有清楚地认识批判性阅读的概念和性质,更不知道该如何培养学生们的批判性阅读能力。本文针对时代和社会要求,探索小学语文课程中批判性阅读的教育内容构成,力求提供一个批判性阅读教育的基本内容框架。选择韩国为本文实例,是因为中韩两国同属于东亚文化圈,建交以来在经济、文化、教育等多方面都有频繁交流。探索韩国语文课程中的批判性阅读教学相关内

---

[1]　王晓诚,女,山东师范大学基础教育课程研究中心讲师,教育学博士。

[2]　徐鹏,男,东北师范大学文学院副教授,教育学博士。

容,对中国有一定的启示意义。之所以选择小学语文,是因为批判性阅读对儿童来说尤其重要。他们在智能、情感等方面接受的早期教育会直接影响自身的行动和信念等,因此在小学阶段就应该导入有关批判性阅读的教学内容(Apol. et al.,2003)。

一 批判性阅读的内涵

在中国文化语境中,一提到批判就有"挑衅""找茬"的错觉,其实批判性阅读意味着对阅读对象的慎重思考,从多样的层面去分析评价,并针对文本内容,以一个期待产生新意义的心态提出自己的质疑或看法。近年来,研究批判性阅读的学者们开始将文本看成"承载作者意图"的载体,并将"读者掌握作者的意图"作为文本理解的高层次技法(Cervetti et al., 2001)。Bond 和 Wagner(1966)曾指出,批判性阅读是指对文本的真实性(authenticity)和恰切性(validity)做出评价并表达自己意见的过程;当然,读者可能会接受或者否定作者的看法(Thistlethwaite,1990)。King 等(1967)指出,批判性阅读是一个分析和评价的过程,要求读者确立恰当的标准对文本内容和写作方式等做出合理评价,强调了树立评价标准的重要性。Pirozzi(2003)则认为批判性阅读是对文本的高层次理解,主要包括释义和评价技能,它可以使读者分辨信息的重要性,区分事实和观点,确定作者的目的和语气;同时,通过推理读出言外之意,填补文本中的信息空白,得出富有逻辑性的结论。之外,최선경(2005)认为批判性阅读是基于字面阅读(表层阅读)和推论性阅读(深层阅读),要求读者运用自己的背景知识去质疑文本的过程,强调读者作为一个阅读主体(agency)的积极性和能动性。권이은(2011)对批判性阅读进行了重新定义,强调了社会文化情境的重要性和读者作为"积极行动主体"的社会实践行为,即批判性阅读是指设置需要进行批判性阅读的文本和文本评价的情境,树立判断基准进行评价,并将其结果表达出来的阅读。

从以上论述中可见,在批判性阅读过程中,读者并不是被动地吸收和接纳文本中的信息,而是以自己的经验、背景知识为基础,确立一定的评价标准,对文本和围绕文本的情境脉络不断地质疑、评价,并将结果表达出来的动态过程。批判性阅读以"这个世界上没有完美的文本"为基本假说,允许读者对文本有多样解释和理解。如果读者只是被动地接受文本信息,就有可能建立错误的背景知识继而无法进行逻辑的、合理的思考,抑或是阻碍高级思维能力的培养。因此有必要养成对文本内容保持适当怀疑态度的习惯。这种不断怀疑和提问的阅读过程,可以使读者脱离无条件接受的态度,学会自主地阅读文本,重新构建意义。

自 20 世纪 70 年代以来,有关阅读的概念和理论持续变迁(노명완,2008;Alexander & Fox,2004),先后出现"文本中心""读者中心"和"社会文化观"(sociocultural perspective)三种理论观点。其中,社会文化观强调了阅读是读者在一定的社会文化情境内与文本相互作用、构建新意义的过程,强调了社会文化情境在文本理解以及意义建构中的角色和作用,在一定程度上推动了批判性阅读的发展。在阅读过程中,表层的字面阅读和深层的推论阅读都是以文本内容为基础的,而批判性阅读则是一种与整个社会文化情境密不可分的社会实践行为(Street,1995;Bloome,1983;Bakhtin,1981)。社会文化观的兴起让人们认识到批判性阅读是阅读教育中的重要部分,意识到它对知识信息时代人才培养的价值和意义。

二 批判性阅读的对象和方法

(一)批判性阅读的对象

在谈批判性阅读方法之前,首先要确立的是批判性阅读的对象。阅读可以看作是文本生产者(作者)和文本接收者(读者)以文本为媒介进行会面的场所(김봉순,2008),可以看作是"作者—文本—读者"之间相互作用的一个过程。批判性阅读中可以认知的批判对象可以分为作者、文本、读者三个因素来分析,如图 1 所示。

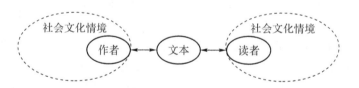

图 1　阅读过程中"作者—文本—读者"之间的相互作用

从图 1 中可知,文本生产者(作者)将想要传达的想法或知识等用语言的方式进行传达,这时候作为传达媒介的文本无法脱离文本生产的整个社会文化情境。而读者运用自身的经验、背景知识等去理解文本的内容,也脱离不了文本接受的整个社会文化情境。就本质上而言,批判性阅读是通过读者阅读文本来实现的,文本是作者和读者对话的"场域"、交流的媒介。因此文本因素可以说是最基本的、首要考虑的因素。另外,作者也是不可忽视的一个因素。正如前面所提到的，文本生产者在一定的社会文化情境之下解释世界、组织意义。文本作为作者解释世界的产物，是一种抽象的构造物，承载并表现着作者的观点和意图。批判作者因素意味着首先将文本中所反映的作者意图和观点作为批判对象，并将其扩大到作者创作文本的情境——社会文化情境中去批判。

读者是主导并调整批判性阅读过程的主体。批判性阅读并不仅仅停留在读者阅读后对文本内容的追问、揣摩等评价层次上，而是同时谋求以文本为基础引导读者认识上的变化、成长和发展。这只有将阅读主体——作者，作为批判对象才有可能实现。读者有着自己的视角和尺度，但是这个视角和尺度脱离不了偏见和自我羁绊。人类天生具有以自我为中心的倾向和认识上的固有框架，虽然有时候这些倾向和框架可以提供一个看待世界的衡量标准，但有时候也会阻拦自由的想象和思维的扩张。因此读者需要有意识地打破自我中心思想，让自身脱离固有思维的束缚。另外，读者不仅仅受到自身背景知识、信念、价值观的影响，还受到读者所在的整个社会文化情境的影响。读者自身的背景知识不同，所处的社会文化情境不同，选择的批判对象也有所不同，这些差异都会直接影响批判性阅读的过程和结果。

(二)批判性阅读的方法

如果说批判性阅读的对象是批判性阅读中有关"What"的问题，那么方法便是有关"How"的问题。这是在批判性阅读过程中读者经常面临的一个问题，有必要对此进行一些理论性的探讨。根据先行研究的有关叙述，批判性阅读方法大体可以分为评价性批判、推论性批判、洞察性批判（introspecting）三种（원정화，2010）。

评价性批判主要是指读者按照自己树立的一定基准去确定价值的过程。在评价性批判中，确立评价标准是非常重要的。自主型读者在批判性地阅读文本时，会根据自己的评价标准对文本做出评价。倘若读者对词汇的合理性有疑问，他就可能会根据上下文评价词汇使用是否恰当，也可能会依据词汇是否符合读者的阅读水准评价其恰当性，还有可能以词汇对表达文本的目的和意图上的贡献度为基准，评价词汇的效用性。总体来说，这个基准可以是针对准确性、连贯性、合理性的文本内部基准，比如说"词语和句子表达是否明确？""段落的连接是否紧密？""文本整体的构造是否有条理？""内容是否有逻辑性地展开？""文本整体是否连贯？"等等，也可以是针对恰切性（validity）、效用性（utility）和可信度（reliability）等文本外部基准，比如

"文本是否违反了社会观念或伦理?""文本中的信息有无效用价值?""作者的观点是否正确,有深度,有宽度?""文本内容是否属实? 是否可信?"等等。

推论性批判是指掌握文本中没有明确表达出来的信息的批判概念。推论性批判的主要目的在于发掘隐藏于文本内部的思想形态(ideology)或价值观等,阐明隐藏于文本背后的情况。不管有意还是无意,现存的支配秩序、作者自身的信念和价值观等都反映在了文本里。虽然有时候读者可以从文本中明确看到这种反映的结果,但也有时候这种反映隐藏在文本的深层构造里,需要读者有意识地去看透(김봉순,2008)。这时读者可以根据文本的逻辑关系去推论,对文本里没有表达出来的部分持怀疑态度,不断地对其进行提问和推测,比如说"作者的写作意图、目的是什么?""作者的观点是什么?""作者在文本中暗示了什么?""从作者的主张里可以延伸出什么观点、立场?""这篇文本产生于一个什么样的历史、社会、文化情境?"等等。虽然推论性批判大多运用文本中的线索去推论,但根据读者的背景知识不同,对文本生产的社会文化情境的认识不同,具体方法也有所不同。

洞察性批判是以文本、作者、读者为批判对象,阅读主体从另外一个观点或角度去看待意义构建的产物,重新创造新的意义的过程。作为阅读主体的读者对阅读过程中的各种因素不是原封不动地接受,而是通过站在另外的观点上对其进行转化,对其内容和形式进行不同的重构。比如说"可能和作者观点不同的观点有什么?""站在与作者相反的立场上来看待这个问题会有什么情况出现?"等等。读者站在与作者意图和观点相对峙的立场上思考,然后更进一步通过有意地转变自身的立场或观点、脉络,对既成观念、意识、信念、价值观等进行再组织、再体系化,可以创造出不同于前的新的谈论。通过脱离理所当然的现有观念,站在另外的观点和立场上重新审视问题,读者可以从另外的层面去构建文本的意义,达到一种新的认识世界。

三　韩国小学语文课标中批判性阅读教学内容分析

下面以韩国小学语文课程标准为例,分析其中批判性阅读教学的相关内容,探讨其不足之处及启示意义。从 1946 年的"教学要目"课程时期至今,韩国国语科课程一共进行过 10 次改革。现行的国语科课程与之前相比,在体系上有了较大的变化。原来的听、说、读、写、语法、文学六大领域改为听说、读、写、语法、文学五大领域,内容体系也有了相应的修整。另外一个较大变化是导入了"学段"概念,并开发了相应的各学段教学目标,各领域教学目标和具体目标。

小学语文教育课程标准共分为 1—2、3—4、5—6 三个学段。其中在 1—2 学段课程中的阅读领域中并没有发现有关批判性阅读的教学内容。从儿童的语言发展阶段来推测,1—2 学段属于小学低年级,这个时期的儿童还处于培养基础的阅读技能阶段,因此阅读教育内容大多是有关理解字的写法、培养读写兴趣、学会朗读、理解文本大意等方面的内容。到了 3—4 学段,从(阅读)领域教学目标的第 5 条"评价作者所给看法的恰当性"中可以看出这时已经开始导入批判性阅读的相关教学。到了 5—6 学段,批判性阅读的相关教学内容不仅仅体现在"具体目标"中,而且还体现在了 5—6 学段的学段"(阅读)领域教学目标"中,具体如表 1 所示。

表 1　韩国第 9 次国语科小学语文课程标准[1]

学段	(阅读)领域教学目标	具体目标
1—2	流畅朗读文本,体验阅读的快乐,培养享受阅读的态度。	(1)理解文字的结构,会读,培养阅读兴趣。 (2)准确地出声读词语和句子。 (3)学会分读法,更好地表达意义。 (4)考虑到文本的氛围,有效率地朗读,感受阅读的乐趣。 (5)将文本内容与自己的经历联系起来去理解。 (6)阅读后掌握文本主要内容。
3—4	运用阅读基本策略去阅读,形成阅读后积极与他人分享的态度。	(1)阅读后整理大意。 (2)阅读的同时,猜测作者或登场人物的想法。 (3)积极运用自己的知识和经验去阅读。 (4)阅读后掌握中心思想。 (5)评价作者所给看法的恰当性。 (6)与他人分享自己的阅读体验和反应。
5—6	培养运用自己的知识、经验以及文本信息进行内容推论的能力,**培养批判阅读所需的核心能力**,培养将阅读生活化的态度。	(1)联系上下文掌握意义。 (2)根据文本的结构概括整体内容。 (3)一边阅读,一边进行内容推论。 (4)了解多样的阅读方法并运用。 (5)掌握文本中所体现的作者的观点和意图。 (6)阅读议论文的同时,判断主张的恰当性。 (7)自发地寻找多样的阅读材料,检查自己的阅读习惯。

从表 1 中可知,第 9 次小学语文课程标准中批判性阅读相关的内容主要展现在了 3—4 和 5—6 学段中。其中,对批判性阅读教育内容相关

---

［1］　교육과학기술부. 2011 개정국어과교육과정［EB/OL］.（2012-01-01）［2014-12-31］. http://cutis.mest.go.kr/main.jsp? gCd=S02&siteCmsCd=CM0001.

条目的具体说明如表 2 所示。

表 2　韩国第 9 次小学语文课程标准中批判性阅读教学的相关内容[1]

学段	批判性阅读教学内容	阐释	批判对象	批判方法
3—4	（5）评价作者所给**看法**的恰当性。	基于自己的想法或意见,合理评价作者观点的恰当性;阅读作者对某个方案提出观点的文本,明确掌握方案内容和作者观点;理解相关的各种因素,例如思考当事人的立场、条件、方案所处的情况或背景、观点背后的理由是否合理、是否有实现的可能性等,进而判断文本是否恰当;主要以个人看法较多的建议书、申请书或生活文、信件等形式的文本作为主要学习材料。	文本	评价性批判（外部评价）
5—6	（5）掌握文本中所体现的**作者的观点和意图**。	所有文本或媒体都反映了作者的世界观、价值观、心态、立场、态度、感情等;传达信息的文本里包含了作者对相关信息的观点或意图;掌握文本中明确外显或内隐的作者态度对正确理解文本非常重要;判断文本内容的真假,是事实还是看法,是否在内容选择上有偏见,是否树立了合理的价值观等,理解并评价作者的意图在文本里的实现状态;掌握作者写作时的条件、社会文化氛围等,讨论作者的观点或意图。	作者	推论性批判
	（6）阅读议论文的同时**判断主张的恰当性**。	议论文的目的在于作者用自己的观点去说服读者,很多时候读者容易被作者的逻辑所牵引,很难有自己的想法和判断。因此阅读议论文时,需要掌握论点、论据、问题的情况和解决方案,去评价论点是否恰当。所谓评价论点的恰当性是指判断作者对论题的见解或立场是否符合一般的价值观;他的见解、立场、解决方案是否能够实实在在地帮助论题的解决;作为论据的内容和材料是否正确;这些论据是否能够合理支撑作者的主张和文本内容;是否能够引导读者接受文本的主张等进行评价。阅读针对同一个对象或论题持不同看法的文本,培养创意性地解决问题的态度。	文本	评价性批判（外部评价）

[1] 교육과학기술부.2011 개정국어과교육과정[EB/OL]. (2012-01-01)[2014-12-31]. http://cutis.mest.go.kr/main.jsp? gCd=S02&siteCmsCd=CM0001.

从表 2 可以看出,批判性阅读教育中的批判性阅读对象主要体现在文本和作者两个方面,没有涉及对读者自身的批判性思考。批判性阅读的方法则主要体现在评价看法或主张的恰当性(评价性批判)以及推论作者的观点和意图(推论性批判)两个方面,没有充分考虑到前面所提到的每个层面。而且,评价性批判中只包含了对文本的外部评价,忽视了文本内部评价。另外,虽然认识到了批判性阅读的重要性以及需要完成的大体目标,但没有具体化、体系化地阐述如何进行批判性阅读,从哪几个方面着手,大致的指导方针,等等,对于批判性阅读的概念、特性等也没有具体的指导方针或内容。但是对于学生们来说,只有了解了"什么是批判性阅读?""批判性阅读有什么样的特性?"等问题,才更有可能树立一个正确的态度去看待批判性阅读,掌握正确进行批判性阅读的方法。从韩国小学语文阅读教学课程标准中可以发现批判性阅读的教学内容设置存在以下问题。

第一,批判性阅读的对象设置有限。现存的批判性阅读教育中的批判对象只体现在文本和作者两个方面,忽视了对读者自身的价值观、偏见、社会文化情境等的思考。

第二,批判性阅读的方法设置有限。现存的批判性阅读的批判对象只体现在评价性阅读和推论性阅读两个方面,而评价性阅读中也只包含了对文本的外部评价,忽视了内部评价。笔者认为,可以在 3—4 学段集中安排文本内部评价的相关内容训练,5—6 学段可以适当地增加文本外部评价的相关内容。

第三,没有具体化、体系化地展示批判性阅读的方法。批判性阅读方法从最基本的文本表层意义的评价开始,延伸到通过判断文本的意图、情境脉络、思想形态、价值观等社会文化脉络的挖掘和评价,进而达到洞察的创造性水准,是非常多样的。但这些方法并不是按次序进行、互相排斥的,而是相辅相成、统合(syntagmatically)运行的。应该针对作为批判性阅读对象的读者、文本和作者,以及作为批判性阅读方法的评价性批判、推论性批判、洞察性批判之间的相互统合、相互作用进行具体化、体系化的提示。

第四,缺少有关批判性阅读的态度教学方面的内容。读者的态度从很大程度上影响着批判性阅读。从前面提到的对文本持怀疑态度,抑或是保留对文本的判断继续反复回味、反省思考的过程中可以看出,态度层面与批判性阅读有着很深的关联,是不可忽视的一个层面。

四 研究结论与反思

本文以韩国小学语文教育课程标准为例,探讨了小学语文课程标准中批判性阅读教学的内容构成。通过分析,得出以下启示:批判性阅读教育(1)需要平等考虑作为批判性阅读对象的作者、文本和读者;(2)需要平等考虑作为批判性阅读方法的评价性批判、推论性批判、洞察性批判;(3)有必要将批判性阅读的方法具体化、体系化;(4)有必要介绍批判性阅读的特性以及学生们对此应该采取一种什么样的态度。就我国的语文课标而言,可以说过多地注重体验和感悟,缺少对文本的理性分析(刘勋达、郭元祥,2013)。在小学阶段的语文课标中没有出现任何有关批判性阅读的教学内容,直到初中阶段才有简单地提及了一句——"阅读简单的议论文,区分观点与材料(道理、事实、数据、图表等),发现观点与材料之间的关系,并通过自己的思考,作出判断"(中华人民共和国教育部,2012:15),也仅仅是一带而过,没有做重点叙述,大部分内容还是停留在了对文本的"理解""体会""感悟""领悟""欣赏"阶段,培养目标还是受限于"情感熏陶""情感体验"以及"审美乐趣"等等。

如果说小学阶段(特别是低年级)儿童的认知发展水平有限,阅读水平还处于较为低级的基础阅读技能发展阶段,那么批判性阅读教学内容的缺失还是可以理解的。但是在初中阶段,学生已经掌握了基本的阅读技能,开始了在文本理解基础之上对文本进行分析、评价、整合以及批判性接受的高级技能发展阶段。这个时候就不应仅仅满足于学生对文本的理解和被动接受,而是应该充分发挥学生作为阅读主体、解释主体的能动性,培养他们从多方面对文本进行分析、积极思考、树立标准去做出评价并表达自己观点的能力,实现中学阶段阅读教学相较于小学阶段阅读教学的深化性和差异性。特别是在今天这样高度发达的信息社会中,知识信息的创新已经成为 21 世纪人才最重要的能力之一,而这种创新能力要求我们超越文本理解的层次,脱离固定思维的羁绊,开创多元思维和批判性思维能力,这与批判性思维的培养、批判性阅读的教学是密不可分的。

由于条件有限,本文还存在着以下局限点:(1)只探讨了语文课标中有关批判性阅读教学的内容,没有涉及具体的教学现场,代表性略显不足。(2)对批判性阅读的教学内容构成只提出了一个框架,没有针对各个学段进行阶段化、体系化的分析。(3)只在理论层次上对批判性阅读进行了探讨,没有在此基础上建构具体的教学模型并适用于实际教育现场。研究者会在后续研究中克服这些局限性。值得思考的是,针对学生的认知发展水平的不同,我们该如何合理安排批判性阅读教学在各个学年中的比重? 如何合理有效地协调各批判性阅读方法的比重、进程以及具体教学内容? 如何协调它们之间的衔接性或联系性? 如何将批判性阅读的方法具体化以便于教师的实施? 等等。希望本文能够对我国小学语文批判性阅读教学的内容建构和具体方法提供一些启示。

参 考 文 献:

ALEXANDER P A,FOX E. A historical perspective on reading research and practice[M]//RUDDELL R B,UNRAU N J. Theoretical models and processes of reading[M]. Newark, DE:International Reading Association,2004:33-68.

APOL L, SAKUMA A, REYNOLDS T M, et al. "When can we make paper cranes?": examining pre-service teachers' resistance to critical readings of historical fiction[J]. Journal of literacy research,2003,34(4):429-464.

BAKHTIN M M. The dialogic imagination[M]. EMERSON C, HOLQUIST M (trans.). Austin:University of Texas Press,1981.

BLOOME D. Reading as a social process[M]//HUSTSON B A (ed.). Advances in reading /language research,2. London:JAI Press,1983:165-195.

BOND G L,WAGNER E B. Teaching the child to read[M]. 4th ed. New York:Macmillan,1966.

CERVETTI G,PARDALES M,DAMICO J. A tale of differences:comparing the traditions, perspectives,and educational goals of critical reading and critical literacy[J]. Reading online,2001,4(9).

KING M L,ELLINGER B D,WOLF W. Critical reading[M]. Philadelphia:J. B. Lippincott Company,1967.

PIROZZI R. Critical reading,critical thinking. New York:Longman,2003.

STREET B V. Social literacies:critical approaches to literacy in development,ethnography and education[M]. London:Longman,1995.

THISTLETHWAITE L L. Critical reading for at-risk students[J]. Journal of reading,1990, 3 (33):586-592.

교육과학기술부. 2011 개정국어과교육과정[EB/OL]. (2012-01-01)[2014-12-31]. http://cutis. mest. go. kr/main. jsp? gCd=S02&siteCmsCd=CM0001.

권이은. "비판적읽기"의범주설정및내용체계화연구[J]. 독서연구,2011,26:355-382.

김봉순. 독서교육에서비판의성격과지도내용[J]. 독서연구,2008,19:167-199.

노명완. 독서개념의현대적조명[J]. 독서연구,1996,1:55-88.

박영목,노명완. 인간,언어,교육,그리고문식성[J]. 문식성교육연구,한국문화사,2008.

刘勋达,郭元祥. 我国语文课标表现性标准的缺失——中澳语文(英语)课标对比研究[J]. 河

　　河北师范大学学报(教育科学版),2013,15(4):58-62.

中华人民共和国教育部.义务教育语文课程标准[S].2011 年版.北京:北京师范大学出版
　　社,2012.

원정화.초등학교비판적읽기교육내용연구[D].한국교원대학교,2010.

최선경.비판적읽기교육을위한질문구성[J].새국어교육,2005,69:61-87.

诗学智慧与文学教育

——以《错误》《致橡树》《面朝大海,春暖花开》为例

史　洁[1]

摘要:诗歌的阅读与欣赏是文学教育中一项重要的工作。在文学教育中不但要分析、讲解具体诗歌文本的内涵与艺术特色,更应该将诗学的智慧贯穿进去,以提高受众的审美感悟力与文化认同感。本文以高中语文教材中三首诗歌《错误》《致橡树》《面朝大海,春暖花开》的阅读与欣赏为例,从古典、情感、朴素三个层面上的诗学智慧及其外化形式,结合中外古今诗学理论,展示了如何将文学教育的目标落实到具体的诗歌阅读与欣赏中,如何通过具体目标的实现,让诗学的智慧绽放在文学教育领域。这是一项需要广大文学教育工作者长期实践的任务。

关键词:诗歌;诗学智慧;欣赏;审美;文学教育

维柯认为:"智慧是从缪斯女神开始的。"[2]在文明的早期时代,人类的祖先依靠自身鲜活的生命力、巨大的想象力,诗意地去感知、理解、解释和创造他们的生活世界。诗歌,这个缪斯女神头上最耀眼的明珠,迄今依然是人类文学艺术最精华的所在。诗歌在人的存在意义上,象征着人类自我提升的一个灿烂境界。诗歌当然来源于现实,但是它却超越了现实,升华了现实,将人类精神提升到一个可以诗意栖居的自由精神王国中。

青春岁月是一个人最易于接受诗歌熏陶的年代,我们每个人都会在这个阶段留下自己如梦似幻的诗歌般的记忆,留下滞涩的然而清纯的诗的梦想。这正是一个恰值文学教育发挥作用的阶段。因此,如何在这个阶段帮助中学生通过诗歌的解读与欣赏,强化中学生的审美素养,就是值得学术界与教育界认真思索的命题。本文选择高中语文教材中具有典型意义的三首诗歌,以它们为例,看看怎样在诗歌的阅读与欣赏中,帮助中学生实现文学教育的美学目标。

---

〔1〕　史洁,女,山东师范大学文学院副教授,语文课程与教学论专业硕士生导师。
〔2〕　维柯.新科学[M].朱光潜,译.北京:商务印书馆,1989:173.

　　　　　　　　　　　　　　　　　　　　　　　理解与对话

一 古典的诗学智慧——《错误》

诗歌追求意境,总是力求在凝练的语句中完成一种饱含了丰富想象和联想的意境描绘。在西方诗学中,image 兼有"意象"和"想象"的意思。英国当代批评家罗杰·福勒指出:18 世纪时,image 即指人的"视觉反应",与"想象力"这一形象化的官能有关[1]。诗人也总是希望受众通过那些鲜活的比喻和生动的意象,生成想象和联想的欲望,捕捉到诗歌中创设的诗意效果。在此,中国古典诗歌和西方诗歌的审美追求和表现方式是有差异的。中国古典诗歌的意境常用含蓄蕴藉的意象,呈现出深远而清幽的审美效果,值得反复咀嚼,在品评中愈见滋味;西方现代派诗歌表现方式则经常因其象征意味和朦胧多意而显示出多层意义上的繁复效果,以阐释的曲折和言说上丰富的可能性而引人思考和回味。

在 20 世纪中国文学发展的历史中,现代诗歌的创生已经不再单线接受中国古典诗歌的影响,而是在中国古典诗歌和西方诗歌共同交汇而成的文学共存秩序中实现自己的自我本质确证。这就使中国现代诗歌创作面临如何贯通中西诗学智慧的重大命题。如何借鉴两大诗歌系统的诗学智慧,传承中国古典诗歌的神韵,借鉴西方诗歌的视野,以实现自身的创造性,是现代诗人首先要面对的问题。古典精神与现代意识是否能达到完美结合,是现代诗歌优秀与否的一个重要标志。郑愁予的《错误》一诗,是在继承中国古典诗歌优秀传统基础上,融汇西方诗歌精华的佳作。

在中国古典诗歌中,写闺阁情怨的不在少数,远在他乡的夫君,独守闺房的女子,思乡和思人,离别和愁怨,这样的场面几乎成为中国古典诗歌题材里常见的场面。一般说来,诸如《错误》这样的诗歌,往往首先被认为是继承了中国古典诗歌的传统。这是因为作品中使用的意象序列实际上正是此类题材的中国古典诗歌经常使用的意象,诸如独守空房的女子,那种憔悴而寂寞的面容和心绪;不透阳光和声音的紧掩的窗,遮蔽了一段离别和相思;"三月的春帏"是和心的干枯相呼应的暗示;而那莫名的马蹄声和并不美丽的误会又直接揭示最致命的心理渴望和最不可相信的过客情结。

如果仅止于此,那么《错误》也只能是中国古典诗歌的现代翻版。它的创造性在于,借助于像古典诗歌那样的意象、意境和韵味,将现代人的

---

[1] 福勒.现代西方文学批评术语辞典[M].周永明,等,译.沈阳:春风文艺出版社,1988:318.

精神和情感传递出来。这样的意象正如黑格尔所指出的那样："象征所要使人意识到的却不应是它本身那样一个具体的个别事物，而是它所暗示的普遍性的意义。"[1]一般来说，在《错误》中，尤其是在意象组接的联想空间中，很容易让人沉湎于分析其中的传统意识，却忽视了整个作品传达的由于意象层次上和个体关系的空白造成的更富于想象的朦胧和模糊的美学特质，而这种"空白"在西方诗歌表现体系中是具有重要美学范型意义的现象。或者说，《错误》的构思方式和表现形式背后，也蕴藏了和中国传统方式不同的诗歌存在意识。

在特定的解读环境即中学语文教学环境中，我们在向学生讲解类似诗歌时，在强调作品继承了中国传统古典诗歌的题材和意境同时，还应当重视这些诗歌与古典诗歌的本质区别。显然，除了中国古典诗歌的因素外，比较靠近西方诗歌创作模式的那种对于直觉和情感表现的追求营造的非确定化、非理性化和非单一性的情境，是一个重要因素。这一点应该引起文学教育者的重视，因为在现代，已经没有纯粹的古典诗歌，绝大多数诗歌都浸润着西方诗歌的营养。

郑愁予先生之所以说他的诗"完全没有吸取古典诗歌的遗产"，应该说他强调的是希望人们认同他诗歌创作中的西方元素。任何一首诗歌的生成，都绝非元素的简单排列组合，也未必是诗人主观理念的再现，它有自己独特的创生轨道。《错误》一诗，显然是在郑愁予作为一个"古典诗人的情操"的潜在指引下，走向中西诗歌融汇之路的作品。犹如散步在古典的家园边缘，《错误》扎根于古典，又走出了古典樊篱，开辟了一径通往诗歌更开阔境界、结合了西方诗歌美学追求的创作之路。

如何准确地把《错误》在审美意蕴上的复杂性揭示出来，如何将之在中西诗歌比较的视野中准确定位，不但对解读这首诗具有重要的意义，而且在培养和提升学生对于诗歌艺术的欣赏能力和审美理解，乃至对学生诗歌创作的示范，都具有重要价值和意义。《错误》正是以诗歌艺术的确定和不确定性、清晰和朦胧效果、开放姿态和古典情怀，为此树立了一个范例。

二　情感的诗学智慧——《致橡树》

诗歌是语言的艺术，但是语言并不是人们欣赏诗歌唯一的契入点。

---

〔1〕　黑格尔.美学：第2卷［M］.朱光潜，译.北京：商务印书馆,1978.

事实上，在中国现代诗歌审美追求中，语言和形式一度被看成是内容的表现手段，隶属于诗歌主题。如今更值得我们注意的是，在语言与形式的背后，还蕴藏着人类精神的丰富性，比如理性、感性、情感、欲望、直觉等等。鉴于中学生阶段是一个正在成长与发展的阶段，对人生、社会复杂性的认识还很难深入，因此在诗歌语言与形式背后潜藏的那些元素中，情感的力量应该是在中学语文教育阶段重点需要阐发的。舒婷的《致橡树》，可以作为这方面的一个典型作品。

在解读这个作品的时候，过去人们大多注重其中尖锐深刻的诗歌哲理剖析。毫无疑问，诗歌中的哲理元素是比较突出的，但是《致橡树》还是一首典型的表现情感的诗歌。如果在解读和阐发过程中只注意这个层面，毫无疑问这首诗歌的精彩就要大打折扣。之所以强调这点，是因为我们的语文教育也需要挖潜创新，不能拘泥于现状。只有将一首诗歌的丰富内蕴，较为完整地揭示出来，才符合中学语文教育的审美目标。下面让我们看看《致橡树》是如何借助于语言、意象等元素，将深沉的、坚定的情感力量传递出来的。

从原型批评角度来看，在中国诗歌意象世界里，树木不仅仅是独立于人类精神世界之外的物质世界，它可以替代人类对于文化和生存的许多想象，树木自身四季循环往复的生长周期，树木和人类历史密切而神秘的渊源，树木本体隐含的感伤和惆怅象征质地，无不应和了中国诗歌一个很重要的传统：感物言志，借物抒情。正如爱默生认为诗人有一种"秘而不宣的智性知觉"[1]，从这个意义上看，《致橡树》中对情感的体验和表达，可以看作是集体无意识型的一种情感律动。

如果说《错误》短小的篇幅中情绪的表达一波三折，诗歌中充满了想象的空间、修辞上的朦胧、意象上的多意，诱发了欣赏者对诗歌的赏析心理期待，那么《致橡树》则是展示了另一种情感表达方式：通过清晰有序的意象组成简约而深刻的审美空间，完成内省式的情感体验记录。从诗歌写作技术角度上看，这种记录带有强烈的主观色彩，从欣赏角度看则有着独到的审美效果。舒婷擅长通过清晰和准确的意象传达思想哲理性内容。从一般意义上说，简单明确的意象和意象之间逻辑过于缜密流畅对于诗歌未必是聪明的选择，处理不好容易造成审美的疲劳和乏味，它要求作者有极强的激情外化的力量，赋予意象一种超越自身的魅力。《致橡

〔1〕 福勒.现代西方文学批评术语辞典[M].周永明，等，译.沈阳：春风文艺出版社，1988：318.

树》在这一点上做得相当成功，也正是从这个意义上说，她的诗歌并非那样"朦胧"。相反，明亮的意象和清晰的逻辑结合得完美之至，以至于即使在解读上降低了难度，不见晦涩的神秘，却丝毫没有影响作品用内在情感的丰富性带来的效果。

从意向层面看，《致橡树》中有两组清晰的意象，彼此对立映照，构成视觉想象上截然不同的质感。凌霄花，鸟儿，泉源，险峰，日光和春雨；橡树，木棉，刀剑戟，红硕的花朵和英勇的火炬，坚持的土地。这些意象清晰明确，品格鲜明。用树象征爱情和坚贞并不是舒婷的独创，但传统中偏重依附和牺牲的意思。这里，女诗人用变奏的处理方式力求升华一些普通的意象组合，人文精神和理想意识跃然纸上，的确超越了简单的诗情画意。这一点，较含蓄而温情的诗歌情感表现是更值得在鉴赏过程里总结和体会的。

对于生活而言，艺术并不仅仅是反映，更重要的是创造一个有意味的形式，一个有意味的世界，让人们在其中得到生命的启示和灵魂的皈依。对诗人而言，这样的体验不只限于个人人生体验和亲身的经历，而是将这种体验上升为艺术的典型体验，上升为情感的普遍模式，借助于诗歌的诸种手法，传达出去。这样，不但实现了个体体验的诗学升华，也使诗人的创造意志得以实现。与此相对照的是，有些诗歌貌似具有普遍性的情感体验，但并非建立在作者个体深刻的领悟基础上，在某种意义上是为了表达情感而表达情感，这样的诗歌生命力会很快使人们产生审美疲劳，比如网络上流传的那些昙花一现的梨花体等等。这就证明，诗歌在表现普遍意义上的情感时，必须是建立在作者独特体验基础上的独特表达，这种独特表达要借助于诗歌的独特展现而散发出普遍性的魅力。

《致橡树》的情感表达特点在于，没有从古典的意境里浮现关于情感的幻象，更没有暧昧含蓄地追索不明意义的感情指归，而是坚定坦诚并开朗地直接抒发和创造一个属于爱情的心灵世界。含蓄是美，空白是美，但坦诚也是美，开朗也可美。《致橡树》恰恰在大多数诗歌表达爱情时多运用含蓄等艺术手法时，选择了一条告白式的道路，从而使诗歌的情感抒发迥异于常见的诗歌表达模式。简单说，在大家都追求婉转和含蓄的爱情表达方式时，舒婷却选择了一条区别于曲径通幽之路的坦途，以直白的艺术精神，将强烈的情感抒发出来，赢得了人们的共鸣。之所以能赢得人们的共鸣，显然《致橡树》的感情表达超越了俗套，也因为这种不落俗套的表达，直面了超越世俗功利的精神世界。可以说，情感的审美力量在内容上要既源于真实又超越现实，而在形式上如果采取了不落俗套的表达方式，也能激发人们的审美共鸣与艺术升华。

三　朴素的诗学智慧——《面朝大海　春暖花开》

　　语言的艺术固然是语言的修饰艺术，但是这种语言修饰不一定是华丽的辞藻、卓绝的修辞和繁复的句法。在这些之外，更有一种因朴素和简单而形成的美。中国古人崇尚天地有大美而不言，讲究大象无形。诗歌作为一种语言的艺术，朴素的美、单纯的美、简单的美，其实更难做到。用最简单的语言，表达更久远、更深刻、更富有内涵、更富有包孕的意境，其实是诗歌至高无上的境界。这样的诗人可谓是"从敏锐的感觉出发，在日常的境界里体味出精微的哲理的诗人"[1]。比如李白那首《静夜思》，语言简单至极，却能千古流传。在现代诗人中，以简单、明快和朴素为其精髓的诗歌也不在少数，比如海子的《面朝大海，春暖花开》。这是一首以朴素之美体、纯净的诗学智慧展现诗歌真谛的上乘之作。

　　这是一首看上去十分简单的诗，意象是司空见惯的东西，组合秩序似乎杂乱无章，辞藻和修辞似乎也无独特之处。然而，这一切组合起来却使人在无名中感受到汩汩流淌的诗性：那沁人心魂的远离尘嚣的感受，那怅然若失又恍若眼前的幸福，那一度远离又一度在心中的温暖。"面朝大海，春暖花开"，这么简单的语句竟然产生了神奇的力量，让人返回到原初意义上纯粹的人的世界：没有了世俗的纷扰，没有了内心的困惑，没有了一切外在于人的异化力量的控制，人在一个单纯的空间中展开了自己的心性，舒展了自己的灵魂，敞开自己的情感，去拥抱自然，拥抱人生，从而最终拥抱了自己的灵魂，回归到人的本源。

　　海子一直被看成是用心灵写作的诗人，他的精神状态始终和世俗保持着隔绝对立，他的一生似乎都在抗争和歌唱，他对自己生命结局的选择其实也是这种抗争的最后行动。所以，经常可以从他的诗歌里看见一个有着强烈忧患意识平民意识的人对人类和自我的终极关怀，他试图用最朴素的语言铸造最动人的超越，他的诗歌证明了他的成功。但是，作为一位特立独行的诗人，他的存在象征着对生存和生命深刻的思考，对这个象征的阐释在特定受众范围里还是需要兼顾学术和教育的不同目标。

　　所以，作为中学教材的选择，《面朝大海，春暖花开》的解读中心，应该

---

〔1〕　朱自清.新诗杂话·诗与哲学[M].南京：江苏教育出版社，1988：334.

是诗歌审美境界中最具难度也最有魅力的层面：绚烂之极归于平淡，朴素之中蕴含人生真谛；诗歌抵达了哲学的境界，哲学就蕴含在简单的人生中；人类最梦寐以求的是诗意地栖居的世界。具体说来，"面朝大海，春暖花开"是诗人对生命存在状态的思考和选择，在这个充满了意蕴张力的题目里有着深邃的精神指归。读者除了能感受到具体而温暖的生活幸福状态之外，还可能发现类似海市蜃楼的虚幻和空灵，从而带着体验的悬念和对温暖源泉的疑惑展开阅读。

第一节中，有经历了疲惫和羁绊后的宣告，"从明天起，做一个幸福的人／喂马，劈柴，周游世界"；有展开心灵充分接纳生活并追求生活的姿态，"从明天起，关心粮食和蔬菜／我有一所房子，面朝大海，春暖花开"。整节内容没有一处字眼刻意超凡脱俗，却显示出诗人丰富的想象力，通过普通寻常的事物或者举止把抽象到极致的生命体验落实到实处，物质的追求和精神的快感协调交融，自然和人协调交融。第二节里，"幸福""闪电""每一个亲人"几句使用了变奏的反复，似乎是简单的迫不及待，却勾勒出关乎人类共同的体验和记忆的心理。这一节里，实际上包含了对瞬息和永恒的辩证思考。当然，如果赋予这一节太多的哲理反而是影响了对诗歌整体简约美感的欣赏。

第三节延续着第一节里宣告选择后的超然。重新观照自然和人类，重新观照人性和自己，当陌生人成为自己心里可以随时祝福的对象，当爱情成为随时可以降临的幸福，当山川成为无所不在的伙伴，"我"对存在的感受，对生活的感激，仿佛只有"大海"和"温暖"才能表达。一般说来人们认为这里表达了诗人"大我"的境界，但实际上也明显传达了一个寂寞而决绝的自我。海子还是固守着和世俗的距离，坚持着自己的理想，只是看不见他总在其他作品里经常流露的哀愁和痛苦，那些寒冷、幽暗、遥远和孤独的意象群落被这个作品里简单、安静而坦然的意象暗示替代。最后我们可以看见一个依然寂寞但决不绝望的海子和他的世界。

从风格上说，这个作品呈现了一种和以往海子诗歌不同的飘逸洒脱。语言的质朴，意象的素净，节奏的简约流畅，一起营造了一个和海子最后自杀的现实命运截然不同的审美世界。我们很难想象诗人完成这个作品后不久就选择了和世界的惨烈决绝，也许海子歌唱了一种悬挂在现实和想象之间的幸福，他自己却总是甘愿守望麦田，从不介入。但是，文学作品的解读从来不可能按照作者的原本存在，文学阐释活动总是超越了文本本来的含义。《面朝大海，春暖花开》的意象形态没有《错误》的古典和跳跃，也没有《致橡树》里的清晰和连贯，它是质朴而开放的，和诗歌中中心意象"大海"形成了遥相呼应的审美对称,如果说《错误》是结合了西方因素的古典的吟唱,《致橡树》是抒发了个人跨越性别樊篱走向广阔情感空间的宣言,那么《面朝大海,春暖花开》就是面对世俗和生存的最后攀爬。海子想看见的不是传统,也不是现代,而是摒弃了一切差别和歧视的更高一级的社会。由此可以发现,郑愁予的痛苦是离愁别绪的感伤,人生是片断组成的蒙太奇;舒婷的痛苦是失去位置的茫然,自我迷失在比较的森林;海子的痛苦是无法拯救的哀伤,是带有神性的精神拷问。

三首诗歌各有各的诗学智慧。重要的不是比它们诗学智慧的高低上下和孰优孰劣,因为诗学智慧犹如花草树木之于伟大的自然界。自然界通过草木葱郁、繁花似锦,来展示自身的绚丽多姿;人类也通过五光十色的诗学智慧,来展示自身精神世界的五彩斑斓。如何将五彩斑斓的诗学智慧贯穿到文学教育中,是所有文学教育者需要审慎对待的问题。

本文通过对三首诗歌的分析,展示了诗歌的不同美妙风景:从古典的散步,到情感的表达,再到朴素的力量。契诃夫谈创作时曾言:大狗要叫,小狗也要叫。这其中的道理就是,艺术风景只有面貌各异,没有英雄纵论长短之别,有的只是境界各异的璀璨的诗性的光芒。文学教育是一项神圣而复杂的工作。面对青春飞扬时代的中学生,如何通过诗歌艺术的欣赏,提升他们的审美能力,提升他们的艺术感悟力,提升他们的语言表达能力,提升他们的精神境界,提升他们的文化认同感,是一项长期的事业。这项事业要求教师具有综合体验、理解和阐述诗歌艺术精华的能力。

无论是小桥流水,还是大江东去;无论是金戈铁马,还是人似黄花,那些杰出的诗歌,都是人性深处流淌出来的涓涓清泉,都是人的灵魂深处迸发出来的呼喊。作为文学教育者,最关键的是将诗歌的这种魅力解读出来。"慢慢走,欣赏啊"——当著名美学家朱光潜先生将阿尔卑斯山谷中标刻的这句话写给青年人时,他有意无意中就实现了文学教育的职责。作为语文教育工作者,除了在语言教育层面具有点石成金的本领,还要在文学教育层面能"赞天地之化育"[1]。也就是说,让那些静静躺在教材中的文本,在课堂上,在讲解中,绽放出应有的魅力,让杰出作品的杰出之处,绽放在学生的心中,这是一个需要广大文学教育工作者长期实践的重要问题。

---

〔1〕 黄宗英.抒情史诗论[M].北京:北京大学出版社,2003.

个性化阅读教学误区举隅及原因探究

李 洁[1]

摘要：个性化教学思想历史久远，然而在语文阅读教学中，其缺失的现象却经常可见。新语文课程标准颁布后，个性化教学理念被付诸实践并取得了一定的成果，但其在实践上所走入的误区亦值得我们深思。此论文从对个性化阅读教学内涵解读入手，结合个性化阅读教学现状，反思当前个性化阅读教学呈现的误区并推究其产生的原因。

关键词：个性化阅读；个性化阅读教学；误区；原因推究

要解读个性化阅读教学的内涵，必然要提到个性化阅读。个性化阅读作为一种先进的教学理念，其基本的特征是自主性、体验性、批判性、创造性、审美性。在中学语文阅读教学中，"个性化阅读"具有广义和狭义之分。广义的个性化阅读是读者根据自己的阅读兴趣、爱好、动机和需要，自主地选择阅读内容、阅读方式、阅读进度，自主地支配阅读时间，其阅读感悟是多元化的，它更多适应于课外阅读。而本文提及的个性化阅读更多是指狭义的个性化阅读。在相同的阅读内容，宏观的阅读目标和教师的参与引导下，学生的阅读动机、思维空间和语言表达达到最大程度的释放，阅读形式和阅读收获呈现多样化，阅读能力得到最大程度的提高，阅读个性得到最大限度的发展，它是一种适于课内的阅读。由此对应生成的"个性化阅读教学"也就是在阅读教学中，教师、学生、文本平等的基础上，教师根据学生已有的认知框架和学生的个体差异，启发他们对文本新意义进行自主探究，从而使师生个性共同张扬的教学活动。它包含：教师尊重学生的主体地位；对阅读文本进行个性化的理解；教学手段多样；教学内容符合学生的认知特点和兴趣需要；教学目标力求达到教学相长，使师生的个性得到张扬；等等。这种阅读教学模式是学生与文本、教师在一定情境中的多重对话。教师不但要鼓励学生亲身参与阅读，"心灵"直面课文及作者，以自身的生命激情与作者热烈相拥，而且要珍视学生作为阅

---

〔1〕 李洁，女，浙江省杭州市观成中学校长，中学高级教师。

读主体所持有的心理需求和心理特点,给他们一个开放多元的精神空间,使他们拥有自主寻找问题答案的现实可行性。其核心在于尊重每一个学生在阅读教学中的主体地位,尊重他们与文本相遇时原初的、独特的体验和见解。它是一种突破过去"灌输式教学",尊重学生这一阅读的主体,促进学生个性的良好发展的教学模式。

随着新课程目标的实施,在语文阅读教学中更多的教师尝试摈弃烦琐的分析讲解,倡导尊重学生的个性和独特感悟,阅读教学越来越走向独特、开放、灵活、多样。这无疑为语文阅读教学吹进一股新风,让语文阅读教学呈现一个全新的局面。但若对这些看似气氛热闹甚而动不动就"掌声雷动""笑语不绝"的阅读教学课堂仔细探究,不免发现其中有太多浅尝辄止的教学内容。学生的发言和教师的点拨,为寻求所谓的个性和独特感悟,未能真正紧扣文本,未能走进文本的深层,甚而使个性化阅读教学为提升个性而走入个性的极端,结果丢失了语文阅读教学的本真。新课标实施以来,我们一直大力宣扬个性化阅读的好处,浮躁之后我们需要静心审视,认真反思一下当前个性化阅读教学走入的误区,并思索如何走出这片误区。

一　个性化阅读教学误区举隅

新课程标准切中以往传统阅读教学的弊端,指出:"阅读是学生的个性化行为,应该引导学生钻研文本,在主动积极的思维和情感活动中,加深理解和体验,有所感悟和思考,受到情感熏陶,获得思想启迪,享受审美乐趣。"这是阅读教学的返璞归真,个性化阅读教学就是在这样的背景下渐成时尚。强调阅读过程的非预设性,非指令性,追求"失后之归"即文本个性为基础,教师教学个性为前提,学生阅读个性为核心,让阅读教学的课堂上更多听到学生的声音,更重视学生个人的情感体验,等等,这固然无可厚非。然新的教育理念的提出,一般都是针对现实、改造现实的,而改造现实的迫切愿望又不免使人们在实践时带有某种矫枉过正的偏激和片面倾向。因而,许多个性化阅读教学课走入了诸多误区。

(一)由预设非生成设计走向伪过程开放,过度目标预设

传统阅读教学的诟病促使语文教学由预设非生成走向生成整合,排斥教学的预期性,要求阅读教学课堂充分释放师生创造能量,让师生双方在互动中共同发展。即教师要创造性地教,学生主动探究地学,注重教学

的自然生成和开放性,把学生课内外生活完美统一起来,把培养学生人格与知识传授统一整合起来。

于是,一位教师为强化教学的过程开放,在教《吆喝》时,先让孩子们听各种吆喝声,接着让学生们模仿各种叫卖声,有群体模仿,亦有个性表演。美其名曰自主探究,自我品味,课内外结合。结果教室里嬉笑怒骂,喊声一片,学生们似乎在快快乐乐中轻松上完一堂课。这样的一堂课,看似过程开放,亦无任何预设,注重生成,也似乎激发了学生的学习兴趣。可是,用大量的时间让学生们模仿吆喝而丢弃了阅读教学中文本阅读这一主角,违背了语文阅读教学文本体味的初衷,丢弃了语文阅读教学的本质,这样开放的过程并不是我们语文倡导个性化阅读教学所需要的,只能是一种伪开放。课例中教学的阅读目标得不到落实,教学重难点被束之高阁……这样的课只要教师细细反思,一定是茫然得连自己都不明白学生在课堂上学了一些什么。个性化阅读教学倡导"自主",但绝非"自由"。阅读是学生的个性化行为,阅读的过程必然伴随着主动积极的思维和情感体验。在阅读教学中,教师要帮助学生与文本"接触",寻找学生与文本的"交叉点"及"未定点",既引导和鼓励学生理解、读懂文本中那些确定性的因素,又引导学生用自己的知识、经验和思想感情来补充、改造、创新文本中那些有可变性的内容。如果文本介质弃之一边,一味强化过程开放,哪有阅读的个性化可言?

另一位教师上《乡愁》,为了导入课题,设计了一个似乎个性化、非预设、注重生成的提问导语。他先叫起一个学生启发道:"如果有个人到了遥远的地方,时间一长,他开始想念自己的亲人,这叫作什么?"学生答道:"亲情。""可能是我问得不对,也可能是你理解有误,我换个角度再问,这个人待在外面的时间相当长,长夜里他只要看到月亮就会想起自己的家乡,这叫作什么?"教师又问。"月是故乡明。"学生很干脆地回答。"是这样吗?"教师有点急了。"举头望明月,低头思故乡。"学生回答的语气显然不太自信了。他抬头一看,教师已满脸阴云,连忙换了答案:"月亮走,我也走"。"我只要求你用两个字回答,而且不能带'月'字。"教师继续启发道。"深情。"学生嗫嚅道。好在此时下面有学生叫道"叫作乡愁",教师才如释重负。这一课例中,教师似乎没有目标的预设,让学生自我感悟诗歌意境,而实际上我们明显感到教师设计了一个看似注重学生体悟的开放过程,实则表现出强预设性,学生还是被老师牵着鼻子走。老师采用的预设性极强的"请君入瓮"的方法,在伪开放中,不断地把学生死拽到自己的预设目标上,为学生套上一个框框,实质上这还是局限学生阅读思维的强目标预设,看似生成实非生成。

(二)由理性的非体悟走向伪情感体验,轻语言品味

课程改革后,我们的教学目标看似逃脱了"八股式"理性分析的樊篱,谁知又不知不觉走入另一个迷谷。以往教师的条分缕析、学生们头脑中的知识碎片虽然没有了,取而代之的却是学生们在课堂上的无教师、无视文本导引的纯个性化情感体验与交流。

有一位教师在上《紫藤萝瀑布》这一课时,先在轻柔的音乐中,让学生齐读课文,读后要求学生就文章的言语谈初读后的点滴感悟,接着转入对课文插图的欣赏,欣赏完插图教师让学生用自己的视角描写在图中观察到紫藤萝花,写出其中蕴涵的情感。于是乎学生有的把它写成紫葡萄,有的写成烟花,有的写成紫蝴蝶,有的赞颂紫藤萝花的进取精神,有的赞颂紫藤萝花的团结一致。一堂散文语言品析课就在学生"对紫藤萝顽强的生命力体现在哪里"都不得而知的情况下,在七嘴八舌的习作脱口秀中结束了。课例中教师力图激活学生的思维,在课堂上让学生自我感悟固然没错,可这些所谓的情感体验都是学生未经文本细读、教师未能适时导引的纯个性化甚至是片面的情感体验。个性化阅读教学绝非仅学生主体化,还有文本的主体。如果漠视文本的主体化,即非科学的文本解读。对文本的冷落,让文本位置"空缺"或"半空缺",只顾搜集信息,却忽略了加工对文本解读有用的信息,让无效信息侵蚀着文本解读的时间,让媒体、插画等代替了文本,把文本变为各种各样的画面,表面上是帮助解释文本,实际上却消解了文本的主题意义。这种脱离文本、缺乏教师有效引导,没有细细揣摩文中语言的情感体验只能是架空的伪体验。个性化阅读教学重视人文性、重视学生个性化的解读是对的,可是学生的个性张扬是要以语言品味,体会语言的工具性为主的,脱离了鲜活的语言大谈自我感觉是没有道理的。个性化阅读教学中,教师的引导在于让学生体会作者用什么样的语言来表达自己的情感,从而让学生在对语言的体味涵泳中提升自己的语文素养。人文教育固然重要,但它离不开具体可感的活生生的语言,离不开对语言的细细咀嚼和品味,也同样离不开语言的文化环境和社会环境。完全为张扬而张扬的个性是会连语文教学的本性都丢掉的,而一旦丢掉了阅读教学的本性,也就没有学生真正的、有效的阅读,也无个性化的感悟可言。

(三)由还原生搬教参走向以文本为跳板的伪延伸拓展

以往的阅读教学是一种倾向还原主义的教学观,即教师以文本为中介,将作者的写作意图及思想还原成零碎的知识,对文本进行庖丁解牛式的一元分析。而接受美学认为,作家完成的文本还只是一堆印刷符号,它是一个多层面的未完成的图式结构,有着不确定性和空白点,其意义的实现与生成需要靠不同的读者个体以自己的感觉和经验去填充文本描写的空白点。因此文本意义一是作品本身的,二是读者赋予的。正如历史永远是未完成的一样,读者的阅读活动也无止境,文本的意义在一次次感悟中生成。个性化阅读教学亦倡导这种拓展生成。可是在实践操作中,有的教师为了文本的新意义生成却在进行着无基础的无限的拓展,以致其在阅读课上喧宾夺主,拓展阅读成了阅读教学的主旋律。有人匆匆忙忙、生吞活剥地肢解完课文,学生甚至连课文内容都还没完全理解与掌握就纷纷进行文本拓展,这种看似个性的拓展只能是一种无效的伪拓展。

有一位老师在上朱自清的《春》时,用5分钟让学生自行朗读,后用10分钟的时间对文章内容进行归纳,然后用5分钟进行主题方面的讨论,这样一节课过去了20分钟,剩下的时间就开始进行拓展阅读了;尽情地拓展与春天有关的散文、小说和诗歌,甚至还有与春天有关的电影、电视、舞蹈和民间习俗。这节课前20分钟实为典型的阅读教学内容逃逸,一篇优美的散文没有了细细的语言品析,而是引出许多与春有关的材料的浮光掠影的阅读,用主题内容的概括与提炼来替代文本的品析,使拓展阅读失去了知识序列的根基。所谓拓展,简言之就是由语文课内向课外的适当延伸,它实质上是一种过程而已。拓展要以对文本的整体把握为基础,任何拓展都是为课堂教学整体目标服务的,真正的拓展不是简单地由此及彼,而是让学生思维活动的拓展,拓展应该是一种纵向开掘,要能通过拓展增加学生思维的深度,扩大学生思维的广度,锻造学生思维的强度。有效的拓展应该是以点带面,举一反三,但时下的语文阅读课在这个"点"和这个"一"还没有理解的情况下,就牵连出无数的"面"与"三",这只能是一种走形式的伪拓展。个性化阅读固然需要适度的文本拓展,然要使拓展带有个性,要建立在教师对教材的理解与把握、对学生的研究与定位、对教学方法的感悟与实践、个人语文能力的积淀与修养的基础上。教师的教学个性,直接影响着学生"个性化阅读"的深度和广度,影响着学生"个性化阅读"方法的形成,甚至决定着学生"个性化阅读"的价值取向。个性化阅读并非拓展得越多、越离奇就越有"个性"。

(四)由肢解文本的一元解读走向过度个性的伪多元解读

传统的阅读教学教师往往无视学生对文本的个性化解读,将教学参考书中对文本的解析作为唯一的解读"灌压"给学生。而倡导个性化阅读后,又让有些教师走向了"跟着学生转"的极端,文本解读变成"存在即合理"的伪多元解读。

有一位教师在教学古诗《江雪》时,鼓励学生大胆质疑,于是有学生问,这位老翁为什么那么冷的天还要去江中钓鱼?为了激发学生的多元解读,教师让学生讨论,大胆发表自己的见解。于是有学生说,因为那老翁太想吃鱼,以至于不顾年事已高,天寒地冻出来钓鱼;还有学生说,老翁家里穷得揭不开锅,没什么吃的了,只好冒着大雪来钓鱼;还有学生甚至说,老翁钓鱼是为了卖鱼贴补家用。面对学生脱离文本语境以及创作背景的自由发挥,教师却不置可否。又如,学生在阅读《背影》时,没有看到老父亲殷殷的爱子之情,只看到父亲走铁轨、爬站台,违反交通规则时,教师为了倡导多元解读竟然表扬其有独到发现。再如,阅读《愚公移山》时,有学生质疑愚公破坏生态环境、破坏植被,提出完全可以用搬家迁户的方式还太行、王屋以宁静的解读,也被教师评价为有个性的智慧高见。

教师尊重学生自我独特感悟固然没错。但当学生突发奇想地提出一个又一个背离文本的富有"个性"的见解时,教师不能敏锐把握教学契机,而是跟着学生走,不能引导学生与作者、文本真诚对话,准确把握作品人文内涵,不从整体上抓住文本所反映的基本倾向,只抓住非主要、非本质的东西,一味求异,这种不着"边界"的多元解读,必然只能是伪多元。

以上的课例给我们的感觉是双重的:一方面,我们为学生有如此丰富的想象力感到震惊;另一方面,我们必须认真审视对文本如此之多解读的正误。个性化阅读倡导"学生对语文材料的反应往往是多元的","应尊重学生在学习过程中的独特体验",但这不等于学生可以背离文本,走上以标新立异为目的的阅读极端。虽然阅读文本丰富的人文内涵决定了学生对文本材料的解读可以是多元的,但这并不意味着没有相对统一的共性。我们所强调的个性是在一定标准上的个性,要认识文学作品,还必须对作品所要表达的东西有基本的把握。一个读者对文本的理解是否正确,不仅取决于他的理解是否能够引起其他读者的"相互理解",更取决于他的理解是否是在对文本的尊重基础之上的。只有在一定的理解范围内,阅读才有意义。另外,个性化阅读教学不可缺失教师的主体性。教师对学生的阅读实践需要进行必要的引导与帮助。学有专长的教师理应用自己的生活阅历、文化底蕴来补充课文的知识背景，展现文章语境，照顾学生"先在结构"的差异性，在学生的心理图式和文本图式之间建立多条信道，以帮助学生进入文本，引导学生科学把握文本要义。应该让学生明晰，再多元的个性解读也得不出一个背离文本本源的"孤勇果断"的哈姆雷特形象。

二　误区产生的原因探析

(一)对个性化阅读教学理解上的偏误

新课标中对阅读的个性化，在解释中存在模糊性，易使教师对其产生诸多误解。就阅读教学来说，《全日制义务教育语文课程标准》在总目标中提出："能初步理解、鉴赏文学作品，受到高尚情操与趣味的熏陶，发展个性，丰富自己的精神世界。"七至九年级的阅读目标指出："对课文的内容和表达有自己的心得，能提出自己的看法和疑问"；"对作品的思想感情倾向，能联系文化背景作出自己的评价；对作品中感人的情景和形象，能说出自己的体验"。而《高中语文课程标准》在阅读与鉴赏的三个目标中指出："注重个性的阅读，充分调动自己的生活经验和知识积累，在主动积极的思维和情感活动中，获得独特的感受和体验。学习探究性阅读和创造性阅读，发展想象力、思辨能力和批判能力。"在课程目标的解读中，无论是初中还是高中都强调了阅读活动中的个体差异和关注个人阅读的独特体验，然并没有对个性化阅读有清晰的定义界定。因而有些教师将其等同于独立阅读，将个性化阅读感悟简单等同为独创性、首创性阅读感悟，只要是读出不同特质的"哈姆雷特"就认为是实现了个性化阅读的目标。在这种思想下，教师忽视了个性化阅读是理解性阅读基础上的阅读，导致阅读教学又走向了"唯自主论"的极端：教师督促学生与文本对话而没有教师自己对文本的理解和投入；教师迁就学生的感受而没有引领、指导性感受的适时跟进，因而才呈现出"你说、我说、大家自由说"的所谓开放；又或是完全脱离或游离于文本的天马行空式的无序拓展，任凭学生上天入地解释文本，教师却不置可否的"个性化阅读"，阅读教学中全然没有针对学生实际情况采用适切、具体、可行的真正意义上的个性化阅读教学方法。

（二）对个性化阅读教学存在理论与实践的矛盾

一种新理念的产生,在具体的实践过程中,总会因理念相对超前和实践跟进相对滞后而出现或多或少的矛盾。我国的语文教学改革,一直建立在对西方教育理论进行移植的基础上。然"嫁接移植"先进的理念,应首先考量它与中国文化土壤的适切性,一旦不适切,就会产生新理念和教育实践的矛盾。每一种新的教学模式的出现,总是伴随着这样一个过程:人们在语文教育实践中发现教学上的弊病,促使人们产生强烈的改革意愿,形成教育形态的转化和教学模式变革。然而,事物不可能一成不变。一段时间后,新的模式又会暴露出新的问题,又会唤起新的变革,需要再实践、探索、争鸣、碰撞。个性化阅读教学是新的教学理念,需要一个认识、实践的渐进过程。如果实践的步伐太快,就会加剧理念与实践之间的矛盾,走向极端化。长期的教育实践,有经验的语文教师已形成相对成熟的教学程序和方法,在短时间内还不能接受新课程理念。这都说明新的理念需要一个很长的磨合期,没有这个适应过程必将一下子从一个极端走入另一个极端,结果深陷其中,难以自拔。

（三）考试评价制度阻碍个性化阅读教学进程

从目前的情况来说,我们的绝大多数教育考评还是终结性评价。语文学科考试在答题方法与试题的内容上,虽然已经呈现灵活和注重能力的趋势,但升学考试与平时常态学习的关系仍然没有处理好。考试评分标准强调全面,找关键词句,学生答题往往注重全面踩点,多多益善。考试评价为了让答案呈现相对客观和统一,往往忽略"读者义",无需学生的个性化解读,强化的是"作者义",即作者在文本中所投射的观点或情感。语文个性化阅读教学的主渠道是课堂教学,而要实现提高学生语文素养的目标,又离不开教学评价。教学评价的这种非情境化的导向,必然不利于个性化阅读教学的有效实施。

参 考 文 献:

邓志伟.个性化教学论[M].上海:上海教育出版社,2002.

黄昌表.个性化阅读切不可太注重"个性化"[J].网络科技时代,2007,2:62-63.

谭顶良.学习风格论[M].南京:江苏教育出版社,1995.

王纪人.文艺学与语文教育[M].上海:上海教育出版社,1995.

王尚文.语文教学对话论[M].杭州:浙江教育出版社,2004.

王旭光.语文课程标准解读[M].武汉：湖北教育出版社，2004.

王学昭.关于个性化阅读的理性思考[J].江苏教育研究，2009，4：71-72.

魏娟.也谈学生的个性化阅读误区[J].文学教育，2012，12：155.

吴滨华.个性化阅读切忌迷失方向[J].语文教学与研究：教研天地，2009，1：38.

吴志宏.多元智能理论、方法与实践[M].上海：上海教育出版社，2003.

夏慧贤.多元智能理论与个性化教学[M].上海：上海科技出版社，2003.

赵棠.高中语文阅读"深度体验"的价值追求[J].语文学刊，2009，7：52-54.

"文本细读"理论背景下初中语文阅读教学初探

黄海洋[1]

摘要:初中语文阅读教学是语文教学的重要组成部分,其优劣直接关系到学生信息的获取和知识的积累。本文借鉴英美新批评学派关于文本细读的相关理论,结合接受美学的一些理论,对文本细读的概念进行了重新梳理和观照,并提出文本细读实践策略:"知悉文本体裁,分类细读","从文本的词义入手","全方位、多角度把握细读的着眼点",等等。本文所探讨的文本细读理论模式策略讲求对文本的语意、结构及情感等仔细阅读,旨在激发学生独特的情感体验和生命体验,从而形成与文本的交流和对话,实现初中语文课程教学的学科价值目标。

关键词:文本细读;接受美学;初中;教学重构;实践意义

一 文本细读理论对阅读教学的意义

"文本细读"理论最早可以追溯到 20 世纪上半叶的英美新批评理论,这一学派主张细致缜密地注释和分析作品,其奠基人当推艾略特和瑞恰兹。文本细读是伴随着英美新批评学派的诞生而被提出的一种批评方法和精神。"细读",即细评,就是对文本仔细地阅读和评论,这种阅读方法的重心是对语义的分析,他们认为语言存在着多重功能和意义,应该对其进行深入解读。

对于文本如何、在什么条件下对读者才有意义这个问题,文本细读理论主张从文本中寻找潜在的意义。但是伊瑟尔代表的接受美学一反传统,试图把意义当作本文(即文本)和读者相互作用的结果,当作"被经验的结果"而非"被解释的客体"。文学作品既非完全的文本,亦非完全是读者的主观性,而是二者的结合或交融。接受美学理论认为作品的意义是读者从文本中发掘出来的,作品未经阅读前,有许多"空白"或"未定

---

[1] 黄海洋,男,浙江省杭州市春蕾中学高级教师。

点"[1]，只有在读者阅读这一"具体化"活动中，这些空白或未定点才能得到填补。作品的意义不是文本中固有的，而是从阅读具体化活动中生成的[2]。这些理论就清楚表明读者在阅读活动中所具有的主观能动性，读者可以对文本进行细读，并且读者的参与阅读是文本之所以成其为文本的必要步骤。

对于初中学生来说，对文本的解读过程，首先是从一个词的读音、文章的语句停顿等最基本的层面开始的，继而转向对修辞、风格和体式的研究，再对文本的象征意义、叙事模式等进行分析，然后对文本的文学类型、文学功能等做一个整体的评价，最后评估这篇文章在文学史上的地位。

然而，当前中学生语文阅读的价值追求，往往带有明显的功利性和享乐性，其价值大多只停留在"浅阅读"的层面上。阅读文本所反映的生活水平同他们现时的生存状况基本接近，从某种意义上说，是一种"同级阅读"，也即伊瑟尔所说的轻松阅读，他指出"文本越明确，读者离文本就越远"[3]。因为同级阅读（浅阅读）从阅读技能的训练上来看，近乎机械的重复训练。这种"同级阅读"一方面压抑了学生的内心需求，忽视了学生的情感体验，另一方面不能对阅读者既有的理解力形成挑战[4]，因而几乎没有实际价值。这与初中语文教学所追求的学生文化素质的提高和发展相去甚远。

因此，初中语文阅读教学，必须要以教材文本为依托，深入开发文本，同时教师适当引入适合学生阅读的经典文本，从学生的感受、体验等入手，努力地促进文本、学生、教师之间的多层交流与对话，从而实现初中语文课程教学的学科价值目标。

二　初中语文文本细读的实践策略

（一）知悉文本题材，分类细读

文本细读说到底是在感知和理解的基础上，对文章做出的感情判读和评价。表面上来讲，阅读文章是一件很容易的事。但是，要掌握精神实

---

〔1〕　姚斯，霍拉勃.接受美学与接受理论[M].沈阳:辽宁人民出版社,1987:377.
〔2〕　姚斯，霍拉勃.接受美学与接受理论[M].沈阳:辽宁人民出版社,1987:2.
〔3〕　伊瑟尔.阅读活动[M].北京:中国社会科学出版社,1991:58.
〔4〕　艾德勒,范多伦.如何阅读一本书[M].北京:商务印书馆,2004:291.

质,发掘其深刻内涵,知悉文本的整体结构和题材是必不可少的。同时,还要了解作者的写作动机和作品的时代背景等。

　　了解不同文体的特点有利于文本的细读。一般情况下,我们将文体分为记叙文体、议论文体、抒情文体。在针对不同文体细读时,要采用不同细读方式。(1)记叙文体。它以叙述和描写为主要表达方式。一般来讲,记叙文体包含了时间、地点、人物和事情经过等。事情经过通常包含线索、情节等内容,时间地点一般比较明确。细读时,应该抓住以下几个问题进行:①叙事手法是什么?前后是否一致?②故事情节和矛盾是什么?它与主题、中心思想和人物的关系如何?③主角是谁?其他人物扮演什么角色?主角及其他人物与主题和中心思想的关系如何?等等。(2)议论文体。凡是以议论为主要方式的文体,都可以称为议论文体。议论性的文章有三要素,即论点、论据和论证。在文本细读时,应该着重从这三个方面来看其优劣成败。(3)抒情文体。凡是以抒情为主要表达方式的文体,都可以称为抒情文体。抒情文体的选材较为灵活自由,广泛而且多样。在细读此类文体时,要抓住其灵活自由的特点,看其怎样"观大事如同指掌,叙事物如同亲往",怎样通过"观古今于须臾,抚四海于一瞬"的抒情,充分表达作者的情感。由此,我们阅读抒情文体的时候,主要是从"抒情"这个角度来考虑,看文章是"有情"还是"无情",是"真情"还是"假情"。

　　在初中语文阅读教学的诸多文本中,非文学性作品(议论文、说明文等应用文体)比较容易开展文本细读,因为这些文本文字信息较为直接、明白,很少包含深层含义和情感,但是文学性作品(散文、小说、诗歌、戏剧等)要进行文本细读就相对困难很多。这些文学作品往往在文字表面之外还含有大量意涵与作者的情感、处境、目的,甚至是时代背景、环境等都密切相关,分析起来当然就困难多了。因此,文学性作品的细读一直是我们中学阅读教学的重难点。

　　总之,针对不同文本,在阅读方法策略上应有针对性。

(二)从词义入手,走进文本

　　初中语文教学的目的之一就是培养学生理解和运用语言文字的能力,掌握了文本语言就可以打破时空的限制,接受和传递祖先的知识经验,开阔视野,提高学生的认识能力,而且有利于学生陶冶情操、培养品质、发展个性,对于学生心理各方面的发展都有着积极的影响。文本细读也应该让学生从识字辨义入手,并能结合语境理解字义的象征意义、比喻意义，进而实现从字面意思到文字内在意蕴的跨越。只有正确地理解了字义，才可能顺利地阅读文本，走近文本，提高自己的认识能力。

要想拨开文字的表层含义，了解文字的实质，可以借助工具书、一些评论家的评论来切实体会字义的象征、比喻意义，从而透彻了解字义的经典故事。比如北宋宋祁所作的一首《玉楼春》，其中"红杏枝头春意闹"一句中的"闹"字，历来为人们所津津乐道。对于一个初中学生来说，要想透彻地了解这一名句的蕴意实属不易。由此，不妨先让学生解读"红杏宰相"的经典故事，了解这首词的写作背景，引起学生释义的兴趣，然后再多读一下评论家对此句的评论，使学生从中获得启发。有人说，非一"闹"字，不能形容其杏之红耳；有的人说，"闹"字形容了杏之红还不够确切，应该是形容花之繁盛才对；也有人说，一个"闹"字把无声的花，写成了有声的动态；还有人说，"闹"既写了杏花，也写出了春意，使人体验到"莺歌燕语"的一片春光。其实，这种种的评论都是读书人从不同角度揣摩体会的结果。我们在读了之后一定要细细品味，真正知其味，解其义。

"咬文嚼字"也是从词义入手，细读文本的一种重要方法。咬文嚼字就是仔细地读，研读细节，透彻地理解。在平时的阅读中，我们经常会遇到生僻的词，使我们的阅读无法进行下去。实际上，生僻词的问题我们是可以借助工具书——词典、字典，还可以借助参考资料来解决的，它不是我们文本细读无法顺利进行的关键。关键的问题在于那些平时我们认识的、自以为读懂的词语，这才是我们无法理解文本的根源。元好问提到："文须字字作，亦须字字读。毫厘不相照，觌面楚与蜀。"[1]意思是说，对词义的理解差之毫厘，对文本的把握可能就是失之千里。清代著名书法家、画家郑板桥说过："读书求精不求多，非不多也，唯精乃能运多，徒多徒烂耳。"[2]就是说阅读不咬文嚼字，读得再多也是枉然。作家孙犁，一部《聊斋志异》读了15年，反复吟读，精心阅读，仔细揣摩，无不得其要领，从而学以致用。

咬文嚼字是一件严肃而重要的工作，它贯穿于整个阅读和鉴赏的过程。一般来说，要抓好以下几点：(1)弄清文义。细读要从文义入手，这是最基本的阅读方法。要弄清文义当先排除词语障碍，这是一项不可忽视的事情，特别是那些看似好懂，但真正理解起来却似是而非，且不能不求

---

〔1〕 元好问.与张仲杰郎中论文[M]//国立编译馆.金代文学批评资料汇编.台北：成文出版社，1979：148.
〔2〕 郑板桥.板桥自序[M]//郑板桥集.上海：上海古籍出版社，1962：186.

理解与对话

甚解、望文生义的词语。例如不注意分辨"喻体"和"本体",则很容易误解句意,影响弄清文义。相反,注重了本体的阅读,即使比喻句再多,句子的意思也不会混乱。(2)咀嚼精英。这里的精英是指文中的精华部分。咀嚼精英就是反复对文中的精华部分推敲、琢磨,直到弄懂为止。咀嚼时要发掘作品中艺术魅力较强的部分,弄清作者为什么这样写,这样写的目的是什么。那么怎么才能发现文章的精华呢? 一是要注意那些发人深省,让人感动不已的地方;二是要借助课文中"自读提示"或者有关的评论,从中获得启示。比如《我的叔叔于勒》"思考提示"中说:"本文结构精巧,情节曲折。"这就是告诉我们,构思的巧和新是这篇小说的特点,我们在阅读中要细细体会,仔细地琢磨。就说结尾处,正因为于勒变成穷光蛋,母亲才由称赞于勒是"正直的人""有良心的人""有办法的人"等等,变为骂于勒是"贼""流氓",这种态度的转变深刻地揭示了当时社会金钱至上的主题思想。而这"巧"的形成,正是由于作者在文章开始就一再制造悬念——菲利普一家急盼富翁于勒的归来,结果回来的于勒,不是他们所想象的于勒。这不仅出乎菲利普一家的意料,也出乎读者的意料,从而使人产生无限新奇的感觉。(3)佳句赏析。咬文嚼字少不了对佳句的赏析,就是要反复咀嚼,细细品味,深刻体会书中、文中、诗中佳句的意趣。因为有的佳句发人深省,催人奋进;有的佳句耐人寻味;有的佳句风趣幽默,妙语连珠。要对佳句进行欣赏,必须要将其从文中找出。如雨果在《纪念伏尔泰逝世一百周年的演说》中说"他的摇篮映照着王朝盛世的余晖,他的灵柩投射着大深渊最初的微光"。雨果运用诗意的优美语言,热情洋溢地赞美伏尔泰在法国思想启蒙运动中建立的不朽功勋。这样的经典语句,文学性与哲理性并存,闪耀着智慧的光芒,尤其值得读者细细涵泳。

(三)全方位、多角度把握"细读"着眼点

1.重视文本的"空白点"

文本的意义空白在伊瑟尔的理论体系中占据重要地位。如同因格尔顿的"未定点",意义空白也被解释为图式化观点之间的"未定的无人区"。文本中的意义空白又期待读者补充完成。文本各部分之间的"空白点",形成了一种文本张力。读者阅读文本的时候就会不自觉地去消除这些张力,于是审美就产生了。[1]

〔1〕 姚斯,霍拉勃.接受美学与接受理论[M].沈阳:辽宁人民出版社,1987:377-378.

在初中语文文本教学中,这一理论同样适用。但是,在相当长时间里,这都是一个没有引起大家足够重视的课题。"文本空白"和作品的"留白"技法相似,但它又远比留白使用更频繁,更隐秘,更复杂。因此文本的"空白"理论在中学阅读教学中更值得关注与研究。不论有意还是无意,文学作品中的"空白"几乎随处可见。这些空白大多具有丰富含义。比如鲁迅先生的《藤野先生》开头:"上野的樱花烂漫的时节,望去却也像绯红的轻云,但花下也缺不了成群结队的'清国留学生'的速成班。"这里转折连词"但"与上文描述樱花烂漫的美景之间形成了明显的意义空白:作者前半句极力营造东京樱花盛开的美景,通过想象,令读者产生美妙的阅读审美体验。可是紧接着笔锋故意一转,描绘花下顶着大辫子的大清国留学生。这两个画面之间形成对比,也构成作品的张力。这其中的"空白"就是留给读者的感情缓冲区。前面感觉有多美,后面的感觉就有多丑,对清国留学生迂腐可笑、不学无术的丑态揭露就越发入木三分。细细品味,可谓意蕴无穷。这就是文本"空白"的妙处。

有些文学作品甚至题目本身就有"空白"。比如奥斯特洛夫斯基的长篇小说《暴风雨所诞生的》,这个题目留有空白。暴风雨究竟诞生了什么?这个空白处理充满着悬念,显然是作者有意为之的,它丰富了小说内涵,使读者有想象的空间,也使整部小说充满了张力。如果读者能抓住这个空白,无疑找到了一把打开文本大门、走入文本内核的钥匙。

因此,我们要重视文本的"空白"。这些意义的空白点往往就是文本的关键点。这一个个看似零散分布的空白点,或明或暗地与文本其他部分相互勾连,参照,暗示。阅读时,我们如果能加以巧妙利用,对于文本来说,很可能有四两拨千斤的功效。因此我们细读文本时切不可忽略这些空白。

教师在指导学生注意并填补这些空白时,应仔细筛选、分析、辨别这些空白处对文章字句、结构、主题、中心、情感等的作用,对于那些有价值的空白处,应进一步做细致分析,充分挖掘其丰富的价值。

2. 掌握文本的骨架

每一本书(一篇文章)的封面(表象)之下都有一套自己的骨架,作为一个分析阅读的读者,责任就是要找出这个骨架,要用一双 X 光般透视的眼睛来看这本书(这篇文章)。[1] 阅读一本书(一篇文章),可以从掌握其

---

〔1〕 艾德勒,范多伦.如何阅读一本书[M].北京:商务印书馆,2004:75.

　　　　　　　　　　　　　　　　　　　　　　　　理解与对话

主干(骨架)入手,做到快速高效把握文章核心信息,进而为随后的细读做好准备。比如让学生用一句简洁的话(一定要用自己的话),概述文章主干。如果是叙述类文章,可以按照以下格式概述:时间、地点、人物,事件的起因、经过和结果。如果是议论类文章,可以按照以下格式概括:提出了什么观点,如何展开分析观点,最后怎样解决问题并总结观点。使用学生以这种方法概述文章主干,其实就是为文章列出了提纲。所谓"纲举目张",提纲明晰了,文章的"目"——也就是条理脉络,也就清晰了。

当然,掌握文章主干的同时,也不应忽视一些重要细节,它们在文章中往往具有举足轻重的作用。如果说骨架是文章的灵魂,那细节就是文章的血肉,它能丰富文章的生命。下面笔者以美国作家莫顿·亨特的文章《走一步,再走一步》为例,说明掌握文章骨架对于文本理解的作用。

《走一步,再走一步》的主干可以概括为:一个夏日午后,"我"在同伴们的鼓动下跟他们一起爬山崖,伙伴们都顺利越过小山回家了,"我"却困在半山腰,进退维谷。夜幕降临,"我"终于在爸爸指导下一步步爬下山崖。文章重要细节有爬山前及被困山崖时"我"的心理刻画,还有爸爸指导"我"一步步爬下山崖的动作、心理等刻画。

学生在教师指导下如能自行梳理出以上内容,就说明他们已经把握了这篇文章的主要内容。那么在此基础上,教师引导学生理解文本丰富意蕴,体会"我"的情感变化,领悟文本蕴含的人生哲理,甚至体悟到人与大自然的辩证关系等将显得水到渠成。可见,掌握文本骨架是实现文本细读的一种有效方法。

3. 捕捉文本的"线索"

初中语文课程语境下的文本细读应当着眼于发掘文本。它强调直面文本,把握文本切入点(线索)。文本细读的"切入点"就像是种子的胚芽一样,没有胚芽种子就没法萌发,所以文本阅读也需要一个"生长点"。学生在教师的指导下,找准进入文本的"切入点",一步步轻巧地进入文本,然后仔细地揣测,细细地品味,慢慢发掘文本存在的核心价值。那么如何寻找切入点呢?似乎大家都能说出一些技巧,比如找文中优美的词语、文本中存在的矛盾之处、阅读文本时产生的困惑等等。然而实际中的运用就难很多了,寻找文章的"切入点"需要教师准确地领悟教材,需要能力、智慧和眼光,需要知识、创造和艺术。笔者这里所谈的"线索",不仅是指贯穿文章的脉络、主线,也包括一些隐含的可能对全文有重要价值的"痕迹""触发点"等。简言之,这里谈的"线索"就是对文章内容、结构等方面具有重要价值的、存在某种联系的诸多信息点。当一本书出现在我们面前时,肌肉(语言)包裹着骨头(主干),衣服(修辞)包裹着肌肉,盛装而来[1]。线索在文本中时隐时现,却起到重要作用。教师应指导学生,透视文本,捕捉文本的线索,线索往往是文本细读的最佳切入点。

比如初中语文九年级下册《愚公移山》一文,旧版教材课前的阅读提示是这样说明的:这个问题就是一个很好的"线索",笔者利用这个线索,引导学生细读文本,从文本中寻找依据,再根据有关寓言和神话的定义,揭开这个谜底。学生带着这个问题,饶有趣味研读文本,接着展开了热烈的讨论、争论。在讨论、争论中,大家对文本的理解加深了,对寓言和神话的不同文体特色也有了更深理解。在此基础上,大家对于文体的看法渐渐趋于一致:《愚公移山》是一篇神话故事。

如上所述,教师应该指导并鼓励学生发现那些散布在文本中的,起先可能是毫不起眼的信息点。但一旦找到这个线索,学生就会豁然开朗,阅读中的很多问题就会迎刃而解,从而产生极大的阅读快感。阅读快感是推动学生自主进行文本细读的强大动力。笔者在给初一年级学生讲授美国作家莫顿·亨特的《走一步,再走一步》时就从文本中提取出"我最好的朋友杰利"这个独特的信息点(线索),就此设置了一个辩论题:杰利到底是不是我最好的朋友? 学生围绕这辩题,对文本信息进行了细读,在此基础上又对文本进行创造性重组。当辩论结束时,学生们对文章的内容、结构、语言、情感、哲理等问题都有了清晰的认识和感悟。通过这次的阅读实践,学生体验了文本细读的魅力,这堂课也变得生机勃勃。

文本细读的过程是一个心灵(读者)和心灵(作者、其他读者)相互交流、碰撞的过程,我们阅读文本实际上就是以自己的心灵为触角去探索另一些或为熟悉或为陌生的心灵世界。姚斯指出:"读者阅读一部文学作品,必须与以前他读过的作品相比较,调节现实的感受。"中学语文阅读教学中,教师应有效调动学生与待读文本相关的情感经验,及时观察、分析,审时度势,调整合适的策略,激发学生敏锐的、细腻的情感体验,使学生与文本形成情感共振、共鸣,最终达到与作家、作品心神交融,"情投意合"的境界。与此同时,新的情感体验又积累了新的情感经验,成为今后继续阅读的宝贵情感基础。这是阅读带给学生宝贵的精神财富。

特别需要指出的是,从文本细读的情感经验角度来看,文本细读是不应该追求"标准答案"的。文本只是一个有待补充与交流的开放性文学平

---

[1] 艾德勒,范多伦.如何阅读一本书[M].北京:商务印书馆,2004:75.

台。有的时候需要激烈的争辩来充实其空白的空间,有的时候需要静静的幻想才能感受其丰富的内涵。读者出现不同见解、体验完全正常,正如哈罗德·布鲁姆所言:"误读是阅读阐释的构成活动。"[1]因此,教师应当积极鼓励学生细读文本,大胆表达阅读所得,使阅读教学建构起文本、学生、教师三者之间畅通互动的范式。这是文本细读理论在中学语文阅读教学实践中的理想前景。

〔1〕 姚斯,霍拉勃.接受美学与接受理论[M].沈阳:辽宁人民出版社,1987:377-378.

群文的立体的高中文学教育

——以《诗经》和李白送别诗的教学为例

赵年秀[1]

内容提要：高中语文，不应是单篇模式，而应是群文的立体的专题模式。高中文学课程应以"经典作家与作品选读模块"为主模块，以"文学作品解读训练模块"与"文学写作训练模块"为主模块之两翼。模块内各专题都应有鲜明的文学教育特性，其所搭建的辅学平台也应资料丰富，立体多样。课堂信息输出方向也是立体的、交互的。高中文学课程旨在通过帮助学习者掌握大数量的优秀文学作家与作品，培养其高雅的文学审美能力，从而传承优秀的文化价值观念。

关键词：文学教育；专题；辅学平台

笔者近日对刚入高中的三个班级的学生做过一次群文阅读实验。在2个小时内让学生以适当的口吻朗读如下6篇通俗的现当代散文并从形式与内容方面略加点评：席慕蓉的《岁月》、林清玄的《前世今生》、张晓风的《我交给你们一个孩子》、毕淑敏的《我很重要》、龙应台的《目送》和《家是什么》。三个班级学生自始至终兴致都颇高，课后都感觉非常有收获，都觉得对散文文体有了新的认识，有的甚至在这次课后自觉地写了几篇散文。

如果是内容相对深奥难懂的文学作品，我则主张提供丰富多样的纸质的、音像的或网络的资料链接。群文的立体的高中文学教育就是我对当下高中文学教育的主张。

这种群文的立体的高中文学教育，教学模式上不是既往的"单篇"模式而是"群文"模式；课堂形式上，不是既往的信息单向输出模式，而是师生交互互动模式；学习资料链接方面，不是以往的单调模式，而是丰富多样的立体模式，熔纸质的电子的视觉的听觉的于一炉。它会将高中文学课程划分成"经典作家与作品选读模块""文学作品解读能力训练模块"与

---

[1] 赵年秀，女，湖南人文科技学院中文系教授。

"文学写作训练模块"等三大块。每个模块内都设置若干专题:《诗经》选读""屈原各体诗歌选读""李白诗文选读""杜甫诗文选读""诗歌解读""散文解读""诗歌写作训练""小说写作训练"等等,一个个专题都力求目标集中鲜明,注重课程内容的系统性与选文的经典性,注重引导学生感受与体验。群文的立体的高中文学教育旨在通过帮助学习者掌握优秀文学作家与作品,培养其高雅的文学审美能力进而传承优秀的文化价值观念。

一　问题提出背景

(一)国际背景

美国的高中文学教育在某种程度上是群文的立体的,是相对系统的与经典的。

语文教材层面,美国的本杰明·富兰克林、马克·吐温等著的《美国语文》,以美国历史的发展为线索,将美国二百余年的历程分为六个不同的主题时代,而相对应的课文则取材于同时代的具有广泛社会影响及文学代表意义的文章。每个主题时代都配以时代故事来讲解此时代中发生的大事件以及本时代文学的变迁及发展特征。可以说,注重课程内容的相对系统性、经典性是美国高中语文的长处之一。

语文课堂教学层面,在美国旧金山林肯高中,鲁迅的《孔乙己》《社戏》和《故乡》被组在同一个单元中,并且对三篇课文的背景知识有一个综合介绍。教师还会在上课之前先给学生放一集由中国人制作的介绍作家鲁迅的电视片。走近中国小说作家鲁迅,把握鲁迅的小说风格是该学段的教学目标。教学目标的明确具体性与语文性,课文的群文性,教学媒介的立体性,是其文学教育在课堂实施层面的突出特征。

(二)国内背景

国内的语文教材,阅读与鉴赏维度方面,经典作家与作品选读一类专题如李商隐诗文选读、苏轼诗文选读、李清照诗词选读、韩愈诗文选读、欧阳修诗词选读、曹雪芹和他的《红楼梦》、鲁迅和他的《呐喊》、老舍和他的《断魂枪》、莎士比亚和他的《哈姆雷特》、马尔克斯和他的《百年孤独》、唐代近体诗专题、唐代边塞诗专题、爱情诗专题、婉约词专题、元曲专题、批判现实主义小说专题等少见;文学作品解读能力训练一类专题,如小说解读专题、剧本解读专题等少见;文学写作维度方面,剧本写作训练专题、童话写作专题、寓言写作专题等也少见;多见的是泛人文专题,其为学生感受与体验作品搭建的支持平台相当薄弱。

教学实施层面,基本上还是篇章模式……

总之,现有高中语文在文学教育目标的鲜明性、课程内容的系统性与经典性以及资料链接的丰富多样与立体性方面还相当薄弱,难以满足学习者感受、体验与探究的需要,难以完成高中文学教育的应然任务。

二 立体的群文式的高中文学教育构想

以《诗经》和李白送别诗的教学为例。

(一)"《诗经》选读"专题教学构想

该专题由"【《诗经》档案】"(200~300字)与"【作品选读】"组成。【作品选读】下设 3 个子件:"《诗经》中的抒情诗""《诗经》中的叙事诗"和"《诗经》中的女性诗"。

"《诗经》中的抒情诗",选录《王风·黍离》。"《诗经》中的叙事诗",选录《豳风·东山》。"《诗经》中的女性诗",针对高中生的接受心理与接受水平,选录《郑风·溱洧》《卫风·硕人》《郑风·女曰鸡鸣》《王风·君子于役》《邶风·谷风》等多首诗歌,旨在通过这些诗歌帮助学习者"深度"体验、感受《诗经》时代人们的恋爱、婚姻生活观念并从中获得个体成长的启示。

每篇课文在编写体例上都采用"原文+注释+链接+问题探究"形式。通过"链接"实现对中国文学相关研究成果的"对接",为学生深度理解与探究搭建平台(如《王风·君子于役》后链接"《君子于役》与黄昏意象"等内容),通过"问题探究"引导学习者感受、体验、研习并交流。

(二)"李白送别诗"专题教学构想

该专题由一辑专门制作的"中国古代经典作家介绍"李白部分的电视片、特写稿《李白传》和李白的三组送别诗及一个专题拓展活动构成。

李白的三组送别诗为:借送别以写友情组——《送友人》《黄鹤楼送孟浩然之广陵》;借送别以咏怀组——《送裴十八图南归嵩山》《鲁中送二从弟赴举之西京》;借送别以言政组——《灞陵行送别》《鸣皋歌送岑征君》。每篇课文在编写体例上也采用"原文+注释+链接+问题探究"形式,启发、帮助学生充分把握李白送别诗的丰富而深邃的内蕴与独特的艺术魅力。教师的作用是引导学生探究并交流,包括李白诗歌小组接力背诵赛、李白送别诗读诗报告。读诗报告的题目可以是下列标题中的任何一个:"李白送别诗与李白其人""论李白送别诗的丰富内蕴""李白送别诗艺术风格论""李白送别诗艺术表现手法谈"。读诗报告的具体框架由教材提供。

专题拓展活动为举办"话说唐代别诗"读书报告会,要求各个学生均要准备发言。为此,在会前,学生都得先阅读唐代一些诗人的送别诗,做有关的比较、思考,然后以《唐代别诗内蕴论》或《李白与王维(或岑参或高适或王昌龄等)送别诗之比较》为题写论文一篇(后一道题,建议从内蕴、创作方法、艺术风格、艺术表现手法和艺术效果诸方面做比较)。注意写完后要反复修改。教师通过提一系列问题的形式提示修改技巧,指引修改方向。最后编辑打印好。

教材推荐阅读的唐代著名诗人的优秀送别诗应包括:杜甫的《送路六侍御》;王维的《齐州送祖三》《送元二使安西》《送别》《送梓州李使君》《送沈子福归江东》;岑参的《走马川行奉送封大夫出师西征》《轮台歌奉送封大夫出师西征》《白雪歌送武判官归京》;高适的《别董大》《别韦参军》;等等。

三　实施立体的群文式的高中文学教育的意义

(一)具有鲜明的文学教育特性,课程内容的广度、深度与系统性有保障

充满文学教育味道的经典作家与作品选读一类专题的教育目标,简言之就是:掌握高中学生必须掌握的经典作家及其作品。至于文学作品解读能力训练一类专题,则以学习理解并应用一个个作品解读的方法与策略为专题目标;文学写作能力训练一类专题,以学习理解并应用一个个文学写作的方法与策略为其专题目标。三类专题的比重,第一类最大,是主专题,二、三类主题是第一类专题的两翼,起"众星拱月"的作用。各类专题内的多篇课文、资料链接和所安排的一切活动等等,都服从于专题目标。专题内部结构强调融通圆满性。

(二)依托立体的辅学平台,学习者对文学经典可望产生"深度"体验与感受

群文的立体的高中文学教育,强调链接材料的多样丰富性与立体性,

不仅关注纸质资料的链接,也关注网络及音像资料的链接,并且注重融入文学前沿研究成果。这种时尚的立体的辅学平台,更容易激发心智日渐成熟的高中学习者阅读的兴趣。依托立体的辅学平台,他们可以对文学经典产生"深度"的体验与感受,而不是如以前一样浅尝辄止。

(三)群文的立体的学习方式,有望翻转现行高中语文课堂,增强学习的主动性、探究性、互动性,从而大大优化学习效果

现行高中语文课堂,基本上是教师的一言堂,抬头率、参与率、点头率均不高。从高考语文试卷和高考作文就可看出,高中语文的学习质量堪忧。

群文的立体的高中语文教育,为学习者提供大量的富有文学魅力的经典作品,以"真"问题带动阅读,以丰富的资料链接帮助学习者释疑解难,学习者可以在自己方便的时间里研读并准备个人研读报告。学生课外学习探究的主动性、自觉性必将大大增加,课堂则成为师生主题报告与互动交流的平台。可以想见,这时的高中语文课堂必定是群文的立体的洋溢师生生命活力的场所,学习效果将大为优化。

论鲁迅作品教学:因文而异,深文浅教

王家伦[1]　　贡静静[2]

摘要:教学范文必须有利于学生读写听说能力的培养。鲁迅的一些作品或是炼词精准,或是描写出色,或是论证精彩,完全符合语文教材的选文标准,理应被选入中学语文教材。学习模仿其文章结构、适度地挖掘其文章内涵、批判地吸收其特色语言,本着"深文浅教"的教学理念进行实际教学,便能轻松突破鲁迅文章难教难学的教学困境。

关键词:鲁迅作品;教材入选;深文浅教

回顾各界对鲁迅作品是否该进中学语文教材的争论:赞成将其作品选入中学教材者认为鲁迅在中国现当代文学史中有与众不同的地位,其作品所具有的思想内涵也值得当代中学生学习;而反对者则认为鲁迅作品思想过于深刻,与中学生心理发展进程不相适应,因而不应入选语文教材。

一　是否该进——从"语文"考虑

从上述争论可见,大部分人主要围绕"思想性"来考虑鲁迅作品是否该进入语文教材,这有一定的道理;但教学范文更应该考虑的是"语文"性。

《义务教育语文课程标准》(2011年版)在"教材编写建议"中提出:"教材选文要文质兼美,具有典范性,富有文化内涵和时代气息,题材、体裁、风格丰富多样,各种类别配置适当,难易适度,适合学生学习。"[3]《普通高中语文课程标准》(实验)中关于"教科书编写建议"的表述为:"教材选文要具有时代性和典范性,富于文化内涵,文质兼美,丰富多样,难易适

---

[1]　王家伦,男,苏州大学文学院教授,语文课程与教学论专业硕士生导师。

[2]　贡静静,女,苏州大学文学院语文课程与教学论硕士研究生。

[3]　中华人民共和国教育部. 义务教育语文课程标准[S]. 2011年版. 北京:北京师范大学出版社,2011:33.

度,能激发学生的学习兴趣,开阔学生的眼界。"〔1〕由此可见,中学阶段语文教材选文的主要标准是"文质兼美"。

所谓的"文质兼美",可从两个维度来理解:从"文"而言,教材选文应注重形式美,所选文章的宏观结构和语言文字必须典范,对提高学生语文素养大有帮助;从"质"而言,教材选文应注重内容美,即选文的思想情感应积极向上,具有时代气息。文章应该同时符合"形式美"与"内容美"两个标准,才能入选语文教材。仅从作品的"思想性"来考虑作品是否应该入选语文教材显然片面,不合理。

众所周知,语文学科具有两大基本属性——"工具性"与"人文性"。工具性强调语文教学应教导学生热爱、理解和正确运用祖国的语言文字并提高学生的听说读写能力与思维、交际、学习、工作的能力。人文性强调语文教学应包含民族历史与文化、渗透民族思想与情感,以培养学生的感悟能力与健全人格。〔2〕工具性与人文性的统一是语文课程的本质属性,"文质兼美"的选文标准正是对这一属性的观照。

从这两个维度来看鲁迅作品,问题就迎刃而解了。

二 应该进入——"语文"需要它们

一些鲁迅作品用词精准,往往只用几个寻常的动词就能刻"活"一个人物。《祝福》中祥林嫂"眼珠间或一轮",这个"轮"字,不仅刻画了祥林嫂呆滞凄苦的形象,也道尽了她落寞悲凉的处境;《药》中华老栓"在外面按了两下""按一按衣袋,硬硬的还在""慌忙摸出洋钱,抖抖的想交给他","按""摸""抖"几个动词细腻且真实地再现了那个紧张、忐忑而朴实的老人;《孔乙己》中"排出九文大钱""从破衣袋里摸出四文大钱,放在我手里","排"与"摸"前后对比,形象地描绘出孔乙己因处境变化而变化了的微妙的心理活动……

一些鲁迅作品中的景物描写简洁传神,颇具特色。"不必说碧绿的菜畦,光滑的石栏,高大的皂荚树,紫红的桑葚;也不必说鸣蝉在树叶里长吟,肥胖的黄蜂伏在菜花上,轻捷的叫天子忽然从草间直窜向云霄里去了。"(《从百草园到三味书屋》)作者从不同的角度,采用动静结合的方式,

〔1〕 中华人民共和国教育部.普通高中语文课程标准(实验)[S].北京:人民教育出版社,2003:26.
〔2〕 张中原,徐林祥.语文课程与教学论新编[M].南京:江苏教育出版社,2007:20-21.

理解与对话

生动而鲜活地再现了那个充满童趣的百草园,虽然没有华丽的辞藻,却也能给人以身临其境的逼真体验。《药》中两个大妈上坟一幕中的景物描写更是精彩——"这一年的清明,分外寒冷;杨柳才突出半粒米大的新芽……微风早已经停息了,枯草支支直立,有如铜丝。一丝发抖的声音,在空气中越颤越细,细到没有……那乌鸦也在笔直的树枝间,缩着头,铁铸一般站着。"作者以细腻的笔调,采用片段组合的方法,自然地渲染了当时阴冷、灰暗、凄凉的环境,有力地烘托了文章主题。

鲁迅这些小说作品中的人物刻画方式、景物描写手法显然值得中学生学习。另外,其杂文作品中的精彩的论证同样具有学习价值。《拿来主义》中,作者先拿一个继承来的"大宅子"比喻整个文化遗产,得出结论——应拿来:又以"鱼翅"比喻精华,以"鸦片"比喻经改造可以利用者,以"烟枪、烟灯、姨太太"比喻其中的糟粕,从而阐明了对待外来文化遗产应持的几种不同的态度。由于运用了比喻论证,文章形象生动,观点的呈现如水到渠成,决无空洞说教之嫌。

由此可见,鲁迅作品中并不缺乏提高中学生读写听说能力及思维交际能力的元素,至于其作品中所包含的民族精神与深厚的文化内涵更是不必赘述。因此,结合鲁迅在中国现当代文学史中的独特地位,一些符合"文质兼美"的选文标准的鲁迅作品理应被选入中学语文教材。

三 该怎样教——因文而异,深文浅教

"进"是为了"教",关于鲁迅作品的教学实施建议,笔者的观点是:在进行鲁迅作品教学时,不一定要面面俱到。在遵循课程标准原则的前提下,结合具体学情,充分尊重学生的主体性,实施"因文而异""深文浅教"的教学是明智之选。具体如下。

(一)对结构的把握——细嚼慢咽,学习模仿

鲁迅作品在结构方面十分值得中学生学习。

短篇小说《药》以"药"为中心,采用双线结构展开叙述。一条是明线——华老栓买药—小栓吃药—众人谈药—华大妈上坟,这是主要线索,讲述了华家的不幸。一条是暗线——夏瑜被杀—夏瑜血被吃—夏瑜被谈论—夏四奶奶上坟,这是次要线索,讲述了夏家的不幸。明暗两条线索相互交织,有力地表现了华夏民族的悲剧,深化了小说主题。如此巧妙的双线结构对中学生而言堪称典范,教师在教学中应悉心解析,引导学生体会

咀嚼，并指导学生在记叙类文章写作中尝试模仿。

《文学与出汗》与《中国人失掉自信力了吗》是鲁迅两篇精彩的驳论文，这两篇文章曾经也是高中生学习驳论文的典范之作，后因多种原因，渐渐淡出了中学语文教学的视野，但这并不能抹杀这两篇文章的驳论艺术。作者先摆出对方观点，再层次分明地从论点、论据、论证诸方面进行驳斥，最后旗帜鲜明地提出自己的观点。如果引导学生从结构的维度加以学习，必然能改变现代中学生大多不擅长写议论文，更不知如何写驳论文的窘况。

(二)对内容的理解——浅尝辄止，不寻根问底

鲁迅在《风筝》中以风筝为线索，采用记叙与抒情相结合的方式，讲述了作为封建家长的"我"无情地扼杀了"弟弟"天真的童趣后的悔恨与反思。本文既体现出"我"的自省精神，也表现出"我"与"弟弟"间的兄弟情深，更控诉了封建家长制对儿童纯真天性的无情摧残。对中学生而言能够理解以上内容已经足够。至于文章中的"弟弟"是否是指鲁迅的弟弟周作人，"弟弟"甘于接受压制及被摧残后而不自知的麻木形象，则不必深究。

《药》中的乌鸦形象向来也是人们的一大议论焦点。有人说乌鸦是夏四奶奶一样的封建迷信者的象征，有人说它象征的是夏瑜这样的英勇就义的革命者，还有人说它是鲁迅一样的不祥的呐喊者……这些说法或许各有其道理，但对中学课堂教学而言，这只乌鸦只需要是一只普通的乌鸦，它作为自然环境的组成部分，有力地渲染了当时萧肃阴冷的环境。至于那些莫衷一是的象征意义，还是留给学有余力的学生课后进行探究吧。

(三)对语言的玩味——批判吸收，不马首是瞻

鲁迅作品语言具有简练、铿锵、幽默的特色，令人回味无穷。因此在进行鲁迅作品教学时，往往少不了品味语言这一环节。但还有一个问题我们也不可回避：鲁迅作品中的语言风格并非都值得现代中学生学习和模仿。20世纪20年代，正值书面语言的文白交替时期。严格地说，鲁迅作品并不是典范的白话文作品，其中一些文白夹杂的语言常常使读者感到艰涩不畅，我们在教学时不必细究。

除此以外，鲁迅作品中一些甚至违反常理的语句也该另作考虑。

《从百草园到三味书屋》第一段有"其中似乎确凿只有一些野草"一句。在这一句中，作者同时使用了"似乎"与"确凿"两个矛盾的词语。姑

且不论这句话是否别有深意,从语用规范的角度考虑,这句话就是一个病句,我们不应该提倡中学生进行学习和模仿。与此类似的还有《孔乙己》中最后一句"大约孔乙己的确死了"中的"大约"与"的确"……可见,这是鲁迅在用词上的一种特别的个人习惯,过分地玩味无益于提高中学生正确、规范地使用祖国的语言文字的能力。

"在我的后院,可以看见墙外有两株树,一株是枣树,还有一株也是枣树。"《秋夜》这句开头历来也是众人争相解读的焦点。有人说它渲染了鲁迅凄凉、孤寂的心境,有人说它体现了鲁迅曲折蜿蜒的行文方式,有人说它体现了鲁迅的辩证主义思想,也有人说两棵枣树是鲁迅夫妇的象征,甚至还有人以它批判鲁迅"堕入了恶趣"……这样的争论固然精彩,但真正的答案也许连作者本人也未必说得清楚。这种具有争议的句子显然也不适合在中学课堂中进行深入解读。

我们的语文教学,要遵循"学生本位"的宗旨,在不违背课程标准的原则下,结合学生的实际学习情况,开展人性化的教学活动。在进行鲁迅作品教学时,只要遵循"因文而异""深文浅教"的教学理念,便可化解"鲁迅作品难教难学"的困境。但是,这并不是说要完全抛弃鲁迅作品中那些厚重深刻、富有探讨价值的部分,我们可以将其留作课后探究,或是待学生们羽翼渐丰时再作思考。当然,对一些难以理解的文章,尤其是那种文下注释的篇幅几乎与正文篇幅差不多的文本,如《论"费厄泼赖"应该缓行》等,我们就得割爱了。

语文教学"对话空间"的拓展

金　宏[1]

摘要：语文教学过程中，以文本为依据的师生"对话空间"是启发学生对话、合作、自主思考的必要准备。教师在授课过程中，通过启发、引导，并根据学生的实际反应来调整自己的教学思路，现场随机编制"问题"引发讨论。"随机问题"生成的思路，提出、响应、解决的过程，会有效扩大"对话空间"。它使学生对教学做出更加积极的反应，激发起对问题的浓厚兴趣。学生参与发现与解决问题的过程，是师生思想和创造力的碰撞，能引起对文本的深入解读。久而久之，不仅有助于学生语文能力的培养，也有助于教师教学组织能力的提高。

关键词：对话理论；随机问题；初中语文；教学改革

一　"随机问题生成"的教学策略

（一）寻求"问题"的出现

"问题设置"是教师备课中的重要一环。为了顺利完成一堂课的教学，教师将可能遇到的问题及解决办法提前作了准备，留给学生的对话空间十分狭小。教师通常反感学生提出刁钻古怪的问题，认为这会打乱教学进程，所以一堂课就像演戏一样，只要按照预定的内容完成，就算成功。表面上看，教师主导着课堂，而实际上教师处于被动的"防卫"中，为了不被学生打乱阵脚，宁愿剥夺学生的话语权。这样的授课，学生无味，教师索然。

围绕文本，有大量的问题存在。但相关语文基础知识的内容（如语法、修辞、古文虚实词及用法等问题）都没有多大的讨论空间。真正的话题空间，存在于文本语义的不确定性以及文章的思想情感方面。不同的角度必然产生不同的看法，学生会提出什么样的问题，教师是无法预知

---

〔1〕　金宏，男，浙江省杭州市观成中学语文教研组长，中学高级教师。

的。这就是有"话"可"对"的基础。

我们最初尝试"随机问题"开放生成教学，纯粹为"问题的生成"而设置，结果学生反应平平，虽然没有教师想象得那么难操作，反倒觉得有"启而不发""煽而不动"的感觉。当教师刻意扩张备课容量，增加延伸阅读时，教师又有了困惑。通过课堂实录进行分析发现，课堂出现的所谓"随机问题"大多是知识性的、具体的、相邻的问题，并不是学生思想火花的碰撞。

"随机问题"的生成与"问题情境设定"和"问题环境设定"的关系密切。在文本与读者建立联系的过程中，"情境设定"与"环境设定"是临时产生的，是一种不确定的变化因素。教师"期待"与"学生"期待之间的差，才是"随机问题"生成的空间。这个空间意味着教师教学目标与学生自主学习之间的距离。情境与环境给学生表达提供了自由空间。

"随机问题"在课堂上作为"偶发现象"出现。内容及指向性是学生随机提出的，出乎教师意料，要求教师展现临场调控技巧。问题的引导能否触发学生发散思维或逆向思维有效性，在很大程度上依赖教师的即兴发挥。学生在适应了"挑刺""找毛病"后，"随机问题"就多了。教师面对这种富于挑战的"随机问题"，增加了压力，也找到了发挥师生潜能的空间，享受到创造性教学的乐趣。

要真正让"随机问题"生成，关键需要让学生接受并熟悉"我要探究"的新教学模式。有了"我要探究"的动机，才可能出现"随机问题"。教师开始转向"如何引导学生主动探究"的研究。

(二)"随机问题生成"案例

1. 引发对课文的多元评价

以"创设富有生命力的课堂——微型小说《尽在不言中》"(曾获区初中语文"自主学习"教学案例评选二等奖)为例。该教学案例中，教师采用对课文主人公的形象、文章中心思想及微型小说结尾形式的开放式追问，学生对人物形象提出了多个不同的见解：

    (1)小王科长慷集体之慨，擅自把共有财产私有化；
    (2)小王科长胆子大，老科长不敢做的事，他敢做，所以成功；
    (3)小王科长拿国家的钱，收购小市民(农民)的落后意识，是一种倒退的表现；
    (4)小王科长解决问题的方法新颖独到。公家的没人管，私人的无须管。"堵不如疏"。

本案例重视个体的"话语权",重视学生对阅读理解的多样性选择,尊重学生的个体阅读体验(知识积累、阅读能力、思辨能力的个体差异),因而放弃"非此即彼、非黑即白"的标准答案式的教学模式。

2.引导学生进行人生哲理思考

案例《白兔和月亮》教学片段:该课的随机问题生成点是"勾起了无穷的得失之患"和白兔的"慧心未泯"。语义含混之处,是随机问题生成的关键点。问题展开后,学生的思考呈多样性:

(5)白兔有负担了。要他掌管这么大的事,他觉得没有把握。就比如说:如果父母把一个家的事都交给我管,我会受不了的。(同学共鸣)

(6)白兔会自省。……白兔有点自卑……白兔有自知之明。

(7)财富多不一定是好事。"乐极生悲""贪心不足蛇吞象""得不到的最好,得到了的不珍惜""君子坦荡荡,小人长戚戚"……

(8)全文都写白兔的故事,为什么要写一句"和人类不同的是"?

(9)因为人类很贪婪。人类总想征服世界,占有一切。

(10)作者赞美白兔,告诉我们人类要有一颗平常心……对身外之物要有平常心,这就是寓言要告诉我们"独自占有,不如共同拥有"的道理。

3.引起对社会问题的关注

"峰回路转话'乡愁'"(曾获区中学语文教学案例评比三等奖、市学科德育案例评选二等奖)教学中,有学生写了以下仿句练习:

(11)"小时候乡愁是一颗颗青橄榄,我在这头,你在那头;长大后,乡愁是一张张人民币,山水在里头,我在外头。"

学生仿句引起全班哄堂大笑。教师运用倾听技术,先把问题搞清楚,让学生叙述自己的思路:由"乡愁"联想到"人民币",再联想到人民币上的图案,调动同学帮助完善、补充,形成有意义的思路,最后落实到对民工的关怀。教师通过鼓励积极互动,找到切入话题的契机,因势利导,让话题充分展开,选择有利的角度,使话题转向积极有利的方向。教师起着"纽带和桥梁"作用,为学生积极思路的形成"牵线搭桥"。

当学生提出一个很不成熟的话题时,这其中可能包含着合理的思考。而在作为一个流程行进着的授课现场,教师沉着镇定,用"把问题暂时还给学生"的方法,为自己留下反应的时间。有了自己整理对策的时间,教师从而顺利引导学生写民工乡愁的诗歌。

4.引出对于语言逻辑严密性的讨论

案例"'女娲造人'辩人神"(曾获区级优秀教案二等奖)。课堂讨论顺利地完成了预先规定的要求后,有学生提出:

> (12)我有不同意见。女娲不是神,她就是一个人。课文上写着,世间各种各样的生物都有了,单单没有像自己一样的生物,那为什么不创造一种像自己一样的生物加入到世间呢?

学生对课文逻辑概念的质疑,教师给予了充分的支持,鼓励学生对权威提出质疑,用批判眼光看待课文。本案例也启发教师在更宽的视界上,去观察"大语文"的教学实践,激发教师对课文进行深入的剖析。

(三)"随机问题生成"的教学评估

(1)学生的头脑总是智慧的、幽默的、善于突发奇想的。其中,不仅表现为思维角度的多维性,也表现为情感体验的丰富性。"随机问题生成"引导学生提出"个性化观点",传达学生独特感受(偏重情感体验)。教师引导学生解释和展开"个性化观点",畅所欲言。师生基本达成共识,保留不同意见,促成多元化思考。同时教师鼓励学生写作,以书面形式固定思想成果。实践证明,这种开放式的教学策略,有推广价值。

(2)"随机问题"生成和解决只是一个表达的过程,其内核是课堂探究的双向互动。生成了什么问题,解决了什么问题,有时并不重要。更重要的是怎样激活了这种"生成"。"随机问题"的特征在于教师对"问题"缺少足够的预见性。所以,"随机问题"对教师是一种"应激"考验,对教师提高教学水平有好处。

(3)"随机问题"生成研究,看起来只是一个很小的教学环节的研究,实际上牵动的不仅是授课技巧,更是教学行为和教学理念。它是教学的思路、方法、策略的探索,也是教师自我研究、自我提升的一种途径。通过"随机问题生成"这样一种教学策略,学生接受新的学习模式,学会自己找问题,发现问题,筛选问题,归纳问题,运用问题,练习发现和解决问题的速度、方法、思路。从知识的习得，转为心智的领悟；从思维的发散到简单回归，学会化繁为简、化难为易、举一反三、提纲挈领。这有利于学生养成探究、自主、合作学习的良好习惯。

二　拓展"对话空间"反制教学误区

本文的探索和实践，源于省级课题"构建新课程初中语文自主性学习模式的实践与研究"的子项课题"初中语文教学动态问题生成实践与探索"。该题目源自《杭州市国家基础教育课题目录》。最初是想借课题研究为新教材的实施摸索经验，所针对的目标是学生的"自主学习"。但研究过程中发现，教师教学行为的诸多问题阻碍着学生"自主学习"进展。语文教学行为误区有以下几个。

1."课程改革"等同于"教材更新"

教师把"课程改革"等同于"教材更新"的观念普遍存在。教师每天要面对的，首先是新教材。"教材更新"是教师面对的最具体、最直接的内容。对于"新教材"的理解和掌握，很容易变成对"新教材内容"的理解和掌握，至于对教法的深入分析，对学生需求的分析，反而被忽略。沿用现成的办法，就是等待新教参的出现，等待别人提供现成的"良方"。

2.依赖"教参"，失去对"自主教学"的追求

"教参"总是紧随教材之后。虽然新教参在内容、思路、方法上已经有了很大的改变，但基本思路仍然没有脱出固有的窠臼，且存在许多牵强附会的东西。"新教参"的出现，在为教师适应新教材提供了台阶的同时，又一次成为限制教师创造性教学的新教条，并掩盖了贯彻课程标准的真实含义。产生"课程改革的内容仅仅是教材的更新"的误导作用，其负面影响已经存在。

3.迷信"最佳教案"，教师之间合作匮乏

由于惯性的力量，教师仍然会不由自主地继续沿袭旧有的备课模式，继续重视文本（课程和教参）、轻视学生的现状（现实）。面向教材的教学，使教师过分依赖"教参"，共同去追求所谓的"最佳教案"。其结果是使教师的教学思维指向自我封闭。教师之间因避讳竞争而合作匮乏，或热衷于网上下载现成的课件直接使用。

4."教案通用性"导致教师职业倦怠

教师只要把一篇课文的教案写好之后，就可以在所有的平行班级上课。教师忽视学生班级差异、群体差异、个别差异，最终奔向模式化和单

一化,以至于丧失教学个性和主观能动性。一套教材,上完一轮,就熟了。熟练了,就失去了新鲜感,使认知变得麻木。任何一种工作,如果缺少了新鲜感,都将成为机械行为,从而导致职业倦怠。面向教材的教学,教师对教材失去了新鲜感,教师的激情就会打折。

5. 为会考、中考而教,导致有限知识的低水平重复

为应付会考、中考,教学内容局限于课本及课本相关的知识层面,教学方法局限于低水平的重复演练,死记硬背。一旦教材落后于社会现实,就难免流于说教。教师的教学资源越来越少,思维越来越僵化,知识得不到更新,与生机勃勃的时代相脱节。教师越教越缺乏自信,教学成就感越来越低,连自己都对自己难以肯定。

6. 为应付检查,"作秀"排演公开课

学生学习语文,受到其原有的语文基础、生活阅历经验、当前情绪兴趣的支配。教师为了防止公开课、观摩课出错,不惜以操练、排演方式上课,或为追求"自主"的课堂气氛而设计低水平封闭式提问,阻碍学生思考和发挥。

我们在建立面向学生的教学上还有很大的距离,有必要重新找回授课的兴奋点,使授课成为一种不可预知的创造性活动。授课的兴奋点,只能建立在鲜活的学生身上。重视学生学习自主性和教师教学的自主性,这也是重建教师职业成就感的需要。教师的成就感来自职业鼓励,其核心是自我激励。只有当教学行为成为富于想象力、创造性的活动,使教师在和学生共同学习探讨的过程中,相互启发,它才成为一种富于挑战、与时俱进的成长活动,成为教师知识常备常新的源泉。

三　立足于拓展"对话空间"的备课

围绕"随机问题生成"的教学探索,使备课思路不得不放弃固有的模式,而转向教师对自身备课方式的质疑。

要扔掉教参这条"拐棍",才能获得自己演绎的空间。面对一片开阔的荒原,迷惘与新鲜相伴,自由与困惑相随。"随机问题"随时会发生,使教师授课无法预演,无法排练,充满了不确定性和危机感。这对教师是一种实实在在的刺激和挑衅。教师必须致力于使文本朝着学生的内在需求、求知求新欲望、兴趣爱好的方向"复活",使备课成为"上一次,提高一次,更新一次"的活动,并成为一种工作的习惯。

（一）面向寻找课文"可对话"的"空间"

"随机问题"生成的前提是文本具有"不确定性""模糊性""多解性"。文本中包含了可进一步展开的丰富话题。教师在拆析与整合文本过程中，找出有关"可动态化"的"静态问题"。文本的部件"连接点"，往往是生成问题的高发区域。"静态问题"设置必须是开放式的，而不是"是"或"不是"的选择。教师设置问题时，基本上已经确定了思考的方向，或者对学生可能回答的内容已经作了预先假设。接下来，因为学生对开放性问题的回答，必然带有很大的随机性，教师备课时要准备的是导向的总体意见（包括评价性的导向）。

要将课堂教学引向动态问题的生成，教师首先要要预测，文本中哪些话题的引出，可以生成随机问题；哪些部位可能会出现随机问题生成的密集区域。新知识的延伸要宽，不仅仅要延伸到字词句、段落分析、中心思想，或是文体、材料、风格，还要延伸到语体、语感、语境、话语，内容不避百科，角度涵盖风俗人情、情感包容和私人体验，倡导反思、质疑、发散思维、批判思维，鼓励多解，少做定论，重视逻辑思维训练。

（二）面向特定的学生群体

新课程要求以有限的课文信息为基础，进行多方位、多角度、多视野的扩展。所以，教师首先要有多维扩展的思维取向。任何一篇文本，都可以随心所欲地无限展开。教师可以根据教师自己的知识结构和学生的普遍水准，制作相应的知识模块或知识系统。在知识分类上，也可以因自己的教学需要而独创。课文中的难点，犹如行路中的障碍物。有的是课文中固有的（对有的学生来说是障碍，对有的学生不是障碍），有的是教师设置的；有的从一个角度看不是障碍，从另一个角度看是障碍。教师的技巧，是为解读课文设置合适的障碍，引导学生注意力的方向。

课文只是学生与教师对话的媒介。教材的选择，因学生认知能力、知识积累程度、发展水平而设计，在学生的学习过程中并不构成严格的"必读""选读"的要件。学生对教材所选的课文的掌握的程度，并不是测量学生语文能力和水平的唯一要素。新课程标准提出的范围，是一个总的框架，为了起到标记性的提示作用。教学过程中涉及的，肯定要超出课程标准的范围。

（三）面向多种知识的整合

在备课实践中，我们可以把初中语文可能涉及的知识点、线、面作了系统的整理（见表1）。

表 1 初中语文知识整理

<table>
<tr>
<td rowspan="3">语文层面的课文</td>
<td>文本的（基本认知层面，与社会文化同步，丰富已有知识）</td>
<td>基本知识：字、词、句。语法、修辞、逻辑。
内容：陈述事实、主题思想、感情色彩。
文学：语言风格、表达方式、文学体裁。
文化背景：人文色彩、地域风情、民族习俗、道德和宗教。
结构：单线的、复线的、套盒的、首尾相连的、有始无终的、片断的、扑克牌式的。
陈述：顺叙、倒叙、插叙。
表达：正剧的、喜剧的、悲剧的、幽默的、荒诞的。</td>
</tr>
<tr>
<td>接受的（与文本对话，转换为自身成长有益的经验）</td>
<td>个体：主观体验的、客观审视的。
群体：寻求同感的、寻求争议的。
导向幻觉：追梦式的、情感满足的、浪漫主义的。
导向现实：印证式的、启发行动的。</td>
</tr>
<tr>
<td>解构的（文化再造与创新）</td>
<td>符号的：望文生义的、自由联想的、抓住一点不及其余的。
语境的：转换意义的探索。
文化形态的：音乐美术戏剧（影视）。
创作：引起创作动机、激起评价批判动机、求证勘误。</td>
</tr>
<tr>
<td rowspan="7">人文层面的课文</td>
<td>人本的</td>
<td>存在：生命意义、终极关怀、心理自助与身心健康。
生命：个人与个性、终身教育与发展、幸福与快乐。</td>
</tr>
<tr>
<td>人际的</td>
<td>沟通与交流、合作与竞争、理解与宽容、感恩与奉献、个体与群体。</td>
</tr>
<tr>
<td>社会的</td>
<td>道德规范与自律、社会化与成长、政治制度与法律、爱国主义。</td>
</tr>
<tr>
<td>生存环境的</td>
<td>环境保护、世界经济圈的观念、国家利益与全球发展。</td>
</tr>
<tr>
<td>历史与未来的</td>
<td>尊重历史与保护文物、可持续发展的观念、技术革命和未来学。</td>
</tr>
<tr>
<td>自然科学知识</td>
<td>最新的前沿科学知识、热点学科的进度。</td>
</tr>
<tr>
<td>智慧的</td>
<td>思辨、真理观、科学观、艺术观。</td>
</tr>
</table>

以上仅仅是举例。由文本可以延伸的教育教学的方位、角度、视野的扩展，远远不止这些。任意一篇课文，都应进入教师的知识系统中，编制出有明确导向的系列问题；同样一篇课文，也可以教出成千上万种变化，也可以因学生的程度或需要的不同，上出深浅不同的层次。当教师能变

化出无穷的方向、角度、视野,那么教师就可以站到高于学生的位置,给予学生丰富的指导,对于"随机问题"的生成和解决,就可以做到游刃有余。

（四）备课由线性结构转变为非线性（模块、三维、网状）结构

新课程教学的备课,着眼于展现,可以将备课结构设计成网状的。如本人对课文《女娲补天》的备课结构（见表2）。

表2 《女娲补天》备课结构

自然知识 基因技术	语文知识 古文比较	一般性知识 无神论	阅历知识 民间传说	心灵知识 爱与创造
人文背景 《风俗通》	时代背景 不同版本背景	课文背景 当代人的神话	个人背景 袁枚简介	人格和其他 —
结构方面 —	主题方面 人类起源	课文文本 《女娲补天》	语言风格 现代散文	感受体验 母爱的想象
同类型文本 共工怒触不周山	同素材文本 亚当和夏娃	课文延伸 中国古代神话	续写改写 《女娲补天续》	评论批评 神与人有多远
知识联想 克隆技术	经验联想 人和泥土	课外延伸 《庄子》	同题写作 故事新编	自由写作 人类诞生

以文本为中心,根据联系的紧密程度及话题可展开的程度,进行模块式的备课,这样可以使备课的内容具有很大的灵活性和机动性。可以根据课堂实际需要,或局部,或整体地展开,有利于学生的思维充分发散。也可以创设一种类似网页制作的拓扑构架（见表3）。

表3 拓扑构架

主页	相关脚本	子目录1	子目录2	子目录3
文章标题	解题	同题展开		
	《女娲补天》	希伯来《旧约》	《创世纪》	日本《古事记》
文章内容	相关阅读	评注		
	《风俗通》	《太平御览》	历史背景	
	问题密集点	讨论		
	女娲的形象	人性、神性		
	阅读延伸	扩展		
	《庄子·儵与忽》	中国古代神话		

主页	相关脚本	子目录1	子目录2	子目录3
相关链接	**背景资料**	**延伸**		
	袁枚生平和创作	世界神话比较		
	其他延伸	**扩展**		
	无神论	基因技术	克隆	外太空生命

以上的结构图中,越处于子目录的后段,延伸越远,"相关脚本"的通用性,灵活性就越强。

这样备课的好处在于,每堂课除了基本框架围绕文本,延伸点可以无限扩展。或许备课容量很大,真正上到的也可能只有一小部分,但所备的内容不会浪费,总有一天会用到。"相关脚本"的制作,与课文本身的关联也许并不紧密,但只要构成可资学习的要件,今天不上,下次会上。今年不上,明年会上。一段时间的积累之后,"相关脚本"的容量得到极大丰富。师师之间、师生之间、教师与公共传媒之间教学资源的共享也变得容易。例如,在大量的试题练习中有许多优秀的短文。这本来是很好的教学素材,却被编在《试题》中,被当成了演练考试技术的工具,且只为做练习而用,"一次性"使用。当这些素材被编制到我们的"相关脚本"中,就会成为非常好的延伸读物。

散文阅读教学中的文辞细读

林芊芊[1]

摘要:基于对初中学生普遍缺乏经典散文阅读量现状之认识,本文从"文辞细读"角度入手,研究传统散文文辞美的基础特征,提出从语言运用最基本的语音和词语等角度解读散文文本,研究在上述背景下具有针对性的教学策略。在教学的具体操作中,教师应注意引导学生进行诵读领悟,抓住散文语言精彩之处,展开联想和想象,并注重文本的关联拓展,使学生对散文的研读准确到位,进而在此基础上获得美的感受。

关键词:文辞;散文;阅读教学;初中

一 背景

近年来,随着 QQ、微博、微信等社交网络的发展以及包括漫画在内的网络文学不断涌现,初中生的阅读逐渐从原来传统的纸质阅读转向以休闲、消遣、爆笑等为审美特征的活动。传统的读书意识,即文本细读被逐渐淡化。有的初中生甚至都没有认真读过一本经典文学作品,更不用提文学的深度阅读了。而某些学生虽读了一些作品,却往往只关注故事情节,故而缺少基本的解读文学作品的能力。教育部《义务教育语文课程标准》(2011 年版)中对文学作品阅读的要求阐述如是:"欣赏文学作品,有自己的情感体验,初步领悟作品的内涵,从中获得对自然、社会、人生的有益启示。对作品中感人的情境和形象,能说出自己的体验;品味作品中富于表现力的语言。"因此,初中语文教师有必要从细读文本出发,让学生学会解读文学作品,提高审美阅读能力,提高想象能力,敢于发表自己的见解。现行初中语文教材所选入的文学作品中,散文的比重是较大的,与之形成反差的是,学生解读散文的能力也是较弱的。本文将从细读散文文辞美的角度来阐述文本细读在初中语文教学中的重要性并研究其教学之策略。

---

[1] 林芊芊,女,浙江省杭州市观成中学语文高级教师。

二 什么是"文辞细读"

(一)文本细读

"文本细读"是文学新批评理论提出的概念,最早是在二十世纪三十年代到四十年代由英美新批评学派提出来的。我国著名学者王先霈先生在其《文学文本细读讲演录》一书中明确了文本细读的定义,细读"指的是从接受主体的文学理念出发,对文学文本的细腻、深入真切的感知、阐释和分析的模式与程序"。近几年来,文本细读的内涵已由原来英美批评家的侧重于形式批评,扩大到对整个文学作品的解读,既包含对形式的解读也包含对内容的解读。新批评理论的文本细读也被称作"充分阅读",对文学类文本教学具有重要的启发意义,因为"细读"作为一种阅读方式和理解行为同时是文学教学的一种方法。

(二)散文文本细读

散文是我国文学作品的基本样式之一,它与诗歌一样,一直处于文学的正统地位。散文的基本特征是"散"和"美"。著名散文家李广田认为,散文"更像河流一样不择地散漫流淌"。不过,河流虽然散漫,但总有一定的流向,这就是我们平时所说的"形散而神不散"。散文表达了作者的真经历、真感受,在文辞、意境、情感上都有自己独特的美,因此被称作"美文"。而"美文"之美,无论是"形"还是"神"之美,都要通过文辞来传递。基于以上看法,初中散文阅读教学适宜从文辞角度进行细读,引导学生理解散文家通过文辞的建构、意境的创造来表达自己最真的情感的写法,进而理解散文家自由的心灵状态。

(三)散文文辞美细读

散文是美文,字字珠玑。美的文辞是散文给人以美感的最直观的形象。散文特别强调文辞的建构,总是以富有穿透力的不同的美去打动读者,感染读者。文辞细读就是通过对散文美的语言的推敲,来感知散文的意境之美,体会作者情感的细致复杂。

三　文辞细读，展散文教学文本解读魅力

　　散文语言优美凝练，意蕴深厚。如何真正引导学生领会文本意蕴，实现对散文内涵的审美感知，显得尤为重要。语文教材散文的文辞细读就是在特定的教学情境中，引导学生细致地品读语言、感知形象、品味意境、把握情感，以提升学生语言感受能力、审美能力，培养学生良好的阅读习惯的一种阅读教学方式。

(一)教材散文文辞美的基础特征

1.语音美

　　史洁在《语文教材文学类文本研究》一书中指出，语音美是散文文辞美的基本层面之一，包括节奏、音律两个方面。散文节奏是指在行文中长短句相互搭配，抑扬顿挫有致的状况。散文节奏是散文文本阅读欣赏音乐美的载体，也是感受意境和体会作者情感的载体。如欧阳修的《醉翁亭记》中的"日出而林霏开，云归而岩穴暝"，在整齐的"二三"式节奏中早晚的景物的妙处得到了表现。在写景中还蕴含着事理逻辑关系：因为"日出"，所以"林霏开"；因为"云归"，所以"岩穴暝"。而且"二"音节到"三"音节的节奏变化过程中又自然地在静态描写中体现了动感，丰富了表现力。"野芳发而幽香，佳木秀而繁阴"与"日出而云霏开，云归而岩穴暝"是同样的句式，却同中有异，节奏由"二三"式变为"三二"式，形成错落之美。这种节奏的变化同时又从春夏和早晚两个不同角度写出景色之美。

　　语音中的音律，是由声调、语调和声韵组合而成。如朱自清的《春》中"小草偷偷地从土里钻出来，嫩嫩的，绿绿的"一句，句式虽简短，却用了三个单字叠音。"偷偷"一词修饰"钻"，说明草发芽出乎意料，从土里钻出时的情态，突出了小草的生机与活力，同时也表现了作者的喜爱之情。"嫩嫩"和"绿绿"这两个叠音词又从色彩的角度写出小草的生机。这三组叠音词在一个句子里的交叉运用，不仅使句子有音乐美，还从情态和色彩的角度表现了春天小草初发芽时的情态之美，作者的情感也自然地流露出来。

2.遣词美

　　明清时期小说评点经常说到"字有字法，句有句法，章有章法，部有部法"。此"法"同样也适用于散文鉴赏。散文家注重遣词方可造就美文，唯有选用生动、鲜明的语言方能完美地表情达意。如老舍的《济南的冬天》

　　　　　　　　　　　　　　　　　　　　　　　　　理解与对话

中有这么一句话："古老的济南，城里那么狭窄，城外又那么宽敞，山坡上卧着些小村庄，小村庄的房顶上卧着点雪，对，这是张小水墨画，也许是唐代的名手画的吧。"这个句子中的两个"卧"字充分表现了散文遣词之美，表现了散文家遣词手段之妙。这两个"卧"字既表达出舒服安适之感，同时也表达了作者衷心的喜爱之情。这就是传统意义上的炼字了。句子中城里、城外的对比，山坡上、村庄上的景的相互映衬，句式整齐一致，但表达的内容又各不相同，足见炼句之妙。同时，两个"卧"字运用了拟人手法，"小水墨画"则运用了比喻手法，"城里""城外"的特点却又采用了对比手法，辞格各异，但同样都表现了济南冬天的温暖、舒适、安静的特点。所以，短短一句话，将作者对济南冬天的喜爱之情表达得淋漓尽致。

（二）教材散文文辞细读的策略

从一定意义上说，散文的教学，就是带领学生在领会和品评语言文字的过程中，发现美、欣赏美的历程。

1.诵读吟咏

在初中散文阅读教学中，文质兼美的文章是需要教师引领着学生细细品味的。作者把自己的情感隐藏在文字符号之中，学生诵读体验的过程便是用抑扬顿挫的声调将文字符号转为有声语言。学生在摇头晃脑的过程中，在悦耳的音韵中，在快乐自由的节奏中，文辞的音韵美和作者的情感美就会自然在脑中清晰起来。《安塞腰鼓》中有形容黄土高原上安塞腰鼓的气势的一段话："一捶起来就发狠了，忘情了，没命了！百十个斜背响鼓的后生，如百十块被强震不断击起的石头，狂舞在你的面前。骤雨一样，是急促的鼓点；旋风一样，是飞扬的流苏；乱蛙一样，是蹦跳的脚步；火花一样，是闪射的瞳仁；斗虎一样，是强健的风姿。黄土高原上，爆出一场多么壮阔、多么豪放、多么火烈的舞蹈哇——安塞腰鼓！""发狠""忘情""没命"三个词本来就给人一种节奏感强、气势雄伟的感觉，再加上各用一个"了"字来作结，更能把那种气势渲染到位。在此处让学生不断地去诵读，学生自然就能理解安塞腰鼓的旋律美、气势美，而后面的排比句同样也可以通过诵读法体会到其中的美感。

2.选准文辞细读的可读点

钱理群先生在《解读语文》一书中论及散文的语言时重点引用了朱自清先生的一句话："我做到的一件事，就是不放松文字。"这句话是朱自清作为作家、语文教师对散文写作和散文教学的深刻理解和体会。语文教师在解读散文文本时如片面追求解读的深度而忽视文辞的细读，就显得有些舍本逐末了。"不放松文字",也就是要赏析散文的文辞美。欣赏语言文字本就是语文教师的基本素养,且语文教师肩负着传承中国语言文字的重任,故而在散文阅读教学中,一般应从词法、句法、章法和韵律、修辞等方面寻找可读点,引导学生赏析散文的文辞美。

美文之所以美,词法极有讲究。朱自清的《春》中有一句:"小草偷偷地从土里钻出来,嫩嫩的,绿绿的。"这句话中的"偷偷地"形象地写出了草刚从土里钻出来时的情态:在人们不注意时,突然钻出来。而且是"草色遥看近却无",似有似无,人们看到后又是十分惊喜,这一情态也得到了淋漓尽致的表现。

在初中语文教材中的散文,用词细读可以抓动词、形容词和其他修饰词等。如上文提及《济南的冬天》中,"古老的济南,城里那么狭窄,城外又那么宽敞,山坡上卧着些小村庄,小村庄的房顶上卧着点雪,对,这是张小水墨画,也许是唐代的名手画的吧"这一句的两个"卧"字,第一个"卧"字写村庄的情态,把村庄人格化,使村庄显得活灵活现。同时,通过拟人手法的运用,"卧"字也营造了一种安适祥和的氛围。第二个"卧"字点出了雪的稀疏松软,似乎睡在屋顶上,渲染了一种温暖、祥和、寂静的气氛,让人感觉到作者对这里的喜爱之情。

这段中的三个形容词也让人回味无穷。"古老"一词让人联想到一种灰度打印的色调,给人历史的沧桑感。"狭窄"和"宽敞"一组反义词的出现,表现了济南下着雪的冬天城里城外的不一样,城里的画面要密很多,而城外却又是疏朗的感觉。这三个形容词,恰如其分地从色调和疏密角度契合了后面唐代的"小水墨画"的特点。

老舍在文辞的运用上当然也不会放过修饰词。如"些"和"点",再从疏密的角度来加以表现。"些"点出了小村庄在山坡上的数量,表现了村庄少但安静的特点。"点"字则点出了雪的稀疏雪白,完全符合唐代水墨画讲究黑、白、灰的布局特征,注意线的疏密变化,追求近乎国画"留白"之意蕴的完美。

这么恰当的用词又出现在优美的句子里。"偷偷地"跟后面"嫩嫩的,绿绿的"的质感相搭配,很让人有一种怜爱的感觉,舍不得踩,舍不得摘,甚至舍不得看。可能偷来的东西是特别珍贵的,总让人产生放在手上怕飞了,含在嘴里怕化了的感觉,形象地写出了作者在特定场景下的独特感受。

对教材中的散文的句式赏析不仅在于研究句式的倒装,还包括研究长短句、整散句等。长短句和整散句的结合使用,不仅形成句式的参差错落之美,读起来有朗朗上口的美感,还便于抒发作者的情感。如通常使用的句式"嫩嫩的、绿绿的小草偷偷地从土里钻出来"本已足够形象,但朱自清却把"嫩嫩的、绿绿的"这一修饰语后置,通过句式的变换,强调了"嫩嫩的,绿绿的"既是现实之景,更是作者的主观感受。

词不离句,句不离段,这种讲究文辞的句子总是要放在合适的段落里的。于是就有了极为经典的描写。"小草偷偷地从土里钻出来,嫩嫩的,绿绿的。园子里,田野里,瞧去,一大片一大片满是的。坐着,躺着,打两个滚,踢几脚球,赛几趟跑,捉几回迷藏。风轻悄悄的,草软绵绵的。"

在一幅优美的春草图下,在和风的吹拂下,朱自清似乎又回到了儿童时代,打滚,踢球,赛跑,捉迷藏……这时候的人是轻松的,愉快的,自由的,调皮的。这一幅春草图与后面春花图、春风图、春雨图、迎春图又遥相呼应,画就一幅完美的春天图景,也构成了完美的传世篇章。

朱自清不仅苦心去经营词、句、篇、章的准确和结构完整,还努力从韵律方面来下苦功。"小草偷偷地从土里钻出来,嫩嫩的,绿绿的"一句在倒装的同时,韵律上也由原来的平淡变为"嫩(顿)嫩——(拉长)的,绿(顿)绿——(拉长)的",由开口呼变为撮口呼,由洪音变为细音,更能体现出自己对小草之可人的喜欢。而且句子也由 11 个字,变为 3 字和 3 字的长短句交错的形式,形成了错落有致的美感,句子的节奏、韵律朗读中体现出美感。

修辞是散文语言美的重要表现形式,赏析修辞是赏析散文文辞的必要手段。宗璞的《紫藤萝瀑布》一文,"从未见过开得这样盛的藤萝,只见一片辉煌的淡紫色,像一条瀑布,从空中垂下,不见其发端,也不见其终极",把紫藤萝比作瀑布,突出其茂盛和富有生机。作者还把瀑布这喻体加以扩展,由瀑布联想到江河:"每一朵盛开的花就像是一个小小的张满了的帆,帆下带着尖底的舱,船舱鼓鼓的;又像一个忍俊不禁的笑容,就要绽开似的"。"我抚摸了一下那小小的紫色的花舱,那里装满生命的酒酿"。由"帆"而"舱"而引出花的河流,使各比喻句之间不再是孤单独立的,喻体间的联系构成一种意境,处处都流动着生命的美,处处都是生命美的"流动"。因为"流动",花的美好才能给"我"心灵的抚慰。

可见,朱自清"不放松文字"一说,真可以说是对散文家们"不留遗憾"的写作态度的高度概括了。

3. 激发学生的联想和想象

语文是审美的,也是富有情感的。初中语文教材所选的教材每一篇都是精美的,学生在细读过程中会得到审美体验,精神会得到振奋,人格会得到完善，思维会得到开发。因此品读散文文本的文辞美，联想与想象是必不可少的环节。如笔者在上《济南的冬天》一文赏读第四段春雪图时，有学生就由"山坡上，有的地方雪厚点，有的地方草色还露着；这样，一道儿白，一道儿暗黄，给山们穿上一件带水纹的花衣；看着看着，这件花衣好像被风儿吹动，叫你希望看见一点更美的山的肌肤"一句联想到街上穿超短裙、露肩、露背的一个少女的形象，而且还把少女的肌肤颜色和小雪后山的色彩一一对应起来，全班学生在笑声中完成了这种美的欣赏。小雪后的山的色彩斑驳和情态动人的美景自然也就在学生的眼里浮现出来，而且每个学生又在自己的心里再构建了一幅济南的冬天的雪景图。刘勰在《文心雕龙》里所说的"寂然凝虑，思接千载；悄然动容，视通万里"的境界就自然在学生合理的联想与想象中得到了体现。

4.关注互文性

散文文本的互文性，就是读一个文学文本，我们仿佛听到来自其他文本的声音，联想到来自其他文本的相似或相反的表达，感受到这一文本对其他文本的借用、改写以及它们之间的相互参照，从而生成一个文学文本多层次、立体化的审美空间。用文本互文性来细读散文的文辞是赏析散文的一种很重要也是很实用的方法。语文教师在进行散文阅读教学时可经常采用这种有效的教学手段。

如在朱自清的《春》时，笔者选用了林斤澜的《北国的春风》。朱自清的《春》中有"抚摸""轻风"等词，学生自然感到朱自清笔下的春风是温和的、细柔的；而林斤澜描写北国的春风时，采用的表达却是"忽然，从塞外的苍苍草原、莽莽沙漠，滚滚而来。从关外扑过山头，漫过山梁，插山沟，灌山口，呜呜吹号，哄哄呼啸，飞沙走石，扑在窗户上，撒拉撒拉，扑在人脸上，如无数的针扎"，"滚滚而来""扑""漫""插""灌""呜呜吹号""哄哄呼啸""飞沙走石"等都给人一种威力，林斤澜的春风是豪迈的、苍劲的。朱自清笔下的春是温文尔雅的，而林斤澜笔下的春是刚烈的。两种不同春天的美在对比阅读中自然就凸显出来。

四 文辞细读的意义

李泽厚在《美学四讲》中提出了审美价值的三个层次，即"悦耳悦目""悦心悦意""悦神悦志"。在初中散文阅读教学中，语文教师的教学也是努力提升学生的审美境界，逐渐地达到这三种艺术审美的境界。如在教学宗璞的《紫藤萝瀑布》一文时，七年级的学生在预习过程中，他们自己已从"淡紫色""深深浅浅的紫""紫色的大条幅上，泛着点点银光，就像进溅的水花"等词句中感受到紫藤萝的外形之美。同时还有部分同学从这些语句中感知到了紫藤萝的生命力旺盛。这是散文文本细读的最浅层次，即李泽厚所说的"悦耳悦目"阶段过渡到"悦心悦意"阶段的过程。这时教师稍作点拨："'一切景语皆情语'，作者描写紫藤萝的生命力旺盛的目的是什么?"学生的审美自然会过渡到"悦心悦意"阶段。他们立即领悟到人也要像紫藤萝那样有顽强的生命力。到这里文辞的解读基本是学生自己独立完成的。此时，教师的点拨却是非常必要了。在教学实践中，笔者于此处设计了这么两个问题："紫藤萝瀑布的流向是什么? 作者的感情变化的过程又是怎样的?"这两个问题抛出后，学生会找到"流着流着，它带走了这些时压在我心上的焦虑和悲痛，那是关于生死谜和手足情的。我沉浸在这繁密的花朵的光辉中，别的一切暂时都在存在，有的只是精神的宁静和生的喜悦"和"过了这么多年，藤萝又开花了，而且开得这样盛，这样密，紫色的瀑布遮住了粗壮的盘虬卧龙般的枝干，不断地流着，流着，流向人的心底""花和人都会遇到各种各样的不幸，但是生命的长河是无止境的"等句子。这些句子经过梳理后，学生马上会发现紫藤萝瀑布的流向是由瀑布这大条幅流向了江河，最后流进了人们的心里。其实瀑布的流向就是作者的心路历程。作者的感情是由焦虑、悲痛到宁静和喜悦，再到振奋。教师再适时补充背景资料和作者的《哭小弟》——粉碎"四人帮"，十年"文革"结束，拨乱反正，神州大地重新焕发生机。教师出示历史背景资料后，作为阅读鉴赏者的学生就会明白，紫藤萝的命运，从花朵儿稀落到毁掉，到如今繁花似锦，正是十几年来整个国家命运的写照和象征。作者回顾花和人的命运，悟到"花和人都会遇到各种各样的不幸，遭遇不幸的时候，不能被厄运压倒，要对生命的长久保持坚定的信念"的深一个层次的道理。同时教师可引导学生思考为什么说"生命的长河是无止境的"。学生在教师的点拨下明白个体生命是有止境的，人类生命的长河是无止境的。这就是说，我们不能陷在个人的不幸中不能自拔，要与祖国人民同命运，共呼吸。理解到这一步，其实学生精神层次的审美就达到物我两忘的境界了，即生命的最高层次，也就是李泽厚所提到的"悦神悦志"的境界。

学生在教师的引导下逐渐达到散文审美的三个层次，每一次的细读都是审美意蕴和鉴赏能力提高的过程。他们在散文阅读中会得到审美愉悦，自然会乐于读书，乐于审美。

文本细读是散文教学中一种极为重要的阅读方式和教学方式，是引导学生欣赏语音美、遣词美、情感美等的重要途径，也是提高学生语文素养的重要方法。教师应引领学生从语音、词语、句子的细读出发，让学生在不断的阅读欣赏中有敏锐的语感，有丰富的想象力，有自己的世界。

参 考 文 献：

李泽厚.美学四讲[M].北京：生活·读书·新知三联书店,2008.
钱理群,孙绍振,王富仁.解读语文[M].福州：海峡出版发行集团,2011.
史洁.语文教材文学类文本研究[M].济南：山东出版传媒股份有限公司,2014.
王先霈.文学文本细读讲演录[M].桂林：广西师范大学出版社,2006.
张学凯.中国文学经典文本细读理论与个案批评[M].天津：南开大学出版社,2014.

新写作教学的理念与实践

基于维基（wiki）平台的华文
过程式写作教学效果初探

陈之权[1]　　龚　成　郑文佩[2]

摘要：本文以新加坡初中低年级修读华文第二语言的学生为研究对象，探讨基于维基（wiki）平台的过程式自主写作模式的实践效果。经过五轮的过程写作活动，实验班学生的作文整体成绩有了较明显的提高，作文篇幅增加了，语言表达也有了较显著的进步。通过对实验班一组学生的聚焦访谈，本研究也发现，不同语言程度的学生在过程写作中修改作文的模式有所差异。文章因此建议华文老师应针对不同程度学生修改作文的流程习惯，采取相对应的教学手段以提高他们的写作能力。

关键词：过程式写作；同侪互评；合作学习；维基（wiki）平台

一　背景

现今社会科技不断创新，互联网新技术不断涌现，面对面的交流或是打电话不再是人们进行沟通的主要方式。近年来，人们也开始热衷于使用社交平台，通过相片、文字来分享自己的生活，发表自己的意见和表达自己的看法，书面互动能力因而越来越重要。

Web 2.0 技术的出现，为教师提供了组织在线学习的可能性，也为学生进行合作学习提供了新的学习环境和沟通工具（黄龙翔等，2011）。借着信息时代的先进技术，教师能够有效地组织学生通过网络在线平台进行写作并开展互评活动，从中培养学生的读者意识，提高他们的写作能力。

本文提出了一个在新加坡初中低年级进行的基于 Web 2.0 技术的过程式写作模式，并对模式所产生的初步效果做一阶段性报告。研究对象为新加坡初中修读华文第二语言的学生。

---

[1] 陈之权，男，南洋理工大学新加坡华文教研中心前院长、学术顾问、首席讲师，主要从事华文教学、资讯科技教学以及语言与文化等领域的研究。
[2] 龚成，郑文佩，南洋理工大学新加坡华文教研中心教研人员。

二 文献综述

(一)过程式写作

在传统的成果导向的写作过程中,学生按照老师给予的文本框架进行写作,初稿的完成也意味着写作的结束。构思、组织、修改、修订等在写作过程中应有的认知与思维活动似乎被忽略了(Zamel,1982)。与成果导向写作相对的是兴起于 20 世纪 60 年代末期的过程式写作(process writing)。过程式写作也叫历程式写作,是重视学生写作过程而非写作成品的教学法(Matsuda,2003)。自 20 世纪 70 年代以还,很多学者和语言教师都对此做了大量研究(Ramies,1978,1987;Taylor,1976;Young,1978;Zamel,1976,1982,1983,1987;Jacobs,1982)。他们发现,写作并不是一个直线型的过程,而是不断探究尝试、不断反复生成的过程(Taylor,1981,Zamel,1983)。写作是一个探索的过程,作者的想法是逐步形成、逐渐完善而不是直接从头脑中转写产生的。作者在写作和修改之前需要仔细思考,组织思维和斟酌想法(Lee,2006)。

因此,写作是一个涉及认知和元认知的复杂过程(Murray,1972)。写作的成品,是一系列复杂认知过程之后的成果(Hedge,2011),它涉及写作前计划、撰写初稿、修改初稿和编辑定稿等几大步骤。教师们应该通过一种反复的、互动的和自然的方式引导学生写作(Hyland,2003)。学生在写作过程中需要对文章进行大量的改动(Zamel,1983),修改贯穿了整个写作过程。在写作的过程中,为学习者提供建设性的建议,是一种有效的指导方式(Hyland,1990)。合适且系统化的指导能让二语学习者写出更丰富、更具逻辑性和构思更好的作品。

(二)同侪互评

同侪互评需要学生作为读者阅读同侪的作品并发出疑问和提供意见(Villamil & De Guerrero,1996)。研究表明,如果学生知道教师是唯一的读者,他们便会非常依赖教师替自己修改作文;而当他们知道同侪也会阅读他们的作品时,便会产生所谓的"主人翁意识",在写作时将读者考虑在内(Beaven,1977)。同侪互评也提供了更多的交流机会,当学习者需要解释、澄清和为自己的观点进行辩护的时候,就产生了更强烈的主动学习意识(Villamil & De Guerrero,1996,1998)。通过同侪的互评意见,学习者能够意识到原来自己想表达的和文章实际表达出来的意思其实是存在差距的,因而会增强他们自主修改作文的动力。当学生为同侪点评时,他们也从阅读同侪的作品中获益(Rollinson,2005)。此外,研究也表明,设计得好的同侪反馈机制对学生的写作修改过程会产生积极的影响,能提高学生写作的积极性(邓鹂鸣,岑粤,2010;莫俊华,2007;周雪,2003)。

(三)维基平台下的合作学习

小组合作学习是基于维基平台过程写作的一个重要元素。小组成员之间的大量交流与互动,对于想法的产生、素材的收集、重点的把握等都有好处(Hyland,2003)。

合作学习是以异质学习小组为单位的学习形式,它强调组员间互相帮助以完成任务,重视小组整体的表现成果而非单纯的个人学习表现。相对于传统的学习,合作学习强调小组团体的整体感,要求小组分工合作共同达成学习目标,并以团体成绩作为目标是否达成的评价标准(王坦,2002)。因此,它具备了现代教育理念所重视的人际交往互动和实践体验等特征。

网络所提供的合作环境能够进一步促进及时性沟通,加强信息交换,促进知识建构和生成优质想法。因此,网络合作环境有助于观点的产生、内容的组织和作品的修改(Peres & Pimenta,2010;Karayan & Crowe,1997)。网络空间所提供的在线互动机会,也有利于产出反馈意见(Schultz,2000)。

近年出现的基于 Web 2.0 技术的维基(wiki)平台,为合作学习的过程式写作提供了很好的前景。维基平台是一种能支持多用户同步编辑的文字处理工具,十分适合学习者进行集体写作和同侪互评之用(黄龙翔等,2010)。它强调积极参与、互动连接、合作学习、知识共享和内容共建(Wang et al.,2013)。维基平台给学生提供了一个合作学习、共同写作的平台,教师们可以通过维基平台观测学生的写作内容和完成时间,保存学生的修改轨迹,有助于了解学生的程度与需求,并根据观察所得调整下一次的写作教学活动。

目前,电脑辅助的过程式写作在华语作为第二语言的教学中还没有引起足够的注意,基于维基平台的合作学习在中学的二语教学中也较少运用。本文希望探讨新加坡初中低年级的学生在 Web 2.0 技术的支持下在华文课进行过程式写作的有效模式,并探索不同程度的学生在此模式下修改文本的过程,尝试提出引导不同程度学生提高写作能力的策略。

本文希望初步回答两个研究问题:

1.在基于维基平台的过程式写作模式下,学生的作文表现如何?

2.在过程式写作过程中,不同语言程度的学生修改作文的模式如何?

三　写作模式

研究小组参考了不同时期几位过程写作专家所采用的写作模式(Soloman,1986;White & Arndt,1996;Zimmerman,2008),制定了此次研究所采用的模式。表1是活动步骤的具体设计,一共分为四个阶段共12个步骤。

表 1　过程写作活动流程和步骤

教学阶段	活动步骤	活动
第一阶段	0 培训	培训学生如何使用作文评量标准
第二阶段：写前活动	1 自学写作技巧	在维基平台自主学习写作技巧
	2 自学成果检验	学生以小组形式参加测试
	3 课堂教学	教师纲要式讲授核心写作技巧
	4 课外学习	学生根据评量标准分析美文、解构病文
	5 课堂呈现	学生小组呈现,小组之间互评,教师对学生点评不足的地方加以补充并分析美文和病文
第三阶段：写作活动	6 初稿写作	学生课外进行初稿写作
	7 同侪互评	学生在限定时间内进行网上同侪互评
	8 修改作文	学生根据同侪建议或教师在线点评修改作文
	9 教师点评	教师课上点评本次作文中的常见错误和可取优点
	10 定稿	学生课后结合教师和同学所提建议修改作文、提交定稿
第四阶段：写后活动	11 反思	教师引导学生对本轮写作活动进行反思

我们一共进行了五轮的写作活动,步骤1只在第一轮的写作活动前进行,其他的步骤在接下来的四轮写作活动中重复进行。现将各个步骤的具体活动简述如下。

第一阶段:培训

"评量"是这一自主性写作项目的核心设计概念。因此,在还未进入具体的写作活动之前,教师必须先培训学生使用作文评量表。

教师首先示范如何根据作文评量表和互评引导问题评估同学的作品并提供反馈,之后再分派数篇文章让学生以小组形式集体评改文章,并汇报。教师根据学生的评改判断提供参考意见,协助学生掌握评改标准。研究中所用的作文评量表一共涵盖三个方面——内容、组织和语言,具体划分为 10 个子项度——主题、选材、情节、情感、首尾、层次、展开、词汇、句法和修辞。培训结束之后,教师还会在第一轮和第二轮的写作活动中通过维基平台,针对学生的评改结果提供意见,以加强学生互评作文的能力,但从第三轮活动开始就逐渐抽离,让学生自主点评。

第二阶段:写前活动

步骤 1:自学写作技巧

学生于课外通过维基平台上的指导材料,自习写作技巧。研究小组按照"基本在前、延伸在后、先易后难"的原则安排 45 个写作技巧,把它们平均分配至五轮的写作活动中,并编写指导材料。这 45 个写作技巧,涵盖了新加坡教育部编写的中学华文教材初中一、二年级课文中所涉及的 30 个基本写作技巧,研究小组把它们列为所有学生必须掌握的"核心技巧";另外的 15 个写作技巧不在新加坡教育部教材的教学范围内,研究小组因此把它们列为"附加技巧",同样编写指导材料,供程度比较好的学生自主选择、自主学习,以进一步加强他们的写作能力。

每一轮的写作活动,教师都通过研究小组所建立的维基平台提供 4～6 个核心技巧,外加 2～3 个附加技巧。学生以自主学习为主,辅以小组集体学习,通过同侪互补掌握目标技巧。表 2 是计划通过五轮的写作活动教导的 45 个写作技巧。

表 2　研究中所涉及的写作技巧总表

教学重点	写作技巧
内容组织	审题、选材、剪裁、层次、过渡、连贯
叙事手法	人称、顺叙、倒叙、插叙、补叙、伏笔和照应、记叙夹议论、记叙夹抒情
描写手法	肖像描写、语言描写、行动描写、心理描写、感官描写、环境描写、场面描写、侧面描写
修辞手法	比喻、白描、比拟、排比、夸张、层递、设问、反问、摹状、借代、反复、引用、双关、衬托、象征、回环、顶真
表现手法	联想想象、动静结合、借景抒情、抒情结合、衬托对比、托物言志

步骤 2:自学成果检验

自主学习必须辅以学习考核,方能保证学习效果。研究小组为每一次的自学写作技巧设计了考核测验,要求学生在完成了自主学习之后,参加测验,以考查学习成效。考核成绩以小组总分为计分标准,通过同侪压力促使学生必须认真学习,以便协助小组在考核中过关。

步骤 3:课堂教学

学习考核之后,教师开始讲授核心写作技巧。由于学生已经自学了目标技巧,教师只需要进行纲要式讲授,教学重心在考核测验中较多学生掌握得不好的技巧,协助学生正确理解与掌握这些技巧。那些绝大多数学生已经理解并掌握的技巧,可以轻轻带过或甚至不讲。

步骤 4:课外学习

这一步骤又分成两项活动——"美文欣赏"和"病文修改",目的是协助学生了解什么是写得好的作品,分辨什么是写得不好的作品,并让他们尝试将不太理想的作品修改成较为理想的作品。

这两个活动都以小组合作的形式进行。学生先在教师所提供的鹰架的协助下,通过小组讨论欣赏美文、修改病文,然后在课堂上呈现小组讨论的结果。

活动一:美文欣赏

"美文欣赏"的活动组织如下:

- 教师提供学生一篇美文(包含了目标写作技巧)。
- 使用教师提供的鹰架完成美文评鉴练习。各小组的美文点评任务不同。
- 完成任务之后,进入下一步骤——课堂呈现。

活动二:病文修改

"病文修改"的活动组织如下:

- 教师提供病文(纳入典型错误,以及要强调的写作技巧)。
- 使用教师提供的鹰架,小组对文章进行分析。各组负责的范围不同。
- 学生就所负责修改的范围,集体修改文章。
- 完成任务之后,进入下一步骤——课堂呈现。

步骤 5:课堂呈现

配合步骤 4 的活动,步骤 5 也分成两次活动展开。

活动一:美文呈现

各小组分别呈现对美文的点评结果。呈现之后,必须回答老师和其他组同学的提问。教师在各组汇报完毕之后,具体讲解美文之好的地方,讲解完毕之后,发下对这篇美文的整体分析材料,进一步加深学生对所读美文的了解。

活动二:病文修订

各小组分别呈现对病文的修改结果。呈现之后,必须回答老师和其他组同学的提问。教师在各组汇报完毕之后,具体讲解病文所存在的问题和所犯的错误,讲解完毕之后,发下对这篇病文的整体分析材料,促使学生关注文章常犯的错误,避免在写作中重蹈覆辙。

步骤4和5是根据"先扶后放"的原则设计,是迂回循环的两个步骤。这两个步骤的教学目的是协助学生掌握评鉴美文的标准以及修改文章的方法。通过小组合作和口头呈现,学生学会批判地评价作品,也逐渐形成对优质作文的认识,为接下来开展的过程写作中必须进行的互评做好准备。

在第二阶段,我们让学生先自学,然后参加测试,最后教师讲评,目的就是通过小组竞争的方式,调动学生学习的自主性。小组同学因为竞争的压力而合作学习、互相帮助。维基平台能够完整保留学生的习作和修改轨迹,记录师生和生生之间的互动,达到信息共享和书面语沟通交流的目的;课堂呈现的部分则给予学生点评示例文章和呈现修改建议、表达自己见解的机会,能提升写作自信心。

第三阶段:写作活动

步骤6:初稿写作

学生根据写作要求(如作文题目、参考词汇),在课后自主完成初稿,把初稿送上维基平台。

步骤7:同侪互评

学生根据作文评量表和互评引导问题给同组组员提供修改意见。为确保每位学生都对提高同侪的作文质量做出贡献,教师严格规定每位学生必须为至少两名同学的作文提供反馈。

步骤8:修改作文

学生根据同侪意见修改文章。如果学生不同意同侪所提供的修改意见,可以通过维基平台和提议人讨论,再做出是否接受同侪意见的决定。

步骤9:教师点评

教师在学生都完成了修改作文的活动之后才在课堂上进行该次作文的点评。教师先对学生的整体表现进行点评,指出此次作文的主要问题和重要偏差,列举一些在内容、组织或语言方面比较明显的错误,做进一步解释,同时提供改进建议。在点评学生作文的过程中,教师也鼓励学生针对同学所犯的错误或不足之处,提出修改建议。此外,教师也会列举此次作文中一些写得比较好的文章,分析这些文章的亮点。教师也借着点评,表扬那些认真评点同侪作品的学生,并表扬此次习作中表现最好的小组。

步骤10:定稿

学生根据教师的点评意见以及其他组同学对文章的修改意见,在课外再次自行修改作文,并在教师指定的期限内在维基平台上修订作文。

第三阶段的活动重点在互评和自改,要求学生能够结合同侪和教师的意见,修改作文,培养评断他人作品与改进本身文章的能力。

第四阶段:写后活动

步骤11:反思

每一轮的写作活动结束后,教师需要引领学生回顾这一轮的写作历程,要求学生针对个人和小组在这一轮写作活动中的表现进行反思,协助他们有意识地总结自己的写作行为,学习别人的优点,注意自己的缺点,以便在下一轮的写作活动中有更好的表现。

四 研究对象与研究设计

(一)研究对象

研究对象是来自新加坡一所政府中学的中一两个班的 60 名学生(实验班 32 人,控制班 28 人)。整个研究历时两年。实验班的学生参与五轮自主性过程式写作活动,通过维基平台自主学习并进行小组讨论,教师在课堂上主要针对写作技巧做重点式的教学,并要求学生以小组为单位开展学习活动。控制班的学生只参加前、中、后测,教学内容和教学方式遵循传统作文教学的做法。

(二)研究设计

本项目的写作课教学,是将课内学习(教师讲授、小组呈现)和自主学习(个人学习、小组合作学习)相结合,以自主学习为主要概念进行设计,依托维基平台提供鹰架,用过程式写作的形式加以实施。课程通过提高课内、课外环境中的目的语输入、互动和输出机会,对学生进行主题式写作训练。研究组通过对两组学生前、后测的作文进行量化分析,以及抽取实验班数位不同程度学生在研究过程中产出的作品进行文本分析,检验这一教学模式的初步效果。我们也通过录音并转写学生访谈的数据,了解高、中、低程度学生修改作文的步骤。由于时间和人力不足,这一轮的研究暂未对对照班学生的作文进行文本分析,因此所得的结论是暂时性的。

学生在前测和后测的作文测试中,需要在指定的时间内完成一篇命题作文。三位评分员对所有作文进行 10 个项度的评分,每项 10 分,总分为 100 分。这 10 个项度主要包括内容、组织和语言三个方面。三位评分员在项目进行之前经过了跨评分者信度测试和训练,以求达到评分的一致性。评分标准是项目组参考了诸多文献,并咨询了香港理工大学作文评量专家祝新华教授的成果后自行开发设计的。

五 研究发现

(一)学生的作文表现

1. 整体作文成绩

研究小组对两班作文分数进行独立样本 t 检验。从表 3 看出,两班前测的均分差是 -2.58（$t=-1.30, df=58, p>0.05$）,显示两班属于同质样本,实验班前测低于控制班。研究小组进一步测试前测效果强度,得出 Cohen's d 的数值为 -0.34,属于较小效果强度数值范围。后测时,实验班的分数高于控制班,均分差是 3.06（$t=1.67, df=58. p<0.05$）。相应的 Cohen's d 数值为 0.44,接近中等效果强度数值。

表 3　作文分数均分比较

	实验班（$N=32$）		控制班（$N=28$）		Mean differences	t-value	Cohen's d
	Mean	SD	Mean	SD			
前测	57.44	8.89	60.02	5.96	-2.58	-1.30	-0.34
后测	61.17	8.27	58.11	5.40	3.06	1.67	0.44
进步分数	3.73	7.69	-1.91	5.10	5.64	3.29	0.86

注:(1)效果强度 Cohen's d 是通过科罗拉多大学(University of Colorado)网上计算器计算得出 (http://www.uccs.edu/~lbecker/)。(2)进步分数一栏中,$SD=\sqrt{(S1^2+S2^2-2*S1*S2*.6)}$。

虽然数据显示实验班和控制班的前测差异不显著，但也不容忽视。为抵消这一差异，我们使用了"进步分数分析"（gain score analysis）。如表 3 所示，实验班后测比前测进步了 3.73 分，而控制班则降低了 1.91 分，表示实验班经过实验干预后实际进步了 5.64 分（$t=3.29, df=58, p<0.05$），Cohen's d 为 0.86，代表较大效果强度，说明在基于维基平台的过程式写作模式下，学生在写作上的整体表现有了提高。而控制班学生前测平均分为 60.02，后测平均分为 58.11，p 值（0.11）大于 0.05，证实作文成绩变化不显著，还出现少许退步。

效果强度（effect size）是常被用来检验一个研究项目成功与否的指标（Soh, 2010）。Hattie（2009）调查了 165258 个研究，对相同领域的相似研究进行分析，其分析结果能够帮助我们了解相似研究之间的平均效果强度。通过同类对比，Hattie 所提供的数据能够更好地帮助我们从更客观的角度来审视项目的价值而不是仅仅关注数据本身。

根据 Hattie 的研究（1999, 2009，引自 Soh, 2010），他所调查的 566 项使用电脑辅助教学的实验所取得的平均效果强度是 0.31；而他所调查的 122 项研究同侪影响的实验所取得的平均效果强度则是 0.38。本项目据进步分数分析所得的 Cohen's d 数值为 0.86，表明实验班进步效果强度较大，证明电脑科技结合同侪互评，较之单一使用电脑辅助教学或单一使用同侪互评，更能取得教学效果。

2. 实验班学生的语言表现

除了参照作文的整体成绩，研究小组也观察学生在作文中的语言表现，以进一步检视基于维基平台的过程式自主写作模式，是否提高了学生的语言表达能力。要对学生的语言表现有所了解，我们需要对学生前后测的文本进行分析，以判断过程式写作是否对学生的语言表达产生了明显的影响。

本文所讨论的研究项目，实验期为两年。项目从去年开始进行，到今年 10 月份才结束，研究小组还未对学生在研究中产出的文本进行质性分析。但就我们对学生所产出的文本的初步观察，实验班的学生经过五轮的训练后，除了语文程度较弱的学生以外，语文程度中等级较好的学生的作文篇幅都有明显增加的趋势，句子结构也趋向复杂化，语言表达能力有了提高。表 4 是笔者从字数、词数、句数和平均句长四个向度，抽取实验班其中三名学生（程度较弱、中等、较好学生各一名）在前、后测中的语言表现的初步分析。

表 4　学生作文语言表现初步分析

学生程度	字数		词数		句数		平均句长	
	前测	后测	前测	后测	前测	后测	前测	后测
较弱	169	95	102	48	9	2	18.78	47.50
中等	130	277	62	137	8	13	16.25	21.31
较好	185	260	75	128	13	11	14.23	23.64

初步观察显示,在三位实验班的学生中,除了程度较弱的那位,其他两位后测作文的篇幅大幅度增加,字数和句数显著增加,平均句长也明显增加。即便是程度比较弱的那位学生的表现也值得注意。虽然他的后测篇幅比前测短,字数、词数和句数均有所下降,但他所写的文章的平均句长却有了明显的增加,说明他在后测中能以比较复杂的句子进行表达。这位学生在前测中的每一句话都没有目的性,每句话都在说不同的东西,整篇文章没有布局,虽然写了很多,但内容松散,句子间缺乏联系。到了后测,他所写的每句话都有目的性,也正确使用了所学的排比和比喻的修辞手法。下面是他所写的排比句:

假期可以跟家人去旅行;假期可以有很多的时间玩计算机游戏;假期可以有时间做自己想要做的事。学校假期真是学生们最渴望的时刻。

因此,结合这三位学生在后测中的作文成绩和四个向度的语言分析,我们可以初步推论,过程式自主写作模式提高了他们的语言表达能力。研究组还未对其他学生的文本进行分析,也未比较对照班学生的表现,因此,只能根据初步观察做暂时性推论。我们会在分析了两个班足够数量的学生作品后,再寻求机会发表最终的研究结果。

(二)不同程度学生的作文修改模式

研究小组对六位改稿相对于初稿取得较明显进步的学生进行了聚焦访谈,了解他们修改作文的过程。

我们根据学生访谈记录,将学生点评同侪作文及修改自己作文时的步骤整理如下:

1. 程度较好的学生:程度较好的学生在点评同侪作文及修改自己作文时,最先注意的是审题,注意文章的选材是否新颖吸引人,然后再看选材及开头结尾。这些部分没问题后,才进入详写略写、修辞手法的部分,最后才检查错字、关注句子之间的连贯和段落之间的过渡。

2.**程度中等的学生**：程度中等的学生在点评同侪作文及修改自己的作文时，首先注意审题，然后再看段与段之间的连贯性。只要作文内容没有很大的问题，他们就会加上合适的描写手法及写作手法，设法增加自己作文的字数。此外，他们也觉得找出错字很重要。选材剪裁是他们比较不关心的，他们认为，只要作文不离题，选材简单一点也无所谓。

3.**程度较弱的学生**：程度较弱的学生先注意审题，然后关注错字、错误标点符号、词语搭配及病句，最后才关注首尾呼应及选材。由于学生程度较弱，不容易掌握连贯过渡、修辞、详略等技巧，因此没有能力找出自己或同侪作文中存在的问题。

表5是不同程度学生的作文点评及修改作文的流程。

表5　不同程度学生的点评及修改流程

学生程度	建议修改流程（关注重点）
好	审题→选材剪裁→首尾呼应→详略得当→修辞手法→错字、词汇搭配及语法→连贯过渡
中等	审题→修辞手法→错字、词汇搭配及语法→连贯过渡→首尾呼应→详略得当
较弱	审题→错字、词汇搭配及语法→首尾呼应→选材→简单的修辞手法

有鉴于不同程度学生评改作文能力不同的既定事实，我们建议教师在培养学生自我修改作文的能力时，应针对不同程度学生的点评及修改流程习惯，采取相对应的教学手段以提高他们的写作能力。

对于程度较好的学生，教师可以提供他们更多的阅读材料，加强他们的语文素养；对于程度中等的学生，教师可以让他们阅读更多介绍相关修辞及描写手法的材料，并设计相应的练习引导他们学习基本写作技巧，等到学生掌握了基本技巧后，再让他们阅读文学作品，观察作家的写作技巧。教师在点评他们的作文时，应该提供更多的例子，让他们从中学习。对于程度较弱的学生，教师可以找出他们作文中常出现的错字、错误标点符号、词语搭配错误及病句，设计相应的练习，通过练习促使他们关注常犯错误，降低自己的错误率。等到学生能自行解决字词句的问题之后，教师就可以设计"段落改写"的练习，按部就班地让学生练习词语修改、句子修改、段落修改，最后进入全文改写，逐步提高学生的写作能力。

六 结论

本研究发现,基于维基平台的华文过程式写作教学对提高新加坡初中学生的华文写作水平能产生较为显著的学习效果。维基平台增加了学生阅读同侪作品的机会。通过小组合作,学生集体修改作文,他们在为同侪的作品提出修改意见的同时也收到同侪提供的意见。小组合作学习通过多向互动,让学生在互相学习的过程中共同改进作品。

研究小组所采用的过程写作模式,允许学生通过反复使用作文评量表和互评引导问题评改自己和同侪的作文。在这一写作模式下,学生须定期对美文和病文进行评点,并进行口头呈现。在反复接触美文、病文的过程中,学生学习到如何判断作文的优劣,并逐步将评量作文的标准内化。

当代第二语言的写作课重视教师对学生的引导作用。语文教师不仅仅需要教授具体的写作技巧,更重要的是要教导学生学会站在一个更高的高度计划自己的写作任务,点评自己的作文。只要学生对修改自己和同侪的作文更有信心,就能够更自由地、更自如地掌控写作过程,从而能够更多地感受到写作的乐趣。俗语说"授人以鱼不如授人以渔",这句话对二语写作教学尤其适用。

参 考 文 献:

BEAVEN M. Individualized goal setting, self evaluation and peer evaluation[M]//COOPER C, ODELL L (eds.). Evaluating writing: describing, measuring, judging. Urbana, Illinois: NCTE, 1977.

HATTIE J. Influence on Student Learning[Z]. Professor of Education Inaugural Lecture, New Zealand: University of Auckland, 1999.

HATTIE J. Visible learning: a synthesis of over 800 meta-analyses relating to achievement [M]. London: Routledge, 2009.

HEDGE T. Teaching and learning in the language classroom[M]. Oxford: Oxford University Press, 2011.

HYLAND K. Providing productive feedback[J]. ELT Journal, 1990, 44(4): 279-285.

HYLAND K. Second language writing[M]. New York: Cambridge University Press, 2003.

JACOBS S. Composing and coherencet: the writing of eleven pre-medical student[M]. Linguistics and literacy series 3. Washington: Center for Applied Linguistics, 1982.

KARAYAN S, CROWE J. Student perspectives of electronic discussion groups[J]. THE journal:technological horizons in education,1997,24(9):69-71.

LEE Y J. The process-oriented ESL writing assessment:promises and challenges[J]. Journal of second language writing,2006,15:307-330.

MATSUDA P K. Process and post-process:a discursive history,journal of second language writing[J]. 2003,12(1):65-83.

MURRAY D. Teach writing as a process not product[M]//GRAVES R(ed.). Rhetoric and composition:a sourcebook for teachers and writers. New Jersey:Boynton/Cook,1972.

PERES P, PIMENTA P. An experiment in collaborative writing[M]//MENDES A J, PEREIRA I,COSTA R(eds.). Computers and education:towards educational change and innovation. London:Springer,2010.

RAMIES A. Language proficiency,writing ability,and composing strategies:a study of ESL college student writers[J]. Language learning,1987,37:439-467.

RAMIES A. Problems and teaching strategies in ESL composition[J]. Ferroelectrics,1978.

ROLLINSON P. Using peer feedback in the ESL writing class[J]. ELT journal,2005,59(1): 23-30.

SCHULTZ J M. Computers and collaborative writing in the foreign language curriculum [M]//WARSCHAUER M,KERN R (eds.). Network-based language teaching:concepts and practice. Cambridge:Cambridge University Press,2000.

SOH K. What are the chances of success for my project? and,what if it was already done? using meta-analyzed effect sizes to inform project decision-making[J]. Educational research journal,2010,25(1):13-25.

SOLOMAN G. Teaching writing with computers:the power process[M]. New Jersey: Prentice-Hall Inc.,1986.

TAYLOR B. Content and written form:a two-way street[J]. TESOL quarterly,1981,15: 5-13.

TAYLOR B. Teaching composition to low level ESL students[J]. TESOL quarterly,1976, 10:309-313.

VILLAMIL O S,DE GUERRERO M. Assessing the impact of peer revision on L2 writing [J]. Applied linguistics,1998,19(4):491-514.

VILLAMIL O S, DE GUERRERO M. Peer revision in the L2 classroom:social-cognitive activities,mediating strategies, and aspects of social behavior[J]. Journal of second language writing,1996,5(1):51-75.

WANG D S,ZOU B, XING M J. Interactive learning between Chinese students learning English and English students learning Chinese on the platform of wiki[M]//ZOU B(ed.). Explorations of language teaching and learning with computational assistance. Hershey: Information Science Reference,2013.

WHITE R,ARNDT V. Process writing[M]. London:Longman,1996.

YOUNG R. Paradigms and problems:needed research in rhetorical invention[M]//COOPER C,ODELL L(eds.). Research on composing:points of view. Urbana,III:National Council

理解与对话

of Teachers of English,1978.

ZAMEL V. Recent research on writing pedagogy[J]. TESOL quarterly,1987,21:697-715.

ZAMEL V. Teaching composition in the ESL classroom:what we can learn from research in the teaching of English[J]. TESOL quarterly,1976,10:67-70.

ZAMEL V. The Composing processes of advanced ESL students:six case studies[J]. TESOL quarterly,1983,17:165-187.

ZAMEL V. Writing:the process of discovering meaning[J]. TESOL quarterly,1982,16:195-209.

ZIMMERMAN B J. Investigating self-regulation and motivation:historical background[J]. Methodological developments and future prospects[J]. American educational research association,2008,45(1):166-183.

邓鹏鸣,岑粤.同伴互评反馈机制对中国学生二语写作能力发展的功效研究[J].外语教学,2010,31(1):59-63.

黄龙翔,陈之权,陈文莉,等.利用Web 2.0技术提升华文第二语文学生写作技巧的创新集体写作历程[J].全球华人计算机教育应用学报,2011,7(1,2):72-90.

黄龙翔,高萍,陈之权,等.协同探究——华文教师专业发展和资讯科技有效融入华文教学的双赢策略[J].华文学刊,2010,8(1):70-83.

莫俊华.同伴互评:提高大学生写作自主性[J].解放军外国语学院学报,2007,3:35-39.

王坦.合作学习简论[J].中国教育学刊,2002,1:32-35.

周雪.过程写作中的同伴评价[J].甘肃教育学院学报,2003,4:85-88.

综合型作文过程模式及其启示

祝新华[1]　廖　先[2]

作文是综合性、创造性地运用语文知识和技能，反映客观现实、表达思想感情的过程。我国现行《义务教育语文课程标准(2011 年版)》，对不同学段学生写作文有不同的称谓。第一学段，即 1—2 年级，称"写话"；第二、第三学段，即 3—4 年级和 5—6 年级，称"习作"；而第四学段，即 7—9 年级，开始则称"写作"。本文把中小学不同阶段的写话、习作、写作，统称为"作文"。"作文过程模式"指学生完成一篇完整的作文所经历的主要环节，以及相关的影响因素。探讨作文过程模式，有助于我们认识作文性质，更好地设计作文课程、教学与评估，如确定相应的评估内容、评估指标。

一　中小学生作文过程模式的概述

历史地看，国外学者对作文过程的研究是从划分作文不同阶段的操作活动开始的。较早出现的作文过程模式被称为"操作线性模式"(the linear model)。这种模式认为，作文过程是文章写作中一系列具体的、外在的操作性活动的组合。如美国 Rohman(1965)把作文过程划分为三个阶段：作文前(prewriting)、作文(writing)和改写(rewriting)。这种观点对后来的学者产生了很大影响。相似的，Legum & Krashen(1972)提出四阶段模式：(1)形成概念(conceptualizing)；(2)做计划(planning)；(3)作文(writing)；(4)修改(editing)。Draper(1979)提出五阶段模式：(1)作文前(prewriting)；(2)构思(formulating)；(3)转译成文(transcribing)；(4)再构思(reformulating)；(5)修改(editing)。

在中文教学环境下，我们长期以来一直采用类似的线性模式。如谢锡金(1984)提出，学生写就一篇完整的作文主要经历十个阶段：对题目的

---

〔1〕　祝新华，男，香港理工大学中文及双语学系副教授，博士生导师。
〔2〕　廖先，香港理工大学中文及双语学系博士研究生。

认识和感受、对题材的记取、设计和组织、开始动笔、预期、转换、暂停、修订、复阅、停笔。蔡清波(1985)将作文过程分为八个阶段:认清题目、确立中心思想、决定文体、搜集资料、拟写大纲、依大纲作文、修饰文句、详加检查。李志强(1988)提出国内学者较为一致地认为作文过程主要有四个阶段:(1)作前准备——选择材料、启用积累、审题、立意等。(2)构思组织——编写提纲、组织材料、详略取舍等。(3)起草初稿——用词造句、构段成篇等。(4)修改誊清——增删内容、调整结构、订正文字、誊抄定稿等。另外,罗秋昭(1996)将作文过程分为七个阶段:审题、选择体裁、立意、搜集材料、整理材料、语言表达和修改文章。陈弘昌(1999)将作文过程分为七个阶段:审题、立意、运思、取材、拟写大纲、各自作文、审阅。尽管各人所划分的阶段数量不同,总体上还是按照各项活动发生的前后顺序列举的。

线性模式把作文过程做直接切分,显得简单明了,但不易较好地体现作文复杂的内在过程,也不易解释作文过程对学生作文总体表现的影响。我国目前仍广泛地运用这种线性模式。国际上的研究则多从多个方面揭示作文过程,以求全面反映学生的认知活动以及各项影响因素。以下是几个较为典型的综合模式,尽管后来其他研究者据此提出了一些变式,但它们一直具有重要的影响。

二 综合型作文过程模式

(一)认知循环模式

20世纪70年代后,研究者力图揭示作文的心理历程。例如,Emig(1971)通过实证研究提出,作前的构思和修改是一种不间断的活动。这可看作作文认知过程研究的开始。这一研究激发起其他许多学者的兴趣,并有学者在此后提出了认知循环模式(the cognitive recursive model)。

20世纪80年代Flower & Hayes(1981)运用有声思考法(thinking aloud protocol)开展研究,提出了三成分作文模式(图1)。这是较早出现的认知循环模式,在写作研究领域有深远的影响。

这种模式认为作文过程包含三种成分。第一是任务环境(task environment),指除作者之外的所有事物,包括写作的主题、对象、刺激物(提示语)、文章已完成的部分等。

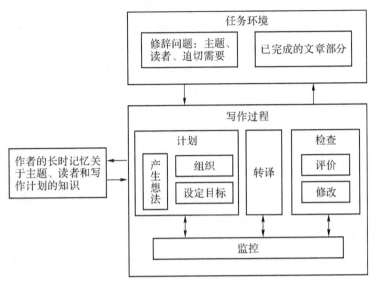

图1　作文三成分模式[1]

第二是写作过程(writing process),包括三个不同的阶段。

(1)计划(planning):根据作文任务,从长时记忆中提取有关信息,并制订文章写作的计划。计划包括设定目标、产生想法、组织想法三个阶段。

(2)转译(translating):将构思转换成书面文本,即正式作文。需要同时考虑拟定的目标、拟定的计划、内容的构思、已完成的文章内容,以及用字遣词、标点符号、文法规则、作文规范和文体结构等因素。

(3)检查(reviewing):评价、修订已完成的文本。即检查所写的内容是否符合原先设定的目标,并修改不满意之处。

Flower & Hayes还指出,以上过程都伴随作者的自我监控,如了解与监控写作过程,选取和执行作文策略,以及辨认和修改作品的不当之处等。

第三是长时记忆(long-term memory),指作者在记忆中长期储存的有关写作的知识,例如已有的作文计划、有关文章主题、作文风格、语言、读者及如何写作的知识,还包括字词、文法、标点符号和写作文体等方面的知识。

---

〔1〕 FLOWER L S,HAYES J R. A cognitive process theory of writing[J]. College composition and communication,1981,32(4):365-387.

这个模型显示出,写作是一个目标导向的过程,各种因素交织在一起,没有特定的前后顺序。在此基础上,Hayes & Nash(1996)提出了一个新的作文模式(见图2)。该模式把计划阶段具体化,其中的"过程的计划"是先前相关研究未予关注的。这表明作前计划会极大地影响写作过程,中小学生写作时通常对此不加理会,但又很可能影响他们写好作文。

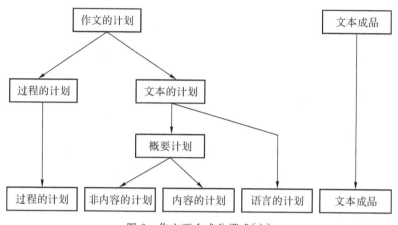

图 2　作文两个成分模式[1]

Flower & Hayes 的三成分作文模式启发了很多心理学家开展相关研究。但是,其中一些学者认为,Hayes 等人的作文模式只能解释成熟作者的作文情况,不能解释初级作者的作文情况。为此,Bereiter & Scardamalia(1987)提出"知识讲述型"和"知识传输型"的作文,认为初学者与专家各自的写作过程在设定目标、形成问题和解决问题三个方面存在较大差异。"知识讲述型"作文反映出未成熟阶段的作者(初学者)写作时经常缺乏整体计划。他们易把与主题相关的个人记忆不加斟酌地全部写下来,或盲目模仿他人的作文方式,花较多精力去处理文字、语法问题,难以进行有意义的文字沟通。"知识传输型"作文体现成熟阶段的作者(专家)在写作时能够运用复杂的知识加工过程去提取、详述和提炼已有的知识,并用于作文。他们会根据作文目标,评估所提取内容的适合的程度,并转换成文字时会做有效的组织。Bereiter & Scardamalia(1987)将

〔1〕　HAYES J R, NASH J G. On the nature of planning in writing[M]//LEVY C M, RANSDELL S(eds.). The science of writing:theories,methods,individual differences,and applications. Mahwah:Lawrence Erlbaum,1996:29-55.

初学者作文的认知过程总结为确定目标、计划、记忆搜索、问题解决、评价和判断结论,强调了写作作为一个问题解决过程的特点。他们的观点有助于我们立足于学生的实际情况开展教学,调动和触发学生已有的知识储备,使之有效地完成任务。

(二)社会互动模式

Grabe & Kaplan(1996)从社会认知角度提出作文过程受内外两种因素影响。内在因素包括作者的语言能力、相关知识水平、语言工作记忆和交际认知过程等。其中,作文的交际认知过程由确定内在的目标、语言加工、输出等环节组成。外在因素指作文情境,包括社会因素(大环境),如师生关系、周边环境等,也包括小环境,如题目设置的因素(任务、文本和题目等)。已经完成的文稿也会对作者产生外部影响。其他一些学者也提出相关的认识。如 Nystrand et al. (1986)和 Nystrand(1989)认为,所有有效的语言均具有互动的特点,与意义交流有关。作文不只是个体内心目中的与意义的编码和传递,也涉及作者与读者之间的社会性沟通。Zimmerman & Risemberg(1997)提出包括个人过程、行为过程和环境过程的三合一作文过程模式,也体现了社会互动模式。

根据这一模式,作文不仅是个体行为,也是社会文化行为。我们可把作文理解为:为了达成交流、说服等目的而对读者采取的行为。为了取得更好的效果,学生要努力使其作品在目的、内容、语言上符合读者的要求。这是传意作文的认识基础。

(三)作文能力—意向模式

Purves et al. (1988)从作文评估的角度指出,我们应重视写作意向及写作能力。其中,写作意向是学生写作时的一些量化特征,例如字数、修辞格等。而写作能力包括两个独立的方面:文章生成(text producing)能力和话语结构(discourse structuring)能力。前者主要体现为语言表达、书写能力,后者则体现为产生意义的能力。学生不仅要运用个人的认知能力去构思意念,还需思考文章的社会倾向,恰当地运用语调风格。学生作文过程的基本结构如图 3 所示。

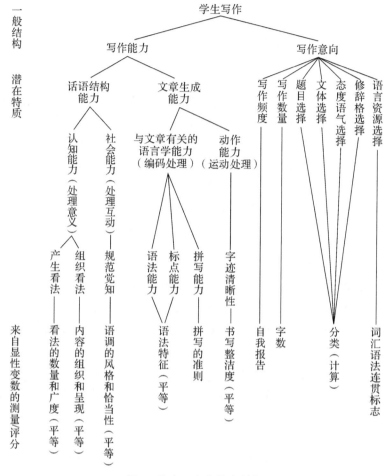

图 3　能力—意向模式[1]

综合三种综合写作过程模型,认知循环模式体现了信息加工的原理。如果把作文看作一种信息处理过程,其核心过程是信息获取与储存、加工和输出(祝新华,2001)。具体而言,(1)信息的获取和储存,要求将从外界获取的信息(通过有意无意的观察、大量的阅读和交往),经过编码并予以储存,称为作文的素材。完成这个过程离不开三成分模式中的"长时记

〔1〕 PURVES A C,GORMAN T P,TAKALA S. The development of the scoring scheme and scales[M]//GORMAN T P,PURVES A C (eds.). The IEA study of written composition I:the international written tasks and scoring scales. Oxford:Pergamon Press,1988,41-58.

忆"和"任务环境"的影响。(2)信息的加工。作者思考文章的中心、结构、表达方式等,这大致对应三成分模式的"计划"阶段。(3)信息的输出。即把头脑中经过加工的信息用书面语言表达出来,这与三成分模式的"转译""评价""修改"等阶段有关。这样的认知加工过程,同时也被看作是一种问题解决的过程。

与认知循环模式不同的是,社会互动模式则更多考虑作文的社会性功能。由于外界因素的影响,学生在计划阶段就要作相应的调整。相应地,内在因素也一定程度上影响最终的成品,二者是互动的。

作文能力—意向模式则从评估的角度,结合了认知循环模式与社会互动模式的一些主张。它虽未体现各元素间的互动关系,但明确了学生作文是认知能力与社会能力相互作用而形成的。

三 学生作文过程模式对写作教学的启示

比较地看,线性模式提出较为具体的环节,强调按既定的顺序培养学生作文能力,如审题、立意、取材、布局、拟写大纲、作文、审阅等。而综合模式认为写作过程可能出现停顿甚至重复前面的阶段。特别是Flower & Hayes的三成分模式重视循环过程,强调作文的每个阶段会不断交替、反复,交互进行。而随着信息加工和社会交际理论的发展,国外作文过程模式研究已从线性的模式转到综合模式,重视体现学生在作文过程、解决问题过程的主体作用,考虑影响作文过程的诸多因素。在这方面,我国自20世纪90年代中后期开始有一些零星的思考与讨论,但整体上看还有较多的改进空间。从这些综合模式中,我们获得的主要启示如下。

(一)提供利于创作的作文环境

Grabe & Kaplan(1996)的社会互动模式显示出,作文环境对学生的写作过程有着重要影响。大至一些社会因素,小到题目的设置,都是整个作文环境的一部分。这提示我们要重视写作活动的发生背景、外界评价、作者的心理预期等因素对写作过程的影响。过往,我们只重视学生本身,不顾及学生完成作文过程中的其他因素。从社会因素上看,我们可以关心师生关系这些因素,因为会影响学生对作文内容的选择。例如,若师生关系紧张,则学生可能不愿意写自己的真情实感。而从小因素上看,教师提供给学生的一些指导语等,需考虑措辞让学生易于接受,同时提供适当的导引,以确保他们可完成任务。

(二)关注学生的长时记忆:作文知识

综合模式关注作者长时记忆的影响。不同模式对长时记忆的内容定义不同,但作文知识往往是一个很重要的方面。如"三成分模式"认为长时记忆中包括有关主题、写作计划等知识(Flower & Hayes,1981)。"能力—意向"模式包括文体、修辞、语言资源的使用等(Purves et al.,1988)。掌握必要的作文知识,有助于作者更好地适应写作的动态性特点,做到作文前后内容一致,结构紧密(Hayes & Nash,1996)。

教给学生适当的作文知识,一方面可通过阅读教学来渗透。阅读教学中碰到相关的知识点,可适时地教给学生。例如学生写作时最容易犯的毛病是记流水账,缺乏细节的刻画。在教给学生相关课文时,可做适当的讲解,同时教给他们一些细节描写的方法。另一方面,可以通过作文讲评、专题讲座的方式,结合学生的作文实例,让学生掌握必要的知识。

(三)强调作文中的元认知过程

我们知道,作文是把内部语言转化为外部语言。具体而言,是要把原先仅自己能明白且随意的内部言语,转化为他人能理解、符合使用规范的语言,这是一个完整的、积极的思维活动过程。把作文过程模式应用在教学中,可让学生了解作文的完整历程,清楚知道自己正处于哪个写作阶段,而这也有助于教师及学生自己诊断在不同阶段的强项与弱点。同时,在整个写作过程的"监控"(Flower & Hayes,1981)也体现学生的写作意识与采用相应的策略,使作文能力稳步前进。

(四)更多体现交际功能

作为一种人们用语言来传播信息、交流思想感情的重要手段,作文本质是表达和交际(杨振宇,2000)。通过作文,信息得以储存与传播,人们的交流与沟通也更为方便(舒咏平,2000)。

作文过程模式强调发挥信息的实际交际功能,即作文不只是写成一篇文章,更重要的是与读者的交流。这是因为从 20 世纪 60 年代开始,欧洲社会语言学发展起来。该学说主张语言学不应只着眼于语言结构,更要重视语言的交际功能,要关注如何根据不同的社会环境有效地使用语言。为此,社会互动模式十分强调"读者"的意识,要求写作者根据传意对象的特点来概括和传递信息,以使读者能够更好地接受信息,甚至改变思想和行为。

为了体现作文的交际性，我们还要关注作文的类型。长期以来，我国习惯依据表达方式对作文分类，较少关注功能性作文。叶圣陶曾把文章分叙述文、议论文、抒情文三类，但此后又分为记叙文、叙述文、解说文、议论文四种（叶圣陶，夏丏尊，1983）。这样的分类放弃了"抒情文"，自此之后，语文很少再提"抒情文"这一类别。长期以来，我国中小学作文按照表达方式的习惯划分为记叙文、说明文和议论文三大类。我国高考受这一分类的影响，从1994年开始，高考全国卷"考试说明"一直沿用这种表达。直到2007年起课改区的考试才改为"论述类、实用类和文学类"的说法。王荣生（2007）认为作文教学长期不进步的原因在于，学界对于"作文"的理解实际上都指向了文学性散文，而文学性散文恰恰是"不可教"的，以致文学性散文应试化与虚情假感的盛行。

　　在作文类型这方面，国外有一些经验值得我们参考。国际英语作文测试不少都采用传意作文，如"书面英语测验"中常有传意作文的特点（Heaton，1988）。传意作文一般提供材料，主题较接近学生的生活经验，所以学生有内容可写。由于学生之间的文章可比性较强，评定也有较高的客观性。已有研究表明，小学中年级学生就能写简明、切实、得体的传意作文（祝新华等，2007）。为了体现作文的"交际性"，美国国家教育质量评价（National Assessment of Education Progress，NAEP）作文测试把原来的"叙述类（narrative writing）、信息类（informative writing）、劝说类（persuasive writing）"三类作文（National Assessment Government Board，2007），改成"为了劝说（to persuade）、为了解释说明（to explain）、为了传递经验（真实的或虚伪的）（to convey experience）"三类作文（National Assessment Government Board，2010）。新加坡方面，作文除了记叙文、议论文、实用文的分类，还非常重视学生书面语的互动沟通能力（2010 Mother Tongue Languages Review Committee，2011）。Bereiter（1980）把学生作文分为五类：（1）联想型作文（associative writing），想到什么就写什么，想不到时便停笔，内容不连贯，不能引起人们阅读的兴趣。各年级不成熟的作品多属此类。（2）表现型作文（performative writing），注意文章的形式及语法规则，能自然地写出形式完整的句子，文章完整，拼写与标点正确。传统的教学是从联想型作文模式逐渐过渡到表现型作文模式。（3）交际型作文（communicative writing），为了与他人交流而作文，心目中会预设读者，有明确的读者意识，会考虑读者的需要。（4）统一型作文（unified writing），作文不仅为了影响读者，还为了满足自己。在文中会自我评价，并考虑读者的需要。作文包括作者的个人观点，有风格、具真实感。(5)认知型作文(epistemic writing),利用作文进行个人的思考和反思,作文已成为作者思想的一部分,出现年级没特定规律。这一分类中,(3)和(4)都重视体现作文的交际功能。

　　总之,无论是教学还是评估,我们今后都应多关注功能性作文,如体现学生的个人经历、观察与实践的作文,体现实际交际需要的传意作文,任务型作文,等等。只有这样,才有助于我们重视书面语言的互动交际,更好地体现作文的价值,提高学生的作文兴趣。

参 考 文 献:

2010 Mother Tongue Languages Review Committee. Nurturing active learners and proficient users:2010 mother tongue languages review committee report (MTLRC)[R]. Singapore: Ministry of Education,2011.

BEREITER C,SCARDAMALIA M. The psychology of written composition[M]. Hillsdale: Lawrence Erlbaum Associates,1987.

BEREITER C. Development in writing[M]//GREGG L W,STEINBERG E R(eds.). Cognitive processes in writing. Hillsdale:Lawrence Erlbaum Associates,1980.

EMIG J A. The composing processes of twelfth graders[M]. Urbana:National Council of Teachers of English,1971.

FLOWER L S,HAYES J R. A cognitive process theory of writing[J]. College composition and communication,1981,32(4):365-387.

GRABE W,KAPLAN R B. Theory and practice of writing:an applied linguistic perspective [M]. London:Longman,1996.

HAYES J R,NASH J G. On the nature of planning in writing[M]//LEVY C M,RANSDELl S (eds.). The science of writing:theories,methods,individual differences,and applications. Mahwah:Lawrence Erlbaum,1996.

HEATON J B. Writing English language tests[M]. London:Longman,1988.

LEGUM S E, KRASHEN S D. Conceptual framework for the design of a composition program[R]. Los Alamitors:Southwest Regional Laboratory for Educational Research and Development,ERIC Document Reproduction Service No. ED108239,1972.

National Assessment Governing Board. Writing framework for the 2011 National Assessement of Education Progress[R]. Washington, DC: National Assessment Governing Board, U. S. Department of Education,2010.

NYSTRAND M,HIMLEY M,DOYLE A. The structure of written communication:studies in reciprocity between writers and readers[M]. Orlando:Academic Press,1986.

Nystrand M. A social-interactive model of writing[J]. Written communication,1989,6(1):66-85.

PURVES A C,GORMAN T P,TAKALA S. The development of the scoring scheme and scales[M]//GORMAN T P,PURVES A C (eds.). The IEA study of written composition I:the international written tasks and scoring scales,Oxford:Pergamon Press,1988.

ROHMAN D G. Pre-writing the stage of discovery in the writing process[J]. College composition and communication,1965,16(2),106-112.

ZIMMERMAN B J,RISEMBERG R. Becoming a self-regulated writer:a social cognitive perspective[J]. Contemporary educational psychology,1997,22:73-101.

蔡清波.作文小博士[M].高雄:爱智图书有限公司,1985.

陈弘昌.小学语文科教学研究[M].台北:五南图书出版社,1991.

陈之权,张连航.理论、实践与反思:新加坡华文教学论文十三篇[M].新加坡:国立教育学院中文系,2007.

罗秋昭.小学语文科教材教法[M].台北:五南图书出版股份有限公司,1996.

舒咏平.学习通过写作——语文学习的革命[M].合肥:安徽大学出版社,2000.

王荣生.我国的语文课为什么几乎没有写作教学[J].语文教学通讯,2007,12B:4-7.

杨振宇.从表达性与交际性看写作本质[J].佳木斯大学社会科学学报,2000,2:51-52.

中华人民共和国教育部.全日制义务教育语文课程标准(实验稿)[S].北京:北京师范大学出版社,2001.

朱作仁,祝新华.小学语文教学心理学导论[M].上海:上海教育出版社,2001.

朱作仁.小学语文教学法原理[M].上海:华东师范大学出版社,1988.

祝新华.促进学习的写作评估[M].北京:人民教育出版社,2018.

20世纪美国写作教学研究的三种取向

祁小荣[1]

写作行为是一项复杂的人类活动。写作文本的生成,不仅需要写作者协调多元认知,在实际写作过程中灵活调度语言,而且还要符合特定体裁的惯例要求、满足读者需求,以达到交流目的。首先,写作是一种形式。写作者通过习得结构、语法和一些独立的技巧,方可完成写作过程;其次,写作是思想与内容的集合。写作主体的诸多主观性构思,会不断推进写作行为的展开以及写作内容的积累。再次,写作是个体参与社会互动的中介。写作者通过写作活动与其他写作个体以及社会发生联系。写作教学研究既有在语言学视角下分析某个话语片段,也有在心理学视角下记录个体创作的思维过程,还有在社会学视角下阐释诸多社会因素与个体话语之间的相互关系与影响。

综观20世纪的美国写作教学研究,主要存在三种取向:文本取向、写作者取向和读者取向。以文本为取向的研究者,或持文本封闭观,认为文本是"自治"的;或持文本对话观,将文本视为开放性的话语。以写作者为取向的研究者,受不同理论影响,或将写作行为看作个人的情感表达形式,或看作个人的一种认知过程,或看作是特定情境下个体的读写行为。以读者为取向的研究者,或将写作行为当作一种社会互动,或视为一种社会建构,抑或是看作社会权力与意识形态的体现方式,等等。

一 文本取向

1.文本自治观

以文本为取向的写作研究者,秉持"写作结果观",将写作视为"文字产物",借助语言学理论和修辞学理论分析这些文字产物。从语言学角度分析,"文本自治"观点,主要受结构主义语言学派和麻省理工学院语言学

---

[1] 祁小荣,女,浙江大学教育学院课程与教学论专业博士研究生。

教授乔姆斯基(Noam Chomsky)的转换生成语法影响。乔氏认为,语言学的研究焦点在于,如何通过掌握语言的规则体系,衍生出无限的话语,以此来培养语言习得者认知结构中的语言能力。"自治"是对文本独立性的一种隐喻,即文本可以脱离语境、写作者和读者,进行单独分析。决定文本产出的关键因素是"是否能够正确运用写作规范与惯例"。

研究指出,人类的交流目的是思想观点互换,即一方通过语言将观点传递给另一方。写作行为是没有实质内容的,因为在写作之后,写作的内容和意义都留在文本之中,读者只需懂得同样的技巧就能解码阅读,理解文本意义。在"文本自治观"之下,写作被当作一种脱离语境的知识实体来教授。"客观罗列事实,并清晰阐述"被当作"好的写作"的标准。研究则聚焦于文本微结构,即对文本语料进行量化分析后得出数据,电脑语料分析是最常用的写作教学研究方式。如1965年语言学家亨特(Kellogg Hunt)首次使用的T单位研究,除对整篇文章的"句长、从句长度、从句比率、从句种类"进行分析之外,还更为细致地剖析每个从句中的"从句结构、名词性、助动词、中心动词、修饰语"等要素,[1]以此分析学生随着年龄增长,受教育水平提高,写作文本之中的句法复杂性的变化。

"文本自治观"发展至今,研究者也不再仅仅局限于对"文本结构"的分析。他们认为,写作过程可以看作是写作者将"信仰与知识"交给隐形读者的过程,即编码过程;读者也需要拥有与写作者持平或者高于写作者的素养才能够解码。对"文本正确性"的追求不是指文本规则的无误,而是在文本内部,"必须要说的"和"可说可不说的"维持一种平衡,写作者面对的问题不是怎样说正确,而是把什么说正确。

2.文本即话语

从修辞学角度分析,研究者们认为写作者之所以按照写作规范创作文本,是为了与读者取得交流。文本是开放的,它是社会性文本。其研究重点在于,写作者怎样将自己的意图隐匿于文本之中,实现这种交流的功能。"文本即话语"意为,写作文本除了文本表面的框架结构,还有深层的目的与意义——写作者想与读者沟通的意图。英国当代语言学家、系统功能语言学创始人韩礼德(M. A. K. Halliday)所阐述的"主位-述位"概念,为研究者对文本句子进行功能性要素分析提供了框架与方法。他的研究内容恰恰是被乔姆斯基排除在研究之外的东西——语言使用与功

---

〔1〕 HUNT K. Grammatical structures written at three grade levels〔R〕. NCTE Research Report No. 3. Champaign, IL, USA: NCTE, 1965.

能。与其说是对乔氏语言学的质疑与批评,不如说是立足语言功能视角的一次理论补充。20世纪70年代初,韩礼德的语言学理论逐渐开始影响美国中小学语言文学教学实践。

"主位"是指话语的出发点,"述位"是围绕主位所说的话语。研究者通过分析文本的"主位—述位结构",获知写作者的写作目标与意图,即为了达成写作意图所做的文本结构安排。韩礼德的语域理论框架是一种简单而有效的选择文本话语的方式(见图1)。他将语域分为语场、语旨和语式三类。写作者可以通过这三个变量的考虑,确定对话的意义范围[1]:通过语场变量确定概念意义,即语言活动的情境;通过语旨变量确定人际意义,即写作者与读者之间的权力、地位关系;通过语式变量确定语篇意义,即以何种话语类型来组织文本、串联信息。

语场	·社会活动的类型,即语言活动的情境
语旨	·参与者的关系,如社会地位关系或权力关系
语式	·话语信息组织的形式,如口头或书面

图1 韩礼德语域理论框架

在此基础上,研究者还从认知修辞学角度入手,分析各类语式的修辞功能,即各类话语文本以怎样的方式融入整个文本的结构之中。如温特(Eugene Winter)和霍伊(Michael Hoey)的分析框架,他们在语义单位关系理论视角下,将话语类型分成问题—解决类、假设—真实类和一般—特殊类三类[2]。以问题—解决类话语为例(见图2):首先分析语言活动的情境,将写作暂时当作对话来考虑;对话思维与写作语法同时在大脑中出现;写作者开始搜寻大量语料与惯例;最终找到既符合语法规范,又能实现与读者交流的话语。

在"文本对话观"视角下,体裁教学是研究者探讨的主要研究对象。新修辞学派的代表人物之一米勒(Carolyn Miller)1984年在《口头演讲季刊》发表的《体裁作为社会行为》一文,开启了新修辞学派体裁理论研究的大门。他将"体裁"定义为"以频繁使用为基础的典型化的修辞行为"。体裁所指的不仅是形式特征与言语集合,而是一种典型化的社会行为,随着

〔1〕 胡壮麟.系统功能语法概论[M].长沙:湖南教育出版社,1989:176-177.
〔2〕 HOEY M. On the Surface of Discourse[J]. Language,1983:210-220.

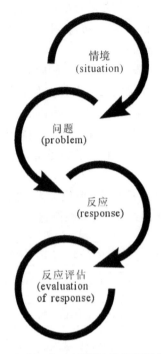

图 2   问题—解决话语类型（SPRE 模型）

时间的推移逐渐被惯例化，"目前以稳定态势存在"。由于体裁是以特定的材料工具为载体而存在，并以特定的方式被写作群体所使用，所以这种使用是频繁和循环的。写作过程可以看作写作者与体裁发生互动的过程，也是写作者参与社会行动的过程。[1]

二   写作者取向

1. 写作即个人的情感表达

以写作者为取向的写作教学研究，将写作教学的目标设定为"培养优秀的写作者"，他们致力于探究"面对一个写作任务，优秀的写作者会应用怎样的技巧来应对，以及如何令写作者获取这些技巧"。基于这一目标，研究焦点集中于三个方面：写作者的个人创造力；写作的认知过程；写作

〔1〕 RUSSELL D R. Writing in multiple montexts：Vygotskian CHAT meets the phenomenology of genre[M]//Traditions of writing research. BAZERMAN C（ed.）. New York：Routledge，2010：353-364.

者的创作情境。如图 3 所示,这三种研究视角分别基于不同的观点。

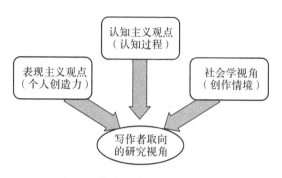

图 3　写作者取向的三种研究视角

持表现主义观点的研究者认为,写作者不应单单拘泥于对语法、用法正确性的追求。写作者所进行的写作活动,旨在发出个人的声音,借助文字表达头脑中独特而鲜活的想法。在写作过程中,思维先行,写作者被赋予极大的表达自由,它是一种自我发现,思维逐渐成熟起来的过程。写作能力的进步与个人的自我发展是同步的。美国马萨诸塞大学的教授厄尔博(Peter Elbow)是持表现主义写作教学观的代表性学者。厄尔博认为,他与其他学者在写作教学方式上的观念冲突,源于追求目标的不同——成为作家和成为学者。他自身兼有两种身份——学者与作家,时常能感觉到这两种身份所产生的话语模式的矛盾。

厄尔博认为,在学者目标取向和作家目标取向下,两种写作者的身份不同。前者所面对的读者一般在知识方面优于自己的教师,所论述的内容往往为"是否深刻""是否正确"的问题;后一种写作,学生写作行为的潜台词是,"听我说,我有事情告诉你"。写作者拥有绝对的权威。[1]他表示,尽管会遭受质疑,也要争取实现"成为作家"这个目标,并通过自己的教学经历来诠释个人性写作的合理性。他列举了自己设计和教授的一门写作课程。首先是阅读材料的选择。倘若是学术写作,阅读材料理应选择"关键性文本":优秀出版物、标志性的文化或文学作品等。但是出于"成为作家"的目标考虑,他选择将学生的作品出版,当作他们的读物,之后面对的问题是"怎样阅读这些文本"。他秉持的原则是,或好或坏,决不把这些文本当作范本来进行评判,即要"使用它们而不是服务于它们"。

---

〔1〕　ELBOW P. Being a writer vs. being an academic: A conflict in goals[J]. College composition and communication,1995,46（1）:72-83.

至于阅读的数量问题,他认为,学术性写作强调大量阅读,而在他的课堂上,大部分时间用于写作,阅读作为辅助写作的工具。写作的作用在于:学生尝试将所知所想转化为文字,远远涵盖他们的所说,直觉和感觉会引导他们与之前未曾发觉的思想相连接,从而形成知识(他认为"知识都是语言性的")。

由此可见,持表现主义观点的研究者,大多执着地恪守着自身对浪漫主义的追求。他们认为,写作行为所追求的目标甚至都是模糊的,如果非要定义一个目标——"自我实现"可能比较恰切。"好的写作"的标准就更为模糊了,原始的、真挚的或是自发的创作,都可能被接受,甚至被公认为"好的写作";"创造性表达"是写作者应秉持的原则。但不可否认的是,这种个人浪漫主义研究取向,也在一定程度上忽视了写作者与真实世界的交流。

2.写作即认知过程

持认知主义观点的研究者将写作过程作为研究的中心,把写作行为看作一种问题解决活动。海耶斯(John Hayes)和弗劳尔(Linda Flower)是持认知主义写作教学观的代表性学者。海耶斯是美国卡耐基梅隆大学的心理系教授。1980年海耶斯与本校英文系教授弗劳尔进行合作研究,提出了著名的"写作认知过程模型",把写作看成一种循环非线性的程序性过程(见图4)。写作认知过程模型的核心是,写作各个阶段是可识别和独立的,而且整个写作过程是可循环的。这种"可循环",不同于传统的过程模型(即左右模型,分写作前-写作中-写作后三个阶段)。它是一种非线性的循环模式,将写作思维过程中的多个要素析出,"大声思考"成为一种新颖的研究切入点。"大声思考",主要表现为学生的自我写作报告,即记录自己的写作过程。海耶斯和弗劳尔的研究在很大程度上依赖于学生的自我报告,所以这种研究方式也存在一种弊端:写作过程中的一部分行为是无意识的,学生无法将这些行为有意识地描述出来。

如果说海耶斯和弗劳尔注重研究的是个体写作者写作认知过程的共性,那么,贝莱特(Carl Bereiter)的模型则侧重于不同写作者之间的能力差异。贝莱特是多伦多大学安大略教育研究所的教授,也是美国教育学会成员,参与并影响了美国教育界20世纪80年代以认知心理学为基础的教育改革运动。他认为应该将拥有熟练技巧的写作者与新手写作者区别开来,用两套写作认知模型进行教学,而不是单一模型。基于此种考虑,他与研究伙伴斯卡达玛亚(Marlene Scardamalia)提出了"知识陈述模式"和"知识转换模式"双模式理论。前者针对写作新手,即不善写者,写

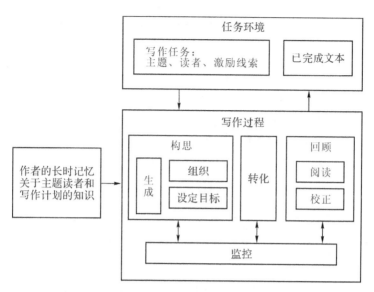

图 4　海耶斯和弗劳尔的写作认知过程模型(1980)

作模式简单直接:首先大脑接收写作任务,之后进行内容、篇章以及题材知识搜索,若是符合任务主题要求则应用,不符合继续搜索。后者针对善写者,完成的是比较复杂的写作任务:写作者以写作任务为核心分析问题和设立目标,对内容与形式进行统筹,并考虑读者意识与写作风格,全面体现了写作任务的复杂性。他们为自己支撑起一个内容与修辞空间,让文本与思维在其中持续互动,于反复斟酌之中推进写作活动。

贝莱特认为,写作者从"不善写者"成长为"善写者",是要历经五个不同的层级性阶段的(见表 1):联想式写作、表述式写作、沟通式写作、统一式写作和认知式写作。[1] 在较低的层级"表述式写作"中,写作者还仅是按照写作惯例进行创作,最高层级的"认知式写作"则已经把写作者当作"一个寻求意义的人"。他指出,"传统的写作教学,依照风格手册、固定模式和教师纠错,所做的不过是从'联想式写作'到'表述式写作'进阶罢了"[2]。

〔1〕　BEREITER C. Development in writing[M]//GREGG L W & STEINBERG E R (eds.). Cognitive processes in writing. Hillsdale:Erlbaum,1980,73-93.
〔2〕　BEREITER C. Development in writing[M]//GREGG L W & STEINBERG E R (eds.). Cognitive processes in writing. Hillsdale:Erlbaum,1980,88.

表 1　贝莱特的写作五阶段模型(1980)

写作过程中的可能性阶段	阶段特征
联想式写作	拥有流利的语言和构思能力,能依照脑中涌现的想法的顺序,写下所想,类似于"口述笔录"
表述式写作	按照学校传授的写作惯例和技巧,学生把掌握的综合性技巧应用于一个特定的主题,直到变成自动的写作行为
沟通式写作	个体写作与社会认知结合,把对读者的期待性影响考虑在内
统一式写作	写作者是作者和读者的统一体,应从写作中汲取知识。写作者具有自身风格,写作作为艺术而非技能
认知式写作	写作具有认知的功能,知识在写作的过程中得到修正

3.写作即特定情境下的行为

第三种以写作者为研究取向的研究者,是将写作者的写作行为置于社会情境之中,小到一个教室、一个社群,大到整个社会的读写行为。人种志研究是该取向采用的主要研究方式。研究者通过对写作行为进行细节观察,对写作者进行访谈,对周边情境进行分析,进而对写作者的写作经验进行比较立体的描述。海斯(Shirley Brice Heath)1983 年撰著的人种志研究专著《言语策略:群体和教室中的语言、生活和工作》和斯特里特(Brian Vincent Street)1984 年和 1995 年撰著的读写素养研究专著《读写素养的理论与实践研究》和《社会读写素养:素养发展、人种志和教育的批判性分析方法》受到研究者的普遍推崇。在社会文化情境下,研究写作教学成为 20 世纪 90 年代的主导性取向。众多的学者开始把写作教学融入一种广阔的生态学情境中去。

美国威斯康星大学教授勃兰特(Deborah Brandt)是使用人种志研究方法进行素养研究的代表。她在《写作的崛起:重新定义大众文化素养》中提出:若是写作素养已经崛起,成为大众文化素养的核心,这种转向会给社会带来什么影响? 个人又应如何培养写作素养以应对这种转向? 勃兰特认为,"我们如今置身于写作共同体中",提升写作素养的最好方式便是"参与到群体写作之中,大家互为听众与修正者"。至于学校写作教育,"比起阅读行为,写作是思维的外化,它是一种创造。如果学校有意培养写作素养为学生的基础素养,这将为社会带来极大的希望与鼓舞——写作素养是出于公民目的,而不仅是商业目的。因为学校是一个可以接受革新性写作理念并且自然而然地保护学生'庄重而自由'出版权的地方,如同它们自然而然地保护阅读权利一样"[1]。写作认知过程模型的倡导者在 20 世纪 90 年代之前,将写作活动看作是处于任务情境之中的个人的写作过程,以问题解决为目标设计过程模型。20 世纪 90 年代之后,他们都对自己的写作认知模型进行了修改,把社会和文化情境作为影响写作过程的因素。弗劳尔在 20 世纪 80 年代的写作认知模型中,将社会情境作为影响写作者和读者读写活动的因素之一,补充之前 1990 年的模型。海耶斯也在 1996 年修改了写作模型,增加了社会环境作为影响写作者写作过程的因素之一。

三 读者取向

1.写作即社会互动

以读者为取向的写作研究者认为,在写作过程中,须有读者参与其中,与写作者进行交流,二者对文本产生共鸣。威斯康星大学教育学教授尼斯特兰德(Martin Nystrand)是"写作互动观"的不遗余力的提倡者。早在 1986 年,他在《写作交流的结构:写作者与读者相互性研究》一书中便指出,写作绝非孤立的行为,写作行为与社会及其他因素相联系,写作文本必然会体现出一种社会文化演变过程。

尼斯特兰德认为,在社会互动模型中,读者与写作者将一种独特的互动式配置带入文本之中,正是这种互动催生了文本意义。在此配置中,写作者为自己营造了一个文本空间,在自己的意图与读者的期望之间不断寻求平衡。基于符号学理论,尼斯特兰德认为,文本是有语义潜力的,即文本可能产生多重意义。但这种意义,经由写作者的意图、读者的认知以及文本自身的客观性三重限定,拒绝大多数的可能性。换言之,意义并非被封存于写作者、读者或文本三者某个要素之中,而是穿梭于三者之间,在互动中产生。[2]

在文本互动观中,研究者关注的核心议题便是"读者意识"与"互文性"。"读者意识"是读写研究中比较有争议的一个概念,长久以来被置于修辞学语境之中进行讨论。在文本互动观的视阈之下,"读者意识"并非

〔1〕 BRANDT D. The rise of writing: redefining mass literacy [M]. Cambridge University Press,2014:160-166.
〔2〕 NYSTRAND M,GREENE S &WIEMELT J. Where did composition studies come from? an intellectual history[J]. Written communication,1993,10 (3):298-333.

被当作一个绝对存在的事实，即可以用学术话语进行阐释的术语，而这表现为一种建构性——写作者在写作过程中不断发现和探索的过程。[1] 1984年，艾德(Lisa Ede)和伦斯福德(Andrea Lunsford)提出的两种读者意识模型对写作研究领域影响甚大。她们分辨了直至型读者意识与唤起型读者意识之间的区别：前者是脱离文本而独立真实存在的，后者是写作者运用修辞技巧将自身意图与读者的期许隐藏于文本之中，存在于写作者的思维活动之中。[2]

至于读者意识的培养方式，很多研究者引入文学批评理论中"互文性"的概念，通过分析文学文本中的互文性——在文本之中，写作者和读者进行着持续的对话，文本与其他文本存在关联以培养写作者的话语直觉。巴赫金(Mikhail Bakhtin)认为，文本中的每种表达，都是多个声音渗透与对话的结果，须对文本进行互动理解，理解不同语言方式的共存与互动。在巴赫金的互文性概念基础之上，费尔克拉夫(Norman Fairclough)又将互文性分为两类：显性互文性与建构性互文性。前者是指文本明显指涉其他文本，或明确标明，或通过表层特征加以暗示；后者的核心在于"话语秩序"，即话语秩序的组织方式，写作者如何应用体裁、风格等自身具备的惯例性知识来建构一种新的话语类型。

2. 写作即社会建构

社会建构观深受社会学和后现代哲学思潮影响，在他们看来，写作行为是一种社会行为。写作教学的目的在于，通过在写作教学过程中展开重重对话，使写作主体的多元文化声音实现交流，学生的写作身份也从"个体写作者"转换为"群体写作者"。

首先用社会建构理论话语对写作行为进行探讨的是布鲁菲(Kenneth A. Bruffee)，他在1984年发表的论文《协作学习与人类对话》中指出，"每一类知识的产生均源于社会上某一群话语共同体的共同创造，写作知识亦如此。知识是思想的集合，而写作是介入思想的心理工具"[3]。他认为，写作行为是通过一种泛化的"对话关系"得以组织的，对话关系不只局限于文本中的单纯对话，而是牵涉面非常广的现象，渗透在人类言语和人

〔1〕 PARK D. The meanings of "audience"[J]. College English,1982,44(3):247-250.
〔2〕 EDE L, LUNSFORD A. Audience addressed/audience invoked: the role of audience in composition theory and pedagogy[J]. College composition and communication,1984(35):155-171.
〔3〕 BRUFFEE K A. Collaborative learning and the "conversation of mankind"[J]. College English,1984,46(7):635-652.

类生活的一切关系和表现形式之中。他分析了课堂写作行为,认为"写作者写作行为中涉及的事实、知识、思考、文本等均来源于与写作者有相同意向或目的同伴群体"[1]。在这种建构视角下,他把写作学习看作是一种"共有性取向"的学习模式。

受布鲁菲影响,1987 年,勒费夫尔(Karen Burke LeFevre)在其著作《作为社会行为的创作》中,从作品创作的角度细致解释了写作的社会建构性:(1)写作者受社会情境影响;(2)写作术语与题材,均来源于之前社会的知识建构;(3)写作技能可以通过一种与他人虚拟的"对话想象"得到提升;(4)写作者会把写作行为中的其他个体看作修改者、合作者甚至是批评者;(5)社会情境不仅影响写作者,而且会影响文本的接受、评价与使用。[2] 勒费夫尔意在证明,写作行为并不单是个体的创作行为,各相关要素都与社会相关联,写作行为具有社会建构性。在社会建构视角下,研究者们提倡教师组织协作式写作教学。协作式教学为学生提供的是一种社会情境,学生可与同伴、教师以及课堂外的人展开对话,写作文本也并非由个人完成,而是由小组(写作共同体)历经多重磨合之后呈现。

3.写作即权力和意识形态

将写作当成一种权力与意识形态,主要是强调话语的批判性与力量性。这种理论学派把写作看作一种权力中介,于话语和各社会群体之间发挥作用。它主要受费尔克拉夫的批判性话语分析理论影响。

费尔克拉夫提出一种三维向度的话语批判性分析方法。他认为,"话语事件"产生之后,可以从文本向度、话语实践向度和社会实践向度进行三重分析。文本向度单纯聚焦于语言层面的分析,话语实践向度旨在探索文本生产的过程并对这个过程进行阐释,社会实践向度则会将话语进行社会分析,分析话语与权力的相互制约以及其他社会因素对文本话语形成的介入。

在这种视角之下进行写作教学研究,研究者的出发点在于,通过培养学生的批判性话语分析素养,让学生理解写作实践与社会结构之间的关系[3],并将这种批判性素养内化为写作素养的基础。基于培养写作素养

---

[1] LEFEVRE K B. Invention as a social act[M]. Carbondale, IL: Southern Illinois University Press, 1987:110-119.

[2] BRUFFEE K A. The Art of collaborative learning: Making the most of knowledgeable peers[J]. Change,1994,26(3):39-44.

[3] FAIRCLOUGH N. Discourse and text: linguistic intertextual analysis within discourse analysis[J]. Discourse and society. 1992,3(2):193-217.

考虑,沃达克(Ruth Wodak)提出的话语历史性分析方法(见表2),更为细致地分析批判性话语分析的原则和维度,对写作者生产文本和解读文本有直接指导意义。[1]

表2 沃达克话语历史性分析方法框架

分析原则:CDA强调以语言为手段分析社会问题;话语建构了社会与文化,源于所有语言形式的共同创造;话语承担着阐释意识形态的责任,以特定的方式阐释文化及其表征;话语是历史性的,某种话语无法独立存在,必然与其他话语有着千丝万缕的联系;文本通过"话语秩序"介入社会;话语是社会行为,需要系统化的分析方法与范式。
理论框架:双层面——文本生产、文本解读
三维度——认知学、社会心理学、语言学
分析路径——内容→话语策略→语言形式

将写作看作权力和意识形态,渗透于很多高阶写作课程的课程设计之中。如戛纳(Jeanne Gunner)与斯威特(Doug Sweet)所著的《写作者的基础:多维批判性阅读视角》,列出了写作者须具备的四种分析框架:精神分析框架、唯物主义批判框架、后殖民框架与符号学框架。每一种框架均通过解读经典文本的内容、语言形式与言语技巧,理解话语蕴含的社会问题与意识形态,总结出一种范式,便于写作者之后批判性地"文本生产"。

若要归纳写作活动的本质,可一言以蔽之——写作是复杂情境之下以交流为目的的读写活动。写作活动确受多个因素制约,如写作者、读者、文本、生活和社会实践等,各个因素对写作活动不可或缺且互相关联,每个因素均可部分观照写作的属性,成为写作理论研究的起始点和研究取向。写作行为反映了封闭自足性与对话交流性的矛盾统一:一方面,写作者所具备的写作能力与素养,能反映所见所闻所感的客观世界,写作具有封闭自足性;另一方面,写作者的创作文本与读者、社会发生互动,这种互动也会影响写作者创作文本的某些动机和意识,写作具有互动开放性。写作研究的各个研究取向并不互相矛盾,其中每一种取向只是将写作活动的某个影响要素深入分析,赋予其理论意义,并进行实践探索。实质上,它们构成了写作教学理论的分支,呈现了写作学科"科学化"进程中应有的价值标准和思维判断。

---

〔1〕 WODAK R. The discourse-historical approach[M]//Methods of critical discourse analysis. WODAK R,MEYER M(eds.). London:Sage,2001:63-95.

理解与对话

自动化作文评改系统的实践

崔娇阳[1]　　陈之权

摘要：用科技服务于教学是目前教育领域的关注点，本文主要探讨二语环境中（新加坡）电脑辅助作文评改的可能性和可行性。文中首先说明当地学生写作的现状，提出作文中常出现的三大类错误。在此基础上，结合前人在自动作文评改方面所做出的努力，本文介绍了新加坡华文教研中心所研发的项目，包括其目标及特点、模块及测试结果。最后，本文讨论了接下来的大规模的测试计划。

关键词：电脑评改；二语；作文；语法

一　研究背景

（一）问题提出

根据新加坡教育部（MOE）所做的家庭语言背景统计资料表明，2004年前后，华语和英语在小一入学新生中差不多平分秋色，而到了2009年，小一入学新生家庭中讲英语的已经超过60％，领先约10个百分点（徐峰，2011：107）。根据新加坡教育部去年公布的小一学生家庭语言背景调查，现在就读于新加坡小学的小一学生，已有超过六成来自讲英语的家庭。这些孩子在华语学习上遇到很多挑战，最大的挑战莫过于写作。具体来说，写作中错别字多、用词失当、句子毛病多等是学生写作中常出现的几类问题；而老师在批改时，总是需要反复地对这些问题进行修正，这无疑也加重了老师的工作量。以错字和介词结构的语序为例，作文中常出现的错误如下。

---

[1]　崔娇阳，女，南洋理工大学新加坡华文教研中心副研究员，主要从事语言学及计算语学、电脑辅助教学方面的研究。

错字例句(例句中黑体字表示有误的字或词)：

(1) 吃**抱**了，我和小美一起画画。

(2) 有些学生来**之**穷苦的家。

(3) 半工半读当然有好处和**怀**处。

搭配不当例句：

(4) 学生也能**钻**自己的钱。

(5) 想要拿起家人的**负担**。

(6) 我读了这**张**新闻……

长句问题：

(7) 我认为学生们的学习是非常重要也能影响到我们的生活。

(8) ……会知道老版半工半读也让学生和各种各样的人交通。

(9) 这会帮他把握一个很理想的前途因为在社会理很多工作都需要人与人之间顺利沟通。

(二)理论及实践借鉴

自动作文评分(automated essay scoring，AES)自 20 世纪 60 年代以来一直备受关注。其最初的目的是减轻老师们批改大量学生作文的工作量。早期的实践研究，如 PEG(project essay grade)是通过作文的表层语言特征来分析作文的质量(Page，2003)。之后，随着人工智能及自然语言的发展，自动作文评分系统也得到显著的提升，如今在这方面影响较大的研究成果有美国 ETS 所研发的 Criterion 中的 E-rater，其特点是检测作文言语中的词汇、句法、内容，并且在语法、结构、文体及内容上给出总分评估及具体的反馈(Warschauer，2006)。另一项是由 Vantage Learning 公司所研发的 MY Access!，它的评价部分虽然不如 Criterion 那么精细，但在写作上更突显其作为辅助性工具的一面，例如有词库、拼写检查、评分量表等(Vantage，2007；Chen，208：99)。

我们结合了前人学者在理论和实践中所做的努力，从现状出发，既为解决当地华文老师作文教学中的批改量，同时也兼顾 2016 年中学会考题型的变化(如实用文中加入电邮、博客、网上论坛等社交平台的写作)，试图开发一种适用于本地中小学生使用的华文作文自动评改系统。我们所采取的发展路径也与前人所开发的产品相似，即先从表层的语言结构着手，接着再进入文章的内容。

二　自动评改系统

　　新加坡的华文教育已逐渐成为第二语言的学习,学生接触华语的时间集中于有限的上课时间,如何扩大其语言学习的机会? 更具体地说,如何提供更多的使用华语写作的机会? 写作评改平台的推出无疑在这方面提供了便利。对于学生而言,AES可以在语言层面提供即时反馈以及依据量表的总分评估;同时,对于每份修改版,AES会提供多次修改的机会,并将历次写作整理成档案,以供老师们开展形成性评估。对老师而言,更增加其布置作业的灵活性,利于监控学生写作状态。除了系统提供的修改方式外,老师也可以增加个性化的评语。总之,这种写作方式可以通过增加写作机会、修改机会、获得任务的机会、增加学习更高层面(修辞、内容、创意)的机会,最终实现提高学生写作能力的目的。

　　1.系统目标及特色

　　系统所设立的第一阶段目标是为新加坡中学低年级学生建构一个自动化华文写作的语言评改平台。

　　其特色主要体现在:

　　(1)自动检测语言错误,如文字、搭配和句式等;

　　(2)提供即时修改,以促进自主学习;

　　(3)允许人工调整,以形成个性化的评语;

　　(4)建立学习档案,以促进形成性评估;

　　(5)支持单篇或批量上载。

　　2.系统建构及界面

　　我们的语料来源有以下几类——新加坡小学及中学生课本、课外读物(《笔耕》《小白船》《逗号》《大拇指》)以及小学生作文[1],目前的规模是1968349字。这些语料是系统内部四个模块建构的依据,这些模块分别是:词库、句法规则库、正则表达库、动宾搭配库。

　　词库:在词性标注,帮助计算机识别自然语言中的词,并了解该词的句法范畴。如:"吃 v",表示"吃"是一个词,并且是句子里的动词。

　　句法规则库:主要是让机器识别正确的句子,分为基础形式和变换形式两类。基础形式是上下文无关文法(context-free grammar,CFG),表现

––––––––––––––––

〔1〕　所录入的小学作文是经研究员修改过的作文。

为：dj→np vp；np→n，vp→vp np；vp→v，np→n……目前规模是 205 条。变换形式是概率上下文无关文法（probabilistic context-free grammar，PCFG），是基础形式经程序运行后所得的表达式，表现为 S（dj-[S-dj]-(np-[dj-np]-1(np-[np-np-c-np]-(n) c np-[np-np-c-np]-(n))))，目前规模是 1603 条。其另一个功能是：帮助系统查找动宾搭配词对。

正则表达库：其目的是检索及替换符合规则的项目。形如"？＜![cp].＊)(\w+)v 得[a-z]{1,2}＄"，在系统中主要负责检测新加坡学生常犯的语言错误。收录于系统的正则表达库记录了错误的言语现象。此语言现象的类型包括字、词、句多个方面。

动宾搭配库：其目的是检测句子中的动词及其宾语是否搭配。动宾搭配的检测方式有两个部分。系统首先利用"中心语规则"找出短句的核心动词和宾语；其后，以匹配的方式判断动宾组合是否符合正确动宾搭配规则，其结果决定了学生作文中所使用的动宾搭配是否正确。

整个系统的操作流程如图 1 所示。

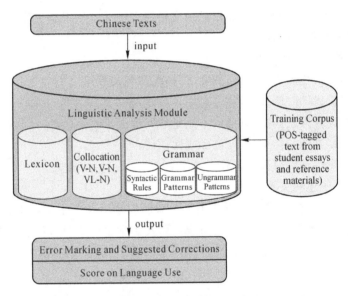

图 1　AES 流程

3.系统界面

系统界面在设置上，有老师和学生两个界面。老师的界面主要包括新增作文、作文列表、作文记录三个板块。这些功能覆盖了老师布置作业时的各项指引以及动态观察学生的提交情况。学生界面则有作文记录、开始写作、查看成绩三个功能。其中,"作文记录"里存有学生上次写作的版本;在"开始写作"区,有时间和字数的提示;点击"查看成绩",学生也可以看到系统及老师所提供的评语。

4.批改效果

目前,系统对于错字的批改较为理想,几乎所有的错字现象均可以准确地定位并给出相应的修改建议,如图2所示。

图2　AES错字修改示例

对于搭配不当的例句,若是在语料库范围之内,系统则可以做出准确的定位及修正,如图3所示。

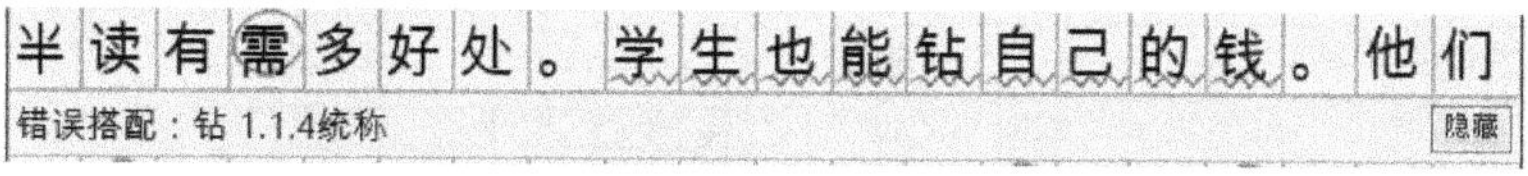

图3　AES搭配不当修改示例

对于因为不会停顿而造成过长的句子,系统也可以给出提示,如图4所示。

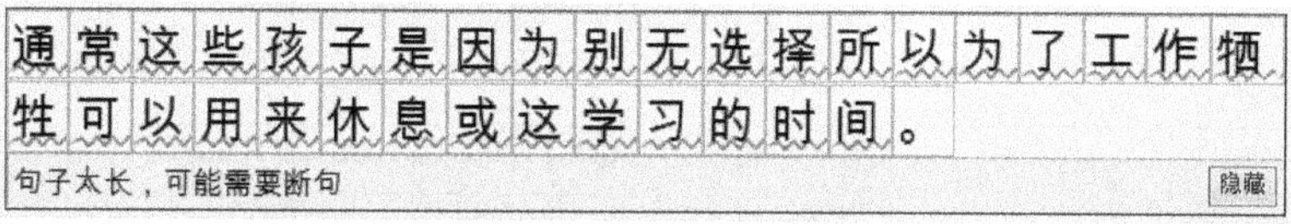

图4　AEE长句修改示例

同时,对于某些动宾搭配不当的句子,系统也可以做到准确定位及提供合适的建议;但由于目前的动宾搭配库规模较小,某些词若超出了这个范围,仍会有漏判的情况。对于介词结构的语序问题,如下列例句:

(10)有一个陌生男子,看起来像个流氓似的,染了一半金一半红的头发和打了一个洞在嘴边,纹了一条龙在手臂。

(11)我紧张地等妈妈,出来在门口。

(12)学姐们让我们集合在教室里。

我们打算下一步对此做小型的专题研究,从系统识别到提供建议都需要进行深入分析,以解决受英文影响的大类错误。

3. 系统测试及效果

AES 研究小组曾于 2012 年、2013 年分别进入三间学校进行测试，对于学校的介绍如表 1 所示。

表 1　测试学校介绍

学校名称	类型	参与人数	时间
De La Salle	小学	28	2012.8—9
Park View	小学	19	2012.8—9
Tanjong Katong Girls' School(TKGS)	中学	18	2013.9

同时，我们调查了三间学校的学生对系统使用的反馈情况。对于样本的测试结果，小学的正确率是 85%，中学的正确率是 71%。随后我们也以调查问卷及师生访谈的方式在态度、意愿及满意度上对学生进行了调查，调查结果如图 5 所示。

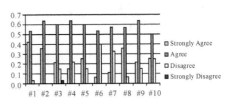

Strongly Agree	Agree	Disagree	Stronglu Disagree
0.43	0.54	0.04	0.00
0.36	0.64	0.00	0.00
0.21	0.61	0.14	0.04
0.14	0.64	0.21	0.00
0.25	0.61	0.14	0.00
0.07	0.54	0.39	0.00
0.11	0.57	0.32	0.00
0.35	0.57	0.07	0.00
0.21	0.64	0.14	0.00
0.25	0.50	0.25	0.00

De La Salle

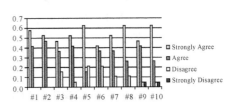

Strongly Agree	Agree	Disagree	Stronglu Disagree
0.58	0.42	0.00	0.00
0.53	0.47	0.00	0.00
0.47	0.37	0.16	0.00
0.53	0.42	0.05	0.00
0.63	0.16	0.21	0.00
0.42	0.37	0.21	0.00
0.53	0.37	0.11	0.00
0.63	0.26	0.11	0.00
0.47	0.42	0.05	0.05
0.63	0.26	0.25	0.05

Park View

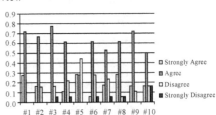

Strongly Agree	Agree	Disagree	Stronglu Disagree
0.29	0.72	0.00	0.00
0.17	0.67	0.17	0.00
0.00	0.78	0.17	0.05
0.11	0.61	0.22	0.05
0.29	0.28	0.44	0.00
0.05	0.61	0.29	0.05
0.19	0.53	0.24	0.05
0.29	0.61	0.05	0.05
0.17	0.72	0.11	0.05
0.17	0.50	0.17	0.17

TKGS

图 5　学生调查问卷结果

图中的数据说明：学生们在"系统使用的简便性、系统运行的顺畅性、能帮助学生学习正确语句以及改进作文错误"上都做出了积极的评价，这也是 AES 在今后发展中应保持的优势；在"课时或课后使用该系统的意愿性及系统所提供建议的易懂性"方面，学生都做出了消极的评价，其中 TKGS 对问题 10"我喜欢根据系统的改错建议来修改作文"也表示出负面的评价，这些将是系统下一步有待完善的方面。

除此之外，我们也收集了学生及老师的反馈建议。

学生观点：

- 应该有字典、范文。
- 改后，如果电脑能马上给我们看我们改得对不对就更好了。
- 我认为这个系统很容易用。

老师看法：

- 能帮助教师批改学生在语言层面上的错误，使教师在批改作文上的工作量减轻，也可更轻易地进行内容层面的批改。
- 这个系统对 E-Learning 或学生在课后、家里学习与做练习特别有帮助。
- 系统把学生的写作偏误整理成报表，有助于教师和学生观察、了解他们的表现与进步。

4. 后续改进

我们将结合观课及调查结果，对系统进行改进提升，以使其能更好地为教学服务。另一方面，也将结合新课改的方向，将系统所呈现的语言与教师教学用语相一致。

三　研究测试

测试的目的是检测系统的效度（validity）和信度（reliability）。效度主要是指机评的全面性和准确性。具体来说，全面性即系统的各个测试目标是否都已检测到，如字、词、句三方面的检测；准确性即各检测结果是否如量表的设定。对此，我们将采取实验组和控制组两班来进行对比说明。信度即机器评分与人工评分的一致性。我们将在测试之初，先对三位老师进行培训，以尽力在标准上达到一致性；然后由这三位老师对同一班学生作文进行一次评分，将此结果与机器对同一班学生的评分结果进行对比分析。

我们所使用到的测试工具有评分量表、调查问卷、聚焦访谈以及教师访谈。希望在接下来为期一年的测试研究中,通过课堂观察及各方数据的相互验证,我们一方面可以证明评改系统的实用性,另一方面也说明系统的各项设置还须不断完善。

参 考 文 献:

CHEN C E, CHENG W E. Beyond the design of automated writing evaluation: pedagogical practices and perceived learning effectiveness in EFL writing classes[J]. Language learning & technology, 2008, 12(2): 94-112.

ELEBYARY K, WINDEATT S. The impact of computer-based feedback on students' written work[J]. International journal of English studies, 2010, 10(2): 121-142.

ETC Research. Automated scoring and natural language processing[EB/OL]. [2014-12-31]. http://www.ets.org/research/topics/as_nlp.

HYLAND K, HYLAND F. Feedback in second language students' writing: contexts and issues[M]. Cambridge: Cambridge University Press, 2006.

PAGE E. Project essay grade: PEG[M]//SHERMIS M D, BURSTEIN J (eds.). Automated essay scoring: a cross-disciplinary perspective. Mahwah: Lawrence Erlbaum Associates, 2003.

VANTAGE LEARNING. MY Access!? school edition[EB/OL]. [2014-12-31]. http://www.vantagelearning.com/products/my-access-school-edition.

VANTAGE LEARNING. My Access! Efficacy report[EB/OL]. (2009-08-18)[2014-12-31]. http://www.vantagelearning.com/docs/myaccess/myaccess.research.efficacy.report.200709.pdf.

WARSCHAUER M, WARE P. Automated writing evaluation: defining the classroom research agenda[J]. Language teaching research, 2006, 10(2): 1-24.

崔娇阳,等. 现有句法规则体系说明:组内传阅稿[Z]. 新加坡:新加坡华文教研中心,2011.

微软. 正式表达式介绍[EB/OL]. (2009-11-01)[2014-12-31]. http://msdn.microsoft.com/zh-cn/library/28hw3sce(v=vs.90).aspx.

谢育芬,等. 自动作文评改与学习系统——使用者调查问卷:组内传阅稿[Z]. 新加坡:新加坡华文教研中心,2012.

徐峰. 关于新加坡华语语法教学的若干思考[J]. 汉语学习,2011,3:103-112.

詹卫东. 计算语言学概论[M]. 北京:商务印书馆,2007.

张浩,刘群,白硕. 结构上下文相关的概率句法分析[M]//第一届学生计算语言学研讨会论文集. 北京:中国中文信息学会,2002.

郑勇翔,等. SCCL作文自动评改系统分词与词性标记规范:组内传阅稿[Z]. 新加坡:新加坡华文教研中心,2012.

Bakhtin's Legacy: Dialogism in the New Media Era

Pang Cheuk Fung[1]

Abstract: The author-text-reader model is often used in literary and media studies. However, in the New Media Era, when all reader responses could easily be recorded electronically online, the boundary between author and reader is sufficiently blurred that the categorization of people into author and reader seems no longer desirable. In this paper, Bakhtin's ideas of dialogism are revisited for re-modeling of the traditional author-text-reader model. Two concepts, language and interlocutor, are suggested for enrichment of the model in question.

The idea of text as dialogue is sufficiently discussed by Bakhtin (1981, 1984, 1986). For Bakhtin, texts are polyphonic and dialogic in nature. However, in a considerable number of literary and media studies, the dialogic attribute of text is often "forgotten". Rather, a text is often treated as the monologue of an author. Even for certain reader response theorists, the reader is still not conceived as a participant in dialogue, but merely an isolated individual who enjoys reading privately.

This paper examines the author-text-reader (audience) triadic model often used in literary and media studies with reference to Bakhtin's idea of polyphonic dialogic text, and suggest that in the New Media Era, where all reader responses could easily be recorded electronically online, thus making the dialogic nature of text more tangible than ever, the boundary between author and reader is sufficiently blurred that the categorization of people into author and reader may not be desirable any more in certain communication domains.

---

[1] Pang Cheuk Fung is a PhD student in Xiamen University, China.

1. The Emergence of the Author-Text-Reader Triadic Model

The author-text-reader (audience) triadic model is one most often used model for discussion of literature, narrative, textuality, and media content. Among the three basic concepts constituting this model, author is the one flaunted earliest. The attention on authors in literary studies, as Dalrymple (2004) suggests, started to take place between 19th and early 20th centuries, when literary efforts were largely focused on attributing anonymous medieval works to known authors and the uncovering of authors' life biographies.

However, in history since writing was invented, author was insignificant most of the times. Foucault believes that author is just a function "linked to the juridical and institutional system that ⋯ articulates the universe of discourses" and "it does not affect all discourses in the same way at all times and in all types of civilizations" (Foucault, 1977: 113). In the Middle Age, the title of author was not something as good as it is today. For example, Chaucer preferred the title of compiler to that of author (Chaucer, 1999). As a compiler, Chaucer is free of any responsibility of the said words (Minnis, 1984: 198-203). Minnis and Brewer (1992) put it, "… conventions of text production in the medieval period render the concept of an original, authorial text simply irrelevant. " (Minnis & Brewer, 1992: x)

Around 1930s—1940s, in the name of New Criticism, Wimsatt & Beardsley (1954) challenged the relevance of author in literary criticism. For them, literary works are detached from the author at their birth and no longer under the author's control. Therefore, one should not seek authorial intent, but go back to the text itself for literary interpretation. Central to literary criticism is the text, not the author and reader. Taking a similar stance, Barthes (1977) declares the death of author, but his hope is not on the text, but on the reader. He wrote, "The birth of the reader must be at the cost of the death of the author" (Barthes, 1977: 148). Barthes' text is easily taken as a curse on the author, but actually Barthes' concern is more on the birth of the reader.

The same concern for reader can be found in the works of reader response theorists like Richards (1929), Rosenblatt (1983[1938]), Fish (1976), Iser (1980), and Jauss (1982). They see reader as the active agent in literary interpretation. For them, meaning can only be produced on the reader's side.

It is in this development of a century's history in literary studies that saw the emergence of the author-text-reader triadic model. Author, text and reader are three main constructs vital for literary and media studies, but there is never a balance. The author, the text and the reader was exalted turn by turn by different schools, usually without compromise. It seems that for one to rise, the other two must die. But is it true?

2. The Antagonistic Author-Reader Dichotomy

In 1980s, Stephen Greenblatt's seminal works *Renaissance Self-Fashioning* (1980) marked the advent of New Historicism. His works make guesses on author's intent in literature by rediscovering author's life history. In *The Death of the Reader*, Belsey (2009) accuses Greenblatt's works and critical biographies alike for bringing back the author for literary criticism. However, she also admits that popular biographies of Shakespeare have often been the bestsellers. If author intent is really that notorious, one would wonder why such biographies can be so popular among readers.

Actually, what Barthes denounces may not be the real authors, but the author-function upheld by those critics who impose a final signified onto every important literary work in the name of author. Barthes' proclamation may be too convulsing that many followers mistake it as a proclamation of an uncompromising antagonism between author and reader. Such a conception is not only found in Belsey's writing, but also in other studies on authorial text control (Cover, 2006; Mazzali-Lurati, 2009).

3. The Quest for Meanings in Author, Text and Reader

The development of literary criticism is the human quest for meaning.

The 19th and early 20th century literary scholars seek meanings in author. New Critics seek meanings in text. Reader response theorists seek meanings mainly in reader. To explore how meaning is produced, let us start from Rosenblatt's conception of text. She wrote, "A novel or poem or play remains merely ink spots on paper until a reader transforms them into a set of meaningful symbols." (Rosenblatt, 1983 : 25) This observation calls us back to the basics of semiotics, that the ink spots are just the medium of communication, the set of signifiers which points us to certain experiences beyond our immediate touch, the signifieds. Thus, a fruitful discussion on literary meaning production would inevitably invoke the idea of semiotics and language.

Voloshinov wrote, "Meaning does not reside in the word or in the soul of the speaker or in the soul of the listener. Meaning is the effect of interaction between speaker and listener produced via the material of a particular sound complex." (Voloshinov, 1973 : 103) "Sound complex" here refers to the language shared by both the author (speaker) and the reader (listener).

Up to this point, I argue that neither the Authorial Biography approach taken by scholars in early 20th century, the New Criticism, nor the general reader response theories provides an adequate framework to account for meanings production in human literary experience, as they all focus only on one single part in the author-text-reader model, and are not adequately aware of the workings of language in literary meanings production. Every word in a text actually refers to human experiences beyond the text, which are shared by both author and reader and mediated via language. Thus, authorial biographers have a point in uncovering author's life records. Reader response theorists also have a point in emphasizing reader's own experience. But each of them independently is inadequate in accounting for the whole literary meaning production process. The one-sidedness of their disciplines conceals the dialogic nature of text. If meanings are produced in dialogue, a literary model which focuses only on monologue of a specific class of agents is doomed to fail.

Thus, a sufficiently reasonable model to describe meaning production in literary activities must include a fourth part, the language. In this light, the

理解与对话

author-text-reader triadic model can be reasonably reformulated into a new quadratic model by adding language into the formula as follows.

Literary activity:language {author-text-reader} meanings

4. The Text as Dialogue Between Voices

In their discussion, authorial biographers, new critics, and reader response theorists "generally" discounted the shared meaning system, i. e. language, as the source of meaning. As a result, they all tend to depict literary activities as monologic activities.

Bakhtin's (1981, 1984) works on dialogism, polyphony and heteroglossia point to a different picture of literary activity. Under his theorization, reading and writing are participation in dialogue with other voices embedded in language.

For Bakhtin, language is internally stratified into various social dialects such as professional jargons or a certain language peculiar to a specific sociopolitical day (e. g. national day). This stratification of language is essential to novel as a genre, because novel "orchestrates all its themes. . ., by means of the social diversity of speech types (ranznore e ie=heteroglossia) and by the differing individual voices" (Bakhtin, 1981: 263).

He explains the non-neutrality of language:

The word in language is half someone else's. It becomes "one's own" only when the speaker populates it with his own intentions, his own accent, when he appropriates the word, adapting it to his own semantic and expressive intention. Prior to this moment of appropriation, the word does not exist in a neutral and impersonal language... but rather it exists in other people's mouths, in other people's contexts, serving other people's intentions... (Bakhtin, 1981:293)

Besides, "Two equally weighted discourses on one and the same theme, once having come together, must inevitably orient themselves to one another. Two embodied meanings cannot lie side by side like two objects—they must come into inner contact; that is, they must enter into a semantic bond. " (Bakhtin, 1929/1984: 189) Holquist[1] explains, "This dialogic imperative, mandated by the pre-existence of the language world relative to any of its current inhabitants, insures that there can be no actual monologue. " (Bakhtin, 1981: 426)

Since no text can be composed without language, all texts by default inherit the diversified social voices embedded in language, and thus become dialogic in nature. Under this Bakhtinian view of text, both the acts of writing and reading are no longer purely monologic, but social dialogues in their own right. Even when one writes or reads privately, s/he is actually participating in dialogue with other voices in the world via the language s/he shares with other interlocutors in the speech community of that language.

In other words, meaning is not only produced in the author's writing, the reader's reading, or objectively there in the text. Meanings exist in language as the stratified social dialects even before the text is written, and language is the source of various meanings for both the author and the reader. What the author and the reader do in writing or reading is to activate the meanings stored in language. Both the author and the reader are equally important, not in the sense that they write or read the text, but that they activate the dialogue inherent in language when they write or read. In this regard, Rosenblatt (1960) provided a very good analogy, the pianist metaphor of reading. She likens the text to the music score and the reader to a pianist. In this regard, the music produced when the pianist plays the musical score is the meaning. Without the author writing or the reader reading, the potential meanings in a text will then be in their own forever sleep.

Since it does not make much difference whether the human agent involved in a literary activity is the author or the reader, I would suggest our literary formula be further revised as follows.

Literary activity:

language {interlocutor-dialogic text (voices)-[interlocutor(s)]} meanings

---

[1] Holquist is the editor of Bakhtin's work *Dialogic Imagination*.

In this new formulation, the author-function and the reader-function are subsumed under the interlocutor-function which refers to the functioning of human agents to activate meanings in language and text. The text in this formulation is where the social voices embedded in language are thematized and activated as dialogues. It includes not only the original text on the author's side, but also all potential responses on the reader's side. Traditionally only author output, e. g. Shakespeare's *Hamlet*, is recorded on paper and published. This gives a misconception that literary text is simply that printed record and no more. Reader response theorists like Rosenblatt (1960) tells us that literature is book plus reader, which is a significant advance in literary theory. However, Rosenblatt's call for attention on reader response was not very successful since reader responses were hard to observe without the aid of special research operations. The smile, the anger, and the private murmur of a reader triggered in reading as meaningful responses vanish into emptiness almost immediately and cannot be identified without the sharpest eye. In the past, reader responses in reading left almost no records at all that people used to overlook them. In short, reader responses are always intangible. One way to record reading response is to write it down. But by doing so, one is assuming the role of an author. If the record of reading experience is published, the reader is no longer a reader, but a recognized author.

The advent and popularization of computer-mediated networking communication technology in the past two decades has made a significant change on the traditional reader's role. With the aid of Internet social media like QQ and blogs, average people are now making huge amount of recorded responses online every day. Their responses are now made tangible, providing convenient access for researchers and literary scholars now. Their voices can no longer be "forgotten". Reader responses recorded in text are now a crucial part of the text itself, and the text can no longer be seen as monologic. Figure 1 shows a very typical discussion stream of a Chinese fan group in the popular Tencent social media, QQ.

According to the group rule, the group is for free leisure chatting between members of a working group. When I examined the discussion, I found it impossible to identify the start and the end of the discussion,

Figure 1　A Typical **QQ** Discussion Thread

thus the identification of any pure author and pure reader is impossible. In the selected part of discussion, the topic of discussion shifts quickly and suddenly changes from "family" into "McDonald menu". Although "McDonald menu" is a new topic, the initiator of this new topic is actually responding to an earlier message by mentioning "McDonald menu", and thus cannot be called the author in the strictest sense. With one's own responses getting recorded, the average person's role as interlocutor is more eminent than the mere role of either author or reader. Whether the distinction between author and reader is fruitful for social media discussions is in doubt.

5. The Functions of Interlocutor

The traditional categorization of participants in literary activities into author and reader is based on the read-function (no record left) and the write-function (record left in writing). But if we follow Bakhtin and understand literary activities as dialogues, it is the dialogue- or interlocutor-function that really matters. In addition, the read-function and write-function today are too closely intertwined in computer-mediated communication. It is time to re-evaluate the practicability of the terms, author and reader, in future literary and media discussions. My suggestion is to replace author and reader with interlocutor which highlights the dialogue-function of any human agents involved in literary activities.

Barthes argues that the author is no more than a scriptor who imitates or mix other texts into his own text (Barthes, 1977:145-146). Here he is actually implying that apart from making a text, an author also bears the read-function. Thus, the author is actually an interlocutor responding to other texts in an unseen social dialogue. The author is constructed by the deliberate eclipse of its read-function. In so doing, the sense of originality, an essential attribute of the author is constructed.

On the other hand, the eclipse of the write-function is traditionally what qualifies a reader. However, the write-function is now enabled for everyone by social media technology today. The notions of author and reader (audience) are losing grounds. None of us is a mere author or a mere reader. The new media revolution is calling for a new notion—the interlocutor, which redeems the full literary functions of everyone in communication.

Shi-xu (2006) criticizes that the Western pattern of thinking inclines to analyze and isolate people and actions into small controllable units, thus always obscuring the interconnectedness between them, and calls for a multi-culturalist approach to discourse theory that such interconnectedness may be revealed in the light or non-Western way of thinking. Bakhtin, as a once forgotten Russian semiotician, surely represents such a non-Western way of thinking that is going to reveal dialectically certain interconnectedness in terms of dialogue in literary meaning production.

References

BAKHTIN M M. Problems of Dostoevsky's poetics: theory and history of literature, Vol. 8 [M]. EMERSON C(ed. &trans.). Minneapolis: University of Minnesota Press, 1984.

BAKHTIN M M. Speech genres and other late essays: University of Texas Press Slavic series, No. 9[M]. EMERSON C, HOLQUIST M(eds.), MCGEE V W(trans.). Austin:

University of Texas Press,1986.

BAKHTIN M M. The dialogic imagination—four essays: University of Texas Press Slavic series,No. 1[M]. HOLQUIST M(ed.). EMERSON C,HOLQUIST M(trans.). Austin: University of Texas Press,1981.

BARTHES R. The death of the author[M]//HEATH S S(ed. &trans.). Image,music,text. New York:Hill and Wang,1977.

BELSEY C. The death of the reader[J]. Textual practice,2009,17(1):201-214.

CHAUCER G. The general prologue to the Canterbury Tales[M]. KIRKHAM D,ALLEN V (eds.). Cambridge:Cambridge University Press,1999.

COVER R. Audience inter/active: interactive media, narrative control and reconceiving audience history[J]. New media & society,2006,8(1):139-158.

DALRYMPLE R. Middle English literature:a guide to criticism[M]. Oxford:Wiley-Blackwell, 2004.

FISH S E. Interpreting the variorum[J]. Critical inquiry,1976,2(3):465-485.

FOUCAULT M. What is an author? language,counter-memory,practice[M]. Bouchard D F (ed.),BOUCHARD D F,SHERRY S(trans.). Ithaca:Cornell University Press,1977.

GREENBLATT S. Renaissance self-fashioning: from more to Shakespeare[M]. Chicago: University of Chicago Press,1980.

ISER W. The act of reading:a theory of aesthetic response[M]. Baltimore:Johns Hopkins University Press,1980.

IVOR R A. Practical criticism[M]. London:Kegan Paul Trench Trubner,1929.

JAUSS H R. Toward an aesthetic of reception[M]. BAHTI T (trans.). Minneapolis: University of Minnesota Press,1982.

MAZZALI-LURATI S. Subjects and reading strategies in hypermedia: the re-emergence of the author[J]. Semiotica,2009,173:525-555.

MINNIS A,BREWER C. Crux and controversy in middle English textual criticism[M]. Cambridge:D. S. Brewer,1992.

MINNIS A. Medieval theory of authorship:scholastic literary attitudes in the later middle ages[M]. London:Scolar Press,1984.

ROSENBLATT L M. Literature as exploration[M]. 3rd ed. New York:Modern Language Association,1983.

ROSENBLATT L M. Literature:the reader's role[J]. The English journal,1960,49(5):304-310,315-316.

Shi Xu. A multiculturalist approach to discourse theory[J]. Semiotica,2006,158:383-400.

VOLOSHINOV V N. Marxism and the philosophy of language [M]. MATEJKA L, TITUNIK I R(trans.). New York:Seminar Press,1973.

WIMSATT W K,BEARDSLEY M C. The verbal icon:studies in the meaning of poetry[M]. Kentucky:University of Kentucky Press,1954.

理解与对话

面向华文教学的在线资源平台开发

林进展　赵春生　吴福焕　洪瑞春　王志豪[1]

摘要：作为多元种族与文化并存的国家，新加坡的语言环境复杂而特殊，华文教育在当前环境下面临许多挑战。由此，新加坡教育部提出了以培养语言技能及应用能力为主导的新理念及许多新方针，强调华文教学要让学生"乐学善用"。因此，华文教学在内容上需要更加贴近现实生活，应充分利用语料库及其所搜集的丰富的真实语料，开发成华文教学资源，并应用到教学实践中。为此，华文教研中心开发了一套面向华文教师及课程开发者的在线教学资源平台。该平台结合了日常生活语料库与新加坡华文教材语料库，开发出包括字、词、句型信息检索与文本分级分类等六大功能模块。本文一方面介绍该平台各模块功能的设计情况，另一方面对试用过该平台测试版的华文教育工作者的反馈意见进行了梳理总结。总体而言，在高度信息化的时代，这一资源平台对教师课堂教学活动、教材编写、校本课程设计等方面都将所有裨益。

关键词：教学资源；华文；语料库；信息技术

一　背景

作为多元种族与文化并存的国家，新加坡的语言环境复杂而特殊，华文教育在当前环境下面临许多挑战。随着家庭语言环境的改变，在家以英语为主的小一新生逐年增加，修读华文的非华裔学生也有所增加。学生的语言背景日趋复杂，语文能力差异大。为此，如何规划与组织华文教学，让它取得最好的教学效益，是新加坡华文教育在当前及今后很长时间里关注的重点。

为了加强和培养学生掌握与应用语言的能力，新加坡华文教改提出了许多新方针，比如更重视学生的实际学习效果与应用能力等；在学习内容方面，除了继续强调灌输文化价值观，也强调真实语料的应用、语料解读技能的培养与在真实情境中交际与沟通的练习等。为更好地落实这些

---

〔1〕　作者单位均系南洋理工大学新加坡华文教研中心，新加坡教育部课程规划与发展司。

措施,新加坡教育部《2010 母语检讨委员会报告书》提出母语教育的三大目标:沟通(communication)、文化(culture)、联系(connection)。

要达到这些目标,关键在于让学生乐于学习,并经常使用,培养他们在各种不同的真实情境中有效使用华文华语进行沟通。在"乐学善用"的总目标下,相关委员会倡议,母语教育的主要目的,是加强年轻一代的沟通技能,培养他们的文化意识及鉴赏能力,使他们了解并重视自己的母族文化。同时,母语教育也应能让年轻的新加坡人与亚洲以及世界上说该母语的各族群联系接轨(新加坡教育部母语检讨委员会,2010)。

为了达到让学生"乐学善用"的目标,课程的开发就必须先了解新加坡真实语料的信息。比如,哪些字、词、句型在新加坡真实生活环境中应用频率最高?如何协助学生掌握与巩固高频字、词与句型,让学生离开课堂后有能力应用,能产生正迁移作用?如何针对学生程度的差异提供适当的语篇语料?简言之,针对新加坡新世纪华文教学的核心问题思考是:怎样让教材和教与学的核心更贴近学生的真实生活应用?如何真正意义地做到"真实语料""课文"与"生活语用"相结合?

要回答和解决这些问题,就必须从"真实语料"入手,面向华文教学开发以"真实语料"为主体的语料库及教学资源,同时还需要让华文教师及相关人员最便利地获取和使用这些资源。因此本文将介绍一套由新加坡华文教研中心开发的基于语料库的在线教学资源平台,并说明华文教师及教研人员对平台测试版试用反馈的调查情况。

二　语料库与数据驱动的语言教学

(一)语料库及其应用

语料库是语言资料的收集,通常是经加工后带有语言学信息标注的语料文本(Crystal,1997)。现代语料库的发展已有超过半个世纪的历史,但是长期以来语料库的建设主要用于提供语料检索、词典编纂、语言理论研究、信息处理研究、与社会语言等领域。根据不同的研究目的各种语料库纷纷出现,而面向华文教学的语料库及相关资源的开发仍相当有限。

目前已经建成并开放检索的中文语料库主要有:中国的"北语 BCC 语料库"(BLCU Corpus),"国家现代汉语语料库"(Chinese National Corpus),"北大 CCL 语料库"(PKU CCL Corpus)(Zhan et al,2006),等等。这些语料库主要为语言学研究者和华文学习者提供目标字词的例句检索功能。

虽然这些语料库收录了大量的真实文本,但是它们对华文教学而言便利性还是相对有限,因为这些语料库的主要目的不是华文教学,相关平台几乎不提供全文的并进行过分类分级标注的真实语料,不同年级的教师也就无法从中获取适合本年级学生的文本材料;并且这些平台没有为华文教师提供足够的功能。除了目标字词的例句外,教师还会需要更多相关的语言知识信息,例如字词的定义、常用搭配及适教年级等。

因此,要将语料库应用到语言教学中必须从教师和教学实际需要出发,进行具有针对性的设计,对语料库进行深度的综合性的开发,使之成为重要的教学资源。

(二)数据驱动的语言教学

研究表明,语言的习得需要学生长期持续的学习才能成功(Gillmore,2007)。一般传统的二语课堂教学环境中通常使用"人造"的教材以及相对孤立的词汇和句型结构。Mindt(1996)发现在英语作为第二语言的教材中语法结构的用法跟母语者的日常用法有明显差异。因而,二语学习者在真实生活语境下将其课堂所学用于交际的时候就会遇到困难。总之,教师应该将真实文本材料引入课堂教学中,从而创造真实语境使学生真正能够习得有意义的交际能力。因此,对于语言教学特别是二语教学来说,语料库其实是一种非常重要的资源。

20世纪90年代,"数据驱动的语言学习"(data-driven learning)被提出,该理论认为语言学习在学生注意并处理足量真实语例的时候更有可能发生(Johns,1990,2002;Cobb,2003)。比如,学习一个词语或句型需要充分地接触各种不同语境下该项目的出现情况,这样才能比较全面而牢固地掌握该词语或句型的语言知识。传统词典往往只提供有限的人造例句,这对于全面理解一个陌生词的意义和用法是很不充分的。相对来说,语料库则可以让学习者获得不同类型真实语言材料的大量用例,包括词语所构成的短语、搭配以及全文信息。当学生在真实语境中去探索语言的时候,他们就可以对语言的学习进行主动的控制(Nation,2001)。

在过去的三十多年中,在英语等一些语言的教学领域,以语料库为基础的方法已经取得了一定的成效。同时,有研究表明,以语料库为基础的学习材料只有当它适合学生的学习水平以及经验的时候才会产生效果(Sinclair,2004)。从这个意义上来说,一个包含丰富数据但没有进行标注和分类的语料库对学习者的帮助是有限的。

现实的情况是,目前大多数已建的语料库的开放程度不高甚至完全不开放,进行深度开发并为语言教学服务的更是非常有限,难以被包括华文教师在内的语言教学工作者所使用,从而造成了需求与资源之间的阻隔。因此,建设一个基于语料库的、具有针对性的、面向华文教师群体的在线华文教学资源平台是十分必要的。

三　基于语料库的华文教学资源平台开发

(一)开发目标

华文教学资源平台的建设是一个系统工程,其主要目标包括几个方面:

首先,创建一个以新加坡中小学华文教师为主要服务对象的在线教学资源平台,为华文教师提供常用的华语文知识及信息检索功能。

其次,在建立新加坡华文真实语料库基础上,对语料进行更加深入的处理,为华文教师提供大量的真实语例和文本等教学资源。

再者,开发一个基于语料库的文本自动分级系统,结合新加坡现行华文教材及课纲,帮助华文教师分析和评估课外文本的难度等级,从而选择适合的真实语料及教学素材。

此外,该平台还将为华文教师创造一个交流教学经验及分享资源的空间。

(二)开发流程

本华文教学资源平台的开发主要分为四个阶段:

(1)先对新加坡中小学华文教师进行访谈调查,了解教师在日常教学过程中所需要的教学资源的内容以及平台的具体功能。

(2)根据所确定的功能目标,进行资源平台网站的设计,设定每一项功能模块的具体内容,并确定所需的语料库及语言信息的数据来源。

(3)根据所设定的平台功能,对语料库进行处理与开发。该平台所凭借的语料库基础主要有两个:一是"新加坡学生日常华文书面语语料库",二是"新加坡中小学华文教材语料库"。其中学生日常华文书面语语料库将是主要的数据来源,该语料库是由新加坡华文教研中心(SCCL)于2012年建成的一个基于新加坡中小学生阅读习惯调查的,跨12种不同类型文本的,规模达2648072字、3613个文本的语料库。其字、词、句、篇的信息是资源平台的后台数据支持。而教材语料库则收集新加坡现行中小学华文教材课文语料,规模达 453638 字,841 篇课文,其作用是提供不同源流、不同年级教材中字、词、句、篇的各种信息,作为分级语料和文本的参照。

(4)在完成平台功能的初步开发以后,让部分华文教师及教研人员进行试用,收集反馈意见,调查并发现其中的问题与不足,并进一步完善资源平台。

总体流程如图 1 所示。

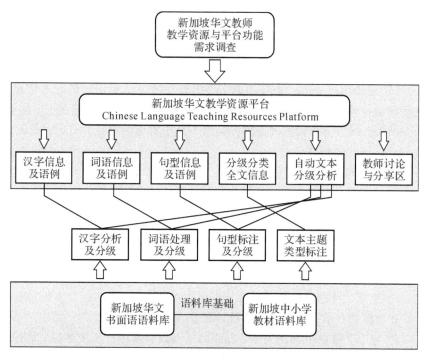

图 1　华文教学资源平台建构流程

(三)资源平台功能模块

目前资源平台共设定了六项主要功能模块,按照性质又可以区分为三项基本功能、两项核心功能以及一项附加功能。

1.基本功能——信息检索

基本功能包括:(1)单字信息查询,(2)词语信息查询,(3)句型信息查询,(4)教师讨论与分享。以下分别进行简介。

（1）单字信息查询。该项功能主要为教师提供目标汉字的相关信息查询。这些汉字都是新加坡学生日常书面语料库中收集到的汉字，共4855个。每个目标字将提供以下信息：

　　a.目标字的汉语拼音；

　　b.目标字的部件及笔画数；

　　c.目标字在教材中出现或适用的年级；

　　d.由目标字构成的常用词语；

　　e.教师对目标字的教学经验分享；

　　f.目标字在书面语料库中统计信息。

以上几项信息中，d和f都是由学生日常书面语料库中产出的数据，而c是从教材语料库中得出的，其余几项则是在此基础上进一步加工的信息。

（2）词语信息查询。该项功能主要为教师提供目标词语的相关信息。这些词语也都是新加坡学生日常书面语料库中使用的普通词汇，共有30000多个词。每个目标词语将提供以下几个方面的信息：

　　a.目标词的拼音和释义；

　　b.目标词的词性；

　　c.目标词在教材中出现或适用的年级；

　　d.目标词的同素词语；

　　e.目标词的常用搭配词语；

　　f.目标词的类义词（同义词和反义词）；

　　g.目标词的教材例句及真实语料例句；

　　h.教师对目标词的教学经验分享；

　　i.目标词在书面语料库使用统计信息。

以上几项信息中，b、e、g和i都是由书面语料库中产出的数据，而c是从教材语料库及书面语料库中分别得出的，其余几项则是在此基础上进一步加工的信息。

（3）句型信息查询。该项功能主要为教师提供所要教习的目标句型的相关知识信息，这些句型都是在书面语料库中进行定义及标注的190种句型（包括句类、狭义的句型和句式）。每个句型将提供以下几个方面的信息：

　　a.目标句型的所属类别与定义描述；

　　b.目标句型在教材中出现或适用的年级；

　　c.目标句型的真实语料例句；

d. 教师对目标句型的教学经验分享；

e. 目标句型在语料库中的使用统计信息。

以上几项信息中，c 和 e 是由书面语料库中产出的，而 b 是从教材语料库及书面语料库中分别得出的。

2. 核心功能——文本分级与分类

本资源平台的主要目标是为华文教师提供适用、真实的教学素材，一方面必须顾及素材于不同源流或水平的适用性，另一方面须确保语料的真实性。为此，本资源平台重点开发两项核心功能：(1)文本分级，(2)真实语料全文查询。后一项功能是在前一项功能的基础上开发的。

(1)文本分级。该功能是对用户所输入的文本进行自动分析和难度分级，该项功能的设置是为了方便华文教师在从其他来源挑选文本材料的过程中判定该文是否适合所教年级的学生。当用户输入所要分析的文本并点选本项功能后，即可产出文本的信息统计结果，包括：

a. 文本的难度参考等级（在不同源流或课程类型中的适用等级）；

b. 统计信息（包括篇幅、字种数、词种数、句数、平均句长）；

c. 文本的用字表和词汇表。

(2)真实语料全文检索。该项功能是为华文教师提供一定数量的真实语料全文以作为其辅助材料。这些文章是从所搜集的书面语料库中挑选出来的，先运用文本难度分级系统进行分级，标注文本的适用源流及年级，并根据媒介、语体、主题等进行分类标注，用户可以根据不同的分类标准检索到所需要的文本。

全文信息将包括以下方面：

a. 文本标题；

b. 适用年级；

c. 文本主题；

d. 语料来源；

e. 正文内容；

f. 统计信息（包括篇幅、字种数、词种数、句数、平均句长）；

g. 文本的字表和词表。

3. 附加功能——教师论坛

平台的另一项附加的基本功能是为新加坡华文教师提供一个交流与分享的平台，即"教师论坛"。该项功能分为两大板块：

一是"经验交流"区，即让教师提供自己在教学过程中就某个具体教学内容或语言点的教学经验进行分享，或者就某个教学难点进行提问，获取其他教师的经验分享。该板块又区分为"汉字教学""词汇教学""语法教学""写作教学""阅读教学""华语与文化""语言学知识"等领域。

二是"资源分享"区，即让教师分享各自在教学中常用的教学资源，例如课件、教案设计或者是游戏、视频等，使这些资源最大限度地发挥其功能。该板块又区分为"教案"和"教学工具"等子板块。

四　平台试用反馈

目前该平台测试版已初步完成，并由新加坡华文教师及相关研究人员进行试用，同时项目组进行了问卷调查及反馈意见的收集与整理。

参加平台测试版试用的人员共计 61 名，并按照职业性质分为"教师组"与"研究组"两个小组。其中教师组共 41 名，包括中学华文教师 25 名，小学华文教师 13 名，华文特级教师 3 名；研究组共 20 名，包括新加坡教育部课程开发员 2 名，教研中心讲师 5 名，研究员 13 名。

首先是两组人员对于资源平台六大功能模块的有用性的调查结果，从表 1 中可以看出：a. 两组人都认为"词语查询"和"文本分级"这两项功能最有用；b. 对于华文教师来说"全文查询"功能比较重要，而对于研究人员来说"句型查询"比较重要。由此也反映出，作为教学一线的华文教师，对于文本语料的需求是很明显的；而研究人员则对句型更感兴趣。

表 1　资源平台六大功能模块实用性调查结果对比

排序	教师组			研究组		
	编号	功能模块	比例	编号	功能模块	比例
1	B	词语查询	87.80%	B	词语查询	70.00%
2	D	文本分级	82.90%	D	文本分级	70.00%
3	E	全文查询	56.10%	C	句型查询	65.00%
4	A	单字查询	46.30%	E	全文查询	55.00%
5	C	句型查询	43.90%	A	单字查询	45.00%
6	F	教师论坛	19.50%	F	教师论坛	15.00%

其次，我们分别对各大模块提供的各项信息的有用性进行调查，以下分别是上述 4 项较有用的功能模块各项信息的调查结果。

（1）词语查询模块。表 2 是词语查询模块各信息项的实用性调查结果及教师组与研究组对比，从该表可以看出：a. 两组人员都认为词语模块中的"释义""例句"和"常见搭配"很重要；b. 不同的是，对于教师来说，词语的"适用等级""课本年级"显得更重要，而研究人员更重视"词性""拼音""同素词"等信息。

表 2　词语查询模块各信息项实用性调查结果对比

排序	教师组			研究组		
	编号	词语模块信息项	比例	编号	词语模块信息项	比例
1	B	释义	88%	B	释义	45%
2	G	常见搭配	88%	C	词性	45%
3	H	例句	85%	H	例句	45%
4	D	适用等级	78%	A	拼音	35%
5	E	课本年级	76%	F	同素词	35%
6	A	拼音	73%	G	常见搭配	35%
7	J	教材例句	73%	J	教材例句	30%
8	F	同素词	71%	D	适用等级	25%
9	C	词性	66%	E	课本年级·	25%
10	M	相关链接	66%	L	语料库统计信息	25%
11	I	类义词	56%	I	类义词	20%
12	L	语料库统计信息	51%	K	教学经验	20%
13	K	教学经验	42%	M	相关链接	15%

此外，对于词语查询模块，一些试用者提出了一些建议，主要包括：a. 希望提供词语的英文注释；b. 希望提供词的色彩义。从中也可以反映出新加坡的社会语言环境，英文背景的学生往往需要通过英文理解词义。另外，由于华文的接触量不足，学生对于词义色彩的感知度也较低。

（2）文本分级模块。表 3 是文本分级模块各信息项的实用性调查结果，可以看出：a. 两组人员都认为"文本级别判定"功能与"年级字词对比分析"功能最重要；b. 对于教师而言，"文本统计信息"也较为重要，而研究人员更重视"显示词性"的功能。

表 3　文本分级模块各信息项实用性调查结果对比

排序	教师组			研究组		
	编号	文本分级模块信息项	比例	编号	文本分级模块信息项	比例
1	A	文本级别判定	59%	A	文本级别判定	45%
2	E	年级字词对比分析	59%	C	显示词性	35%
3	B	文本统计信息	46%	E	年级字词对比分析	35%
4	C	显示词性	34%	B	文本统计信息	25%
5	D	显示断句	34%	D	显示断句	25%

对于文本分级模块,一些教师提出的建议主要是:列出超纲字词的所在年级。因为该信息可以帮助他们判断所选文本中超出某年级的字词的难度水平,从而决定如何进行修改以便使文章适用于本年级学生。

(3)全文信息模块。表 4 是全文信息模块各信息项的实用性调查结果,可以看出:a. 两组人员都认为文本的"适用对象与年级"最重要,"主题类型"次之;b. 对于教师来说,"文本字词篇幅统计"信息和"文本字表、词表、句型表"也比较重要;而对于研究人员来说,"文本来源"和"文体类型"显得更重要。

表 4　全文信息模块各信息项实用性调查结果对比

排序	教师组			研究组		
	编号	全文信息模块信息项	比例	编号	全文信息模块信息项	比例
1	A	适用对象与年级	71%	A	适用对象与年级	45%
2	D	主题类型	66%	B	文本来源	40%
3	E	文本字词篇幅统计	56%	C	文体类型	35%
4	F	文本字表、词表、句型表	56%	D	主题类型	35%
5	C	文体类型	49%	F	文本字表、词表、句型表	30%
6	B	文本来源	46%	E	文本字词篇幅统计	10%
7	G	其他	5%	G	其他	5%

对于全文信息模块,试用者提出的建议主要有:a. 补充文章的关键词以便于检索;b. 增加文章的知识和技能点。这些建议也是与教师的日常教学需要直接相关的。

（4）句型查询模块。表5是句型查询模块各信息项的实用性调查结果，可以看出：a. 教师和研究人员的反映结果基本一致，并都认为句型的"例句"信息最为重要；b. 教师更重视句型的"适用等级"信息，而研究组更重视"释义"。

表5　句型查询模块各信息项实用性调查结果对比

排序	教师组			研究组		
	编号	句型模块信息项	比例	编号	句型模块信息项	比例
1	C	例句	56%	C	例句	40%
2	B	适用等级	42%	A	释义	35%
3	A	释义	37%	B	适用等级	30%
4	E	语料库统计信息	34%	E	语料库统计信息	25%
5	D	教学经验	12%	D	教学经验	15%

对于句型查询模块，试用者提出的主要建议是：a. 提供句型对比；b. 增加修辞性句式（如比喻句、拟人句、排比句）。而这些信息是华文教学当中常用的教学内容。

最后，从总体反应来看，无论是华文教师、课程开发人员，或是研究人员，对于资源平台目前所提供的功能和信息是比较认同和欢迎的，因为可以切实为他们的日常教学或研究过程提供帮助。

五　结语

本文从新加坡华文教学的背景、现状，以及实际需要出发，提出了一种利用语料库开发华文教学资源平台的方法，并具体介绍了平台的各大功能的设计情况，以及华文教师及研究者试用的反馈结果。由此确信，华文教学资源平台对于教师的日常教学、教材的编写以及教学研究等都具有重要的实用价值。

华文教学资源平台还在建设的过程中，需要不断地接收华文教学从业者的反馈来使平台逐步完善。同时，这项工程只是信息化时代背景下，信息技术与华文教学相结合的一种尝试，华文教学需要有更多的资源帮助教师和学生共同提高教学质量。未来应该针对华文教学中的问题，开发更多实用性的工具和资源，使华文教学的各个环节都能从中受益。

参 考 文 献:

COBB T. Do corpus-based electronic dictionaries replace concordancers? [M]//MORRISON B,GREEN G,MOTTERAM G(eds.). Directions in call:experience,experiments,evaluation. Hong Kong:Hong Kong Polytechnic University,2003.

CRYSTAL D. A dictionary of linguistics and phonetics[M]. Oxford:Blackwell Publishers Ltd.,1997.

GILMORE A. Authentic materials and authenticity in foreign language learning[J]. Language teaching,2007,40(2):97-118.

JOHNS T. Data-driven learning:the perpetual challenge[M]//KETTEMANN B,MARKO G (eds.). Teaching and learning by doing corpus analysis. Amsterdam:Rodopi,2002.

JOHNS T. From printout to handout:grammar and vocabulary teaching in the context of data-driven learning[J]. CALL Austria,1990,10:14-34.

MINDT D. English corpus linguistics and the foreign language teaching syllabus[M]//Using corpora for language research. London:Longman,1996.

NATION I S P. Learning vocabulary in another language[M]. Cambridge:Cambridge University Press,2001.

SINCLAIR J. Trust the text:language,corpus and discourse. London:Routledge,2004.

ZHAN W,CHANG B,DUAN H,et al. Recent developments in Chinese corpus research[C]. The 13th NIJL International Symposium,language corpora:their compiliation and application. Tokyo:Japan,2006.

新加坡教育部母语检讨委员会. 乐学善用——2010 母语检讨委员会报告书[R]. 新加坡:新加坡教育部母语检讨委员会,2010.

新加坡小学华文写作课堂鹰架教学模式先导研究

周红霞　陈志锐[1]

摘要:写作是语言能力的综合体现。不论对一语还是二语学习者来说,写作都是一项习得难度大,挑战性高的任务。在新加坡,多年来实施的以英语为主的双语政策造就了其独特的社会语言环境。新加坡教育部于2010年公布的一个调查数据显示,在以华语为母语的小六学生中,有近38%的学生在家里主要使用英语,37%的学生主要使用母语,而剩余的约25%的学生则是兼用英语和母语。(新加坡教育部母语检讨委员会,2010)。学生的家庭语言环境日趋复杂,这一现状使得新加坡的华文教育面临更多挑战,而华文写作教学所面临的挑战更大。正如一些华文教师和学者所指出的那样,"新加坡的华语写作教学是华语教学中较为重要,却也是较为棘手的一环"(陈家骏,2006:287-292)。华文写作教与学的状况,无论是在小学、中学还是大学,都不是十分令人满意(许福吉,2006)。为探索有效的华文写作课堂教学策略,提高华文写作课堂教与学的成效,新加坡华文教研中心在2014年于一政府小学开展了一项华文写作教学干预性实验研究。研究以维果斯基的"最近发展区"和社会文化历史理论为理论基础,参考借鉴实证研究领域中写作课堂的鹰架教学策略,设计出由五个具体教学步骤组成的鹰架教学模式,并将此教学模式试用于一线课堂,旨在检测该教学模式在课堂教学中的可行性与有效性。研究随机抽取一所政府小学两个三年级班级为研究对象,一个为实验班,另一个则为控制班。实验班教师采用研究组设计的"鹰架教学"模式的教案授课,控制班教师则按照往常的教学方法授课。实验收集了学生作文前后测、教师访谈和学生访谈数据。前后测数据统计的结果表明,实验班作文成绩较控制班有显著提高。教师访谈数据表明该鹰架教学模式提升了学生对写作课的参与度,提高了课堂学习效果。学生访谈数据表明学生对该教学模式有较高的接受度与喜爱度。研究结果证明,该鹰架教学模式在新加坡的二语华文课堂中具有可行性和有效性,有推广价值。

关键词:华文;写作教学;鹰架教学模式

---

〔1〕 周红霞,陈志锐,南洋理工大学新加坡华文教研中心教研人员。

一 研究背景

　　写作是语言能力的综合体现。不论对一语还是二语学习者来说，写作都是一项习得难度大、挑战性高的任务。在新加坡，多年来实施的以英语为主的双语政策造就了其独特的社会语言环境。新加坡教育部于2010年公布的一个调查数据显示，在以华语为母语的小六学生中，有近38%的学生在家里主要使用英语，37%的学生主要使用母语，而剩余的约25%的学生则是兼用英语和母语（新加坡教育部母语检讨委员会，2010）。学生的家庭语言环境日趋复杂，这一现状使得新加坡的华文教育面临更多挑战，而华文写作教学所面临的挑战更大。正如一些华文教师和学者所指出的那样，"新加坡的华语写作教学是华语教学中较为重要，却也是较为棘手的一环"（陈家骏，2006：287-292）。华文写作教与学的状况，无论是在小学、中学还是大学，都不是十分令人满意（许福吉，2006）。尽管前线教师在教学中费尽心力，学生的作文却常常被认为有"内容上千篇一律，空洞乏味，结构上缺乏连贯，语言上受英文表达影响"等诸多方面的问题（焦福珍，2010；赵娥，2011；榜鹅小学泥土社团，2009）。造成这些问题的原因是多方面的，学生语言程度太低，不喜欢写作是造成上述现状的一部分原因（王莹，2011）。此外，教师对二语写作困难了解不多，教师的授课方式也是造成上述现状的因素（钟竹梅，2012）。根据刘永兵等（2006）的一项课堂观察研究，小学华文课堂多以教师为中心，学生发言以及练习的机会不多。以教师为中心的课堂，教师往往会因为缺乏对学生学习困难的了解，而没能提供准确有效的鹰架帮助学生，最终影响教与学的效果。

　　在此背景下，为探索有效的华文写作课堂教学策略，提高新加坡华文写作课堂教与学的成效，本研究组梳理文献资料，设计出"写作课堂鹰架教学模式"，并在新加坡一政府小学开展了一项华文写作教学干预性实验研究。此项研究为先导性研究，旨在了解该教学模式在前线课堂中的可行性、有效性及推广的价值所在。

二 相关文献

(一)鹰架教学

"鹰架支持"这一概念是布鲁纳基于维果斯基的"最近发展区"概念提出来的(Bruner,1983)。维果斯基认为儿童的发展有两种水平:一种是儿童现有的能力水平,指独立活动时所能达到的解决问题的水平;另一种是其潜在的发展水平,指儿童在获得成人或同伴协助后可能达到的能力水平。两者之间的差异就是"最近发展区"(Vigostky,1978)。别人给予儿童的协助,包括成人与同侪的协助或互动等社会支持,对儿童的认知发展具有促进发展的作用,能够帮助儿童达到其潜在的发展水平。受维果斯基的"最近发展区"概念的启发,布鲁纳和吴德等人在教育领域提出"鹰架支持"这一概念,指的是学生在学习一项新的概念或技巧时,教师通过给学生提供足够的支援和协助,促进学生能力发展的教学方法。

在布鲁纳等人提出"鹰架支持"并且对之加以阐述后,鹰架教学开始受到教育领域广泛的重视。在过去的二十年中,教育研究领域内出现了相当多的研究探索鹰架教学。然而,学者们对于"鹰架教学"这一概念却没有文字上的统一定义(van de Pol et al.,2010)。尽管如此,学者们对于鹰架教学所具有的基本特征却有着共同的认识。这些基本特征包括:(1)共同的学习目标;(2)随时诊断和提供合适的帮助;(3)师生的对话与互动;(4)鹰架的拆除(Langer & Applebee,1986;Palincsar,1998;Stone,1998)。"共同的学习目标"指学童和比他能力更强的成年人或同伴共同承担一个相同的学习任务。"随时诊断和提供合适的帮助"被认为是鹰架教学的一个最重要的特征,指的是教师随时评估诊断学童的学习过程并且提供合适的支持帮助(Wood et al.,1976)。这个过程中,强调教师和学生之间的互动与对话。通过互动,教师了解学生的学习困难并提供协助与支持,学生不是被动地接受知识,而是积极主动地参与,师生共同决定着互动的方向。鹰架的拆除指的是当学生能力逐渐增强,教师的支持就逐渐减少,直到学生能够独立地完成任务时,鹰架就完全拆除。吴德指出学生能独立承担任务的成功标志是学生不仅学会了如何完成一个具体的任务,而且也掌握了完成某一类特定任务的方法(Wood et al.,1976)。

(二)有效写作课堂的教学元素

不同科目的课堂,鉴于科目自身的特点,教学方法不同,教师搭建鹰架的方法也不尽相同。有效的写作课堂是否包含一些共性?这些共性是什么?遵循此思路,笔者继而参考阅读了写作教学领域内的文献,试图了解有效写作课堂的教学元素。Graham & Harris(2002)基于广泛的文献资料,认为有效的写作课堂必须包含以下基本教学元素:

(1)教师对写作过程、写作策略的充分示范。

(2)师生定期共同讨论写作目标与写作过程。

(3)学生间合作学习,互相帮助完成构思、提纲、写初稿、修改、编辑与成文的写作过程。

(4)师生的反馈(教师反馈及同侪反馈)。

由此可以总结,教师示范、学生的合作学习、师生的反馈是有效写作课堂不可缺少的核心教学元素。写作课堂是一个群体的交际活动,学生不是单独地、孤立完成写作过程。师生互动及合作学习始终贯穿其间,是有效写作课堂的明显特征。

(三)鹰架教学模式

如同学界对"鹰架支持"没有统一的定义一样,在具体的教学实践课堂中,搭建教学鹰架的方法也不尽相同,并没有统一的或特定的教学方法。写作教学也是如此。笔者梳理了写作教学领域的鹰架写作教学模式,尝试了解写作课堂的鹰架教学的共性。笔者从几个写作鹰架教学模式中得到启发,结合有效写作课堂的教学元素设计出一个由五个教学步骤所组成的写作课堂的教学模式。

Read(2010)提出一个由五个教学步骤组成的鹰架写作教学模式,并试用在她的写作教学中。这五个步骤分别是:(1)探究;(2)示范;(3)师生合作写作;(4)同侪合作写作;(5)独立写作。Jacobs(2001)针对学前及小学教师培训提出一个鹰架教学模式:强调三个重要元素,即示范、实践与反思。Richards 和她的同事经过多年的小学教学的摸索与实践,提出一个小学写作课堂的鹰架教学模式。模式由七个步骤组成,分别是:(1)调查与评估学生能力;(2)师生共同讨论;(3)收集材料;(4)教师示范;(5)师生或生生协作练习;(6)学生共同使用写作策略;(7)反思(Richards & Lassonde,2011)。Read 的鹰架模式体现的是鹰架教学中的基本特征,即经由他人协助到独立完成写作任务的过程;Jacobs 的模式主要用于成人的课堂,而且缺乏详细的步骤。Richards的这七个教学步骤比较耗时,完成一个教学周期通常需要花几次课的时间,因而并不适合新加坡华文课时十分有限而宝贵的教学现实。但是,从这三个模式我们可以看到几个共同策略,如示范、合作形式的练习、反思等。

基于上述文献梳理,在参考借鉴了鹰架教学的共同特征、有效写作课堂的主要教学元素及鹰架教学模式的共同点,同时又结合新加坡本地华文二语教学的现实状况后,笔者设计了由以下五个教学步骤组成的鹰架教学模式,即:(1)设置写作任务;(2)示范;(3)合作练习;(4)反馈;(5)反思。之后,笔者将该模式试用于前线教学课堂,以检测该教学模式在课堂教学中的可行性与有效性。

三 研究设计

(一)研究目的

如第一部分所述,学生的作文在内容、结构和语言等三个方面存在诸多问题。本研究针对学生作文内容方面的问题,有重点地探索设计出一套鹰架教学策略,以帮助前线教师提高华文写作课的成效。研究目的如下:

(1)探索一套鹰架写作教学策略,帮助小学生克服看图作文中内容和条理性两个方面的写作困难。

(2)评估鹰架写作教学策略是否能够帮助小学生提升华文写作中内容和条理性两个方面的能力。

(二)研究对象

研究随机抽取一所政府小学三年级的两个小学班级作为研究对象,一个为实验班,28人;另一个为控制班,31人。研究历时三个月,共执行四次干预课,每次课为一个小时。实验班教师有三年的教学经验,其将采用研究组设计的"鹰架教学"模式的教案授课。研究不对控制班进行干预。

(三)数据收集

研究收集了量化和质化数据。量化数据有实验班和控制班学生的看图作文前后测。作文前后测采用相同试卷。质化数据有实验班教师访谈和学生访谈数据。

（四）教学设计与实验过程

1. 教学设计

本研究的教学目标是通过鹰架教学模式，帮助学生克服华文写作中内容及条理性方面的困难，提高学生在这两个方面的写作能力。干预课的教学设计按照文献中所阐述鹰架教学模式来设计，包含五个教学步骤，如在文献中所述，鹰架搭建发生在人际交往活动中，交际与互动是鹰架课堂教学的前提。本研究的鹰架教学模式的五个教学步骤中的每一个步骤都是在师生和生生之间的互动中进行。互动是鹰架教学最重要的前提和基本特征。下面简要阐述课堂中的这五个教学步骤：

设置写作任务。通过导入环节，教师播放视频，或者展示图片与照片唤起学生相关的生活经验，围绕写作任务的主题与学生展开讨论。在诱导学生说出相关的生活经验、个人看法、感受之后，教师设置本堂课的写作任务，要求学生用即将在本课学习的写作策略完成写作任务。

示范。教师示范写作策略或过程。首先，教师展示一篇范文，强调范文中所使用的写作策略。接着，教师将自己使用该写作策略的思路演示给学生，示范自己如何使用该策略完成写作。示范的方法有多种，例如教师可以展示两篇作文，一篇好的作文与一篇不太理想的作文，通过对比凸显使用该写作策略的重要性。

练习。主要以合作学习方式进行。学生两两一组或三人一组，小组均由层次不同的学生组成。合作练习使用教师在示范环节所教的策略，来完成活动单中的练习。

反馈。完成练习后，教师对学生的作业给予及时的反馈。过程中也鼓励学生对其他组的作业给予反馈建议。通过教师的反馈，学生能够了解他们是否正确理解、掌握了该策略。

反思。课堂的最后一个步骤。教师引导学生思考本节课所学的写作策略，以及该策略在今后的独立写作中的重要性，让学生加深学习印象。

2. 实验过程

本研究采用研究组与学校老师共同设计教案的合作方式进行实验。研究组先按照上述的鹰架教学模式初步设计出教案，然后请任课教师根据学生的能力水平，就教学策略、活动单难度、时间安排等方面提供反馈，再进行修改。干预课当天，教师与研究员在课前见面，双方确定干预课的重点与须注意的地方。之后，教师进行干预教学，研究员随堂观课。课后,教师与研究员进行课后讨论,收集教师在教学实践后的反馈,了解教师所遇到的问题。结合上述观察与反馈,教师和研究员调整下一次课的教学设计。研究一共进行了四次课的干预教学,收集了实验班和控制班学生在实验前和实验后的作文。通过对比两班学生干预课前后作文成绩、教师及学生访谈,本研究的两个研究问题得到解答。

四 数据分析

(一)量化数据分析

研究开始时,研究组收集了学生的看图作文。研究结束时,研究组用相同的试卷再次收集了学生的作文。对学生的前后测作文,研究组采用双人评分的方法评出成绩,然后做统计分析。统计分析结果如表 1 所示。

表 1 作文成绩前后测分析

测试阶段	实验班($N=28$)		对照班($N=31$)		二者均差	效果强度
	均差	标准差	均差	标准差		
前测	6.59	2.72	6.94	2.82	0.35	0.12
后测	10.19	3.10	8.39	2.63	1.80	0.68

在前测中,实验班的均数为 6.59,控制班的均数为 6.94,控制班均数略高于实验班。其间差异为 0.35 的效果强度为 0.12。根据柯汉的标准,这表示两组之间只有细微的差异,显示两组在实验开始时水平能力等同。

实验后,在后测中,实验班的均数为 10.19,标准差为 3.10;而控制班得 8.39,标准差为 2.63,其间的差异为 1.80,有相应的效果强度 0.68,为中等效果。这个数据表示,实验后实验班的作文水平有更为明显的提高,实验得到预期的效果。

(二)访谈数据及分析

1.教师访谈结果及分析

实验后,研究组对教师进行了访谈,了解教师对实验的整体方面,如整套鹰架教学模式的实用性、可操作性两个大方面的看法。表 2 显示教师对上述的几个问题都给出了十分正面的反馈。

表 2　教师对实验的整体反馈

访谈问题	教师反馈
1.您觉得该教学策略是否实用？是否好用？	概念很好。让学生知道除了写看到的，还要写想到的和结尾，能让学生写出对话和心里话，能帮助学生写出更多内容。
2.幻类片、教案和活动纸是否容易操作？	需要进行几次学生才能熟悉。
3.需要做什么调整？	除了让学生形成"看到的—想到的—结尾"的概念，可能还可以考虑为程度较好的学生增加一些好词、好句。要考虑进行差异教学。
4.课时是否足够？	足够。

　　教师认为该教学模式能够帮助学生写出更多的内容，整套教学策略在课堂上实施时间足够。教师也提出了一些建议，例如加入好词好句，考虑差异教学，等等。

　　除了了解教师对实验教学策略的看法，研究组也从老师那里了解实验带给学生的影响，如表 3 所示。

表 3　实验课对学生产生的影响

访谈问题	学生反馈
学生是否比较喜欢写作？	还不确定。 但学生现在没那么抗拒写作了。
学生的写作成绩是否有提高？	内容已经比较丰富。 学生会在作文中写对话、心里话，有很大进步。
学生在课堂上的表现是否有改变？	学生现在明白了写作的概念，知道怎么写，就会比较认真，不会捣蛋，也会比较有信心。 之前，学生害怕老师提问，希望老师不要点自己的名，现在会争先恐后，抢着回答老师的问题。这可能是因为他们已经了解老师的要求，知道怎么做，参与感就会增强。

　　表 3 是实验后从教师的角度观察到的实验对学生的影响。总体来说，教师虽然对学生是否变得喜欢上华文写作课不确定，但是观察到学生已经不像以前那么抗拒写作了。教师收集到的学生平时作文的内容也已经比较丰富。实验后，学生对写作也有了概念，比较有信心，课堂上的积极性和参与度也有增强。

2.学生访谈

除了教师访谈资料,研究组也收集了学生访谈资料,以了解学生对实验课的感受。研究组从学生高、中、低三个能力组中每组分别抽取两位学生,共六位学生接受访谈。笔者根据访谈结果,归类整理如表4所示。

表4 学生访谈结果

访谈问题	肯定意见		否定意见	
	人数	理由	人数	理由
1.你喜欢这几次的看图写作课吗?	6	肯定理由: 有趣。——4人 能够写出来,比较容易写了。——2人		
2.你最喜欢哪个部分?	5	肯定理由: 看卡通。——2人 小组活动。——2人 老师示范。——1人 其他:不知道。——1人		
3.是否觉得看图写作比以前容易?	3	肯定理由: 同上。 其他:未回答。——2人	1	理由: 现在的字词比较难。——1人
4.录像	6	肯定理由: 平时没看这么多卡通。——1人 好奇卡通的内容。——1人 可以照着卡通的内容写作文。——2人 录像里的话给我帮助。——1人 有趣。——1人		
5.讲解范文	5	肯定理由: 可以学到一些 ideas（点子）。——4人 这样做起来很容易。——1人	1	理由: 很枯燥。——1人
6.小组活动	4	肯定理由: 我们会互相帮助。——3人 比较多自信。——1人	2	理由: 组员不喜欢写,都是我一个人写。——1人 大家意见不统一,结果总要投票。——1人

访谈问题	肯定意见		否定意见	
	人数	理由	人数	理由
7. 呈现/评价	4	肯定理由： 可以从老师和同学的话(反馈)中学到东西，知道怎样写是对的，怎样是错的。——3人 看别人写什么时可以记住别人写什么，用在别的作文里。——1人	2	理由： 错误被大家看到，呈现的人会尴尬。——2人
8. 反思	4	肯定理由： 更明白，容易记住。——4人	2	理由： 不喜欢回家写作文。——1人 有时老师会问我学到了什么，我不懂要怎么回答。——1人

表4显示，大部分学生对实验课的评价是正面的。为方便学生理解，研究员将鹰架教学的第一个步骤"设置写作任务"的环节表述为录像环节。参加访谈的学生一致表示喜欢教学的第一个步骤。教师示范环节，四位学生认为可以从教师的示范中学到一些方法。其中，一位学生认为经过示范后，自己写作就更容易了；只有一位学生表示不喜欢，理由是比较枯燥。在未来正式研究中，设计示范时需要多样化的、活泼有趣的教学策略，满足不同学生的需求。对于小组活动，有四位表示喜欢，认为合作学习可以带来自信心；有两位学生表示不喜欢，原因是练习环节是靠自己独立地完成练习，组员没有参与合作。另外一位学生表示，组内意见太多，无法统一。学生的反馈说明，要使小组活动真正具有合作学习的性质，还需要教师更具体细致的指导。例如，在安排小组活动的同时，教师可以为组内的每一位学生安排一个任务或角色。这样，每位学生都能够有练习任务。小组活动进行时，教师可以到学生组内参与活动，观察了解活动情况，及时提供指导与协助。对于反馈环节，有四位学生认为可以从中学习到什么是对与错，也可以从别人的作文中学习到东西，应用到自己的作文中。有两位认为让其他同学看自己的作文会感到尴尬，因而表示不喜欢。这提醒我们，在给予反馈时，教师应该考虑学生的内心感受，注重采用适当的方式方法给予反馈，让更多的学生都能够接受反馈。最后

的反思步骤,有四位学生认为这个环节能够帮助他们更加明白并且记住所学内容。有一位学生表示不喜欢,理由是当课堂进入尾声时,也意味着老师即将要布置作业了。另外一位学生表示,自己不知道如何回答老师的问题,因而不喜欢。

总体分析学生访谈资料,可以看到本鹰架教学模式在前线课堂得到了学生正面的肯定。学生对实验课持积极正面的态度,接受度较高。

五 结语

本文探讨本研究的鹰架教学模式在新加坡小学华文课堂的可行性与有效性。研究收集了量化与质化的数据。通过量化数据的分析可以看出,本鹰架教学模式能够有效地丰富学生的华文作文内容,提高作文的条理性。通过分析教师访谈和学生访谈数据可以看出,该教学模式能够提高学生对华文写作课的兴趣,在一定程度上提高学生能力。学生对实验课堂也有较高的喜爱度。

本研究表明,本鹰架教学模式的五个教学步骤,即设置师生共同的写作任务、教师示范、学生合作练习、教师反馈以及反思能够给学生提供足够的鹰架支持,帮助学生有效地掌握写作策略。该教学模式符合新加坡本地课堂的实际情况,可以在未来做进一步的推广。然而,本研究只是小规模的先导研究,其结果也有一定的局限性。要在大范围内推广使用该教学模式,还需要做更大规模的正式研究,从更广的层面了解该鹰架模式在不同课堂可能遇到的问题,并摸索对应的调整方法,最后达到使更多的小学华文课堂受惠的目的。

参 考 文 献:

BRUNER J. Child's talk:learning to use language[M]. New York:Norton,1983.

GRAHAM S, HARRIS K R. Prevention and intervention for struggling writers[M]// SHINN M, WALKER H, STONER G(eds.). Intervention for academic and behavior problems II:preventive and remedial techniques[M]. Washington, DC:The National Association of School Psychologists,2002,589-610.

JACOBS G M. Providing the scaffold:a model for early childhood/primary teacher preparation[J]. Early childhood education journal,2001,29(2)(winter):125-130.

LANGER J A,APPLEBEE A N. Reading and writing instruction:toward a theory of teaching and learning[M]//ROTHKOPF Z(ed.). Review of research in education. Washington DC: American Educational Research Association,1986:171-194.

Mother Tongue Languages Review Committee（MTLRC）. Nurturing active learners and proficient users—2010 mother tongue languages review committee report［R］. Singapore：Singapore Ministry of Education,2010.

PALINCSAR A S. Keeping the metaphor of scaffolding fresh—a response to C. Addison Stone's "The Metaphor of Scaffolding：Its Utility for the Field of Learning Disabilities" ［J］. Journal of learning disabilities,1998,31：370-373.

READ S. A model for scaffolding writing instruction：IMSCI［J］. The reading teacher,2010,64(1)：47-52.

RICHARDS J C. Second language writing［M］. New York：Cambridge University Press,2003.

RICHARDS J,LASSONDE C. Writing strategies for all primary students：scaffolding independent writing with differentiated mini-lessons［M］. San Francisco：Jossey-Bass,2011.

STONE C A. The metaphor of scaffolding：its utility for the field of learning disabilities［J］. Journal of learning disabilities,1998,31：344-364.

VAN DE POL J,VOLMAN M,BEISHUIZEN J. Scaffolding in teacher-student interaction：a decade of research［J］. Education psychology review,2010,22：271-296.

VYGOTSKY L S. Mind in society：the development of higher psychological processes［M］. Cambridge：Harvard University Press,1978.

WOOD D,BRUNER J,ROSS G. The role of tutoring in problem-solving［J］. Journal of child psychology and psychiatry,1976,17(2)：89-100.

榜鹅小学泥土社团. 运用录像提高小学生看图作文能力的实践探究［J］. 华文老师,2009,52：8-10.

陈家俊. 谈新加坡中学华文作文教学的设计及其内容［M］//新加坡华文教学论文四集. 新加坡：莱佛士书社,2006：287-292.

焦福珍,李玉英,关德顺,等. 激发学生兴趣,提高作文质量——谈作文课教学设计［J］. 华文老师,2010,54：19-20.

刘永兵,吴福焕,张东波. 新加坡华语课堂教学初探［J］. 世界汉语教学,2006,1：97-105.

王莹. 快乐写作——"走进生活、综合性学习"写作教学实验初探［J］. 华文学刊,2011,9(1)：55-67.

新加坡教育部母语检讨委员会. 乐学善用——2010 母语检讨委员会报告书［R］. 新加坡：新加坡教育部母语检讨委员会,2010.

许福吉. 写作教程与多元智能［M］//新加坡华文教学论文四集. 新加坡：莱佛士书社,2006：247-268.

赵娥. 怎样让文章具体生动起来——以学生习作《珍藏在心底的甜蜜记忆》为例［J］. 华文学刊,2011,55：24-27.

钟竹梅. 新加坡小一写作中句子的及物系统分析［J］. 华文学刊,2012,12：64-75.

语文教学测试与评估

语文高考改革需要找准着力点

倪文锦[1]

摘要:语文是中小学的核心课程,也是高考的一门必考科目。语文高考改革一方面要受制于高考招生制度的改革,另一方面也必须符合学科自身的特点,因此找准着力点是关键。当前,我国正在深化考试招生制度改革,总的目标是形成分类考试、综合评价、多元录取的考试招生模式,健全促进公平、科学选才、监督有力的体制机制,构建衔接沟通各级各类教育、认可多种学习成果的终身学习立交桥。其中,高考改革的核心是"逐步推行普通高校基于统一高考和高中学业水平考试成绩的综合评价多元录取机制"。从考试实施的层面看,这一新机制规范了语文在高考中的地位和作用,明确了语文高考改革的方向和重点。本文认为,语文高考改革有以下三个着力点,即:一、提高高中语文学业水平考试成绩在高校招生录取中的权重;二、高中语文学业水平考试与语文高考应实行功能区分;三、语文高考命题应增加文化经典的考查。抓准这三个着力点,有利于语文高考改革同时实现从高考和高中学业水平考试两个方面的重点突破。

关键词:语文;高考;高中学业水平考试;改革

党的十八届三中全会已经完成了对我国考试招生制度改革的顶层设计。其中,高考招生制度改革的核心是"逐步推行普通高校基于统一高考和高中学业水平考试成绩的综合评价多元录取机制"。这一新机制十分明确地规范了"统一高考和高中学业水平考试"在高校招生中的地位和作用,突出了这"两考"作为新机制的基础是高考改革的关键。从考试实施的层面看,在满足"综合评价多元录取"的条件下,第一,它确立了高考改革的重点是"统一高考和高中学业水平考试",而不能像以往那样只注重高考;第二,高中学业水平考试的功能,不仅是判断高中学生能否毕业的主要依据,也是高校依法自主招生的一个重要依据。很显然,新机制下高考改革的重心已经发生了变化,由过去局限于单一的高考而转向兼顾高考和高中学业水平考试。因此,研究高考改革必须同时从高考和高中学

---

[1] 倪文锦,男,杭州师范大学学科教育研究所教授,课程与教学论方向博士生导师。

业水平考试两个方面做重点突破。

在我国，高中学业水平考试以前也称高中毕业会考，它是国家认可的省级考试，凡思想品德表现、社会实践、体育锻炼等均达到标准的学生，会考成绩必须全部合格，方可取得高中毕业证书。显而易见，高中学业水平考试是衡量高中生是否达到高中学科教育合格水平，用来鉴别考生是否具有毕业资格的水平考试。作为高中阶段的终结性考试，它的着眼点是考生水平是否达到学科课程标准（教学大纲）对高中阶段学习的要求，努力将"达标"的与"不达标"的加以区别，因此它也是评估高中学科教育质量的主要依据。

改革开放以来，作为教育改革的实验区，上海市是最早实行高中会考制度的地区，并在此基础上改革了高考。这一经验后来被迅速推广到全国。上海试行高中会考制度始于1987年。从当时上海的会考实践看，在实行会考之初，考生的会考成绩是按一定比例被记入高考总分的，即实行所谓"硬挂钩"。在此之后实行"软挂钩"，即不将会考成绩记入高考总分，而是分成五种不同的等级，供高校在录取新生时做参考。其中，及格以上的分四等——A等占考生总数的10%，B等占20%，C等占30%，D等不定比例，E等为不及格。以后，会考等级实行四级制，D级为不合格。因此，最初会考与高考相结合，即在会考的基础上实行高考，具有"两个有利"的明显优势：既有利于中学教学，又有利于高校选拔。会考可以保证中学能自主地按学科教学大纲（课程标准）实施教学，从而能在一定程度上防止学生偏科，夯实中学教育的整体基础，促进中学教育质量的全面提高。当时上海对高考分数的使用只限于大学招生，而会考成绩除了能在大学招生中占一定比例外，它作为学生高中毕业"资格"的证明，还在中专招生、招工、提干、参军、出国和督导等方面被广泛采用。对于高校而言，有了中学教育的扎实基础，高考的选拔也容易水到渠成，不至于到处"掐尖"。但随着时间的推移，由于高考录取实行平行志愿，按"3＋1"科目分数投档录取，大学根本不会在录取时再去"参考"学业考试成绩，会考成绩便从与大学招生的"硬挂钩"变到"软挂钩"以至完全脱钩。其结果正如一些专家所指出的那样，"目前的高中学业水平考试的功能，特别是在整个高考制度中的地位，已经越来越'无足轻重'，甚至几乎是'名存实亡'。只有部分自主招生的大学，以及实行免试入学的部分高职院校会适当地参考学生高中学业水平考试，而一般院校在招生录取过程中，虽然也有参考高中学业水平考试的要求，但一般都来不及看。它过去曾经作为高中毕业生报考大学的'门槛'

功能,现在差不多丧失殆尽"〔1〕。

我国现行高中学业水平考试不受人们重视,除了与高考"一考独大"的外部环境有关以外,还与我们新课程推行的"学分制"有关系。以语文课程为例,《普通高中语文课程标准(实验)》规定:"必修和选修课程均按模块组织学习内容,每个模块36学时,2学分。每个学期分两段,每一学段(约10周)完成一个模块的学习。""学生修满必修课程的10学分便可视为完成了本课程的基本学业,达到高中阶段的最低要求";"对于希望进一步学习的学生,建议从5个系列的选修课程中任意选修4个模块,获得8学分,加上必修课程的10学分,共计可获得18学分";"对于语文学习兴趣浓厚并希望进一步深造的学生,建议在此基础上,再从这5个系列里任意选修3个模块,这样一共可获得24个学分。"虽然我们的高中目前实行的还只是学分管理,但除了一个模块以2学分计算外,一线教师既不知道分级的价值所在(究竟是课程评价的需要还是要做甄别和选拔的参考?),也不知道分了这三级有什么用。如果说10学分是高中学生学习一门课程的底线,那么除了"希望进一步学习"和"对于语文学习兴趣浓厚并希望进一步深造"以外,为什么再要去任意选修4个和3个模块,以获取18学分和24学分呢?这样的学分制设计,其负面效应是非常明显的。因为从理论上说,学生学完1.25学年的必修的课程,取得"达到最低要求"的10学分,就算完成了高中语文课程"基本学业"。那么,高中阶段接下来的1.75学年,学生完全可以不学语文课,而去学习与高考直接相关的内容或其他课程,那所谓"全面提高学生语文素养"的课程目标又靠什么去实现呢?众所周知,包括高中阶段在内的教育是为学生打下终身学习基础的保障性的教育。这样的"最低"学分设计对于学生形成终身学习的基础来说究竟能提供多少实质性的保障呢?这恐怕也是新课改尽管实施了十多年,但人们追求高考升学率的热情不降反升的一个重要的教育内部因素。

因此,从考试实施的层面看,改革新机制规范了语文在高考中的地位和作用,明确了语文高考改革的方向和重点。我们应努力抓准以下3个着力点:

---

〔1〕 谢维和.高校三种入学形式的设想[N].中国教育报,2012-12-14.

一　提高高中语文学业水平考试成绩在高校招生录取中的权重

从理论上讲,高考(制度)作为高中教育与高等教育之间的中介,应该兼顾高中教育与大学招生这两大关键因素。我国高考制度长期以来之所以饱受争议,很大程度上正是缺乏这两者的协调兼顾。我国长期以来属于穷国办大教育,高等教育实行的是"精英教育",因此导致每年的高考"千军万马过独木桥"。但进入新世纪以来,经过十几年的快速发展,有两个变化非常显著:一是我国高等教育在数量上已经进入大众化阶段,毛入学率2002年达到15%,2010年又快速提升到26.5%[1],2013年已达到34.5%[2],目前正在高等教育普及化的进程之中。近年来高校年招生人数已近700万人,约是1995年的92.6万人的7.6倍。二是我国高中教育的规模得到了迅速扩张。据中国教育在线"高招调查报告"显示,全国高等学校招生统一考试报名人数,2008年达到历史最高峰的1050万,近年来虽有下降,但2014年仍达939万人。这些变化反映了我国高等教育的基本矛盾,即人民群众日益增长的接受良好高等教育的迫切需要与优质高等教育资源严重不足的矛盾正在不断加剧。这无疑会对人才培养制度和高考人才选拔制度等提出新的要求。

虽然这些年来高考也在不断发生变化,然而本质上仍然沿袭几十年一贯制的精英教育的高考选拔制度。因此,现在高中教育及其学业水平考试与综合素质评价,在高考制度中事实上并没有得到应有的重视,以至于在一定程度上造成了高考制度的变形。这种结构性失调直接影响了素质教育在基础教育中的实施,削弱了基础教育的价值。因此,如何根据社会发展的需要,及时调节高中教育与高等教育之间的关系,与时俱进地实行"兼顾原则"是高考制度改革的关键。换言之,从考试层面讲,大学招生要摒弃长期以来固守的"一考独大",唯凭高考成绩录取的单一思维,而把视线转向兼顾高考和高中学业水平考试的多元录取。这正如谢维和教授指出的那样,"高中教育与高等教育之间的联系已经越来越紧密,高考制度中高中教育与高等教育的地位及其相互关系无疑应该进行相应的调整改革,而这种改革的基本取向和重要内容之一便是扩大和加强高中教育

---

〔1〕　纪宝成.高考制度需要根本性改革[N].中国教育报,2013-03-01.

〔2〕　中国网.教育部:2013年中国高等教育毛入学率达34.5%[EB/OL].(2014-07-07)[2014-12-31].http://edu.china.com.cn/2014-07/07/content_32874458.htm.

各因素在高考制度中的地位、权重与影响。实际上,近年来高考制度的发展与变化已经在一定程度上反映了这样一种结构性的变化"[1]。现在一些名校招生,都把学业水平考试成绩作为高校招生的一部分,如上海交大2014年录取新生,学业水平考试成绩就占10%。[2]试想,当高中学业水平考试成绩在高校招生录取中从被边缘化转变为占相当的比重,并成了"升学"的重要组成部分,那么学校还有什么理由不去健全高中学业水平考试制度?还有什么理由再去分文理班?至于高中学业水平考试成绩在高考中所占比重以多少为宜,有专家建议:比较合理的分数分配比例是,高考分数比重大一点,60%到70%左右,平时的学业水平考试分数比重少一点,30%到40%左右。[3]但这是个技术问题,相信不难解决。因此,增加高中学业水平考试成绩在高校招生录取中的权重,提升与扩大高中教育各因素在高考制度中的地位与影响,有利于基础教育真正回归素质教育的轨道,也更切合高等教育选拔人才的规律。

二 高中语文学业水平考与语文高考应实行功能区分

目前,上海正在酝酿的高考改革,就是努力提高学业水平考试在高考录取中的作用。从现象上看,它似乎与其他地区将学业水平考试与高考分开的做法不同,走的是"整合"的路子,但实际上,这种整合仍是以实行高中语文学业水平考与语文高考功能区分为前提的。其独特之处,就是通过在学业水平考试中设置"加试题"的做法。

从去年9月公布的初步设想看,上海高考改革分四步走:第一步,为适应本科院校自主招生的要求,将试点把高三进行的几门学业水平考提前至高中第5学期完成,寒假前结束最后一门考试。同时,采用"加试题"的方式,增加学业考的区分度。(为稳步推进这些制度改革,将先只在语文、数学两个科目的学业水平考中进行加试,供学生选做。)第二步,将来学业水平考的所有科目都将设计有加试题。第三步,未来学业水平考的每一科目考试,将分为A、B、C等多个层级来进行命题和出卷,供学生选择。其中,考生参加低层级考试只要"合格"即可获得高中毕业文凭,而高层级将适用于相应高校的招生考试。届时,高校自主招生时可根据学校

〔1〕谢维和.高校三种入学形式的设想[N].中国教育报,2012-12-14.
〔2〕董少校.学业水平测试成绩占10%[N].中国教育报,2014-07-07(1).
〔3〕徐月姣,兰晓玉.高考改革拟减少科目,不分文理科[N].辽沈晚报,2013-12-06.

和专业的不同提出对不同学科层级的要求,符合要求的考生可直接进入名校自主招生的面试。高中学业水平考试将逐步取代名校或名校联盟的自主招生笔试。第四步,用高中学业水平考试替代上海高考职能。[1]

上述设想表明,采用加试题的做法本质上属于"一卷两考":基本题承担学业考试的合格评价功能,加试题承担原高考的选拔功能。而且,由于它是学生在完成5个学期学业后的考试,这就避免了出现前述《普通高中语文课程标准(实验)》中只要学完1.25学年必修课就可获"最低要求"10学分的尴尬。第三步采用A、B、C等多个层级来进行命题和出卷,其功能既有保证学生依规自由选择的权利,也能为高校提供依法自主招生的选拔空间。最后用高中学业水平考试替代上海高考职能,应该是前三步改革成功的自然结果,而非另起炉灶。事实上,在国际上许多教育发达的国家或地区,大学甚至是名校都根据毕业会考(学业水平考)等级直接录取新生。我们且不论上海的这一改革方案今后实施的效果如何,仅就认可多种学习成果,凸现高中学业水平考的重要性,提高学业水平考试成绩在高校招生录取中的权重,有效减轻学生的应试负担和减少社会成本而言,它是与党的十八届三中全会确定的高考改革思路相符的。

三 语文高考命题应增加文化经典的考查

作为考试与评价的依据,我国现行语文课程标准虽然专设"评价建议",但并没有形成系统的、清晰的评价体系。"评价建议"由原则性的总建议和五项分建议两部分组成。原则性的总建议主要表述了几个重要的评价思想和规定了若干评价原则;五项分建议则分别从"识字与写字、阅读、写作、口语交际和综合性学习"五个方面,交代了评价的实施要点及注意事项等。简言之,语文新课程评价对一线教师来说,从观念上能基本明确的主要有两条:一是评价什么?五个方面。二是怎么评价?三个维度,即从知识与能力、过程与方法、情感态度价值观进行评价。至于评价的具体展开,由于缺乏评价体系,教师也难以找到相应的位置。那么,如何应对这种评价的缺失,尤其是在高考中如何提高测试的信度和效度呢?

我们认为,高中生语文素养的差异,主要是文化差异。而文化经典的考查有利于检测学生的文化素养,因此经典的考查应该是个优选的方案。

---

[1] 张骞.上海酝酿"替代高考"改革[N].新闻晚报,2013-09-02.

这是因为,经典之所以为经典,是由于它以独特的无与伦比的方式触及、思考和表达了人类生存的基本问题,其深度和广度为后世难以超越,具有永久的魅力。它能经受时间的考验,历久弥新。正是从这个意义上说,经典是没有时间性的,它永远不会过时。当然,经典并不等于真理,我们今天学习经典,并不在于它的真理性或实用性,而在于它是人类精神文明的结晶和体现。正像一些学者所指出的那样:人类文明的特点在于它的延续性,人类文明需要沿袭和继承。没有传统的文明不成其为文明,没有经典的文化也不成其为文化。因此,经典是文化之母。文化的继承和发展,应该从阅读经典开始。我国自现代以来,对语文教育规定"经典"作品的问题做过较深入思考的,朱自清算一位。当时朱先生是从文言作品学习的角度来思考这一问题的。与当时多数人非议古文教学的意见不同,作为新派人物,朱自清十分强调文言作品的学习:"我可还主张中学生应该诵读相当分量的文言文,特别是所谓古文,乃至古书。这是古典的训练,文化的教育。一个受教育的中国人,至少必得经过古典的训练,才成其为受教育的中国人。"[1]在《经典常谈》的序言中,朱自清特别强调:"在中等以上的教育里,经典训练应该是一个必要的项目。经典训练的价值不在实用,而在文化。"[2]

当前,在创新教育的口号下,经典常常被误认为阻碍创新的"老古董"而得不到重视。其实,经典与创新并不矛盾。没有深厚文化底蕴的人是不会有什么真正的、有价值的创新的;拒绝阅读经典的人也根本谈不上有什么文化底蕴。因此,语文高考命题增加文化经典的考查,有利于语文高考改革同时实现从高考和高中学业水平考试两个方面的重点突破。

〔1〕 蔡富清.朱自清选集:第二卷[M].石家庄:河北教育出版社,1989:3,28.
〔2〕 蔡富清.朱自清选集:第二卷[M].石家庄:河北教育出版社,1989:3,28.

民国期间的教育基本字研究

陈黎明[1]

摘要：民国期间，伴随着教育的渐趋普及、教材内容的力求实用，人们在对常用字进行统计调查的同时，也从"教育价值"的角度对汉语基本字开展了大量的择取工作，包括儿童教育基本字、成人教育基本字以及儿童和成人合用教育基本字，从而为民众读物、小学教科书编写奠定了很好的基础。其研究方法主要有鉴选法、统计法、比较法、分类法及其综合运用。

关键词：民国期间；教育基本字；研究

关于教育基本用字的"基本字"一词的来源，张学涛曾经指出："1976年7月，我们几位同志为《人民日报》写了一篇文章，我们在文章中首次提出'基本字'这一词。"[2]实际上，该术语在民国期间就已经出现，并且有许多学者对其做了全面而深入的研究。从1930年傅葆琛撰文《汉字"基本字"研究的初步》，到1945年国民政府教育部发布《暂用国民通用基本字表》确定成人扫盲基本字，再到2011年中华人民共和国教育部颁行《识字、写字基本字表》确定儿童学习基本字，教育基本字研究已经80多年了。本文主要对民国期间的教育基本字研究做初步的梳理。

一 教育基本字概念的提出

早在1912年，"扫盲先驱"董景安就深感文言文晦涩难懂，所以"特用省字新法，选最浅要六百字"[3]编成《六百字编通俗教育·识字课本》（简称《六百字编》）。该字编按难易程度设60课，"一课之内，各提十个生字，连缀生熟字，作成十句"。如第一课仅授"天上中下上、水土大小人"十个基础文字，内容也只是两个字的词组，如"天上、天中、天下"等。此后，逐

---

[1] 陈黎明，男，聊城大学教师教育研究院教授，语文课程与教学论专业硕士生导师。

[2] 张学涛.汉字的笔画、部件、偏旁和基本字四大组成部分[J].电子出版，1995，7：4-8.

[3] 周东华.董景安《六百字编通俗教育读本》考[J].近代史研究，2009，5：102-104.

课增加难度,词组也逐渐增加为三个字、四个字,乃至短句。如第十五课:"全,全才不多见;求,求人不如求己;作,作事不可不信;信,我父今日有信至;安,民安官亦安;政,政美民亦美;美,君子必成人之美;其,作事必求其成;再,春光一去不再来;君,我方见君自山西来。"[1]1918年"世界平民教育运动之父"晏阳初在法国对旅法华工进行识字教育之初,就曾借助过《六百字编》,并且认为"董景安的《六百字编》已塑造了学习中文的佳径"[2]。因此可以说,董景安开了教育基本字研究的先河,虽然他没有提出"基本字"这一术语,更没有界定其概念。

我们的查核表明,成立于1923年的中华平民教育促进会(简称平教会),在总干事长晏阳初的领导下最早开展了教育基本字的研究工作,"基本字"一词也最早出现于晏氏撰写的文章中。在《有文化的中国新农民》一文中,晏氏指出:"从总字数超过160万的200多种不同文章和出版物中,筛选出1300个'基本字',在此基础上用白话文形式写出四本读物。"[3]在《中国的新民》中,晏氏指出:"按照每个字在包括160万字的文章中出现的频率而打分,通过这样细致的研究,确定出中国人在学白话文时应知道的最低词汇量。研究结果,在成万的汉字中选定1300字为基本字。"[4]这两篇文章都发表于1929年,并且都使用了"基本字"这一术语。但由于上述晏氏二文均由英文翻译而来,"基本字"可能是译者根据后来的术语翻译而成的。因为在此之前,晏氏使用的术语是"基础字"或"基本汉字"。1922年,他在《平民教育新运动》中指出:"我们又根据归国后由各种平民课本,及他种白话书报的调查比较后,选出常用的字数千。由此数千字中,复选出最通用的一千,作为'基础字'。"[5]1926年,他在《"平民"的公民教育之我见》中又指出:"实施识字教育于我国目不识丁的民众,是推行公民教育的基本方法,并且我们所说的'识字非仅指一二千基本汉字,乃是指平民教育初步教材与课外种种读物所发表的教育。"[6]直到1934年在总结平民文学工作时,晏氏才再次使用"基本字"这一术语,而这

---

〔1〕 宋恩荣.晏阳初全集:第1卷[M].长沙:湖南教育出版社,1989:97.
〔2〕 章华明,黄美树.董景安:民国初年的扫盲先驱[J].档案春秋,2012,9:34-37.
〔3〕 宋恩荣.晏阳初全集:第1卷[M].长沙:湖南教育出版社,1989:141.
〔4〕 宋恩荣.晏阳初全集:第1卷[M].长沙:湖南教育出版社,1989:165.
〔5〕 宋恩荣.晏阳初全集:第1卷[M].长沙:湖南教育出版社,1989:35.
〔6〕 宋恩荣.晏阳初全集:第1卷[M].长沙:湖南教育出版社,1989:65.

部分内容明显来自于 1933 年孙伏园所撰《定县的平民文学工作略说》一文。[1] 从 1929 年到 1934 年,平教会乡村教育部主任傅葆琛、文学部主任孙伏园在发表的文章中都曾明确使用过"基本字"这一概念。因此,"基本字"到底是不是晏阳初的发明,殊难分辨。由于孙伏园对"基本字"的使用是在 1933 年,而早在 1930 年 4 月傅葆琛就撰文指出:《农民千字课》《市民千字课》"这两部书中相同的字很不少。除去相同的字数,其余的字数之合,可不可以做中国文字的'基本字'? 还是一个问题。"[2] 与晏氏《有文化的中国新农民》《中国的新民》二文原文都用英语写成不同,傅氏该文是用汉语写成的。据此,我们倾向于认为傅葆琛是"基本字"术语的首用者。

1930 年 6 月,傅葆琛发表《汉字"基本字"研究的初步》一文,不仅指出"我们所谓的'基本字',就是人人必须识的最低限度的汉字",而且提出了9 条选取"基本字"的标准:(1)"基本字"就是代表思想必不可少的符号;(2)有一个字,少了它,某种思想便不能表达出来,它就是一个"基本字";(3)有一个字,少了它,可用一个以上其他的字来替代它,一样地可以把它所代表的思想表现出来,替代它的字,必须都是"基本字";(4)同义的字,其中最普通常见的一个字,便是"基本字";(5)凡代表普通人生活的字,无论何种职业的人,无论什么地方的人,都要用的,便是"基本字";(6)最普通的姓氏,应列入"基本字";(7)如一个字有几种写法,应以最普通的常用的一种写法,或笔画较少的一种写法,作"基本字";(8)普通告白上常见的字,似乎应列入"基本字";(9)凡新造的字,尚未普遍通用者,暂不采为"基本字"。这 9 条标准是第一个选定"基本字"的标准,其核心是"代表思想必不可少的符号"。在该文文末,傅氏还附录了平教会编《平民字典》所收的 4435 字,并且恳请"读者诸君,可照上面所说办法,根据拟定的'基本字'标准,用个人意见,把'基本字'选出来"。[3] 当然,这里的"基本字"主要是指成人扫盲教育基本字。

基本字不同于一般所谓的常用字。常用字是面向全社会各行各业

---

〔1〕 "通用字只是通用而已,还不是人人所必需知道的基本字。因为我们要编千字课,所以先把基本字假定为 1000 上下。"(见晏阳初《中华平民教育促进会定县实验工作报告》,《晏阳初全集(第 1 卷)》第 317 页);"通用字只是通用而已,还不是人人必须知道的基本字。因为我们要编千字课,所以先把基本字假定为一千上下。"(见孙伏园《定县的平民文学工作略说》,《艺风》1933 年第 1 卷第 9 期)
〔2〕 傅葆琛.文盲与非文盲的研究[J].教育与民众,1930,1(10):11-26.
〔3〕 傅葆琛.文盲与非文盲的研究[J].教育与民众,1930,1(10):11-26.

理解与对话

的,而基本字则面向教育行业,其适用群体主要是儿童和不识字的成人。关于常用字和基本字的区别,民国时期的徐锡龄曾做过很好的说明:"基本字较常用字则为一种用意颇近似而方法不尽相同之产物。现社会里人人不免俱需要学习文字,惟常人限于时间精力,不能不就应识的字加以抉择,使其所识字具有较高度的应付实际生活需要的价值。""基本字表内字数较常用字表为少,又因前者编制时较后者已经一番归并、淘汰、假借或转借等项考虑而定。""知基本字确较常用字有别,未能认为同物。第一,就选字数目上论,基本字表所列字数远较常用字所列者少;第二,就产生方法上论,基本字只靠主观意见选出,常用字则较客观的统计方法决定;第三,就根本意义上论,基本字的人为的、强制的意味重,大家发表时所受限制颇大,常用字则人为的强制的意味较少。"[1]以上三点,可视为基本字与常用字的区别,也可视为基本字的特征。也就是说,基本字比常用字对教育对象具有更强的适切性,一般需要在常用字的基础上进行人工干预方可取得。

总之,不管"基本字"的首用者是晏阳初还是傅葆琛,平教会提出的"基本字"概念及其择取标准,都为其后的成人、儿童教育基本字研究指明了方向,奠定了很好的基础。

二　教育基本字研究概述

教育基本字研究源远流长。"三百千"等传统蒙学教材集中体现了中国古代教育基本字研究的成果,只是当时还没有"基本字"这个概念,并且也没有区分其与"常用字"的差别。民国初年,伴随着教育的渐趋普及、教材内容的力求实用,人们在对常用字进行统计调查的同时,也从"教育价值"的角度对基本字开展了大量的研究工作。

民国期间的教育基本字研究,从适用对象的角度可分为儿童教育基本字、成人教育基本字以及成人与儿童合用教育基本字。受研究的便利性及当时教育的急迫性影响,成人教育基本字研究多于、重于儿童教育基本字研究,并且主要依据书面语材料而绝少取材于口语材料。下面主要从成人与儿童合用教育基本字、儿童教育基本字、成人教育基本字三个方面概述一下当时的研究情况。

---

〔1〕　徐锡龄.常用字与基本字[J].南大教育,1948,2.

（一）成人与儿童合用教育基本字研究

成人与儿童合用教育基本字，即成人扫盲所必须认识的汉字与儿童学习所必须认识的汉字的共用字。自古以来，我国的教育基本字漫无标准，更没有区分是指向成人还是指向儿童，因而带有很大的模糊性。现代学者中最早采用字频统计方法进行教育基本字研究并产生重要影响的，当首推在南京高等师范学校任教的陈鹤琴。

自 1920 年始，陈氏与 9 位助手用两年多的时间，对总数为 554478 字的 6 种材料（取其中一集，或一册，或一编，或一回）进行计量分析。材料包括儿童用书 127293 字、报章 153344 字、杂志 90142 字、儿童作品 51807字、古今小说 71267、杂类 60625 字，从中得到 4261 个单字，并编成《语体文应用字汇》，发表于 1922 年《新教育》第 5 卷第 5 期。其后，他又深感所搜材料不广、所求字数不多，又继续加以研究，增加材料 348180 字，求出与前不同之单字 458 个。前后合计材料总字数达 902658 字，所得单字为4719 个。但遗憾的是，他继续研究的成果于 1923 年毁于火灾，因此 1928年由商务印书馆出版之《语体文应用字汇》只有 4261 字。为完成陈鹤琴未竟之功，弥补字汇遭火所受之损失，敖弘德按照陈氏的研究方法，从孙中山总理演讲词、中国革命史谚语选及时报等 46847 字的语料中选定"语体文应用字汇"4339 字，较陈氏多出 78 字，于 1929 年在《教育杂志》第 20卷第 2、3 号发表了《语体文应用字汇研究报告》。陈鹤琴自称编写《语体文应用字汇》的动机和初衷为：(1)可用为小学校基本字汇；(2)可用为成人教育之工具；(3)可用为编制测验的根据。[1] 因此，他的研究可视为成人与儿童合用基本字研究。

1929 年后，庄泽宣在助手彭仁山的帮助下，根据陈鹤琴、敖弘德的《语体文应用字汇》、王文新的《小学分级字汇研究》《平民字典》《平民袖珍字典》《英文打字机字数表》《华文常用四千字表》等 6 种字汇编成《基本字汇》。该书共收 5262 字，其中包括根据见于各种字汇的次数，参酌自身经验而确定的常用字 2827 个，备用字 1241 个，罕用字 1194 个，作为编撰儿童读物，采取常用字的参考。该书于 1930 年由民智书局首次出版，1938年由广州中华书局出版。他指出："现在从事于民众或小学教育的人及编民众或小学生用的读物教科书与字典的人，对于选字几乎茫无标准。外

---

〔1〕 陈鹤琴.语体文应用字汇[M].上海:商务印书馆,1928:2-3.

理解与对话

国人想学中国文字的也不知哪些字是最通用。这个字汇里字的选择虽不能说十分精确，却经过一番客观和主观的考虑，总可供这些人的参考，至少引起对于这件事的注意。"[1]也就是说，该字汇是一部成人与儿童教育合用基本字汇，只是其选字不够"基本"。傅葆琛就曾指出："我对于这部书的总批评是，它只可叫做一本常用字汇，拿书中的常用字表作主体，备用字、罕用字作副体。……若把这本字汇硬叫做基本字汇，我实在不敢苟同。"[2]

1933年，杜佐周与蒋成堃指导厦门大学教育学院选习课程编制班之学生编成了《成人及儿童合用字汇》。[3] 他们让每个学生分担部分征集材料的工作，然后再由他们二人总其成。其中，搜集民众普通读物及作品70968字，用统计法得出2764字，为民众字汇；搜集商人普通读物及作品31528字，用统计法得出2358字，为商人字汇；搜集儿童普通读物及作品118840字，用统计法得出3654字，为儿童字汇；三种材料共221354字，得生字4117字。这4117字就是杜、蒋二氏所谓成人及儿童合用基本字汇。

(二)儿童教育基本字研究

1927年，庄泽宣在中山大学创立教育研究所之初"即认为选字与阅读中文之研究极关重要"，不久就指导研究生王文新"从儿童作文及小学课本中统计所用字之发现次数，编成《小学分级字汇》"[4]。该字汇是"国立中山大学教育学研究所丛刊"之十四，其小学作文语料取之于广东、广西、浙江、江苏、河北五省64校之儿童作文2687篇，其总字数为107246字，计有单字2954个；小学国语教科书语料为《新时代》《新主义》《新中华》三部，计36册，共总字数为303941字，计有单字4279个。王氏首先综合小学作文、小学国语教科书及陈鹤琴之《语体文应用字汇》三方面之单字而得5364个不同的单字，然后根据识字要求淘汰了其中的重复字和不重要的字1565个，最后得出儿童教育基本用字3799个。在此基础上，王氏依据"各字等第之高低""各字在作文上最初见之年级""各字在作文上次数最多之年级""各字在教科书上发现之年级""字形之难易""字义之深浅"等六项标准，定出小学初级四年应识2546字，高级二年应识1253字。在

---

[1] 陈鹤琴.语体文应用字汇[M].上海:商务印书馆,1928:19.

[2] 傅葆琛.评《基本字汇》[J].教育与民众,1930,2(3).

[3] 杜佐周,蒋成堃.成人及儿童合用字汇[J].厦门大学教育学院研究丛刊之三,1933.

[4] 庄泽宣.从基本字汇到人人读[J].教育通讯,1947,4(3).

初、高两级中，又定出各年级之识字范围：初小一年级 541 字，二年级 558字，三年级 654 字，四年级 793 字；高小五年级 622 字，六年级 631 字。[1]

　　王文新的研究成果，很快就"引起教育部注意，旋有《初小各年级暂用字汇》之颁布"。[2] 1935 年 6 月，国民政府教育部颁行了《小学初级分级暂用字汇》。[3] 该字汇在"编辑例言"中指出："本字汇根据最近出版小学初级国语教科书十部，算术教科书五部，常识教科书五部，分级统计其所用生字，取其总次数较多字，更与王文新君所编《小学分级字汇》，陈鹤琴、敖弘德君所编《语体文应用字汇》，平民教育促进会所编《基本通用字汇》，庄泽宣君所编《基本字汇》，杜佐周、蒋成堃君所编《儿童与成人常用字汇》参照斟酌选定之。"并"依据二十部教科书各年级所用生字统计表选取被用次数较多者，并参考王文新君《分级字汇》各字应列年级，及陈鹤琴君《语体文应用字汇》各字次第，分别排列适用之年级"。该字汇所收各字，计一年级 566 字，二年级 644 字，三年级 737 字，四年级 764 字，共计 2711字，较王文新所定小学初级应识 2546 字多 165 字。该字汇在"用法说明"中规定："编辑小学初级教科书及各种补充教材，遇有人名、地名、物名及状声之字，为本字汇所未收入者，得酌量采用之。但其总数不得超过本字汇总数的百分之十。""凡教科书采用本字汇以外之字者，应将所采用之字在教科书编辑例言或附录等中特别证明，以便教育部审查时之参阅。""小学初级作文写字等教学材料及各种测验材料所用之字，亦应根据本字汇。""编辑小学初级各种补充读物时，所用之字应参照本字汇，以便儿童自动学习。"[4] 该字汇主要由胡颜立负责研制，其研制步骤及选字用书加入算术、常识等课本等意见，均采纳自汉字心理学家艾伟。[5]

　　国民政府教育部颁行的《小学初级分级暂用字汇》，是民国时期儿童教育基本字研究的集大成者，是 20 世纪三四十年代语文课程汉字教学的重要依据。1936 年的《小学国语课程标准》所称"生字依据部颁的儿童字汇，支配大体均衡"[6]中的"儿童字汇"，即指《小学初级分级暂用字汇》。

〔1〕　王文新.小学分级字汇[M].上海：民智书局，1930.
〔2〕　庄泽宣.从基本字汇到人人读[J].教育通讯，1947，4(3).
〔3〕　国民政府教育部.小学初级分级暂用字汇[J].小学教师半月刊，1935，3(24).
〔4〕　国民政府教育部.小学初级分级暂用字汇[J].小学教师半月刊，1935，3(24).
〔5〕　艾伟.汉字问题[M].上海：中华书局，1949；57.
〔6〕　课程教材研究所.20 世纪中国中小学课程标准·教学大纲汇报(语文卷)[M].北京：人民教育出版社，2001.

（三）成人教育基本字研究

早在 1918 年，晏阳初在法国借用董景安《六百字编》对旅法华工进行识字教育之时，就"颇觉干燥无味"，因而"决定自行编辑，请傅葆琛先生主其事。选择普通浅近之字，分类编成《六百字韵言》。如'一二三四五，金木水火土，六七八九十，上下至古今。'虽无意义，因能协韵，读者易于上齿，较诸六百字课（按：即《六百字编》），实觉便于教学"〔1〕。编辑《六百字韵言》，为晏氏、傅氏研究成人教育基本字积累了初步经验。

1920 年晏阳初回国后，"亲到各省区调查平教教材，结果毫无所得"，因此"觉平教运动工具之刻不容缓，尤以课本为先觉问题，乃留上海从事编辑，以主观方法，于字典上选择关于平民日常应用必需之文字约千余，编成千字课"〔2〕。晏氏所编《平民千字课》，1922 年 2 月由中华基督教青年会全国协会出版发行。其后，晏阳初又委托陶行知、朱经农对《平民千字课》加以改编，改编后于 1923 年 9 月由商务印书馆出版。《平民千字课》的编写，集中体现了晏阳初、傅葆琛、陶行知、朱经农等对成人教育基本字研究的最初成果。

1923 年平教会成立后，晏氏继续指导傅葆琛、孙伏园等开展民众基本字研究工作，首先"把一切复音字和语词调查出来，按照它们不同的意义，分类列表，如名词、代名词、形容词、动词、助词、介词、感叹词、疑问词等，然后再选其中最普通应用的"〔3〕。1933 年，孙伏园介绍了平教会选取基本字的基本情况："先搜得平民书报九十种，平民应用文件二十五种"，"这一百十五种材料，合计共有单字五十万零四千六百零九个"，"除了重复的，约计得单字八千"，"我们取了发现次数较多的三千四百二十字，作为通用字表"；"就三千四百二十通用字中，取其发现次数最多之一千字，而以次多数之三百字作预备，共一千三百字"；"用主观方法在教育国语统一筹备会出版之国音字典中，由二十人之同意，选得一千一百四十四字"；"取会外学者陈鹤琴先生用客观方法选出之《语体文应用字汇》中排列最先之一千三百字互相比较损益，而成一千三百二十字之基本字表。""此通用基本二字表，成于民国十五年倾。"〔4〕也就是说，平教会的《基本字表》

〔1〕 宋恩荣.晏阳初全集：第 1 卷[M].长沙：湖南教育出版社,1989：98.
〔2〕 宋恩荣.晏阳初全集：第 1 卷[M].长沙：湖南教育出版社,1989：98-99.
〔3〕 傅葆琛.普及识字教育声中几个先决问题[J].教育与民众,1930,2(1).
〔4〕 孙伏园.定县的平民文学工作略说[J].艺风,1933,1(9).

在 1926 年已经编就。

到 20 世纪三四十年代,教育基本字研究受到奥格登《基本英语》的启发。1935 年,洪深出版了《一千一百个基本汉字教学使用法》,自称"所以要选基本汉字,最早是受了《基本英语》的影响"[1]。他认为,《千字文》《千字课》等要么没有注意实用,要么范围太窄。因此,他要选出一千个基本汉字"用来表达一切的心情和事实"。"选了许久之后,才觉得一千个字实在不足用,于是不得已加多到一千一百个。"[2]他选的基本字,包括实物辞、助话辞、形容辞、动作辞等 4 类。1945 年,吴廉铭以洪深所选基本字为基础加以增补,选定了 1600 个基本汉字,并将其细分为人、天地、鸟兽、草木、亲友、衣、食、住、行、物具、色味、部位、数量、次序、形象、状态、质料、感觉、品格等 24 类,最后用这 1600 字编注了《中华基本教育小字典》。[3]

平教会以及洪深、吴廉铭等都从"字义"(含字的语法义、词汇义)角度选取基本字,可以称之为主"义"基本字。与此相对应,翟建雄、张公辉、金轮海等则作了从"字音"角度选取基本字的尝试,可称之为主"音"基本字。早在 1939 年,翟健雄就提出用 454 个笔画简单的汉字(音标字)代表普通话音节(不区分声调)来记录汉语、扫除文盲的建议。[4] 1941 年以后,张公辉从整理"国字"角度发表了一系列论著,力倡用"注音字"扫除文盲。[5] 他指出:"国音有字者凡四百十一个,选用'注音字'称是,初学仅须识此四百十一个注音字,即可借以读书阅报,进而修习标准语"[6]。1946 年,金轮海"参考张公辉先生所创选的注音字,以科学方法,创制有系统有联系的国字基本字"[7]。1947 年,他推出了一套主"音"的国民基本字汇,"根据北平语音,共四百十一音,除去一音一字的生僻字和语音字外,得三百八十二个基本字。其他国字,均以基本字同音字归类,所以民众认识了基本字,即能认识一切国字"。据此,他首先"以基本字的四声,选二千一百多个同音字,编有《国民基本字同音字手册》,分发民众,便于

〔1〕 洪深. 一千一百个基本汉字使用法[J]. 东方杂志,1935,32(14).
〔2〕 洪深. 一千一百个基本汉字使用教学法[M]. 上海:上海生活书店,1935:15.
〔3〕 吴廉铭. 中华基本教育小字典[M]. 上海:中华书局,1948.
〔4〕 翟健雄. 一个扫除文盲的工具问题[J]. 国讯(旬刊),1939,12(222).
〔5〕 参见:张公辉. 国字整理方案[N]. 时事新报,1941-08-05;张公辉. 国字之整理和发扬的途径[N]. 中央日报,1943-07-(15—17);张公辉. 中国文字的优点和整理发扬的方法[M]. 重庆:重庆文史学书局,1945。
〔6〕 张公辉. 国字整理发扬的途径[M]. 台北:台湾新生报社新生印刷厂,1946.
〔7〕 金轮海. 中国国字整理研究的初步报告[J]. 教育世界,1946,2-3.

彼等认识国字,发表思想"。1948年,他"再根据三百八十二个基本字,汇集同音字二千五百多个,依基本字笔画的多寡,编印《同音字手册》"[1]。

民国期间,教育基本字研究的集大成者当推魏冰心、赵荣光等人。1935年,魏冰心在国民政府教育部颁行《小学初级分级暂用字汇》后,就"曾将所编的两部初级小学国语教科书中所有的生字与暂用字汇详细对照研究",编拟了包括1500字的《国民基本字汇》。[2] 其后,魏冰心又据平教会初编的《基本通用字汇》以及经育才教育学院附设国民教育实验区实验后所编订的《国民通用字汇与词汇稿》,编拟了包括1320字的《国民基本字汇草案》。[3] 在此基础上,国民政府教育部于1945年发布了包括1300字的《暂用国民通用基本字表》向社会征询意见。早在1942年,赵荣光就在国立编译馆教科书组主任陆殿扬的指导下开展教育基本字研究工作。1944年,赵荣光提议:"基本字的采选工作,可由国民政府教育部遴聘专门人员担任之"[4]。1947年,他提出"基本字的形、音、义三者的学习和应用,必须被公认或规定为国民身份的起码条件之一",并且提出了基本字应满足的五个先决条件:"(1)基本字是不分籍贯、性别、职业和教育程度,凡已及学龄的国民,都有学习和应用之必要的;(2)基本字是最浅显的,最实用的,最易学习的和最难忘记的;(3)基本字是具备现代文字的基础和有供一般字典词典作注释之功用的;(4)基本字是以一形一音一义或数义为单位的;(5)基本字的全部数量,是不应该超出一个十二岁的常态儿童的学习能力。"[5]针对《暂用国民通用基本字表》以笔画多少排列,"古今繁简,随意取用"的弊端,他还采用"不"字排检法列出其所涉1311字,为了解和运用成人教育基本字提供了极大的方便。[6]

〔1〕 金轮海.介绍一套主"音"的国民基本新字汇[J].教育杂志,1947,32(5).

〔2〕 魏冰心.编造民众通用字汇的经过与研究[J].教育通讯,1946,1(1).

〔3〕 参见:魏冰心.编造民众通用字汇的经过与研究[J].教育通讯,1946,1(1);徐锡龄.常用字与基本字[J].南大教育,1948,2;舒新城.基本教育中课本之编辑问题[M]//舒新城教育论著选:下册.北京:人民教育出版社,2004.

〔4〕 赵荣光.汉字问题和整理办法[J].文史杂志,1944,4(7—8).

〔5〕 赵荣光.基本字和民众课本用字的研究[J].中华教育界,1947,1(8).

〔6〕 他发现国民政府教育部国民教育司发布的《暂用国民通用基本字表》"有一个很疏忽的缺点,就是一字竟会分列两处。例如:成、抵二字既列于七画,复见于八画,九画十画两处都有却字;同在十一画中发见两个孳字;顶字同见于十一画和十二画当中;寒字同见于十二画和十三画当中;远字同见于十三画和十四画两处;颜字竟然一入十八画而一入二十一画。还有一点,正式字表中已经有的字,又在补字参考材料中重出"。

尽管由于时局变迁,《暂用国民通用基本字表》未正式颁行,但它的编制集中体现了民国时期成人教育基本字的研究成果。

三 教育基本字研究的态度与方法

民国期间的教育基本字研究取得了前所未有的成果,对中国教育的普及与提高发挥了重要作用。这主要得益于学者们所采取的实事求是态度,具体说来就是理论与实际并重,经验与科学相结合,主观与客观相结合。1948年,赵荣光在谈到教育基本字的研究态度与方法时指出:"倘若偏重理论,往往流于迂腐;倘若偏重经验,往往错误百出。所以只有一条道路可走,就是:在尽量避免错误的原则之下,适应实际的需要。""假如专就常用字的理论决定,最常用的字最先教学的,然而有些不大常用而在实际上是被认为最重要的,也不能忽视。"[1]而早在1922年,晏阳初在介绍其选字方法时也指出:"我们选出这最通用字的办法,强半是根据在法比华工教育中的经验";"同时,我国又根据归国后由各种平民课本,及他种白话书报的调查比较后,选出常用的字数千。由此数千字中,复选出最通用的一千,作为'基础字'";"以陈君(按:陈鹤琴)用科学的方法所选的通用数千字中,最通用的,即分数最高的一千字,与我们由经验及研究所选的一千字比较,竟有百分之八十相同。由此足见经验的方法与科学的方法,实能互相纠正发明的。"[2]1930年,傅葆琛在谈到基本字的选取方法时,也提出:"根据一种最简单最实用的字典(如平民字典),将其中所有的字,印成字表,请至少一百个以上的人,照定出的'基本字'标准,用主观的意见,选出人人必须识的汉字来。"[3]总之,秉承科学精神,实事求是,是民国期间教育基本字研究的基本态度。

至于具体的研究方法,则主要有鉴选法、统计法、比较法等。(1)鉴选法。以所搜集的材料为参考,尽研究者视野所及,挑选若干生字,以成字汇。平教会早期所编《平民千字课》、洪深所撰《一千一百个基本汉字教学使用法》、吴廉铭所编《中华基本教育小字典》、金轮海所撰《介绍一套主"音"的国民基本新字汇》等,对基本字的确定主要采用鉴选法。(2)统计法。根据所搜集的材料,用随机取样法登记所发现之生字,并以各字所发

---

〔1〕 赵荣光.小学国语字汇研究报告[J].中华教育界,1948,2(4).
〔2〕 宋恩荣.晏阳初全集:第1卷[J].长沙:湖南教育出版社,1989:35.
〔3〕 傅葆琛.汉字"基本字"研究的初步[J].教育与民众,1930,2(2).

现的次数确定各字在应用中的价值。陈鹤琴、敖弘德所编《语体文应用字汇》、王文新所编《小学分级字汇》等，主要采用统计法。（3）比较法。就多数字汇已有者予以比对，依据比对情况择取基本字。庄泽宣所编《基本字汇》、杜佐周与蒋成堃所编《成人及儿童合用字汇》等，主要采用比较法。（4）分类法。对所搜集的基本字，按照汉字的属性特征分别归类。一般的分类，如按汉字笔画的多少、使用频率的高低等，并不对基本字研究产生影响。而按汉字部首，尤其按汉字字义分类则有助于研究的完善。如按部首分类，木旁字、水部字等要同列，可通过联想补充所缺之字；按字义分类，亦可不致贻"有弟而无兄、有春而无冬"之讥。因此，分类法是基本字研究的一种重要方法。需要说明的是，在实际的研究过程中，上述各种方法往往是综合运用的，如国民政府教育部组织编制的《小学初级分级暂用字汇》《暂用国民通用基本字表》等，都是上述多种方法运用的结果。

对新加坡 H2 华文与文学新课程的评估研究

赵春生[1]　　吴福焕[2]　　张曦姗[3]

摘要:新加坡于 2014 年推行了新的 H2 华文与文学课程。为了考察新课标实施的状况以及实施可能带来的变化,教育部课程规划与发展司委托新加坡华文教研中心进行一项为期三年的评价性研究。研究主要分为学习评估与教学评估两方面,前者主要关注学生华文状况与学习前后的语言能力表现,后者则关注华语课堂的教学实践、教师对新课程的期望及调适等。本研究将对高中新课标的实施从教师、学生、课堂教学以及教学效果各个方面进行全方位的扫描,并为教育决策者提供较为真实、全面的高中 H2 华文与文学教与学的状况信息。

关键词:H2 华文与文学新课程;课堂观察;语言能力;聚焦访谈

一　研究背景

根据新加坡中学高年级和初级学院(高中)教育检讨委员会的建议,自 2006 年起,新加坡大学先修班的华文课程修订为 H1 华文、H2 华文与文学及 H3 华文与文学三个层级。其中,H1 华文与 O 水准高级华文考试相当;H2 华文与文学与 A 水准考试相当;而 H3 华文与文学则是面向修读 H2 华文与文学能力突出、成绩优秀的学生。2010 年母语检讨委员会经过对新加坡各级学校的母语教学进行检讨之后,提出了母语教学的三个主要目标,即沟通、文化及联系。

按照上述教学目标,并结合教师及学生的反馈意见,2012 年新加坡教育部颁布了新的《2014 大学先修班 H2/H3 华文与文学课程标准》(简称

---

[1]　赵春生,南洋理工大学新加坡华文教研中心副研究员,主要从事华语语料库建设及华语作为第二语言的教学工作。

[2]　吴福焕,南洋理工大学新加坡华文教研中心研究员,研究兴趣包括课堂观察、课堂话语、语料库、双语儿童语言能力。

[3]　张曦姗,南洋理工大学新加坡华文教研中心讲师/新加坡教育部华文特级教师,研究兴趣是中学/高中华文教学以及教材设计。

课标），拟定了 H2 华文与文学及 H3 华文与文学两项新课程。新的 H2 华文与文学课程对语文和文学设定了以下目标：

- 提升口头互动技能，在参与讨论时，能以丰富的词汇和多样的句型，就讨论的课题，流利、清楚、有条理地表达感受与看法，并辅以论据，说明自己的观点，同时回应他人的言论。

- 根据题目要求，写出不同文体的文章，即记叙文、抒情文、说明文、议论文。

- 运用文学的知识与概念，理解作品的内容，分析作品的艺术形式。

- 联系生活经验，体会作家的情怀，对作品产生共鸣，并分享个人心得。

- 通过不同的角度归纳、比较、综合、评价不同的文学作品。

（新加坡教育部，2012）

为了解上述课程目标的落实情况以及评估新课程实施的影响，新加坡教育部课程规划与发展司（Curriculum Planning & Development Division）委托新加坡华文教研中心对新课程进行本项评估研究。

本项研究自今年起，历时三年，将以两届修读新课程的学生与他们的授课老师为研究对象，对这一新 H2 课程的实施进行多面的记录与评估。记录与评估的内容覆盖教师、学生和课堂，会涉及的面包括教师对于该课程的理解、教师实践实时的调整/改变、学生的语言背景、学生学习新课程的体验以及实际课堂上的操作，等等。通过对这些方面数据的收集和分析，本研究希望对以下问题有所解答：

- H2 华文与文学新课程会带来什么样的课堂教学实践？
- 修读新课程之后学生的口头以及书面沟通能力如何？
- 修读新课程的学生学习体验如何？
- 教师对新课程的看法如何？他们是如何适应新课程的？
- 教师可以采取什么样的策略更好地教授新课程？

由于本项研究刚刚起步，尚在收集第一届学生的相关数据，因此本文还不能分享研究结果，仅就这个研究的设计，重点分享研究团队的设计理念和构想。接下来，本文将从文献回顾、研究设计与研究方法三个层面介绍本项目的设计理念。

二 文献回顾

在新加坡,正式的华文课程评估通常是由国会批准的,由来自不同行业的专家组成的课程检讨委员会来执行的。这些评估一般是通过聚焦访谈和问卷调查的形式,然后由专家们进行解读并提出课程改革的建议。其他的课程评估主要集中在对课程的历史性研究上(Liu & Goh,2006)。换言之,有关本地华文课程的实证性研究比较少。

在这些较少的研究当中,最早进行综合评估研究的是 Ang(1991)。她对新加坡1974年至1984年间的所有新加坡小学的华文课程从其规划、实施乃至教学效果进行了综合性的研究。这项研究通过问卷调查、课堂观察以及测试对课程的选材、教学要点的编排、教学法的运用乃至教师的职业发展诸方面进行了考察,得出了结论:新加坡小学华文课程是有效的并得到成功实施的。此外,谢泽文(2003)对新加坡中小学各个时期实施的不同课程通过文献分析的方法对这些课程的教学目标进行了对比研究。他的研究结论是现行的华文课程是最具综合性的课程。Liu & Goh(2006)对2009年推出的小学华文课程的大纲与课本进行了互文性分析,发现课程的大纲提倡以学习者为中心的交际教学法,但是这一点与课程的目标是不一致的。课本的活动是以教师为中心编排的并且强调的是字词的教学;课文的选材也主要是韵文以及记叙文,而这两种课文没有给学生进行意义协商及创造性解读提供足够的空间。

2007年新加坡南洋理工大学国立教育学院教学法与实践研究中心的华文研究团队(CLRT)对新加坡小学华文单元教学模式进行了实证性研究(CLRT,2007)。该团队对实验组的72个单元,控制组18个单元的华文课堂进行了观察,观察项目包括课堂组织安排、课堂话语、学生参与度、教学策略、教师工具、教学重点以及学生产出等等。他们发现实验组的课堂环境更加具互动性,学生参与度也较高,学生口语能力的提高得到了更大的重视。2009年该团队在其课堂研究中进一步加入了弗兰德互动分析系统(Flanders interaction analysis system,FIAS)和社会网络分析(social network analysis,SNA)方法(Li et al.,2012;Zhao & Shang,2013)来捕捉课堂上话轮的交替及接续情况。另外,该团队对教师及学生进行了问卷调查以期深入了解教师的期望与信念以及学生的态度与学习经历等课堂教学的心理层面状况。他们的研究发现,华文单元教学模式倡导的以学生为中心、交际教学等理念在课堂上得到了实现。同时,他们也认识到在新加坡这样一个多语环境中实施母语教学改革的复杂性。

综合来看，Ang(1991)的研究是对当时已经不再实施的华文课程的历史研究。谢泽文(2006)是对华文课程的历史回顾，采用的方法是文献比较，缺乏实证性。Liu & Goh(2006)是对课纲与课本的互文性分析，未对课程的具体实施进行考察。相比之下，CLRT(2007)团队采用了比较全面的研究手段与方式对小学华文课程的教与学方面进行了评价，对我们目前的高中华文课程评估具一定的参考价值。

三　研究设计

有鉴于前人的研究经验，且考虑到本研究的目的，本研究在设计上将新课程的评估分为两个板块：一是"学生语言能力评估"，二是"课堂教学实践评估"。学生语言能力评估主要通过课程前后测试的方法，对修读新课程学生的前后口语能力和书面语能力进行比较。为了进一步了解学生的情况和解读他们的前后测试表现，本研究辅以一个家庭语言背景问卷和一个学习体验问卷，希望从学生的语言背景与他们的学习体验中找到学生前后语言能力表现的影响因素。至于课堂教学实践评估则采用事件取样观察法，对新课程各类文体与教学内容的实际课堂进行多维度的记录。同时，为了了解教师运作课堂的理念和他们在实施新课程上的调整，本研究也将在课程结束后对教师们进行聚焦访谈。图1简示了本研究的整体设计。

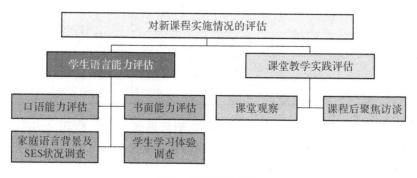

图1　研究整体设计

四　研究方法

根据上述研究设计与所涉略的研究内容，本研究将采用以下研究方法进行数据的收集和分析。

(一)研究对象和样本

本研究的研究对象是新加坡六所初级学院 2014 和 2015 年招募的两届高一学生以及他们的华文语文和文学的任课老师。预计的取样情况如表 1 所示。

表 1　研究预计取样情况

初院类型(按课程区分)	语特课程	非语特课程	总计
初院数	2	4	6
学生语言能力评估(口语能力评估)			
2014 级学生	60 人	40 人	200 人
2014 级学生	60 人	40 人	
学生语言能力评估(书面语能力评估)			
2014 级学生作文	120 篇	80 篇	400 篇
2014 级学生作文	120 篇	80 篇	
课堂教学实践评估			
2014 班级(观课单元)	2 班(6 单元)	4 班(12 单元)	12 班(36 单元)
2014 班级(观课单元)	2 班(6 单元)	4 班(12 单元)	
Teachers' Interview & FGD			
聚焦访谈(小时)	2 场 (3 小时)	4 场(4.5 小时)	6 场(7.5 小时)

目前，本研究正在进行的是 2014 级的数据收集。由于 2014 年各初院修读 H2 的人数减少，本研究 2014 级的参与学生人数为 112 人，参与的授课老师 12 位。

(二)华语能力前后测

鉴于口语及书面语表达、交流能力是新课标的重点，本研究将在 2014 年新课标实施之初对修读该课程的学生进行口语能力及书面语能力的前

　　　　　　　　　　　　　　　　　　　　　理解与对话

测。两年后课程结束时将进行这两项能力的后测。口语测试将就一个新加坡日常话题以小组的形式进行大约 15 分钟的讨论。为了尽可能不影响学生的发挥及表现，使他们尽量在较自然、轻松的状态下表现其真实口语能力，测试的评分不会当场进行。讨论的过程将进行录音及录像。事后研究人员两人一组观看录像，依据项目组制定的口语测试评量表对学生的口语能力进行评量。评量的指标分为内容、条理、表达及流畅性四个方面，每个方面满分为 15 分，总分 60 分。为了保证评分者间信度(inter-rater reliability)，正式评分之前全体评分人员集体进行了试评与讨论，对评量表的细则统一认识。正式评分时两位评分者的分数平均即为学生口语得分。为了进一步保证评分者间信度，两位评分者分数允许的差异为百分之十，即 6 分。如果分差超过允许范围，则由第三位评分员进行评分，然后将三者分数平均。至于书面语方面同样会进行前后测。学生将就贴近其生活的题目进行命题作文。评分将按照 A 水准考试的评分标准由两名资深高中华文教师进行。

（三）课堂观察

为了探究新课标的具体课堂实施情况，将分别对语文与文学两种课堂教学活动进行观察。为了尽可能减少研究人员的出现对课堂教学的影响，我们并不进行现场的观课编码而只是对课堂进行录音、录像。我们的课堂观察量表参考了《新加坡华文课堂观察量表》，因为此观察量表是针对小学华文课堂而设计的。研究小组按照高中课程的特点，参照高中特级教师的意见对其进行了修订，删减掉了不适用于高中教学的一些观察项目，并添加了具有高中特点的观察项目最后生成了《新加坡华文教研中心华文课堂观察量表》。然后研究小组集体试用该量表对观课录像进行了编码，统一了对量表细节的认识并对量表进行了进一步的调整、完善。该量表观察的细目包括由研究人员两人一组依据《新加坡华文教研中心华文课堂观察量表》对教学进行编码。观察的项目包括：(1)教师方面，如教学活动的类型、教学策略的使用、教师话语类型及百分比、教师对学生的鼓励；(2)学生方面，如学生的课堂参与程度、同侪之间的合作与支持、学生的话语产出；(3)课堂组织方面，如学生的座位安排、课堂的气氛等。

（四）学生语言使用情况调查

为了探究学生在华语能力方面差异的原因，研究小组会对他们的社会经济状况及华语学习经历进行问卷调查。问卷分为两部分：第一部分为《新加坡华文教研中心家庭用语调查问卷》(SCCL Home Language Survey Questionnaire)(吴福焕等,2012)。所采集的信息将用来计算学生的华语接触指数(Chinese dominance index)。该指数将有助于考察学生华语能力与家庭主要用语之间的关系。问卷的第二部分将参考新加坡国立教育学院的《学生学习经历调查问卷》(NIE-CRPP CORE Panel 2 Student Learning Experience Survey)(Lau & Nie,2006)。从该部分采集的信息将用来考察学生的华语学习经历,特别是与课程有关联的部分,与其华语能力表现之间的关系。综合这两部分的数据将可能使我们更清晰地看到学生华语能力的影响因素。

(五)聚焦访谈

通过上述研究手段获得的数据将是对学生华文能力、新课程实施的量化数据。为了更进一步探究教师对于新课程实施的体会和看法以及新课程实施给学生华文能力带来的变化,我们将进行与教师的课后访谈(interview)以及学年末的聚焦访谈(focus-group discussion)。两种访谈将关注以下信息:

* 教师对于新旧课程不同的看法;他们对于新课程的态度、信念及期望。
* 新课程带来的教学上的变化,如教学策略、知识及技能的重点、教学科技/资源的运用以及教学材料的开发等等。
* 新课程带来的挑战,如教学时间或空间问题、内部/外部的支持等。
* 实施新课程的经验。

对于上述访谈获得信息的质化分析可以更清楚、深入地揭示新课程为教师、教学以及学生的华文学习带来的变化。

四 结语

综上所述,为了解新加坡高中 H2 华文与文学新课程推出后的实施情况与成效,本研究围绕教师、学生和课堂实践,设计了一个多面向的评估计划。该计划采用了近几年来流行于华文课程评估研究的各种研究方法(如问卷调查、观课、访谈、测试),对新课程进行了多面向的记录和评估。通过这些研究方法,本项目的研究结果将为政策制定者和课程规划者,提供新课程实施的关键信息(如学生的学习体验、教师的教学调整、课堂的实施状况等)。这些信息不仅有助于当下课程的评估,也为未来的课程调整或改革提供了基础。此外,本项目研制的研究工具,也可作为课程评估的工具配套,供未来课程的评估使用。

参 考 文 献:

ANG B C. The reform of Chinese language teaching in Singapore primary schools (1974—1984)[D]. Singapore:National University of Singapore,1991.

Chinese Language Research Team (CLRT). Chinese language pedagogical experiment:a comparative study of classroom practices in Singapore primary school (final report)[R]. Singapore:CRPP,NIE,NTU,2007.

LAU S,NIE Y. differential effects of traditional and constructivist instruction on students' cognition,motivation, and achievement[C]. San Francisco: the annual meeting of the American Educational Research Association,2006.

Li L,ZHAO S H, AW G P. Beyond research:classroom interaction analysis techniques for front teachers[M]//Singapore Chinese Language Society (ed.). Teaching and learning Chinese language in Singapore:Vol. 8(1—12). Singapore:Panpac Education,2012.

LIU X L,GOH C. Improving second language listening:awareness and involvement[M]// FARRELL T(ed.). Language teacher research in Asia. Alexandria,Virginia:Teachers of English to Speakers of Other Languages,Inc.,2006.

ZHAO S H,SHANG G W. Coding and comparing pedagogic features of teaching practices: what happens in Chinese language classes in Singapore's primary schools? [M]//SILVER R E,BOKHORST-HENG W D,Silver R E (eds.). Quadrilingual education in Singapore: pedagogical innovation in language education. New York:Springer Publishers,2016.

吴福焕,郭秀芬,赵春生,等. 新加坡小学一年级华语口语词汇表[M]. 新加坡:南洋理工大学华文教研中心出版社,2012.

谢泽文. 中小学华文(第二语文)课程的发展[M]//教学与测试. 新加坡:新加坡华文教师总会,2003.

新加坡教育部. 2014 大学先修班 H2/H3 华文与文学课程标准[S]. 新加坡:新加坡教育部,2012.

基于新型听评课视角的高中语文课堂评价

耿红卫[1]　张岩岩

　　摘要:新课程改革背景下的高中语文课堂评价从重点关注教师的教转向关注师生互动、关注学生的发展。指向"以学论教",教师专业发展,课堂教学改进的听评课是改善传统课堂评价、适应新课程改革的一条有效途径。本文将从关注学生的课堂表现、教学目标的达成、课程资源的开发、教学策略的选择以及教师的基本功五个维度对语文课堂进行评价,不仅关注教师的教,更关注学生的学,充分体现了学生的主体性与创造性。

　　关键词:听评课;高中语文;课堂评价;以学论教;教师发展;课堂改进

　　课堂评价是教学过程中总结性的评价,对于课堂教学有着重要的督促使之改进的作用。新课程的基本价值取向是为了每一个学生的发展,这种课程价值观既适应我国素质教育的内在要求,又体现时代精神,自然对新课程下的语文课堂教学质量评价提出了新的要求。然而以往的课堂教学的评价方法主要有三种:模糊评价、直觉评价和印象评价。有的学校则直接采用一种要素量评价,这些传统的课堂评价存在许多缺陷。例如:评价侧重教师的"教",而忽略了学生的"学";评价标准一刀"切";评价内容单一;等等。高中语文课堂教学评价要从关注教师转向关注学生,关注学生的发展状况。基于课堂观察视角的教师合作共同体的听评课是改善传统课堂评价、适应新课程改革的一条有效途径。

一　新型听评课的特点

　　新课程背景下的听评课关注学生的发展,强调教师的成长,以学生在课堂教学中呈现的状态为参照来评价课堂教学的质量。新型听评课轻结果、重过程,是教师专业发展的一个重要途径,是一种对话、反思与研究的专业行为,它能够有力地提升教师的教学水平,促进学生有效学习。针对

---

　〔1〕　耿红卫,男,河南师范大学文学院教授,语文课程与教学论专业硕士生导师。

理解与对话

传统听评课所存在的问题,新型听评课范式的转型,关键在于改变思维方式,主要体现在以下方面:

首先,从简单思维走向复杂思维。一直以来,我们总是秉持简单的思维,习惯于片面思考、静止类推。对一堂课的评价,我们经常是没有考虑个体、时间与空间、情境等因素,没有把小整体放到一个大背景中去思考,都是以固定、单一的思维来考虑问题。实际上,我们应正视课堂的复杂性,要将课堂作为一个复杂的整体系统思考,在坚持"1+1"的同时,还要坚持"2"本身。同时,还要考虑来自组织性、个体性、情景性的因素。[1]

其次,从对立思维走向理解思维。新型听评课打破传统上课人、听课人、评课人角色对立和地位凝固,认识到听评课其实是个合作体。新型听评课倡导理解的思维,主张在评课时,应充分考虑情景性与个体性,就此课论此课,不过多类推或假设;以"体谅优先"为原则,充分考虑教师本人的独特性,多挖掘上课老师好的东西,对上课老师首先要鼓励。当然,崇尚理解思维的听评课不是说不能提问题,而是希望提有证据的、有针对性的问题。

最后,从单一思维走向多元思维。新型听评课改变以往评价主体单一、被评价者被动的消极现象,从单一思维走向多元思维,强调课堂教学评价体系中多元主体的参与,将专家、教师、学生、家长等多个参与听评课活动的评价者引入课堂教学,从不同角度探究课堂、发现问题,并通过对话交流,帮助教师全方位审视教学,提高教育教学能力.这是发挥评价激励与改进功能,促进教师不断提高的必然要求。

二 听评课在高中语文课堂教学评价中的作用

(一)以学生的发展为根本,指向"以学论教"的课堂评价

新课程提出了"以学论教"的课堂教学评价观,即以学生的"学"评价教师的"教"。这里的"学",一是指学生是否学得轻松,学得自主,主要包括课堂教学的情绪状态、交往状态;二是指学生有没有学会,主要指教学的思维状态、目标达成状态。"论教"主要是从情绪、交往、思维、目标达到

---

[1] 崔允漷.听评课——一种新的范式[J].教育发展研究,2007,9B:38-41.

的状态等方面来评价教学效果。[1] 这样的评价既有利于学生的全面发展,同时也能够促进教师的专业成长。

新型听评课贯彻新课程理念,从"以学论教"角度对课堂教学质量进行评价,将评价重心从关注"教"转移到关注"学",将教师的作为联系到学生的活动上来加以评价。听评课下"以学论教"课堂教学模式更为关注学生在课堂上做了些什么,说了些什么,想了些什么,学会了些什么和感受了些什么;等等。听课者关注的是上课教师是否为了每位学生的健康发展来组织教学活动,是否为每位学生的自主学习和发展营造了"民主、平等、开放"的空间,是否给予了学生充分自主学习、探究的机会,使学生在课堂上充分发展,体会到成功的快乐。

基于新型听评课视角的"以学论教"课堂教学评价模式,使学生变得更加乐于学习和善于学习,同时也转变了教师的教育理念,与学生的关系更为融洽,真正体验到"学习不是被动地接受知识,而是学习者主动建构自己理解的过程",教师的作用是为这一过程搭建"支架"。这样将形成以评促学、以学定教,师生互动和情感交流的创造性课堂,使学生成为学习的真正主人。

(二)以教师专业发展为核心,指向合作的课堂评价

新课程对教师的专业素养提出了更高的要求,而教师间的合作则是促进教师专业发展的良好路径。合作,是一种理念,是一种文化形态。它不同于教师的自我反思,作为一种教师专业发展的新路径,合作的教师文化对于教师的成长、学校的发展都起着有力的推动作用。但是实际的学校文化环境中却存在着教师合作意识不强、合作氛围不浓、合作机制缺乏等问题。

针对这些合作冲突,新型听评课基于合作体的课堂观察,是一种指向教师间合作的课堂评价模式。课堂观察的程序为:首先,课前会议。上课教师向听课者进行简单的说课,即本节课的主要内容是什么? 教学过程是怎样设计的(包括创新点与困惑)? 重难点如何体现? 本班学生的实际情况怎样? 学生对本节课内容的掌握程度如何体现? 等等。上课者与听课者根据诸如上述等问题进行商讨,确定观察点。其次,课中观察。课中观察指观察者进入课堂,选择合适的位置,依照事先的计划观察记录所需

---

[1] 姚便芳.评价的奥妙[M].成都:四川大学出版社,2010.

信息。课堂所需观察的角度往往不只一个,如:学生的情绪状态,被提问者是学优生还是学困生,上课教师如何引导学生独立思考,等等。所以听课者需要分工合作,每人负责一个或多个角度。这样的观察结果才更加全面和细致,同时也调动了听课者的积极性。最后,课后会议。上课者简要的进行课后反思,如:教学设计是否合理? 预设目标的达成度如何? 本节课的优点与不足有哪些? 等等。听课者基于共同的观察结果,先肯定其课堂闪光处,然后有证据、有针对性地提出课堂问题之所在,提出建议,与上课者共同商讨改进的方案。

对于教师来说,这样的合作一方面可以通过交流使大家看到自己的不足,实现资源共享;另一方面自由交流还可以缓解压力,有利于教师的身心健康,促进教师专业发展。

(三)以课堂教学改进为目标,指向改进的课堂评价

以课堂教学改进为目标的听评课不仅关注课堂教学存在的问题,而且关注所存在的问题是否得到解决。每次的听评课之后都会紧跟着一次甚至数次的针对存在问题的改进,在这样一个渐进的改进过程中,不断完善教师的教学实践,进而提高课堂教学的质量。课堂教学改进作为听评课的目标,首先要求听课者提出有证据、有针对性的问题,这就使得听课者在听课过程中足够认真,并积极思考,而非敷衍了事。其次,针对听评课中存在的问题,应有改进方案,虽然课堂改进是一个循序渐进的过程,但是应从某个突出问题出发,提出改进方案,每次听评课解决一个问题,逐步提高课堂教学质量。如果没有改进环节,听评课也就失去了其最重要的意义。

以往的课堂教学评价大多只是给一个定性的评价,这节课上的好或是不好,往往止步于评价。而指向课堂教学改进的听评课以解决课堂中存在的问题为导向,针对问题提出行之有效的解决方案,提高了课堂教学的质量。

三 基于听评课视角的高中语文课堂评价维度

高中语文新课程的基本理念、基本原则和课堂教学评价的指标及标准,是高中语文新课程评课的依据。高中语文新课程评课的目的在于促进教师成长,关注学生发展,提高课堂教学的效率和质量,推进新课程改革的顺利实施。基于新型听评课的视角,我们将从以下几个维度对高中

语文课堂的教学质量进行评价。

(一)关注学生的课堂表现

新课程提出的"以学论教"的课堂教学评价观成了课堂教学评价的指导思想。所以,在听评课过程中,听课者应从重点关注教师的教转向关注师生互动、关注学生的学情,根据学生在课堂教学中所呈现的状态来评价课堂教学质量。

首先,观察学生的情绪状态。听不同老师上课,观察学生在课堂上的不同情绪状态,感受迥然不同。有的老师上课味同嚼蜡,像是在演奏催眠曲,使学生昏昏欲睡;有的老师则可以最大限度调动学生的积极性,学生能够以饱满的精神状态投入学习之中。两种课产生的教学效果大相径庭。因此,观察学生是否具有强烈的学习动机和兴趣,是否具有好奇心和良好的精神状态,成为判断课堂教学质量的一个关键点。其次,关注学生是否全员、全程和全身心地参与教学活动。一个成功的课堂应该是面向全体学生的,能够引起学生的深层思考,并且引导学生用自己的语言阐明自己的观点和看法。再次,关注学生的交往状态。听评课时,关注教师是否为学生营造一个和谐民主的课堂氛围,给予学生平等的发言权;关注学生是否积极参与小组合作,是否学会倾听,并且自由地表达自己的观点。

(二)关注教学目标的达成

好课的一个重要标志就是课堂教学目标达成度高。所谓教学目标,就是预期的学生的学习结果。语文课程丰富的人文内涵对学生精神领域的影响是深广的,学生对语文材料的反应又往往是多元的……注重教学内容的价值取向,同时也尊重学生在学习过程中的独特体验。语文教育的这一特点告诉我们,语文课堂教学的内容有预设也有生成。[1] 凡事预则立,不预则废。建构新课程理念下的高效语文课堂需要预设。教学活动是有计划、有目的的活动,教师要在一定的时间内完成一定的教学任务,就必须在课前对课堂教学进行有目的、有计划的设想和安排(即预设)。[2] 然而课堂上常常有"意外"发生,这种"意外"是无法预设的,使得课堂教学充满了许多不确定因素,所以语文课堂具有很大的生成性。尤其是针对目前高中生学习语文的消极心理,教师应根据学生的心理及情

---

〔1〕 汪季菊.让课堂绽放美丽的意外[J].中华活页文选(教师版),2013,1:46-48.
〔2〕 袁福群.架设生成与预设的桥梁,构建人文课堂[J].现代语文,2012,11:42-43.

感,敏锐地捕捉即时生成的教学机遇,抓住生成的教育资源,点燃学生智慧的火花。

一位教师在讲授《念奴娇·赤壁怀古》时,为了让学生领会诗中豪迈壮阔的意境和诗人对英雄人物周瑜的仰慕之情,先引入了学生们熟悉的电视剧《三国演义》的画面:滚滚长江向东流去,激起千万朵浪花。这一雄浑可感的画面一下子就抓住了学生们的魂魄。继而引入片头曲:"滚滚长江东逝水,浪花淘尽英雄,是非成败转头空,青山依旧在,几度夕阳红。"然后,教师问学生看过画面和听过音乐有什么感受,但是当时学生们只觉得震撼却不知如何表达感受,课堂冷场了。这位教师突然想到自己在读这首诗歌时的感受,便问学生刚才的所听所感与课文有什么异同。这样一比,学生可讲的东西便多了,自然的永恒、人生的短暂等等,课堂又活跃起来。

预设使语文课堂教学有章可循、有条不紊,生成使课堂火花四溅、精彩纷呈。新课程理念下的语文课堂既需要预设,也需要生成,预设与生成是打造高效课堂的两翼,缺一不可。

(三)关注课程资源的开发

语文课程资源包括课堂教学资源和课外教学资源——蕴含着自然、社会、人文等多种课程资源。语文课程资源的开发,就是寻找一切有可能进入语文课程,对于提高语文教学的效率、提高学生母语学习的兴趣和质量,有着极其重要的意义教学内容。过去,"教科书是学生的世界",教师也把"教教材"作为教学的重点,认为只要把教材中涉及的知识讲全、讲深、讲透、讲细就行。新的课程观认为"世界是学生的教科书",新教材具有开放性的特点。因此,在听评课时,听课者要关注教师是否善于用教材去教,能否依据课程标准,因时因地开发和利用课程资源,注重联系社会变革和学生的生活实际。[1]

语文课堂应该时时充满着生机和活力,因为语文的范畴不只包含了识字与写字、阅读与写作之类的简单的东西,更重要的是语文承载着我们中华五千年文化的博大与精深。然而实际中的语文课堂,却经常看到老师在讲台上讲得唾沫横飞,而学生在底下听得想打瞌睡。为了提高学生学习语文的积极性,教师应充分合理利用一切可用的教学资源。这些资

---

[1] 张淑伟.听评课的关注点要落在哪儿[J].教育理论与实践,2008,18:8.

源不仅包括有利于教学的物力、财力、人力等因素,同时也包括一些学生的非智力因素、老师的道德修养与教学智慧因素以及教学过程中的师生关系、多媒体资源等因素。对这些因素的有效合理的开发和利用,可以促进我们的有效教学,提高我们教学的效果。高中语文教师一定要科学使用选修教材和必修教材,根据学生们的需要,恰当地拓宽语文的教学范围,从而拓宽学生们的视野。教师还可以通过多媒体、互联网等高科技来拓宽教学渠道,丰富教学内容,使课堂更加生动活泼。

(四)关注教学策略的选择

教学组织策略多种多样,不同的教师会根据教材内容与学生的实际选择不同的教学策略。根据新课改的要求,听课者在听评课时需要重点关注教师如何组织学生自主、合作、探究性学习,以及教师对学生的及时评价是否具有发展性和激励性。首先关注教师自主性教学策略的实施。叶圣陶先生曾说过"教是为了不教",我们的语文教学,应使学生走上自主学习之路。高中生已经有了一定的自主学习能力,能够通过自己的思考、探索、实践等活动去获取知识,所以教师应放手让学生去自学,变"要我学"为"我要学",把学习的责任真正从教师身上转移到学生身上。其次是合作探究教学策略的实施。新课程背景下的语文课堂应尊重学生的主体地位,着力培养学生的能动性与创造性,充分发挥学生的潜能。所以在听评课时,要关注教师是否有效地组织和引导学生开展以合作探究为特征的研究性学习,是否鼓励学生主动参与、勤于动手、善于合作,使接受与探究相辅相成,学生的学习境界更高,学习效果更好。

(五)关注教师的基本功

教师的基本功是教师之本,关注教师的发展首先要关注教师基本功的发展。一是看板书。好的板书首先应该是设计得科学合理,言简意赅,条理性强,其次粉笔字要工整美观,板画娴熟。二是看语言。语文教师的课堂用语,应该做到清晰、准确、简练、生动。过不了语言艺术这一关,教师即使满腹经纶也难教好语文。教学语言的修养要从学习普通话开始,逐步做到语调自然、音量适中,讲究抑扬顿挫,避免出现内容上的语病。在清晰、准确的基础上进一步做到简练和生动。[1] 三是看教态。教态是

---

〔1〕 王伟歌,郭建华.浅谈语文教师基本功的加强[J].教育教学论坛,2010,31:30-31.

理解与对话

教师讲课时的心情、表情、动作、姿态等的表现,是伴随教师开展课堂教学的一种重要辅助手段。学生在课堂上不仅要通过教师有声语言的讲解而"察其容",而且还会通过教师的教态而"观其色"。教态对教学的效果,起着非常重要的作用。因此,听评课时,应关注教师的服饰是否整齐、清洁、得体、大方,姿势和手势的表达是否准确与合理,心态是否积极乐观,精神是否饱满,等等。

新型听评课从学生的课堂表现、教学目标的达成、课程资源的开发、教学策略的选择以及教师的基本功五个维度对语文课堂进行了评价,不仅关注了教师的"教",更关注了学生的"学",充分体现了学生的主体性与创造性。在当前语文课程改革的新形势下,语文课堂教学的评价也应充分考虑不同类型的课程差异,但总体而言,不应忽视以上谈到的几个方面,只有高度重视这几个方面。才能客观、准确而又公平地评价语文课堂教学效果,从而保证语文课堂教学改革的成功。

国际语文教育展望

美国中小学英语国家课程标准建构与评述

刘正伟[1]　　郑园园　　龚晓丹　　庄慧琳[2]

摘要:美国 1996 年研制的《英语语言文学标准》是 1980 年代标准化运动的结果。在"回到基础",提高质量,充分发挥学生的天资与才能的理念指引下,《英语语言文学标准》以培养学生听、说、读、写、看、视觉呈现等语言能力为导向,注重激发和指引教学过程中的创造性。2010 年问世的《共同核心州立标准英语语言文学标准》是联邦政府教育部为建构"全面而有竞争力的教育体系",促进各州教学达到优质水平而采用的"世界一流标准"。《共同核心州立标准英语语言文学标准》在"为未来大学和就业做好准备"双重目标主导下,对中小学英语语言文学课程内容及教学进行重新建构。该标准以阅读能力培养为核心,提出通过文学性文本、信息性文本的教学,以及新技术能力学习,造就具有新一代科学技术素养的国家公民。

关键词:英语语言文学;标准化;课程标准;文学性文本;信息性文本;技术能力

一

美国中小学英语语言文学国家课程标准的研制发端于 1980 年代的教育改革运动。1983 年 4 月,美国高质量教育委员会发表了《国家处在危险之中:教育改革势在必行》报告。报告指出,美国教育正在遭受日益增长的平庸化潮流侵蚀,"它威胁着整个国家和人民的未来"[3]。报告还指出,17 岁的美国青年中,约有 13% 可以说是半文盲,少数民族中半文盲的青年高达 40%;而大学委员会的学术性向测验(简称 STA 测验)表明,"英语平均分数下降 50 分","几乎 40% 的青年不会从文字材料中作出推论;

---

[1] 刘正伟,浙江大学教育学院教授,课程与教学论专业博士生导师。

[2] 郑园园,龚晓丹,庄慧琳,浙江大学教育学院课程与教学论专业博士研究生。

[3] 吕达,周满生.当代外国教育改革著名文献(美国卷):第一册[M].北京:人民教育出版社,2004:1.

只有五分之一的青年可以写一篇有见解的文章……"[1]。随后掀起的以"回到基础",追求优异、反抗平庸的教育改革运动即旨在"最充分地发挥学生的天资与才能",全面提高中小学教育质量。1991 年和 1993 年布什政府和克林顿政府先后出台推动整个美国教育改革的纲领性文件《美国2000:教育战略》和《2000 年目标:美国教育法》,加快了美国实施国家标准的步伐。"没有高标准,就没有可能去重建美国教育体系。"[2]1993 年国家教育目标专门小组发表了一份题为《建立全民皆学的国家》的报告。报告建议,必须制定全国性的教育标准,并且强调,制定国家标准,建立新的教育体系在国家繁荣和发展中"起绝对的枢纽作用"[3]。不久,由各专业委员会承担研制的学科课程国家标准先后问世,诸如《对卓越的期望:社会科课程标准》(1994)、《英语语言文学标准》(1996 年)、《国家科学教育标准》(1996)等,其中《英语语言文学标准》由国际阅读协会(IRA)与全美英语教师委员会(NCTE)协同制定。

　　进入新世纪,布什总统颁布了《不让一个孩子掉队》法案。这个法案从法律上通过了联邦促进各州基础教育改革计划。此后,在经历了 2007 年历史上罕见的经济危机之后,一方面,联邦政府对学校的投入被削弱,美国教育遭受打击;另一方面,上任伊始的奥巴马政府为复苏美国经济,重建具有世界一流的教育体系,签署了《2009 年美国复苏与再投资法案》。之后,奥巴马发表了《构建美国全面而有竞争力的教育体系》报告,强调建立一个可以为"各州采用的世界一流的标准,使美国的课程适应 21 世纪的要求"[4]。2009 年 7 月 24 日,联邦政府教育部推出"力争上游"计划,以巨额拨款资助教育改革,特别是推动中小学数学、科学和英语等学科改革。[5] 2010 年由全美州首席教育官理事会(CCSSO)与全美州长协会(NGA Center)联合研制,旨在促进青少年在将来的大学和职业生活中获得成功的《共同核心州立标准》(Common Core State Standards,CCSS)宣告诞生,表明美国政府为确保学生"获得世界级教育"推进国家标准的决心和目标。共同核心州立课程是在为未来学术和就业做准备的双重目标主导下研制,因而标准内容体系更丰富,充分体现了国家在公民培养上的

〔1〕 吕达,周满生.当代外国教育改革著名文献(美国卷):第一册[M].北京:人民教育出版社,2004:4.
〔2〕 王桂.当代外国教育——教育改革的浪潮与趋势[M].北京:人民教育出版社,1995:389.
〔3〕 王桂.当代外国教育——教育改革的浪潮与趋势[M].北京:人民教育出版社,1995:389.
〔4〕 史静寰.当代美国教育[M].北京:社会科学文献出版社,2012:107.
〔5〕 史静寰.当代美国教育[M].北京:社会科学文献出版社,2012:111.

新的目标和诉求。《共同核心州立标准》不仅保留了标准化阅读和测试方式,还在描述了学生的一般英语素养与能力外,同时特别把学生在历史、科学、社会研究等科目中的读写能力写进新的体系之中,体现了在新的国际竞争日趋激烈的全球化时代美国社会对以阅读能力培养为核心的公民的决心和期待。

二

(一)课程标准:以英语能力发展为导向

作为第一份中小学英语语言文学国家课程标准,《英语语言文学标准》对"标准"概念的阐述是:所谓"标准",就是确定学生在英语课程中"应知道什么"和"怎样做"。标准指出,学习者是课程标准设计的出发点和中心,标准设计不仅要描述课程学习的内容,还要关注作为语言的使用者——学生在英语语言方面"为什么、什么时候、怎样成长和发展"[1]。

《英语语言文学标准》有三个核心概念,即"文本""语言"和"阅读"。它不仅构成描述标准的手段和工具,也定义了课程的内容和范围。实际上,三个核心概念蕴含了标准研制者在这门课程与教学上的基本主张和立场。"我们广泛地使用'文本'这一术语不仅仅是指印刷的文本,也指口头语言、图片或图形和沟通交流的技术所产生的电影、电视、广告等非印刷文本。'语言'作为一种交流的方式除了具有口头和书面的表达形式之外,还包括视觉交流的语言(即媒介素养)。'阅读'不仅仅对印刷文本也包括广泛的聆听和观察。"[2]不难看出,课程标准在"文本""语言""阅读"三个核心概念的诠释上,除其概念基本意义外,更强调其拓展的新的蕴涵。

概念内涵的拓展意味着对语言文学能力要求的相应提高。《英语语言文学标准》指出,英语语言能力的培养是现在和未来社会的需要,在技术和社会日益变化的今天,随着人们语言沟通和思考方式的改变,语言能

---

[1] The International Reading Association, the National Council of Teachers of English, the National Council English Standards for the English Language Arts[S]. Washington, DC: IRA, NCTA, 1996:1.

[2] The International Reading Association, the National Council of Teachers of English, the National Council English Standards for the English Language Arts[S]. Washington, DC: IRA, NCTA, 1996:2.

力的定义和内涵也发生了重要变化。"许多年之前,语言能力被定义为一种读或写某个人名字的狭隘能力,然而今天英语语言能力包括完成广泛地读、写及与每日生活密切相关的语言任务。"[1]尤其是电子媒介与网络的发展,对公民全面参与社会和工作领域提出了更高的英语语言能力要求,不仅包括语言表达,还包括"技术能力"。确切地说,语言文学能力已扩展至听、说、读、写、看、视觉呈现(visually representing)六大能力。[2]

(二)十二条原则:以学习者为中心

中小学《英语语言文学标准》的主体是 12 条原则。如表 1 所示,它对中小学英语语言文学课程内容以及学生语言能力发展做了高度概括及阐述。

表 1 《英语语言文学标准》12 条原则

序号	标准基本内容
1	学生通过广泛阅读印刷与非印刷文本,建立对文本、自我及美国和世界文化的理解;获得新的信息,满足社会和工作的需求,完善自我。这些文本包括虚构和非虚构类的、古典的和当代的作品。
2	学生广泛阅读各个时期不同体裁的文学作品,从不同的角度(比如哲学的、伦理的、审美的)来理解人类经验。
3	学生运用各种策略理解、阐释、评价和欣赏文本。综合先前的经验,与其他读者和作者的互动,词汇知识和其他文本知识、词汇辨认策略,以及对文本特征的理解(比如声音—字母一致、句子结构、语境、图画等),从而形成正确的认识。
4	学生依据不同的听众和目的,调整他们书面的、口头的和视觉的语言(如表达习惯、风格和词汇等),达到有效交流的目的。
5	学生运用多种策略,在写作过程中,恰当使用多种写作要素,根据不同目的,与不同的读者进行交流。

---

[1] The International Reading Association, the National Council of Teachers of English, the National Council English Standards for the English Language Arts[S]. Washington, DC: IRA, NCTA, 1996:3.

[2] The International Reading Association, the National Council of Teachers of English, the National Council English Standards for the English Language Arts[S]. Washington, DC: IRA, NCTA, 1996:5.

序号	标准基本内容
6	学生运用语言结构知识、语言惯例(比如拼写、标点符号)、媒体技巧、修辞语言及类型,创造、批评和讨论印刷与非印刷的文本。
7	通过激发思想和问题意识,提出问题,促进学生对事物的研究。通过搜集、评价和综合来自各种不同资源的数据(如印刷和非印刷的文本、民俗产品、人),依据不同的目的和听众选择适当的方式交流他们的发现。
8	学生利用多种技术和信息资源平台(比如图书馆、数据库、计算机网络、电视)搜集、综合各种信息,创造和交流新知识。
9	学生理解和尊重语言运用的多样性,以及跨越文化、民俗群体、地理区域和社会作用的方言。
10	对于第一语言非英语的学生,利用他们的第一语言发展英语语言学习能力,促进他们对跨学科内容的理解。
11	学生作为有见识的、会反思的、有创造性的、有批判意识的成员参与社区文化活动。
12	学生利用口头的、书面的和视觉的语言实现自己的目的(如学习、娱乐、劝说以及信息交流)。

　　为帮助教师、学生更好地按照标准组织与实施课程与教学活动,标准阐述了一个以学习者为中心的语言学习模型。"将学习者放在核心地位,这是非常重要的:标准建立的主要目的是在学生听、说、读、写、看及视觉呈现的参与经验形成。这反映的是一种积极的而非消极的语言使用与学习的过程,在这个过程中学生的参与是最重要的。"[1]从学生英语能力发展看,它涉及三个维度,即内容之维、目的之维和发展之维。"'内容'主要指在创造、解释、批判文本过程中所涉及的写、说的知识。这些知识与个人的知识,学校或技术的知识,或者是社会和社区的知识有关。""目的"主要关注的是学习者的动机、原因和希望的结果,"比如为了学习,为了表达思想,为了传递信息,为了说服他人,为了使我们注意某些事情,为了品味某些审美经验,或是参与他人的社会活动中。""'发展'主要关注学习者如

〔1〕 The International Reading Association, the National Council of Teachers of English, the National Council English Standards for the English Language Arts〔S〕. Washington, DC: IRA, NCTA, 1996:9.

何发展语言艺术能力。学生的语言发展主要是在学校,他们的成长主要表现在他们清晰地、有策略地、批判地、创造地使用语言的能力上。同时通过这种语言能力获得其他的知识实现其他的目标。"〔1〕

"以学习者为中心"的语言学习三维模型如图 1 所示。

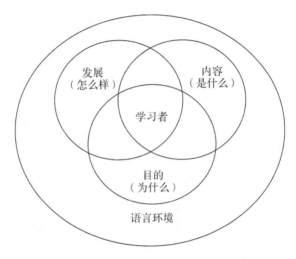

图 1 "以学习者为中心的"语言学习三维模型

从图 1 来看,原则 1—2 属于内容之维,印刷文本、非印刷文本都具有丰富的内涵和广泛的范围,对非印刷文本价值的阐述是标准的重心之一。原则指出,不同时期文学文本阅读是学习理解人类文化的不同侧面,包括哲学的、伦理的和审美的重要途径。原则 3—12 属于发展之维。其中,原则 3—6 主要集中在阅读、交际、写作等语言运用技能上,包括培养文本解读的技能,运用不同语言表达方式、写作策略、语言形式与不同对象进行交流的能力。原则 7—8 要求发展学生探究能力与信息技术能力,让学生通过各种课程资源获取资料,对某些重要的问题进行研究;重视信息技术能力在创造和交流知识方面的功用。原则 9—10 要求形成学生的语言观及语用观。此二项原则规定了在多元文化环境之下学生所应具有的语言观和语用观,要求通过作为媒介的第一语言发展国家标准语言——英语;原则 11—12,侧重发展学生社会参与能力,实现创造生活的目的。目的之

〔1〕 The International Reading Association, the National Council of Teachers of English, the National Council English Standards for the English Language Arts〔S〕. Washington, DC: IRA, NCTA, 1996:10.

维则贯穿整个标准始终。这份标准的最终目标是"确保所有的学生都能有机会通过发展语言技能来实现生活目标,获得鼓励和关注,丰富个人知识,作为有知识的公民充分参与到社会生活中"[1]。正如全国英语教师委员会一位委员指出的那样:"标准代表着我们重视什么。"其主要解决的问题是"学生应该知道什么语言知识,以及他们能够用语言做什么"。[2]该标准中的 12 条原则从阅读、写作、探究、文化与交际等方面呈现了美国中小学语言文学教育的目标,其最终指向培养充分参与社会生活的有教养有知识的公民。

(三)标准的实施与课堂实践

在政治分权制的美国,如何研制与实施一份国家课程标准?是设定一条各州课程共同遵循的底线标准,还是取而代之,于各州标准之上建构一个更高的目标及内容体系?这是国家标准研制时无法回避的问题。这份标准的卓越之处在于它没有建构一个具体的内容体系,而是强调标准的功能与价值:"不是被当作针对特定课程或教学方法的处方,而是为课程的教与学指引一种创造力,为它们提供充足的创造空间。这种创造力对于教与学是必不可少的能力。"[3]在课程实施中,注重积极引导教师和学生参与创造,或者说,在实施中给课程创造更大的空间,这是标准的策略所在,也是其智慧的地方。

例如,为有利于课程标准的实施与评价,标准在第四部分附录了小学、初中、高中三个阶段水平的 18 个课程实施的案例,目的是鼓励与引导教师开展批判性实践与讨论,实现标准建构的理想状态。[4]这些案例均来自于真实的课堂实践,有些则针对标准的某个要点做特别设计和处理。

---

[1] The International Reading Association, the National Council of Teachers of English, the National Council English Standards for the English Language Arts[S]. Washington, DC: IRA, NCTA, 1996:8.

[2] MESMER H A. What is the standard for state standards? an investigation of the state English language arts standards of Colorado, Florida, Michigan, and New Hampshire[J]. Reading horizons, 1997, 37(4):282-298.

[3] The International Reading Association, the National Council of Teachers of English, the National Council English Standards for the English Language Arts[S]. Washington, DC: IRA, NCTA, 1996:2.

[4] The International Reading Association, the National Council of Teachers of English, the National Council English Standards for the English Language Arts[S]. Washington, DC: IRA, NCTA, 1996:33.

每个案例之后又设计三个左右的问题供教师反思,即通过问题引导教师围绕标准展开教学。例如,标准在小学阶段的第一个课堂案例之后设计了两个问题:(1)为学生创造一个不具竞争性的、勇于冒险的学习环境对学生的学习进步有多重要?(2)在课堂讨论中怎样根据学生的能力与需要,引导学生掌握独立阅读的策略?[1] 这种设计能够激发和指引课程中的教与学的创造力,给予教师充分的权力运用自身的教学智慧和学习资源激发学生对英语语言学习的热情。

三

要使美国成为世界大学教育的领跑者,奥巴马政府声称,必须使所有学生在高中结束以后,至少接受一年的大学教育和专业培训。《共同核心州立标准》(简称 CCSS)的研制即是为了提高美国在科学、技术和社会文明中的国际竞争力,执世界经济之牛耳,因而标准在"世界一流"的理念之下,其目标指向了四个:(1)基于研究与证据;(2)指向大学与就业;(3)严格;(4)国际基准。[2] CCSS 综合了国际课程标准研制的先进成果,特别注重调研和实证结果。在学术和就业双重目标的主导下,标准不仅在课程内容,而且在英语能力等更具体的项目上都做了细致的指标描述。CCSS 延续了 1996 年标准对课程本质及核心内容的阐述,如聚焦英语能力的发展描述,其中阅读能力成为英语能力叙述的中心。

(一)文本的再定义与阶段划分

CCSS 丰富了 1996 年标准中的文本等核心概念,将文本划分为文学性文本、信息性文本两种,其中信息性文本教学的提出是标准的一项新的重要内容。"对他们来说,在未来职业训练课程里,将会面对更多信

---

[1] The International Reading Association, the National Council of Teachers of English, the National Council English Standards for the English Language Arts[S]. Washington, DC: IRA, NCTA, 1996:34.

[2] Common Core State Standards Initiative. Common core state standards for English language arts & literacy in history/social studies, science, and technical subjects[S]. Washington, DC: CCSSO & National Governors Association, 2010:3.

息性文本。"[1]因此 CCSS 尤其注重学生对论据的掌握和逻辑的思考。标准提出,"无论是在写作中,还是在会话实践时,学生应当运用相关的论据支持自己的论点,清晰地将信息和观点传达给读者或听者,同时,对他人所使用的论据进行判断。"[2]信息性文本和文学性文本构成了英语课程与学习的重要内容,二者始终贯穿 K-12 年级英语课程与训练。二者在不同年级亦有不同要求,比如,K-3 年级信息性文本分为信息性文本和朗诵信息性文本。这一阶段信息性文本的训练从主题单一、图文并茂、词汇简单、篇幅简短的文本开始,培养学生对此类文本的学习兴趣,并逐渐培养他们对信息性文本的认知和了解,文本难度随着年级的增高而递增。

CCSS 重新定义和阐释了语言能力,包括一般英语语言文学读写能力和在历史、科学、技术和社会研究等学科语言应用能力两方面。同时,CCSS 抛弃了过去 K-12 年级一贯制划分方法,将其划分为 K-5 年级,6—12 年级两段:K-5 年级对英语能力目标的描述是学生通过阅读锻炼阅读思维,并逐步学会在多样化的情境中运用知识解决问题,对语文应用能力训练目标则明确规定必须广泛和深入阅读高质量和具有挑战性的文学文本和信息文本;要求通过阅读大量多种文化背景和不同时代的故事、戏剧、诗歌和神话,熟悉和掌握多种多样的诸如文本结构和基本原理的文学和文化知识;通过阅读历史/社会研究、科学及其他诸种文本,掌握这些领域的基础知识和文化知识,为阅读所有领域的内容提供背景知识。6—12 年级则明确提出,要为大学学习和职业做准备,培养学生所应具有的英语能力。CCSS 指出:"阅读多个流派、跨文化和跨世纪的有思想的作品,通过作品中对人类深刻的思考,促进学生的思维与写作模式的形成与变化。对于高质量的文学作品,应当从开创性的美国文件、美国文学的经典著作和莎士比亚的戏剧中选择。通过广泛和深入地阅读文学的和不断增加难度的非文学的著作,学生储存文学和文化知识、文献和图像,具备评价复

[1] Common Core State Standards Initiative. Common core state standards for English language arts & literacy in history/social studies, science, and technical subjects[S]. Washington, DC: CCSSO & National Governors Association, 2010:4.

[2] Common Core State Standards Initiative. Common core state standards for English language arts & literacy in history/social studies, science, and technical subjects[S]. Washington, DC: CCSSO & National Governors Association, 2010:10.

杂的争论能力和克服复杂文本所带来的挑战的能力。"[1]

（二）标准的框架与内容

CCSS 由三大部分构成：K-5 年级英语语言文学标准及历史/社会研究/科学/技术等科目的读写能力标准（ELA）；6—12 年级英语语言文学标准；6—12 年级历史/社会研究/科学/技术等科目的读写能力标准。

CCSS 包括阅读、写作、听说、语言四个板块，媒介与技术教学的要求则贯穿整个标准的始终。每一板块又有更进一步目标及要求，例如阅读标准分为文学性文本（K-12）、信息性文本（K-12）和基础技能（K-5）三方面，在文学性文本、信息性文本下又针对每个年级从中心思想与细节、鉴赏与结构分析、整合知识与经验、阅读范围与作品难度水平四个维度提出具体要求，每项标准难度随年级逐渐递增，体现出其教学目标的整体性与连贯性。就阅读能力而言，CCSS 共提出十项阅读能力指标，其中指标 8（见表 2）专门就信息性文本提出，着重训练学生对文本的知识和概念，以及就主张和论据之间的联系进行辨认和有条理的区别。

表 2　信息性文本阅读能力指标

年级	勾画和评估文本中的争论和具体主张，包括推理的合法性，以及论据的关联性和有效性
K-R-8	运用提示和辅助，辨认作者在文本中用以支持主张的推论。
1-R-8	辨认作者在文本中用以支持主张的推论。
2-R-8	解释推论如何支持作者在文本中提出的具体主张。
3-R-8	解释文本中的特定句子和段落之间的逻辑关系。
4-R-8	解释作者在文本中如何利用推论和论据来支持具体主张。
5-R-8	解释作者在文本中如何利用推论和论据来支持具体主张，辨认主张与推论和论据之间的搭配。
6-R-8	追溯和评估文本中的争论和具体主张，区别支持和反对的推理和论据。

---

[1] Common Core State Standards Initiative. Common core state standards for English language arts & literacy in history/social studies, science, and technical subjects[S]. Washington, DC：CCSSO & National Governors Association, 2010：35.

年级	勾画和评估文本中的争论和具体主张,包括推理的合法性,以及论据的关联性和有效性
7-R-8	追溯和评估文本中的争论和具体主张,评价推论是否成立,以及论据的关联性和有效性是否支持该主张。
8-R-8	勾画和评估文本中的争论和具体主张,评价推论是否成立,以及论据的关联性和有效性;辨认当中的非相关论据。
9/10-R-8	勾画和评价文本中的争论和具体主张,评价该推论是否成立,以及论据的关联性和有效性;辨认虚假的陈述和错误的推论。
11/12-R-8	勾画和评价美国开国文本的推论,包括宪法原则的应用和立法推论的使用。

如前所述,英语能力是 CCSS 描述的核心概念和工具,它既包含传统阅读能力,如文本概括能力、分析文本要素能力、恰当运用单词短语的能力、分析文本形式与内容关系的能力、分析人物形象的能力、鉴赏非书面形式(声音、影视、舞台等)作品的能力以及分析作品中的文化和历史知识的能力,也含有信息筛选及提取能力。这些能力大致涵盖了学生文本阅读的全部要求,体现了 21 世纪新的读写环境所应具备的能力,反映了信息技术环境下对英语能力的新要求。

(三)阅读书目的建议

CCSS 在增加了信息性文本这一重要内容之外,还充分吸收了 1996年标准制定后文学研究者要求增强文学教育的建议,在课程与教学的内容上,对不同同年级提出了相应的文学阅读参考建议。值得注意的是,标准明确指出,这并不是一份强制性的阅读书单,而称之为"文本样例"(sample texts),意指一份为教师和学生提供的开放的具有选择性的阅读资源,如表 3 所示。

表3　CCSS　6—8 年级文学文本阅读参考篇目

文学性文本	故事	《小妇人》*Little Women*（Alcott，Louisa May.） 《汤姆索亚历险记》*The Adventures of Tom Sawyer*（Twain，Mark） 《时间的皱纹》*A Wrinkle in Time*（L'Engle，Madeleine） 《黑暗崛起》*The Dark Is Rising*（Cooper，Susan） 《龙翼》*Dragonwings*（Yep，Laurence） 《隆隆雷声，听我呼喊》*Roll of Thunder Hear My Cry*（Taylor，Mildred D.） 《那些人会飞》*The People Could Fly*（Hamilton，Virginia） 《鸳鸯的故事》*The Tale of the Mandarin Ducks*（Paterson，Katherine） 《"十一"》*Eleven*（Cisneros，Sandra） 《特洛伊城下的黑船：伊利亚特的故事》（*Black Ships before Troy：The Story of the Iliad*）（Sutcliff，Rosemary）
	戏剧	《对不起，打错了》*Sorry，Wrong Number*（Fletcher，Louise） 《安妮的日记》*The Diary of Anne Frank：A Play*（Goodrich，Frances and Albert Hackett）
	诗歌	《保罗•瑞维尔骑马来》"Paul Revere's Ride" Longfellow，Henry Wadsworth 《啊，船长！我的船长！》"O Captain! My Captain!"（Whitman，Walt） 《胡言乱语》"Jabberwocky"（Carroll，Lewis） 《漫游的安格斯之歌》"The Song of Wandering Aengus"（Yeats，William Butler） 《未选择的路》"The Road Not Taken"（Frost，Robert） 《芝加哥》"Chicago"（Sandburg，Carl） 《我也歌唱美国》"I，Too，Sing America"（Hughes，Langston） ……
信息性文本	英语语言艺术	《托马斯杰斐逊的信》"Letter on Thomas Jefferson"（Adams，John） 《美国奴隶雷德里克•道格拉斯的人生自述》"An American Slave，Written by Himself"（Douglass，Frederick） 《鲜血，辛劳，眼泪和汗水，1940 年 5 月 13 日的议会演说》"Blood，Toil，Tears and Sweat：Address to Parliament on May 13th，1940"（Churchill，Winston） 《地下铁路的乘务员》"Conductor on the Underground Railroad"（Petry，Ann and Harriet Tubman） 《与查理同行：寻找美国》"Travels with Charley：In Search of America"（Steinbeck，John）

信息性文本	历史/社会研究	《美利坚合众国宪法》序言和第一修正案 Preamble（1787）and First Amendment（1791）to the United States Constitution（1787，1791） 《冰海沉船》*A Night to Remember*（Lord，Walter） 《这是你和我的土地：伍迪·格斯里的生活与歌》*This Land Was Made for You and Me：The Life and Songs of Woody Guthrie*（Partridge，Elizabeth） 《我们据此生活：注释版宪法导读》*Words We Live by：Your Annotated Guide to the Constitution*（Monk，Linda R.） 《为了自由的步行者：蒙哥马利巴士抵制运动的故事》*Freedom Walkers：The Story of the Montgomery Bus Boycott*（Freedman，Russell） ……
	科学·数学·技术	《大教堂：建造它的故事》*Cathedral：The Story of Its Construction*（Macaulay，David） 《曼哈顿的建成》*The Building of Manhattan*（Mackay，Donald） 《淘气的数字：数学历险记》*The Number Devil：A Mathematical Adventure*（Enzensberger，Hans Magnus） 《数学长征：深入数学的腹地》*Math Trek：Adventures in the Math Zone*（Peterson，Ivars and Nancy Henderson） 《极客：两个迷路的男孩如何乘互联网飞出爱达荷》*Geeks：How Two Lost Boys Rode the Internet out of Idaho*（Katz，John） ……

在《共同核心州立标准》建议的阅读书目中，不难看出其开放的、跨学科的阅读视野与对传统经典作品的重视。众所周知，自1960年代以来，席卷欧美的解构主义思潮此起彼伏。文化批评中的种族主义、女权主义和性别主义理论解构了传统文学经典价值，以上述理论为核心的政治、历史和文化批评对美国中小学语言文学教育产生了广泛的影响。在新的批评理论视野之下，传统的经典作品被重新检讨和审视，文化上的多元主义，如文本是否多样，是否涉及种族、性别、性倾向、残疾等问题，不仅成为重建文学意义及价值的标准，而且成为一把新尺子衡量文本及课程的价值。一位批评家曾揶揄道："一些批评家不是从过去学习什么，而是谴责过去为什么不是现在这样。"[1]从这个意义上讲，文学研究者和评论家协

---

〔1〕 SMOOT J J. Toward improved English language arts standards for K-12〔M〕//What's at stake in the K-12 standards wars：a primer for educational policy makers. Pieterlen，Bern：Peter Lang Inc.，2001：259-277.

会以及核心文本和课程协会等组织始终坚持和捍卫文学的首要地位和阅读的标准,而阅读书目建议就反映了英语文学界回归经典,重建中小学文学教育的努力。

四

从 1996 年的《英语语言文学标准》到 2010 年《共同核心州立标准》,美国中小学英语语言文学国家课程标准的研制与时俱进,始终瞄准全球化时代社会、国家发展所需要的人才。如果说 1996 年标准指在规范和引导中小学英语教与学,以适应社会需要,那么 2010 年标准则在 21 世纪全球化时代重新定位国家发展所需要的人才素质和规格,强调在科学和技术日益变革与发展的时代,在多元文化语境下培养掌握多种文本,具有批判、创造能力和探究精神,承担伦理和道德责任的高品质的公民。

(一)美国中小学英语国家课程标准的理念

语言、文本、阅读三个概念是美国中小学英语国家课程标准叙述的基本工具。如果用这三个概念概括美国中小学英语国家课程理念,应该是:语言观念的获得是语言学习的先导,文本的建构与拓展是英语能力发展的关键,而阅读活动是学习英语知识,培养英语能力和发展英语素养的主要途径。

标准认为,语言是一门独立的科学,学生只有通过学习才能占有它。学生学习语言就是积极主动地建构语言的过程。课程标准把语言观念的习得视为语言学习的先导,并且将其贯穿于整个英语学习活动过程中。标准认为,语言观念包括语言习惯、语言知识、词汇习得和语言运用三个维度。标准分别从这三个维度描述了 K-12 各年级学生所应达到的语言发展水平。文本是衡量英语语言能力的主要指标。标准以文本复杂度、文本的不同类型、文本的关键类型等描述了中小学各阶段英语语言能力的发展水平。文本的复杂度包括三个方面:第一,质的维度,包括意义或目的的水平、结构、语法和语言特征及知识要求;第二,量的维度,包括字长或词频、句长、语篇衔接等要素;第三,读者与人物匹配度,包括读者的个体性与任务的特定性。课程标准对此曾解释说:“标准更强调文本复杂度的不断增加,以达到大学、职业和生活的要求,而不是仅仅聚焦于阅读与写作技能。因此,标准以一种阶梯式的动态的形式呈现;这就要求学生在日常交流、课堂教学和阅读中通过掌握词汇意义,辨别词汇细微差别来不断丰富自己的词汇储备。"[1]换句话说,发展学生的英语语言能力就是要培养学生对复杂度较高的文本的辨别、选择、批判与欣赏的能力。[2]为进一步促进学生语文能力的发展,标准还提出了文学性和信息性文本,以及关键类型文本概念,并指出,"K-5年级阅读信息性文本与文学性文本的比例为50∶50,在6—12年级要把更多的注意力放在信息性文本上,这是对以往标准的大变更。"[3]同时,标准又在相关声明中强调,该标准所建议的关键类型的作品有四种:世界经典神话故事、美国重要政治文件、重要的美国文学作品以及莎士比亚的著作。在文学性文本和信息性文本之间,作为课程改革的重要内容及取向,标准更加强调信息性文本的学习和掌握。在关键类型文本中,个人风格强烈的政治文本和逻辑严密的法律文本蕴含丰富的思辨性内容,是提高学生逻辑推论能力的最佳阅读材料,是培养学生运用论据能力的最佳途径。为了确保美国在21世纪全球化竞争中获取胜利,标准要求,美国学生必须具备高水平的阅读技能。标准不仅将阅读能力和数学推理能力以及科技能力并列为21世纪最重要的、最需要掌握的技能,还提出阅读须与写作、听说、视觉活动一起积极探索综合性语言学习,不断提高学生阅读和理解文学性文本和信息性文本的能力,以及批判性评价其阅读内容,培养学生对语言和语言学习的归属感,促进学生阅读能力螺旋式上升。

(二)美国中小学英语语言文学课程标准的特点

第一,从注重教学过程转向学业成就描述。1996年英语语言文学标准较为概括,在内容及目标的描述上主要关注对课堂教学的规范与指导,始终伴随对学习过程的要求和转化。这种取向与当时制定这一标准的全国英语教师专业委员会成员大多来自全美英语教学一线有很大的关系。当然,这个标准因过于强调教学,对学科内容有所忽视,曾受到文学研究者和评论家协会的批评。文学研究者批评指出,课程标准"大大降低了"

[1] Common Core State Standards Initiative. Key shifts in English language art[EB/OL]. [2014-12-31]. http://www.corestandards.org/other-resources/key-shifts-in-english-language-arts/.

[2] Common Core State Standards Initiative. Myths vs. facts[EB/OL]. [2014-12-31]. http://www.corestandards.org/about-the-standards/myths-vs-facts/.

[3] Common Core State Standards Initiative. Key shifts in English language art[EB/OL]. [2014-12-31]. http://www.corestandards.org/other-resources/key-shifts-in-english-language-arts/.

文学的地位和作用,特别是泛化了文学的定义,比如标准主张"任何文本都能根据不同的背景,从多样的角度进行理解",就被指责掩盖了文学独有的特征和意义。[1] CCSS 在叙述时则从过程转向结果,把重点放在学生发展应该达到的水平上。至于如何达到成就水平,则是教师、教育管理者和家长以及各州需要解决的问题,或者说给教学实施者以更大的能动性和创造空间。CCSS 曾声明,标准不包括以下六项内容:(1)不包括教师应当如何教学;(2)标准只把最根本的表述出来,并不具体指定哪些内容应当教给学生;(3)对那些在高中结束之前就已达到标准的学生,标准并没做进一步指导;(4)标准针对每个年级设置了具体标准,对用何种干预措施及材料支持学生学习,标准并未做限定;(5)对那些在英语语言学习中有特殊需要的学生,标准并未涉及;(6)标准并未明确为大学与职业做好准备的全部,比如读写能力在其他学科(健康教育)的表现。[2] 这一主要由教育行政官员及政策制定者参与制定的标准更注重结果和对结果的评估,而将教学过程留给学校和教师自主设计和实施。[3]

第二,在社会情境中建构与学习语言。标准在阐述语言学习的策略时,始终将其置于一定的语言情境中,强调在现实的情境中学习语言,完成语言的交际任务,提高语言运用能力。在情境中学习,在情境中运用,既是英语教学的重要资源,也是英语语言学习的目的。1996 年英语语言文学标准对情境学习的理解是:在不同的语境中根据不同的目的,运用不同的话语理论及立场进行语言学习及建构;运用不同策略与不同读者进行学习交流,把语言学习作为一个事件;运用不同文本与主题进行文化身份及价值观的教育,提高学生的理解能力。学生是语言学习与建构的主体,语言能力建构包括获得语言基本技能、获取证据的能力,以及进行团体合作交流的能力。换句话说,这是一种理解和运用个体发展和社会需要的有价值的书面语形式的能力。

〔1〕 SMOOT J J. Toward improved English language arts standards for K-12[M]//What's at stake in the K-12 standards wars:a primer for educational policy makers. Pieterlen,Bern: Peter Lang Inc.,2001:259-277.

〔2〕 Common Core State Standards Initiative. Common core state standards for English language arts & literacy in history/social studies,science,and technical subjects[S]. Washington, DC:CCSSO & National Governors Association,2010:6.

〔3〕 MYERS M. Standards in the English language arts:meeting the challenge[J]. NASSP Bulletin,1997,81(590):42-47.

《共同核心州立标准》将语言情境学习置于两个领域、两个阶段。两个领域即一般的语文能力和语言运用能力;两个阶段即 K-5 年级和 6—12 年级。为实现学术和就业的双重目标,提高学生在科学技术社会等领域的竞争力,《共同核心州立标准》特别提出在历史/社会研究、科学技术等学科的语言运用能力,语言情境的概念得到进一步拓展。首先,媒体技能贯穿语文能力标准的始终,学生需要具备搜集、理解、评价、综合以及报告信息的能力,创造性研究或解决问题的能力,也需要具备通过媒体培养和提高分析印刷或非印刷文本的能力,以及提高独立阅读复杂文本的能力。[1] 其次,文学性文本、信息性文本的提出,不仅体现了美国语文教育界对 21 世纪人才素养的新诉求,而且也反映了对美国新一代公民所需要的语文能力的新认识。

　　第三,以重建美国核心价值观与文化认同为中心。美国是一个分权制国家,各州均有地方课程标准。在这样的教育状况之下,要建立一个国家课程标准,如何处理与地方课程标准的关系是一个棘手问题。如果说 1996 年标准旨在激发各地方课程与教学的创造性,那么 2010 年标准则是在充分吸收前一个标准的经验基础之上,参考各州使用的标准,在谋求内容共识基础上,探索与重建更高的标准,以反映国家诉求。正如课程标准研制者所说:"我们的目的是尽可能清晰和专门地界定目前教师和研究者关于学生应当学习英语语言文学的什么内容的共识。"[2]具体地说,标准的核心价值在于重建美国核心价值观和文化认同。

　　实际上,从阅读书目建议中不难看出美国中小学英语语言文学课程的上述价值取向,即恢复西方经典文学的中心地位,塑造美国人所共有的或可能共有的文化与价值,在多元文化的基础上重建美国文化核心价值及美国文化认同。课程标准吸取了 1996 年以后文学界及教育界的意见,丰富和加大了文学教育的内容与分量,提出通过英语语言文学教学,培养共同文化传承及其联系和理解,从而成为一个团结美国社会的强大力量,恰如亨廷顿所期望的那样,重建三个多世纪以来一种语言和一种核心文

---

〔1〕 Common Core State Standards Initiative. Common core state standards for English language arts & literacy in history/social studies, science, and technical subjects[S]. Washington, DC:CCSSO & National Governors Association,2010:4.

〔2〕 MESMER H A. What is the standard for state standards? an investigation of the state English language arts standards of Colorado, Florida, Michigan, and New Hampshire[J]. Reading horizons,1997,37(4):282-298.

化——盎格鲁—新教文化——的美国。[1] 这种文化以美国文学和文化为核心，渐次扩展至欧美文学、文化以及世界文学、文化。换言之，它通过英语语言文学标准培养学生的美国文化与价值认同，在充分尊重学生的民族文化认同的同时，塑造了一种"美国和世界的文化"。

---

〔1〕 亨廷顿.我们是谁？美国国家特性面临的挑战[M].程克雄,译.北京:新华出版社,2005:16-17.

理解与对话

美国中小学阅读专家及其角色评述

常慧娜[1]

一

正如国际阅读协会首任会长威廉斯所说:"全世界都知道教育的重要性,而要被教育就一定要拥有阅读的能力。"[2]大量证据表明,阅读能力是个人将来胜任工作、参与竞争、有效从事其他学习和取得事业成功的基本条件。此外,阅读能力还是衡量人才素质的一个关键指标,是个人和民族提高社会和技术力量的重要资源。的确,公民整体阅读水平的高低影响着国家在全球化进程中的生存和发展。[3]但在 20 世纪上半期,由于进步主义教育的影响,美国对阅读教育并不重视。20 世纪七八十年代的恢复基础教育运动以及随后美国高等教育界、企业界乃至整个社会对美国阅读教育状况的强烈批评,使得阅读教育成为美国联邦政府和整个社会关注的重点问题之一。

20 世纪 90 年代以来,为解决美国学生阅读水平低下问题,联邦政府从制定法律、确立标准及提高教师质量等多个方面改善这一状况。例如,1994 年,全美教育进展评估委员会(the National Assessment of Education Progress)进行了一项统计,结果显示,美国四年级的学生有40% 达不到基本的阅读水平,非洲、西班牙裔的学生比例更高。针对这一事实,克林顿于 1997 年发布了《美国阅读挑战行动报告》(America Reads Challenge),发起了一场"美国阅读挑战"行动计划。这次计划的具体内容是:雇佣 3 万名阅读专家和一些指导教师,动员 10 万名大学生为儿童阅

---

[1] 常慧娜,女,浙江大学教育学院课程与教学论专业硕士研究生,研究方向为语文课程与教学论。

[2] 刘小蕊,庞丽娟.美国联邦学前教育投入的特点及其对我国的启示[J].学前教育研究,2007,3:3-9.

[3] 刘正伟,王文智.美国共同核心州立标准学业评价探析[J].教育发展研究,2013,22:69-75.

读提供指导,鼓励家长、学校、雇主、社区、文化和宗教组织及高等院校等共同帮助孩子成功阅读,以确保每个孩子在三年级末都能独立有效地阅读。1998 年,克林顿总统又签署了《阅读卓越法》(Reading Excellence Act),以立法来保障阅读教育,将阅读教育纳入了法制化的轨道。2002年,布什签署了《不让一个孩子掉队法》(NCLB),专门就阅读问题制订了两项方案:一是针对从学前班到小学三年级(K-3)儿童的"阅读优先"(Reading First)计划;另一项是专门针对学前儿童的"早期阅读优先"(Early Reading First)计划。[1] 2010 年 6 月 2 日,在美国联邦政府教育部的倡议与推动下,全国州长协会(the National Governors Association, NGA)和美国州首席教育官员理事会(Council of Chief State School Officers,CCSSO)共同制定了以确保学生做好"升学和就业的准备"为目的的《共同核心州立标准》(the Common Core State Standards)。[2]《共同核心州立标准》中的《英语语言艺术与历史/社会、科学、技术学科中的读写标准》不仅对学生的读写能力提出了更高的要求,同时强调,对学生阅读、写作、口语表达、听力和语言知识方面的指导是学校的共同责任。因此,K-5 年级的听说读写语言标准适用于所有的学科,《英语语言艺术标准》还把 6—12 年级的标准分成了两个部分,一部分针对英语语言艺术学科,另一部分针对其他学科,如历史/社会、科学、技术等。"这种划分反映了英语语言艺术教师在发展学生母语素养方面独一无二的地位,同时意识到了其他领域的教师也必须在发展学生母语素养上发挥一定的作用。"[3]该标准不仅要求学生在英语学科中培养和提高自身的阅读素养,同时还要求学生在历史、科学、技术等学科的学习中培养和发展阅读能力,充分体现了在国际竞争日趋激烈的全球化时代美国社会对培养公民阅读能力以获取优势地位的信念。目前大多数州都采用了《共同核心州立标准》中的《英语语言艺术与历史/社会、科学、技术学科中的读写标准》以提高学生的读写能力。

〔1〕 陈茨茨.美国共同核心州立标准——英语的主要特点及借鉴意义[D].北京:首都师范大学,2011.

〔2〕 李春黎.美国《初等和中等教育法案》的历史演变与分析[J].外国中小学教育,2006,1:20-24.

〔3〕 TIVNAN T, HEMPHILL L, IVINS K. Evaluating comprehensive literacy models in the Boston public schools: some results from first grade[C]. New Orleans, LA: the annual meeting of the American Educational Research Association,2002.

理解与对话

近 30 年来,美国联邦政府以"不断提高全体美国学生的阅读能力"为目标,不断改革中小学阅读教学,其改革力度之大、范围之广令全球瞩目。其中,通过培养阅读专业人员、制定阅读专家资格认证标准提高学生阅读能力最有代表性。2003 年由国际阅读协会专业标准与道德委员会制定的《阅读专业人员标准》(Standards for Reading Professionals)将阅读专业人员分为五种,即专业辅导人员(paraprofessional)、教师(classroom teacher)、阅读专家/读写教练(reading specialist/literacy coach)、教师教育者(teacher educator)和管理者(administrator)。2010 年,国际阅读协会新修订的《阅读专业人员标准》中新增加了两类人员:初高中各学科教师和初高中英语阅读教师。因此"原来的教师"改为"课堂教师"并细化为三类:幼儿和小学教师、初高中各科教师、初高中英语阅读教师。这与随后颁布的《共同核心州立标准》要求各学科教师都要为提高学生的阅读水平做出努力相一致。同时新标准中原来的"专业辅导人员""改为教学支持人员"(education support personnel)。在国际阅读协会划分的这些阅读专业人员当中,教学支持人员和教师教育者的职责类似于我国的教研员。教师和管理者我们当然熟悉,但阅读专家/读写教练对我们而言是一个比较陌生的概念,而在美国通过培养阅读专家/读写教练来提升学生的阅读能力的做法已经通行。因此本文主要对美国阅读专家这一阅读专业人员进行评述,以期能给我国的中小学阅读教学提供借鉴和参考。

二

阅读专家是为提高学生,尤其是阅读学习有困难的学生的阅读能力而设置的,是具有丰富的知识储备和教学经验的专业人员。最初,阅读专家只是作为补救性(remedial)阅读教师而成为各类学校的固定人员。而现在阅读专家不仅要向存在阅读困难的学生提供额外的阅读教学指导,随着阅读专家认证资格标准的实施和新时期《共同核心州立标准》对各学科教师在阅读教学方面的新要求,阅读专家同时也要向任课教师提供教学指导,作为促进教师专业发展的一种资源而存在。

1965 年,由美国第 36 任总统林登·约翰逊(Lyndon B. Johnson)签署的《初等和中等教育法》(the Elementary and Secondary Education Act,简称 ESEA),是美国教育史上联邦政府管理教育最为重要的里程碑,它开启了联邦政府扶助教育发展的新纪元,这也是第一个由联邦政府发起的专门为学校的补救性阅读教育提供经费的法案。该法的重要内容——第一部分(Title I)，是为贫困家庭儿童提供补偿教育服务如补救阅读、补救数学以及特殊的暑假计划。[1]而阅读专家的传统角色就是作为 Title I 教师为没有达到正常水平的孩子提供补救性阅读教学。一开始，Title I 只是为学校提供资金来源但并不是一个特定的项目，随着时间的推移，Title I 逐渐演变成了一个专门为阅读有困难的学生提供服务的特定项目，即所谓的"分离教学项目"(pullout program)。具体地说，就是把那些存在阅读学习困难的学生从常规班级中挑选出来，由阅读专家/Title IV 教师向他们提供补救性的小组或个别化教学。不过，这一阶段阅读专家和常规课堂教师并没有太多交流与交集，常规课堂教师向大部分学生提供教学，而阅读专家则负责对那些存在阅读困难的学生实施补救性阅读教学。

传统阅读专家的角色被固定在向那些在阅读方面有困难的学生提供补救性教学上，以确保所有的学生都达到规定要求的阅读水平。但是，这一传统角色并没有达到预期的目标，很多接受特殊阅读辅导的学生在回归班级后又成了阅读后进生。除非学校从根本上重新思考阅读专家的时间分配和对阅读专家的期望，否则阅读专家的这一传统的、固定的角色并不能改变阅读困难学生持续出现的状况。在过去的 30 多年里，随着对阅读专家职责要求的提高和 RTI(可译为对干预的反应或对教学的反应，这是一种为没有达到与同龄人相同学业水平的学生提供干预)教学模式的新要求，阅读专家的角色逐渐从传统的主要为阅读困难学生提供帮助的教师角色转变为一个为提高全校所有学生的阅读能力而做出努力的领导者角色。换言之，阅读专家既要满足学生阅读能力发展的需要，又要满足教师发展的需求。2000 年，由美国国会批准新修订的《中小学教育法》依旧坚持要提高所有美国学生的阅读成就，但在实施过程上和原来相比已经发生了根本性的变化。这一根本性变化即体现在转变和扩充了阅读专家的角色。新修订的《中小学教育法》强调所有的教师都要开展高质量的阅读教学，把常规课堂教学当作提高学生阅读成就的最重要的领地；阅读教学策略和阅读教学项目都要以科学研究为依据；运用有效的、高效率的非正式评估策略来服务教师的教学，帮助教师监督每一个孩子的学习

---

〔1〕 International Reading Association 2010. Professional standards 2010[EB/OL]. [2014-01-01]. http://www. reading. org/General/CurrentResearch/Standards/Professional Standards 2010. aspx.

进展;等等。但新修订的《中小学教育法》最重要的贡献是重申教师才是影响学生阅读成就的最重要的因素。这一转变与哈佛大学的一项研究有关:四个惯用的阅读教学改革模式在改变学生的阅读成就上差别不大,相反,教师的教学水平才是影响学生阅读成就的最重要的因素。[1] 也就是说,在影响学生的阅读成就上教师是比阅读改革模型或项目更加重要的一个因素。因此这也就促使着阅读专家工作的对象从学生转向了教师,向各个学科的教师提供阅读教学辅导,从而来提高学生的阅读水平。随着阅读专家角色的转变和他们在不同学校或学区内外的各种不同的角色和职责,目前国际阅读协会(IRA)也把阅读专家称为读写教练(literacy coach)。

需要指出的是,读写教练通常是被呼吁去协助教师教学的阅读专家,但有些读写教练并没有获得阅读专家的资格认证,可以说并不是阅读专家。根据学校和地区需求的差异,阅读专家和读写教练的角色有的非常明显清晰,有的则有重叠。有些学校可能同时拥有帮助学生取得进步的阅读专家和协助教师、阅读专家工作的读写教练,而在有些学校可能仅仅只有阅读专家或读写教练中的一个。

1998 年国际阅读协会研制出版的"阅读专业人员标准",提供了一个全面的关于阅读专家所要具备的条件清单。其中,"在阅读领域丰富的知识储备和教学经验"是指阅读专家要取得一个有效的教师资格证,有从教的经历,并要有一个州认证的读写领域的硕士学位。要取得这样一个硕士学位,至少要在英语语言艺术课程及其他相关课程中获得 21~27 个学分,同时每学期还要有 6 个小时的监督实习经验,如帮助阅读困难者和与教师合作及辅导教师教学的经验。为了维护阅读专家的专业性,所有担任这一职位的人员都要参与相应的研究生课程学习,并取得规定的阅读专家证书。

阅读专家工作和指导的学习对象涵盖幼儿、小学生、青少年及成年人。虽然大部分的阅读专家都是在小学阶段工作,但阅读专家在中学阶段也发挥着非常重要的作用。在中学阶段,阅读专家要和各学科教师协作,在理解所教学科和阅读学习之间的关联、如何有效地使用学科教科书、如何有效地实施阅读教学策略等方面向各学科的教师提供帮助。同时阅读专家还要思考如何才能激发学生学习的积极性,使之成为一个独立的学习者。当指导对象是成年人时,阅读专家需要对他们的成年学生有足够的了解,鼓励成年人继续学习阅读或者发展成为阅读者。一般来

〔1〕 International Reading Association. Teaching all children to read: the roles of the reading specialist[J]. Journal of adolescent & adult literacy,2000,54(1):99-104.

说,阅读专家的工作遍及公立和私立学校、商业化的学校、阅读资源中心以及阅读矫正中心。

三

如上所述,30多年来阅读专家的角色已经发生了巨大的转变。而当代阅读专家所承担的职责及他们的称号(reading specialist/literacy coach)亦因他所工作学校教师和学生需求的差异而不同。实际上,阅读专家的角色是一个合集,因为有些阅读专家主要承担的是教学的角色,而有些阅读专家大部分时间都是在以一种正式的领导者角色促进课堂教师的专业发展。但不管阅读专家/读写教练主要承担什么样的角色,都是为了支持教师的专业发展,提高学生的阅读能力。2000年国际阅读协会指出阅读专家有三个主要职责:教学、评估和领导(见图1)。2010年国际阅读协会新修订的"阅读专业人员标准"则指出阅读专家/读写教练的三个主要

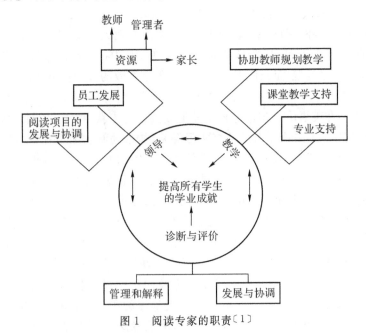

图 1　阅读专家的职责[1]

〔1〕 WEPNER S B, STRICKLAND D S, QUATROCHE D J. The administration and supervision of reading programs (Language &literacy Series)〔M〕. 5th ed. New York: Teachers College Press,2013.

职责是教学、辅导和领导学校的阅读项目(IRA,2010)。[1] 本文综述十年来的变化,从教学和辅导、观察和反馈、参与领导学校的阅读项目这三个方面来阐述当前阅读专家们所承担的主要职责。正如图1所展示的阅读专家的这些职责之间的协同本质,各个职责是相互促进的,旨在共同促进学生读写能力的发展。

(一)教学和辅导

阅读专家起初是作为学校的补救性(remedial)阅读教师而存在的。他们要补充或者取代任课教师的工作,在教室内外向那些存在阅读困难的没有达到规定阅读水平的学生提供专业的教学指导。为了帮助这些学生掌握足够的阅读技能和策略,最终不再需要额外的帮助和支持就能达到合格的水平,阅读专家们通常要采用一些综合的教学策略和教学模式才能促进学生的学习,并且会向学生提供广泛的阅读学习材料,包含传统印刷的材料、电子材料以及一些在线资源等来提高学生的阅读能力。目前,阅读专家除了为小部分有阅读困难的学生提供补偿性教学之外,还要为那些已经达到规定阅读水平之上的学生提供更加专业的指导,同时还要协助任课教师规划教学,为他们提供课堂教学支持,从而促进教师专业能力的发展和学生阅读能力的提高。我们先看一个当前阅读专家的工作实例[2]:

> 瑞贝卡是来自北卡罗来纳州夏洛特市的一位k-5年级的阅读专家。她目前所在学校的校长决定要招聘一位阅读专家来代替一位教师的职位,瑞贝卡因取得了文学硕士学位和阅读专家的资格认证而被选中。在此之前,瑞贝卡在同一学区的另一所学校,作为k-5年级的一名教学促进者工作了五年。但是,她想要获得一个阅读专家的职位,从而能够直接帮助那些学习困难的学生。瑞贝卡通过向教师们提供专业发展的机会来满足他们的教学需求这一方式来支持和协助教师的教学。比如,在教师的课堂上上一堂示范课或者给教师的课堂教学提出建议。她把自己的角色定位为通过向教师们示范教学

〔1〕 SHOWERS B,JOYCE B,BENNETT B. Synthesis of research on staff development:a framework for future study and a state-of-the-art analysis〔J〕. Educational leadership, 1987,45:77-87.
〔2〕 DOLE J A. The changing role of the reading specialist in school reform[J]. The reading teacher,2004,57(5):462-471.

策略、提供教学材料或者给予其他帮助来支持教师的教学和专业发展。瑞贝卡的工作时间是根据每个年级教学的版块及其需求来安排的，还包含对学生的培优补差。瑞贝卡以她对阅读专家角色和职责的理解为基础，努力为教师们提供帮助和支持，同时也赢得了教师们对她的尊重和支持。

美国学者乔伊斯和肖沃斯(Joyce & Showers)在1995年提出了一个教师专业发展模型，清晰地指出了读写教练在教师专业发展中的重要作用，并指出了他们对于教师的五种支持策略[1]。

理论——教师们通过讨论、阅读和讲座来学习特定教学策略和技巧背后的理论基础或基本推理。这些知识让教师们明白："在教学活动中，我为什么要运用这些教学策略和技巧？"

示范——让教师们观摩示范课或者观看示范课录像，以便教师们直观地了解："这些策略和方法在课堂上是如何实施的？"

实践——在座谈会或工作场所，为教师们提供在其他教师或者一小部分学生面前实践新学到的教学技能的机会。这可以让教师们明白："我什么时候可以尝试一下这些活动，又会发生怎样的变化呢？"

反馈——来自同伴和读写教练的反馈和支持，可以帮助教师们明白："在这些活动中哪些教学策略是行之有效的？我做出了那些改变？"

班级辅导——和读写教练、同伴协作实施新学到的教学策略，并一起解决实施过程中出现的问题。这样的协作可以帮助教师们找到"我下一步要做什么"及"我要到哪里去"这些问题的答案。

从以上实例和研究中我们可以发现，当今阅读专家除了通过对学生进行培优补差来直接影响学生的阅读成绩之外，还通过充实教师们的理论知识，为教师们提供示范教学，向教师们提供教学反馈及班级辅导等多

---

[1] GUTH N D, PRATT-FARTRO T. The power of professional development X3: empowering coaches, teachers, and adolescents through purposeful planning, strategic modeling and reflective evaluation of metacognitive literacy instruction[Z]. Presentation. Roanoke, VA: Virginia State Reading Association Conference, 2011.

种策略辅导教师教学,促进教师专业发展以提高学生的阅读水平。阅读专家的这一辅导者角色可以更好地帮助他们获得任课教师的信任,促进阅读专家与任课教师之间的沟通与协作,因为阅读专家可以表达他们对于学生需求的理解及满足学生这些需求可以采用的方法。此外,阅读专家和课堂教师之间教学的协调性对学生阅读能力的发展至关重要。两者只有在教学目标、教学策略、教学安排和教学材料上具有一致性,才能最大限度地促进学生的学习。但很重要的一点是阅读专家作为辅导者或者教练要营造一个对教师来说有利的、支持性的、积极的校园学习氛围。培训辅导可以提高教师服务学生的能力。换句话说,服务学生的最好的方式就是要服务教师。

(二)观察和反馈

阅读专家另一个非常重要的角色和职责就是要去观察教师的教学并根据教师的教学实况向他们提供反馈。但需要指出的一点是,阅读专家要尽力和教师建立一种良好的合作关系,因为只有这样教师们才会主动邀请阅读专家来观察他们的课堂教学,并寻求阅读专家的反馈和帮助。此时,教师们是把阅读专家当成一个教学的引导者而不是认为阅读专家在评估他们的教学。以下是这样的一个案例,案例中的张老师刚刚上完一节阅读课,阅读专家 Tim 对张老师的课进行了全程观察,现在他要"盘问"张老师上课的情况。

阅读专家 Tim:张老师,谈一谈你的这节课吧。

张老师:上周我和其他三年级的教师一起设计了这堂课。不得不说,上这节课我是有些紧张的,一方面是因为你在这里,另一方面是因为这并不是我惯常所用的阅读教学的方式。我一直以为教师们只要把故事朗读给孩子们听就足够了,不用再对故事做额外的解读,以免脱离故事。但是前几天你为我们上示范课时,孩子们认真听课的样子鼓励了我。

阅读专家 Tim:那么,张老师,你认为你这堂课进展得怎么样?

张老师:实际上,让我感到惊讶的是孩子们一直保持对故事的兴趣。我原本以为他们会觉得故事很无聊,但是他们没有。

阅读专家 Tim:你从孩子们的哪些表现当中发现他们对课堂的兴趣呢?

张老师:我不敢相信从来不认真听课的 Mark 会非常迫切地想知

道生词的含义。还有很多其他的我原本以为会不理睬教师的话的孩子,都表现出了对课堂的兴趣。

阅读专家 Tim:哈哈……确实如此,我也认为孩子们的学习积极性和课堂参与度很高。你具体做了些什么来保持他们对参与课堂学习的积极性呢?

张老师:呃,我也不太确定。我想孩子们喜欢我把单词和故事、人物相联系。我总是有感情地朗读,最后我惊讶地发现当我们结束整个故事后,他们真的对那些生词发生了兴趣。

阅读专家 Tim:我想你可以从这节课中总结出有益经验来用于整个的读写教学,并不仅仅是用于阅读教学。张老师,针对这些生词,你现在要做些什么呢?

张老师:我真的不知道。这也是我困惑的地方。

阅读专家 Tim:我可以给你一些建议。第一,你可以把孩子们今天谈论到的单词整理粘贴到教室墙面的图纸上。我经常采用的方式是让孩子们看杂志或者报纸,找出运用这些单词的语句,让他们把这些句子剪下来,粘贴到教室墙上的图纸上。这样他们就可以发现单词运用的不同的语境。你也可以让孩子们在看电视或者听大人们讲话时注意听这些单词,然后把这些他们听到的运用这些单词的话语记录下来。在下一周的每天早上,你都要花费几分钟的时间来谈论这些生词,谁听到了它们,在什么样的情境下听到的。如果你想要孩子们真正掌握这些生词,你就必须一遍一遍地把这些词重复。你要让每个孩子多做些事情,而不仅仅是看这些单词,你必须确保每个孩子反复练习这些生词。

在这一案例中,阅读专家 Tim 作为一个辅导者就张老师的教学实际向她提供了反馈。我们可以发现阅读专家 Tim 在帮助张老师成为一个教学反思者,反思自己的课堂,哪些做得好、为什么、下一步应该怎么做等等。阅读专家 Tim 引导张老师反思自己的课堂教学,发现自己教学的优点,总结她采用哪些方法激发了学生的学习积极性,又针对张老师不知道如何开展下一步教学的实际,根据自己的经验给张老师提出了具体明确的建议。

(三)参与领导学校的阅读项目

阅读专家非常重要的一个职责就是开发、领导学校或学区 Pre-K-12

年级的读写项目以促进全体学生读写能力的发展。作为领导者，阅读专家首先要是学校阅读项目的倡导者。而倡导学校的阅读项目就需要他们向各种人员如资助者、学校管理者、家长、社区以及特殊教育工作者、心理学家等清晰地阐述学校范围内的阅读项目。他们不仅要辅导教师尤其是新入职教师的教学，提供教学建议、教学材料等来促进教师的专业发展，负责学校的阅读项目，包括材料的选择、课程的发展以及阅读项目的评价等，还需要帮助管理者了解有关阅读教学的知识，同时阅读专家在建立良好的家校关系中也发挥着非常重要的作用。此外，作为领导者，阅读专家要熟知能够改善学校阅读项目的资金来源，并要为获取这些资金而书写提案。这就要求阅读专家具备运用适用于成年人的学习规则的能力和良好的沟通能力。

随着阅读专家领导者职责的扩充，对阅读专家能力素养的要求也日趋严格。2010 年国际阅读协会推出的阅读专家标准，进一步明确了某些阅读专家的职责，其中一个就是阅读主管或阅读协调员（reading supervisor/coordinator）。他们除了要拥有阅读专家应具备的技能之外，还要获得正式管理和监督教师的管理技能和资格证书。他们要负责领导整个学区的阅读项目和改进本学区其他阅读专家的工作。

四

进入 21 世纪，阅读专家的职责已经发生了巨大的转变。为说明阅读专家角色的转变，研究者们对大西洋中部马里兰州一个位于郊区学区的 30 位阅读专家和读写教练进行了为期 13 年的调查研究。[1] 他们要求每一个参与者记录下他们花费在"分离教学"、测试评估和会议上所用的时间。研究数据表明，阅读专家的职责已经发生了戏剧性的变化（见图 2）：

如图 2 所示，在过去的 13 年中，阅读专家花费在"分离教学"项目上的时间比例已经下降了近 50％。调查数据显示，虽然阅读专家们花费在测试评估任务上的时间比例保持稳定，但阅读专家的具体职责已经从完成单个学生的诊断测验转变为负责管理全校学生的读写水平测试，并要对测试结果进行分析、使用和展现。此外，在 1999 年，并没有阅读专家把参加相关会议作为他们的主要工作任务之一，但在数据采集过程中，阅读

---

〔1〕 GARDNER H. Five minds for the future［M］. Boston，MA：Harvard Business Review Press，2009.

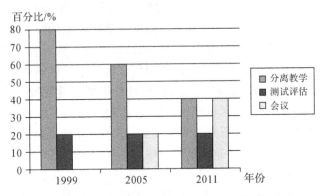

图 2　阅读专家和读写教练在各项任务上的时间分配

专家们表示参加与阅读相关的会议,尤其是最近参与的培养阅读专家领导力的会议占据了他们越来越多的工作时间。这些都表明,21 世纪阅读专家已经不再仅仅服务于阅读困难者及教师的教学,阅读专家作为领导者的作用日趋明显和重要。21 世纪为胜任领导者这一新角色,阅读专家就要具备一定的领导力素养。美国阅读教育研究领域的专家雪莉·韦普纳(Shelley B. Wepner)和黛安娜·夸特罗切(Diana J. Quatroche)借用关于教育领导者领导力的概念框架,从知识、情感、社会和道德四个方面指出了新时期阅读专家作为领导者要具备的素养[1](见图 3)。

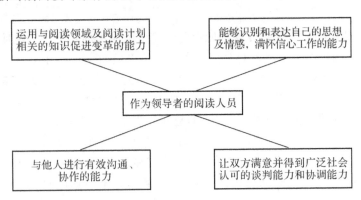

图 3　阅读人员领导的四个方面

〔1〕 LANGER J. Envisioning literature:literary understanding and literature instruction[M].
2nd ed. New York:Teachers College Press,2011:10.

理解与对话

在知识方面,阅读专家要具有与他们的工作相关的各方面的知识和处理工作任务的能力。例如,阅读专家要知道如何根据《共同核心州立标准》的要求来调整他所在学校的阅读项目;知道如何管理和解释各种各样的评价工具;时刻关注当前最新的阅读教学研究、教学趋势和各种教学方法;在运用特定的阅读策略时能够自觉地生成自己的认识和理解。作为领导者,阅读专家要知道何时、在哪些领域及如何使用这些知识和信息来促进学校教学的变革。

情感方面指的是感受和识别能力,其中包括识别学校内部和课堂内部冲突的能力及生动地、令人信服地表达自己的感受的能力。一个优秀的阅读专家在工作时是非常自信的,并且对于他们作为领导者的角色有一个客观的认识。他们了解自己的长处和弱点,知道在什么时候可以提供帮助,什么时候不能。他们能够诚恳地面对让人困扰的人、政策及做法,可是却又能适时地把他们放置在一旁。但当这些人、政策和做法干扰到学生的学习或教师的教学时,他们也能够非常自如地表达他们的想法。他们知道无论他们的感受如何,他们都要有足够的耐心,在与教师合作时要非常灵活,以便在他们的职位上为教师们提供支持和帮助。

社会方面指的是阅读专家处理与他人的关系的能力,包括社会关系和组织关系。优秀的阅读专家选择处理出现的冲突而不是忽视它,对他人采取宽容的态度,尊重个体的差异性。他们选择聆听、协助和鼓励其他成员尝试新事物。他们以个人或者团队为基础与教师、管理者、学生及家长进行有效的合作。他们通过与他们的支持者的互动获取拥护者对他们及他们想法的积极响应。

道德方面与良知和责任感相关,指积极协商寻找双方都满意,并且是社会期望的解决问题的方法。那些优秀的阅读专家坚信双方共同协作一定可以达到双赢的结果。他们说到做到,言而有信,致力于在做正确的事情,并且要把事情做好。也就是说,把短期损失看成取得长期利益的机会。例如,有些学生无论如何努力都很难通过考试,所以有些学区就在他们各自的州范围内的评估测试上动手脚,如降低考试标准等等。有责任感的阅读专家也知道有些学生在通过考试上存在很大的困难。但他们觉得他们要为学生的学业表现负责,并且他们的管理者和他们一样都期望有尽可能多的学生获得学业的成功,可他们不会为了让学生能够得到更高的分数而违背自己的价值观。他们和任课教师及学生一起努力工作,向他们提供有效的学习和教学策略,尽可能地帮助他们取得学业上的成功。

总之,21世纪要胜任领导者角色的阅读专家,就必须不断提高自身在这四个方面的素养。阅读专家要有丰富的知识储备和情感上的毅力,尽力和所有的支持学生阅读能力发展的人员合作,并最大限度地利用他们的支持。阅读专家要熟知学校的目标和期望,建立促进教师专业发展的研讨会,模拟教学策略,开展教师们需要的示范课。此外,阅读专家要对自身的职责有坚定的信念,尽力以一种倾听的、幽默的、最终能够得到认可和尊重的方式来开展工作,致力于提高学生的阅读水平。

　　美国阅读专家的出现与改进阅读困难学生的学业表现,提高所有学生的阅读水平密切相关。随着时代的发展,阅读专家的角色和职责也在不断地扩充与发展。从原来的主要服务于阅读困难者,到后来辅导教师教学,再到如今的领导者角色,阅读专家在改善美国学生的阅读能力方面发挥着越来越重要的作用。美国的教育实践表明在拥有阅读专家的学校,学生的阅读成就比同等条件下没有阅读专家学校学生的阅读成就要高。1999年美国的教育部长理查德·赖利(Richard Riley)指出:"每一所小学都应该拥有阅读专家。"不仅是小学,目前阅读专家对美国整个基础教育领域的重要性及其所发挥的作用都在日益增大。因此,目前美国阅读教育领域也正在运用各种方式努力促使外界认可阅读专家的角色。例如,开展示范性阅读专家案例研究;开发并为表现优秀的阅读专家颁发奖项;开展有关阅读专家的研讨会,创办阅读专家专门机构;以新闻稿的形式发布阅读专家提高学生阅读成就的新闻;等等。强调阅读专家角色的重要性有助于确保阅读专家在学校的威望,促进国家提高阅读专家资格认证的标准,使公众意识到培养阅读专家的重要意义,最终促进美国学生阅读能力的发展和提高。美国通过培养阅读专家来提高学生阅读成就的这一做法对我国的阅读教育也不无启示。

以想象为中心构建文学课堂
——朱迪思·朗格文学教学理论与实践

樊亚琪[1]　**刘正伟**

  朱迪思·朗格(Judith Langer)以想象为中心的文学教育理论是当今美国最具影响力的文学教育理论之一。朱迪思现任纽约州立大学阿尔巴尼分校特聘教授,是阿尔巴尼教育研究协会创始人兼主任,国家英语学习与学业成就研究中心主任。以想象为中心的文学教育理论形成于1980年代,1990年代以后对全美中小学文学课堂实践的影响逐渐扩大。美国安能博格基金会(Annenberg Foundation)曾将这一理论和相关教学实验录制成三集时长各八小时的视频,在电视台循环播放,可见其影响之大了。

  朱迪思以想象为中心的文学教育理论是美国读者反应理论早期代表人物——罗森布莱特(Louise Rosenblatt)的沟通理论(transaction theory)在文学教育领域的实践和衍生。罗森布莱特认为,文学教育主要任务在于培养想象力,她从读者反应角度将阅读活动划分为审美式阅读和输出式阅读。[2] 因为文学"代表了广泛的文化范式和人类关系,它可在多种层面上激发个体的想象力",因而文学教育的功能在于赋予文学社会参与的能力。经历了两次世界大战之后,罗森布莱特对于文学教育的价值寄予更高的期许,认为它可以催生"民主社会所需要的想象力"。[3] 朱迪思构建想象中心的文学理论的出发点是反对1980年代文学课堂过于强调阅读技能、信息性内容而偏离文学教育本质的现象。她赞同罗森布莱特的观点,认为文学教育的核心应是培养文学思维,一种与数学推理、科学思维具有同等地位的认知行为。在探索文学思维的本质及其培养过程中,

---

〔1〕 樊亚琪,女,浙江大学教育学院课程与教学论专业博士研究生。

〔2〕 LANGER J. Envisioning knowledge:building literacy in the academic disciplines[M]. New York:Teachers College Press,2011:17.

〔3〕 LANGER J. Envisioning knowledge:building literacy in the academic disciplines[M]. New York:Teachers College Press,2011:21.

朱迪思以罗森布莱特的沟通理论为基础,根据想象方式的不同,将阅读活动具体地划分为"探索可能性视域"和"参照点维护",指出二者想象形成的不同方式与路径。在朱迪思看来,在变化莫测的未来社会,文学能培养个体想象可能的选择以及选择的可能性后果的能力,使他们能更好地理解自我、他人和社会,成为更富人性的人。

一 以想象为中心的文学教学理论

(一)文学思维

加德纳在《未来的五种智力》中指出,未来社会是对学生条理能力、综合能力、创造能力和超越自身兴趣的思维能力的挑战。[1] 朱迪思对文学教育目标的设定也基于这一结论。她指出,文学教育应培养学生应对不断变化的未来社会挑战的能力,提升他们在大学和工作中的表现,即文学教育的核心是培养文学思维。朱迪思所指的文学思维包括了以下四个方面的内容:

(1)文学思考(literate thinking)。文学思考指"个体在阅读或写作的情境之外对文学作品进行思考或推理的能力"。[2] 例如,人们在读完某部小说后,与朋友讨论故事中人物及其行为原因,对他人的观点表示赞成或反对并说明理由。此时,虽然人们并没有真正进行阅读或写作活动,但他们的行为却属于文学思考的范畴。由此推论,学生在学校中的文学思考是指,他们运用已有知识或经验来开启某方面知识的学习。文学思考并非传统意义上的阅读或写作技能的习得,而是通过经验与新旧知识的关联理解文本内容,形成自己的看法。

(2)语言能力(literacy)。语言学习是一种社会化的行为,因此,学生在与他人互动的过程中,不仅能学习语言的运用,同时也能对自我价值进行一种肯定。在朱迪思看来,文学思维的培养过程中对语言能力的强调具有必然性,教师应创设一种社会化的教育环境来促进学生语言能力的提升。

---

〔1〕 LANGER J. Envisioning knowledge:building literacy in the academic disciplines[M]. New York:Teachers College Press,2011:29,30.
〔2〕 LANGER J. Envisioning literature:literary understanding and literature instruction[M]. 2nd ed. New York:Teachers College Press,2011:38,39.

(3)想象构建(envisionment-building)。过去,理解被视为一种块状的、单一的增长过程。朱迪思反对这种对理解形成过程的简化认识,她认为理解的发展受新旧观念交互影响,呈现出螺旋状的变化趋势。为描述理解过程中个体认识的不规则变化,她以"想象"一词特指个体某一时刻对事物的理解状态。她解释说,理解是学生在阅读、写作或思考时"充斥在思维中的相关理念、图像、问题、分歧、期待等的动态集合"。[1] 想象包括个体在某一时刻对某一事物理解或不理解的部分,它随着阅读过程中新的证据或观念的出现而不断变化发展,同时,个体的思考、写作、讨论与分享等行为也是促成想象改变的原因。实际上,想象即映射在思维中的文本世界。因此,由于人与人之间原有经验的不同,即使面对同一文本,不同读者也会生成不同想象。在阅读过程中,新的想象不断产生,先前的想象或被保留,或遭受摈弃,一种想象代表着个体在某一时刻的全部理解,它是个体与文本、环境互动的结果。[2]

(4)文学理解与探索可能性视域。个体在面对不同类型文本时意义生成的方式不同。例如,在阅读科普性短文时,意义的获取主要靠信息的搜集与分享;在阅读小说或看电影时,意义生成主要通过对文本的思考或推理获得。朱迪思称前者为"维持参照点"性阅读,后者为"探索可能性视域"性阅读。"维持参照点"阅读的目的是概念或信息的获取。"点"指阅读活动的出发点,即个体的已有知识;"参照"意味着整个阅读活动的内容和思考都被限定在一定范围内。[3] 在这一阅读取向(orientation)中,个体关注特定主题范围内知识的不断增长,其暂时性想象生成的过程也是不确定性逐渐消除的过程,理解逐渐趋近文本意义。探索可能性视域阅读的目的是获取文学体验,生成文学理解。"探索"意味着意义生成并无确切的目的性,因此,学生需要通过材料的学习与整理,结合自身已有知识与经验,形成新的猜测与想象。"可能性视域"意味着个体在思考新的各种可能性时,对文本总体的理解不断变化,而新的材料的出现又为理解打开了新的视域。

在确定了阅读行为的取向后,文本的意义生成过程如图1所示。

---

〔1〕 LANGER J. Envisioning literature:literary understanding and literature instruction[M]. 2nd ed. New York:Teachers College Press,2011:17.

〔2〕 LANGER J. envisioning knowledge:building literacy in the academic disciplines[M]. New York:Teachers College Press,2011:24.

〔3〕 LANGER J. Envisioning knowledge:building literacy in the academic disciplines[M]. New York:Teachers College Press,2011:24.

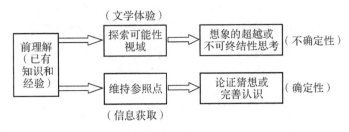

图 1　文本意义生成过程

在阅读过程中,意义的生成途径可划分为探索可能性视域和维持参照点两种。就文学性文本的阅读而言,由于其目的是文学体验的获得,因而它主要属于探索可能性视域取向,是一种对不确定性的追求,具有开放性与探究性。在这一探索过程中,由于新的可能性的出现,原有的想象可能得以深化或遭到放弃,个体运用已有生活与文学中的经验来探索文本所体现的情绪、关系、动机、反应等。阅读结束后,思考并未随着文本的终结戛然而止。反之,想象可能超越文本中特定的情境,走向对自身、他人、世界的反思。在维持参照点取向阅读中,个体的前理解发挥着导向作用,阅读过程是对原理解的论证、拓展或颠覆的过程。随着阅读的深入,个体的视域范围被缩小、限定,认知走向闭合、确定。[1] 虽然,意义生成的两种方式都对文学思维的发展起着重要推动作用,但在朱迪思看来,同一时刻的阅读行为不可能同时采用两种思维取向,二者以微妙的方式交互影响,促进想象发展。

(二)想象构建的立场

想象构建的过程即意义的生成过程。由于理解是一种阐释行为,所以,读者在面对不同阐释时有不同的选择,朱迪思称之为“立场”(stance)。立场本质上是读者看待事物的不同维度。[2] 读者在意义构建过程中,不同时刻所处的立场也有所变化。朱迪思划分了阅读过程中的五种立场,并指出了它们并非线性的发展关系,相反,它们可能会随着阅读的深入而出现某种程度的反复。在每一种想象构建的立场中,个体与阅读内容的

---

〔1〕　LANGER J. Envisioning knowledge:building literacy in the academic disciplines[M]. New York:Teachers College Press,2011:25.
〔2〕　LANGER J. Envisioning knowledge:building literacy in the academic disciplines[M]. New York:Teachers College Press,2011:25.

关系各不相同。

首先是文本之外与想象的进入。这一立场多发生于读者初次接触文本之时,当然,即使是较为成熟的想象形成之后,若遇到不熟悉的词汇或段落时,这一立场仍会重复发生。此时,读者试图将新知与旧识相关联从而构建想象,运用一切可利用的线索,如自身知识与经历、文本的浅层含义等来构建初步的想象。通过材料的广泛搜集与阅读,读者形成了对故事人物、情节、情境的初步认识,建立预期,提出与材料相关的问题,进一步找寻相关观点与证据。通过一系列材料整理与学习,读者初步完成了构建想象的材料准备,虽然这一过程非常短暂,但它却包含了学生对阅读内容的初步认识、假设等。

其次是文本之内与想象的演化。在这一立场中,读者已对文本有了初步了解,进而沉浸于文本世界,从中找寻新的信息,运用自身对文本、自我、他者以及生活的知识来增进或改变原有想象,深化原有意义或生成新的理解。此时,读者多着力于研究故事的情节、诗歌的感情、描述的意义,不断修正对已有问题的认知。

第三,摆脱文本与反思已有知识、经验。这一立场不同于其他立场之处在于,在其他立场中,读者通过已有知识与经验来促进想象的构建,而在这一立场中,读者通过生成中的想象促进自身更好地理解、反思已有知识与经验。此时,读者暂时远离了对文本意义的挖掘,他们的视线转向了审视新知对自身生活、观念和知识的影响。虽然这一立场发生的频次低于其他立场,但它对读者生活产生了巨大影响。通过反思,它可映照出读者当前的自我以及通过努力可能形成的自我,促进他们更好地发展。

第四,想象的抽离与经验的客观化。这一立场具有明显的分析性:读者从形成中的想象里抽离,反思、分析、总结和评价这些经验。譬如,关注作者的写作技巧、文本结构、相关典故,从文学理论的角度分析性地阅读等。在这一立场的想象构建中,读者是批评家,他们在一定距离之外客观地审视文本与意义,发掘并理解其中的张力与平衡、冲突与权力等。他们反思自身想象,并对自我知识发展进行内审和批判性思考。

第五,想象的远离与超越。这一立场出现的频率在五种立场中最低,它意味着个体的想象已经得到丰富且充分的发展,也能将新知识运用于不同的情境之中。同时,这些较为完善的想象也将成为新的想象构建的基础。

立场的概念具有重要的教学启示,它使得教师能更好地认识到学生思维发展过程,帮助他们形成自己的理解。由于立场代表着学生在追寻意义过程中的不同选择及取向,因此,教师可以通过对学生所处立场的判断,给予他们适当的教学支持,促成意义生成。朱迪思以想象构建的五种立场为基础,指出每一种立场中教师教学的侧重点和相应的教学策略(见表1)。

表 1 想象构建的立场划分及教学策略

想象构建的立场	教学策略
1.文本之外与想象的进入	提出试探性问题,尝试构建文本世界
2.文本之内与想象的演化	运用局部想象和个人知识构建,发展想象
3.摆脱文本与反思认知	通过形成中的理解,反思已有观念、信仰、感受等
4.想象的抽离与经验的客观化	抽离文本,审视、评价、分析阅读体验或文本某一方面
5.想象的远离与超越	新知的迁移、超越

(1)当学生处于文本之外与想象的进入立场时,他们根据已有的知识及文本的阅读进行想象构建的准备,对学习内容进行初步了解。在此,教师应聚焦学生的注意力,提示试探性问题,帮助学生建立新旧知识的联系,如:

- 你认为该文章/文件/视频的主题是什么?
- 你认为我们将要学习的内容是什么?
- 这与我们之前讨论过的/你已知的话题有什么联系?
- 你认为这是在什么时候发生的? 在什么样的情况下发生的?
- 对于这些内容,你有哪些问题? 具体说出你的问题。[1]

(2)当学生处于文本之内与想象的演化立场时,他们建立课堂内容与已有知识的关联,开始构建新的想象。这一立场是在固有意义基础上的意义构建,因此,教师的提示应着力于发掘与促进学生的局部想象,如:

- 现在,你读到的内容让你对这个主题的原有认识产生了何种改变? 或者说,这些内容有无让你增进对这个主题的认识?
- 你认为你所学习到的内容中,最重要的是什么? 说明理由。
- 作者希望展示给你何种内容?
- 对所学内容,我们可以从哪些不同角度去认识? 讨论并给出依据。
- 总结你刚看过/读过/讨论的内容。

---

[1] LANGER J. Envisioning knowledge:building literacy in the academic disciplines[M]. New York:Teachers College Press,2011:26.

理解与对话

- 这些事件与当时的社会、经济、政治或地理环境有何联系？
- 你所阅读的内容让你想起过去或现在的什么事情？它们之间有怎样的联系？
- 根据你的已有知识，还有没有其他办法可以解决当前问题？[1]

（3）当学生处于摆脱文本与反思认知立场，他们在业已构建的想象之外，寻找可能改变已有认识的新的观念，因此，教师在这一立场中应引导学生意识到自身认知的转变，创造条件，促成这种转变。其可供参考的提问方式如下：

- 我们最近的学习如何使你对该人物/事件/时代/情境产生了不同看法？
- 这个材料有无促使你反思对这一主题的已有认识？
- 你从历史或人物行为中得到了何种启发？请讨论。
- 你从这一主题的学习中，学到了哪些以前不明白的东西？
- 这则材料以何种方式改变了你对该人物/国家/事件/时代的看法？[2]

（4）当学生处于想象的抽离与经验的客观化这一立场，学生在已构建的想象之外，对事件、问题、资料、概念和相关的社会现象等进行客观审视，思考原因、问题及解决方法。因此，教师的相关提问方式如下：

- 在一定时代背景下分析与阐释事件发生的情境/观念/行为。思考如果它在其他时代（国家或背景）下发生，会有何不同，并说明原因。
- 这个材料中有无偏见？讨论并说明它如何影响了你对信息的获取。
- 分析与批判主题或信息的呈现方式。给出相关证据证明你的观点。
- 从不同角度分析并评价材料中情境，提供相关数据以进行对比。
- 运用概念图或其他直观方法，归纳主要观点并说明它们之间的关系。[3]

---

[1] LANGER J. Envisioning literature：literary understanding and literature instruction[M]. 2nd ed. New York：Teachers College Press，2011：92.

[2] LANGER J. Envisioning literature：literary understanding and literature instruction[M]. 2nd ed. New York：Teachers College Press，2011：101.

[3] LANGER J. Envisioning literature：literary understanding and literature instruction[M]. 2nd ed. New York：Teachers College Press，2011：107.

(5)当学生处于想象的远离与超越立场时,他们对特定学习内容已经形成较成熟的认识,能够将新的观念迁移到全新的情境之中。为促成学生在观念上的超越,教师可给予的相关提示如下:

- 目前讨论的观念对该学科的核心概念有何促进?
- 目前讨论的观念对发现、历史与社会变化有何贡献?(结合你所学过的其他课程以及目前的社会时事进行思考)
- 从历史的角度讨论当前的议题和行为,并指出其对未来生活的启示。
- 如果我们将这堂课学到的方法运到对当前的社会问题或过去的历史事件的思考,会有何不同结果?[1]

想象建构的过程正是意义生成的过程,它代表着学生在某一时刻对文本的理解情况,也因新的观念的产生或新角度的采纳而时刻发生改变。教师在课堂教学中,须首先确定学生的想象构建处于何种立场,然后根据上述问题设计相应教学活动,帮助他们进一步构建想象,丰富阐释与理解。

二、以想象为中心的文学课堂实践

(一)文学课堂的基础

文学课堂不仅是引导学生完成某一类型的文本的阅读,更是在社会化的背景中培养学生的思维,促进他们在不同情境下的想象构建。朱迪思指出,在促进想象构建的课堂中,每位参与者都具有复杂的社会身份,他们既是独立的思考者,同时也隶属于不同的社会和文化群体。对教师来说,他们应最大限度地平衡课堂中不同个体或群体之间的冲突,利用课堂参与者间的差异性,促进理解的丰富与深化,提升学习效果。具体说来,以下五项基本原则构成了朱迪思文学课堂的基础:

(1)学生的绝对主体地位。学生被视为独立的想象构建者。学生是积极的意义创造者,他们通过不断构建的想象理解自身及周围的世界。教师须意识到的是,每位学生都有能力在已有经验基础上生成对文本的理解。在课堂教学中,教师应将学生视为终身想象构建者,设计合理的教

---

〔1〕 LANGER J. Envisioning literature:literary understanding and literature instruction〔M〕. 2nd ed. New York:Teachers College Press,2011:106.

学环境,帮助与引导学生进一步深化理解;学生自主掌控着自身理解的形成与发展,通过交流与对话,运用已有知识来深化理解并给予他人帮助,教师则扮演倾听者角色,尝试理解学生的观点,适时予以援手,以便他们独立地完成想象的构建。

(2)将提问视为文学体验的一部分。文学理解是具有开放性的探究式行为,是对新的可能性的探究过程。在大量的思考与讨论后,学生对每一种想象发展的可能性都充斥着各种猜想。从想象构建的角度上来说,个体对某一时刻想象的疑问也属于其文学体验不可分割的组成部分。与传统课堂对问题讳莫如深的态度相比,想象构建的课堂欢迎提问,因为这意味着学生正在积极地探索可能性,它是优秀读者的标志。

(3)讨论是理解形成的过程与手段,以课堂讨论促进理解深化。由于想象即个体理解过程,因此,课堂教学的主要目的是帮助参与者探索与深化理解。课堂讨论始于学生的初步印象以及他们在特定时刻的有待于完善的认识。因此,在讨论过程中,学生们以自己的初步想象图景为基础,提出问题,从各自角度重审对文本的阐释并探索可能性,深入理解文本。

(4)多角度思考以丰富阐释。在构建想象的课堂中,多角度思考显得尤为重要,它不仅可以拓展学生个人想象的宽度与深度,同时,也可以增强学生看待文学、生活的敏感性。师生在诸多可选择的角度中,采用有利于自身认识深化的视角分析问题,以批判性的眼光考察文本。朱迪思文学理论的最终基础是,否定"最优"阐释的存在,确定任何理解的合法性。因此,理解是不可终结的,它可能随着历史、社会等因素的变化而生成新的意义。读者在与文本、他人的互动中产生并生成想象,不同读者因个人、文化、历史、社会以及学术经验的不同而产生不同的阐释角度因而形成不同理解。以想象构建为基础的文学课堂以学生为中心,尊重意义的多样性,强调开放性,重视学生文学思维的培养。

(5)教师是课堂讨论的参与者与促进者。基于想象构建的文学课堂中,学生是意义探索的主体,教师扮演参与者与促进者的角色,给予学生充足的想象空间与讨论自由,在适当时机为学生提供帮助。在想象构建的文学课堂中,由于学生是独立的思考者且任何阐释都具有可行性,因此,师生关系是协作性的平等关系,教师不是知识的唯一持有者和评判者,课堂成为知识共享的场所,学生在班级成员形成的共同体中探索意义,通过讨论增进认识。

在想象构建的课堂中,朱迪思指出,教师主要为学生提供两类支持:一是讨论支持,二是思考支持,如表2所示。

图 2　教师支持

讨论支持	促进学生理解：教师提出问题，学生必须讨论对问题的思考 澄清确认理解：教师帮助学生确认他们的回答是否让所有学生都理解 鼓励参与讨论：教师向学生说明参与讨论的方式 协调讨论过程：教师帮助学生维持讨论
思考支持	聚焦：教师帮助学生聚集关注点 塑造：教师帮助学生形成认识 关联：教师帮助学生运用当前讨论和已有认知、体验来丰富理解 深化：教师帮助学生重构认知，为他们提供新的思考点

学生刚着手讨论某一主题时，可能会在如何进入讨论及适应思考方式方面遇到困难。因此，教师需要提供讨论支持，帮助学生界定讨论范围，了解讨论的规则，协调讨论的进行，例如何为适切的讨论内容、如何让他人理解自己观点、如何确定讨论秩序等等。

思考支持，即协助学生对正在讨论的问题进行推理分析，帮助他们了解相关概论，拓展技能以解答疑问。教师的这一支持包括：观点聚焦与细化主题范围；认识的重组、深化与简化；将认识与文本、讨论、个体经验相结合；进一步提供新的、隐性的支持。

在想象构建的文学课堂中，学生的学术水平差异消融于平等的对话与讨论中。朱迪思相信，文学教育在解决问题学生（学习有困难或不受欢迎的学生）面临的困难上，可起到重要作用。由于想象构建的课堂强调学生的文学体验，而学生无论学业水平高低，在学校之外都会通过各种渠道获得各种文学体验，如从家人、社区等听来的故事。在这些经历中，学生们实际已经获得了大量有关想象构建和文学思考的结构与策略知识。造成学校与家庭差异的重要方面是主导话语方式的不同，而相较于其他学科，文学与学生熟悉的生活话语差异较小。因此，文学可以成为学校教育的切入点，以此促进学生意义的发展、自我意识的形成、思维的完善和读写能力的提升。在这种课堂中，学生的学业成绩与他们的课堂表现并无直接关系，每个人都是合格的思考者，每个人的理解都具有同样的可行性，受到同等的尊重。每个学生都平等地参与课堂讨论，他们的观点不断融入正在形成的认识中，成为小组探索和个体阐释发展的一部分。

（二）文学课堂的设计与实施

1.课程活动设计
传统的文学课堂根植于一种"老套路"，即对课堂教学步骤的预设和按部就班地推进。通常,教师在很大程度上地受到某种传统教学法的影响,以复述文本内容(故事简介或突击测验)切入主题,接着对故事深层意义展开探索(通过引导性问题向学生灌输某种确定的阐释),最后,在教师引导下,学生们掌握教师预设的某种共识。实际上,这是一种理想化的课堂观,也是传统课堂的常规模式。但是,当课堂教学的目的并非达成某种共识而是生成多样化的理解时,它就不再适用。朱迪思提出,想象构建的文学课堂应将文学课程视为一项活动,教师应该是课堂活动的设计和引导者,向学生提供非干预性的协作支持,学生自主地探索意义。为使想象构建的课堂更具操作性,能更好地应对课堂中变化多端的突发状况,在进行课堂设计时,可从以下五个方面进行思考[1]:

- 阅读引入
- 形成初始认识
- 发展阐释
- 采取批判性立场
- 总结

第一,阅读引入。在阅读引入时,教师应将学生带入文学体验,告知他们课堂主要目的是进行可能性视域的探索,以开放性的问题,唤起学生相关的体验,帮助他们将已有的文化的、历史的知识与文本主题相关联。

第二,形成初始认识。教师应首先让学生明白,课堂是学生通过自我探索而发现意义的活动。教师在学生完成阅读后应帮助他们挖掘文本意义,促进初步理解的形成。在这一过程中,学生新生成的想象可能是对原有想象的延续,也可能是对原有想象完全否定后的全新认识,教师应允许并鼓励学生认识的变化,创设能自由发表观点、分享认知的空间。

第三,发展阐释。教师在明晰了学生的初步认识之后,可以通过提问和理解来帮助他们探索与拓展想象。教师可鼓励学生探索诸如动机、感受、关系、冲突、行为以及上述因素与课堂内容的关系,引导他们从不同角度思考问题。学生在教师的引导下,也会对自己的思想进行反思,形成对文中人物或事件的更深层理解。

第四,采取批判性立场。学生在教师帮助下,通过审视文本、历史、文学及生活相关主题,客观地审视自身经验。教师鼓励学生通过思考文本,从课堂内外不同参与者的视角发掘相关可能性,挑战和丰富自身理解。

---

[1] 和学新.课程意识是课程实施的首要因素[J].教育发展研究,2003,11:40-41.

在这一过程中,一些文学性的元素和经典的阐释也应受到关注。如讨论某种社会批评、作者写作手法,批判性地阅读一些经典作品的书评,等等。

第五,总结。由于文学体验关注不断变化的视域,因此,我们不必追求达成某种共识或想象的终结。但是,在课程结束时,教师仍需要总结课堂讨论中出现的不同阐释与观点。此时,教师可总结学生提出过的重要问题,厘清他们观念的变化路径、认识的共识与分歧,指出之前尚未得到充分正视的问题,等等。最重要的是,教师帮助学生认识到,课程的结束并非思考的终止,学生在任何文本中获得的体验、认识都可能为未来的思考服务。

当然,上述五个方面只是教师在进行课堂设计时的建设性意见,并非某种必须遵循的线性教学模式,也不是促进学生想象构建的唯一方法。它们只是帮助教师更好地认识学生阅读过程所处的立场,做出教学选择,催生可替代传统教学的新思路。

2.促进想象构建的策略

讨论是学生理解形成的主要手段,因此,为促进教学有效性,在课堂教学中,教师可以采用以下策略。

(1)书面对话。将学生分为小组,小组内学生共用一张白纸,将自己的想法写在纸上,互相询问彼此观点。它类似于当今的社交网络对话。下面的摘录为几个学生以书面对话的形式对某本小说的讨论。

> Barbara:我读得比你们慢,所以不要向我剧透好吗?
>
> Sally:我喜欢这本书,但我不喜欢里面的 Lisa,因为她控制欲太强了,她说话时总是吼小孩子。现在你读到第几页了? 我在读128 页。
>
> Barbara:我在读 103 页。我也不喜欢 Lisa,但好像书里每个人都任由她掌控……[1]

(2)回答记录。它的形式多样,具体取决于教师和学生的需要,但本质上,它的目的是记录学生对某一问题的思考,方便后继的小组或课堂讨论。

---

[1] 案例引自美国教育部教育研究和改进办公室(U. S. Department of Education, Office of Educational Research and Improvement)官方文件之"Improving Literary Understanding Through Classroom Conversation"。

（3）讨论指引。即为学生构建复杂想象提供支持。在学生深化理解的过程中，教师可能向他们提出一些角度不同的问题，帮助他们深入理解阅读内容。例如，下面的摘录为美国某所中学学生阅读诗歌时的讨论提示。

英语小组成员：U、K、L、H、A

诗歌阐释

标题：《教我紫色》（"Taught Me Purple"）

作者：伊夫琳·图利·亨特（Evelyn Tooley Hunt）

可能的阐释：

K——她妈妈可能会告诉她如何感受生活，但不会给她展示生活中的不如意。

U——紫色象征着生活中的规则以及如何运用这些规则。金色代表着生活与自然的美好。

A——她妈妈想让她经历一切自己不曾经历的生活。紫色也象征了生活的艰辛。

技巧：

本诗的 A、B、C、D 等音节押韵。

讨论如下问题：

为什么她妈妈没教她要骄傲？

在诗的第 11 行是什么意思？

为什么诗歌用紫色来表达？

诗的第 5、6 行中，妈妈为什么要教她认识金色？[1]

（4）有声思维。当学生思维陷入僵局时，教师将他们分为小组，让他们朗读课文。当学生对课文产生了新认识或新问题时，让他们停下阅读并说出自己的看法，与同学分享自己的思维过程。

（5）速记。在课堂上，教师让学生简要地记录自己的想法，以方便进一步讨论。学生主要应记录阅读过程中对故事或人物的认识，产生的疑问或关注的问题。由于这类写作只是为了记录即时的想法，因此并不强

---

〔1〕 案例引自美国教育部教育研究和改进办公室（U. S. Department of Education, Office of Educational Research and Improvement）官方文件之"Improving Literary Understanding Through Classroom Conversation"。

调学生的语法和拼写等问题。

(三)教学评估:不间断评估法

传统文学课堂关注课文背诵、内容简介、"最佳"阐释等,而想象构建课堂转向注重学生对所读文本的反思与多角度理解的形成,因此,用以评定有效学习的标准也应有所变化。由于想象构建课堂教学活动是非预设的,教师不断生成新的教学思路,而学生也根据即时的文学探索情况而不断变换理解角度与方式。为对这一充斥着不确定性的课堂进行有效评估,朱迪思提出"不间断评估"(ongoing assessment)。不间断评估属于一种互动型评估,其评估目标是生成性的,在文学教学的过程中进行,要求师生的共同参与。它关注学生们曾经和当前的思考,可能的行为或者未来可能进行的尝试。同时,它也关注特定情境中学生与文本的互动,以此考察社会背景中的某一因素是否对学生的思考产生影响。不间断评估应以促进教学为目的,反映师生教学、学习、反思的变化,成为学生课堂学习的有效反馈机制。

在具体的评估目标上,教师应根据学生阅读与讨论文学时所采取的策略以及想象构建所处的立场而定。教师所确定的每项目标应以促进学生理解为出发点,在实际操作过程中,根据学生不断变化的关注点而做适当调整。一般说来,在对一篇课文的完整教学中,学生应能够实现以下目标[1]:

- 在阅读后分享初始印象
- 提出与阅读文章相关的问题
- 超越初始印象,能反思、发展与丰富理解
- 发现文本内外关联
- 以多角度思考文本
- 反思其他可能的阐释,批判或支持其中之一
- 通过文学获得对自我和生活的理解
- 通过阅读,增强对其他文化和背景的敏感性
- 将写作作为反思与交流文学理解的途径之一
- 以典型的文学话语说或写一段话

---

[1] 刘正伟,郑园园,龚晓丹,等.美国中小学英语国家课程标准建构[J].课程·教材·教法,2015,3:121-127.

当然，上述目标只是基本的指导框架，在具体教学过程中，教师可与学生或同事一道，以这些条目为基础，形成更具体的评价标准。由上可见，不间断评估体现了文学课堂对意义分享、多角度思考、批判性思维、写作应用等多方面能力的强调。因此，它能在想象构建的课堂中发挥最大作用，有效促进了教师的教学、评估以及师生的社会互动。

值得注意的是，虽然想象构建的课堂赋予课堂生成的任何阐释以合法性，但意义生成与发展并非完全无序的状态。朱迪思借用离心力与向心力的概念揭示意义生成规律背后的选择机制。她指出，学生在探索可能性范围时，从不同的角度出发，可能生成各种不同意义，通过课堂对话中教师的引导及同伴的交流，形成离心力与向心力。在两股力量的共同作用下，课堂讨论成为意义选择的工具，学生在与他人交流中，倾听与反思，完善想象的构建。[1]

---

〔1〕 Common Core States Standards Initiative. Frequently asked questions〔EB/OL〕.〔2014-12-31〕. http://www.corestandards.org/about-the-standards/frequently-asked-questions/.

Dialogic Teaching and the Dialogic IRE Model: Discussing the Features and Forms of Dialogic Teaching Based on Case Studies of a Second-Year English Literature Class in a Danish High School

Liu Tingting[1]

Recitation, during which teachers ask "known information questions" (Mehan, 1998) and control key aspects of communication, has been shown to impede student engagement and learning (Alexander, 2008; Galton, 2007; Nystrand, 1997). Once a prevalent instructional approach, it has recently received much criticism (Reznitskaya, 2012). In its place, "dialogic teaching" has become a concept of growing importance in discussions of learning and teaching. Nevertheless, although the importance and positive impacts of dialogues in teaching and learning has been emphasized for many years, the reality of typical classroom practices today does not correspond to the highly advocated educational ideal of dialogic teaching, which is still "rare, sporadic, and difficult to achieve in today's schools" (Alexander, 2008; Lyle, 2008; Nystrand et al., 2003; Reznitskaya, 2012; Smith et al., 2004). Recognizing the potential impact of dialogic teaching in literature teaching, this paper discusses the forms and features of dialogic teaching in the literature classroom. The discussion begins with a literature review on the dialogic approach to teaching and learning, with key concepts drawn from several researches which advocate the approach. The theoretical underpinning of dialogic teaching in the literature classroom is mainly derived from Bakhtin's (1981, 1984) concept of "active understanding" and Rosenblatt's (1978, 1995) "transactional theory". A comparison is made between dialogic IRE and the traditional monologic IRE approach. In addition, four features of dialogic IRE instructional approach, namely,

---

[1] Liu Tingting is a PhD student of Department of Education at Aarhus University, Denmark.

理解与对话

authentic question, uptake, high-level evaluation and substantive engagement, have been identified and are used as dialogic indicators. Based on these key features, this paper analyses a case in an English literature classroom in Denmark, which shows prominent features of dialogic IRE. As a teaching method, dialogic teaching can be realized through various approaches. The author proposes to use Bundsgaard's (2009) "Cross-model of Teaching Methods" as a starting point for further discussions.

1. Literature Review

1.1 Dialogic teaching in literature classrooms

In recent research, the defining of the term "dialogic teaching" usually begins with a distinction between dialogic and monologic discourse in the classroom. Studies by Nystrand et al. (1997), Alexander (2006) and Reznitskaya (2012) are among the most noticeable examples. Although taking up different paradigms using different terms, they agree that dialogic teaching is mainly characterized by the following aspects: (1) authentic communication of voices and ideas; (2) quality questions and answers; (3) relationship between teachers and students; (4) quality of students' engagement; and (5) source of valued knowledge. While these researchers present a broad perspective on the features of dialogic teaching, their concern for the understanding process in the literature classroom is minimal.

To provide theoretical underpinning to support dialogic teaching in the literature classroom, one should turn to the founding theorist of the dialogic perspective, Russian language philosopher and literary theoretician Mikhail Bakhtin, who focused much on "understanding" in literatures. His overarching concept of dialogism is the core concept in his books *The Dialogic Imagination* (1981) and *Problem of Dostoevsky's Poetics* (1984). In the latter, Bakhtin (1984) makes an epistemological distinction between two kinds of discourse.

In an environment of philosophical monologism, ... genuine dialogue is impossible as well... someone who knows and possesses

Dialogic Teaching and the Dialogic IRE Model: Discussing the Features and Forms of Dialogic
Teaching Based on Case Studies of a Second-Year English Literature Class in a Danish High School

483

the truth instructs someone who is ignorant of it and in error; that is, it is the interaction of a teacher and a pupil, which, it follows, can only be a pedagogical dialogue. (Bakhtin, 1984:81)

While Bakhtin's discussion on "monologism" and "dialogism" is mostly philosophical in nature, researchers have seen much pedagogical potential in the process of meaning-making in dialogues, as opposed to the conventional "monologic" instructional approach (Lyle, 2008; Nystrand et al., 2003). This distinction between monologic and dialogic discourse is widely adopted in classroom researches. Researchers usually describe the monologic approach as a one-way transmission of knowledge from the teacher to the students. In a monologic discourse, the teacher is typically the main speaker who controls the goals, processes and time of conversations. On the contrary, the dialogic approach is concerned to promote communication through authentic exchanges of voices. There is a genuine concern for the views of the participants involved and efforts are made to help participants of the conversation share and build mutual meaning collaboratively (Lyle, 2008; Nystrand et al., 2003). Therefore, dialogue is not merely a mode of communication, but also a way to establish understanding and knowledge.

The question is, how is understanding and meaning established among participants through dialogues? In his works, Bakhtin has observed that all rhetorical forms are "oriented toward the listener and his answer. This orientation toward the listener is usually considered the basic constitutive feature of rhetorical discourse" (Bakhtin, 1981:280). The process whereby the listener responds and participates in establishing understanding and meaning is termed as *active understanding* by Bakhtin (1981:281). Bakhtin further elaborates how understanding and learning can occur out of a dialogic interchange:

The speaker strives to get a reading on his own word, and on his own conceptual system that determines this word, within the alien conceptual system that determines the word, within the alien conceptual system of the understanding receiver; he enters into dialogical relationships with certain aspects of this system (Bakhtin,

1981:282).

It is clear that for Bakhtin, understanding is active and responsive; it allows the speaker to play an active role in developing understanding through a process of dialogic interchange with his listeners and an assimilation of new elements from his listeners' discourse. One-way transmission of knowledge does not give rise to understanding, nor meaning (Dysthe, 1999). Meaning is dialogically established. It is evident that the active agent of the action is the speaker, who actively constructs a dialogic bridge toward the listener. This is a bi-directional and reciprocal interaction by which participants could "meet" and understand what they did not before. In a typical conversation the speaker and the listener, even if they speak the same language, hold different social and cultural backgrounds, in terms of knowledge, dialects, opinions, beliefs, etc (different conceptual systems, in Bakhtin's words). These differences together influence the dialogue which acts as a bridge to the interaction of the struggles and disagreements of the participants. In the context of literature classrooms, students having different understandings from their readings should dialogue with each other in order to develop understanding and to learn from each other. This method of meaning-making is the core feature of dialogic teaching in the literature classroom.

Subsequent to Bakhtin, Rosenblatt proposed the "transactional theory" in her exploration of the dialogue between the reader and the text, which, in her words, have a "transactional relationship" (Rosenblatt, 1978: ix). Specifically, the transactional theory views the reader as a responsible reader who co-constructs the text as the work of art with the writer. Many researchers have confirmed the reader's contribution in the construction of literature. As Faust has observed, "the work of art does not exist except as a process of becoming what it is within and across the experiences of readers" (Faust, 2000: 26). In other words, the text is meaningless until a reader reads it and reconstructs a certain form of meaning on his own. This interpretation highlighted the importance of the reader's past experience in the act of reading and the ongoing aesthetic experience which is lived through in reading. The reader's background, his version of the world,

Dialogic Teaching and the Dialogic IRE Model: Discussing the Features and Forms of Dialogic
Teaching Based on Case Studies of a Second-Year English Literature Class in a Danish High School

485

life experiences, feelings, memories and associations are called forth by the reading. An understanding of the text is thereby built upon these components in the reader's mind. In essence, transactional theory "invites the reader to reflect upon what she[*sic*] bring into any reading, and to acknowledge and examine the responses it evokes" (Probst, 1987:3).

This model of meaning-making, based on what the reader has experienced before and what happens when the text is brought into his mind, is consonant with the concept of dialogic meaning-making (active understanding) proposed by Bakhtin. In dialogic meaning-making, the speaker has to open dialogues with participants and participants contribute to learning by drawing from their own experiences and perspectives. Similarly, in a "transaction", internal dialogues occur — the text takes the role of the speaker of a story while the reader takes the role of a listener. In Bakhtin's meaning-making paradigm, the meaning-making process takes the listener (or the reader) and his response(s) into account. The meaning of the "speech" delivered by the text is greatly influenced by the reader's background, knowledge, experience or opinions (conceptual system). New elements could emerge out of their dialogic "meeting" and be sparked off by the clash of differences between the two discourses. The ongoing evocation and the reflection on the reader's experience will subsequently result in the development of an understanding from these new elements, shaping the text into what the reader sees as the work of art.

Such commonality between Bakhtin's active understanding and Rosenblatt's transactional relationship provides an important vantage point for consideration when identifying the features of dialogic teaching, particularly in literature classrooms. As Faust has observed, the general assumption that literary experience ultimately must be understood "in dualistic terms as an interaction involving a reading subject and a textual object" has produced "a double bind for teachers who find themselves seeking to validate students' personal responses to literature without simultaneously warranting unbridled subjectivism" (Faust, 2000: 9). The transactional theory and dialogic meaning-making provide a solution to the dilemma. Under these conceptual alternatives, multiple readings are encouraged and respected.

Teachers are aware of the personal, social and cultural differences of students; and students would be invited to share their reading experience with others as a dialogic interchange to develop thoughtful responses and understanding, which would in turn enrich the possibilities of making meaning with literature. This, then, is the mutual implication of the theory of *transaction* and Bakhtin's *dialogue* for the teaching and learning of literature: Students are actively engaged in classroom discussions with their own voices and readings. The authentic engagement of students in such a dialogic learning environment will create substantive and sustained discussions between teacher and students or among students in the classrooms. In these are manifested the essential features of dialogic teaching in the literature classroom.

1.2   Dialogic IRE and the Four Dialogic Indicators

IRE, the conventional classroom discourse, refers to the pedagogical sequence of initiation (I)-response (R)-evaluation (E). In classroom context, an initiation is usually the teacher's question while the response is usually a student's answer and the evaluation is the response of the teacher to the student's answer (Mehan, 1979). Drawing comparisons with Bakhtin's dialogic active understanding, IRE is increasingly being identified as monologic by researchers like Alexander (2006). It focuses on the power of teachers and is often referred to as *recitation* (Mehan, 1979; Mroz, 2000; Nystrand & Gamoran, 1991), where students have few opportunities to question or explore ideas to regulate their thoughts. This *recitation* approach, in which students only demonstrate their ability to recall assigned information, is recognized as the opposite of the approach where open dialogues and exchanges of students' ideas are involved (Nystrand et al., 2003). Despite its shortcomings, the IRE pattern of discourse, according to Sinclair & Coulthard (1975), constituted around 60% of the teaching and learning process in the world, which means this conventional style of teaching was much preferred. Recently, an increasing number of researchers from all over the world, like the UK, the US, Scandinavia, Australia, etc., began to criticize the role of recitation in classroom practices (e. g. Alexander, 2008; Cazden, 2001;

Lyle, 2008; Mehan, 1998; Mroz, 2000; Nystrand et al., 2003; Tharp & Gallimore, 1991). It was shown that teacher's dominance in the classroom conversation impedes the genuine voices of students.

Despite these criticisms, the IRE approach may also move towards the opposite direction for use in a dialogic classroom. A number of researchers, while they criticized IRE as a pattern of all official talks in classrooms, have recognized several indicators which show that the IRE discourse could be dialogically organized (Dysthe, 1993; Lyle, 2008; Nystrand et al.,1997,2003). In the classrooms they observed, there was a heavy emphasis on the quality of the initiated questions, students' engagement and the level of teacher's evaluation. Nystrand et al. (2003) call this kind of classroom as "unfolding classroom". From class observations, the author has also found some cases where teachers were aware of the ways of talking, interacting, instructing, etc. to engage students in reading and establishing understanding. They recognized and respected the students' responses. In view of the dialogism found in these IRE discourses, the author proposes to name such dialogically organized IRE interactions between teachers and students as *dialogic IRE*, as opposed to the *traditional monologic IRE*.

As the name shows, *dialogic IRE* has dialogic characteristics but carries the format of IRE. In our proposed dialogic IRE model for the literature classroom, we have incorporated the following four dialogic indicators advocated in studies by Collins (1982), Nystrand & Gamoran (1991), Nystrand et al. (2003) and Langer (2011). These four indicators serve as components in our coding scheme to analyze the transcripts of the conversations occurring in literature classrooms.

(1) *Authentic questions*: An authentic question is one for which the teacher has not pre-specified an answer. The teacher asks authentic questions because s/he is interested in what students think and know, as opposed to whether they can engage in mere recitation or repetition of the material given in texts or other sources (Nystrand et al.,2003). By allowing an indeterminate number of acceptable answers, authentic questions open the floor to discussion of students' ideas and experiences, which also means that teachers invite students to contribute something

理解与对话

new to the class interaction.

(2) **Uptake**: It is defined as an action where the teacher asks a student to expand on something that another student said previously (Collins, 1982). Specifically, the teacher follows up on students' responses and triggers further discussions. Uptake plays an important role in facilitating the negotiation of understandings because interlocutors listen and respond to each other to build on a certain concept.

(3) **High-level evaluation**: It is defined as certification or acknowledgement of a response and the subsequent incorporation of that response into class discourse (Nystrand et al., 1997). The teacher has to incorporate students' responses, which are usually in the form of either an elaboration (or commentary) or a follow-up question. For example, the teacher might evaluate a student's answer by saying, "Good point" (acknowledgement), and then by asking a follow-up question, where the answers might modify the topic or affect the course of discussion in some way. Such evaluations are regarded as high-level.

(4) **Substantive engagement**: This refers to sustained and substantive commitment and engagement in the content, problems and issues dealt with in a learning sequence (Dysthe, 1993). Nystrand & Gamoran (1991) marked substantive engagement by the three indicators described above. It is to be differentiated from "procedural engagement", which generally has a weaker relation to the quality of student learning. Substantive engagement also means that students' readings are based on their past experience and lived-through experience when they transact with the text (Rosenblatt, 1978, 1995). Nystrand & Gamoran (1991) also consider discussion as a potential kind of substantive engagement when in such an interaction there is a free exchange of information among students and/or between at least 3 students and the teacher that last longer than 30 seconds. Langer (2011) describes a discussion as substantive and sustained when students listen to and interact with one another in the form of expressing agreement or disagreement, building on other's comments, referring back to texts and bringing in other sources.

These four dialogic indicators, though borrowed from previous researches, are in consonance with the features of our concept of dialogic

Dialogic Teaching and the Dialogic IRE Model: Discussing the Features and Forms of Dialogic Teaching Based on Case Studies of a Second-Year English Literature Class in a Danish High School

489

IRE. However, it should be pointed out that they are developed and elaborated with the particular context of literature reading in mind. The concept of *substantive engagement* has been modified to echo Bakhtin's (1981,1984) concept of "active understanding" and Rosenblatt's (1978, 1995) "transactional theory". The intention is to foreground the importance of various readings based on individual past experience, their lived-through experience and the dialogic interchange between these various readings.

Summarized in Figure 1 are the values of the four dialogic indicators, which will be used to analyze the case and examples in the following section.

Figure 1   The Assigned Values of the 4 Indicators of Dialogic IRE Discourse

Authentic questions	Uptake	Level of evaluation	Substantive engagement
A=Authentic	Y=Yes	H=High	S=Substantive engagement
NA=Non-authentic	N=No	L=Low	P=Procedural engagement

2. Case Study Analysis

The dialogic IRE model emphasizes student engagement with the teacher and is in this paper characterized by authentic questions, uptake, high-level evaluation and substantive engagement. To illustrate our concept of dialogic IRE, we have, using these indicators, analyzed two case studies. Both cases were second-year English literature classes in a high school in Denmark.

In the first case, the teacher engaged the students in a discussion of the last part the short story *The Squaw* by Bram Stoker. Prior to the class discussion, the students were asked to do group work and answer several guiding questions. The questions were open-ended and they served as a guiding framework for students to analyse the literature text. Examples of the questions are: describe the setting; analyze the characters and their functions in the text; analyze the narrator; suggest why the main characters visited a torture chamber on their honeymoon; give your views on this Gothic story.

The table in the Appendix is an unedited transcript of the conversation

理解与对话

between the teacher and several students, together with the coding.

After coding each question and the discourse with the four indicators as we do in the table, the features of this class as an example of dialogic IRE could be clearly identified. The following is a summary of our analysis.

(1) **Authentic questions**: This excerpt includes 12 questions of the teacher, among which 3 can be identified as authentic. Nevertheless, the alternate use of authentic and non-authentic questions can change the perspective of students' thinking. As shown in this case, the teacher shifted between authentic questions and non-authentic questions on the one hand to help students to understand the particular details in the text and on the other to open up students' minds to think further and deeper into the topic. There were instances where, after reviewing a particular information, the teacher raised an authentic question involving students to engage in deeper thinking of this particular information on the basis of their ideas and experience. Take the questions from Q5 to Q7 as an example: Q5 (NA) was raised to ask for a detailed action of the cat when it came into the room. After a student responded, Q7 (A) was made to ask for the student's further interpretation of the cat's action. The topic of the conversation had therefore progressed from the particular information itself to the hidden meaning of the information. In the process, the students' thinking went deeper from the superficial to the profound.

With a dialogic IRE approach, despite asking about particular relevant information or knowledge, teachers usually combine such questions with open-ended questions to create a more open environment so that the discourse can be multi-voiced and that the students' voices can be heard.

(2) **Uptake**: There were 9 uptakes, where the teacher either incorporated what the students said into her explanation (i. e. *Exactly. So the cat is special.*), or asked a follow-up question (i. e. *So we must somehow see the cat as a principal of what? What do you think?*). The act of uptake therefore pushes the dialogue forward and encourages the students to contribute. In addition, it keeps the conversation coherent by connecting the responses of different speakers.

(3) **High-level evaluation**: In total there are 8 high-level evaluations,

including 5 evaluating student answers of the questions, 3 evaluating student elaboration of the answers (marked H). It can be seen that the teacher listened to what the students said so that she could also give her response to the students' answers. She never gave negative evaluations; instead she showed her respect to students by giving confirmative comments and further elaborations before she asked a follow-up question. The elaborations she gave were either from the text or from her own feeling, which means that she was sharing her own understanding and perspectives with the students (i. e. S5:... *But I think she is the symbol of the motherhood , something like that. T: Yeah. Sort of very instinct in the way. It is very like a principal that has rational thought; it is feeling, something wild.*).

(4) *Substantive engagement*: There are 4 substantive engagements in the case, including 2 substantive discussions. In the discussions, the exchanging of ideas between the teacher and students was more often and obvious. Questions like "What do you make of that?" (Q7) and "What do you think?" (Q9) invite students' opinions about one topic or issue. Through the questions, the teacher intended to listen to what the real thoughts the students had when reading and what they understood about the underlying meaning of the text. It was a way to open students' voices, as well as to make a room for their development of understanding.

The classroom where substantive engagement is sustained and encouraged is consistent with Bakhtin's (1981,1984) concept of dialogue and Rosenblatt's (1978, 1995) transactional theory, because each student utterance is seen as a voice with particular cultural and social background and the variety in individual reading is supported. The differences of voices and reading make the back-and-forth dialogue sustained and substantive. In this example, it is worth mentioning that the teacher discussed with the students as if she did not know all the things (i. e. *I am not an expert on physics. I don't know of what.*), thereby undermined the omniscience of the teacher. The teacher and students worked together in exploring the text by listening to each other in an extended back-and-forth conversation as they built on what they had previously said or added new explanations for the points they made.

In the context of literature learning, substantive engagement involves literary thinking (Langer, 2011) and subjective experience. In our example, Q4 (*"Could you draw it on the blackboard ? "*) was such an instance, where the teacher invited the student to connect the information that have been described in the text with the things he envisioned in his mind. The teacher was mindful of nurturing student literary thinking that focuses on the way of thinking built on the subjective experience (Langer, 2011). Also manifested in the example is the core concept of the transactional theory — the importance of the active role of the reader and his lived-through experience (Rosenblatt, 1978, 1995).

In the case under analysis, the teacher, after the discussion, asked the students to look up on the Internet for the location where the story occurred — the castle of Nurnberg. She also asked the students to compare the pictures of the castle with the impression of the castle they got from the text. It is evident that through imagining, searching and comparing, students would combine the information gathered with their subjective experience of the text to enrich their understanding. This kind of literature instruction facilitates literary thinking, which could be seen as an ability in exploring, envisioning and connecting with the ongoing experience when reading.

In summary, through the above case and examples, we have identified four features of dialogic IRE:

1. It has the format of IRE (initiation-response-evaluation);

2. Its dialogic orientation is indicated by the four indicators of *authentic question*, *uptake*, *high-level evaluation and substantive engagement*;

3. It induces substantive and sustained discussions and dialogues. Among the four indicators, *substantive engagement* is the most essential in the literature classroom. While the other three indicators mainly focus on teachers' questioning, responding to and evaluating of students' answers, substantive engagement focuses on the genuine participation of students in a literary reading and discussion. In such participation, a reader's reading is built on his lived-through experience

and the different individual experiences allow the juxtaposition of multiple individual readings in the classroom, which in turn give rise to multiple voices and differences and make the discussion and dialogue substantive and sustained.

4. It facilitates the nurture of literary thinking. By supporting substantive engagement which involves subjective experience (lived-through experience), dialogic IRE facilitates the nurture of literary thinking.

3. Discussion and Conclusion

3.1　The Cross-Model of Teaching Methods and Dialogic Teaching

The above examples have demonstrated how the dialogic IRE discourse pattern functions in dialogic literature classrooms. However, it is only one of the feasible instructional methods for dialogic teaching. Other formats of dialogic teaching should be explored. The cross model of teaching methods proposed by Bundsgaard (2009) (see Figure 2) can serve as point for reference in our exploration. Bundsgaard's cross model of teaching methods depicts a model of four fields separated by two axes: the horizontal axis points to monologic teaching on the one end and dialogic on the other, and the vertical axis points to teacher-driven

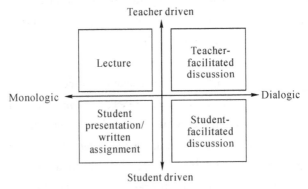

Figure 2　The Cross Model of Teaching Methods

teaching on the one end and student-driven on the other. The horizontal axis indicates that teaching may be carried out by one person or many persons through individual behavior or mutual actions. The dialogic as well as the monologic approach of teaching can take place both in larger or smaller groups. The vertical axis indicates that the students may have great influence on classroom events. A pure teacher-driven teaching is just dissemination of a predefined content, insensitive to whether students understand what is taught. The pure student-driven model is more a way of learning and refers to the students' learning community where students are self-disciplined and direct the learning process. The double-headed arrows in this cross model indicate that teaching and learning is an ongoing process and that all teaching methods lie on a continuum (Bundsgaard, 2009). Teachers may adjust their teaching methods along this continuum.

This model gives a general view of what kind of teaching method is dialogic and what kind is monologic. While Bundsgaard used this model for his analysis of university education, the author is of the belief that the model can be used as a reference framework for exploration in general classroom situations. In each field of the model, the teaching methods can be modified according to the classroom situations. For example, for a class of secondary-school students, the dialogic IRE format can be put in the field of teacher-facilitated discussion, though this may not be appropriate for a class of university undergraduates. In literary teaching, other teaching activities could be added to each field; for instance, group work can be incorporated with teacher-facilitated discussion or student presentation.

In the preceding section, we have illustrated how the dialogic IRE model can be applied in a secondary school literature classroom. For further explorations of possible formats of dialogic teaching, the cross model can serve as a framework for reference. Take student presentation as an example. Based on her observations in high schools of Denmark, the author believes this can be another possible format of dialogic teaching, which can be called "dialogic student presentation". In a "dialogic student presentation", students take on the role of a teacher to teach and at the same time learn from each other in group work while organizing

Dialogic Teaching and the Dialogic IRE Model: Discussing the Features and Forms of Dialogic
Teaching Based on Case Studies of a Second-Year English Literature Class in a Danish High School

495

presentations. For the preparation of the presentations, students in groups design the content, forms, themes and methods to teach other students. Before the presentation, they may also give assignments to others students. In this way, students within the same group exchange ideas and negotiate with each other in the group work. Students in different groups can also exchange knowledge and discuss with students in other groups through each other's presentations. This kind of group work fosters the cooperative learning of students which creates more opportunities for the students to have dialogues, share and exchange ideas with each other, as well as co-construct understandings. Such kind of student presentation shall no longer fall in the field of student-driven monologic method in the cross model.

3.2 Application of Dialogic IRE Discourse

While more and more educators and researchers are advocating dialogic teaching, many teachers find it difficult to implement such teaching approach. A number of reasons have been suggested for "the failure of dialogue", such as "power of tradition" (Tyack & Tobin, 1993) and "crowded public classrooms" (Burbules, 1993). Alexander (2001) suggested that the lack of time and large classes are the two major obstacles to dialogic teaching. Despite these obstacles, dialogic teaching is possible and achievable.

For teachers who want to try dialogic teaching, the dialogic IRE approach is good to start with. It is easier to implement than such other methods as group discussions and group presentations, which require students to have self-discipline. It is also relatively less time-consuming. When using the dialogic IRE approach, teachers are guiders and facilitators who still have control of the content, structure and activities of learning in a class, while allowing students to contribute to meaning-making of the text through discussions. Teachers have more opportunities to talk to individual students and find out more about the students' conceptual systems, and thereby make adjustments to their teaching. The dialogic IRE approach can be combined with different methods, including monologic and dialogic approaches, like lectures or group work (the case study in this

理解与对话

paper uses a combination of group work and the dialogic IRE approach). Due to its flexible nature, the dialogic IRE approach can be used by teachers from secondary and primary schools for the effective teaching of literature, even for large-sized classrooms.

References

ALEXANDER R J. Culture and pedagogy: international comparisons in primary education[M]. Oxford, UK: Blackwell, 2001.

ALEXANDER R J. Essays on pedagogy[M]. New York, NY: Routledge, 2008.

ALEXANDER R J. Towards dialogic teaching [M]. 3rd ed. New York, NY: Dialogos, 2006.

BAKHTIN M M. Problems of Dostoevsky's poetics [M]. Minneapolis, MN: University of Minnesota Press, 1984.

BAKHTIN M M. The dialogic imagination: Four essays by M. M. Bakhtin[M]. Austin, TX: University of Texas Press, 1981.

BUNDSGAARD J. Krydsmodel for undervisningstilrettelæggelse (cross model of teaching methods) [J]. Danish Journal of teaching and learning in higher education dansk universitetspædagogisk tidsskrift, 2009, 4(7): 10-17.

BURBULES N C. Dialogue in teaching: theory and practice[M]. New York, NY: Teachers College Press, 1993.

CAZDEN C B. Classroom discourse: the language of teaching and learning[M]. Portsmouth, NH: Heinemann, 2001.

COLLINS J. Discourse style, classroom interaction and differential treatment[J]. Journal of reading behavior, 1982, 14(4): 429-437.

DYSTHE O. The dialogical perspective and Bakhtin [R]. Bergen, Norway: University of Bergen, 1999.

DYSTHE O. Writing and talking to learn: a theory-based, interpretive study in three classrooms in Norway and the USA[D]. Tromsø: University of Tromsø, 1993.

FAUST M. Reconstructing familiar metaphors: John Dewey and Louise Rosenblatt on literary art as experience[J]. Research in the Teaching of English, 2000, 35(1): 9-34.

GALTON M J. Learning and teaching in the primary classroom[M]. London: SAGE Publications Ltd, 2007.

LANGER J A. Envisioning knowledge: building literacy in the academic disciplines [M]. New York, NY: Teachers College Press, 2011.

LYLE S. Dialogic teaching: discussing theoretical contexts and reviewing evidence from classroom practice[H]. Language and education, 2008, 22(3): 222-240.

MEHAN H. Learning lessons[M]. Cambridge, MA: Harvard University Press, 1979.

MEHAN H. The study of social interaction in educational settings: accomplishments and unresolved issues[J]. Human development, 1998, 41(4): 245-269.

MROZ M, SMITH F, HARDMAN F. The discourse of literacy hour [J]. Cambridge journal of education, 2000, 30(3): 379-390.

NYSTRAND M, GAMORAN A, KACHUR R, et al. Opening dialogue: understanding the dynamics of language and learning in the English classroom[M]. New York, NY: Teachers College Press, 1997.

NYSTRAND M, GAMORAN A. Instructional discourse, student engagement, and literature achievement[J]. Research in the teaching of English, 1991, 25(3): 261-90.

NYSTRAND M, WU L L, GAMORAN A, et al. Questions in time: investigating the structure and dynamics of unfolding classroom discourse[J]. Discourse processes, 2003, 35 (2): 135-198.

PROBST E R. Transactional theory in the teaching of literature[J]. Retrieved from ERIC digest. Critical reading, 1987: 3.

REZNITSKAYA A. Dialogic teaching: rethinking language use during literature discussions[J]. The reading teacher, 2012, 65(7): 446-456.

ROSENBLATT L M. Literature as exploration[M]. 5th ed. New York, NY: The Modern Language Association, 1995.

ROSENBLATT L M. The reader, the text, the poem: the transactional theory of the literary work[M]. Carbondale, IL: Southern Illinois University Press, 1978.

SINCLAIR J M, COULTHARD R M. Toward an analysis of discourse [M]. Oxford: Oxford University Press, 1975.

SMITH F, HARDMAN F, WALL K, et al. Interactive whole class teaching in the national literacy and numeracy strategies[J]. British educational research journal, 2004, 30(3): 395-411.

THARP R, GALLIMORE R. The instructional conversation: teaching and learning in social activity[J]. Research report: 2, 1991.

TYACK D, TOBIN W. The "grammar" of schooling: why has it been so hard to change[J]. American educational research journal, 1993, 31(3): 453-479.

Appendix: Transcript and Coding of the Case

Transcript	Authentic questions	Uptake	Level of evaluation	Substantive engagement
T: Let's start with brief summary. Just summarize the most important thing that happened in the ending of the story. Who want to give us a summary? (Q1) S1: They go to the iron virgin and the door of the iron virgin is very heavy, he has to hold the door to prevent the iron. Amelia stands on the other side, because she was worried. The cat attacked the custodian...	Q1＝A Open a dialogue by inviting students to give contribution	Q1＝N		
T: Right, that is very brief and concrete summary. How did he hold the door? (Q2) S1: I think there is a rope.	Q2＝NA	Q2＝Y Ask a detailed question which follows up on the summary the student gave	Q2＝H Give comments first and then ask a follow-up question	
T: There is a rope? And the rope sort of round through what is called pulling. Do you know that is? (Q3) S2: It is a... that you have in the seizing that help you hold up heavy stuff. You wouldn't usually be able to hold up. But use that you are able to do.	Q3＝NA	Q3＝N Have a clear direction to particular information, not based on what the student said	Q3＝L Uncertain tone	
T: Could you draw it on the blackboard? (Q4) S2: I will try. T: Just sort of schedule of it. Because it is not safe to hold the door directly. He doesn't touch the door directly. S2: Yes. On that there are wheels. T: Exactly. We don't know how many wheels. But there are certainly probably at least two wheels at the top. (H) S2: There are more wheels.	Q4＝NA	Q4＝Y It is followed up on what the student described	Q4＝L Between Q4 and Q5, there is an evaluation of what S2 said about wheels, which is high level (H) with a comment "exactly" and an elaboration	Q4＝S Invite the student to feel and experience what is described in the text by imagining and drawing

Dialogic Teaching and the Dialogic IRE Model: Discussing the Features and Forms of Dialogic
Teaching Based on Case Studies of a Second-Year English Literature Class in a Danish High School

499

Continued

Transcript	Authentic questions	Uptake	Level of evaluation	Substantive engagement
T:Ok,that is the physics thing. I am not an expert on physics. But he wants to hold or he is asked to hold and he is paid to hold the door of the iron virgin. Em... OK. You said Elias P. is not affected by the cat actually coming into the room. That of course, it is an interesting point that;what does the cat do? (Q5) Do you remember? (Q6) S1:At first, it's just present and just looking at him. And then it attacks the custodian.	Q5=NA (Q2—Q6 are related to particular information in text)	Q5=Y For S2, the teacher doesn't uptake, but for S1 she does. She asks a question about the summary	Q5=L The teacher changes to a new topic	
T:Right. It is strange enough that it doesn't attack Elias P., it attacks the custodian. What do you make of that? (Q7) Gostav? S3:It deliberately tries to kill him. Because it somehow knows the proper,that sort of,liars. T:We don't know what the cat thinks. But it seems strange. S3:No,no,that is what I am not sure.	Q7=A Invite students own ideas based on the particular content of text	Q7=Y Ask S3 a new question which follows up on what S1 said	Q7=H Elaborate S1's response and then ask a follow-up question	Q7—Q9=S (Substantive discussion) During the period from Q7 to Q9, there is a discussion among the teacher and two students (S3 and S4). The teacher listened to what students think of the cat. All of them listened to one another in extended back-and-forth conversation as they build on what they previously said or add new explanation
T:Yes. That is probably Bram Stoker wants to show us. It has inevitably some reasons. It is not realistic,is it? (Q8) It probably isn't realistic. It is something that Bram Stoker constructed into the story. S4:Yes. Because the cat is quite supernatural. T:Yes,it is. S4:I mean it can figure out if he attacks the custodian then. T:Yes. So this cat is very special. It seems to be able to have actually, sort of,em... deductive knowledge, and have sort of logical cause of thought that normal cat wouldn't have. (H) S3:It seems like almost human that way. Because it is so upset about its child which is killed. It seems it gets revenge.	Q8=NA The disjunctive question which directs to the negative answer is used to elicit deeper analysis of writer's intention	Q8=Y Ask a follow-up question on the cause of cat behavior	Q8=H Conform S3's response and then ask a follow-up question. There is an evaluation of S4's response on the cat, which is high level (H) with a confirmative comment "Yes" and a further elaboration	

Transcript	Authentic questions	Uptake	Level of evaluation	Substantive engagement
T: Exactly. So the cat is special. So we must somehow see the cat as a principal of... I don't know, of what? Of justice, of revenge, of anger, of motherhood... What do you think? (Q9) What would the cat present at the end? (Q10) What happens to the cat after it kills Elias P.? (Q11) S5: The narrator kills the cat. T: Yes. S5: I personally think, well, the cat is not the symbol of justice. It is not real justice. T: No? No. S5: Of course not. But I think she is the symbol of the motherhood, something like that. T: Yeah. Sort of very instinct in the way. It is very like a principal that has rational thought; it is feeling, something wild. (H) S5: And of course the cat marries, (It is) the squaw.	Q9=A Ask for students' own ideas through choosing from the given possibilities, but not limited in these possibilities Q10, Q11 =NA Point to particular information in the text to remind students to connect relevant information to think about the cat	Q9=Y Elicit discussion about the characteristic of the cat based on S3 said on cat's revenge Q10,Q11=Y Go on talking about the cat based on what they (teacher, S3,S4)discussed	Q9=H Give a comment "exactly" and a elaboration, then ask a follow-up question Q10,Q11=L There is an evaluation of S5's response on the symbol of the cat, which is high level (H) with a confirmative comment "Yeah" and a further elaboration	Q9=S The teacher is asking for students' own opinions on the basis of their understanding, opening a discussion of symbolic meaning of the cat Q11-Q12 = S (Substantive discussion) The teacher listens to S5's own opinion on "motherhood" which is against what S3 said on " revenge ". That means the students listen to each other when they give response. Then the teacher confirms S5's opinion ("Yeah"), and then also shares her own ideas with the student equally
T: It does. Maybe there is more than that. Because remember yesterday we talked about the four different female characters that we have in the story. Namely? (Q12) S5: The cat, the iron virgin, Amelia and the squaw. T: It is funny thing that iron virgin is called virgin. It is actually called by another name as well.	Q12=NA Review previous relevant knowledge which is determined	Q12=Y What S5 mentioned about female is incorporated into this question	Q12=H The S5 response—" the cat marries "— changes the direction of dialogue, from the cat to the female characters	
	3 authentic Qs	9 uptakes	8 high-level evaluation	4 including 2 substantive discussion

罗兰·巴尔特叙事理论在
中学语文小说阅读教学中的运用

——以欧·亨利短篇小说《最后的常春藤叶》为例

龚晓丹[1]

　　罗兰·巴尔特在《叙事作品结构分析导论》一文中曾提出叙事的存在形式是多种多样的,它在中学语文阅读教学中主要以小说文本为主。在小说阅读教学的传统模式下,通常是从分析小说的背景、人物、事件开始的。像这样的分析,往往会使小说的阅读教学陷入俗套之中。于是本文尝试借鉴罗兰·巴尔特叙事理论,对苏教版高中语文(必修二)短篇小说《最后的常春藤叶》进行解读。

　　每一个叙事作品均可以分为两个主要层面:一个是故事(内容)层,即由小说人物参与构成的故事情节;另一个是话语(形式)层,主要包括叙述时间、叙述人称、叙述视角。罗兰·巴尔特叙事理论也是由这两个主要层面组成,只是他将故事层又细分为"功能"层与"行动"层,并与话语层一起构成了一种对叙事作品的分析方法。

一　"功能"层:确定故事情节的最小叙述单位

　　"功能"层,"它是对叙事作品的叙述话语做切分,目的是确定最小的叙述单位,而这些叙述单位要能体现叙事作品的意义"[2],这便是"功能"层名称的由来。通俗点理解就是,在小说文本阅读过程中发现那些令阅读者深有感触或玄妙多端的词语、句子及片段。以《最后的常春藤叶》为例,作者开篇介绍故事发生的环境时写道:"华盛顿广场西面的一个小区,街道仿佛发了狂似的,分成了许多叫作'巷子'的小胡同。"在这段叙述中,请注意这个"狂"字。一方面作者运用拟人的修辞手法,表现出"巷子"多

---

〔1〕　龚晓丹,女,浙江大学教育学院课程与教学论专业博士生。

〔2〕　《马克思主义文艺理论研究》编辑部. 美学文艺学方法论[M]. 北京:文化艺术出版社,1985:539-540.

理解与对话

到何种程度,仅就叙述的表象环境已隐隐地透着一种病态的气息;另一方面,"狂"的岂止是街道的"巷子",还有下文中那迅速蔓延的"肺炎"病毒,以及小说最终要表现的人物老贝尔曼先生的疯狂善举。实际上,一个"狂"字暗示着小说故事情节的曲折发展。在阅读文本之初,教师可以鼓励学生多发现类似情节中的"闪光点"。

接下来在文本分析过程中将发现的"闪光点"做些区分。巴尔特用"功能"和"标志"这两个名称加以命名。像上例中的"狂"字,它本身构成一个最小的叙述单位。经过分析发现这个"狂"字实际为小说的情节发展做了暗示。既然是暗示,就说明还需要通过小说下文的叙述进行印证。像这样的小叙述单位便是巴尔特所说的"标志"性叙述单位。所谓的"标志","不是一个补充的和一贯的行为,而是一个多少有些模糊的,但又是故事的意义所需要的概念"[1]。再如,老贝尔曼先生是小说的核心人物,对于他的出场作者有这样一段叙述,说他是一个失意的画家,已年过六十了,还没有任何艺术造诣,只能通过给像苏艾与琼珊那样的年轻艺术家当模特儿挣几个小钱。"他老是说要画一幅杰作,可是始终没有动手。"这不禁会让人疑惑,这到底会是一幅怎样的杰作? 下文会不会告诉我们呢? 这在一定程度上也是一种暗示,使读者产生更多的阅读期待。除了标志性叙述单位之外,还有功能性叙述单位。例如小说写道,"她们是在八马路上一家名叫德尔蒙尼戈的饭馆里吃饭时碰到的,彼此一谈,发现她们对于艺术、饮食、衣着的口味十分相投,结果便联合租下了那个画室"。正是因为有了苏艾与琼珊合租画室,才有了小说所有接下来的故事情节发展。而像这样对于小说故事情节不可或缺的叙述单位便是巴尔特所称的"功能"性叙述单位。

在小说阅读教学中分析"标志"性叙述单位和"功能"性叙述单位,可以使学生清晰地了解到"功能"性叙述单位构成一部小说清晰的发展脉络和叙述框架。同时既然是小说就要具有很强的可读性、吸引性,这便是由"标志"性叙述单位构成的。理解这两种叙述单位的作用,一方面可以使学生对小说文本的故事情节有较为深入的理解和掌握,另一方面也有利于学生小说文本创作能力的提高。

---

〔1〕 热奈特.叙事话语新叙事话语[M].王文融,译.北京:中国社会科学出版社,1990:129-130.

二 "行动"层：展现小说故事情节的深层结构

罗兰·巴尔特的"行动"层概念，同样属于故事层面的分析。如果说"功能"层是对故事情节的浅层把握与分析，那么"行动"层就是对故事情节深层结构的把握与分析。因此"行动"层较"功能"层具有一定的抽象性。在巴尔特看来任何一部叙事作品的情节结构都包含六个行动素：主体/客体，发送者/接收者，帮助者/反对者。主体与客体的关系是处于发送者与接收者的交流关系和帮助者与反对者的对立关系中的。在《最后的常春藤叶》中，主体是苏艾，客体是琼珊。实际上，将整个小说的抽离到最后即是主体苏艾成功解救客体琼珊。但这个主体寻求客体的过程并不顺利，期间遇到许多波折，而这些波折正是由发送者与接受者、帮助者与反对者所构成的交流关系与对立关系完成的。正是由于这些关系的存在，小说故事情节的发展才会跌宕起伏，引人入胜。

在小说开篇之初，刚获知琼珊不幸染上严重的肺炎病，情况十分危急时，医生作为发送者，发出需要有人建立琼珊战胜病魔的信心这一信号，它的接受者是苏艾。而此时的帮助者是医生与苏艾，反对者是琼珊。随着发送者与接受者、帮助者与反对者行动的推动，情节在不断深入，当得知琼珊将自己生的希望寄托在窗外所剩无几的常春藤叶上时，苏艾便发出寻求帮助的信号，接受者变成了老贝尔曼先生。此时老贝尔曼先生成为帮助者，而窗外所剩无几的常春藤叶成了反对者。最后帮助者与反对者进行了一场激烈的"斗争"，在此行动的作用下，小说的发展被推向了高潮。在那个风雨交加的夜晚，老贝尔曼先生用自己的生命完成了他人生中第一幅也是最后一幅杰作——《最后一片常春藤叶》。小说在高潮中戛然而止，留给读者无尽的思考与回味。琼珊因此重获新生，主体与客体的矛盾关系也得到了解决。

在小说阅读教学中，适当地运用"行动"层概念对小说结构进行深层挖掘，可以更清晰地将小说故事情节发展过程中的多重矛盾呈现在学生面前，使学生进一步体会到，小说文本的魅力正是通过这些复杂交错的矛盾来实现的，它们是小说文本创作非常重要的部分。

三 "叙述"层：呈现小说故事情节的策略

如果说前面所述的都是关于小说文本故事层面的探讨，那么"叙述"

层便相当于小说文本话语层面的探讨。当然,对于小说话语层面的分析离不开之前对故事层面的分析,它是建立在对故事层面的分析之上的。因为话语层面主要是从技术角度分析小说的故事情节是通过何种形式得以表现的。在叙述层面,关注最多的是小说文本是如何被叙述的,主要涉及叙述者的人称和叙述视角的问题。

叙述人称主要分析小说的叙述者是用第一人称"我"、第二人称"你"或是第三人称"他"之中的哪一个或哪两个进行叙述的。叙述视角主要分析小说的叙述者是以怎样的观察角度来叙述整个故事情节的。热奈特在《叙述话语 新叙事话语》一书中,将视角称为"聚焦",并区分了三大类聚焦模式[1]:第一,"零聚焦",即无固定观察角度的全知叙述,其特点是叙述者说的比任何人物知道的都多。第二,"内聚焦",其特点为叙述者仅说出某个人物知道的情况。第三,"外聚焦",即仅从外部客观观察人物的言行,不透视人物的内心。通常叙述人称与叙述视角是组合在一起分析的,因此在"叙述"层中运用不同的叙述人称与叙述视角会对表现小说的故事情节产生不同的效果。

小说《最后的常春藤叶》在叙述人称上采用第三人称叙述,在叙述视角上主要采用了"零聚焦"即全知的叙述视角,对于展现小说故事情节产生了如下效果。

其一,第三人称全知的叙述视角更便于介绍小说故事发生的时间、地点与背景。由于叙述者是全知的,所以在叙述上没有任何视角的限制,叙述自由,跨越时空。在小说的开篇全知视角从一个客观而全面的角度交代了故事发生在一个独特的"艺术街区",给读者展现了一种犹如电影全景镜头般的效果。镜头首先对准广场西面街区的特色街道,紧接着镜头又切换到在此街区生活的人群:他们是一群生活在社会底层怀着对艺术的不懈追求的人们,对艺术的热爱使他们汇聚到了这里。进而镜头又进一步拉近,聚焦小说故事的两位人物苏艾和琼珊,简单地介绍了她们的相识。同时叙述者以一种独立于小说之外的旁观者的姿态,用一种略带调侃的"语调"引入了小说至关重要的一个"不速之客"——肺炎。如果不是以第三人称全知的叙述视角来介绍发生在艺术街区里严重的肺炎病毒,而是以小说中某一人物的有限视角来介绍,都不会收到小说以第三人称全知视角这种叙述方式所带来的效果。全知的叙述视角在客观中立中又

---

〔1〕 热奈特.叙事话语 新叙事话语[M].王文融,译.北京:中国社会科学出版社,1990:129-130.

带着诙谐幽默，使悲剧与喜剧在此叙述视角中完美融合，以喜衬悲，更加渲染了悲剧的气氛。

其二，第三人称全知的叙述视角有利于推动小说情节的发展。如果小说一开始是以琼珊的视角来叙述整个事件，那么可以想见，苏艾与医生见面这个场景就不可能被叙述出来，因为以琼珊的视角，这个场景是她所不能看见和听见的一幕。然而正是以第三人称全知的叙述视角，才使读者全面客观地了解这一场景。也是在这一叙述中，我们才知道此时可以挽救琼珊生命的人不是医生的治疗，而是好姐妹苏艾使琼珊重新燃起的生的希望。当然，当小说的叙述再次聚焦窗外的常春藤叶时，一切的谜底均在全知视角的叙述下得以揭开，这样的叙述使读者与人物一道感受了出人意料的高潮与结局，使在现实中本不可能出现的事情变得如此真实而又震撼心灵。这一效果也是采用任何有限视角所无法达到的。第三人称全知的叙述视角就像是一部电影的导演，他自如地调动人物的出场，有序控制故事情节发展，从而使整个小说的情节充满悬念又值得回味。

诚然，就整篇小说叙述来看，并不完全只是用第三人称的全知视角，其间也穿插着使用了人物的有限视角。例如当小说写到经过一晚的时间，当琼珊再次让苏艾拉开窗帘的时候，此时完全是由琼珊的视角叙述窗外的一幕："……看哪！经过了漫漫长夜的风吹雨打，仍旧有一片常春藤的叶子贴在墙上……"这种叙述视角的变换，明显突出了小说意外、惊喜、不可思议的情节效果，也大大增强了小说的悬念，从而更强烈地增加了读者的阅读期待。

除了关注叙述层面中的叙述人称与叙述视角之外，还可以关注叙述时间。在叙事作品中，实际存在两个不同的时间，"故事时间"与"话语时间"。"故事时间"是指所述事件发生所需的实际时间，"话语时间"是指用于叙述事件的时间，后者通常以文本所用篇幅或阅读所需时间来衡量。两者在时间长度上的差异，可以突出或增强所要表现的故事情节的效果。在小说《最后的常春藤叶》中，有一处明显的"省略"，即叙述时间为零，而故事时间无穷大。那便是老贝尔曼先生在那个风雨飘摇的夜晚画最后一片常春藤叶的情节：在话语时间的叙述上直接从"一天早晨"到了"第二天早晨"，同时省略了故事时间即以自然时间为标准的老贝尔曼先生整晚画常春藤叶的全过程。而这一"省略"便形成一种"叙述空白"，在小说情节的发展上构成了极大的悬念，同时也留给读者丰富的想象空间，在此意义上使读者变成了第二作者。

综上所述，在小说阅读教学中，教师若能运用这样一些叙事理论，课堂教学就会不仅仅停留在对小说"故事"层面的感受上，还会在此之上做一定的提升，使学生了解那些吸引他们阅读的故事情节背后的表现手法。教师通过对小说文本"故事"层面到"话语"层面的分析，也使学生了解小说文本创作的相关知识，并为学生从对小说文本感兴趣的阅读到对小说文本感兴趣的创作架起一座桥梁。

国外文本细读：理论、课程、内涵及其启示

——基于课程论语境下的中外文本细读综述及思考

朱建军[1]

摘要：课程论语境下的文本细读，不同于新批评主义理论视野下的文本细读。前者追求公共知识，即在课程标准框架下以课程或指南的形式出现，可以在实践中进行操作和重复使用；而后者多为个体知识，强调启蒙、见解和认同，即其主要目的还不在产生文本意义，而在揭示所有可能类型的歧义和反讽。课程论语境下的文本细读，面临诸多挑战、争议与问题，但其概念、课程规划与追求逐渐明晰，文本细读是产生性阅读，强调文本的复杂性。但是，我国文本细读的研究现状不容乐观，许多概念缺乏课程论意义，为此，本文依据语言工具，尝试设计了一个文本细读案例。
关键词：文本细读；课程规划；文本复杂性；产生性阅读

一 文本细读：理论起源与课程需求

文本细读（close reading），其理论之源，一般归于新批评主义（new criticism）。新批评主义重在研究诸如多元意义（multiple meaning）、悖论（paradox）、反讽（irony）、文字游戏（word play）、双关语（pun）或修辞（rhetorical figures）等现象。而这些作为文学作品中最小的可区分的元素，就形成了与整个语境相互依存的关系建构。其中，经常作为新批评主义的同义词出现的一个核心术语就是文本细读，即文本细读就是指对这些基本特征的细致分析，而正是因为文本细读，阅读成就了（mirror）一个文本更大的结构[2]。

基于该理论的文本细读，其主要目的是揭示（unpack）文本，即读者流连于文本的词语、言语形象（verbal images）、风格要素（elements of style）、句子、论证模式（argument patterns）、整个段落和更大的话语单位，

---

[1] 朱建军，男，新疆师范大学教育科学学院副教授，课程与教学论专业硕士生导师。
[2] KLARER M. An introduction to literary studies[M]. 2nd ed. London：Routledge，2004.

以此探讨其多重意义[1]。因而,一个评论家成功的标准——也是一个读者成功的标准,就是对读到的文章所产生的启蒙(enlightenment)、见解(insight)和认同(agreement)。换言之,在传统的观念中,文本细读的目的,主要还不在于产生文本的意义,而是揭示所有可能类型的歧义(ambiguity)和讽刺(irony)。[2]

但是,文本细读作为课程改革的学术化工具进行广泛推广,还源于西方发达国家于20世纪90年代末的课程改革,尤其是各国母语和历史等文科类课程的改革。在国外专家看来,要想加强实践的系统研究和操作工具,就需要一个共同的概念术语(common conceptual vocabulary)作为其推进手段。缺乏这样的共享话语(shared language),我们可能既不能清晰地表达我们共同的问题,也不能建构共享的工具,而这正是我们建构知识和推进实践必备的要素(essential elements)[3]。

美国颁布了《共同核心州立标准》(the Common Core State Standards,简称CCSS),而该标准实际上是美国各州要提高教与学的一个规模空前的雄心勃勃的规划。通过《共同核心州立标准》,美国试图改变学校教师与学生的所作所为,即通过重新定义高层次的、发人深省的教与学,规范在校所有学生要达到的标准。该标准强调学生在解决复杂问题中的独立性和毅力,强调搜集相关证据以构建全面论点的能力、交流思想的能力以及通过口语和写作进行分析的能力。而问题是,采用共同的核心标准,教育工作者如何落实标准要求,即如何从事教学实践,推动课程发展,进行教学材料的选择和推进教师专业发展,等等。而这,就历史地落在了文本细读之上[4]。在他们看来,细读就是为了应对《共同核心州立标准》的关键需求,以及指导读者关注文本本身[5]。

随着《英语语言艺术与读写素养(literacy)的共同核心州立标准》的采

〔1〕 JASINSKI J. Sourcebook on rhetoric:key concepts in contemporary rhetorical studies[M]. Thousand Oaks:Sage,2001.

〔2〕 VAN LOOY J,BAETENS J. Introduction:close reading electronic literature[M]//Close reading new media:analyzing electronic literature. Leuven:Leuven University Press,2003.

〔3〕 SINGER-GABELLA M. Toward scholarship in practice[J]. Teachers college record,2012, 114(8):1-30.

〔4〕 BROWN S,KAPPES L. Implementing the common core state standards:a primer on "close reading of text"[EB/OL]. (2012-10-04)[2014-01-01]. http://www. aspeninstitute. org/ publications/implementing-common-core-state-standards-primer-close-reading-text.

〔5〕 BURKE B. A close look at close reading:scaffolding students with complex texts[EB/OL]. [2014-02-03]. https://nieonline. com/tbtimes/downloads/CCSS_reading. pdf.

用,许多读写素养教育者开始注重文本细读的实践。而文本细阅的教学实践,关注学生批判地审视文本,尤其是多元阅读(multiple reading),该方法已成为中学和大学中最常用的方法,通常在修辞性文本阅读(rhetorical reading)和写作课程(writing course)的语境中最常见。[1]

国际阅读协会(the International Reading Association,简称 IRA)认为,应对《共同核心州立标准》的一个普适性的新策略,就是关注实践者文本细读的指南(guidance)。[2]

因此,文本细读成了国外课程标准中的一个特有概念,一般表述为课程标准中的文本细读(close reading in the CCSS)。正因如此,课程语境下的文本细读与新批评主义理论视野下的文本细读,就有着本质的区别。

二 文本细读内涵:问题、概念、课程规划与追求

(一)采用文本细读的挑战、争议与问题[3]

现实的情况是:大多数中小学生都不愿意认真阅读文章。阅读短文时,他们一般只大概浏览一遍,如果文本具有挑战性,发现自己能力不够(deficient),他们便说自己无法理解文本,于是就放弃了;对于长文阅读或整本书阅读,则更轻易放弃了。因此,如何培养学生有效阅读的能力,就成了争议众多、见仁见智的话题。而文本细读则成了国外解决此问题的公共核心概念。在他们看来,文本细读能运用更多的"工具",鼓励和支持学生细读,进行多元阅读;文本细读的策略,可以有效打破长文阅读给学生造成的障碍,从而保证学生关注聚焦和防止威胁;文本细读可以帮助学生欣赏和享受文学的表面价值(face value)(如情节等),也能让他们深入研究(delve deeper)并获得更大的享受和更深的洞察力(insight);在课堂

[1] RICHARD P,ELDER L. Critical thinking and the art of close reading (Part 1)[J]. Journal of developmental education,2003,27(2):36-37;39.

[2] BROWN S,KAPPES L. Implementing the common core state standards:a primer on "close reading of text" [EB/OL]. (2012-10-04)[2014-01-01]. http://www. aspeninstitute. org/publications/implementing-common-core-state-standards-primer-close-reading-text.

[3] MACKETHAN L. Teaching through close reading:historical and informational texts—an online professional development seminar[EB/OL]. (2013-01-10)[2014-01-01]. http://americainclass. org/wp-content/uploads/2013/01/WEB-Close-Reading-Presentation_Part-II. pdf.

上,文本细读可以采用期刊资源,并指导学生如何适应和采用这样的资源来满足测试问题;文本细读可以帮助学生关注更多主动阅读的技术;文本细读鼓励学生采用不同的方式,阅读不同类型的文章,使用研讨会的一些对策,帮助其解读(decipher)通常他们会回避或放弃的文本;文本细读注重具体的策略,不是追求一个正确的阅读答案。

(二)文本细读的概念及其构成要素

文本细读(close reading)就是对一个文本进行深思熟虑(thoughtful)、批判性(critical)的分析,着意于有意义的细节或模式,以此培养(develop)一种对文本形式(form)、技艺(craft)、意义等的深刻而具体的理解。[1] 因此,文本细读之细,实际强调的是深入(go through)文本与审视(examine)文本;而所谓的"深入"或"审视"是指,首先将所有产生意义的引人注目的文本要素分离出来,然后再将其放在一起,建构其联系,探究其模式。换言之,文本细读,实际就是将文本所呈现的关键的、相关的语言工具作为证据,探究并获得对作者思想和意图的清晰理解[2]。

文本细读具体的教学过程包括[3]:

- 选择短的段落、摘录
- 从事有限的读前活动,深入文本
- 聚焦文本本身
- 有目的地(deliberately)重读
- 不动笔墨不读书(read with a pencil)
- 关注令自己困惑的内容
- 与他人讨论文本
- 结对思考与分享,或经常轮流发布
- 小团体(small groups)和全班(whole class)
- 对文本相关的问题进行应答

〔1〕 BURKE B. A close look at close reading:scaffolding students with complex texts[EB/OL]. [2014-02-03]. https://nieonline. com/tbtimes/downloads/CCSS_reading. pdf.

〔2〕 MACKETHAN L. Teaching through close reading:historical and informational texts—an online professional development seminar[EB/OL]. (2013-01-10)[2014-01-01]. http://americainclass. org/wp-content/uploads/2013/01/WEB-Close-Reading-Presentation _ Part-II. pdf.

〔3〕 BURKE B. A close look at close reading:scaffolding students with complex texts[EB/OL]. [2014-02-03]. https://nieonline. com/tbtimes/downloads/CCSS_reading. pdf.

也有课程组织与专家,为了使文本细读"深入"而设立支架教学(scaffolding),如理解工具包(comprehension toolkit)、即时贴便条(post-its)、思考单(think sheets)、拼图(jigsaws)等[1]。

(三)文本细读强调复杂文本

在许多情况下,学生无法细读一个完整的文本(entire text)——长文或整本书,那么,选择一个易于处理的节录部分(manageable excerpt),未尝不是一个好办法。选择的基本要求是:该节录部分能够说明其长文或整本书的关键主题(key themes)或其他要素(other elements);同时,该节录部分还能提供师生共同工作的某种内容(something)。[2] 阅读的假设是:如果你能读好一段,你就可以读好一章,因为章是多个段落的集合;如果你能读好一章,你就可以读好一本书,因为一本书只不过是章节的集合[3]。

阅读目的不同,阅读方式各异。熟练的读者(skilled readers)阅读有目的而不盲目,他们有计划(agenda)、目的(goal)或目标(objective)。一般而言,读者会结合所读内容的本质以及其阅读目的,决定自己如何阅读,即目的不同、情景不一样,他们的阅读方式也自然不同。当然,阅读有着一个较为普遍的目的:就某个特定的主题,搞清楚作者究竟想说什么。然而,在一般情况下,我们的阅读由我们阅读文章的目的和文本本身的性质决定。例如,如果阅读是纯粹的娱乐和个人享受,那么,完全不理解文本思想也没有关系,也许我们仅仅是简单地享受了文本所给予我们的思想。[4]

阅读目的不同,对文本细读的需求也就不同:一是纯粹的愉悦——不需要特别的技能水平;二是搞清楚一个简单的思想:这可能需要略读课文;三是获得特定的技术信息——略读技巧;四是进入、理解和欣赏一种

〔1〕 BURKE B. A close look at close reading:scaffolding students with complex texts[EB/OL]. [2014-02-03]. https://nieonline.com/tbtimes/downloads/CCSS_reading.pdf.

〔2〕 MACKETHAN L. Teaching through close reading:historical and informational texts—an online professional development seminar[EB/OL].(2013-01-10)[2014-01-01]. http://americainclass.org/wp-content/uploads/2013/01/WEB-Close-Reading-Presentation_Part-II.pdf.

〔3〕 RICHARD P,ELDER L. How to read a paragraph:the art of close reading[M]. Tomales:Foundation for Critical Thinking Press,2014.

〔4〕 RICHARD P,ELDER L. How to read a paragraph:the art of close reading[M]. Tomales:Foundation for Critical Thinking Press,2014.

新的世界观(world view):这就需要文本细读技能,以面对一系列具有挑战性的严肃任务,而该任务会拓展(stretch)我们的思想;五是学习一门新学科(subject)——这也需要文本细读技能,以内化(internalize)和掌握一个有意义的组织系统(organized system)。[1]

因此,并非每一个文本都适合学生细读。例如,学生喜欢阅读《小屁孩日记》(*Diary of a Wimpy Kid*),而这样的小说只是提供了简单的很容易理解的故事线索和词汇。当你阅读完该小说不需要冥思苦想(pondering deep ideas)。而细读,应该让你有那种绕梁三日的余味,得到的信息发人深省(thought-provoking),且超越了文本。细读,实际要面对值得阅读的文本(read-worthy texts),这包括:足够复杂的思想,值得一天以上的教学探索和讨论。根据蒂姆·沙纳汉(Tim Shanahan)的看法,是指一个文本值得几天的投入(commitment),能够提供足够丰富的词语、思想和信息,学生为此可以在几天内阅读、审视和讨论;而这样的细读,没有徒劳无功(beating a dead horse)的感觉。[2] 就用词与结构而言,文本细读常被运用于相对紧凑的文本(dense texts)[3]。

那么,什么样的文本是值得细读的文本?这就需要考虑文本复杂性(complexity)的三个要素:定性指标(qualitative measures)、定量指标(quantitative measures)以及读者与任务(reader and task);而涉及文本的复杂性时,每一个要素都同等重要。定性指标,包括文本结构(text structures)、词汇(vocabulary)、知识、要求;定量指标,主要指蓝思系数(Lexile number);读者与任务,则包含动机、前知识(prior knowledge)、经验等[4]。

2002年,兰德阅读研究组(the RAND Reading Study Group,简称RRSG)将理解定义为"通过与文本互动,同时提取和建构意义"。他们认

〔1〕 RICHARD P,ELDER L. How to read a paragraph:the art of close reading[M]. Tomales: Foundation for Critical Thinking Press,2014.

〔2〕 BURKE B. A close look at close reading:scaffolding students with complex texts[EB/OL]. [2014-02-03]. https://nieonline. com/tbtimes/downloads/CCSS_reading. pdf.

〔3〕 FILLMORE L W,FILLMORE C J. What does text complexity mean for english learners and language minority students? [EB/OL]. (2013-10-28)[2014-02-03]. http://ell. stanford. edu/publication/what-does-text-complexity-mean-english-learners-and-language-minority-students.

〔4〕 BURKE B. A close look at close reading:scaffolding students with complex texts[EB/OL]. [2014-02-03]. https://nieonline. com/tbtimes/downloads/CCSS_reading. pdf.

为,成功阅读的要素是:读者技能、文本复杂性、阅读任务与社会文化语境。[1]

因此,文本细读主要针对的是相对复杂的文本,而使文本复杂的因素很多。为此,师生要"走进文本",就应关注文本复杂性和学生需求,即以下四个方面[2]:

- 词汇
  - 学术性的术语和具体领域的术语
  - 二级词汇:能够在多种语境中高频使用的复杂词
- 语法(syntax)
  - 连贯(coherence)——事件和概念之间是否被逻辑地连接与清晰地解读?
  - 统一(unity)——思想是否聚焦主题而不包括无关的或分散注意力的信息?
  - 读者适度(audience appropriateness)——文本是否匹配目标读者的背景知识(background knowledge)?
- 文本结构
  - 描述(description)
  - 比较和对比(compare and contrast)
  - 时间序列(temporal sequence)
  - 原因与结果(cause and effect)
  - 问题及解决方案(problem and solution)
- 文本特征(text feature)
  - 标题/副标题(headings/subheading)
  - 标志词(signal word)

(四)文本细读是产生性阅读

文本细读是一种产生性(productive)阅读。所谓产生性阅读,就是指学生与文本进行较量(struggling with)而产生的经验,可以极大地丰富学

---

〔1〕 SNOW C,O'CONNOR C. Close reading and far-reaching classroom discussion:fostering a vital connection〔EB/OL〕.〔2013-09-13〕. https://www. literacyworldwide. org/docs/default-source/where-we-stand/close-reading-policy-brief. pdf.

〔2〕 BURKE B. A close look at close reading:scaffolding students with complex texts〔EB/OL〕.〔2014-02-03〕. https://nieonline. com/tbtimes/downloads/CCSS_reading. pdf.

生,帮助他们避免很多随意性和肤浅的阅读,获取大量有意义的资源,尤其是持续、聚焦和协作的文本细读,会使学生真正爱上与复杂文本的较量。而这,大概是那些最有力地倡导文本细读的专家的真正目标。[1]

有专家已研究证明,认真关注和解构一句话——选自学生正在阅读的任意内容的文本——的价值,就会出现"文本细读"产生性的例子,尽管仅限于一个句子和每天 10～15 分钟。但重要的是,在老师的帮助下,一组完成,然后许多同学再进行讨论,渐渐地,文本细读就会培养出学生独立探究文本意义的习惯与能力。[2]

究其最引人注目的形式,文本细读是一个有关学术性语言(academic language)的产生性的讨论(productive discussion),是一种非常特殊的讨论,是对大多数教师水平的一种挑战。例如,假如教师要处理一系列经常被推荐的复杂文本,诸如《葛底斯堡演说》("the Gettysburg Address"),或《来自伯明翰监狱的信件》("Letter from the Birmingham Jail"),教师就得随时准备能够管理文本及其要素的差异。[3]

作为一种产生性的阅读,文本细读还可以在更广泛的学术性课堂讨论的语境中,作为一种工具频繁地使用。一旦学生学会了新内容、新概念结构、新词汇和新思维方式,他们就将其作为学习新文本的一种有意义的资源与证据,即该方法就会嵌入更大的动机语境中,帮助学生研究复杂而迷人的主题,从而得出更深刻的理解。换言之,细读主要表现在达成目的的工具中,而不是简单地通过学习做仔细阅读。[4]

文本细读的追求过程是:从"教师模式"(teacher modeling)中的"面对学生"(to students)——该模式主要体现在教师的"我做"(I do),到"指导

〔1〕 SNOW C,O'CONNOR C. Close reading and far-reaching classroom discussion:fostering a vital connection 〔EB/OL〕. 〔2013-09-13〕. https://www. literacyworldwide. org/docs/default-source/where-we-stand/close-reading-policy-brief. pdf.

〔2〕 FILLMORE L W,FILLMORE C J. What does text complexity mean for english learners and language minority students? 〔EB/OL〕. (2013-10-28) 〔2014-02-03〕. http://ell. stanford. edu/publication/what-does-text-complexity-mean-english-learners-and-language-minority-students.

〔3〕 SNOW C,O'CONNOR C. Close reading and far-reaching classroom discussion:fostering a vital connection 〔EB/OL〕. 〔2013-09-13〕. https://www. literacyworldwide. org/docs/default-source/where-we-stand/close-reading-policy-brief. pdf.

〔4〕 SNOW C,O'CONNOR C. Close reading and far-reaching classroom discussion:fostering a vital connection 〔EB/OL〕. 〔2013-09-13〕. https://www. literacyworldwide. org/docs/default-source/where-we-stand/close-reading-policy-brief. pdf.

性/合作性实践"（guided/collaborative practice）的"与学生"（with students）——该模式则主张师生共同的"我们做"（we do），再到"通过学生"（by students）的"独立实践"（independent practice）——该模式强调学生的"你做"（you do）。而文本细读最终追求的就是实现从教师支持（support），逐渐变为学生负责（responsibility），即教师的"教"逐渐减弱至"不教"，而学生对自己的学习负责从"很少"到"主要靠自己"[1]。

（五）文本细读的教学任务与语言工具

教文本细读的教学任务，就是分析一个文本，以便建构一个文本的理解框架，然后对文本细读的问题和策略进行分析，以引导学生发现意义。这个过程是在最重要的单元或课程知识主题或目标的指引下进行的，其教学任务（the instructor's task）是[2]：

教师分析文本（teacher analyzes text）；教师建构意义（teacher frames understanding）；教师开发细读策略（teacher develops close reading strategies）；学生发现意义（students discover understanding）。其中，"教师分析文本"贯穿学习的始终，包括深入（dive into）文本，追问同一类问题，由单元或课程主题或目标指引（guided）。而"教师建构意义"，就是实现文本意义（understanding）。教师经常会构建两类问题：一是基于文本（text-dependent）的问题，而该问题只能通过看文本回答；二是概念（concept）问题，该问题可以通过借鉴先前知识（prior knowledge）来回答。

"教师开发细读策略"主要体现在以下的语言工具（language tools）中，如：

用词 diction［或字的选择（word choice）］；

词的内涵（connotative）与外延（denotative）意义；

词的影响力（impact）；

重复（repeat）出现的单词和短语；

修辞格（figure of speech）；

节奏（rhythm）；

［1］ BURKE B. A close look at close reading: scaffolding students with complex texts[EB/OL]. [2014-02-03]. https://nieonline.com/tbtimes/downloads/CCSS_reading.pdf.

［2］ MACKETHAN L. Teaching through close reading: historical and informational texts——an online professional development seminar[EB/OL]. (2013-01-10)[2014-01-01]. http://americainclass.org/wp-content/uploads/2013/01/WEB-Close-Reading-Presentation_Part-II.pdf.

句子变化(sentence variation);

句子及其结构(structure);

段落(paragraph)及其结构;

意象或形象(imagery);

象征(symbolism);

陈述或辩论的逻辑(logic);

陈述或辩论的策略(strategy);

观点(point of view);

声音(voice);

多角度(multiple perspectives);

思想的组织与安排(organization and arrangement);

过渡(transition);

语调/情绪(tone/mood);

推论(inference);

意义(implication);

证据(evidence);

策略性沉默(strategic silence);

读者(audience);

作者的意图和目的(intent/purpose)[在某种程度可辨识(discern)];

历史性的语境(historical context);

环境(setting);

主题(theme)、中心思想(central idea)、论题(thesis)。

三 文本细读的启示：研究现状、课程论意义与教学设计尝试

(一)文本细读的研究现状

我国关注的文本细读,主要还是在新批评主义视野下的文本细读,且散见于各种争鸣杂志或大学学报期刊,如童庆炳的《新时期文艺批评若干问题之省思》,见《文艺争鸣》(2008 年第 1 期);《文化诗学作为当前文学理论新构想》,见《陕西师大学报》(2006 年第 1 期);陈思和的《文本细读在当代的意义及其方法》,见《河北学刊》(2004 年第 2 期);栾梅建的《用鲜活的文学感受细读文本》,见《西南师范大学学报》(2005 年第 4 期);申丹的《整体细读与经典重释》,见《四川外语学院学报》(2008 年第 1 期)。另外还有

一批专著,如蓝棣之的《现代文学经典:症候式分析》(清华大学出版社,1998年版),孙绍振的《名作细读》(上海教育出版社,2006年版),王先霈的《文学文本细读讲演录》(广西师范大学出版社,2006年版)。

但是,上述作品无一例外地都在关注一个评论家成功的标准。也就是说,他们注重文章的启蒙、见解和认同,侧重文本可能揭示的歧义和象征意义。但是至于如何得出这样的结论,该过程能否作为一种策略进行重复或推广,进而得出相同的结论,则有很大的难度。或者说,更多的是一种内隐的方式。有专家将文本细读策略概括为:直面作品、寻找经典、寻找缝隙、寻找原型[1]。从学术的角度,该方法及其背后的思想,具有很大的启示意义,但从操作意义来说,则显得过于隐晦,不具备课程论意义,难以推广,而更多的是专家个人的经验,是新批评主义理论视野下的细读。

而文本细读引起中小学教师的注意,则是近两三年的事情[2]。有专家就注意到,错误地采用文本细读会导致阅读的误区,如凭空的逻辑推演、游离的文史演绎、泛化的多元解读、单向的教师细读等[3]。大家都意识到,文本细读是一种方法,是一种技术,也是一种策略,如有人将其概括为词义分析、结构分析和语境分析三步。但为什么依然会出现这么多问题呢?

(二)文本细读的课程论意义

关于文本细读,我们至少需要思考如下几对关系概念:理论视野下的细读与课程论语境中的细读;简单文本与复杂文本;公共知识与个体知识;理解文本与建构意义;词汇与学术语言;语法与结构;主题与问题。

首先,我们要搞清楚,我们是在什么样的语境中谈论文本细读,即是在理论视野下还是在课程论语境中谈论文本细读。而这两者显然有着不同的追求,即前者重在追求多元意义、悖论、反讽、双关等,而后者则更注重语言工具的投放,以及由此进行的有意义的学习过程、文本意义探究与知识获取。

文本细读主要面对的是复杂文本(complex text)的阅读与研究,是值

---

〔1〕 陈思和.文本细读在当代的意义及其方法[J].河北学刊,2004,2:109-116.
〔2〕 从2012年至今,出现了至少8篇研究中小学文本细读的硕士生论文,如:赵玉洁.中学语文教师文学阅读教学中的"文本细读"研究[D].宁波:宁波大学,2012。
〔3〕 钱建江."文本细读"辨误[J].语文教学通讯,2012,5(2B):36-40.

理解与对话

得研究的文本；而简单文本(simple text)，由于其思想简单明了，一读就懂，因而阅读只需要一种略读技巧就够了。如果以此为标准，那么，我们中小学语文教材中的大部分课文都是简单文本，而真正能够算得上复杂文本的课文，可能主要集中在鲁迅的作品，大部分文言文以及一些经典作品的选文，等等。但是，我们的功夫却恰恰花在那些大部分的简单文本上，常常以文本细读的姿态进行阅读，以至于只有那些"有名教师"才能挖出"特别的意义"来，而"普通教师"都不知道如何教，喟叹越来越不会教了。

关于公共知识(public knowledge)与个体知识(individual knowledge)，前者又称组织知识(organizational knowledge)，主要表征为间接经验，或表征为本质、科学、规律、真理等的形式，即公共知识往往可以通过接受、模仿、记忆而直接获得；而后者又称私人知识(private knowledge)，主要指教师的直接经验或个人经验，但个体知识则难以重复，不可复制，且难以控制[1]。实际上，筛选、编制和传递公共知识，一直是学校教育的主要任务[2]。因此，我国语文教育的当务之急，就是要将"五花八门"的个体知识转化为基于标准的公共知识，即对直接经验进行加工、提炼、概括和升华，将直接经验提升为间接经验，将个体知识转化为公共知识，从而使得语文教育有着可供遵循和实施的课程。而文本细读，无疑是国外专家不懈探究并追求的公共知识。

国际阅读协会(IRA)强调了两组不同概念的意义[3]：一是理解文本(understanding text)与建构知识(gaining knowledge from it)，二是词汇(vocabulary)与学术性语言(academic language)。在他们看来，两组概念有着本质的区别，而我们往往简单化处理了，或混淆了两者的差异，或忽视了后者。"理解文本"是对文本内容的知悉，即文本在说什么；而"建构知识"，则是从文本中读出了什么，即文本给予的意义。在文本中的词汇，就不是众多需要识记的单词——那是在单词本或词汇表里的单词，而是"学术性的术语和具体领域的术语"，是"能够在多种语境中高频使用的复杂词"。由此看来，我们课堂里常常教的，可能仅仅是教材内

〔1〕 BHATT G D. Management strategies for individual knowledge and organizational knowledge[J]. Journal of knowledge management, 2002, 6 (1): 31-39.
〔2〕 余文森. 论公共知识的课程论意义[J]. 教育研究, 2012, 1: 118-124.
〔3〕 SNOW C, O'CONNOR C. Close reading and far-reaching classroom discussion: fostering a vital connection [EB/OL]. [2013-09-13]. https://www. literacyworldwide. org/docs/default-source/where-we-stand/close-reading-policy-brief. pdf.

容——文本说了什么与众多识记不完的生字词——而非知识,而我们却都将此误以为是知识。传统上(old version),根据布鲁姆分类理论(bloom's taxonomy),第一层的确是"知识"(knowledge),且是名词,而后来新的布鲁姆理论却将其改造为"理解"(remembering),是动词。但我们依然抱着原有的观念不放,而不知早已有新的理念(new version)[1]。钱穆先生就曾在《国史大纲》"引论"中说,"历史知识"与"历史资料"不同,我国拥有大量的"历史资料",却是一个最缺乏"历史知识"的国家,我们缺的就是那种以史为鉴的知识[2];学者亚历山大·洛(Alex Lo)就提醒,"我们学了太多的历史,而不是太少;我们往往担心的不是无知(the ignorant),而是博学(the learned and brilliant)"[3]。

最后两组概念一是语法(syntax)与结构(structure),二是主题(theme)与问题(problem)。文本细读分析的顺序是词、句、篇。从建构要素来说,词是学术语言,因而具有建构的意义;句,从语法的角度,也是建构要素——不是简单的主谓宾关系,而是探讨建构事件和概念之间是否具备一种逻辑关系,思想是否聚焦,读者是否具备解构的背景知识,等等;篇,则注重整个文本内容要素的建构,从而构建新的意义。

在解构与建构的过程中,读者面对的主要还是"问题"而非"主题",而我们的教学,则常常以"主题"的形式教学,掩盖了需要探究的"问题"。在美国得州的《英语阅读与语言艺术课程标准》中,其文本结构的要素术语包含两大类,即想象类文本与非想象类文本。前者的构成要素是四项,即"人物、环境、情节,以及问题/解决方案";后者的结构要素是五项,即"因果、序列、解释、比较和对比,以及问题/解决方案(problem/solution)"[4]。而我们的小说"三要素"和科技文章或说明文的"四要素",唯独缺失了"问题/解决方案"。这究竟是什么问题呢? 是当时翻译引进时的失误呢,还是我们课程本身就难以容纳这样的要素? 文本细读面对的是复杂文本,而文本复杂性的构成要件之一就是"问题/解决方案"。因此,这里的"难以容纳",可能就是因为我们面对的文本,大多是简单文本,于是"问题/解

〔1〕 PATTERSON K. Close reading in the primary grades[EB/OL]. [2012-09-05]. https://tb2cdn. schoolwebmasters. com/.../Documents/RegionIXCloseReading_092012. pdf.

〔2〕 钱穆. 引论[M]//国史大纲. 北京:商务印书馆,1991.

〔3〕 LO A. Learning the wrong history lesson[N]. South China morning post,2014-3-22.

〔4〕 The University of Texas Center for Reading and Language Arts. Text structure:features and organization[EB/OL]. [2014-4-15]. www. austinschools. org/curriculum/la/.../LA_res_TxtStruc_ORS_Module. pdf.

理解与对话

决方案"要件缺失。而在面对复杂文本的阅读中,我们实际上又使用了简单文本的阅读方式,因而,概念的混淆最终导致了"问题"的消失。

(三)文本细读的教学设计尝试

针对本文第二部分中的第五小节,"教师开发细读策略"主要依据语言工具(language tools)进行开发,而本文以此为基础尝试进行教学设计。

首先,简化语言工具。语言工具,共有 28 项,内容复杂,但如果我们将其分类,就会简化为三类基于文本的问题(text-dependent questions),即文本细读的语言问题、语境问题、形象或思想或意义问题。

其次,对三类问题进行各自聚焦,并尝试设计。根据文体和文本特征,选择 28 项工具中的适宜工具置入其中。"语言问题",主要包括聚焦词(word)、聚焦句子(sentence)、聚焦段落(paragraph)、聚焦全文(whole)。例如:"词"——这个词究竟传达了什么内涵(connotative)?作者为何要写这些细节(denotative)?"句子"——作者怎样/为何采用排比句?(structure)作者如何组织句子?(organization of ideas, argument, transitions);"段落"——作者如何发展段落?(organization of ideas, paragraph structure, argument)如比较/对比、定义、叙事、细节等;"全文"——引用文中的证据说明,作者/人物的观点(point of view)是什么?作者心目中的读者究竟是谁?从文中找到证据来说明,作者的这一目的如何影响了其信息的选择?(strategic silences)

关于"语境问题"(contextualizing questions),我们可能追问:作者是谁?本文何时、何地出版?读者为何人?(audience)为何要写?(intent/purpose)文本图片与文本有何关系?(inferences)……对这些问题的回答,告诉了我们什么?(thesis)

关于"形象或思想或意义问题",我们可以这样设计:作者在这几个句子中,塑造了一个什么样的形象?(imagery)哪些词塑造了这一形象?(diction)作者为何选择这些词(术语)而非其他词?(diction)作者为何从陈述变为直接引用作者的原话?(multiple perspectives)这种变化有何作用?(tone/mood)作者是如何发展段落的?(paragraphs)究竟想突显什么?(central idea)

需要注意的是,本文不可能将 28 项工具一一都集中陈列出来,因为每个文本细读活动,都有其自身独特的要素、特有的问题。

课程转化过程中的教师准备之示例与思考

李冬梅[1]

摘要：在把课程理念转化成学生学习活动的过程中，教师起着举足轻重的作用。教师对课程理念的理解，对教材内容的把握直接影响课程的实施效果。本文就在课程实施初期，对教师准备进行的几个干预示例，提出对教师培训和教师自我成长的思考。干预示例分别为：组织教师进行先导教学探索，与学校教师共同经历课堂学习研究，与一线教师共走课堂实践反思之旅。

关键词：课程转化；教师准备；示例与思考

在把课程理念转化成学生学习体验的过程中，教师起着举足轻重的作用。教师对课程理念的理解、对教材内容的把握直接影响课程的实施效果。美国学者古德莱德（J. Goodlad）根据课程决策的层次把课程分为理想课程、正式课程、领悟课程、实行课程和经验课程。理想课程是指一些研究机构、学术团体和课程专家提出应开设的课程；正式课程是指教育行政规定的课程规划和教材；领悟课程是指教师所领悟的课程；实行课程是指课堂里实际实施的课程；经验课程是指学生实际体验到的课程。教师若对正式课程的领悟不同，会对教材有不同的解释方式。观察和研究表明，教师领悟的课程和他们实际运作的课程有一定的差异。[2]在这个概念下，正式课程的编写者总是希望教师能透彻地领悟正式课程的理念，从而在善用教学资源的基础上，有效地完成课程转化的环节，以达到预期的教育目标。

说到课程与教学的关系，早在 20 世纪，杜威（J. Dewey）就在实用主义认识论的基础上提出了课程与教学的整合概念，消除了传统教育中课程与教学的对立。杜威认为，课程与教学的统一本质上是由经验的性质决定的，经验是对所尝试的事物与所承受的结果的联系的觉知。在这里"只

---

[1] 李冬梅，女，新加坡课程规划与发展司母语处课程规划员。
[2] 朱桂琴.论课程意识观照下的教学实践[J].中小学教师培训,2006,10:30-32.

有一个活动，这个活动包括两个方面，个人所做的事和环境所做的事"[1]。个人所做的事对应方法与教学，环境所做的事对应课程与教材，真正的教育是方法与教材、课程与教学水乳交融，相互作用的动态的统一。[2] 由此看来，尽管教师的领悟课程与正式课程的理念间会有一定的距离，但若予以适当的干预，两者之间也会有动态统一的过程。

现行新加坡中学华文课程于 2011 年开始实施[3]。在课程标准实施初期，课程编写团队与学校教师一道共同探索将课程理念和教材转化为学生学习体验的有效途径，也就是尝试在课程实施过程中对教师准备继续干预（课程实施前已经进行了先期的教师培训），以促进教师领悟课程的完整和全面及课程与教学实践的紧密接合。

做法之一：组织教师进行先导教学探索

新课程以逐年推出的方式实施。在新课程推出的同时，从不同的学校中遴选出优秀的教师组成小型教师团队，就新教材的听说课、读写课、讲读课、导读课、自读课等不同课型，针对基础华文、华文 B、快捷华文、普通学术华文、高级华文等不同源流的教授方式和评估方法与课程编写员以及特级教师一道共同探讨有效的教学方法。教师团队内又再分成几个小组，小组成员分别来自不同的学校。每个小组确定一个探讨的课题，课题选定后，大家共同设计教学方案。一旦方案确定，付诸课堂实践的时间是半年左右，然后教师们把实践的经验和体会与全国的教师分享。

以其中一组为例。来自不同学校的三位教师组成一个小组，确定探讨的方向是中二快捷课程的人物语言描写。新教材中这个单元包括了读的技能和写的技能，即阅读方面能理解语言描写的作用，写作方面能运用语言描写。在备课之初，小组内的学校教师提出可否稍微变动单元内的教学顺序。从教材设计的角度看，单元内共有三篇文章：第一篇文章《一件小事》为讲读课，目标技能是阅读方面的能理解语言描写的作用；第二篇文章《领路人》为导读课，目标技能是写作方面的能运用语言描写；第三篇文章《醉人的春夜》是自读课，目标是复习本单元的阅读技能。教师提出，让学生理解语言描写的作用，本单元的第二篇文章更加适合，因为无论是故事的背景还是故事的内容，都接近学生的实际生活，学生容易理解

〔1〕 杜威.民主主义与教育[M].王承绪，译.北京：人民教育出版社，2001.
〔2〕 吴刚平.课程意识及其向课程行为的转化[J].教育理论与实践，2003，9：43-46.
〔3〕 新加坡教育部课程规划与发展司.中学华文课程标准2011[S].新加坡：新加坡教育部课程规划与发展司，2010.

和把握文章内容、掌握技能。如果按照教师建议的教学安排就会打破教材的编写体例,教材中阅读技能的呈现遵循了"先例,后说,再练"的原则,在编排上借助讲读课《一件小事》中的内容和人物,完成了举例和解说人物描写作用的部分。后来,经过大家共同探讨,在充分交换意见之后,小组的各个成员接受了教师的教学建议,用单元的第二篇课文《领路人》完成阅读技能教学"能够理解人物描写的作用"。同时考虑到课程体系的完整以及技能输入输出的实效性,教师在这一课也要完成写作技能教学的目标。在实际的课堂教学中,教师借助角色扮演活动,让学生通过模仿《领路人》故事中的人物语言,深入体会语言描写对刻画人物形象的作用;同时巧妙地利用课文后半部分的内容让学生展开联想和想象,如果小男孩儿会说话,那么不同性格的小男孩会说什么、怎么说,从而完成写作技能的教学目标"能运用语言描写"。教师也在教学实践中加入了差异教学的成分,关注不同学习准备度的学生具有差异性的学习方式。

从教材编写者的角度,参与到课堂教学设计中来,了解教师的想法,同时与学校的一线教师沟通对课程本身的理念和教材编写的一些想法和考量,这不但能更好地为学生提供适合的学习体验,也更易于教育目标的达成。这样的合作过程,某种意义上说是在培养教师的课程意识——教师不单从课堂角度考虑教学,也从课程和教材的角度理解教学,善用教学资源。从教师的角度,以学生接受能力为出发点,调整单元操作顺序,提出对篇章内容的处理看法;从课程和教材的角度,理解教师的想法,同时在针对教学设计的讨论中让教师理解本单元的知识目标和技能目标,在单元教学中,把握住"怎样让学生掌握该技能,怎样知道学生掌握了该技能"这条主线。课程、教材与教学相结合,为学生提供得宜的学习体验。这里也有一个课程权力的问题,一般来说,教师个体的课程权力主要体现在课堂教学中,教师有权决定教学过程中课程资源的运用。[1] 通过课程编写者与一线教师的合作,也让教师在一定程度上领会自己课程权力的范围。于此,教师的课程意识、课程行为到课程权力三者在一定程度上得到了结合。教师把与课程编写者的合作体验和课程感知带回到校内的专业学习社群,同时团队的教师也把经验以教学研讨会为平台分享给全国的教师,以扩大课程有效转化的影响。在课程实施初期,组建这样一支教学先导团队,课程编写者也可以借着这个机会脚踏实地地感知新课程的

---

〔1〕 肖川.培植教师的课程意识[J].教育研究,2003,6:12.

实践过程,共同获得的经验也可以给其他的课程实施者一个肯定的方向,以减少教师在领悟新课程中所遇到的困惑或误解,或者是实践得不彻底的地方。先导教学探索对参与的教师有一定的要求。首先是从个人意愿方面,对于新的理念和新的课程形式愿意付出心力,勇于尝试,而且具有教学敏感度;从遴选教师的角度,要有健康的轮换机制,学校覆盖面尽量广些,这样才能让更多学校的教师有机会体验这个过程,这也是课程实施初期教师培训的一种方式。重要的一点是团队内的教师要有不断提升自己的意识,无论从眼界、思想领域还是教学理念和教学策略方面,都要不断丰富自己,这样才能满足新课程新教材的需要。

做法之二:与学校教师共同经历课堂学习研究

课程编写者进驻到学校和校群中去,在校园里与学校的教师一道备课,观课,课后讨论,修正教案,再上课观课,总结教案,与教师共同在观察学生的学习体验的基础上探讨课程和教材的转化。以其中的一间学校为例,课程编写者与学校里教同一个年级的教师组成备课小组,以中三快捷华文课程的议论文单元为探讨目标。先由学校教师草拟出授课教案,然后由课程编写者从课程和教材的角度,特级教师从教学法的角度,学校的教师从学生和现实课堂经验的角度,进一步探讨教学规划。在最初教案设计上,教师能够凸显该单元的教学目标,即阅读方面能理解议论文的三要素和论证方法,写作方面能运用举例论证法和引用论证法。但经过大家的讨论,在培养学生的自主学习方面还可以再优化教学过程,如在理解课文内容方面、归纳文章使用的论证方法方面,甚至在处理教学难点"理解论证过程"方面也可以调动学生学习的主动性和积极性。经过这个过程,教师能深刻理解2011华文教材的编写理念中提到的倡导自主、合作、探究的学习方法。学生是学习的主体,教师是学习的引导者。教师应该组织和引导学生在实践中学习,加强学生之间的互动与合作,培养学生积极、主动的学习精神。[1]一些学者将教师的课程意识概括为"应该给学生带来什么样的教育经验,教育不只是简单的操作行为,而是基于信念的行为"[2]。泰勒(Ralph W. Tyler)也提到教师负有选择和安排学生学习经验的重大责任。这个部分与学校合作的实践表明,教师既要理解教材的教学目标,能在教学设计环节凸显目标达成的过程,也要在更高的层面关注课程的理念,除了灌输知识、教授技能,还要培养学生的学习习惯和

〔1〕 刘娜.基于教师专业发展阶段的教师培训研究[D].石家庄:河北师范大学,2009.
〔2〕 刘加霞,申继亮.国外教学反思内涵研究评述[J].比较教育研究,2003,10:10-34.

学生的学习能力。一起合作的这个团队的教师表现出极强的教学热忱和积极的探索精神,因而在教学实践中,教师也主动关注不同学习准备度的学生,探讨课堂教学的有效方式。在面对不同的学生时,虽然是相同的教学设计,教师却营造出了截然不同的课堂氛围,达到了良好的学习成效。由此生发的思考就是教师教学经验的积累将是新课程实施的正向推动力,新课程的实施需要教师纯熟的教学技巧、自如的课堂学习氛围营造的掌控意识,然后把课程的理念及课程目标融会贯通,给学生提供适应时代的学习体验。而偏向经验主义的想法则阻碍自己的观念去接受、尝试改变,导致新的教学需要将在更长的时间内被意识到。教师发展阶段理论对教师在环境压力下所产生的需求看作教师专业发展的动力,而教师专业发展的目的让教师在不断发展变化的环境中,不断增强其自身的专业能力,以达到教师胜任其工作,最终自我实现的目的。[1] 所以,在教师的专业成长方面,教研实践氛围的营造也十分重要。

做法之三:与一线教师共走课堂实践反思之旅

强调培养教师的反思能力的教育思潮自 20 世纪 80 年代兴起,之后迅速发展影响到世界范围内的教师教育界。反思是一种社会性、公共性活动,培养教师反思能力的最好方式是教师以及研究者之间的合作。[2] 笔者有幸从课程编写者的角度,参与一线教师的课堂实践反思的历程。三位来自不同学校的教师在教育学院教授的带领下,反思自己的教学实践过程,从备课前对于课程和教材的认识,到最初的教学设计,到教案修正、教学的课堂实践,再到教学后的反思。三位教师课堂实践的单元分别为中一快捷华文课程单元五,阅读技能是能理解比喻、拟人两种修辞手法,写作技能是能运用比喻、拟人两种修辞手法和能运用直接点题的方法开头;中二快捷华文课程单元五,阅读技能是能理解事物说明文的特点,写作技能是能运用举例子的说明方法。华文作为第二语言的教学,对于中学生而言,字词解码是个关键的问题。三位教师从不同的角度探讨字词解码的方法,落实抽象的比喻、拟人等修辞手法及说明文阅读、写作和说明方法的教学,及如何调动学生的学习积极性,培养学生学习的主动性。

从课程的角度看,三位教师的反思历程的一个重点是教师充分认识

〔1〕 康多龙.浅谈课程改革下教师角色的转变[J].教育革新,2006,5:24.

〔2〕 刘波.论教师的课程意识与教师教学行为的转变[J].内蒙古师范大学学报,2006,12:62-64.

理解与对话

到了"以教师'讲'为中心的教学,使学生处于被动的状态,不利于学生的潜能的开发和身心发展"[1]。因而,把学习的主动权交给学生,激发学生的学习兴趣和责任,才是取得好的教学效果、有效实施课程的关键。

在课程转化过程中,如何把历史文化久远的、抽象的说明文概念和修辞手法与现实生活相结合,让学生自己把久远的历史文化化成身边可视可感的具象,把拟人和比喻的概念带进校园,具体成一草一木、一亭一阁,这就是教师萌生的充分开发和利用广泛的校内外课程资源,积极发动和引导学生自主地去开发和利用有益的学习资源的课程意识。[2] 教师让华语作为第二语言的学习活了起来,语言知识和技能都变成了学生生活中一个有机的组成部分,无形中把学习化难为易了。

另外一点是,培养学生的学习习惯需要一个过程,教师要有耐心,要持之以恒。在教学实践中,要把"看、想、问"的字词解码方法变成学生的一种语言学习习惯,变成一种学习能力,这需要一个过程。教师要在日常教学中让学生熟知方法,并在阅读过程中自己尝试使用,如此潜移默化,水到渠成,方能培养出能力。

在课程转化的教师反思过程中,教师的自觉意识也非常重要。杜威对反思做了界定:反思是思维的一种形式,是个体在头脑中对问题进行反复、严肃、执着的思考,并进一步解释为对任何信念和假设,按其所依据的基础和进一步推导出的结论,对其进行的主动、持久的和周密的思考。一般来说,反省思维解决的是实际的问题。[3]反思的过程中,最怕反思者自己故步自封,审视自我行为的时候替自己辩解,给自己找借口。这观念和做法无法让自己从自省中找到进步的空间,同时也很可能把别人的意见拒于千里之外。而在这轮的反思中,三位教师是好的榜样,他们肯聆听别人的看法,无论是课程方面的提醒,还是教学法方面的建议,他们都能自省自思,更能从课堂上学生的学习体验出发,反思自己的教学行为,改进教学设计,并愿意将这样的体验分享给更多的教师。

在课程实施过程中,教师的教学实践计划需要精心设计才行。学生的现实生活与未来生活是课程设计的依据。[4] 预设的课程是以对学生

〔1〕 刘加霞,申继亮.国外教学反思内涵研究评述[J].比较教育研究,2003,10:10-34.
〔2〕 刘波.论教师的课程意识与教师教学行为的转变[J].内蒙古师范大学学报,2006,12:62-64.
〔3〕 郭元祥.教师的课程意识及其生成[J].教育研究,2003,6:33-37.
〔4〕 郭元祥.教师的课程意识及其生成[J].教育研究,2003,6:33-37.

和社会普遍性研究和一般特征的把握为基础的,其规范尺度只是一般意义上的要求,它不可能规定具体情景下的课程实施。因此,教师在课程实施过程中要对课程目标具体化,对课程内容要进行选择、拓展、补充、增删,对学习方式要进行创造性设计。[1] 要设计符合学生生活实际和认知水平的学习体验,了解学生,相信学生,反复推敲教学计划、教案的可操作性和学生的接受程度,只有这样才能完成有效的教学,实现有效的课程转化。

还想补充一点的是教师对专常知识的觉知。知而求索,知不足而求索。根据舒尔曼(Lee P. Shulman)的分析,教师必须具备基本专业知识,包括内容知识(content knowledge)、一般教学知识(general pedagogical knowledge)、课程知识、学科教学知识(pedagogical content knowledge)、对学生及其特质的了解、对教育环境的了解以及对教育的目的和价值及其史哲基础的了解[2]。在课程实施过程中,教师专常知识的长进,除了自我觉知之外,还需一个锲而不舍、孜孜以求的过程。

(借此文章感谢阳光团队的教师及参与带领阳光团队的特教、北校区参与校区合作的学校及教师团队、南洋理工大学教育学院胡月宝教授和参与反思历程的教师团队及特教。)

〔1〕 郭元祥.教师的课程意识及其生成[J].教育研究,2003,6:33-37.
〔2〕 SHULMAN L P. Knowledge and teaching:foundations of the new reform[J]. Harvard educational review,1987,57(1):1-23.

后　记

2014年12月6日至7日,由浙江大学、新加坡南洋理工大学、香港理工大学、中国高等教育学会语文教育专业委员会主办,浙江大学教育学院、新加坡南洋理工大学华文教研中心、香港理工大学中文及双语学系承办,浙江省杭州市观成中学、《语文学习》和《中学语文教学》杂志社协办的"理解与对话:全球化语境下语言与文学教育"国际研讨会在浙江大学紫金港校区隆重召开。来自中国、美国、丹麦、新加坡60所高校及中小学220名专家学者和一线教师出席了大会。

本次国际研讨会以"理解与对话:国际语言与文学教育"为主题,围绕语言文学教学经典的建构、文本的诠释与创造、语言与文学教学测试与评鉴、新媒介与语言文学教学、国际语言和文学师资培育与发展等专题进行了深入的探讨与广泛的交流。为了和更多的学术界朋友分享此次国际研讨会成果,进一步展示当代国际语文教学界研究趋势,我们决定编辑出版"理解与对话:全球化语境下语言与文学教育"国际研讨会论文集。因教学和科研工作关系,论文集编辑时断时续,经过四年的努力,编辑工作大致完成。

本次研讨会共收到学术论文97篇近100万字,由于篇幅及体例所限,我们只选择了各专题中有代表性的篇目编辑出版。为弥补由此造成的遗憾,我们将参加此次国际研讨会交流的学术论文篇目全部列出,以便有兴趣的朋友联系查询。此外,在不影响作者观点的前提下,我们对收入论文集的部分论文的文字做了适当的修改与调整。在论文集编辑过程中,王荣辰、常慧娜、祁小荣等参与了文稿的审读及编校工作,中国高等教育学会语文教育专业委员会理事长周庆元教授、新加坡南洋理工大学陈之权博士、香港理工大学祝新华博士、浙江省杭州市观成中学李洁校长为"理解与对话:全球化语境下语言与文学教育"国际研讨会成功举办付出了辛劳,浙江大学出版社编辑为本书的出版给予了大力支持,对此,我们表示诚挚的谢意。

刘正伟

2019年4月1日

附：参会论文目录

Judith A. Langer   Literature and Mind in the 21st Century

Sarah Warshauer Freedman   Learning to Write in a Digital and Global Age

Vibeke Hetmar   Different Perspectives on Dialogue in the Literature Classroom

周清海 龚 成 郑文佩   现代汉语与古汉语在语文教学里的融合问题

陈之权   基于维基(wiki)平台的华文过程式写作教学效果初探

周庆元 黎利云   语文教育文化自觉刍议

倪文锦   语文高考改革需要找准着力点

祝新华 廖 先   综合型作文过程模式及其启示

潘 涌   全球化背景下国家文化发展战略：重构汉语文教育目标

余 虹   语文课程的本体性探讨

叶黎明   走向科学规范的课程经典建构

张心科   语文课程知识类型与建构路径

李山林   "语言"教育的歧路和"文化"教育的回归

胡虹丽   全球化时代青少年国学教育的几点思考

钱加清   语文教育中教师"不作为"现象之消解

古晓君   当前文学课堂的病理诊断与疗治

吴格明   理性：语文课程改革不应缺失的价值坐标

黄淑琴   强化程序性知识，指导学生语文实践

潘海军   经典文学的想象之维及价值启示

武玉鹏   试论我国现代语文教育的四个基本问题

杨道麟   美学视野下"完整的语文教学"略论

苏伟林   地方课程是全球化背景下母语教育的基石

江 平 余婷婷   义务教育语文教学中语感培养的再探讨

理解与对话

理解与对话

图书在版编目（CIP）数据

理解与对话:国际语言与文学教育／刘正伟主编.
—杭州:浙江大学出版社,2019.9
ISBN 978-7-308-19419-8

Ⅰ.①理… Ⅱ.①刘… Ⅲ.①语言学—教学研究—文集 Ⅳ.①H0-4

中国版本图书馆 CIP 数据核字（2019）第 171905 号

理解与对话:国际语言与文学教育

刘正伟　主编　陈之权　祝新华　副主编

责任编辑	刘序雯	
责任校对	吴水燕	
封面设计	春天书装	
出版发行	浙江大学出版社	
	（杭州市天目山路 148 号　邮政编码 310007）	
	（网址:http://www.zjupress.com）	
排　　版	杭州中大图文设计有限公司	
印　　刷	虎彩印艺股份有限公司	
开　　本	635mm×965mm　1/16	
印　　张	33.75	
字　　数	605 千	
版 印 次	2019 年 9 月第 1 版　2019 年 9 月第 1 次印刷	
书　　号	ISBN 978-7-308-19419-8	
定　　价	128.00 元